D1148885

TABLES

DE PRÊTS
PERSONNELS

De 4% à 24%

jusqu'à 100 000 $

LES ÉDITIONS QUEBECOR
une division de Groupe Quebecor inc.
7, chemin Bates
Suite 100
Outremont (Québec)
H2V 1A6

Distribution: Québec-Livres

© 1990, Les Éditions Quebecor
© 1991, Les Éditions Quebecor, pour la réimpression
© 1992, Les Éditions Quebecor, pour la réimpression
Dépôt légal, 2e trimestre 1992

Bibliothèque nationale du Québec
Bibliothèque nationale du Canada
ISBN 2-89089-433-9

Recherche: Sylvain Bergeron
Coordination: Éric Descarries
Conception et réalisation graphique
de la page couverture:
Bernard Lamy et Carole Garon

TABLES

DE PRÊTS
PERSONNELS

De 4% à 24%
jusqu'à 100 000 $

Incluant ce que vous coûte votre prêt en intérêt

2e
ÉDITION
REVUE
ET
AUGMENTÉE

Les Éditions Québecor

COMMENT UTILISER LES TABLES

Supposons, à titre d'exemple, que vous voulez emprunter 12 000 $ pour une période de 24 mois et que le taux d'intérêt est établi à 8 %. Vous vous rapportez d'abord à la page 56 car c'est là que débute ce taux d'intérêt annuel et vous cherchez 12 000 $ dans la colonne de gauche. Vis-à-vis de ce chiffre sous la colonne 24 mois, vous trouverez alors le montant du paiement total de votre emprunt soit 13 025,52 $ et le paiement mensuel, soit 542,73 $. Autre exemple, si vous empruntez 20 000 $ pour une période de 72 mois et si le taux d'intérêt est à 6 %, référez-vous à la page 32 et poursuivez votre lecture jusqu'à ce que vous trouviez la période de 72 mois, soit à la page 34. Vis-à-vis du chiffre en caractère gras de 20 000 $ que vous voyez à la colonne de gauche, alignez-vous avec son équivalent sous sa colonne de 72 mois. On vous indiquera alors que le paiement total de votre emprunt est de 23 865,12 $ et que les paiements mensuels sont de 331,46 $.

Le calcul est basé sur des taux allant de 4 % à 24 % par demi-pourcentage pour une période allant de 6 mois à 72 mois (6 ans) par tranches de 500 $ pour les montants allant de 1 000 $ à 10 000 $ et par tranches de 1 000 $ pour les montants de 10 000 $ à 100 000 $. Ces chiffres représentent les montants les plus couramment utilisés par la majorité des prêteurs et emprunteurs.

INTÉRÊT DE 4 %

	6 MOIS		12 MOIS		18 MOIS		24 MOIS	
Montant	Paiement Total	Paiement Mensuel	Paiement Total	Paiement Mensuel	Paiement Total	Paiement Mensuel	Paiement Total	Paiement Mensuel
1000	1011,72	168,62	1021,80	85,15	1031,94	57,33	1042,32	43,43
1500	1517,58	252,93	1532,76	127,73	1548,00	86,00	1563,36	65,14
2000	2023,38	337,23	2043,60	170,30	2063,88	114,66	2084,40	86,85
2500	2529,24	421,54	2554,56	212,88	2579,94	143,33	2605,44	108,56
3000	3035,10	505,85	3065,40	255,45	3096,00	172,00	3126,72	130,28
3500	3540,90	590,15	3576,36	298,03	3611,88	200,66	3647,76	151,99
4000	4046,82	674,47	4087,20	340,60	4127,94	229,33	4168,80	173,70
4500	4552,68	758,78	4598,16	383,18	4643,82	257,99	4689,84	195,41
5000	5058,54	843,09	5109,00	425,75	5159,88	286,66	5211,12	217,13
5500	5564,34	927,39	5619,96	468,33	5675,76	315,32	5732,16	238,84
6000	6070,20	1011,70	6130,80	510,90	6191,82	343,99	6252,96	260,54
6500	6576,06	1096,01	6641,76	553,48	6707,88	372,66	6774,24	282,26
7000	7081,86	1180,31	7152,60	596,05	7223,76	401,32	7295,52	303,98
7500	7587,78	1264,63	7663,56	638,63	7739,82	429,99	7816,56	325,69
8000	8093,64	1348,94	8174,40	681,20	8255,70	458,65	8337,60	347,40
8500	8599,44	1433,24	8685,36	723,78	8771,76	487,32	8858,64	369,11
9000	9105,30	1517,55	9196,20	766,35	9287,82	515,99	9379,92	390,83
9500	9611,16	1601,86	9707,16	808,93	9803,70	544,65	9900,96	412,54
10000	10117,02	1686,17	10218,00	851,50	10319,76	573,32	10422,00	434,25
11000	11128,74	1854,79	11239,80	936,65	11351,70	630,65	11464,32	477,68
12000	12140,40	2023,40	12261,60	1021,80	12383,64	687,98	12506,16	521,09
13000	13152,12	2192,02	13283,28	1106,94	13415,58	745,31	13548,72	564,53
14000	14163,78	2360,63	14305,20	1192,10	14447,70	802,65	14590,80	607,95
15000	15175,50	2529,25	15327,12	1277,26	15479,64	859,98	15633,12	651,38
16000	16187,22	2697,87	16348,92	1362,41	16511,58	917,31	16675,20	694,80
17000	17198,94	2866,49	17370,72	1447,56	17543,52	974,64	17717,52	738,23
18000	18210,60	3035,11	18392,52	1532,71	18575,46	1031,97	18759,60	781,65
19000	19222,32	3203,72	19414,32	1617,86	19607,40	1089,30	19801,92	825,08
20000	20234,04	3372,34	20436,12	1703,01	20639,52	1146,64	20844,00	868,50
21000	21245,76	3540,96	21457,92	1788,16	21671,46	1203,97	21886,32	911,93
22000	22257,42	3709,57	22479,72	1873,31	22703,40	1261,30	22928,40	955,35
23000	23269,14	3878,19	23501,52	1958,46	23735,34	1318,63	23970,72	998,78
24000	24280,86	4046,81	24523,32	2043,61	24767,28	1375,96	25012,56	1042,19
25000	25292,52	4215,42	25545,12	2128,76	25799,40	1433,30	26055,12	1085,63
26000	26304,24	4384,04	26566,80	2213,90	26831,34	1490,63	27097,44	1129,06
27000	27315,96	4552,66	27588,72	2299,06	27863,28	1547,96	28139,52	1172,48
28000	28327,62	4721,27	28610,52	2384,21	28895,22	1605,29	29181,84	1215,91
29000	29339,34	4889,89	29632,32	2469,36	29927,16	1662,62	30223,68	1259,32
30000	30351,00	5058,50	30654,12	2554,51	30959,10	1719,95	31266,24	1302,76
31000	31362,78	5227,13	31675,92	2639,66	31991,22	1777,29	32308,32	1346,18
32000	32374,44	5395,74	32697,72	2724,81	33023,16	1834,62	33350,64	1389,61
33000	33386,16	5564,36	33719,52	2809,96	34055,10	1891,95	34392,72	1433,03
34000	34397,88	5732,98	34741,32	2895,11	35087,04	1949,28	35435,04	1476,46
35000	35409,54	5901,59	35763,12	2980,26	36118,98	2006,61	36477,12	1519,88
36000	36421,26	6070,21	36784,92	3065,41	37150,92	2063,94	37519,44	1563,31

8

Montant	30 MOIS Paiement Total	30 MOIS Paiement Mensuel	36 MOIS Paiement Total	36 MOIS Paiement Mensuel	42 MOIS Paiement Total	42 MOIS Paiement Mensuel	48 MOIS Paiement Total	48 MOIS Paiement Mensuel
1000	1052,40	35,08	1062,72	29,52	1073,10	25,55	1083,84	22,58
1500	1578,90	52,63	1594,44	44,29	1609,86	38,33	1625,76	33,87
2000	2105,10	70,17	2125,80	59,05	2146,62	51,11	2167,68	45,16
2500	2631,30	87,71	2657,16	73,81	2683,38	63,89	2709,60	56,45
3000	3157,50	105,25	3188,52	88,57	3219,72	76,66	3251,52	67,74
3500	3683,70	122,79	3719,88	103,33	3756,48	89,44	3793,44	79,03
4000	4209,90	140,33	4251,60	118,10	4293,24	102,22	4335,36	90,32
4500	4736,40	157,88	4782,96	132,86	4830,00	115,00	4877,28	101,61
5000	5262,60	175,42	5314,32	147,62	5366,34	127,77	5419,20	112,90
5500	5788,80	192,96	5845,68	162,38	5903,10	140,55	5961,12	124,19
6000	6315,00	210,50	6377,04	177,14	6439,86	153,33	6503,04	135,48
6500	6841,20	228,04	6908,76	191,91	6976,62	166,11	7044,00	146,75
7000	7367,40	245,58	7440,12	206,67	7512,96	178,88	7586,40	158,05
7500	7893,90	263,13	7971,48	221,43	8049,72	191,66	8128,32	169,34
8000	8420,10	280,67	8502,84	236,19	8586,48	204,44	8670,24	180,63
8500	8946,30	298,21	9034,56	250,96	9123,24	217,22	9212,16	191,92
9000	9472,50	315,75	9565,92	265,72	9659,58	229,99	9754,08	203,21
9500	9998,70	333,29	10097,28	280,48	10196,34	242,77	10296,00	214,50
10000	10524,90	350,83	10628,64	295,24	10733,10	255,55	10837,92	225,79
11000	11577,60	385,92	11691,36	324,76	11806,20	281,10	11921,76	248,37
12000	12630,00	421,00	12754,44	354,29	12879,72	306,66	13005,60	270,95
13000	13682,70	456,09	13817,16	383,81	13952,82	332,21	14089,44	293,53
14000	14735,10	491,17	14880,24	413,34	15026,34	357,77	15172,80	316,10
15000	15787,50	526,25	15942,96	442,86	16099,44	383,32	16257,12	338,69
16000	16840,20	561,34	17006,04	472,39	17172,96	408,88	17340,96	361,27
17000	17892,60	596,42	18068,76	501,91	18246,06	434,43	18424,80	383,85
18000	18945,00	631,50	19131,48	531,43	19319,58	459,99	19508,64	406,43
19000	19997,70	666,59	20194,56	560,96	20392,68	485,54	20592,00	429,00
20000	21050,10	701,67	21257,28	590,48	21466,20	511,10	21675,84	451,58
21000	22102,50	736,75	22320,36	620,01	22539,30	536,65	22759,68	474,16
22000	23155,20	771,84	23383,08	649,53	23612,82	562,21	23843,52	496,74
23000	24207,60	806,92	24446,16	679,06	24685,92	587,76	24927,36	519,32
24000	25260,00	842,00	25508,88	708,58	25759,44	613,32	26011,20	541,90
25000	26312,70	877,09	26571,60	738,10	26832,54	638,87	27095,04	564,48
26000	27365,10	912,17	27634,68	767,63	27906,06	664,43	28178,88	587,06
27000	28417,50	947,25	28697,40	797,15	28979,16	689,98	29262,72	609,64
28000	29470,20	982,34	29760,48	826,68	30052,26	715,53	30346,08	632,21
29000	30522,60	1017,42	30823,20	856,20	31125,78	741,09	31430,40	654,80
30000	31575,00	1052,50	31885,92	885,72	32198,88	766,64	32514,24	677,38
31000	32627,70	1087,59	32949,00	915,25	33272,40	792,20	33597,60	699,95
32000	33680,10	1122,67	34011,72	944,77	34345,50	817,75	34681,44	722,53
33000	34732,50	1157,75	35074,80	974,30	35419,02	843,31	35765,28	745,11
34000	35785,20	1192,84	36137,52	1003,82	36492,12	868,86	36849,12	767,69
35000	36837,60	1227,92	37200,60	1033,35	37565,64	894,42	37932,96	790,27
36000	37890,00	1263,00	38263,32	1062,87	38638,74	919,97	39016,80	812,85

	54 MOIS		60 MOIS		66 MOIS		72 MOIS	
Montant	Paiement Total	Paiement Mensuel	Paiement Total	Paiement Mensuel	Paiement Total	Paiement Mensuel	Paiement Total	Paiement Mensuel
1000	1094,58	20,27	1105,20	18,42	1115,40	16,90	1126,80	15,65
1500	1641,60	30,40	1657,20	27,62	1673,76	25,36	1689,84	23,47
2000	2188,62	40,53	2209,80	36,83	2231,46	33,81	2252,88	31,29
2500	2736,18	50,67	2762,40	46,04	2789,16	42,26	2815,92	39,11
3000	3283,20	60,80	3315,00	55,25	3346,86	50,71	3379,68	46,94
3500	3830,22	70,93	3867,60	64,46	3905,22	59,17	3942,72	54,76
4000	4377,24	81,06	4420,20	73,67	4462,92	67,62	4505,76	62,58
4500	4924,80	91,20	4972,20	82,87	5020,62	76,07	5068,80	70,40
5000	5471,82	101,33	5524,80	92,08	5578,32	84,52	5632,56	78,23
5500	6018,84	111,46	6077,40	101,29	6136,02	92,97	6195,60	86,05
6000	6566,40	121,60	6630,00	110,50	6694,38	101,43	6758,64	93,87
6500	7113,42	131,73	7182,60	119,71	7252,08	109,88	7321,68	101,69
7000	7660,44	141,86	7735,20	128,92	7809,78	118,33	7885,44	109,52
7500	8208,00	152,00	8287,20	138,12	8367,48	126,78	8448,48	117,34
8000	8755,02	162,13	8839,80	147,33	8925,84	135,24	9011,52	125,16
8500	9302,04	172,26	9391,80	156,53	9483,54	143,69	9574,56	132,98
9000	9849,06	182,39	9945,00	165,75	10041,24	152,14	10138,32	140,81
9500	10396,62	192,53	10497,00	174,96	10598,94	160,59	10701,36	148,63
10000	10943,64	202,66	11050,20	184,17	11156,64	169,04	11264,40	156,45
11000	12038,22	222,93	12154,80	202,58	12272,70	185,95	12391,20	172,10
12000	13132,26	243,19	13260,00	221,00	13388,10	202,85	13517,28	187,74
13000	14226,84	263,46	14365,20	239,42	14504,16	219,76	14644,08	203,39
14000	15320,88	283,72	15469,20	257,82	15619,56	236,66	15770,16	219,03
15000	16415,46	303,99	16575,00	276,25	16735,62	253,57	16896,96	234,68
16000	17510,04	324,26	17680,20	294,67	17851,02	270,47	18023,04	250,32
17000	18604,08	344,52	18784,20	313,07	18967,08	287,38	19149,84	265,97
18000	19698,66	364,79	19890,00	331,50	20082,48	304,28	20275,20	281,60
19000	20792,70	385,05	20995,20	349,92	21198,54	321,19	21402,72	297,26
20000	21887,28	405,32	22099,80	368,33	22313,94	338,09	22529,52	312,91
21000	22981,86	425,59	23205,00	386,75	23429,34	354,99	23655,60	328,55
22000	24075,90	445,85	24310,20	405,17	24545,40	371,90	24782,40	344,20
23000	25170,48	466,12	25414,80	423,58	25660,80	388,80	25908,48	359,84
24000	26264,52	486,38	26520,00	442,00	26776,86	405,71	27035,28	375,49
25000	27359,10	506,65	27625,20	460,42	27892,26	422,61	28161,36	391,13
26000	28453,68	526,92	28729,80	478,83	29008,32	439,52	29288,16	406,78
27000	29547,72	547,18	29835,00	497,25	30123,72	456,42	30414,24	422,42
28000	30642,30	567,45	30940,20	515,67	31239,78	473,33	31541,04	438,07
29000	31736,34	587,71	32044,80	534,08	32355,18	490,23	32667,12	453,71
30000	32830,92	607,98	33150,00	552,50	33470,58	507,13	33793,92	469,36
31000	33925,50	628,25	34255,20	570,92	34585,98	524,03	34920,00	485,00
32000	35019,54	648,51	35359,80	589,33	35702,04	540,94	36046,80	500,65
33000	36114,12	668,78	36465,00	607,75	36817,44	557,84	37172,17	516,28
34000	37208,70	689,05	37570,20	626,17	37933,50	574,75	38299,68	531,94
35000	38302,74	709,31	38674,80	644,58	39048,90	591,65	39425,76	547,58
36000	39397,32	729,58	39780,00	663,00	40164,96	608,56	40552,56	563,23

Montant	6 MOIS Paiement Total	6 MOIS Paiement Mensuel	12 MOIS Paiement Total	12 MOIS Paiement Mensuel	18 MOIS Paiement Total	18 MOIS Paiement Mensuel	24 MOIS Paiement Total	24 MOIS Paiement Mensuel
37000	37432,98	6238,83	37806,72	3150,56	38183,04	2121,28	38561,52	1606,73
38000	38444,70	6407,45	38828,52	3235,71	39214,98	2178,61	39603,84	1650,16
39000	39456,36	6576,06	39850,32	3320,86	40246,92	2235,94	40645,92	1693,58
40000	40468,08	6744,68	40872,12	3406,01	41278,86	2293,27	41688,24	1737,01
41000	41479,80	6913,30	41893,92	3491,16	42310,80	2350,60	42730,32	1780,43
42000	42491,46	7081,91	42915,72	3576,31	43342,92	2407,94	43772,64	1823,86
43000	43503,18	7250,53	43937,52	3661,46	44374,86	2465,27	44814,72	1867,28
44000	44514,90	7419,15	44959,44	3746,62	45406,80	2522,60	45857,04	1910,71
45000	45526,56	7587,76	45981,24	3831,77	46438,74	2579,93	46899,12	1954,13
46000	46538,28	7756,38	47003,04	3916,92	47470,68	2637,26	47941,44	1997,56
47000	47550,00	7925,00	48024,84	4002,07	48502,62	2694,59	48983,52	2040,98
48000	48561,72	8093,62	49046,64	4087,22	49534,74	2751,93	50025,60	2084,40
49000	49573,39	8262,23	50068,44	4172,37	50566,68	2809,26	51067,92	2127,83
50000	50585,04	8430,84	51090,24	4257,52	51598,62	2866,59	52110,24	2171,26
51000	51596,82	8599,47	52112,04	4342,67	52630,56	2923,92	53152,32	2214,68
52000	52608,48	8768,08	53133,72	4427,81	53662,50	2981,25	54194,64	2258,11
53000	53620,21	8936,70	54155,64	4512,97	54694,62	3038,59	55236,96	2301,54
54000	54631,92	9105,32	55177,44	4598,12	55726,56	3095,92	56279,04	2344,96
55000	55643,58	9273,93	56199,24	4683,27	56758,50	3153,25	57321,12	2388,38
56000	56655,30	9442,55	57221,04	4768,42	57790,44	3210,58	58363,44	2431,81
57000	57667,02	9611,17	58242,72	4853,56	58822,38	3267,91	59405,76	2475,24
58000	58678,74	9779,79	59264,64	4938,72	59854,32	3325,24	60447,60	2518,65
59000	59690,40	9948,40	60286,44	5023,87	60886,44	3382,58	61490,17	2562,09
60000	60702,06	10117,01	61308,24	5109,02	61918,38	3439,91	62532,24	2605,51
61000	61713,78	10285,63	62330,04	5194,17	62950,32	3497,24	63574,56	2648,94
62000	62725,50	10454,25	63351,84	5279,32	63982,26	3554,57	64616,64	2692,36
64000	64748,94	10791,49	65395,44	5449,62	66046,32	3669,24	66701,04	2779,21
66000	66772,32	11128,72	67439,04	5619,92	68110,20	3783,90	68785,44	2866,06
68000	68795,76	11465,96	69482,65	5790,22	70174,08	3898,56	70869,84	2952,91
70000	70819,15	11803,19	71526,25	5960,52	72238,15	4013,23	72954,25	3039,76
72000	72842,52	12140,42	73569,84	6130,82	74302,03	4127,89	75038,65	3126,61
74000	74865,96	12477,66	75613,56	6301,13	76365,72	4242,54	77123,04	3213,46
76000	76889,34	12814,89	77657,16	6471,43	78429,96	4357,22	79207,44	3300,31
78000	78912,78	13152,13	79700,76	6641,73	80493,84	4471,88	81292,08	3387,17
80000	80936,16	13489,36	81744,36	6812,03	82557,72	4586,54	83376,49	3474,02
82000	82959,54	13826,59	83787,96	6982,33	84621,78	4701,21	85460,88	3560,87
84000	84982,99	14163,83	85831,56	7152,63	86685,66	4815,87	87545,28	3647,72
86000	87006,36	14501,06	87875,16	7322,93	88749,72	4930,54	89629,68	3734,57
88000	89029,80	14838,30	89918,76	7493,23	90813,60	5045,20	91714,08	3821,42
90000	91053,18	15175,53	91962,36	7663,53	92877,48	5159,86	93798,49	3908,27
92000	93076,56	15512,76	94005,96	7833,83	94941,54	5274,53	95882,88	3995,12
94000	95100,00	15850,00	96049,56	8004,13	97005,42	5389,19	97967,28	4081,97
96000	97123,38	16187,23	98093,16	8174,43	99069,31	5503,85	100051,40	4168,81
98000	99146,83	16524,47	100136,80	8344,73	101133,40	5618,52	102136,10	4255,67
100000	101170,10	16861,69	102180,40	8515,03	103197,20	5733,18	104220,50	4342,52

Montant	30 MOIS Paiement Total	Paiement Mensuel	36 MOIS Paiement Total	Paiement Mensuel	42 MOIS Paiement Total	Paiement Mensuel	48 MOIS Paiement Total	Paiement Mensuel
37000	38942,70	1298,09	39326,04	1092,39	39712,26	945,53	40100,64	835,43
38000	39995,10	1333,17	40389,12	1121,92	40785,36	971,08	41184,48	858,01
39000	41047,80	1368,26	41451,48	1151,43	41858,88	996,64	42268,32	880,59
40000	42100,20	1403,34	42514,92	1180,97	42931,98	1022,19	43352,16	903,17
41000	43152,60	1438,42	43577,64	1210,49	44005,50	1047,75	44436,00	925,75
42000	44205,30	1473,51	44640,36	1240,01	45078,60	1073,30	45519,84	948,33
43000	45257,70	1508,59	45703,44	1269,54	46152,12	1098,86	46603,21	970,90
44000	46310,10	1543,67	46766,17	1299,06	47225,23	1124,41	47687,04	993,48
45000	47362,80	1578,76	47829,24	1328,59	48298,74	1149,97	48770,88	1016,06
46000	48415,20	1613,84	48891,96	1358,11	49371,84	1175,52	49854,72	1038,64
47000	49467,60	1648,92	49955,04	1387,64	50444,94	1201,07	50938,56	1061,22
48000	50520,30	1684,01	51017,76	1417,16	51518,46	1226,63	52022,40	1083,80
49000	51572,70	1719,09	52080,48	1446,68	52591,57	1252,18	53106,24	1106,38
50000	52625,10	1754,17	53143,56	1476,21	53665,08	1277,74	54190,08	1128,96
51000	53677,80	1789,26	54206,28	1505,73	54738,60	1303,30	55273,92	1151,54
52000	54730,20	1824,34	55269,36	1535,26	55811,70	1328,85	56357,76	1174,12
53000	55782,60	1859,42	56332,08	1564,78	56885,23	1354,41	57441,12	1196,69
54000	56835,30	1894,51	57394,80	1594,30	57958,32	1379,96	58525,44	1219,28
55000	57887,70	1929,59	58457,88	1623,83	59031,84	1405,52	59609,28	1241,86
56000	58940,10	1964,67	59520,60	1653,35	60104,94	1431,07	60692,64	1264,43
57000	59992,80	1999,76	60583,68	1682,88	61178,04	1456,62	61776,48	1287,01
58000	61045,20	2034,84	61646,40	1712,40	62251,57	1482,18	62860,32	1309,59
59000	62097,60	2069,92	62709,48	1741,93	63324,66	1507,73	63944,17	1332,17
60000	63150,30	2105,01	63772,20	1771,45	64398,18	1533,29	65028,00	1354,75
61000	64202,71	2140,09	64834,92	1800,97	65471,28	1558,84	66111,84	1377,33
62000	65255,40	2175,18	65896,00	1830,50	66544,80	1584,40	67195,68	1399,91
64000	67360,21	2245,34	68023,81	1889,55	68691,43	1635,51	69363,36	1445,07
66000	69465,30	2315,51	70149,24	1948,59	70838,04	1686,62	71531,04	1490,23
68000	71570,40	2385,68	72275,04	2007,64	72984,66	1737,73	73698,25	1535,38
70000	73675,21	2455,84	74400,84	2066,69	75131,28	1788,84	75865,93	1580,54
72000	75780,30	2526,01	76526,65	2125,74	77277,90	1839,95	78033,60	1625,70
74000	77885,40	2596,18	78652,44	2184,79	79424,53	1891,06	80201,28	1670,86
76000	79990,21	2666,34	80778,25	2243,84	81571,15	1942,17	82368,96	1716,02
78000	82095,30	2736,51	82903,33	2302,87	83717,76	1993,28	84536,64	1761,18
80000	84200,40	2806,68	85029,48	2361,93	85864,38	2044,39	86703,84	1806,33
82000	86305,21	2876,84	87155,28	2420,98	88011,00	2095,50	88871,52	1851,49
84000	88410,30	2947,01	89281,08	2480,03	90157,21	2146,60	91039,21	1896,65
86000	90515,40	3017,18	91406,88	2539,08	92303,82	2197,71	93206,88	1941,81
88000	92620,50	3087,35	93532,33	2598,12	94450,44	2248,82	95374,56	1986,97
90000	94725,30	3157,51	95658,12	2657,17	96597,06	2299,93	97542,24	2032,13
92000	96830,40	3227,68	97783,92	2716,22	98743,68	2351,04	99709,44	2077,28
94000	98935,50	3297,85	99909,72	2775,27	100889,90	2402,14	101877,10	2122,44
96000	101040,30	3368,01	102035,50	2834,32	103036,90	2453,26	104044,80	2167,60
98000	103145,40	3438,18	104161,30	2893,37	105183,60	2504,37	106212,50	2212,76
100000	105250,50	3508,35	106287,10	2952,42	107330,20	2555,48	108380,20	2257,92

	54 MOIS		**60** MOIS		**66** MOIS		**72** MOIS	
Montant	Paiement Total	Paiement Mensuel	Paiement Total	Paiement Mensuel	Paiement Total	Paiement Mensuel	Paiement Total	Paiement Mensuel
37000	40491,36	749,84	40885,20	681,42	41280,36	625,46	41679,36	578,88
38000	41585,94	770,11	41989,80	699,83	42396,42	642,37	42805,44	594,52
39000	42680,52	790,38	43095,00	718,25	43511,82	659,27	43932,24	610,17
40000	43774,57	810,64	44200,20	736,67	44627,88	676,18	45058,32	625,81
41000	44869,14	830,91	45304,80	755,08	45743,28	693,08	46185,12	641,46
42000	45963,18	851,17	46410,00	773,50	46859,34	709,99	47311,20	657,10
43000	47057,76	871,44	47514,60	791,91	47974,74	726,89	48438,00	672,75
44000	48152,34	891,71	48619,80	810,33	49090,80	743,80	49564,08	688,39
45000	49246,38	911,97	49725,00	828,75	50206,20	760,70	50690,88	704,04
46000	50340,96	932,24	50829,60	847,16	51322,26	777,61	51816,96	719,68
47000	51435,00	952,50	51934,80	865,58	52437,66	794,51	52943,76	735,33
48000	52529,58	972,77	53040,00	884,00	53553,72	811,42	54069,84	750,97
49000	53624,16	993,04	54144,60	902,41	54669,12	828,32	55196,64	766,62
50000	54718,20	1013,30	55249,80	920,83	55784,52	845,22	56322,72	782,26
51000	55812,24	1033,56	56355,00	939,25	56900,58	862,13	57449,52	797,91
52000	56906,28	1053,82	57459,60	957,66	58015,98	879,03	58575,60	813,55
53000	58001,40	1074,10	58564,80	976,08	59132,04	895,94	59702,40	829,20
54000	59095,98	1094,37	59670,00	994,50	60247,44	912,84	60828,48	844,84
55000	60190,02	1114,63	60774,60	1012,91	61363,50	929,75	61955,28	860,49
56000	61284,60	1134,90	61879,20	1031,32	62478,90	946,65	63082,08	876,14
57000	62378,64	1155,16	62985,00	1049,75	63594,96	963,56	64208,17	891,78
58000	63473,23	1175,43	64089,60	1068,16	64710,36	980,46	65334,96	907,43
59000	64567,26	1195,69	65194,20	1086,57	65825,76	997,36	66461,04	923,07
60000	65661,84	1215,96	66300,00	1105,00	66941,82	1014,27	67587,84	938,72
61000	66756,43	1236,23	67404,60	1123,41	68057,22	1031,17	68713,93	954,36
62000	67850,46	1256,49	68509,20	1141,82	69172,62	1048,07	69840,72	970,01
64000	70039,63	1297,03	70719,60	1178,66	71404,75	1081,89	72093,60	1001,30
66000	72228,25	1337,56	72930,00	1215,50	73635,54	1115,69	74346,48	1032,59
68000	74416,86	1378,09	75139,20	1252,32	75867,00	1149,50	76599,36	1063,88
70000	76605,48	1418,62	77349,60	1289,16	78098,46	1183,31	78852,25	1095,17
72000	78794,10	1459,15	79560,00	1326,00	80329,93	1217,12	81105,12	1126,46
74000	80983,26	1499,69	81769,80	1362,83	82561,38	1250,93	83358,00	1157,75
76000	83171,88	1540,22	83979,60	1399,66	84792,84	1284,74	85610,88	1189,04
78000	85360,50	1580,75	86190,00	1436,50	87024,31	1318,55	87863,04	1220,32
80000	87549,12	1621,28	88399,80	1473,33	89255,76	1352,36	90116,64	1251,62
82000	89737,74	1661,81	90609,60	1510,16	91487,22	1386,17	92369,52	1282,91
84000	91926,90	1702,35	92820,00	1547,00	93718,68	1419,98	94622,40	1314,20
86000	94115,52	1742,88	95029,80	1583,83	95950,14	1453,79	96875,28	1345,49
88000	96304,14	1783,41	97239,60	1620,66	98180,94	1487,59	99128,16	1376,78
90000	98492,76	1823,94	99450,00	1657,50	100412,40	1521,40	101381,00	1408,07
92000	100681,40	1864,47	101659,80	1694,33	102643,90	1555,21	103634,60	1439,37
94000	102870,50	1905,01	103869,60	1731,16	104875,30	1589,02	105887,50	1470,66
96000	105059,20	1945,54	106080,00	1768,00	107106,80	1622,83	108140,40	1501,95
98000	107247,80	1986,07	108289,80	1804,83	109338,20	1656,64	110393,30	1533,24
100000	109436,40	2026,60	110499,60	1841,66	111569,70	1690,45	112646,20	1564,53

	6 MOIS		12 MOIS		18 MOIS		24 MOIS	
Montant	Paiement Total	Paiement Mensuel	Paiement Total	Paiement Mensuel	Paiement Total	Paiement Mensuel	Paiement Total	Paiement Mensuel
1000	1013,16	168,86	1024,56	85,38	1036,08	57,56	1047,60	43,65
1500	1519,74	253,29	1536,84	128,07	1553,94	86,33	1571,28	65,47
2000	2026,32	337,72	2049,12	170,76	2071,98	115,11	2095,20	87,30
2500	2532,90	422,15	2561,44	213,45	2590,02	143,89	2618,88	109,12
3000	3039,54	506,59	3073,68	256,14	3108,06	172,67	3142,56	130,94
3500	3546,12	591,02	3585,84	298,82	3626,10	201,45	3666,48	152,77
4000	4052,70	675,45	4098,24	341,52	4143,96	230,22	4190,16	174,59
4500	4559,28	759,88	4610,52	384,21	4662,00	259,00	4714,08	196,42
5000	5065,86	844,31	5122,68	426,89	5180,04	287,78	5237,76	218,24
5500	5572,44	928,74	5634,96	469,58	5698,08	316,56	5761,44	240,06
6000	6079,02	1013,17	6147,24	512,27	6216,12	345,34	6285,36	261,89
6500	6585,60	1097,60	6659,52	554,96	6733,98	374,11	6809,04	283,71
7000	7092,18	1182,03	7171,80	597,65	7252,02	402,89	7332,96	305,54
7500	7598,76	1266,46	7684,08	640,34	7770,06	431,67	7856,40	327,35
8000	8105,40	1350,90	8196,36	683,03	8288,10	460,45	8380,32	349,18
8500	8611,98	1435,33	8708,64	725,72	8806,14	489,23	8904,24	371,01
9000	9118,56	1519,76	9220,92	768,41	9324,00	518,00	9427,92	392,83
9500	9625,14	1604,19	9733,20	811,10	9842,04	546,78	9951,84	414,66
10000	10131,72	1688,62	10245,48	853,79	10360,08	575,56	10475,52	436,48
11000	11144,88	1857,48	11270,04	939,17	11396,16	633,12	11523,12	480,13
12000	12158,04	2026,34	12294,60	1024,55	12432,06	690,67	12570,72	523,78
13000	13171,20	2195,20	13319,16	1109,93	13468,14	748,23	13618,08	567,42
14000	14184,24	2364,07	14343,72	1195,31	14504,04	805,78	14665,68	611,07
15000	15197,58	2532,93	15368,16	1280,68	15540,12	863,34	15713,04	654,71
16000	16210,74	2701,79	16392,72	1366,06	16576,20	920,90	16760,88	698,37
17000	17223,90	2870,65	17417,28	1451,44	17612,10	978,45	17808,48	742,02
18000	18237,06	3039,51	18441,84	1536,82	18648,18	1036,01	18855,84	785,66
19000	19250,28	3208,38	19466,40	1622,20	19684,08	1093,56	19903,44	829,31
20000	20263,44	3377,24	20490,96	1707,58	20720,16	1151,12	20951,04	872,96
21000	21276,60	3546,10	21515,52	1792,96	21756,24	1208,68	21998,64	916,61
22000	22289,76	3714,96	22540,08	1878,34	22792,14	1266,23	23046,24	960,26
23000	23302,92	3883,82	23564,64	1963,72	23828,22	1323,79	24093,60	1003,90
24000	24316,14	4052,69	24589,20	2049,10	24864,12	1381,34	25141,20	1047,55
25000	25329,24	4221,54	25613,64	2134,47	25900,20	1438,90	26188,56	1091,19
26000	26342,46	4390,41	26638,20	2219,85	26936,28	1496,46	27236,40	1134,85
27000	27355,62	4559,27	27662,76	2305,23	27972,18	1554,01	28284,00	1178,50
28000	28368,78	4728,13	28687,32	2390,61	29008,26	1611,57	29331,36	1222,14
29000	29381,94	4896,99	29711,88	2475,99	30044,16	1669,12	30378,96	1265,79
30000	30395,16	5065,86	30736,44	2561,37	31080,24	1726,68	31426,32	1309,43
31000	31408,32	5234,72	31761,00	2646,75	32116,14	1784,23	32474,16	1353,09
32000	32421,48	5403,58	32785,56	2732,13	33152,22	1841,79	33521,76	1396,74
33000	33434,64	5572,44	33810,12	2817,51	34188,30	1899,35	34569,12	1440,38
34000	34447,80	5741,30	34834,68	2902,89	35224,20	1956,90	35616,72	1484,03
35000	35461,02	5910,17	35859,12	2988,26	36260,28	2014,46	36664,32	1527,68
36000	36474,18	6079,03	36883,68	3073,64	37296,18	2072,01	37711,92	1571,33

	30 MOIS		36 MOIS		42 MOIS		48 MOIS	
Montant	Paiement Total	Paiement Mensuel	Paiement Total	Paiement Mensuel	Paiement Total	Paiement Mensuel	Paiement Total	Paiement Mensuel
1000	1059,30	35,31	1071,00	29,75	1082,76	25,78	1094,40	22,80
1500	1588,80	52,96	1606,32	44,62	1623,72	38,66	1642,08	34,21
2000	2118,30	70,61	2141,64	59,49	2165,52	51,56	2189,28	45,61
2500	2648,10	88,27	2677,32	74,37	2706,48	64,44	2736,48	57,01
3000	3177,60	105,92	3212,64	89,24	3247,86	77,33	3283,68	68,41
3500	3707,10	123,57	3747,96	104,11	3789,24	90,22	3830,88	79,81
4000	4236,60	141,22	4283,64	118,99	4330,62	103,11	4378,08	91,21
4500	4766,40	158,88	4818,96	133,86	4872,00	116,00	4925,76	102,62
5000	5295,90	176,53	5354,64	148,74	5413,38	128,89	5472,96	114,02
5500	5825,40	194,18	5889,96	163,61	5954,76	141,78	6020,16	125,42
6000	6355,20	211,84	6425,28	178,48	6496,14	154,67	6567,36	136,82
6500	6884,70	229,49	6960,96	193,36	7037,52	167,56	7114,56	148,22
7000	7414,20	247,14	7496,28	208,23	7578,90	180,45	7661,76	159,62
7500	7943,70	264,79	8031,60	223,10	8120,28	193,34	8209,44	171,03
8000	8473,50	282,45	8567,28	237,98	8661,66	206,23	8756,64	182,43
8500	9003,00	300,10	9102,60	252,85	9203,04	219,12	9303,84	193,83
9000	9532,50	317,75	9637,92	267,72	9744,42	232,01	9851,04	205,23
9500	10062,30	335,41	10173,60	282,60	10285,38	244,89	10398,24	216,63
10000	10591,80	353,06	10708,92	297,47	10826,76	257,78	10945,92	228,04
11000	11651,10	388,37	11779,92	327,22	11909,52	283,56	12040,32	250,84
12000	12710,10	423,67	12850,56	356,96	12992,28	309,34	13134,72	273,64
13000	13769,40	458,98	13921,56	386,71	14075,04	335,12	14229,60	296,45
14000	14828,40	494,28	14992,56	416,46	15157,80	360,90	15324,00	319,25
15000	15887,70	529,59	16063,56	446,21	16240,56	386,68	16418,40	342,05
16000	16947,00	564,90	17134,20	475,95	17322,90	412,45	17513,28	364,86
17000	18006,00	600,20	18205,20	505,70	18405,66	438,23	18607,68	387,66
18000	19065,30	635,51	19276,20	535,45	19488,42	464,01	19702,08	410,46
19000	20124,30	670,81	20346,84	565,19	20571,18	489,79	20796,96	433,27
20000	21183,60	706,12	21417,84	594,94	21653,94	515,57	21891,36	456,07
21000	22242,90	741,43	22488,84	624,69	22736,28	541,34	22985,76	478,87
22000	23301,90	776,73	23559,48	654,43	23819,04	567,12	24080,64	501,68
23000	24361,20	812,04	24630,48	684,18	24901,80	592,90	25175,04	524,48
24000	25420,20	847,34	25701,48	713,93	25984,56	618,68	26269,44	547,28
25000	26479,50	882,65	26772,48	743,68	27067,32	644,46	27364,32	570,09
26000	27538,80	917,96	27843,12	773,42	28150,08	670,24	28458,72	592,89
27000	28597,80	953,26	28914,12	803,17	29232,84	696,02	29553,60	615,70
28000	29657,10	988,57	29985,12	832,92	30315,18	721,79	30648,00	638,50
29000	30716,10	1023,87	31055,76	862,66	31397,94	747,57	31742,40	661,30
30000	31775,40	1059,18	32126,76	892,41	32480,70	773,35	32837,28	684,11
31000	32834,70	1094,49	33197,76	922,16	33563,46	799,13	33931,68	706,91
32000	33893,70	1129,79	34268,76	951,91	34646,22	824,91	35026,08	729,71
33000	34953,00	1165,10	35339,40	981,65	35728,98	850,69	36120,96	752,52
34000	36012,00	1200,40	36410,40	1011,40	36811,32	876,46	37215,36	775,32
35000	37071,30	1235,71	37481,40	1041,15	37894,08	902,24	38309,76	798,12
36000	38130,60	1271,02	38552,04	1070,89	38976,84	928,02	39404,64	820,93

INTÉRÊT DE **4,5 %**

Montant	54 MOIS Paiement Total	54 MOIS Paiement Mensuel	60 MOIS Paiement Total	60 MOIS Paiement Mensuel	66 MOIS Paiement Total	66 MOIS Paiement Mensuel	72 MOIS Paiement Total	72 MOIS Paiement Mensuel
1000	1106.46	20.49	1118.40	18.64	1129.92	17.12	1142.64	15.87
1500	1659.96	30.74	1677.60	27.96	1696.20	25.70	1714.32	23.81
2000	2212.92	40.98	2237.40	37.29	2260.50	34.25	2286.00	31.75
2500	2766.42	51.23	2796.60	46.61	2826.78	42.83	2856.96	39.68
3000	3319.38	61.47	3355.80	55.93	3392.40	51.40	3428.64	47.62
3500	3872.88	71.72	3915.00	65.25	3957.36	59.96	4000.32	55.56
4000	4426.38	81.97	4474.20	74.57	4522.98	68.53	4572.00	63.50
4500	4979.34	92.21	5033.40	83.89	5087.28	77.08	5142.96	71.43
5000	5532.84	102.46	5593.20	93.22	5653.56	85.66	5714.64	79.37
5500	6085.80	112.70	6152.40	102.54	6219.18	94.23	6286.32	87.31
6000	6639.30	122.95	6711.60	111.86	6784.14	102.79	6857.28	95.24
6500	7192.26	133.19	7270.80	121.18	7349.76	111.36	7428.96	103.18
7000	7745.76	143.44	7830.00	130.50	7914.72	119.92	8000.64	111.12
7500	8299.26	153.69	8389.20	139.82	8480.34	128.49	8572.32	119.06
8000	8852.22	163.93	8948.40	149.14	9045.96	137.06	9143.28	126.99
8500	9405.72	174.18	9508.20	158.47	9610.92	145.62	9714.24	134.92
9000	9958.68	184.42	10067.40	167.79	10176.54	154.19	10286.64	142.87
9500	10512.18	194.67	10626.60	177.11	10741.56	162.75	10857.60	150.80
10000	11065.14	204.91	11185.80	186.43	11307.12	171.32	11429.28	158.74
11000	12172.14	225.41	12304.20	205.07	12437.70	188.45	12571.92	174.61
12000	13278.60	245.90	13423.20	223.72	13568.94	205.59	13715.28	190.49
13000	14385.06	266.39	14541.60	242.36	14699.52	222.72	14857.92	206.36
14000	15491.52	286.88	15660.00	261.00	15830.10	239.85	16001.28	222.24
15000	16597.98	307.37	16779.00	279.65	16960.68	256.98	17143.92	238.11
16000	17704.44	327.86	17897.40	298.29	18090.60	274.10	18287.28	253.99
17000	18810.90	348.35	19015.80	316.93	19222.50	291.25	19429.20	269.85
18000	19917.90	368.85	20134.80	335.58	20353.08	308.38	20572.56	285.73
19000	21024.36	389.34	21253.20	354.22	21483.66	325.51	21715.20	301.60
20000	22130.82	409.83	22371.60	372.86	22614.24	342.64	22858.56	317.48
21000	23237.28	430.32	23490.00	391.50	23744.82	359.77	24001.92	333.36
22000	24343.74	450.81	24609.00	410.15	24876.06	376.91	25144.56	349.23
23000	25450.20	471.30	25727.40	428.79	26006.64	394.04	26287.20	365.10
24000	26556.66	491.79	26845.80	447.43	27137.22	411.17	27430.56	380.98
25000	27663.12	512.28	27964.80	466.08	28267.80	428.30	28573.20	396.85
26000	28770.12	532.78	29083.20	484.72	29398.38	445.43	29716.56	412.73
27000	29876.58	553.27	30201.60	503.36	30529.62	462.57	30859.20	428.60
28000	30983.04	573.76	31320.60	522.01	31660.20	479.70	32001.84	444.47
29000	32089.50	594.25	32439.00	540.65	32790.78	496.83	33145.20	460.35
30000	33195.96	614.74	33556.80	559.28	33921.36	513.96	34287.84	476.22
31000	34302.42	635.23	34676.40	577.94	35051.94	531.09	35431.20	492.10
32000	35409.42	655.73	35794.80	596.58	36183.18	548.23	36573.84	507.97
33000	36515.88	676.22	36912.60	615.21	37313.76	565.36	37716.48	523.84
34000	37622.34	696.71	38032.20	633.87	38444.34	582.49	38859.12	539.71
35000	38728.80	717.20	39150.60	652.51	39574.92	599.62	40002.48	555.59
36000	39835.26	737.69	40269.00	671.15	40706.16	616.76	41145.12	571.46

INTÉRÊT DE **4,5 %**

	6 MOIS		12 MOIS		18 MOIS		24 MOIS	
Montant	Paiement Total	Paiement Mensuel	Paiement Total	Paiement Mensuel	Paiement Total	Paiement Mensuel	Paiement Total	Paiement Mensuel
37000	37487.34	6247.89	37908.24	3159.02	38332.26	2129.57	38759.52	1614.98
38000	38500.50	6416.75	38932.80	3244.40	39368.17	2187.12	39806.88	1658.62
39000	39513.66	6585.61	39957.36	3329.78	40404.24	2244.68	40854.48	1702.27
40000	40526.88	6754.48	40981.92	3415.16	41440.32	2302.24	41902.08	1745.92
41000	41540.04	6923.34	42006.48	3500.54	42476.22	2359.79	42949.68	1789.57
42000	42553.21	7092.20	43031.04	3585.92	43512.30	2417.35	43997.28	1833.22
43000	43566.36	7261.06	44055.60	3671.30	44548.20	2474.90	45044.64	1876.86
44000	44579.52	7429.92	45080.16	3756.68	45584.28	2532.46	46092.24	1920.51
45000	45592.68	7598.78	46104.60	3842.05	46620.36	2590.02	47139.84	1964.16
46000	46605.90	7767.65	47129.16	3927.43	47656.26	2647.57	48187.44	2007.81
47000	47619.06	7936.51	48153.72	4012.81	48692.34	2705.13	49234.80	2051.45
48000	48632.22	8105.37	49178.28	4098.19	49728.42	2762.69	50282.40	2095.10
49000	49645.39	8274.23	50202.72	4183.56	50764.32	2820.24	51330.00	2138.75
50000	50658.54	8443.09	51227.40	4268.95	51800.40	2877.80	52377.36	2182.39
51000	51671.76	8611.96	52251.96	4354.33	52836.30	2935.35	53425.21	2226.05
52000	52684.92	8780.82	53276.52	4439.71	53872.38	2992.91	54472.56	2269.69
53000	53698.08	8949.68	54301.08	4525.09	54908.46	3050.47	55520.17	2313.34
54000	54711.24	9118.54	55325.52	4610.46	55944.36	3108.02	56567.76	2356.99
55000	55724.40	9287.40	56350.08	4695.84	56980.44	3165.58	57615.12	2400.63
56000	56737.56	9456.26	57374.64	4781.22	58016.34	3223.13	58662.96	2444.29
57000	57750.78	9625.13	58399.21	4866.60	59052.42	3280.69	59710.32	2487.93
58000	58763.94	9793.99	59423.76	4951.98	60088.50	3338.25	60757.92	2531.58
59000	59777.04	9962.84	60448.32	5037.36	61124.40	3395.80	61805.52	2575.23
60000	60790.26	10131.71	61472.89	5122.74	62160.48	3453.36	62852.89	2618.87
61000	61803.42	10300.57	62497.44	5208.12	63196.38	3510.91	63900.72	2662.53
62000	62816.64	10469.44	63522.00	5293.50	64232.46	3568.47	64948.08	2706.17
64000	64842.96	10807.16	65571.12	5464.26	66304.44	3683.58	67043.28	2793.47
66000	66869.28	11144.88	67620.12	5635.01	68376.43	3798.69	69138.49	2880.77
68000	68895.66	11482.61	69669.25	5805.77	70448.58	3913.81	71233.44	2968.06
70000	70921.99	11820.33	71718.36	5976.53	72520.56	4028.92	73328.65	3055.36
72000	72948.36	12158.06	73767.49	6147.29	74592.36	4144.02	75423.60	3142.65
74000	74974.68	12495.78	75816.60	6318.05	76664.53	4259.14	77518.80	3229.95
76000	77001.00	12833.50	77865.60	6488.80	78736.50	4374.25	79614.00	3317.25
78000	79027.38	13171.23	79914.72	6659.56	80808.66	4489.37	81708.96	3404.54
80000	81053.71	13508.95	81963.84	6830.32	82880.65	4604.48	83804.16	3491.84
82000	83080.02	13846.67	84012.96	7001.08	84952.62	4719.59	85899.12	3579.13
84000	85106.41	14184.40	86061.96	7171.83	87024.60	4834.70	87994.32	3666.43
86000	87132.72	14522.12	88111.08	7342.59	89096.58	4949.81	90089.52	3753.73
88000	89159.09	14859.85	90160.21	7513.35	91168.56	5064.92	92184.49	3841.02
90000	91185.42	15197.57	92209.32	7684.11	93240.72	5180.04	94279.68	3928.32
92000	93211.74	15535.29	94258.44	7854.87	95312.69	5295.15	96374.64	4015.61
94000	95238.12	15873.02	96307.44	8025.62	97384.68	5410.26	98469.84	4102.91
96000	97264.44	16210.74	98356.56	8196.38	99456.66	5525.37	100565.00	4190.21
98000	99290.77	16548.46	100405.60	8367.13	101528.60	5640.48	102660.00	4277.50
100000	101317.10	16886.19	102454.80	8537.90	103600.80	5755.60	104755.00	4364.79

17

	30 MOIS		36 MOIS		42 MOIS		48 MOIS	
Montant	Paiement Total	Paiement Mensuel	Paiement Total	Paiement Mensuel	Paiement Total	Paiement Mensuel	Paiement Total	Paiement Mensuel
37000	39189,30	1306,31	39623,04	1100,64	40059,60	953,80	40499,04	843,73
38000	40248,90	1341,63	40694,04	1130,39	41142,36	979,58	41593,92	866,54
39000	41307,90	1376,93	41764,68	1160,13	42225,12	1005,36	42688,32	889,34
40000	42367,20	1412,24	42835,68	1189,88	43307,46	1031,13	43782,72	912,14
41000	43426,50	1447,55	43906,68	1219,63	44390,23	1056,91	44877,60	934,95
42000	44485,50	1482,85	44977,68	1249,38	45472,57	1082,68	45972,00	957,75
43000	45544,80	1518,16	46048,32	1279,12	46555,74	1108,47	47066,40	980,55
44000	46603,80	1553,46	47119,32	1308,87	47638,50	1134,25	48161,28	1003,36
45000	47663,10	1588,77	48190,32	1338,62	48721,26	1160,03	49255,68	1026,16
46000	48722,40	1624,08	49260,96	1368,36	49803,60	1185,80	50350,08	1048,96
47000	49781,40	1659,38	50331,96	1398,11	50885,94	1211,57	51444,96	1071,77
48000	50840,70	1694,69	51402,96	1427,86	51969,12	1237,36	52538,89	1094,56
49000	51899,70	1729,99	52473,96	1457,61	53051,88	1263,14	53633,76	1117,37
50000	52959,00	1765,30	53544,60	1487,35	54134,64	1288,92	54728,64	1140,18
51000	54018,30	1800,61	54615,60	1517,10	55217,40	1314,70	55823,04	1162,98
52000	55077,30	1835,91	55686,60	1546,85	56299,74	1340,47	56917,92	1185,79
53000	56136,60	1871,22	56757,24	1576,59	57382,50	1366,25	58012,32	1208,59
54000	57195,90	1906,53	57828,24	1606,34	58465,26	1392,03	59106,72	1231,39
55000	58254,90	1941,83	58899,24	1636,09	59548,03	1417,81	60201,12	1254,19
56000	59314,20	1977,14	59969,88	1665,83	60630,78	1443,59	61296,00	1277,00
57000	60373,20	2012,44	61040,88	1695,58	61713,54	1469,37	62390,40	1299,80
58000	61432,50	2047,75	62111,88	1725,33	62795,88	1495,14	63485,28	1322,61
59000	62491,80	2083,06	63182,88	1755,08	63878,64	1520,92	64579,68	1345,41
60000	63550,81	2118,36	64253,52	1784,82	64961,40	1546,70	65674,08	1368,21
61000	64610,10	2153,67	65324,52	1814,57	66044,16	1572,48	66768,96	1391,02
62000	65669,10	2188,97	66395,52	1844,32	67126,93	1598,26	67863,36	1413,82
64000	67787,71	2259,59	68537,16	1903,81	69292,03	1649,81	70052,65	1459,43
66000	69906,00	2330,20	70678,81	1963,30	71457,54	1701,37	72241,93	1505,04
68000	72024,31	2400,81	72820,81	2022,80	73623,06	1752,93	74430,72	1550,64
70000	74142,60	2471,42	74962,44	2082,29	75788,16	1804,48	76620,00	1596,25
72000	76260,90	2542,03	77104,44	2141,79	77953,68	1856,04	78809,28	1641,86
74000	78379,20	2612,64	79246,08	2201,28	80119,20	1907,60	80998,08	1687,46
76000	80497,80	2683,26	81388,08	2260,78	82284,30	1959,15	83187,36	1733,07
78000	82616,10	2753,87	83529,72	2320,27	84449,82	2010,71	85376,64	1778,68
80000	84734,40	2824,48	85671,36	2379,76	86615,34	2062,27	87565,92	1824,29
82000	86852,71	2895,09	87813,36	2439,26	88780,44	2113,82	89754,72	1869,89
84000	88971,30	2965,71	89955,00	2498,75	90945,55	2165,37	91944,00	1915,50
86000	91089,60	3036,32	92097,00	2558,25	93111,48	2216,94	94133,28	1961,11
88000	93207,90	3106,93	94238,64	2617,74	95276,58	2268,49	96322,08	2006,71
90000	95326,21	3177,54	96380,28	2677,23	97442,10	2320,05	98511,36	2052,32
92000	97444,50	3248,15	98522,28	2736,73	99607,62	2371,61	100700,60	2097,93
94000	99563,10	3318,77	100663,90	2796,22	101773,10	2423,17	102889,40	2143,53
96000	101681,40	3389,38	102805,90	2855,72	103938,20	2474,72	105078,20	2189,13
98000	103799,70	3459,99	104947,60	2915,21	106103,80	2526,28	107268,00	2234,75
100000	105918,00	3530,60	107089,20	2974,70	108269,30	2577,84	109457,30	2280,36

Montant	54 MOIS Paiement Total	Paiement Mensuel	60 MOIS Paiement Total	Paiement Mensuel	66 MOIS Paiement Total	Paiement Mensuel	72 MOIS Paiement Total	Paiement Mensuel
37000	40941,72	758,18	41387,40	689,79	41836,74	633,89	42288,48	587,34
38000	42048,18	778,67	42506,40	708,44	42967,32	651,02	43431,12	603,21
39000	43155,18	799,17	43624,80	727,08	44097,90	668,15	44574,48	619,0
40000	44261,64	819,66	44743,20	745,72	45228,48	685,28	45717,12	634,96
41000	45368,10	840,15	45862,20	764,37	46359,72	702,42	46860,48	650,84
42000	46474,57	860,64	46980,60	783,01	47490,30	719,55	48003,12	666,71
43000	47581,02	881,13	48099,00	801,65	48620,88	736,68	49146,48	682,59
44000	48687,48	901,62	49218,00	820,30	49751,46	753,81	50289,12	698,46
45000	49793,94	922,11	50336,40	838,94	50882,04	770,94	51431,76	714,33
46000	50900,94	942,61	51454,80	857,58	52013,28	788,08	52575,12	730,21
47000	52007,40	963,10	52573,80	876,23	53143,86	805,21	53717,76	746,08
48000	53113,86	983,59	53692,20	894,87	54274,44	822,34	54861,12	761,96
49000	54220,32	1004,08	54810,60	913,51	55405,02	839,47	56003,76	777,83
50000	55326,24	1024,56	55929,00	932,15	56535,60	856,60	57146,40	793,70
51000	56433,24	1045,06	57048,00	950,80	57666,84	873,74	58289,76	809,58
52000	57539,71	1065,55	58166,40	969,44	58797,42	890,87	59432,40	825,45
53000	58646,71	1086,05	59284,80	988,08	59928,00	908,00	60575,76	841,33
54000	59753,17	1106,54	60403,80	1006,73	61058,58	925,13	61718,40	857,20
55000	60859,62	1127,03	61522,20	1025,37	62189,16	942,26	62861,04	873,07
56000	61966,08	1147,52	62640,60	1044,01	63320,40	959,40	64004,40	888,95
57000	63072,54	1168,01	63759,60	1062,66	64450,98	976,53	65147,04	904,82
58000	64179,00	1188,50	64878,01	1081,30	65581,56	993,66	66290,40	920,70
59000	65285,46	1208,99	65995,81	1099,93	66712,15	1010,79	67433,04	936,57
60000	66392,46	1229,49	67115,40	1118,59	67843,38	1027,93	68576,40	952,45
61000	67498,93	1249,98	68233,80	1137,23	68973,96	1045,06	69719,04	968,32
62000	68605,38	1270,47	69352,21	1155,87	70103,88	1062,18	70861,68	984,19
64000	70818,30	1311,45	71589,60	1193,16	72365,04	1096,44	73147,68	1015,94
66000	73031,22	1352,43	73825,81	1230,43	74627,52	1130,72	75432,96	1047,68
68000	75244,68	1393,42	76063,80	1267,73	76888,68	1164,98	77718,96	1079,43
70000	77457,60	1434,40	78301,21	1305,02	79150,50	1199,25	80004,96	1111,18
72000	79670,52	1475,38	80538,00	1342,30	81411,66	1233,51	82290,96	1142,93
74000	81883,98	1516,37	82775,40	1379,59	83672,82	1267,77	84576,96	1174,68
76000	84096,90	1557,35	85012,80	1416,88	85934,64	1302,04	86862,96	1206,43
78000	86309,82	1598,33	87249,60	1454,16	88195,81	1336,30	89148,96	1238,18
80000	88522,74	1639,31	89487,00	1491,45	90457,62	1370,57	91434,96	1269,93
82000	90736,21	1680,30	91723,80	1528,73	92718,78	1404,83	93720,24	1301,67
84000	92949,12	1721,28	93961,21	1566,02	94980,59	1439,10	96006,24	1333,42
86000	95162,04	1762,26	96198,60	1603,31	97241,76	1473,36	98292,24	1365,17
88000	97375,50	1803,25	98435,40	1640,59	99502,92	1507,62	100578,72	1396,92
90000	99588,42	1844,23	100672,80	1677,88	101764,70	1541,89	102864,20	1428,67
92000	101801,30	1885,21	102909,60	1715,16	104025,90	1576,15	105150,20	1460,42
94000	104014,30	1926,19	105147,00	1752,45	106287,70	1610,42	107435,50	1492,16
96000	106227,70	1967,18	107384,40	1789,74	108548,90	1644,68	109721,50	1523,91
98000	108440,62	2008,16	109621,20	1827,02	110810,00	1678,94	112007,50	1555,66
100000	110653,00	2049,13	111858,60	1864,31	113071,90	1713,21	114293,50	1587,41

INTÉRÊT DE 5 %

	6 MOIS		12 MOIS		18 MOIS		24 MOIS	
Montant	Paiement Total	Paiement Mensuel	Paiement Total	Paiement Mensuel	Paiement Total	Paiement Mensuel	Paiement Total	Paiement Mensuel
1000	1014,60	169,10	1027,32	85,61	1040,04	57,78	1052,88	43,87
1500	1521,90	253,65	1540,92	128,41	1560,06	86,67	1579,44	65,81
2000	2029,20	338,20	2054,52	171,21	2080,08	115,56	2105,76	87,74
2500	2536,56	422,76	2568,12	214,01	2600,10	144,45	2632,32	109,68
3000	3043,86	507,31	3081,84	256,82	3120,12	173,34	3158,64	131,61
3500	3551,16	591,86	3595,44	299,62	3640,14	202,23	3685,20	153,55
4000	4058,46	676,41	4109,04	342,42	4160,16	231,12	4211,52	175,48
4500	4565,76	760,96	4622,76	385,23	4680,18	260,01	4738,08	197,42
5000	5073,06	845,51	5136,36	428,03	5200,20	288,90	5264,40	219,35
5500	5580,36	930,06	5649,96	470,83	5720,22	317,79	5790,96	241,29
6000	6087,66	1014,61	6163,56	513,63	6240,24	346,68	6317,28	263,22
6500	6595,02	1099,17	6677,28	556,44	6760,26	375,57	6843,84	285,16
7000	7102,32	1183,72	7190,88	599,24	7280,28	404,46	7370,16	307,09
7500	7609,62	1268,27	7704,36	642,03	7800,30	433,35	7896,72	329,03
8000	8116,92	1352,82	8218,20	684,85	8320,32	462,24	8423,04	350,96
8500	8624,22	1437,37	8731,80	727,65	8840,34	491,13	8949,60	372,90
9000	9131,52	1521,92	9245,40	770,45	9360,36	520,02	9476,16	394,84
9500	9638,82	1606,47	9759,12	813,26	9880,20	548,90	10002,48	416,77
10000	10146,12	1691,02	10272,72	856,06	10400,04	577,78	10529,04	438,71
11000	11160,78	1860,13	11299,92	941,66	11440,26	635,57	11581,92	482,58
12000	12175,38	2029,23	12327,24	1027,27	12480,30	693,35	12634,80	526,45
13000	13189,98	2198,33	13354,56	1112,88	13520,34	751,13	13687,68	570,32
14000	14204,58	2367,43	14381,76	1198,48	14560,38	808,91	14740,56	614,19
15000	15219,24	2536,54	15409,08	1284,09	15600,42	866,69	15793,44	658,06
16000	16233,84	2705,64	16436,28	1369,69	16640,46	924,47	16846,32	701,93
17000	17248,44	2874,74	17463,60	1455,30	17680,50	982,25	17899,20	745,80
18000	18263,04	3043,84	18490,80	1540,90	18720,54	1040,03	18952,08	789,67
19000	19277,70	3212,95	19518,12	1626,51	19760,58	1097,81	20004,96	833,54
20000	20292,30	3382,05	20545,44	1712,12	20800,62	1155,59	21057,84	877,41
21000	21306,90	3551,15	21572,64	1797,72	21840,66	1213,37	22110,72	921,28
22000	22321,50	3720,25	22599,96	1883,33	22880,70	1271,15	23163,60	965,15
23000	23336,16	3889,36	23627,16	1968,93	23920,74	1328,93	24216,48	1009,02
24000	24350,76	4058,46	24654,48	2054,54	24960,78	1386,71	25269,36	1052,89
25000	25365,30	4227,56	25681,56	2140,13	26000,82	1444,49	26322,24	1096,76
26000	26379,96	4396,66	26709,00	2225,75	27040,86	1502,27	27375,12	1140,63
27000	27394,62	4565,77	27736,32	2311,36	28080,90	1560,05	28428,24	1184,51
28000	28409,22	4734,87	28763,52	2396,96	29120,76	1617,82	29481,12	1228,38
29000	29423,82	4903,97	29790,84	2482,57	30160,80	1675,60	30534,00	1272,25
30000	30438,36	5073,06	30818,04	2568,17	31200,84	1733,38	31586,88	1316,12
31000	31453,08	5242,18	31845,36	2653,78	32240,88	1791,16	32639,76	1359,99
32000	32467,68	5411,28	32872,68	2739,39	33280,92	1848,94	33692,64	1403,86
33000	33482,28	5580,38	33899,88	2824,99	34320,96	1906,72	34745,52	1447,73
34000	34496,88	5749,48	34927,20	2910,60	35361,00	1964,50	35798,40	1491,60
35000	35511,54	5918,59	35954,40	2996,20	36401,04	2022,28	36851,28	1535,47
36000	36526,14	6087,69	36981,72	3081,81	37441,08	2080,06	37904,16	1579,34

Montant	30 MOIS Paiement Total	Paiement Mensuel	36 MOIS Paiement Total	Paiement Mensuel	42 MOIS Paiement Total	Paiement Mensuel	48 MOIS Paiement Total	Paiement Mensuel
1000	1065,90	35,53	1078,92	29,97	1092,00	26,00	1105,44	23,03
1500	1598,70	53,29	1618,56	44,96	1638,00	39,00	1657,92	34,54
2000	2131,80	71,06	2157,84	59,94	2184,42	52,01	2210,88	46,06
2500	2664,60	88,82	2697,46	74,93	2730,42	65,01	2763,36	57,57
3000	3197,70	106,59	3236,76	89,91	3276,42	78,01	3315,84	69,08
3500	3730,50	124,35	3776,40	104,90	3822,42	91,01	3868,80	80,60
4000	4263,30	142,11	4315,68	119,88	4368,42	104,01	4421,76	92,12
4500	4796,40	159,88	4855,32	134,87	4914,42	117,01	4974,24	103,63
5000	5329,20	177,64	5394,60	149,85	5460,00	130,00	5526,72	115,14
5500	5862,30	195,41	5934,24	164,84	6006,00	143,00	6079,68	126,66
6000	6395,10	213,17	6473,52	179,82	6552,84	156,02	6632,16	138,17
6500	6928,20	230,94	7013,16	194,81	7098,84	169,02	7185,12	149,69
7000	7461,00	248,70	7552,44	209,79	7644,84	182,02	7737,60	161,20
7500	7994,10	266,47	8092,08	224,78	8190,84	195,02	8290,56	172,72
8000	8526,90	284,23	8631,36	239,76	8736,84	208,02	8843,04	184,23
8500	9059,70	301,99	9171,00	254,75	9282,84	221,02	9396,00	195,75
9000	9592,80	319,76	9710,28	269,73	9828,84	234,02	9948,48	207,26
9500	10125,60	337,52	10249,92	284,72	10374,84	247,02	10500,96	218,77
10000	10658,70	355,29	10789,20	299,70	10921,26	260,03	11053,92	230,29
11000	11724,60	390,82	11868,12	329,67	12013,26	286,03	12159,36	253,32
12000	12790,20	426,34	12947,04	359,64	13105,26	312,03	13264,80	276,35
13000	13856,10	461,87	14025,96	389,61	14197,26	338,03	14370,24	299,38
14000	14922,00	497,40	15105,24	419,59	15289,68	364,04	15475,20	322,40
15000	15987,90	532,93	16184,16	449,56	16381,68	390,04	16580,64	345,43
16000	17053,80	568,46	17263,08	479,53	17473,68	416,04	17686,08	368,46
17000	18119,70	603,99	18342,00	509,50	18565,68	442,04	18791,52	391,49
18000	19185,60	639,52	19420,56	539,46	19658,10	468,05	19896,96	414,52
19000	20251,50	675,05	20499,84	569,44	20750,10	494,05	21002,40	437,55
20000	21317,10	710,57	21578,40	599,40	21842,10	520,05	22107,84	460,58
21000	22383,00	746,10	22657,68	629,38	22934,10	546,05	23213,28	483,61
22000	23448,90	781,63	23736,60	659,35	24026,52	572,06	24318,72	506,64
23000	24514,80	817,16	24815,52	689,32	25118,52	598,06	25423,20	529,65
24000	25580,70	852,69	25894,44	719,29	26210,52	624,06	26529,12	552,69
25000	26646,60	888,22	26973,36	749,26	27302,52	650,06	27634,08	575,71
26000	27712,50	923,75	28052,28	779,23	28394,94	676,07	28740,00	598,75
27000	28778,40	959,28	29131,20	809,20	29486,94	702,07	29845,44	621,78
28000	29844,00	994,80	30210,12	839,17	30578,94	728,07	30950,88	644,81
29000	30909,60	1030,32	31289,04	869,14	31670,94	754,07	32056,32	667,84
30000	31975,80	1065,86	32367,96	899,11	32763,36	780,08	33161,76	690,87
31000	33041,70	1101,39	33446,88	929,08	33855,36	806,08	34267,20	713,90
32000	34107,60	1136,92	34525,80	959,05	34947,36	832,08	35372,16	736,92
33000	35173,20	1172,44	35604,72	989,02	36039,78	858,09	36477,60	759,95
34000	36239,40	1207,98	36683,64	1018,99	37131,78	884,09	37583,04	782,98
35000	37305,30	1243,51	37762,56	1048,96	38223,78	910,09	38688,48	806,01
36000	38370,90	1279,03	38841,48	1078,93	39315,78	936,09	39793,92	829,04

INTÉRÊT DE 5 %

Montant	54 MOIS Paiement Total	54 MOIS Paiement Mensuel	60 MOIS Paiement Total	60 MOIS Paiement Mensuel	66 MOIS Paiement Total	66 MOIS Paiement Mensuel	72 MOIS Paiement Total	72 MOIS Paiement Mensuel
1000	1118,88	20,72	1132,20	18,87	1145,76	17,36	1159,20	16,10
1500	1678,32	31,08	1698,60	28,31	1718,64	26,04	1739,52	24,16
2000	2237,76	41,44	2264,40	37,74	2291,52	34,72	2319,12	32,21
2500	2796,66	51,79	2830,80	47,18	2864,40	43,40	2898,00	40,25
3000	3356,10	62,15	3396,60	56,61	3437,28	52,08	3478,32	48,31
3500	3915,54	72,51	3963,00	66,05	4010,16	60,76	4058,64	56,37
4000	4474,98	82,87	4528,80	75,48	4583,04	69,44	4638,24	64,42
4500	5034,42	93,23	5095,20	84,92	5155,92	78,12	5217,84	72,47
5000	5593,86	103,59	5661,00	94,35	5729,46	86,81	5796,72	80,51
5500	6153,30	113,95	6227,40	103,79	6302,34	95,49	6377,76	88,58
6000	6712,74	124,31	6793,80	113,23	6875,22	104,17	6957,36	96,63
6500	7272,18	134,67	7359,60	122,66	7448,10	112,85	7536,96	104,68
7000	7831,62	145,03	7926,00	132,10	8020,98	121,53	8116,56	112,73
7500	8390,52	155,38	8491,80	141,53	8593,86	130,21	8696,16	120,78
8000	8949,96	165,74	9058,20	150,97	9166,74	138,89	9276,48	128,84
8500	9509,40	176,10	9623,40	160,39	9739,62	147,57	9856,08	136,89
9000	10068,84	186,46	10190,40	169,84	10312,50	156,25	10435,68	144,94
9500	10628,28	196,82	10756,20	179,27	10885,38	164,93	11015,28	152,99
10000	11187,72	207,18	11322,60	188,71	11458,26	173,61	11595,60	161,05
11000	12306,60	227,90	12454,80	207,58	12604,02	190,97	12754,80	177,15
12000	13425,48	248,62	13587,00	226,45	13750,44	208,34	13914,72	193,26
13000	14543,28	269,32	14719,20	245,32	14896,20	225,70	15073,92	209,36
14000	15662,16	290,04	15851,40	264,19	16041,96	243,06	16233,84	225,47
15000	16781,04	310,76	16983,60	283,06	17187,72	260,42	17393,04	241,57
16000	17900,46	331,49	18115,80	301,93	18333,48	277,78	18552,24	257,67
17000	19019,34	352,21	19248,60	320,81	19479,24	295,14	19712,16	273,78
18000	20137,68	372,92	20380,80	339,68	20625,00	312,50	20871,36	289,88
19000	21256,56	393,64	21513,00	358,55	21770,76	329,86	22031,28	305,99
20000	22375,44	414,36	22645,20	377,42	22917,18	347,23	23190,48	322,09
21000	23494,32	435,08	23777,40	396,29	24062,94	364,59	24350,40	338,20
22000	24612,66	455,79	24909,60	415,16	25208,70	381,95	25509,60	354,30
23000	25731,54	476,51	26041,80	434,03	26354,46	399,31	26669,52	370,41
24000	26850,42	497,23	27174,00	452,90	27500,22	416,67	27828,72	386,51
25000	27969,30	517,95	28306,20	471,77	28645,98	434,03	28988,64	402,62
26000	29088,18	538,67	29438,40	490,64	29791,74	451,39	30147,84	418,72
27000	30206,52	559,38	30570,60	509,51	30937,50	468,75	31307,76	434,83
28000	31324,86	580,09	31703,40	528,39	32083,92	486,12	32466,96	450,93
29000	32444,28	600,82	32835,60	547,26	33229,68	503,48	33626,88	467,04
30000	33562,62	621,53	33967,80	566,13	34375,44	520,84	34786,08	483,14
31000	34682,04	642,26	35100,00	585,00	35521,20	538,20	35945,28	499,24
32000	35800,38	662,97	36232,20	603,87	36666,96	555,56	37104,48	515,34
33000	36919,26	683,69	37364,40	622,74	37812,72	572,92	38264,40	531,45
34000	38038,14	704,41	38496,60	641,61	38958,48	590,28	39424,32	547,56
35000	39157,02	725,13	39628,80	660,48	40104,24	607,64	40582,80	563,65
36000	40275,90	745,85	40761,00	679,35	41250,66	625,01	41743,44	579,77

Montant	6 MOIS Paiement Total	Paiement Mensuel	12 MOIS Paiement Total	Paiement Mensuel	18 MOIS Paiement Total	Paiement Mensuel	24 MOIS Paiement Total	Paiement Mensuel
37000	37540,74	6256,79	38008,92	3167,41	38481,12	2137,84	38957,04	1623,21
38000	38555,34	6425,89	39036,24	3253,02	39521,17	2195,62	40009,92	1667,08
39000	39570,00	6595,00	40063,56	3338,63	40561,02	2253,39	41062,80	1710,95
40000	40584,60	6764,10	41090,76	3424,23	41601,24	2311,18	42115,68	1754,82
41000	41599,20	6933,20	42118,08	3509,84	42641,28	2368,96	43168,56	1798,69
42000	42613,80	7102,30	43145,28	3595,44	43681,32	2426,74	44221,44	1842,56
43000	43628,46	7271,41	44172,60	3681,05	44721,36	2484,52	45274,32	1886,43
44000	44643,06	7440,51	45199,92	3766,66	45761,40	2542,30	46327,44	1930,31
45000	45657,66	7609,61	46227,12	3852,26	46801,44	2600,08	47380,32	1974,18
46000	46672,26	7778,71	47254,44	3937,87	47841,48	2657,86	48433,21	2018,05
47000	47686,92	7947,82	48281,64	4023,47	48881,34	2715,63	49486,08	2061,92
48000	48701,52	8116,92	49308,96	4109,08	49921,38	2773,41	50538,96	2105,79
49000	49716,06	8286,01	50336,17	4194,68	50961,42	2831,19	51591,60	2149,65
50000	50730,72	8455,12	51363,48	4280,29	52001,46	2888,97	52644,72	2193,53
51000	51745,39	8624,23	52390,80	4365,90	53041,50	2946,75	53697,36	2237,39
52000	52759,98	8793,33	53418,00	4451,50	54081,54	3004,53	54750,48	2281,27
53000	53774,58	8962,43	54445,32	4537,11	55121,58	3062,31	55803,12	2325,13
54000	54789,18	9131,53	55472,52	4622,71	56161,62	3120,09	56856,24	2369,01
55000	55803,78	9300,63	56499,72	4708,31	57201,67	3177,87	57908,89	2412,87
56000	56818,44	9469,74	57527,04	4793,92	58241,70	3235,65	58962,00	2456,75
57000	57833,04	9638,84	58554,24	4879,52	59281,74	3293,43	60014,89	2500,62
58000	58847,64	9807,94	59581,68	4965,14	60321,78	3351,21	61067,76	2544,49
59000	59862,30	9977,05	60608,89	5050,74	61361,82	3408,99	62120,64	2588,36
60000	60876,90	10146,15	61636,21	5136,35	62401,86	3466,77	63173,52	2632,23
61000	61891,50	10315,25	62663,40	5221,95	63441,90	3524,55	64226,40	2676,10
62000	62906,04	10484,34	63690,72	5307,56	64481,94	3582,33	65279,52	2719,98
64000	64935,36	10822,56	65745,25	5478,77	66562,02	3697,89	67385,28	2807,72
66000	66964,56	11160,76	67799,76	5649,98	68641,93	3813,44	69491,04	2895,46
68000	68993,82	11498,97	69854,28	5821,19	70722,00	3929,00	71596,80	2983,20
70000	71023,02	11837,17	71908,93	5992,41	72802,08	4044,56	73702,56	3070,94
72000	73052,28	12175,38	73963,44	6163,62	74882,16	4160,12	75808,32	3158,68
74000	75081,49	12513,58	76017,96	6334,83	76962,25	4275,68	77914,08	3246,42
76000	77110,75	12851,79	78072,49	6506,04	79042,33	4391,24	80019,84	3334,16
78000	79139,94	13189,99	80127,00	6677,25	81122,22	4506,79	82125,60	3421,90
80000	81169,21	13528,20	82181,52	6848,46	83202,48	4622,36	84231,59	3509,65
82000	83198,41	13866,40	84236,16	7019,68	85282,56	4737,92	86337,36	3597,39
84000	85227,66	14204,61	86290,68	7190,89	87362,46	4853,47	88443,12	3685,13
86000	87256,86	14542,81	88345,21	7362,10	89442,36	4969,02	90548,88	3772,87
88000	89286,12	14881,02	90399,72	7533,31	91522,62	5084,59	92654,64	3860,61
90000	91315,32	15219,22	92454,24	7704,52	93602,69	5200,15	94760,41	3948,35
92000	93344,58	15557,43	94508,76	7875,73	95682,78	5315,71	96866,16	4036,09
94000	95373,78	15895,63	96563,41	8046,95	97762,86	5431,27	98971,92	4123,83
96000	97403,04	16233,84	98617,92	8218,16	99842,94	5546,83	101077,40	4211,56
98000	99432,18	16572,03	100672,40	8389,37	101923,00	5662,39	103183,40	4299,31
100000	101461,50	16910,25	102727,00	8560,58	104003,10	5777,95	105289,40	4387,06

23

INTÉRÊT DE **5** %

Montant	30 MOIS Paiement Total	30 MOIS Paiement Mensuel	36 MOIS Paiement Total	36 MOIS Paiement Mensuel	42 MOIS Paiement Total	42 MOIS Paiement Mensuel	48 MOIS Paiement Total	48 MOIS Paiement Mensuel
37000	39436,80	1314,56	39920,40	1108,90	40408,20	962,10	40899,36	852,07
38000	40502,70	1350,09	40999,32	1138,87	41500,20	988,10	42004,80	875,10
39000	41568,60	1385,62	42078,24	1168,84	42592,20	1014,10	43110,24	898,13
40000	42634,50	1421,15	43157,17	1198,81	43684,20	1040,10	44215,68	921,16
41000	43700,40	1456,68	44236,44	1228,79	44776,62	1066,11	45320,64	944,18
42000	44766,30	1492,21	45315,36	1258,76	45868,62	1092,11	46426,08	967,21
43000	45831,90	1527,73	46394,28	1288,73	46960,62	1118,11	47531,52	990,24
44000	46897,80	1563,26	47473,20	1318,70	48052,62	1144,11	48636,96	1013,27
45000	47963,71	1598,79	48552,12	1348,67	49145,04	1170,12	49742,40	1036,30
46000	49029,60	1634,32	49631,04	1378,64	50237,04	1196,12	50847,36	1059,32
47000	50095,50	1669,85	50709,96	1408,61	51329,04	1222,12	51953,28	1082,36
48000	51161,40	1705,38	51788,88	1438,58	52421,04	1248,12	53058,72	1105,39
49000	52227,30	1740,91	52867,80	1468,55	53513,46	1274,13	54164,17	1128,42
50000	53293,20	1776,44	53946,72	1498,52	54605,46	1300,13	55268,64	1151,43
51000	54358,80	1811,96	55025,64	1528,49	55697,46	1326,13	56374,56	1174,47
52000	55424,70	1847,49	56104,56	1558,46	56789,46	1352,13	57480,00	1197,50
53000	56490,60	1883,02	57183,48	1588,43	57881,88	1378,14	58585,44	1220,53
54000	57556,50	1918,55	58262,40	1618,40	58973,88	1404,14	59690,89	1243,56
55000	58622,40	1954,08	59341,32	1648,37	60065,88	1430,14	60796,32	1266,59
56000	59688,30	1989,61	60420,24	1678,34	61157,88	1456,14	61901,76	1289,62
57000	60754,20	2025,14	61499,17	1708,31	62250,30	1482,15	63007,21	1312,65
58000	61820,10	2060,67	62578,08	1738,28	63342,30	1508,15	64112,64	1335,68
59000	62885,70	2096,19	63657,00	1768,25	64434,30	1534,15	65217,60	1358,70
60000	63951,60	2131,72	64735,92	1798,22	65526,73	1560,16	66323,04	1381,73
61000	65017,50	2167,25	65814,84	1828,19	66618,72	1586,16	67428,49	1404,76
62000	66083,40	2202,78	66893,76	1858,16	67710,72	1612,16	68533,93	1427,79
64000	68215,21	2273,84	69051,60	1918,10	69895,15	1664,17	70744,80	1473,85
66000	70346,70	2344,89	71209,44	1978,04	72079,15	1716,17	72955,68	1519,91
68000	72478,50	2415,95	73367,65	2037,99	74263,56	1768,18	75166,08	1565,96
70000	74610,30	2487,01	75525,48	2097,93	76447,56	1820,18	77376,96	1612,02
72000	76742,10	2558,07	77683,33	2157,87	78631,98	1872,19	79587,84	1658,08
74000	78873,90	2629,13	79841,16	2217,81	80815,98	1924,19	81798,72	1704,14
76000	81005,40	2700,18	81999,00	2277,75	83000,40	1976,20	84009,59	1750,20
78000	83137,21	2771,24	84156,84	2337,69	85184,40	2028,20	86220,00	1796,25
80000	85269,00	2842,30	86314,33	2397,62	87368,82	2080,21	88430,88	1842,31
82000	87400,50	2913,35	88472,52	2457,57	89552,82	2132,21	90641,76	1888,37
84000	89532,30	2984,41	90630,36	2517,51	91737,24	2184,22	92852,64	1934,43
86000	91664,10	3055,47	92788,19	2577,45	93921,24	2236,22	95063,04	1980,48
88000	93795,90	3126,53	94946,04	2637,39	96105,66	2288,23	97273,92	2026,54
90000	95927,41	3197,58	97103,88	2697,33	98289,66	2340,23	99484,81	2072,60
92000	98059,19	3268,64	99261,72	2757,27	100474,10	2392,24	101695,20	2118,65
94000	100191,00	3339,70	101419,60	2817,21	102658,10	2444,24	103906,60	2164,72
96000	102322,80	3410,76	103577,80	2877,16	104842,50	2496,25	106117,00	2210,77
98000	104454,30	3481,81	105735,60	2937,10	107026,50	2548,25	108327,90	2256,83
100000	106586,10	3552,87	107893,40	2997,04	109210,90	2600,26	110538,20	2302,88

24

Montant	54 MOIS Paiement Total	Paiement Mensuel	60 MOIS Paiement Total	Paiement Mensuel	66 MOIS Paiement Total	Paiement Mensuel	72 MOIS Paiement Total	Paiement Mensuel
37000	41394,24	766,56	41893,20	698,22	42396,42	642,37	42902,64	595,87
38000	42513,12	787,28	43025,40	717,09	43542,18	659,73	44062,56	611,98
39000	43632,00	808,00	44158,20	735,97	44687,94	677,09	45221,76	628,08
40000	44750,88	828,72	45290,40	754,84	45833,70	694,45	46381,68	644,19
41000	45869,76	849,44	46422,60	773,71	46979,46	711,81	47540,88	660,29
42000	46988,10	870,15	47554,80	792,58	48125,22	729,17	48700,80	676,40
43000	48106,98	890,87	48687,00	811,45	49270,98	746,53	49860,00	692,50
44000	49225,86	911,59	49819,20	830,32	50417,40	763,90	51019,92	708,61
45000	50344,74	932,31	50951,40	849,19	51563,16	781,26	52179,12	724,71
46000	51463,62	953,03	52083,60	868,06	52708,92	798,62	53338,32	740,81
47000	52581,96	973,74	53215,80	886,93	53854,68	815,98	54498,24	756,92
48000	53700,84	994,46	54348,00	905,80	55000,44	833,34	55657,44	773,02
49000	54819,72	1015,18	55480,20	924,67	56146,20	850,70	56817,36	789,13
50000	55938,60	1035,90	56613,00	943,55	57291,96	868,06	57976,56	805,23
51000	57057,48	1056,62	57745,20	962,42	58437,72	885,42	59136,48	821,34
52000	58175,28	1077,32	58877,40	981,29	59584,14	902,79	60295,68	837,44
53000	59294,71	1098,05	60009,60	1000,16	60729,90	920,15	61455,60	853,55
54000	60413,58	1118,77	61141,80	1019,03	61875,66	937,51	62614,80	869,65
55000	61532,46	1139,49	62274,00	1037,90	63021,42	954,87	63774,72	885,76
56000	62651,34	1160,21	63406,21	1056,77	64167,18	972,23	64933,92	901,86
57000	63769,69	1180,92	64538,40	1075,64	65312,94	989,59	66093,84	917,97
58000	64888,57	1201,64	65670,60	1094,51	66458,71	1006,95	67253,04	934,07
59000	66007,44	1222,36	66802,80	1113,38	67604,46	1024,31	68412,96	950,18
60000	67125,78	1243,07	67935,00	1132,25	68750,88	1041,68	69572,16	966,28
61000	68244,66	1263,79	69067,80	1151,13	69896,65	1059,04	70731,36	982,38
62000	69363,54	1284,51	70200,00	1170,00	71042,40	1076,40	71891,28	998,49
64000	71601,30	1325,95	72464,40	1207,74	73333,93	1111,12	74209,68	1030,69
66000	73838,52	1367,38	74728,80	1245,48	75625,44	1145,84	76529,53	1062,91
68000	76076,28	1408,82	76993,20	1283,22	77916,96	1180,56	78848,65	1095,12
70000	78314,04	1450,26	79257,60	1320,96	80209,15	1215,29	81167,04	1127,32
72000	80551,26	1491,69	81522,60	1358,71	82500,66	1250,01	83486,88	1159,54
74000	82789,02	1533,13	83787,00	1396,45	84792,18	1284,73	85805,28	1191,74
76000	85026,24	1574,56	86051,40	1434,19	87084,36	1319,46	88123,68	1223,94
78000	87264,00	1616,00	88315,81	1471,93	89375,88	1354,18	90443,52	1256,16
80000	89501,76	1657,44	90580,21	1509,67	91667,40	1388,90	92762,64	1288,37
82000	91738,98	1698,87	92844,60	1547,41	93958,92	1423,62	95081,76	1320,58
84000	93976,74	1740,31	95109,60	1585,16	96251,09	1458,35	97400,88	1352,79
86000	96213,96	1781,74	97374,00	1622,90	98542,62	1493,07	99720,00	1385,00
88000	98451,72	1823,18	99638,40	1660,64	100834,14	1527,79	102039,10	1417,21
90000	100689,50	1864,62	101902,80	1698,38	103125,70	1562,51	104358,20	1449,42
92000	102926,70	1906,05	104167,20	1736,12	105417,80	1597,24	106677,40	1481,63
94000	105164,50	1947,49	106432,20	1773,87	107709,40	1631,96	108996,50	1513,84
96000	107401,70	1988,92	108696,60	1811,61	110000,90	1666,68	111315,60	1546,05
98000	109639,40	2030,36	110961,00	1849,35	112292,40	1701,40	113634,70	1578,26
100000	111876,70	2071,79	113225,40	1887,09	114584,60	1736,13	115953,80	1610,47

INTÉRÊT DE **5,5 %**

	6 MOIS		**12** MOIS		**18** MOIS		**24** MOIS	
Montant	Paiement Total	Paiement Mensuel	Paiement Total	Paiement Mensuel	Paiement Total	Paiement Mensuel	Paiement Total	Paiement Mensuel
1000	1016,10	169,35	1030,08	85,84	1044,18	58,01	1058,40	44,10
1500	1524,12	254,02	1545,00	128,75	1566,18	87,01	1587,36	66,14
2000	2032,20	338,70	2060,04	171,67	2088,18	116,01	2116,56	88,19
2500	2540,22	423,37	2575,08	214,59	2610,00	145,00	2645,76	110,24
3000	3048,30	508,05	3090,12	257,51	3132,36	174,02	3174,72	132,28
3500	3556,26	592,71	3605,16	300,43	3654,36	203,02	3703,92	154,33
4000	4064,40	677,40	4120,20	343,35	4176,36	232,02	4233,12	176,38
4500	4572,42	762,07	4635,24	386,27	4698,54	261,03	4762,32	198,43
5000	5080,50	846,75	5150,16	429,18	5220,54	290,03	5291,52	220,48
5500	5588,52	931,42	5665,20	472,10	5742,54	319,03	5820,72	242,53
6000	6096,60	1016,10	6180,24	515,02	6264,72	348,04	6349,68	264,57
6500	6604,62	1100,77	6695,28	557,94	6786,72	377,04	6878,88	286,62
7000	7112,64	1185,44	7210,32	600,86	7308,72	406,04	7408,08	308,67
7500	7620,72	1270,12	7725,36	643,78	7830,72	435,04	7937,28	330,72
8000	8128,80	1354,80	8240,28	686,69	8352,90	464,05	8466,48	352,77
8500	8636,82	1439,47	8755,32	729,61	8874,90	493,05	8995,44	374,81
9000	9144,90	1524,15	9270,36	772,53	9396,90	522,05	9524,64	396,86
9500	9652,92	1608,82	9785,40	815,45	9919,08	551,06	10053,84	418,91
10000	10161,00	1693,50	10300,44	858,37	10441,08	580,06	10583,04	440,96
11000	11177,10	1862,85	11330,40	944,20	11485,08	638,06	11641,20	485,05
12000	12193,20	2032,20	12360,48	1030,04	12529,26	696,07	12699,60	529,15
13000	13209,30	2201,55	13390,56	1115,88	13573,44	754,08	13757,76	573,24
14000	14225,34	2370,89	14420,52	1201,71	14617,44	812,08	14816,16	617,34
15000	15241,50	2540,25	15450,60	1287,55	15661,62	870,09	15874,32	661,43
16000	16257,60	2709,60	16480,68	1373,39	16705,62	928,09	16932,72	705,53
17000	17273,70	2878,95	17510,64	1459,22	17749,80	986,10	17991,12	749,63
18000	18289,80	3048,30	18540,72	1545,06	18793,98	1044,11	19049,28	793,72
19000	19305,90	3217,65	19570,80	1630,90	19837,98	1102,11	20107,68	837,82
20000	20322,00	3387,00	20600,76	1716,73	20862,16	1160,12	21165,84	881,91
21000	21338,10	3556,35	21630,84	1802,57	21926,16	1218,12	22224,24	926,01
22000	22354,20	3725,70	22660,92	1888,41	22970,34	1276,13	23282,40	970,10
23000	23370,30	3895,05	23690,88	1974,24	24014,52	1334,14	24340,80	1014,20
24000	24386,40	4064,40	24720,96	2060,08	25058,52	1392,14	25399,20	1058,30
25000	25402,50	4233,75	25751,04	2145,92	26102,70	1450,15	26457,36	1102,39
26000	26418,60	4403,10	26781,00	2231,75	27146,70	1508,15	27515,76	1146,49
27000	27434,70	4572,45	27811,08	2317,59	28190,88	1566,16	28573,68	1190,57
28000	28450,74	4741,79	28841,16	2403,43	29235,06	1624,17	29632,32	1234,68
29000	29466,90	4911,15	29871,12	2489,26	30279,06	1682,17	30690,48	1278,77
30000	30483,00	5080,50	30901,20	2575,10	31323,24	1740,18	31748,88	1322,87
31000	31499,10	5249,85	31931,28	2660,94	32367,24	1798,18	32807,28	1366,97
32000	32515,20	5419,20	32961,24	2746,77	33411,42	1856,19	33865,44	1411,06
33000	33531,30	5588,55	33991,32	2832,61	34455,42	1914,19	34923,84	1455,16
34000	34547,40	5757,90	35021,40	2918,45	35499,60	1972,20	35982,00	1499,25
35000	35563,50	5927,25	36051,36	3004,28	36543,78	2030,21	37040,40	1543,35
36000	36579,60	6096,60	37081,44	3090,12	37587,78	2088,21	38098,56	1587,44

INTÉRÊT DE **5,5 %**

	30 MOIS		36 MOIS		42 MOIS		48 MOIS	
Montant	Paiement Total	Paiement Mensuel	Paiement Total	Paiement Mensuel	Paiement Total	Paiement Mensuel	Paiement Total	Paiement Mensuel
1000	1072,50	35,75	1087,20	30,20	1101,66	26,23	1116,48	23,26
1500	1608,90	53,63	1630,44	45,29	1652,28	39,34	1674,24	34,88
2000	2145,30	71,51	2174,04	60,39	2203,32	52,46	2232,48	46,51
2500	2681,40	89,38	2717,64	75,49	2753,94	65,57	2790,72	58,14
3000	3217,80	107,26	3261,24	90,59	3304,98	78,69	3348,48	69,76
3500	3754,20	125,14	3804,84	105,69	3855,60	91,80	3907,20	81,40
4000	4290,00	143,00	4348,08	120,78	4406,64	104,92	4465,44	93,03
4500	4826,70	160,89	4891,68	135,88	4957,26	118,03	5023,20	104,65
5000	5363,10	178,77	5435,28	150,98	5507,88	131,14	5581,44	116,28
5500	5899,50	196,65	5978,88	166,08	6058,50	144,25	6139,68	127,91
6000	6435,60	214,52	6522,48	181,18	6609,54	157,37	6697,44	139,53
6500	6972,00	232,40	7065,72	196,27	7160,58	170,49	7256,16	151,17
7000	7508,40	250,28	7609,32	211,37	7711,20	183,60	7814,40	162,80
7500	8044,50	268,15	8152,92	226,47	8262,24	196,72	8372,16	174,42
8000	8580,90	286,03	8696,52	241,57	8812,86	209,83	8930,40	186,05
8500	9117,30	303,91	9240,12	256,67	9363,90	222,95	9488,64	197,68
9000	9653,40	321,78	9783,36	271,76	9914,52	236,06	10046,88	209,31
9500	10189,80	339,66	10326,60	286,85	10465,56	249,18	10605,12	220,94
10000	10726,20	357,54	10870,56	301,96	11016,18	262,29	11162,88	232,56
11000	11798,70	393,29	11957,40	332,15	12117,42	288,51	12279,36	255,82
12000	12871,20	429,04	13044,60	362,35	13219,50	314,75	13395,36	279,07
13000	13944,00	464,80	14131,80	392,55	14321,16	340,98	14511,36	302,32
14000	15016,50	500,55	15218,64	422,74	15422,82	367,21	15628,32	325,59
15000	16089,30	536,31	16305,84	452,94	16524,48	393,44	16744,80	348,85
16000	17161,80	572,06	17392,68	483,13	17625,72	419,66	17860,80	372,10
17000	18234,30	607,81	18479,88	513,33	18727,38	445,89	18977,28	395,36
18000	19307,10	643,57	19567,08	543,53	19829,04	472,12	20093,76	418,62
19000	20379,60	679,32	20653,56	573,71	20930,70	498,35	21209,76	441,87
20000	21452,10	715,07	21741,12	603,92	22032,36	524,58	22326,24	465,13
21000	22524,90	750,83	22827,96	634,11	23134,02	550,81	23442,72	488,39
22000	23597,40	786,58	23915,16	664,31	24235,26	577,03	24558,72	511,64
23000	24669,90	822,33	25002,36	694,51	25337,34	603,27	25675,20	534,90
24000	25742,70	858,09	26089,20	724,70	26439,00	629,50	26791,20	558,15
25000	26815,20	893,84	27176,40	754,90	27540,66	655,73	27907,20	581,40
26000	27888,00	929,60	28263,24	785,09	28641,90	681,95	29024,16	604,67
27000	28960,50	965,35	29350,44	815,29	29743,56	708,18	30140,64	627,93
28000	30033,00	1001,10	30437,64	845,49	30845,22	734,41	31256,64	651,18
29000	31105,80	1036,86	31524,48	875,68	31946,88	760,64	32373,12	674,44
30000	32178,30	1072,61	32611,68	905,88	33048,54	786,87	33489,12	697,69
31000	33250,80	1108,36	33698,52	936,07	34150,20	813,10	34605,60	720,95
32000	34323,60	1144,12	34785,72	966,27	35251,86	839,33	35722,08	744,21
33000	35396,10	1179,87	35872,56	996,46	36353,52	865,56	36838,08	767,46
34000	36468,90	1215,63	36959,76	1026,66	37455,18	891,79	37954,56	790,72
35000	37541,40	1251,38	38046,96	1056,86	38556,84	918,02	39071,04	813,98
36000	38613,90	1287,13	39133,80	1087,05	39658,08	944,24	40187,04	837,23

27

	54 MOIS		60 MOIS		66 MOIS		72 MOIS	
Montant	Paiement Total	Paiement Mensuel	Paiement Total	Paiement Mensuel	Paiement Total	Paiement Mensuel	Paiement Total	Paiement Mensuel
1000	1131,30	20,95	1146,00	19,10	1160,94	17,59	1176,48	16,34
1500	1696,68	31,42	1719,00	28,65	1741,74	26,39	1764,72	24,51
2000	2262,06	41,89	2292,00	38,20	2321,88	35,18	2352,96	32,68
2500	2827,98	52,37	2865,00	47,75	2902,68	43,98	2940,48	40,84
3000	3393,36	62,84	3438,00	57,30	3483,48	52,78	3528,72	49,01
3500	3958,74	73,31	4011,00	66,85	4064,28	61,58	4116,96	57,18
4000	4524,66	83,79	4584,00	76,40	4644,42	70,37	4705,20	65,35
4500	5090,04	94,26	5157,60	85,96	5225,22	79,17	5292,72	73,51
5000	5655,42	104,73	5730,60	95,51	5805,36	87,96	5881,68	81,69
5500	6221,34	115,21	6303,60	105,06	6386,16	96,76	6469,92	89,8
6000	6786,72	125,68	6876,60	114,61	6966,96	105,56	7058,16	98,03
6500	7351,56	136,14	7449,60	124,16	7547,10	114,35	7646,40	106,20
7000	7918,02	146,63	8022,60	133,71	8127,90	123,15	8234,64	114,37
7500	8483,40	157,10	8595,00	143,25	8708,70	131,95	8822,16	122,53
8000	9048,78	167,57	9168,60	152,81	9288,84	140,74	9410,40	130,70
8500	9614,70	178,05	9741,60	162,36	9868,98	149,53	9998,64	138,87
9000	10180,08	188,52	10314,60	171,91	10450,44	158,34	10586,16	147,03
9500	10745,46	198,99	10887,60	181,46	11030,58	167,13	11175,12	155,21
10000	11311,38	209,47	11460,60	191,01	11611,38	175,93	11763,36	163,38
11000	12442,14	230,41	12606,60	210,11	12772,32	193,52	12939,84	179,72
12000	13573,44	251,36	13752,60	229,21	13933,92	211,12	14115,60	196,05
13000	14704,74	272,31	14899,20	248,32	15094,86	228,71	15292,08	212,39
14000	15836,04	293,26	16045,20	267,42	16255,80	246,30	16468,56	228,73
15000	16966,80	314,20	17190,60	286,51	17416,74	263,89	17645,04	245,07
16000	18098,10	335,15	18337,20	305,62	18578,34	281,49	18821,52	261,41
17000	19229,40	356,10	19483,20	324,72	19738,62	299,07	19997,28	277,74
18000	20360,16	377,04	20629,20	343,82	20900,22	316,67	21173,04	294,07
19000	21491,46	397,99	21775,20	362,92	22061,82	334,27	22350,24	310,42
20000	22622,76	418,94	22921,20	382,02	23222,76	351,86	23526,72	326,76
21000	23753,52	439,88	24067,20	401,12	24383,70	369,45	24703,20	343,10
22000	24884,82	460,83	25213,80	420,23	25545,30	387,05	25878,96	359,43
23000	26016,12	481,78	26359,80	439,33	26706,24	404,64	27055,44	375,77
24000	27146,88	502,72	27505,80	458,43	27867,18	422,23	28231,92	392,11
25000	28278,18	523,67	28651,80	477,53	29028,12	439,82	29408,40	408,45
26000	29409,48	544,62	29797,80	496,63	30189,72	457,42	30584,88	424,79
27000	30540,24	565,56	30943,80	515,73	31350,66	475,01	31760,64	441,12
28000	31671,54	586,51	32089,80	534,83	32511,60	492,60	32937,12	457,46
29000	32802,84	607,46	33235,80	553,93	33673,20	510,20	34113,60	473,80
30000	33933,60	628,40	34381,80	573,03	34833,48	527,78	35290,08	490,14
31000	35064,36	649,34	35528,40	592,14	35995,08	545,38	36465,84	506,47
32000	36196,20	670,30	36674,40	611,24	37156,68	562,98	37642,32	522,81
33000	37326,96	691,24	37820,40	630,34	38317,62	580,57	38818,80	539,15
34000	38458,26	712,19	38966,40	649,44	39477,90	598,15	39995,28	555,49
35000	39589,56	733,14	40112,40	668,54	40639,50	615,75	41171,76	571,83
36000	40720,86	754,09	41258,40	687,64	41800,44	633,34	42346,80	588,15

Montant	6 MOIS Paiement Total	Paiement Mensuel	12 MOIS Paiement Total	Paiement Mensuel	18 MOIS Paiement Total	Paiement Mensuel	24 MOIS Paiement Total	Paiement Mensuel
37000	37595,70	6265,95	38111,52	3175,96	38631,96	2146,22	39156,96	1631,54
38000	38611,80	6435,30	39141,48	3261,79	39675,96	2204,22	40215,36	1675,64
39000	39627,90	6604,65	40171,56	3347,63	40720,14	2262,23	41273,52	1719,73
40000	40644,00	6774,00	41201,64	3433,47	41764,32	2320,24	42331,92	1763,83
41000	41660,10	6943,35	42231,60	3519,30	42808,32	2378,24	43390,08	1807,92
42000	42676,21	7112,70	43261,68	3605,14	43852,50	2436,25	44448,48	1852,02
43000	43692,30	7282,05	44291,76	3690,98	44896,50	2494,25	45506,64	1896,11
44000	44708,40	7451,40	45321,72	3776,81	45940,68	2552,26	46565,04	1940,21
45000	45724,50	7620,75	46351,80	3862,65	46984,68	2610,26	47623,21	1984,30
46000	46740,60	7790,10	47381,88	3948,49	48028,86	2668,27	48681,60	2028,40
47000	47756,71	7959,45	48411,84	4034,32	49073,04	2726,28	49740,00	2072,50
48000	48772,80	8128,80	49441,92	4120,16	50117,04	2784,28	50798,17	2116,59
49000	49788,90	8298,15	50472,00	4206,00	51161,22	2842,29	51856,56	2160,69
50000	50805,00	8467,50	51501,96	4291,83	52205,22	2900,29	52914,72	2204,78
51000	51821,04	8636,84	52532,04	4377,67	53249,40	2958,30	53972,89	2248,87
52000	52837,21	8806,20	53562,00	4463,50	54293,58	3016,31	55031,28	2292,97
53000	53853,30	8975,55	54592,08	4549,34	55337,58	3074,31	56089,68	2337,07
54000	54869,28	9144,88	55622,17	4635,18	56381,76	3132,32	57148,08	2381,17
55000	55885,50	9314,25	56652,24	4721,02	57425,76	3190,32	58206,24	2425,26
56000	56901,54	9483,59	57682,21	4806,85	58469,94	3248,33	59264,64	2469,36
57000	57917,64	9652,94	58712,28	4892,69	59514,12	3306,34	60322,80	2513,45
58000	58933,80	9822,30	59742,24	4978,52	60558,12	3364,34	61381,21	2557,55
59000	59949,78	9991,63	60772,32	5064,36	61602,30	3422,35	62439,12	2601,63
60000	60965,94	10160,99	61802,40	5150,20	62646,30	3480,35	63497,76	2645,74
61000	61982,04	10330,34	62832,48	5236,04	63690,48	3538,36	64556,17	2689,84
62000	62998,14	10499,69	63862,44	5321,87	64734,67	3596,37	65614,32	2733,93
64000	65030,34	10838,39	65922,60	5493,55	66822,84	3712,38	67730,88	2822,12
66000	67062,54	11177,09	67982,65	5665,22	68911,02	3828,39	69847,44	2910,31
68000	69094,75	11515,79	70042,68	5836,89	70999,20	3944,40	71964,00	2998,50
70000	71126,94	11854,49	72102,84	6008,57	73087,38	4060,41	74080,80	3086,70
72000	73159,15	12193,19	74162,88	6180,24	75175,56	4176,42	76197,36	3174,89
74000	75191,34	12531,89	76222,93	6351,91	77263,93	4292,44	78313,93	3263,08
76000	77223,54	12870,59	78283,08	6523,59	79352,10	4408,45	80430,49	3351,27
78000	79255,75	13209,29	80343,12	6695,26	81440,28	4524,46	82547,04	3439,46
80000	81287,94	13547,99	82403,16	6866,93	83528,46	4640,47	84663,59	3527,65
82000	83320,15	13886,69	84463,32	7038,61	85616,64	4756,48	86780,16	3615,84
84000	85352,34	14225,39	86523,36	7210,28	87704,83	4872,49	88896,96	3704,04
86000	87384,54	14564,09	88583,41	7381,95	89793,00	4988,50	91013,52	3792,23
88000	89416,74	14902,79	90643,56	7553,63	91881,36	5104,52	93130,08	3880,42
90000	91448,94	15241,49	92703,59	7725,30	93969,36	5220,52	95246,64	3968,61
92000	93481,14	15580,19	94763,64	7896,97	96057,72	5336,54	97363,21	4056,80
94000	95513,34	15918,89	96823,80	8068,65	98145,90	5452,55	99479,77	4144,99
96000	97545,54	16257,59	98883,84	8240,32	100234,30	5568,57	101596,30	4233,18
98000	99577,68	16596,28	100944,00	8412,00	102322,40	5684,58	103712,90	4321,37
100000	101609,90	16934,99	103004,00	8583,67	104410,60	5800,59	105829,40	4409,56

INTÉRÊT DE **5,5 %**

	30 MOIS		36 MOIS		42 MOIS		48 MOIS	
Montant	Paiement Total	Paiement Mensuel	Paiement Total	Paiement Mensuel	Paiement Total	Paiement Mensuel	Paiement Total	Paiement Mensuel
37000	39686,70	1322,89	40221,00	1117,25	40759,74	970,47	41303,52	860,49
38000	40759,20	1358,64	41307,48	1147,43	41861,40	996,70	42420,00	883,75
39000	41831,70	1394,39	42395,04	1177,64	42963,06	1022,93	43536,00	907,00
40000	42904,50	1430,15	43482,24	1207,84	44064,73	1049,16	44652,48	930,26
41000	43977,00	1465,90	44569,08	1238,03	45166,38	1075,39	45768,96	953,52
42000	45049,50	1501,65	45656,28	1268,23	46268,04	1101,62	46884,96	976,77
43000	46122,30	1537,41	46743,12	1298,42	47369,70	1127,85	48001,44	1000,03
44000	47194,80	1573,16	47830,32	1328,62	48470,94	1154,07	49117,92	1023,29
45000	48267,60	1608,92	48917,52	1358,82	49573,03	1180,31	50233,92	1046,54
46000	49340,10	1644,67	50004,36	1389,01	50674,26	1206,53	51350,40	1069,80
47000	50412,60	1680,42	51091,56	1419,21	51775,92	1232,76	52466,40	1093,05
48000	51485,40	1716,18	52178,40	1449,40	52877,58	1258,99	53582,89	1116,31
49000	52557,90	1751,93	53265,60	1479,60	53979,24	1285,22	54698,89	1139,56
50000	53630,40	1787,68	54352,44	1509,79	55080,90	1311,45	55814,89	1162,81
51000	54703,20	1823,44	55439,64	1539,99	56182,57	1337,68	56931,36	1186,07
52000	55775,70	1859,19	56526,84	1570,19	57284,23	1363,91	58048,30	1209,34
53000	56848,50	1894,95	57613,68	1600,38	58385,88	1390,14	59164,32	1232,59
54000	57921,00	1930,70	58700,88	1630,58	59487,54	1416,37	60280,80	1255,85
55000	58993,50	1966,45	59787,72	1660,77	60589,20	1442,60	61397,28	1279,11
56000	60066,30	2002,21	60874,92	1690,97	61690,86	1468,83	62513,28	1302,36
57000	61138,80	2037,96	61962,12	1721,17	62792,10	1495,05	63629,76	1325,62
58000	62211,30	2073,71	63048,96	1751,36	63893,76	1521,28	64746,24	1348,88
59000	63284,10	2109,47	64136,17	1781,56	64995,42	1547,51	65862,25	1372,13
60000	64356,60	2145,22	65223,00	1811,75	66097,08	1573,74	66978,72	1395,39
61000	65429,10	2180,97	66310,20	1841,95	67198,74	1599,97	68095,21	1418,65
62000	66501,90	2216,73	67397,40	1872,15	68300,40	1626,20	69211,21	1441,90
64000	68647,21	2288,24	69571,44	1932,54	70503,72	1678,66	71443,68	1488,41
66000	70792,21	2359,74	71745,49	1992,93	72707,04	1731,12	73676,65	1534,93
68000	72937,50	2431,25	73919,53	2053,32	74909,94	1783,57	75909,12	1581,44
70000	75082,80	2502,76	76093,56	2113,71	77113,26	1836,03	78141,60	1627,95
72000	77228,10	2574,27	78267,60	2174,10	79316,58	1888,49	80374,56	1674,47
74000	79373,10	2645,77	80442,00	2234,50	81519,90	1940,95	82607,04	1720,98
76000	81518,40	2717,28	82615,68	2294,88	83723,22	1993,41	84839,52	1767,49
78000	83663,71	2788,79	84790,08	2355,28	85926,12	2045,86	87072,49	1814,01
80000	85808,71	2860,29	86964,12	2415,67	88129,44	2098,32	89304,96	1860,52
82000	87954,00	2931,80	89138,16	2476,06	90332,76	2150,78	91537,44	1907,03
84000	90099,31	3003,31	91312,56	2536,46	92536,08	2203,24	93769,92	1953,54
86000	92244,60	3074,82	93486,60	2596,85	94739,40	2255,70	96002,88	2000,06
88000	94389,60	3146,32	95660,64	2657,24	96941,88	2308,14	98235,36	2046,57
90000	96534,91	3217,83	97834,68	2717,63	99145,62	2360,61	100467,80	2093,08
92000	98680,21	3289,34	100008,70	2778,02	101348,90	2413,07	102700,80	2139,60
94000	100825,50	3360,85	102182,90	2838,41	103552,30	2465,53	104933,30	2186,11
96000	102970,50	3432,35	104357,20	2898,81	105755,60	2517,99	107165,80	2232,62
98000	105115,80	3503,86	106531,20	2959,20	107958,50	2570,44	109397,80	2279,12
100000	107261,10	3575,37	108705,20	3019,59	110161,80	2622,90	111630,70	2325,64

30

INTÉRÊT DE **5,5 %**

54 MOIS 60 MOIS 66 MOIS 72 MOIS

Montant	Paiement Total	Paiement Mensuel	Paiement Total	Paiement Mensuel	Paiement Total	Paiement Mensuel	Paiement Total	Paiement Mensuel
37000	41851,62	775,03	42404,40	706,74	42962,04	650,94	43524,00	604,50
38000	42982,92	795,98	43550,40	725,84	44122,98	668,53	44700,48	620,84
39000	44114,22	816,93	44697,00	744,95	45284,58	686,13	45876,96	637,18
40000	45244,98	837,87	45843,00	764,05	46445,52	703,72	47053,44	653,52
41000	46376,28	858,82	46989,00	783,15	47606,46	721,31	48229,20	669,85
42000	47507,58	879,77	48135,00	802,25	48768,06	738,91	49405,68	686,19
43000	48638,34	900,71	49281,00	821,35	49929,00	756,50	50582,17	702,53
44000	49769,64	921,66	50427,00	840,45	51089,94	774,09	51758,64	718,87
45000	50900,94	942,61	51573,00	859,55	52250,88	791,68	52935,12	735,21
46000	52031,70	963,55	52719,00	878,65	53412,48	809,28	54110,88	751,54
47000	53163,00	984,50	53865,00	897,75	54573,42	826,87	55287,36	767,88
48000	54294,30	1005,45	55011,60	916,86	55734,36	844,46	56463,84	784,22
49000	55425,07	1026,39	56157,60	935,96	56895,96	862,06	57640,32	800,56
50000	56556,36	1047,34	57303,60	955,06	58056,90	879,65	58816,08	816,89
51000	57687,67	1068,29	58449,60	974,16	59217,84	897,24	59992,56	833,23
52000	58818,42	1089,23	59595,60	993,26	60379,44	914,84	61169,04	849,57
53000	59949,73	1110,18	60741,60	1012,36	61540,38	932,43	62345,52	865,91
54000	61081,02	1131,13	61887,60	1031,46	62701,32	950,02	63522,00	882,25
55000	62211,24	1152,06	63033,60	1050,56	63862,26	967,61	64697,76	898,58
56000	63343,08	1173,02	64179,60	1069,66	65023,86	985,21	65874,24	914,92
57000	64474,38	1193,97	65326,21	1088,77	66184,80	1002,80	67050,72	931,26
58000	65605,15	1214,91	66472,21	1107,87	67345,75	1020,39	68227,20	947,60
59000	66736,44	1235,86	67618,20	1126,97	68507,34	1037,99	69403,68	963,94
60000	67867,75	1256,81	68763,60	1146,06	69667,62	1055,57	70579,44	980,27
61000	68999,04	1277,76	69910,21	1165,17	70829,22	1073,17	71755,93	996,61
62000	70129,26	1298,69	71056,21	1184,27	71990,16	1090,76	72932,40	1012,95
64000	72392,40	1340,60	73348,20	1222,47	74312,04	1125,94	75285,36	1045,63
66000	74654,46	1382,49	75640,81	1260,68	76635,25	1161,14	77637,60	1078,30
68000	76916,52	1424,38	77932,80	1298,88	78956,46	1196,31	79990,56	1110,98
70000	79179,13	1466,28	80224,80	1337,08	81279,66	1231,51	82342,81	1143,65
72000	81441,18	1508,17	82516,81	1375,28	83600,88	1266,68	84695,04	1176,32
74000	83703,25	1550,06	84809,40	1413,49	85924,08	1301,88	87048,00	1209,00
76000	85965,84	1591,96	87101,40	1451,69	88246,62	1337,07	89400,96	1241,68
78000	88227,90	1633,85	89393,40	1489,89	90568,50	1372,25	91753,92	1274,36
80000	90489,96	1675,74	91685,40	1528,09	92891,04	1407,44	94106,16	1307,03
82000	92752,56	1717,64	93978,00	1566,30	95212,92	1442,62	96459,12	1339,71
84000	95014,62	1759,53	96270,00	1604,50	97535,46	1477,81	98811,36	1372,38
86000	97277,22	1801,43	98562,00	1642,70	99858,00	1513,00	101164,30	1405,06
88000	99539,28	1843,32	100854,00	1680,90	102179,90	1548,18	103516,60	1437,73
90000	101801,30	1885,21	103146,00	1719,10	104502,40	1583,37	105869,50	1470,41
92000	104063,90	1927,11	105438,60	1757,31	106824,30	1618,55	108222,50	1503,09
94000	106326,00	1969,00	107730,60	1795,51	109146,80	1653,74	110574,70	1535,76
96000	108588,10	2010,89	110022,60	1833,71	111469,40	1688,93	112927,70	1568,44
98000	110850,70	2052,79	112314,60	1871,91	113791,30	1724,11	115279,90	1601,11
100000	113112,70	2094,68	114607,20	1910,12	116113,80	1759,30	117632,90	1633,79

INTÉRÊT DE **6 %**

	6 MOIS		**12** MOIS		**18** MOIS		**24** MOIS	
Montant	Paiement Total	Paiement Mensuel	Paiement Total	Paiement Mensuel	Paiement Total	Paiement Mensuel	Paiement Total	Paiement Mensuel
1000	1017,54	169,59	1032,84	86,07	1048,14	58,23	1063,68	44,32
1500	1526,34	254,39	1549,20	129,10	1572,30	87,35	1595,52	66,48
2000	2035,14	339,19	2065,56	172,13	2096,28	116,46	2127,36	88,64
2500	2543,94	423,99	2582,04	215,17	2620,44	145,58	2659,20	110,80
3000	3052,68	508,78	3098,40	258,20	3144,60	174,70	3191,04	132,96
3500	3561,48	593,58	3614,76	301,23	3668,58	203,81	3722,88	155,12
4000	4070,28	678,38	4131,24	344,27	4192,74	232,93	4254,72	177,28
4500	4579,08	763,18	4647,60	387,30	4716,72	262,04	4786,56	199,44
5000	5087,82	847,97	5163,96	430,33	5240,88	291,16	5318,40	221,60
5500	5596,62	932,77	5680,32	473,36	5764,68	320,26	5850,24	243,76
6000	6105,42	1017,57	6196,80	516,40	6289,02	349,39	6382,08	265,92
6500	6614,22	1102,37	6713,16	559,43	6813,18	378,51	6913,68	288,07
7000	7122,96	1187,16	7229,52	602,46	7337,16	407,62	7445,76	310,24
7500	7631,76	1271,96	7746,00	645,50	7861,32	436,74	7977,60	332,40
8000	8140,56	1356,76	8262,36	688,53	8385,30	465,85	8509,44	354,56
8500	8649,36	1441,56	8778,72	731,56	8909,46	494,97	9041,28	376,72
9000	9158,10	1526,35	9295,20	774,60	9433,44	524,08	9573,36	398,89
9500	9666,90	1611,15	9811,56	817,63	9957,60	553,20	10105,20	421,05
10000	10175,70	1695,95	10327,92	860,66	10481,76	582,32	10637,04	443,21
11000	11193,24	1865,54	11360,76	946,73	11529,90	640,55	11700,72	487,53
12000	12210,84	2035,14	12393,60	1032,80	12578,04	698,78	12764,16	531,84
13000	13228,38	2204,73	13426,32	1118,86	13626,18	757,01	13828,08	576,17
14000	14245,98	2374,33	14459,16	1204,93	14674,32	815,24	14891,76	620,49
15000	15263,52	2543,92	15491,88	1290,99	15722,64	873,48	15955,44	664,81
16000	16281,12	2713,52	16524,72	1377,06	16770,78	931,71	17019,12	709,13
17000	17298,66	2883,11	17557,56	1463,13	17818,92	989,94	18082,80	753,45
18000	18316,26	3052,71	18590,28	1549,19	18867,06	1048,17	19146,48	797,77
19000	19333,80	3222,30	19623,12	1635,26	19915,20	1106,40	20210,16	842,09
20000	20351,40	3391,90	20655,96	1721,33	20963,34	1164,63	21273,84	886,41
21000	21368,94	3561,49	21688,68	1807,39	22011,66	1222,87	22337,52	930,73
22000	22386,54	3731,09	22721,52	1893,46	23059,80	1281,10	23401,20	975,05
23000	23404,08	3900,68	23754,24	1979,52	24107,94	1339,33	24464,88	1019,37
24000	24421,68	4070,28	24787,08	2065,59	25156,08	1397,56	25528,32	1063,68
25000	25439,22	4239,87	25819,80	2151,65	26204,22	1455,79	26592,24	1108,01
26000	26456,82	4409,47	26852,64	2237,72	27252,36	1514,02	27655,68	1152,32
27000	27474,36	4579,06	27885,48	2323,79	28300,68	1572,26	28719,84	1196,66
28000	28491,90	4748,65	28918,32	2409,86	29348,82	1630,49	29783,52	1240,98
29000	29509,50	4918,25	29951,04	2495,92	30396,96	1688,72	30847,20	1285,30
30000	30527,04	5087,84	30983,88	2581,99	31445,10	1746,95	31910,88	1329,62
31000	31544,64	5257,44	32016,60	2668,05	32493,24	1805,18	32974,56	1373,94
32000	32562,18	5427,03	33049,44	2754,12	33541,38	1863,41	34038,24	1418,26
33000	33579,78	5596,63	34082,28	2840,19	34589,52	1921,64	35101,92	1462,58
34000	34597,32	5766,22	35115,00	2926,25	35637,84	1979,88	36165,60	1506,90
35000	35614,92	5935,82	36147,84	3012,32	36685,98	2038,11	37229,28	1551,22
36000	36632,46	6105,41	37180,68	3098,39	37734,12	2096,34	38292,96	1595,54

32

	30 MOIS		36 MOIS		42 MOIS		48 MOIS	
Montant	Paiement Total	Paiement Mensuel	Paiement Total	Paiement Mensuel	Paiement Total	Paiement Mensuel	Paiement Total	Paiement Mensuel
1000	1079,40	35,98	1095,12	30,42	1111,32	26,46	1127,52	23,49
1500	1619,10	53,97	1642,68	45,63	1666,56	39,68	1691,04	35,23
2000	2158,80	71,96	2190,24	60,84	2222,22	52,91	2254,56	46,97
2500	2698,50	89,95	2737,80	76,05	2777,88	66,14	2818,08	58,71
3000	3238,20	107,94	3285,72	91,27	3333,54	79,37	3382,08	70,46
3500	3777,90	125,93	3833,28	106,48	3889,20	92,60	3945,60	82,20
4000	4317,60	143,92	4380,84	121,69	4444,44	105,82	4509,12	93,94
4500	4856,70	161,89	4928,04	136,89	5000,10	119,05	5072,64	105,68
5000	5396,70	179,89	5475,96	152,11	5555,76	132,28	5636,64	117,43
5500	5936,40	197,88	6023,52	167,32	6111,00	145,50	6200,16	129,17
6000	6476,10	215,87	6571,08	182,53	6667,08	158,74	6763,68	140,91
6500	7015,80	233,86	7118,64	197,74	7222,74	171,97	7326,72	152,64
7000	7555,50	251,85	7666,20	212,95	7777,98	185,19	7891,20	164,40
7500	8095,20	269,84	8213,76	228,16	8333,64	198,42	8454,72	176,14
8000	8634,60	287,82	8761,68	243,38	8889,30	211,65	9018,24	187,88
8500	9174,60	305,82	9309,24	258,59	9444,96	224,88	9581,76	199,62
9000	9714,30	323,81	9856,44	273,79	10000,62	238,11	10145,76	211,37
9500	10254,00	341,80	10404,36	289,01	10555,86	251,33	10709,28	223,11
10000	10793,70	359,79	10951,92	304,22	11111,52	264,56	11272,80	234,85
11000	11873,10	395,77	12047,04	334,64	12222,42	291,01	12400,32	258,34
12000	12952,50	431,75	13142,16	365,06	13333,74	317,47	13527,36	281,82
13000	14031,90	467,73	14237,28	395,48	14445,06	343,93	14654,88	305,31
14000	15111,00	503,70	15332,76	425,91	15556,38	370,39	15781,92	328,79
15000	16190,40	539,68	16427,88	456,33	16667,28	396,84	16909,44	352,28
16000	17269,50	575,65	17523,00	486,75	17778,60	423,30	18036,48	375,76
17000	18349,20	611,64	18618,12	517,17	18889,92	449,76	19164,00	399,25
18000	19428,60	647,62	19713,24	547,59	20000,82	476,21	20291,04	422,73
19000	20508,00	683,60	20808,72	578,02	21112,14	502,67	21418,56	446,22
20000	21587,40	719,58	21903,84	608,44	22223,04	529,12	22545,60	469,70
21000	22666,80	755,56	22998,96	638,86	23334,36	555,58	23673,12	493,19
22000	23746,20	791,54	24094,08	669,28	24445,26	582,03	24800,16	516,67
23000	24825,30	827,51	25189,20	699,70	25556,58	608,49	25927,20	540,15
24000	25904,70	863,49	26284,68	730,13	26667,90	634,95	27054,72	563,64
25000	26984,10	899,47	27379,80	760,55	27778,80	661,40	28182,24	587,13
26000	28063,50	935,45	28474,92	790,97	28890,12	687,86	29309,28	610,61
27000	29142,90	971,43	29570,04	821,39	30001,44	714,32	30436,32	634,09
28000	30222,30	1007,41	30665,16	851,81	31112,34	740,77	31563,84	657,58
29000	31301,70	1043,39	31760,64	882,24	32223,66	767,23	32691,36	681,07
30000	32381,10	1079,37	32855,76	912,66	33334,98	793,69	33818,40	704,55
31000	3460,50	1115,35	33950,88	943,08	34445,88	820,14	34945,92	728,04
32000	34539,30	1151,31	35046,00	973,50	35557,20	846,60	36072,96	751,52
33000	35619,00	1187,30	36141,12	1003,92	36668,10	873,05	37200,48	775,01
34000	36698,40	1223,28	37236,60	1034,35	37779,42	899,51	38327,52	798,49
35000	37777,80	1259,26	38331,72	1064,77	38890,74	925,97	39455,04	821,98
36000	38857,20	1295,24	39426,48	1095,18	40001,64	952,42	40582,08	845,46

33

INTÉRÊT DE 6 %

Montant	54 MOIS		60 MOIS		66 MOIS		72 MOIS	
	Paiement Total	Paiement Mensuel	Paiement Total	Paiement Mensuel	Paiement Total	Paiement Mensuel	Paiement Total	Paiement Mensuel
1000	1143,72	21,18	1159,80	19,33	1176,78	17,83	1193,04	16,57
1500	1715,58	31,77	1740,00	29,00	1764,84	26,74	1789,92	24,86
2000	2286,90	42,35	2319,60	38,66	2352,90	35,65	2386,80	33,15
2500	2858,76	52,94	2899,80	48,33	2941,62	44,57	2982,96	41,43
3000	3430,62	63,53	3480,00	58,00	3529,68	53,48	3579,84	49,72
3500	4002,48	74,12	4059,60	67,66	4117,74	62,39	4176,72	58,01
4000	4574,34	84,71	4639,80	77,33	4706,46	71,31	4772,88	66,29
4500	5146,20	95,30	5220,00	87,00	5294,52	80,22	5369,76	74,58
5000	5717,52	105,88	5799,60	96,66	5882,58	89,13	5965,92	82,86
5500	6289,38	116,47	6379,80	106,33	6470,64	98,04	6562,80	91,15
6000	6861,24	127,06	6960,00	116,00	7059,36	106,96	7159,68	99,44
6500	7432,56	137,64	7539,60	125,66	7647,42	115,87	7755,84	107,72
7000	8004,96	148,24	8119,80	135,33	8235,48	124,78	8352,72	116,01
7500	8576,82	158,83	8700,00	145,00	8824,20	133,70	8949,60	124,30
8000	9148,14	169,41	9279,60	154,66	9412,26	142,61	9545,76	132,58
8500	9720,00	180,00	9859,80	164,33	10000,32	151,52	10142,64	140,87
9000	10291,86	190,59	10440,00	174,00	10589,04	160,44	10739,52	149,16
9500	10863,72	201,18	11019,60	183,66	11177,10	169,35	11335,68	157,44
10000	11435,58	211,77	11599,80	193,33	11765,16	178,26	11932,56	165,73
11000	12579,30	232,95	12759,60	212,66	12941,94	196,09	13125,60	182,30
12000	13722,48	254,12	13919,40	231,99	14118,70	213,92	14318,64	198,87
13000	14865,66	275,29	15079,80	251,33	15294,84	231,74	15512,40	215,45
14000	16009,92	296,48	16239,60	270,66	16471,62	249,57	16705,44	232,02
15000	17153,10	317,65	17399,40	289,99	17647,74	267,39	17898,48	248,59
16000	18296,82	338,83	18559,20	309,32	18824,50	285,22	19092,24	265,17
17000	19440,54	360,01	19719,60	328,66	20000,64	303,04	20285,28	281,74
18000	20583,72	381,18	20879,40	347,99	21177,42	320,87	21478,32	298,31
19000	21727,44	402,36	22039,20	367,32	22354,20	338,70	22671,36	314,88
20000	22871,16	423,54	23199,60	386,66	23530,98	356,53	23865,12	331,46
21000	24014,34	444,71	24359,40	405,99	24707,10	374,35	25058,16	348,03
22000	25158,06	465,89	25519,20	425,32	25883,88	392,18	26251,20	364,60
23000	26301,78	487,07	26679,00	444,65	27060,00	410,00	27444,96	381,18
24000	27444,96	508,24	27839,40	463,99	28236,78	427,83	28638,00	397,75
25000	28588,68	529,42	28999,20	483,32	29413,56	445,66	29831,04	414,32
26000	29731,86	550,59	30159,00	502,65	30589,68	463,48	31024,08	430,89
27000	30875,58	571,77	31319,40	521,99	31766,46	481,31	32217,84	447,47
28000	32019,30	592,95	32479,20	541,32	32943,24	499,14	33410,88	464,04
29000	33163,02	614,13	33639,00	560,65	34119,36	516,96	34603,92	480,61
30000	34306,74	635,31	34798,80	579,98	35295,48	534,78	35797,68	497,19
31000	35449,92	656,48	35959,20	599,32	36472,26	552,61	36990,72	513,76
32000	36593,64	677,66	37119,00	618,65	37649,04	570,44	38183,76	530,33
33000	37737,36	698,84	38278,80	637,98	38825,82	588,27	39376,80	546,90
34000	38880,54	720,01	39438,60	657,31	40001,94	606,09	40570,56	563,48
35000	40024,26	741,19	40599,00	676,65	41178,72	623,92	41763,60	580,05
36000	41167,98	762,37	41758,80	695,98	42355,50	641,75	42956,64	596,62

	6 MOIS		12 MOIS		18 MOIS		24 MOIS	
Montant	Paiement Total	Paiement Mensuel	Paiement Total	Paiement Mensuel	Paiement Total	Paiement Mensuel	Paiement Total	Paiement Mensuel
37000	37650,06	6275,01	38213,40	3184,45	38782,26	2154,57	39356,64	1639,86
38000	38667,60	6444,60	39246,24	3270,52	39830,40	2212,80	40420,32	1684,18
39000	39685,20	6614,20	40278,96	3356,58	40878,54	2271,03	41484,00	1728,50
40000	40702,74	6783,79	41311,80	3442,65	41926,86	2329,27	42547,68	1772,82
41000	41720,34	6953,39	42344,64	3528,72	42975,00	2387,50	43611,36	1817,14
42000	42737,88	7122,98	43377,36	3614,78	44023,14	2445,73	44675,04	1861,46
43000	43755,48	7292,58	44410,21	3700,85	45071,28	2503,96	45738,72	1905,78
44000	44773,02	7462,17	45443,04	3786,92	46119,42	2562,19	46802,40	1950,10
45000	45790,62	7631,77	46475,76	3872,98	47167,74	2620,43	47866,32	1994,43
46000	46808,16	7801,36	47508,60	3959,05	48215,88	2678,66	48930,00	2038,75
47000	47825,76	7970,96	48541,32	4045,11	49264,02	2736,89	49993,68	2083,07
48000	48843,30	8140,55	49574,17	4131,18	50312,17	2795,12	51057,12	2127,38
49000	49860,90	8310,15	50607,00	4217,25	51360,30	2853,35	52121,04	2171,71
50000	50878,44	8479,74	51639,72	4303,31	52408,44	2911,58	53184,72	2216,03
51000	51896,04	8649,34	52672,56	4389,38	53456,58	2969,81	54248,40	2260,35
52000	52913,58	8818,93	53705,40	4475,45	54504,90	3028,05	55312,08	2304,67
53000	53931,18	8988,53	54738,00	4561,50	55553,04	3086,28	56375,76	2348,99
54000	54948,72	9158,12	55770,96	4647,58	56601,18	3144,51	57439,44	2393,31
55000	55966,32	9327,72	56803,80	4733,65	57649,32	3202,74	58502,89	2437,62
56000	56983,80	9497,30	57836,52	4819,71	58697,46	3260,97	59566,80	2481,95
57000	58001,40	9666,90	58869,24	4905,77	59745,60	3319,20	60630,48	2526,27
58000	59019,00	9836,50	59902,08	4991,84	60793,92	3377,44	61694,17	2570,59
59000	60036,54	10006,09	60934,92	5077,91	61842,06	3435,67	62757,60	2614,90
60000	61054,14	10175,69	61967,76	5163,98	62890,20	3493,90	63821,52	2659,23
61000	62071,68	10345,28	63000,48	5250,04	63938,34	3552,13	64885,21	2703,55
62000	63089,28	10514,88	64033,32	5336,11	64986,48	3610,36	65948,88	2747,87
64000	65124,42	10854,07	66098,88	5508,24	67082,94	3726,83	68076,49	2836,52
66000	67159,56	11193,26	68164,44	5680,37	69179,22	3843,29	70203,84	2925,16
68000	69194,71	11532,45	70230,12	5852,51	71275,50	3959,75	72331,21	3013,80
70000	71229,84	11871,64	72295,68	6024,64	73371,96	4076,22	74458,56	3102,44
72000	73264,99	12210,83	74361,25	6196,77	75468,25	4192,68	76585,93	3191,08
74000	75300,12	12550,02	76426,80	6368,90	77564,53	4309,14	78713,28	3279,72
76000	77335,26	12889,21	78492,49	6541,04	79660,98	4425,61	80840,65	3368,36
78000	79370,41	13228,40	80558,04	6713,17	81757,08	4542,06	82968,00	3457,00
80000	81405,54	13567,59	82623,60	6885,30	83853,36	4658,52	85095,36	3545,64
82000	83440,68	13906,78	84689,16	7057,43	85950,00	4775,00	87222,96	3634,29
84000	85475,82	14245,97	86754,84	7229,57	88046,28	4891,46	89350,32	3722,93
86000	87510,91	14585,15	88820,41	7401,70	90142,56	5007,92	91477,68	3811,57
88000	89546,04	14924,34	90885,96	7573,83	92239,02	5124,39	93605,04	3900,21
90000	91581,18	15263,53	92951,52	7745,96	94335,31	5240,85	95732,41	3988,85
92000	93616,32	15602,72	95017,21	7918,10	96431,58	5357,31	97859,76	4077,49
94000	95651,46	15941,91	97082,76	8090,23	98528,04	5473,78	99987,12	4166,13
96000	97686,55	16281,10	99148,33	8262,36	100624,30	5590,24	102114,50	4254,77
98000	99721,68	16620,28	101213,90	8434,49	102720,60	5706,70	104241,80	4343,41
100000	101756,90	16959,48	103279,60	8606,63	104817,10	5823,17	106369,40	4432,06

INTÉRÊT DE 6 %

	30 MOIS		36 MOIS		42 MOIS		48 MOIS	
Montant	Paiement Total	Paiement Mensuel	Paiement Total	Paiement Mensuel	Paiement Total	Paiement Mensuel	Paiement Total	Paiement Mensuel
37000	39936,60	1331,22	40521,96	1125,61	41112,96	978,88	41709,60	868,95
38000	41016,00	1367,20	41617,08	1156,03	42224,28	1005,34	42836,64	892,43
39000	42095,40	1403,18	42711,84	1186,44	43335,18	1031,79	43964,16	915,92
40000	43174,50	1439,15	43807,68	1216,88	44446,50	1058,25	45091,21	939,40
41000	44253,90	1475,13	44902,80	1247,30	45556,98	1084,69	46218,72	962,89
42000	45333,30	1511,11	45997,92	1277,72	46668,73	1111,16	47345,76	986,37
43000	46412,70	1547,09	47093,04	1308,14	47780,04	1137,62	48473,28	1009,86
44000	47492,10	1583,07	48188,17	1338,56	48890,53	1164,06	49600,32	1033,34
45000	48571,50	1619,05	49283,64	1368,99	50002,26	1190,53	50727,36	1056,82
46000	49650,90	1655,03	50378,76	1399,41	51113,16	1216,98	51854,89	1080,31
47000	50730,30	1691,01	51473,88	1429,83	52224,07	1243,43	52982,40	1103,80
48000	51809,70	1726,99	52569,00	1460,25	53335,80	1269,90	54109,44	1127,28
49000	52888,80	1762,96	53664,12	1490,67	54446,70	1296,35	55236,96	1150,77
50000	53968,20	1798,94	54759,60	1521,10	55558,03	1322,81	56364,00	1174,25
51000	55047,60	1834,92	55854,72	1551,52	56669,34	1349,27	57491,52	1197,74
52000	56127,00	1870,90	56949,84	1581,94	57780,24	1375,72	58618,56	1221,22
53000	57206,40	1906,88	58044,96	1612,36	58891,57	1402,18	59746,08	1244,71
54000	58285,80	1942,86	59140,08	1642,78	60002,46	1428,63	60872,64	1268,18
55000	59365,20	1978,84	60235,56	1673,21	61113,78	1455,09	62000,64	1291,68
56000	60444,60	2014,82	61330,68	1703,63	62225,10	1481,55	63127,68	1315,16
57000	61524,00	2050,80	62425,80	1734,05	63336,00	1508,00	64255,21	1338,65
58000	62603,10	2086,77	63520,92	1764,47	64447,32	1534,46	65382,24	1362,13
59000	63682,50	2122,75	64616,04	1794,89	65558,65	1560,92	66509,76	1385,62
60000	64761,90	2158,73	65711,52	1825,32	66669,34	1587,37	67636,80	1409,10
61000	65841,30	2194,71	66806,65	1855,74	67780,86	1613,83	68764,32	1432,59
62000	66920,70	2230,69	67901,76	1886,16	68891,76	1640,28	69891,36	1456,07
64000	69079,20	2302,64	70092,00	1947,00	71114,40	1693,20	72145,93	1503,04
66000	71238,31	2374,61	72282,60	2007,85	73336,62	1746,11	74400,49	1550,01
68000	73396,81	2446,56	74472,84	2068,69	75558,85	1799,02	76655,04	1596,98
70000	75555,60	2518,52	77663,08	2129,53	77781,06	1851,93	78909,60	1643,95
72000	77714,40	2590,48	78853,33	2190,37	80003,70	1904,85	81164,16	1690,92
74000	79873,20	2662,44	81043,93	2251,22	82225,93	1957,76	83418,72	1737,89
76000	82031,70	2734,39	83234,53	2312,07	84448,14	2010,67	85673,28	1784,86
78000	84190,50	2806,35	85424,40	2372,90	86670,36	2063,58	87927,84	1831,83
80000	86349,31	2878,31	87615,00	2433,75	88893,00	2116,50	90182,41	1878,80
82000	88508,10	2950,27	89805,60	2494,60	91114,80	2169,40	92436,96	1925,77
84000	90666,90	3022,23	91995,84	2555,44	93337,44	2222,32	94691,52	1972,74
86000	92825,40	3094,18	94186,08	2616,28	95559,66	2275,23	96946,08	2019,71
88000	94984,19	3166,14	96376,68	2677,13	97781,46	2328,13	99200,64	2066,68
90000	97143,00	3238,10	98566,92	2737,97	100004,50	2381,06	101454,70	2113,64
92000	99301,81	3310,06	100757,50	2798,82	102226,70	2433,97	103709,80	2160,62
94000	101460,30	3382,01	102947,80	2859,66	104448,60	2486,87	105964,30	2207,59
96000	103619,10	3453,97	105138,00	2920,50	106671,20	2539,79	108218,90	2254,56
98000	105777,90	3525,93	107328,60	2981,35	108893,80	2592,71	110473,40	2301,53
100000	107936,70	3597,89	109518,80	3042,19	111116,10	2645,62	112728,00	2348,50

	54 MOIS		60 MOIS		66 MOIS		72 MOIS	
Montant	Paiement Total	Paiement Mensuel	Paiement Total	Paiement Mensuel	Paiement Total	Paiement Mensuel	Paiement Total	Paiement Mensuel
37000	42311,16	783,54	42918,60	715,31	43531,62	659,57	44150,40	613,20
38000	43454,88	804,72	44079,00	734,65	44708,40	677,40	45343,44	629,77
39000	44598,60	825,90	45238,80	753,98	45884,52	695,22	46536,48	646,34
40000	45741,78	847,07	46398,60	773,31	47061,30	713,05	47730,24	662,92
41000	46885,50	868,25	47558,40	792,64	48238,08	730,88	48923,28	679,49
42000	48029,22	889,43	48718,80	811,98	49414,20	748,70	50116,32	696,06
43000	49172,40	910,60	49878,60	831,31	50590,98	766,53	51309,36	712,63
44000	50316,12	931,78	51038,40	850,64	51767,76	784,36	52503,12	729,21
45000	51459,84	952,96	52198,80	869,98	52943,88	802,18	53696,17	745,78
46000	52603,02	974,13	53358,60	889,31	54120,66	820,01	54889,20	762,35
47000	53746,74	995,31	54518,40	908,64	55296,78	837,83	56082,96	778,93
48000	54890,46	1016,49	55678,20	927,97	56473,56	855,66	57276,00	795,50
49000	56033,64	1037,66	56838,60	947,31	57650,34	873,49	58469,04	812,07
50000	57177,36	1058,84	57998,40	966,64	58826,46	891,31	59662,08	828,64
51000	58321,08	1080,02	59158,20	985,97	60003,24	909,14	60855,84	845,22
52000	59464,26	1101,19	60318,00	1005,30	61180,02	926,97	62048,88	861,79
53000	60607,98	1122,37	61478,40	1024,64	62356,14	944,79	63241,92	878,36
54000	61751,71	1143,55	62638,20	1043,97	63532,92	962,62	64435,68	894,94
55000	62895,42	1164,73	63798,01	1063,30	64709,04	980,44	65628,72	911,51
56000	64038,60	1185,90	64958,40	1082,64	65885,82	998,27	66821,76	928,0
57000	65181,78	1207,07	66118,20	1101,97	67062,60	1016,10	68014,81	944,65
58000	66326,04	1228,26	67278,00	1121,30	68238,72	1033,92	69208,56	961,23
59000	67469,22	1249,43	68437,80	1140,63	69415,50	1051,75	70401,60	977,80
60000	68612,94	1270,61	69598,20	1159,97	70591,62	1069,57	71594,65	994,37
61000	69756,66	1291,79	70758,00	1179,30	71768,40	1087,40	72788,40	1010,95
62000	70899,84	1312,96	71917,80	1198,63	72945,18	1105,23	73981,44	1027,52
64000	73187,28	1355,32	74238,00	1237,30	75298,08	1140,88	76367,53	1060,66
66000	75474,18	1397,67	76557,60	1275,96	77650,99	1176,53	78754,33	1093,81
68000	77761,08	1440,02	78877,80	1314,63	80003,88	1212,18	81141,12	1126,96
70000	80048,52	1482,38	81198,00	1353,30	82357,44	1247,84	83527,20	1160,10
72000	82335,43	1524,73	83517,60	1391,96	84710,34	1283,49	85914,00	1193,25
74000	84622,86	1567,09	85837,80	1430,63	87063,24	1319,14	88300,08	1226,39
76000	86909,76	1609,44	88157,41	1469,29	89416,81	1354,80	90686,88	1259,54
78000	89196,66	1651,79	90477,59	1507,96	91769,69	1390,45	93072,96	1292,68
80000	91484,10	1694,15	92797,21	1546,62	94122,59	1426,10	95459,76	1325,83
82000	93771,00	1736,50	95117,41	1585,29	96475,50	1461,75	97846,56	1358,98
84000	96057,90	1778,85	97437,00	1623,95	98829,06	1497,41	100232,60	1392,12
86000	98345,34	1821,21	99757,21	1662,62	101182,00	1533,06	102619,40	1425,27
88000	100632,20	1863,56	102077,40	1701,29	103534,90	1568,71	105005,50	1458,41
90000	102919,70	1905,92	104397,00	1739,95	105887,80	1604,36	107392,30	1491,56
92000	105206,60	1948,27	106717,20	1778,62	108241,30	1640,02	109778,40	1524,70
94000	107493,50	1990,62	109036,80	1817,28	110594,20	1675,67	112165,20	1557,85
96000	109780,90	2032,98	111357,00	1855,95	112947,10	1711,32	114552,00	1591,00
98000	112067,80	2075,33	113676,60	1894,61	115300,00	1746,97	116938,10	1624,14
100000	114354,70	2117,68	115996,80	1933,28	117653,60	1782,63	119324,90	1657,29

INTÉRÊT DE 6,5 %

Montant	6 MOIS Paiement Total	Paiement Mensuel	12 MOIS Paiement Total	Paiement Mensuel	18 MOIS Paiement Total	Paiement Mensuel	24 MOIS Paiement Total	Paiement Mensuel
1000	1019,04	169,84	1035,60	86,30	1052,28	58,46	1069,20	44,55
1500	1528,56	254,76	1553,40	129,45	1578,42	87,69	1603,68	66,82
2000	2038,08	339,68	2071,08	172,59	2104,56	116,92	2138,16	89,09
2500	2547,66	424,61	2588,88	215,74	2630,52	146,14	2672,88	111,37
3000	3057,18	509,53	3106,68	258,89	3156,84	175,38	3207,36	133,64
3500	3566,70	594,45	3624,48	302,04	3682,98	204,61	3741,84	155,91
4000	4076,22	679,37	4142,28	345,19	4208,94	233,83	4276,56	178,19
4500	4585,74	764,29	4660,08	388,34	4735,08	263,06	4811,04	200,46
5000	5095,26	849,21	5177,88	431,49	5261,22	292,29	5345,52	222,73
5500	5604,78	934,13	5695,56	474,63	5787,18	321,51	5880,24	245,01
6000	6114,30	1019,05	6213,36	517,78	6313,50	350,75	6414,72	267,28
6500	6623,82	1103,97	6731,16	560,93	6839,64	379,98	6948,96	289,54
7000	7133,34	1188,89	7248,96	604,08	7365,78	409,21	7483,68	311,82
7500	7642,86	1273,81	7766,76	647,23	7891,92	438,44	8018,40	334,10
8000	8152,44	1358,74	8284,56	690,38	8418,06	467,67	8552,88	356,37
8500	8661,96	1443,66	8802,36	733,53	8944,20	496,90	9087,60	378,65
9000	9171,48	1528,58	9320,04	776,67	9470,34	526,13	9622,08	400,92
9500	9681,00	1613,50	9837,84	819,82	9996,48	555,36	10156,56	423,19
10000	10190,52	1698,42	10355,64	862,97	10522,62	584,59	10691,28	445,47
11000	11209,56	1868,26	11391,24	949,27	11574,54	643,03	11760,24	490,01
12000	12228,60	2038,10	12426,72	1035,56	12627,00	701,50	12829,44	534,56
13000	13247,70	2207,95	13462,32	1121,86	13679,28	759,96	13898,64	579,11
14000	14266,74	2377,79	14497,92	1208,16	14731,56	818,42	14967,60	623,65
15000	15285,72	2547,62	15533,52	1294,46	15783,84	876,88	16036,80	668,20
16000	16304,82	2717,47	16569,00	1380,75	16836,12	935,34	17106,00	712,75
17000	17323,86	2887,31	17604,60	1467,05	17888,40	993,80	18174,96	757,29
18000	18342,96	3057,16	18640,20	1553,35	18940,50	1052,25	19244,16	801,84
19000	19362,00	3227,00	19675,68	1639,64	19992,78	1110,71	20313,36	846,39
20000	20381,04	3396,84	20711,28	1725,94	21045,06	1169,17	21382,32	890,93
21000	21400,08	3566,68	21746,88	1812,24	22097,34	1227,63	22451,52	935,48
22000	22419,12	3736,52	22782,48	1898,54	23149,62	1286,09	23520,72	980,03
23000	23438,22	3906,37	23817,96	1984,83	24201,90	1344,55	24589,44	1024,56
24000	24457,26	4076,21	24853,44	2071,12	25254,18	1403,01	25658,88	1069,12
25000	25476,24	4246,04	25889,16	2157,43	26306,28	1461,46	26727,84	1113,66
26000	26495,34	4415,89	26924,64	2243,72	27358,56	1519,92	27797,04	1158,21
27000	27514,38	4585,73	27960,24	2330,02	28410,84	1578,38	28866,24	1202,76
28000	28533,48	4755,58	28995,84	2416,32	29463,12	1636,84	29935,20	1247,30
29000	29552,52	4925,42	30031,44	2502,62	30515,40	1695,30	31004,40	1291,85
30000	30571,50	5095,25	31066,80	2588,90	31567,68	1753,76	32073,60	1336,40
31000	31590,60	5265,10	32102,52	2675,21	32619,96	1812,22	33142,56	1380,94
32000	32609,70	5434,95	33138,12	2761,51	33672,06	1870,67	34211,76	1425,49
33000	33628,74	5604,79	34173,60	2847,80	34724,34	1929,13	35280,96	1470,04
34000	34647,78	5774,63	35209,20	2934,10	35776,62	1987,59	36349,92	1514,58
35000	35666,82	5944,47	36244,80	3020,40	36828,90	2046,05	37419,12	1559,13
36000	36685,86	6114,31	37280,28	3106,69	37881,18	2104,51	38488,32	1603,68

	30 MOIS		36 MOIS		42 MOIS		48 MOIS	
Montant	Paiement Total	Paiement Mensuel	Paiement Total	Paiement Mensuel	Paiement Total	Paiement Mensuel	Paiement Total	Paiement Mensuel
1000	1086,30	36,21	1103,40	30,65	1120,56	26,68	1138,56	23,72
1500	1629,30	54,31	1654,92	45,97	1681,26	40,03	1707,36	35,57
2000	2172,30	72,41	2206,80	61,30	2241,54	53,37	2276,64	47,43
2500	2715,30	90,51	2758,32	76,62	2801,82	66,71	2845,92	59,29
3000	3258,60	108,62	3310,20	91,95	3362,10	80,05	3415,20	71,15
3500	3801,60	126,72	3861,72	107,27	3922,80	93,40	3984,00	83,00
4000	4344,60	144,82	4413,60	122,60	4483,08	106,74	4553,28	94,86
4500	4887,60	162,92	4965,12	137,92	5043,36	120,08	5122,56	106,72
5000	5430,90	181,03	5517,00	153,25	5603,64	133,42	5691,84	118,58
5500	5973,90	199,13	6068,52	168,57	6164,34	146,77	6260,16	130,42
6000	6516,90	217,23	6620,40	183,90	6724,62	160,11	6829,44	142,28
6500	7059,90	235,33	7171,92	199,22	7284,90	173,45	7398,72	154,14
7000	7603,20	253,44	7723,44	214,54	7845,18	186,79	7968,48	166,01
7500	8146,20	271,54	8275,32	229,87	8405,88	200,14	8537,28	177,86
8000	8689,20	289,64	8826,84	245,19	8966,16	213,48	9106,56	189,72
8500	9232,20	307,74	9378,36	260,51	9526,44	226,82	9675,84	201,58
9000	9775,50	325,85	9930,24	275,84	10086,72	240,16	10245,12	213,44
9500	10318,50	343,95	10482,12	291,17	10647,42	253,51	10813,92	225,29
10000	1861,50	362,05	11033,64	306,49	11207,70	266,85	11383,20	237,15
11000	11947,80	398,26	12137,04	337,14	12328,26	293,53	12521,76	260,87
12000	13033,80	434,46	13240,44	367,79	13449,24	320,22	13659,36	284,57
13000	14120,10	470,67	14343,84	398,44	14569,80	346,90	14797,92	308,29
14000	15206,10	506,87	15447,24	429,09	15690,78	373,59	15936,48	332,01
15000	16292,40	543,08	16550,64	459,74	16811,34	400,27	17075,04	355,73
16000	17378,40	579,28	17654,04	490,39	17932,32	426,96	18213,12	379,44
17000	18464,70	615,49	18757,08	521,03	19052,88	453,64	19351,68	403,16
18000	19550,70	651,69	19860,84	551,69	20173,86	480,33	20489,76	426,87
19000	20637,00	687,90	20964,24	582,34	21294,42	507,01	21628,32	450,59
20000	21723,30	724,11	22067,28	612,98	22415,40	533,70	22766,40	474,30
21000	22809,30	760,31	23170,68	643,63	23535,96	560,38	23904,96	498,02
22000	23895,60	796,52	24274,08	674,28	24656,94	587,07	25043,04	521,73
23000	24981,60	832,72	25377,48	704,93	25777,50	613,75	26181,60	545,45
24000	26067,90	868,93	26480,88	735,58	26898,48	640,44	27319,20	569,15
25000	27153,90	905,13	27584,28	766,23	28019,04	667,12	28458,24	592,88
26000	28240,20	941,34	28687,68	796,88	29139,60	693,80	29596,32	616,59
27000	29326,20	977,54	29791,08	827,53	30260,58	720,49	30734,88	640,31
28000	30412,50	1013,75	30894,48	858,18	31381,14	747,17	31872,96	664,02
29000	31498,20	1049,94	31997,88	888,83	32502,12	773,86	33011,52	687,74
30000	32584,80	1086,16	33101,28	919,48	33622,68	800,54	34149,60	711,45
31000	33670,80	1122,36	34204,68	950,13	34743,66	827,23	35288,16	735,17
32000	34756,80	1158,56	35308,08	980,78	35864,22	853,91	36426,24	758,88
33000	35843,10	1194,77	36411,12	1011,42	36985,20	880,60	37564,80	782,60
34000	36929,40	1230,98	37514,17	1042,06	38105,76	907,28	38702,88	806,31
35000	38015,40	1267,18	38617,92	1072,72	39226,74	933,97	39841,44	830,03
36000	39101,70	1303,39	39721,32	1103,37	40347,30	960,65	40979,52	853,74

	54 MOIS		60 MOIS		66 MOIS		72 MOIS	
Montant	Paiement Total	Paiement Mensuel	Paiement Total	Paiement Mensuel	Paiement Total	Paiement Mensuel	Paiement Total	Paiement Mensuel
1000	1156,14	21,41	1174,20	19,57	1191,96	18,06	1210,32	16,81
1500	1733,94	32,11	1761,00	29,35	1787,94	27,09	1815,84	25,22
2000	2312,28	42,82	2347,80	39,13	2383,92	36,12	2420,64	33,62
2500	2890,08	53,52	2935,20	48,92	2979,90	45,15	3026,16	42,03
3000	3468,42	64,23	3522,00	58,70	3575,88	54,18	3630,96	50,43
3500	4046,22	74,93	4108,80	68,48	4172,52	63,22	4236,48	58,84
4000	4624,02	85,63	4695,60	78,26	4768,50	72,25	4841,28	67,24
4500	5202,36	96,34	5283,00	88,05	5364,48	81,28	5446,80	75,65
5000	5780,16	107,04	5869,80	97,83	5960,46	90,31	6051,60	84,05
5500	6358,50	117,75	6456,60	107,61	6556,44	99,34	6657,12	92,46
6000	6936,30	128,45	7044,00	117,40	7152,42	108,37	7261,92	100,86
6500	7514,64	139,16	7630,80	127,18	7748,40	117,40	7867,44	109,27
7000	8092,44	149,86	8217,60	136,96	8344,38	126,43	8472,24	117,67
7500	8670,24	160,56	8805,00	146,75	8940,36	135,46	9077,76	126,08
8000	9248,58	171,27	9391,80	156,53	9536,34	144,49	9682,56	134,48
8500	9826,38	181,97	9978,60	166,31	10132,32	153,52	10288,08	142,89
9000	10404,72	192,68	10566,00	176,10	10728,30	162,55	10892,16	151,28
9500	10982,52	203,38	11152,80	185,88	11324,28	171,58	11498,40	159,70
10000	11560,86	214,09	11739,60	195,66	11920,92	180,62	12103,20	168,10
11000	12716,46	235,49	12913,80	215,23	13112,88	198,68	13313,52	184,91
12000	13872,60	256,90	14088,00	234,80	14304,84	216,74	14523,84	201,72
13000	15028,74	278,31	15261,60	254,36	15496,80	234,80	15734,16	218,53
14000	16184,88	299,72	16435,80	273,93	16688,76	252,86	16944,48	235,34
15000	17341,02	321,13	17609,40	293,49	17880,72	270,92	18154,80	252,15
16000	18497,16	342,54	18783,60	313,06	19073,34	288,99	19365,12	268,96
17000	19653,30	363,95	19957,80	332,63	20264,64	307,04	20574,72	285,76
18000	20808,90	385,35	21131,40	352,19	21456,60	325,10	21785,04	302,57
19000	21965,04	406,76	22305,60	371,76	22649,22	343,17	22996,08	319,39
20000	23121,18	428,17	23479,80	391,33	23841,18	361,23	24206,40	336,20
21000	24277,32	449,58	24653,40	410,89	25033,14	379,29	25416,72	353,01
22000	25433,46	470,99	25827,60	430,46	26225,10	397,35	26627,04	369,82
23000	26589,60	492,40	27001,20	450,02	27417,72	415,42	27837,36	386,63
24000	27745,74	513,81	28175,40	469,59	28609,65	433,48	29047,68	403,44
25000	28901,34	535,21	29349,60	489,16	29801,64	451,54	30258,00	420,25
26000	30057,48	556,62	30523,20	508,72	30993,60	469,60	31468,32	437,06
27000	31213,62	578,03	31696,80	528,28	32185,56	487,66	32678,64	453,87
28000	32369,76	599,44	32871,60	547,86	33377,52	505,72	33888,96	470,68
29000	33525,36	620,84	34045,20	567,42	34569,48	523,78	35099,28	487,49
30000	34682,04	642,26	35219,40	586,99	35761,44	541,84	36309,60	504,30
31000	35838,18	663,67	36393,00	606,55	36953,40	559,90	37519,92	521,11
32000	36994,32	685,08	37567,20	626,12	38145,36	577,96	38730,24	537,92
33000	38149,92	706,48	38741,40	645,69	39337,98	596,03	39940,56	554,73
34000	39306,06	727,89	39915,00	665,25	40529,94	614,09	41150,17	571,53
35000	40462,20	749,30	41089,20	684,82	41721,90	632,15	42360,48	588,34
36000	41618,34	770,71	42263,40	704,39	42913,86	650,21	43570,80	605,15

	6 MOIS		12 MOIS		18 MOIS		24 MOIS	
Montant	Paiement Total	Paiement Mensuel	Paiement Total	Paiement Mensuel	Paiement Total	Paiement Mensuel	Paiement Total	Paiement Mensuel
37000	37704,96	6284,16	38315,88	3192,99	38933,46	2162,97	39557,28	1648,22
38000	38724,00	6454,00	39351,48	3279,29	39985,74	2221,43	40625,48	1692,77
39000	39743,04	6623,84	40387,08	3365,59	41037,67	2279,87	41695,68	1737,32
40000	40762,08	6793,68	41422,56	3451,88	42090,12	2338,34	42764,64	1781,86
41000	41781,12	6963,52	42458,16	3538,18	43142,40	2396,80	43833,84	1826,41
42000	42800,22	7133,37	43493,76	3624,48	44194,68	2455,26	44903,04	1870,96
43000	43819,26	7303,21	44529,24	3710,77	45246,96	2513,72	45972,00	1915,50
44000	44838,30	7473,05	45564,84	3797,07	46299,24	2572,18	47041,21	1960,05
45000	45857,34	7642,89	46600,44	3883,37	47351,52	2630,64	48110,40	2004,60
46000	46876,38	7812,73	47636,04	3969,67	48403,62	2689,09	49179,12	2049,13
47000	47895,48	7982,58	48671,52	4055,96	49455,90	2747,55	50248,56	2093,69
48000	48914,52	8152,42	49707,00	4142,25	50508,18	2806,01	51317,76	2138,24
49000	49933,56	8322,26	50742,72	4228,56	51560,46	2864,47	52386,72	2182,78
50000	50952,54	8492,09	51778,21	4314,85	52612,74	2922,93	53455,92	2227,33
51000	51971,64	8661,94	52813,80	4401,15	53665,02	2981,39	54524,89	2271,87
52000	52990,74	8831,79	53849,40	4487,45	54717,30	3039,85	55594,08	2316,42
53000	54009,78	9001,63	54885,00	4573,75	55769,40	3098,30	56663,28	2360,97
54000	55028,82	9171,47	55920,48	4660,04	56821,68	3156,76	57732,48	2405,52
55000	56047,80	9341,30	56956,08	4746,34	57873,96	3215,22	58801,44	2450,06
56000	57066,90	9511,15	57991,68	4832,64	58926,24	3273,68	59870,64	2494,61
57000	58086,00	9681,00	59027,17	4918,93	59978,52	3332,14	60939,60	2539,15
58000	59105,04	9850,84	60062,76	5005,23	61030,80	3390,60	62008,80	2583,70
59000	60124,08	10020,68	61098,24	5091,52	62083,08	3449,06	63078,00	2628,25
60000	61143,06	10190,51	62133,72	5177,81	63135,18	3507,51	64147,21	2672,80
61000	62162,17	10360,36	63169,44	5264,12	64187,46	3565,97	65216,17	2717,34
62000	63181,26	10530,21	64205,04	5350,42	65239,74	3624,43	66285,36	2761,89
64000	65219,34	10869,89	66276,12	5523,01	67344,31	3741,35	68423,52	2850,98
66000	67257,43	11209,57	68347,32	5695,61	69448,86	3858,27	70561,68	2940,07
68000	69295,56	11549,26	70418,41	5868,20	71553,24	3975,18	72700,08	3029,17
70000	71333,65	11888,94	72489,60	6040,80	73657,80	4092,10	74838,25	3118,26
72000	73371,78	12228,63	74560,68	6213,39	75762,36	4209,02	76976,41	3207,35
74000	75409,86	12568,31	76631,76	6385,98	77866,75	4325,93	79114,80	3296,45
76000	77448,00	12908,00	78702,96	26558,58	79971,31	4442,85	81252,96	3385,54
78000	79486,08	13247,68	80774,04	6731,17	82075,86	4559,77	83391,12	3474,63
80000	81524,16	13587,36	82845,25	6903,77	84180,42	4676,69	85529,52	3563,73
82000	83562,30	13927,05	84916,32	7076,36	86284,81	4793,60	87667,68	3652,82
84000	85600,38	14266,73	86987,41	7248,95	88389,36	4910,52	89805,84	3741,91
86000	87638,52	14606,42	89058,59	7421,55	90493,92	5027,44	91944,24	3831,01
88000	89676,59	14946,10	91129,68	7594,14	92598,31	5144,35	94082,41	3920,10
90000	91714,68	15285,78	93200,88	7766,74	94702,86	5261,27	96220,56	4009,19
92000	93752,82	15625,47	95271,96	7939,33	96807,42	5378,19	98358,96	4098,29
94000	95790,91	15965,15	97343,16	8111,93	98911,98	5495,11	100497,10	4187,38
96000	97829,04	16304,84	99414,12	8284,51	101016,40	5612,02	102635,30	4276,47
98000	99867,12	16644,52	101485,30	8457,11	103120,90	5728,94	104773,40	4365,56
100000	101905,10	16984,19	103556,50	8629,71	105225,50	5845,86	106911,90	4454,66

41

INTÉRÊT DE **6,5 %**

	30 MOIS		36 MOIS		42 MOIS		48 MOIS	
Montant	Paiement Total	Paiement Mensuel	Paiement Total	Paiement Mensuel	Paiement Total	Paiement Mensuel	Paiement Total	Paiement Mensuel
37000	40187,70	1339,59	40824,72	1134,02	41468,28	987,34	42118,08	877,46
38000	41274,00	1375,80	41928,12	1164,67	42588,84	1014,02	43256,16	901,17
39000	42360,30	1412,01	43031,17	1195,31	43709,82	1040,71	44394,72	924,89
40000	43446,30	1448,21	44134,92	1225,97	44830,38	1067,39	45533,28	948,61
41000	44532,60	1484,42	45238,32	1256,62	45950,94	1094,07	46671,36	972,32
42000	45618,60	1520,62	46341,72	1287,27	47071,92	1120,76	47809,92	996,04
43000	46704,90	1556,83	47445,12	1317,92	48192,48	1147,44	48948,00	1019,75
44000	47790,90	1593,03	48548,52	1348,57	49313,46	1174,13	50086,56	1043,47
45000	48877,20	1629,24	49651,92	1379,22	50434,03	1200,81	51224,64	1067,18
46000	49963,20	1665,44	50754,96	1409,86	51555,00	1227,50	52363,21	1090,90
47000	51049,50	1701,65	51858,36	1440,51	52675,57	1254,18	53501,28	1114,61
48000	52135,50	1737,85	52961,76	1471,16	53796,54	1280,87	54639,36	1138,32
49000	53221,80	1774,06	54065,17	1501,81	54917,53	1307,56	55777,92	1162,04
50000	54307,80	1810,26	55168,56	1532,46	56038,08	1334,24	56916,48	1185,76
51000	55394,10	1846,47	56271,96	1563,11	57159,07	1360,93	58054,56	1209,47
52000	56480,10	1882,67	57375,36	1593,76	58279,62	1387,61	59192,64	1233,18
53000	57566,40	1918,88	58478,76	1624,41	59400,18	1414,29	60331,21	1256,90
54000	58652,40	1955,08	59582,17	1655,06	60521,16	1440,98	61469,76	1280,62
55000	59738,71	1991,29	60685,56	1685,71	61641,73	1467,66	62607,36	1304,32
56000	60824,70	2027,49	61788,96	1716,36	62762,70	1494,35	63746,40	1328,05
57000	61911,00	2063,70	62892,36	1747,01	63883,26	1521,03	64884,48	1351,76
58000	62996,70	2099,89	63995,76	1777,66	65004,24	1547,72	66023,04	1375,48
59000	64083,31	2136,11	65098,80	1808,30	66124,80	1574,40	67161,12	1399,19
60000	65169,60	2172,32	66202,20	1838,95	67245,78	1601,09	68299,68	1422,91
61000	66255,60	2208,52	67305,60	1869,60	68366,35	1627,77	69437,76	1446,62
62000	67341,90	2244,73	68409,00	1900,25	69487,32	1654,46	70576,32	1470,34
64000	69513,90	2317,13	70615,81	1961,55	71728,86	1707,83	72852,96	1517,77
66000	71686,50	2389,55	72822,60	2022,85	73970,40	1761,20	75129,60	1565,20
68000	73858,80	2461,96	75029,04	2084,14	76211,94	1814,57	77406,25	1612,63
70000	76031,10	2534,37	77236,20	2145,45	78453,48	1867,94	79682,88	1660,06
72000	78203,40	2606,78	79442,65	2206,74	80695,03	1921,31	81959,52	1707,49
74000	80375,70	2679,19	81649,44	2268,04	82936,56	1974,68	84236,16	1754,92
76000	82548,00	2751,60	83856,25	2329,34	85178,10	2028,05	86512,80	1802,35
78000	84720,30	2824,01	86062,68	2390,63	87418,80	2081,40	88789,44	1849,78
80000	86892,59	2896,42	88269,84	2451,94	89660,76	2134,78	91066,08	1897,21
82000	89064,91	2968,83	90476,64	2513,24	91901,88	2188,14	93342,72	1944,64
84000	91237,21	3041,24	92683,44	2574,54	94143,84	2241,52	95619,36	1992,07
86000	93409,50	3113,65	94889,88	2635,83	96384,96	2294,88	97896,00	2039,50
88000	95581,81	3186,06	97096,68	2697,13	98626,92	2348,26	100172,60	2086,93
90000	97754,10	3258,47	99303,48	2758,43	100868,10	2401,62	102449,30	2134,36
92000	99926,40	3330,88	101510,30	2819,73	103110,00	2455,00	104725,90	2181,79
94000	102098,70	3403,29	103717,10	2881,03	105351,60	2508,37	107002,60	2229,22
96000	104271,00	3475,70	105923,90	2942,33	107593,10	2561,74	109278,70	2276,64
98000	106443,60	3548,12	108130,30	3003,62	109834,60	2615,11	111555,90	2324,08
100000	108615,90	3620,53	110337,10	3064,92	112076,20	2668,48	113832,50	2371,51

42

Montant	54 MOIS Paiement Total	Paiement Mensuel	60 MOIS Paiement Total	Paiement Mensuel	66 MOIS Paiement Total	Paiement Mensuel	72 MOIS Paiement Total	Paiement Mensuel
37000	42774,48	792,12	43437,00	723,95	44106,48	668,28	44781,12	621,96
38000	43930,62	813,53	44611,21	743,52	45298,44	686,34	45992,17	638,78
39000	45086,76	834,94	45785,40	763,09	46490,40	704,40	47202,48	655,59
40000	46242,36	856,34	46959,00	782,65	47682,36	722,46	48412,80	672,40
41000	47398,50	877,75	48133,20	802,22	48874,32	740,52	49623,12	689,21
42000	48554,64	899,16	49306,80	821,78	50066,94	758,59	50833,44	706,02
43000	49710,78	920,57	50481,00	841,35	51258,90	776,65	52043,76	722,83
44000	50866,92	941,98	51655,20	860,92	52450,86	794,71	53254,08	739,64
45000	52023,07	963,39	52828,80	880,48	53642,82	812,77	54464,40	756,45
46000	53179,20	984,80	54003,00	900,05	54834,78	830,83	55674,72	773,26
47000	54334,80	1006,20	55177,20	919,62	56026,74	848,89	56885,04	790,07
48000	55490,94	1027,61	56350,80	939,18	57219,36	866,96	58095,36	806,88
49000	56647,08	1049,02	57525,00	958,75	58411,32	885,02	59305,68	823,69
50000	57803,23	1070,43	58698,60	978,31	59603,28	903,08	60516,00	840,50
51000	58959,36	1091,84	59872,80	997,88	60795,24	921,14	61726,32	857,31
52000	60115,50	1113,25	61047,00	1017,45	61987,20	939,20	62936,64	874,12
53000	61271,64	1134,66	62220,60	1037,01	63179,16	957,26	64146,96	890,93
54000	62427,24	1156,06	63394,20	1056,57	64371,12	975,32	65357,28	907,7
55000	63583,38	1177,47	64569,00	1076,15	65563,75	993,39	66567,60	924,55
56000	64739,52	1198,88	65742,60	1095,71	66755,71	1011,45	67777,93	941,36
57000	65895,66	1220,29	66916,81	1115,28	67947,66	1029,51	68988,24	958,17
58000	67051,26	1241,69	68090,40	1134,84	69138,96	1047,56	70198,56	974,98
59000	68207,94	1263,11	69264,60	1154,41	70331,58	1065,63	71408,88	991,79
60000	69364,08	1284,52	70438,80	1173,98	71522,88	1083,68	72619,20	1008,60
61000	70519,68	1305,92	71612,41	1193,54	72716,16	1101,76	73829,53	1025,41
62000	71675,82	1327,33	72786,60	1213,11	73907,46	1119,81	75039,84	1042,22
64000	73988,10	1370,15	75134,40	1252,24	76291,38	1155,93	77460,48	1075,84
66000	76300,38	1412,97	77482,21	1291,37	78675,96	1192,06	79881,12	1109,46
68000	78612,13	1455,78	79830,60	1330,51	81059,88	1228,18	82301,04	1143,07
70000	80924,40	1498,60	82178,40	1369,64	83444,46	1264,31	84721,68	1176,69
72000	83236,68	1541,42	84526,21	1408,77	85828,38	1300,43	87142,33	1210,31
74000	85548,96	1584,24	86874,60	1447,91	88212,96	1336,56	89562,96	1243,93
76000	87860,71	1627,05	89222,41	1487,04	90596,88	1372,68	91984,33	1277,56
78000	90172,98	1669,87	91570,21	1526,17	92980,81	1408,80	94404,96	1311,18
80000	92485,25	1712,69	93918,00	1565,30	95365,38	1444,93	96825,60	1344,80
82000	94797,54	1755,51	96266,40	1604,44	97749,31	1481,05	99246,24	1378,42
84000	97109,28	1798,32	98614,19	1643,57	100133,20	1517,17	101666,90	1412,04
86000	99421,55	1841,14	100962,00	1682,70	102517,10	1553,29	104087,50	1445,66
88000	101733,80	1883,96	103309,80	1721,83	104901,70	1589,42	106508,20	1479,28
90000	104045,60	1926,77	105658,20	1760,97	107285,60	1625,54	108928,80	1512,90
92000	106357,90	1969,59	108006,00	1800,10	109669,60	1661,66	111349,40	1546,52
94000	108670,10	2012,41	110353,80	1839,23	112054,10	1697,79	113770,10	1580,14
96000	110982,40	2055,23	112701,60	1878,36	114438,10	1733,91	116190,70	1613,76
98000	13294,20	2098,04	115050,00	1917,50	116822,00	1770,03	118611,40	1647,38
100000	115606,50	2140,86	117397,80	1956,63	119206,60	1806,16	121032,00	1681,00

INTÉRÊT DE 7 %

	6 MOIS		12 MOIS		18 MOIS		24 MOIS	
Montant	Paiement Total	Paiement Mensuel	Paiement Total	Paiement Mensuel	Paiement Total	Paiement Mensuel	Paiement Total	Paiement Mensuel
1000	1020,54	170,09	1038,36	86,53	1056,24	58,68	1074,48	44,77
1500	1530,78	255,13	1557,36	129,78	1584,54	88,03	1611,84	67,16
2000	2041,02	340,17	2076,60	173,05	2112,66	117,37	2148,96	89,54
2500	2551,26	425,21	2595,84	216,32	2640,78	146,71	2686,32	111,93
3000	3061,56	510,26	3114,84	259,57	3168,90	176,05	3223,68	134,32
3500	3571,80	595,30	3634,08	302,84	3697,20	205,40	3760,80	156,70
4000	4082,04	680,34	4153,32	346,11	4225,32	234,74	4298,16	179,09
4500	4592,34	765,39	4672,44	389,37	4753,26	264,07	4835,52	201,48
5000	5102,58	850,43	5191,56	432,63	5281,56	293,42	5372,64	223,86
5500	5612,82	935,47	5710,80	475,90	5809,68	322,76	5910,00	246,25
6000	6123,06	1020,51	6229,80	519,15	6337,98	352,11	6447,12	268,63
6500	6633,36	1105,56	6749,04	562,42	6866,10	381,45	6984,24	291,01
7000	7143,60	1190,60	7268,28	605,69	7394,22	410,79	7521,84	313,41
7500	7653,84	1275,64	7787,40	648,95	7922,52	440,14	8058,96	335,79
8000	8164,14	1360,69	8306,52	692,21	8450,64	469,48	8596,32	358,18
8500	8674,38	1445,73	8825,76	735,48	8978,76	498,82	9133,68	380,57
9000	9184,62	1530,77	9344,88	778,74	9506,70	528,15	9670,80	402,95
9500	9694,86	1615,81	9864,00	822,00	10035,15	557,51	10208,16	425,34
10000	10205,16	1700,86	10383,24	865,27	10563,12	586,84	10745,28	447,72
11000	11225,64	1870,94	11421,48	951,79	11619,54	645,53	11820,00	492,50
12000	12246,18	2041,03	12459,72	1038,31	12675,96	704,22	12894,48	537,27
13000	13266,66	2211,11	13498,08	1124,84	13732,20	762,90	13968,72	582,03
14000	14287,20	2381,20	14536,44	1211,37	14788,62	821,59	15043,44	626,81
15000	15307,68	2551,28	15574,80	1297,90	15844,86	880,27	16118,16	671,59
16000	16328,22	2721,37	16613,04	1384,42	16901,28	938,96	17192,64	716,36
17000	17348,76	2891,46	17651,40	1470,95	17957,52	997,64	18267,12	761,13
18000	18369,24	3061,54	18689,76	1557,48	19013,76	1056,32	19341,60	805,90
19000	19389,78	3231,63	19728,00	1644,00	20070,18	1115,01	20416,32	850,68
20000	20410,26	3401,71	20766,36	1730,53	21126,42	1173,69	21490,80	895,45
21000	21430,80	3571,80	21804,72	1817,06	22182,84	1232,38	22565,28	940,22
22000	22451,28	3741,88	22842,96	1903,58	23239,08	1291,06	23639,76	984,99
23000	23471,82	3911,97	23881,32	1990,11	24295,50	1349,75	24714,48	1029,77
24000	24492,30	4082,05	24919,56	2076,63	25351,92	1408,44	25788,96	1074,54
25000	25512,84	4252,14	25957,80	2163,15	26408,16	1467,12	26863,44	1119,31
26000	26533,38	4422,23	26996,28	2249,69	27464,58	1525,81	27937,68	1164,07
27000	27553,86	4592,31	28034,64	2336,22	28520,82	1584,49	29012,64	1208,86
28000	28574,40	4762,40	29072,88	2422,74	29577,06	1643,17	30087,12	1253,63
29000	29594,88	4932,48	30111,24	2509,27	30633,48	1701,86	31161,60	1298,40
30000	30615,36	5102,56	31149,48	2595,79	31689,72	1760,54	32236,08	1343,17
31000	31635,90	5272,65	32187,84	2682,32	32746,14	1819,23	33310,80	1387,95
32000	32656,44	5442,74	33226,20	2768,85	33802,38	1877,91	34385,28	1432,72
33000	33676,98	5612,83	34264,44	2855,37	34858,80	1936,60	35459,76	1477,49
34000	34697,46	5782,91	35302,80	2941,90	35915,04	1995,28	36534,24	1522,26
35000	35718,00	5953,00	36341,16	3028,43	36971,46	2053,97	37608,96	1567,04
36000	36738,48	6123,08	37379,40	3114,95	38027,52	2112,64	38683,44	1611,81

44

	30 MOIS		36 MOIS		42 MOIS		48 MOIS	
Montant	Paiement Total	Paiement Mensuel	Paiement Total	Paiement Mensuel	Paiement Total	Paiement Mensuel	Paiement Total	Paiement Mensuel
1000	1092.90	36.43	1111.68	30.88	1130.22	26.91	1149.60	23.95
1500	1639.50	54.65	1667.52	46.32	1695.54	40.37	1723.68	35.91
2000	2185.80	72.86	2223.00	61.75	2260.86	53.83	2298.72	47.89
2500	2732.40	91.08	2778.84	77.19	2826.18	67.29	2873.76	59.87
3000	3279.00	109.30	3334.68	92.63	3391.08	80.74	3447.84	71.83
3500	3825.30	127.51	3890.52	108.07	3956.40	94.20	4022.88	83.81
4000	4371.90	145.73	4446.36	123.51	4521.72	107.66	4597.44	95.78
4500	4918.20	163.94	5002.20	138.95	5086.62	121.11	5172.48	107.76
5000	5464.80	182.16	5558.04	154.39	5651.94	134.57	5747.04	119.73
5500	6011.10	200.37	6113.52	169.82	6217.26	148.03	6321.60	131.70
6000	6557.70	218.59	6669.36	185.26	6782.16	161.48	6896.16	143.67
6500	7104.20	236.81	7225.20	200.70	7347.48	174.94	7470.72	155.64
7000	7650.60	255.02	7781.04	216.14	7912.80	188.40	8045.76	167.62
7500	8197.20	273.24	8336.88	231.58	8478.12	201.86	8620.80	179.60
8000	8743.50	291.45	8892.72	247.02	9043.02	215.31	9195.36	191.57
8500	9290.10	309.67	9448.56	262.45	9608.34	228.77	9769.92	203.54
9000	9836.70	327.89	10004.04	277.89	10173.66	242.23	10344.96	215.52
9500	10383.00	346.10	10559.52	293.32	10738.56	255.68	10919.52	227.49
10000	10929.60	364.32	11115.36	308.76	11303.88	269.14	11494.08	239.46
11000	12022.50	400.75	12227.40	339.65	12434.52	296.06	12643.68	263.41
12000	13115.40	437.18	13338.72	370.52	13564.74	322.97	13792.80	287.35
13000	14208.30	473.61	14450.40	401.40	14694.96	349.88	14941.92	311.29
14000	15301.50	510.05	15562.08	432.28	15825.60	376.80	16092.00	335.25
15000	16394.40	546.48	16673.76	463.16	16955.82	403.71	17241.12	359.19
16000	17487.00	582.90	17785.08	494.03	18086.46	430.63	18390.72	383.14
17000	18580.20	619.34	18896.40	524.90	19216.68	457.54	19540.32	407.09
18000	19673.10	655.77	20008.08	555.78	20346.90	484.45	20689.44	431.03
19000	20766.60	692.20	21119.40	586.65	21477.54	511.37	21839.04	454.98
20000	21859.20	728.64	22231.08	617.53	22607.76	538.28	22988.16	478.92
21000	22952.10	765.07	23343.12	648.42	23738.40	565.20	24137.76	502.87
22000	24045.00	801.50	24454.44	679.29	24868.62	592.11	25287.36	526.82
23000	25137.90	837.93	25566.12	710.17	25999.26	619.03	26436.48	550.76
24000	26230.80	874.36	26677.80	741.05	27129.48	645.94	27586.08	574.71
25000	27324.00	910.80	27789.48	771.93	28259.70	672.85	28735.20	598.65
26000	28416.90	947.23	28900.80	802.80	29390.34	699.77	29884.32	622.59
27000	29509.80	983.66	30012.48	833.68	30520.56	726.68	31034.40	646.55
28000	30602.70	1020.09	31124.16	864.56	31651.20	753.60	32183.52	670.49
29000	31695.60	1056.52	32235.48	895.43	32781.42	780.51	33333.12	694.44
30000	32788.20	1092.94	33347.16	926.31	33911.64	807.42	34482.72	718.39
31000	33881.70	1129.39	34458.84	957.19	35042.28	834.34	35631.84	742.33
32000	34974.30	1165.81	35570.16	988.06	36172.50	861.25	36781.44	766.28
33000	36067.50	1202.25	36681.84	1018.94	37303.14	888.17	37930.56	790.22
34000	37160.40	1238.68	37793.17	1049.81	38433.36	915.08	39080.16	814.17
35000	38253.30	1275.11	38904.84	1080.69	39563.58	941.99	40229.76	838.12
36000	39346.50	1311.55	40016.17	1111.56	40694.22	968.91	41378.88	862.06

INTÉRÊT DE 7 %

Montant	54 MOIS Paiement Total	54 MOIS Paiement Mensuel	60 MOIS Paiement Total	60 MOIS Paiement Mensuel	66 MOIS Paiement Total	66 MOIS Paiement Mensuel	72 MOIS Paiement Total	72 MOIS Paiement Mensuel
1000	1168,56	21,64	1187,40	19,79	1207,14	18,29	1226,88	17,04
1500	1752,84	32,46	1782,00	29,70	1811,70	27,45	1841,04	25,57
2000	2337,12	43,28	2375,40	39,59	2414,94	36,59	2454,48	34,09
2500	2921,40	54,10	2970,00	49,50	3019,50	45,75	3068,64	42,62
3000	3505,68	64,92	3564,00	59,40	3623,40	54,90	3682,80	51,15
3500	4090,50	75,75	4158,00	69,30	4226,64	64,04	4296,24	59,67
4000	4674,78	86,57	4751,40	79,19	4830,54	73,19	4909,68	68,19
4500	5259,06	97,39	5346,60	89,11	5434,44	82,34	5523,84	76,72
5000	5843,34	108,21	5940,60	99,01	6038,34	91,49	6137,28	85,24
5500	6427,62	119,03	6534,60	108,91	6642,24	100,64	6751,44	93,77
6000	7011,90	129,85	7128,60	118,81	7246,14	109,79	7364,88	102,29
6500	7596,18	140,67	7722,60	128,71	7850,04	118,94	7979,04	110,82
7000	8180,46	151,49	8316,60	138,61	8453,94	128,09	8592,48	119,34
7500	8764,74	162,31	8910,00	148,50	9057,84	137,24	9206,64	127,87
8000	9349,02	173,13	9504,60	158,41	9661,74	146,39	9820,08	136,39
8500	9933,30	183,95	10098,60	168,31	10264,98	155,53	10434,24	144,92
9000	10517,58	194,77	10692,60	178,21	10869,54	164,69	11047,68	153,44
9500	11101,86	205,59	11286,60	188,11	11473,44	173,84	11661,84	161,97
10000	11686,68	216,42	11880,60	198,01	12076,68	182,98	12275,28	170,49
11000	12855,24	238,06	13068,60	217,81	13284,48	201,28	13502,88	187,54
12000	14023,80	259,70	14256,60	237,61	14492,28	219,58	14730,48	204,59
13000	15192,36	281,34	15444,60	257,41	15700,08	237,88	15958,08	221,64
14000	16360,92	302,98	16633,20	277,22	16907,88	256,18	17185,68	238,69
15000	17529,48	324,62	17820,60	297,01	18115,68	274,48	18412,56	255,73
16000	18698,04	346,26	19009,20	316,82	19323,48	292,78	19640,16	272,78
17000	19867,14	367,91	20197,20	336,62	20530,62	311,07	20867,04	289,82
18000	21035,70	389,55	21385,20	356,42	21738,42	329,37	22095,36	306,88
19000	22204,26	411,19	22573,20	376,22	22946,22	347,67	23322,96	323,93
20000	23372,82	432,83	23761,20	396,02	24154,02	365,97	24550,56	340,98
21000	24541,38	454,47	24949,20	415,82	25361,82	384,27	25778,16	358,03
22000	25709,94	476,11	26137,80	435,63	26569,62	402,57	27005,76	375,08
23000	26879,04	497,76	27325,80	455,43	27776,76	420,86	28233,36	392,13
24000	28047,60	519,40	28513,80	475,23	28984,56	439,16	29460,96	409,18
25000	29215,62	541,03	29701,80	495,03	30192,36	457,46	30687,84	426,22
26000	30384,72	562,68	30889,80	514,83	31400,16	475,76	31915,44	443,27
27000	31553,28	584,32	32077,80	534,63	32607,96	494,06	33143,04	460,32
28000	32721,84	605,96	33265,80	554,43	33815,76	512,36	34370,64	477,37
29000	33889,86	627,59	34453,80	574,23	35022,90	530,65	35598,24	494,42
30000	35059,50	649,25	35641,80	594,03	36230,70	548,95	36825,84	511,47
31000	36228,06	670,89	36830,40	613,84	37438,50	567,25	38053,44	528,52
32000	37396,62	692,53	38018,40	633,64	38646,30	585,55	39281,04	545,57
33000	38565,18	714,17	39206,40	653,44	39853,44	603,84	40508,64	562,62
34000	39733,74	735,81	40394,40	673,24	41061,90	622,15	41734,80	579,65
35000	40902,30	757,45	41582,40	693,04	42269,70	640,45	42963,12	596,71
36000	42070,86	779,09	42770,40	712,84	43476,84	658,74	44190,72	613,76

46

	6 MOIS		12 MOIS		18 MOIS		24 MOIS	
Montant	Paiement Total	Paiement Mensuel	Paiement Total	Paiement Mensuel	Paiement Total	Paiement Mensuel	Paiement Total	Paiement Mensuel
37000	37759,02	6293,17	38417,76	3201,48	39084,12	2171,34	39757,92	1656,58
38000	38779,50	6463,25	39456,12	3288,01	40140,36	2230,02	40832,40	1701,35
39000	39800,04	6633,34	40494,36	3374,53	41196,78	2288,71	41907,12	1746,13
40000	40820,58	6803,43	41532,72	3461,06	42252,84	2347,38	42981,60	1790,90
41000	41841,06	6973,51	42571,08	3547,59	43309,44	2406,08	44056,08	1835,67
42000	42861,60	7143,60	43609,32	3634,11	44365,68	2464,76	45130,56	1880,44
43000	43882,08	7313,68	44647,68	3720,64	45422,10	2523,45	46205,28	1925,22
44000	44902,62	7483,77	45686,04	3807,17	46478,17	2582,12	47279,76	1969,99
45000	45923,10	7653,85	46724,28	3893,69	47534,76	2640,82	48354,24	2014,76
46000	46943,64	7823,94	47762,64	3980,22	48591,00	2699,50	49428,72	2059,53
47000	47964,12	7994,02	48801,00	4066,75	49647,42	2758,19	50503,44	2104,31
48000	48984,66	8164,11	49839,24	4153,27	50703,67	2816,87	51577,92	2149,08
49000	50005,21	8334,20	50877,48	4239,79	51760,08	2875,56	52652,40	2193,85
50000	51025,68	8504,28	51915,96	4326,33	52816,32	2934,24	53726,89	2238,62
51000	52046,22	8674,37	52954,21	4412,85	53872,74	2992,93	54801,36	2283,39
52000	53066,71	8844,45	53992,56	4499,38	54928,98	3051,61	55876,08	2328,17
53000	54087,24	9014,54	55030,80	4585,90	55985,40	3110,30	56950,56	2372,94
54000	55107,72	9184,62	56069,17	4672,43	57041,64	3168,98	58025,04	2417,71
55000	56128,26	9354,71	57107,52	4758,96	58097,88	3227,66	59099,52	2462,48
56000	57148,74	9524,79	58145,76	4845,48	59154,30	3286,35	60174,24	2507,26
57000	58169,28	9694,88	59184,00	4932,00	60210,54	3345,03	61248,72	2552,03
58000	59189,82	9864,97	60222,48	5018,54	61266,96	3403,72	62323,21	2596,80
59000	60210,30	10035,05	61260,72	5105,06	62323,20	3462,40	63397,68	2641,57
60000	61230,78	10205,13	62299,08	5191,59	63379,62	3521,09	64472,40	2686,35
61000	62251,32	10375,22	63337,44	5278,12	64435,86	3579,77	65546,88	2731,12
62000	63271,86	10545,31	64375,68	5364,64	65492,28	3638,46	66621,36	2775,89
64000	65312,89	10885,48	66452,41	5537,70	67604,94	3755,83	68770,56	2865,44
66000	67353,91	11225,65	68529,00	5710,75	69717,60	3873,20	70919,52	2954,98
68000	69394,93	11565,82	70605,60	5883,80	71830,26	3990,57	73068,72	3044,58
70000	71435,94	11905,99	72682,32	6056,86	73942,93	4107,94	75217,68	3134,07
72000	73476,96	12246,16	74758,93	6229,91	76055,58	4225,31	77366,88	3223,62
74000	75518,04	12586,34	76835,52	6402,96	78168,25	4342,68	79515,84	3313,16
76000	77559,06	12926,51	78912,12	6576,01	80280,72	4460,04	81665,04	3402,71
78000	79600,08	13266,68	80988,84	6749,07	82393,56	4577,42	83814,00	3492,25
80000	81641,10	13606,85	83065,44	6922,12	84506,22	4694,79	85963,21	3581,80
82000	83682,12	13947,02	85142,04	7095,17	86618,69	4812,15	88112,16	3671,34
84000	85723,14	14287,19	87218,76	7268,23	88731,36	4929,52	90261,36	3760,89
86000	87764,16	14627,36	89295,36	7441,28	90844,02	5046,89	92410,32	3850,43
88000	89805,18	14967,53	91371,96	7614,33	92956,50	5164,25	94559,52	3939,98
90000	91846,26	15307,71	93448,68	7787,39	95069,34	5281,63	96708,49	4029,52
92000	93887,28	15647,88	95525,28	7960,44	97182,00	5399,00	98857,44	4119,06
94000	95928,30	15988,05	97601,88	8133,49	99294,66	5516,37	101006,60	4208,61
96000	97969,32	16328,22	99678,49	8306,54	101407,30	5633,74	103155,80	4298,16
98000	100010,30	16668,39	101755,10	8479,59	103520,00	5751,11	105304,80	4387,70
100000	102051,40	17008,56	103831,80	8652,65	105632,60	5868,48	107454,00	4477,25

47

INTÉRÊT DE 7 %

Montant	30 MOIS Paiement Total	30 MOIS Paiement Mensuel	36 MOIS Paiement Total	36 MOIS Paiement Mensuel	42 MOIS Paiement Total	42 MOIS Paiement Mensuel	48 MOIS Paiement Total	48 MOIS Paiement Mensuel
37000	40439,40	1347,98	41127,84	1142,44	41824,44	995,82	42528,48	886,01
38000	41532,30	1384,41	42239,52	1173,32	42955,08	1022,74	43678,08	909,96
39000	42625,20	1420,84	43350,84	1204,19	44085,30	1049,65	44827,21	933,90
40000	43718,10	1457,27	44462,52	1235,07	45215,53	1076,56	45976,80	957,85
41000	44811,00	1493,70	45574,56	1265,96	46346,16	1103,48	47125,92	981,79
42000	45904,20	1530,14	46685,52	1296,82	47476,38	1130,39	48275,52	1005,74
43000	46997,10	1566,57	47797,56	1327,71	48607,03	1157,31	49424,64	1029,68
44000	48090,00	1603,00	48909,24	1358,59	49737,24	1184,22	50574,24	1053,63
45000	49182,90	1639,43	50020,92	1389,47	50867,88	1211,14	51723,36	1077,57
46000	50275,80	1675,86	51132,24	1420,34	51998,10	1238,05	52872,96	1101,52
47000	51369,00	1712,30	52243,92	1451,22	53128,32	1264,96	54022,56	1125,47
48000	52461,90	1748,73	53355,60	1482,10	54258,96	1291,88	55172,17	1149,42
49000	53554,80	1785,16	54466,92	1512,97	55389,18	1318,79	56321,28	1173,36
50000	54647,70	1821,59	55578,60	1543,85	56519,82	1345,71	57470,89	1197,31
51000	55740,60	1858,02	56690,28	1574,73	57650,04	1372,62	58620,48	1221,26
52000	56833,50	1894,45	57801,60	1605,60	58780,26	1399,53	59769,12	1245,19
53000	57926,70	1930,89	58913,28	1636,48	59910,90	1426,45	60919,21	1269,15
54000	59019,60	1967,32	60024,96	1667,36	61041,12	1453,36	62068,32	1293,09
55000	60112,50	2003,75	61136,64	1698,24	62171,76	1480,28	63217,92	1317,04
56000	61205,40	2040,18	62247,96	1729,11	63301,98	1507,19	64367,52	1340,99
57000	62298,31	2076,61	63359,64	1759,99	64432,62	1534,11	65516,64	1364,93
58000	63391,50	2113,05	64471,32	1790,87	65562,85	1561,02	66666,25	1388,88
59000	64484,40	2149,48	65582,65	1821,74	66693,06	1587,93	67815,36	1412,82
60000	65577,00	2185,90	66694,32	1852,62	67823,70	1614,85	68964,96	1436,77
61000	66670,21	2222,34	67806,00	1883,50	68953,93	1641,76	70114,56	1460,72
62000	67763,10	2258,77	68917,32	1914,37	70084,56	1668,68	71263,68	1484,66
64000	69948,90	2331,63	71140,68	1976,13	72345,00	1722,50	73562,88	1532,56
66000	72135,00	2404,50	73363,68	2037,88	74605,86	1776,33	75861,60	1580,45
68000	74320,81	2477,36	75586,68	2099,63	76866,72	1830,16	78160,32	1628,34
70000	76506,90	2550,23	77809,68	2161,38	79127,58	1883,99	80459,04	1676,23
72000	78692,71	2623,09	80032,68	2223,13	81388,44	1937,82	82758,25	1724,13
74000	80878,50	2695,95	82256,04	2284,89	83649,30	1991,65	85056,96	1772,02
76000	83064,60	2768,82	84479,04	2346,64	85909,74	2045,47	87355,68	1819,91
78000	85250,40	2841,68	86702,40	2408,40	88170,60	2099,30	89654,41	1867,80
80000	87436,21	2914,54	88925,40	2470,15	90431,05	2153,12	91953,12	1915,69
82000	89622,30	2987,41	91149,12	2531,92	92692,32	2206,96	94252,32	1963,59
84000	91808,10	3060,27	93372,12	2593,67	94953,18	2260,79	96551,04	2011,48
86000	93994,19	3133,14	95595,12	2655,42	97214,05	2314,62	98849,77	2059,37
88000	96180,00	3206,00	97818,48	2717,18	99474,48	2368,44	101148,50	2107,26
90000	98365,81	3278,86	100041,50	2778,93	101735,30	2422,27	103447,20	2155,15
92000	100551,90	3351,73	102264,80	2840,69	103996,20	2476,10	105746,40	2203,05
94000	102737,70	3424,59	104487,80	2902,44	106257,10	2529,93	108045,10	2250,94
96000	104923,50	3497,45	106710,80	2964,19	108517,90	2583,76	110343,90	2298,83
98000	107109,60	3570,32	108934,20	3025,95	110778,40	2637,58	112643,00	2346,73
100000	109295,40	3643,18	111157,20	3087,70	113039,20	2691,41	114941,80	2394,62

48

Montant	54 MOIS		60 MOIS		66 MOIS		72 MOIS	
	Paiement Total	Paiement Mensuel	Paiement Total	Paiement Mensuel	Paiement Total	Paiement Mensuel	Paiement Total	Paiement Mensuel
37000	43239,96	800,74	43958,40	732,64	44684,64	677,04	45418,32	630,81
38000	44408,52	822,38	45146,40	752,44	45892,44	695,34	46645,92	647,86
39000	45577,08	844,02	46334,40	772,24	47100,24	713,64	47873,52	664,91
40000	46745,64	865,66	47523,00	792,05	48308,04	731,94	49101,12	681,96
41000	47914,20	887,30	48711,00	811,85	49515,84	750,24	50328,72	699,01
42000	49082,76	908,94	49899,00	831,65	50722,98	768,53	51556,32	716,06
43000	50251,86	930,59	51087,00	851,45	51930,78	786,83	52783,92	733,11
44000	51420,42	952,23	52275,00	871,25	53138,58	805,13	54010,80	750,15
45000	52588,98	973,87	53463,00	891,05	54346,38	823,43	55238,40	767,20
46000	53757,54	995,51	54651,00	910,85	55554,18	841,73	56466,00	784,25
47000	54926,10	1017,15	55839,00	930,65	56761,98	860,03	57693,60	801,30
48000	56094,67	1038,79	57027,60	950,46	57969,78	878,33	58921,20	818,35
49000	57263,23	1060,43	58215,60	970,26	59176,92	896,62	60148,80	835,40
50000	58431,78	1082,07	59403,60	990,06	60384,72	914,92	61376,40	852,45
51000	59600,88	1103,72	60591,60	1009,86	61592,52	933,22	62604,00	869,50
52000	60769,44	1125,36	61779,60	1029,66	62800,32	951,52	63831,60	886,55
53000	61938,00	1147,00	62967,60	1049,46	64008,12	969,82	65059,20	903,60
54000	63106,57	1168,64	64155,60	1069,26	65215,92	988,12	66286,08	920,64
55000	64275,12	1190,28	65343,60	1089,06	66423,06	1006,41	67513,68	937,69
56000	65444,23	1211,93	66531,60	1108,86	67630,86	1024,71	68741,28	954,74
57000	66612,25	1233,56	67720,21	1128,67	68838,66	1043,01	69968,88	971,79
58000	66781,34	1255,21	68908,20	1148,47	70046,46	1061,31	71196,49	988,84
59000	68949,90	1276,85	70096,21	1168,27	71254,26	1079,61	72424,08	1005,89
60000	70118,46	1298,49	71283,60	1188,06	72462,06	1097,91	73651,68	1022,94
61000	71287,02	1320,13	72472,21	1207,87	73668,54	1116,19	74879,28	1039,99
62000	72455,58	1341,77	73660,21	1227,67	74877,00	1134,50	76106,88	1057,04
64000	74793,25	1385,06	76036,21	1267,27	77292,60	1171,10	78561,36	1091,13
66000	77130,36	1428,34	78412,80	1306,88	79707,54	1207,69	81016,56	1125,23
68000	79467,48	1471,62	80788,80	1346,48	82123,15	1244,29	83471,04	1159,32
70000	81805,15	1514,91	83164,80	1386,08	84538,74	1280,89	85926,96	1193,43
72000	84142,26	1558,19	85540,81	1425,68	86954,34	1317,49	88382,16	1227,53
74000	86479,38	1601,47	87917,41	1465,29	89369,28	1354,08	90836,64	1261,62
76000	88817,04	1644,76	90293,40	1504,89	91784,88	1390,68	93291,84	1295,72
78000	91154,16	1688,04	92669,40	1544,49	94200,49	1427,28	95747,04	1329,82
80000	93491,28	1731,32	95045,40	1584,09	96616,08	1463,88	98202,24	1363,92
82000	95828,94	1774,61	97421,40	1623,69	99031,02	1500,47	100657,40	1398,02
84000	98166,06	1817,89	99798,00	1663,30	101446,60	1537,07	103111,90	1432,11
86000	100503,20	1861,17	102174,00	1702,90	103862,20	1573,67	105567,10	1466,21
88000	102840,30	1904,45	104550,00	1742,50	106277,80	1610,26	108022,30	1500,31
90000	105178,00	1947,74	106926,00	1782,10	108692,80	1646,86	110477,50	1534,41
92000	107515,10	1991,02	109302,60	1821,71	111108,40	1683,46	112932,00	1568,50
94000	109852,20	2034,30	111678,60	1861,31	113523,30	1720,05	115387,20	1602,60
96000	112189,90	2077,59	114054,60	1900,91	115938,90	1756,65	117842,40	1636,70
98000	114527,00	2120,87	116430,60	1940,51	118354,50	1793,25	120297,60	1670,80
100000	116863,60	2164,14	118806,60	1980,11	120769,40	1829,84	122752,80	1704,90

INTÉRÈT DE 7,5 %

Montant	6 MOIS Paiement Total	6 MOIS Paiement Mensuel	12 MOIS Paiement Total	12 MOIS Paiement Mensuel	18 MOIS Paiement Total	18 MOIS Paiement Mensuel	24 MOIS Paiement Total	24 MOIS Paiement Mensuel
1000	1021,98	170,33	1041,12	86,76	1060,38	58,91	1080,00	45,00
1500	1533,00	255,50	1561,68	130,14	1590,66	88,37	1620,00	67,50
2000	2043,96	340,66	2082,12	173,51	2120,76	117,82	2160,00	90,00
2500	2554,98	425,83	2602,68	216,89	2651,04	147,28	2700,00	112,50
3000	3065,94	510,99	3123,12	260,26	3181,32	176,74	3240,00	135,00
3500	3576,90	596,15	3643,80	303,65	3711,42	206,19	3780,00	157,50
4000	4087,92	681,32	4164,36	347,03	4241,70	235,65	4320,00	180,00
4500	4598,94	766,49	4684,92	390,41	4771,80	265,10	4860,00	202,50
5000	5109,90	851,65	5205,36	433,78	5302,08	294,56	5400,00	225,00
5500	5620,92	936,82	5725,92	477,16	5832,18	324,01	5940,00	247,50
6000	6131,88	1021,98	6246,36	520,53	6362,46	353,47	6480,00	270,00
6500	6642,90	1107,15	6767,04	563,92	6892,74	382,93	7020,00	292,50
7000	7153,86	1192,31	7287,60	607,30	7422,84	412,38	7560,00	315,00
7500	7664,88	1277,48	7808,16	650,68	7953,12	441,84	8099,76	337,49
8000	8175,84	1362,64	8328,60	694,05	8483,40	471,30	8639,76	359,99
8500	8686,86	1447,81	8849,16	737,43	9013,50	500,75	9179,76	382,49
9000	9197,82	1532,97	9369,72	780,81	9543,78	530,21	9719,76	404,99
9500	9708,84	1618,14	9890,28	824,19	10073,70	559,65	10259,76	427,49
10000	10219,80	1703,30	10410,84	867,57	10604,16	589,12	10799,76	449,99
11000	11241,84	1873,64	11451,96	954,33	11664,54	648,03	11879,76	494,99
12000	12263,82	2043,97	12492,84	1041,07	12724,92	706,94	12959,76	539,99
13000	13285,80	2214,30	13534,08	1127,84	13785,48	765,86	14039,76	584,99
14000	14307,72	2384,62	14575,20	1214,60	14845,86	824,77	15119,76	629,99
15000	15329,76	2554,96	15616,20	1301,35	15906,24	883,68	16199,76	674,99
16000	16351,74	2725,29	16657,32	1388,11	16966,62	942,59	17279,76	719,99
17000	17373,72	2895,62	17698,44	1474,87	18027,00	1001,50	18359,76	764,99
18000	18395,70	3065,95	18739,44	1561,62	19087,56	1060,42	19439,76	809,99
19000	19417,68	3236,28	19780,56	1648,38	20147,76	1119,32	20519,76	854,99
20000	20439,66	3406,61	20821,68	1735,14	21208,32	1178,24	21599,76	899,99
21000	21461,64	3576,94	21862,68	1821,89	22268,70	1237,15	22679,76	944,99
22000	22483,62	3747,27	22903,80	1908,65	23329,08	1296,06	23759,76	989,99
23000	23505,60	3917,60	23944,92	1995,41	24389,64	1354,98	24839,52	1034,98
24000	24527,58	4087,93	24985,80	2082,15	25450,02	1413,89	25919,52	1079,98
25000	25549,50	4258,25	26027,04	2168,92	26510,40	1472,80	26999,52	1124,98
26000	26571,54	4428,59	27068,16	2255,68	27570,78	1531,71	28079,52	1169,98
27000	27593,52	4598,92	28109,28	2342,44	28631,34	1590,63	29159,52	1214,98
28000	28615,50	4769,25	29150,28	2429,19	29691,72	1649,54	30239,52	1259,98
29000	29637,48	4939,58	30191,40	2515,95	30752,10	1708,45	31319,52	1304,98
30000	30659,46	5109,91	31232,52	2602,71	31812,48	1767,36	32399,52	1349,98
31000	31681,50	5280,25	32273,52	2689,46	32872,86	1826,27	33479,52	1394,98
32000	32703,48	5450,58	33314,64	2776,22	33933,42	1885,19	34559,52	1439,98
33000	33725,46	5620,91	34355,76	2862,98	34993,80	1944,10	35639,52	1484,98
34000	34747,44	5791,24	35396,76	2949,73	36054,18	2003,01	36719,52	1529,98
35000	35769,42	5961,57	36437,88	3036,49	37114,56	2061,92	37799,52	1574,98
36000	36791,40	6131,90	37479,00	3123,25	38174,94	2120,83	38879,52	1619,98

Montant	30 MOIS Paiement Total	Paiement Mensuel	36 MOIS Paiement Total	Paiement Mensuel	42 MOIS Paiement Total	Paiement Mensuel	48 MOIS Paiement Total	Paiement Mensuel
1000	1099,80	36,66	1119,96	31,11	1139,88	27,14	1160,64	24,18
1500	1649,70	54,99	1679,76	46,66	1710,24	40,72	1740,96	36,27
2000	2199,60	73,32	2239,56	62,21	2280,18	54,29	2321,28	48,36
2500	2749,50	91,65	2799,36	77,76	2850,12	67,86	2901,60	60,45
3000	3299,40	109,98	3359,52	93,32	3420,06	81,43	3481,92	72,54
3500	3849,30	128,31	3919,32	108,87	3990,42	95,01	4062,24	84,63
4000	4399,20	146,64	4479,12	124,42	4560,36	108,58	4642,56	96,72
4500	4949,10	164,97	5039,28	139,98	5130,30	122,15	5222,40	108,80
5000	5499,00	183,30	5599,08	155,53	5700,24	135,72	5802,72	120,89
5500	6048,90	201,63	6158,88	171,08	6270,60	149,30	6383,04	132,98
6000	6598,80	219,96	6719,04	186,64	6840,54	162,87	6963,36	145,07
6500	7148,70	238,29	7278,84	202,19	7410,48	176,44	7543,68	157,16
7000	7698,60	256,62	7838,64	217,74	7980,42	190,01	8124,00	169,25
7500	8248,50	274,95	8398,80	233,30	8550,78	203,59	8704,32	181,34
8000	8798,40	293,28	8958,60	248,85	9120,72	217,16	9284,64	193,43
8500	9348,00	311,60	9518,40	264,40	9690,66	230,73	9864,96	205,52
9000	9898,20	329,94	10078,20	279,95	10260,60	244,30	10445,28	217,61
9500	10447,80	348,26	10638,36	295,51	10830,96	257,88	11025,60	229,70
10000	10997,70	366,59	11198,16	311,06	11400,90	271,45	11605,92	241,79
11000	12097,50	403,25	12318,12	342,17	12540,78	298,59	12766,56	265,97
12000	13197,30	439,91	13437,72	373,27	13681,08	325,74	13927,20	290,15
13000	14297,10	476,57	14557,68	404,38	14820,96	352,88	15087,36	314,32
14000	15396,90	513,23	15677,28	435,48	15961,26	380,03	16248,00	338,50
15000	16496,70	549,89	16797,24	466,59	17101,14	407,17	17408,64	362,68
16000	17596,50	586,55	17917,20	497,70	18241,44	434,32	18569,28	386,86
17000	18696,30	623,21	19036,80	528,80	19381,32	461,46	19729,92	411,04
18000	19796,10	659,87	20156,40	559,90	20521,62	488,61	20890,56	435,22
19000	20895,90	696,53	21276,36	591,01	21661,50	515,75	22051,20	459,40
20000	21995,70	733,19	22396,32	622,12	22801,80	542,90	23211,84	483,58
21000	23095,50	769,85	23516,28	653,23	23941,26	570,03	24372,00	507,75
22000	24195,30	806,51	24635,88	684,33	25081,98	597,19	25532,64	531,93
23000	25295,10	843,17	25755,84	715,44	26221,86	624,33	26693,28	556,11
24000	26394,90	879,83	26875,80	746,55	27362,16	651,48	27853,44	580,28
25000	27494,70	916,49	27995,40	777,65	28502,04	678,62	29014,08	604,46
26000	28594,50	953,15	29115,36	808,76	29642,34	705,77	30175,20	628,65
27000	29694,30	989,81	30234,96	839,86	30782,22	732,91	31335,84	652,83
28000	30794,10	1026,47	31354,92	870,97	31922,52	760,06	32496,48	677,01
29000	31893,60	1063,12	32474,88	902,08	33062,40	787,20	33656,64	701,18
30000	32993,40	1099,78	33594,48	933,18	34202,70	814,35	34817,28	725,36
31000	34092,90	1136,43	34714,44	964,29	35342,58	841,49	35977,92	749,54
32000	35193,00	1173,10	35834,04	995,39	36482,46	868,63	37138,56	773,72
33000	36292,80	1209,76	36954,00	1026,50	37622,76	895,78	38299,20	797,90
34000	37392,60	1246,42	38073,96	1057,61	38762,64	922,92	39459,84	822,08
35000	38492,10	1283,07	39193,56	1088,71	39902,94	950,07	40620,48	846,26
36000	39592,20	1319,74	40313,17	1119,81	41042,82	977,21	41781,12	870,44

INTÉRÊT DE **7,5 %**

	54 MOIS		**60** MOIS		**66** MOIS		**72** MOIS	
Montant	Paiement Total	Paiement Mensuel	Paiement Total	Paiement Mensuel	Paiement Total	Paiement Mensuel	Paiement Total	Paiement Mensuel
1000	1181,52	21,88	1202,40	20,04	1223,64	18,54	1244,88	17,29
1500	1771,74	32,81	1803,60	30,06	1835,46	27,81	1867,68	25,94
2000	2362,50	43,75	2404,80	40,08	2446,62	37,07	2489,76	34,58
2500	2953,26	54,69	3005,40	50,09	3058,44	46,34	3112,56	43,23
3000	3543,48	65,62	3606,60	60,11	3670,26	55,61	3734,64	51,87
3500	4134,78	76,57	4207,20	70,12	4281,42	64,87	4357,44	60,52
4000	4725,00	87,50	4809,00	80,15	4893,90	74,15	4979,52	69,16
4500	5315,76	98,44	5410,20	90,17	5505,72	83,42	5602,32	77,81
5000	5906,52	109,38	6011,40	100,19	6117,54	92,69	6224,40	86,45
5500	6497,28	120,32	6612,60	110,21	6729,36	101,96	6847,20	95,10
6000	7087,50	131,25	7213,80	120,23	7340,52	111,22	7469,28	103,74
6500	7678,26	142,19	7815,00	130,25	7952,34	120,49	8092,08	112,39
7000	8269,02	153,13	8415,00	140,25	8563,56	129,75	8714,16	121,03
7500	8859,78	164,07	9016,80	150,28	9175,98	139,03	9336,24	129,67
8000	9450,54	175,01	9618,00	160,30	9787,80	148,30	9959,04	138,32
8500	10041,30	185,95	10219,20	170,32	10399,62	157,57	10581,84	146,97
9000	10632,06	196,89	10820,40	180,34	11011,44	166,84	11203,92	155,61
9500	11222,28	207,82	11421,60	190,36	11622,60	176,10	11826,72	164,26
10000	11813,04	218,76	12022,80	200,38	12234,42	185,37	12448,80	172,90
11000	12994,56	240,64	13225,20	220,42	13458,06	203,91	13693,68	190,19
12000	14175,54	262,51	14427,00	240,45	14681,70	222,45	14938,56	207,48
13000	15357,06	284,39	15629,40	260,49	15904,68	240,98	16183,44	224,77
14000	16538,04	306,26	16831,80	280,53	17127,66	259,51	17428,32	242,06
15000	17719,56	328,14	18034,20	300,57	18351,96	278,06	18673,20	259,35
16000	18901,08	350,02	19236,00	320,60	19575,60	296,60	19918,08	276,64
17000	20082,06	371,89	20438,40	340,64	20798,58	315,13	21162,96	293,93
18000	21263,58	393,77	21640,80	360,68	22022,22	333,67	22407,84	311,22
19000	22445,10	415,65	22843,20	380,72	23245,86	352,21	23652,72	328,51
20000	23626,08	437,52	24045,60	400,76	24469,50	370,75	24897,60	345,80
21000	24807,60	459,40	25247,40	420,79	25692,48	389,28	26142,48	363,09
22000	25988,58	481,27	26449,80	440,83	26916,12	407,82	27387,36	380,38
23000	27170,10	503,15	27652,20	460,87	28139,76	426,36	28632,24	397,67
24000	28351,62	525,03	28854,60	480,91	29363,40	444,90	29877,12	414,96
25000	29532,60	546,90	30057,00	500,95	30586,38	463,43	31122,00	432,25
26000	30714,12	568,78	31258,80	520,98	31810,02	481,97	32366,88	449,54
27000	31895,10	590,65	32461,20	541,02	33033,66	500,51	33611,76	466,83
28000	33076,62	612,53	33663,60	561,06	34255,98	519,03	34856,64	484,12
29000	34257,60	634,40	34865,40	581,09	35480,28	537,58	36101,52	501,41
30000	35439,12	656,28	36068,40	601,14	36703,92	556,12	37346,40	518,70
31000	36620,64	678,16	37270,20	621,17	37926,90	574,65	38591,28	535,99
32000	37802,16	700,04	38472,60	641,21	39150,54	593,19	39836,17	553,28
33000	38983,14	721,91	39675,00	661,25	40374,18	611,73	41081,04	570,57
34000	40164,66	743,79	40877,40	681,29	41597,82	630,27	42325,92	587,86
35000	41345,64	765,66	42079,20	701,32	42821,46	648,81	43570,80	605,15
36000	42527,16	787,54	43281,60	721,36	44044,44	667,34	44815,68	622,44

52

INTÉRÊT DE **7,5 %**

Montant	6 MOIS Paiement Total	Paiement Mensuel	12 MOIS Paiement Total	Paiement Mensuel	18 MOIS Paiement Total	Paiement Mensuel	24 MOIS Paiement Total	Paiement Mensuel
37000	37813,38	6302,23	38520,00	3210,00	39235,50	2179,75	39959,28	1664,97
38000	38835,36	6472,56	39561,12	3296,76	40295,70	2238,65	41039,28	1709,97
39000	39857,34	6642,89	40602,24	3383,52	41356,26	2297,57	42119,28	1754,97
40000	40879,32	6813,22	41643,24	3470,27	42416,64	2356,48	43199,28	1799,97
41000	41901,30	6983,55	42684,36	3557,03	43476,84	2415,38	44279,28	1844,97
42000	42923,28	7153,88	43725,48	3643,79	44537,58	2474,31	45359,28	1889,97
43000	43945,26	7324,21	44766,48	3730,54	45597,96	2533,22	46439,28	1934,97
44000	44967,24	7494,54	45807,60	3817,30	46658,17	2592,12	47519,28	1979,97
45000	45989,22	7664,87	46848,72	3904,06	47718,72	2651,04	48599,28	2024,97
46000	47011,21	7835,20	47889,84	3990,82	48779,10	2709,95	49679,28	2069,97
47000	48033,18	8005,53	48930,84	4077,57	49839,67	2768,87	50759,28	2114,97
48000	49055,16	8175,86	49971,96	4164,33	50900,04	2827,78	51839,28	2159,97
49000	50077,14	8346,19	51013,08	4251,09	51960,42	2886,69	52919,28	2204,97
50000	51099,06	8516,51	52054,08	4337,84	53020,80	2945,60	53999,28	2249,97
51000	52121,04	8686,84	53095,21	4424,60	54081,18	3004,51	55079,28	2294,97
52000	53143,14	8857,19	54136,32	4511,36	55141,74	3063,43	56159,04	2339,96
53000	54165,06	9027,51	55177,32	4598,11	56202,12	3122,34	57239,04	2384,96
54000	55187,04	9197,84	56218,44	4684,87	57262,50	3181,25	58319,04	2429,96
55000	56209,08	9368,18	57259,56	4771,63	58322,88	3240,16	59399,04	2474,96
56000	57231,06	9538,51	58300,56	4858,38	59383,26	3299,07	60479,04	2519,96
57000	58253,04	9708,84	59341,68	4945,14	60443,82	3357,99	61559,04	2564,96
58000	59275,02	9879,17	60382,80	5031,90	61504,20	3416,90	62639,04	2609,96
59000	60297,00	10049,50	61423,80	5118,65	62564,58	3475,81	63719,04	2654,96
60000	61318,98	10219,83	62464,92	5205,41	63624,96	3534,72	64799,04	2699,96
61000	62340,96	10390,16	63506,04	5292,17	64685,34	3593,63	65879,04	2744,96
62000	63362,94	10560,49	64547,17	5378,93	65745,90	3652,55	66959,04	2789,96
64000	65406,90	10901,15	66629,28	5552,44	67866,66	3770,37	69119,04	2879,96
66000	67450,86	11241,81	68711,41	5725,95	69987,43	3888,19	71279,04	2969,96
68000	69494,82	11582,47	70793,65	5899,47	72108,36	4006,02	73438,80	3059,95
70000	71538,78	11923,13	72875,76	6072,98	74229,12	4123,84	75598,80	3149,95
72000	73582,80	12263,80	74957,88	6246,49	76350,06	4241,67	77758,80	3239,95
74000	75626,76	12604,46	77040,12	6420,01	78470,83	4359,49	79918,80	3329,95
76000	77670,72	12945,12	79122,25	6593,52	80591,58	4477,31	82078,80	3419,95
78000	79714,68	13285,78	81204,36	6767,03	82712,53	4595,14	84238,80	3509,95
80000	81758,65	13626,44	83286,60	6940,55	84833,28	4712,96	86398,80	3599,95
82000	83802,60	13967,10	85368,72	7114,06	86954,22	4830,79	88558,56	3689,94
84000	85846,56	14307,76	87450,96	7287,58	89074,98	4948,61	90718,56	3779,94
86000	87890,52	14648,42	89533,08	7461,09	91195,92	5066,44	92878,56	3869,94
88000	89934,49	14989,08	91615,21	7634,60	93316,50	5184,25	95038,56	3959,94
90000	91978,44	15329,74	93697,44	7808,12	95437,44	5302,08	97198,56	4049,94
92000	94022,41	15670,40	95779,56	7981,63	97558,38	5419,91	99358,56	4139,94
94000	96066,42	16011,07	97861,68	8155,14	99679,14	5537,73	101518,60	4229,94
96000	98110,38	16351,73	99943,92	8328,66	101800,10	5655,56	103678,60	4319,94
98000	100154,30	16692,39	102026,00	8502,17	103920,80	5773,38	105838,30	4409,93
100000	102198,30	17033,05	104108,30	8675,69	106041,60	5891,20	107998,30	4499,93

INTÉRÊT DE **7,5 %**

	30 MOIS		36 MOIS		42 MOIS		48 MOIS	
Montant	Paiement Total	Paiement Mensuel	Paiement Total	Paiement Mensuel	Paiement Total	Paiement Mensuel	Paiement Total	Paiement Mensuel
37000	40692,00	1356,40	41433,12	1150,92	42183,12	1004,36	42941,28	894,61
38000	41791,80	1393,06	42553,08	1182,03	43323,00	1031,50	44101,92	918,79
39000	42891,60	1429,72	43673,04	1213,14	44463,30	1058,65	45262,56	942,97
40000	43991,40	1466,38	44792,64	1244,24	45603,18	1085,79	46423,21	967,15
41000	45091,21	1503,04	45912,60	1275,35	46743,07	1112,93	47583,84	991,33
42000	46191,00	1539,70	47031,84	1306,44	47882,94	1140,07	48744,48	1015,51
43000	47290,80	1576,36	48152,17	1337,56	49023,66	1167,23	49904,64	1039,68
44000	48390,60	1613,02	49272,12	1368,67	50163,54	1194,37	51065,76	1063,87
45000	49490,40	1649,68	50391,72	1399,77	51303,84	1221,52	52225,92	1088,04
46000	50590,20	1686,34	51511,68	1430,88	52443,73	1248,66	53386,56	1112,22
47000	51689,70	1722,99	52631,28	1461,98	53584,03	1275,81	54547,21	1136,40
48000	52789,50	1759,65	53751,24	1493,09	54723,48	1302,94	55707,36	1160,57
49000	53889,30	1796,31	54871,20	1524,20	55864,20	1330,10	56868,48	1184,76
50000	54989,10	1832,97	55990,80	1555,30	57004,08	1357,24	58028,64	1208,93
51000	56088,90	1869,63	57110,76	1586,41	58144,38	1384,39	59189,76	1233,12
52000	57188,71	1906,29	58230,36	1617,51	59284,26	1411,53	60350,40	1257,30
53000	58288,50	1942,95	59350,32	1648,62	60424,57	1438,68	61510,56	1281,47
54000	59388,30	1979,61	60470,28	1679,73	61564,44	1465,82	62671,21	1305,65
55000	60488,10	2016,27	61589,88	1710,83	62704,74	1492,97	63831,84	1329,83
56000	61587,90	2052,93	62709,84	1741,94	63844,62	1520,11	64992,48	1354,01
57000	62687,71	2089,59	63829,44	1773,04	64984,92	1547,26	66153,12	1378,19
58000	63787,50	2126,25	64949,40	1804,15	66124,80	1574,40	67313,76	1402,37
59000	64887,00	2162,90	66069,36	1835,26	67265,10	1601,55	68474,41	1426,55
60000	65987,10	2199,57	67188,96	1866,36	68404,98	1628,69	69635,04	1450,73
61000	67086,90	2236,23	68308,93	1897,47	69545,28	1655,84	70795,21	1474,90
62000	68186,40	2272,88	69428,52	1928,57	70685,16	1682,98	71955,84	1499,08
64000	70386,30	2346,21	71668,44	1990,79	72965,35	1737,27	74277,12	1547,44
66000	72585,60	2419,52	73908,00	2053,00	75245,53	1791,56	76598,41	1595,80
68000	74785,21	2492,84	76147,56	2115,21	77525,70	1845,85	78919,68	1644,16
70000	76984,50	2566,15	78387,12	2177,42	79805,88	1900,14	81240,49	1692,51
72000	79184,40	2639,48	80626,33	2239,62	82086,06	1954,43	83561,76	1740,87
74000	81384,00	2712,80	82866,60	2301,85	84366,24	2008,72	85883,04	1789,23
76000	83583,60	2786,12	85106,16	2364,06	86646,42	2063,01	88204,32	1837,59
78000	85783,19	2859,44	87345,72	2426,27	88926,60	2117,30	90525,12	1885,94
80000	87982,80	2932,76	89585,28	2488,48	91206,78	2171,59	92846,41	1934,30
82000	90182,41	3006,08	91825,19	2550,70	93486,55	2225,87	95167,68	1982,66
84000	92381,69	3079,39	94064,40	2612,90	95767,14	2280,17	97488,96	2031,02
86000	94581,30	3152,71	96304,33	2675,12	98047,32	2334,46	99809,77	2079,37
88000	96780,90	3226,03	98543,88	2737,33	100327,50	2388,75	102131,00	2127,73
90000	98980,50	3299,35	100783,40	2799,54	102607,70	2443,04	104452,30	2176,09
92000	101180,10	3372,67	103023,40	2861,76	104887,50	2497,32	106773,60	2224,45
94000	103379,70	3445,99	105262,90	2923,97	107167,60	2551,61	109094,40	2272,80
96000	105579,30	3519,31	107502,50	2986,18	109447,40	2605,89	111415,20	2321,15
98000	107778,90	3592,63	109742,00	3048,39	111728,00	2660,19	113737,00	2369,52
100000	109978,50	3665,95	111981,60	3110,60	114008,20	2714,48	116057,80	2417,87

54

	54 MOIS		60 MOIS		66 MOIS		72 MOIS	
Montant	Paiement Total	Paiement Mensuel	Paiement Total	Paiement Mensuel	Paiement Total	Paiement Mensuel	Paiement Total	Paiement Mensuel
37000	43708,68	809,42	44484,00	741,40	45268,08	685,88	46060,56	639,73
38000	44889,66	831,29	45686,40	761,44	46491,72	704,42	47305,44	657,02
39000	46071,18	853,17	46888,80	781,48	47714,70	722,95	48550,32	674,31
40000	47252,16	875,04	48090,60	801,51	48938,34	741,49	49795,20	691,60
41000	48433,68	896,92	49293,00	821,55	50161,98	760,03	51040,08	708,89
42000	49615,20	918,80	50495,40	841,59	51385,62	778,57	52284,96	726,18
43000	50796,18	940,67	51697,80	861,63	52608,60	797,10	53529,84	743,47
44000	51977,70	962,55	52900,20	881,67	53832,24	815,64	54774,72	760,76
45000	53159,22	984,43	54102,00	901,70	55055,88	834,18	56019,60	778,05
46000	54340,20	1006,30	55304,40	921,74	56279,52	852,72	57264,48	795,34
47000	55521,73	1028,18	56506,80	941,78	57502,50	871,25	58509,36	812,63
48000	56702,71	1050,05	57709,20	961,82	58726,14	889,79	59754,24	829,92
49000	57884,23	1071,93	58911,00	981,85	59949,78	908,33	60999,12	847,21
50000	59065,74	1093,81	60113,40	1001,89	61172,76	926,86	62244,00	864,50
51000	60246,73	1115,68	61315,80	1021,93	62396,40	945,40	63488,88	881,79
52000	61428,24	1137,56	62518,20	1041,97	63620,04	963,94	64733,76	899,08
53000	62609,23	1159,43	63720,60	1062,01	64843,68	982,48	65978,65	916,37
54000	63790,74	1181,31	64922,40	1082,04	66066,66	1001,01	67223,52	933,66
55000	64971,73	1203,18	66124,20	1102,07	67290,30	1019,55	68468,40	950,95
56000	66153,25	1225,06	67327,21	1122,12	68513,94	1038,09	69713,28	968,24
57000	67334,22	1246,93	68529,60	1142,16	69737,58	1056,63	70958,16	985,53
58000	68515,75	1268,81	69730,81	1162,18	70960,56	1075,16	72203,04	1002,82
59000	69696,72	1290,68	70933,80	1182,23	72183,54	1093,69	73447,93	1020,11
60000	70878,78	1312,57	72136,21	1202,27	73407,84	1112,24	74692,81	1037,40
61000	72059,76	1334,44	73338,60	1222,31	74630,82	1130,77	75936,96	1054,68
62000	73241,28	1356,32	74541,00	1242,35	75854,46	1149,31	77182,56	1071,98
64000	75603,78	1400,07	76945,21	1282,42	78301,75	1186,39	79672,33	1106,56
66000	77966,28	1443,82	79350,00	1322,50	80748,36	1223,46	82162,08	1141,14
68000	80329,32	1487,58	81754,20	1362,57	83195,65	1260,54	84651,84	1175,72
70000	82691,82	1531,33	84159,00	1402,65	85642,26	1297,61	87141,60	1210,30
72000	85054,32	1575,08	86563,19	1442,72	88089,54	1334,69	89631,36	1244,88
74000	87416,82	1618,83	88968,00	1482,80	90536,16	1371,76	92121,12	1279,46
76000	89779,32	1662,58	91372,80	1522,88	92982,78	1408,83	94610,88	1314,04
78000	92142,36	1706,34	93777,00	1562,95	95430,06	1445,91	97100,64	1348,62
80000	94504,86	1750,09	96181,81	1603,03	97876,68	1482,98	99590,40	1383,20
82000	96867,36	1793,84	98586,00	1643,10	100324,00	1520,06	102080,20	1417,78
84000	99229,86	1837,59	100990,80	1683,18	102770,60	1557,13	104569,90	1452,36
86000	101592,90	1881,35	103395,00	1723,25	105217,90	1594,21	107059,70	1486,94
88000	103955,40	1925,10	105799,80	1763,33	107644,50	1631,28	109549,40	1521,52
90000	106317,90	1968,85	108204,60	1803,41	110111,80	1668,36	112039,20	1556,10
92000	108680,40	2012,60	110608,80	1843,48	112558,40	1705,43	114529,00	1590,68
94000	111042,90	2056,35	113013,60	1883,56	115005,70	1742,51	117018,70	1625,26
96000	113406,00	2100,11	115417,80	1923,63	117452,30	1779,58	119508,50	1659,84
98000	115768,50	2143,86	117822,60	1963,71	119898,90	1816,65	121998,20	1694,42
100000	118131,00	2187,61	120226,80	2003,78	122346,20	1853,73	124488,00	1729,00

INTÉRÊT DE **8 %**

	6 MOIS		12 MOIS		18 MOIS		24 MOIS	
Montant	Paiement Total	Paiement Mensuel	Paiement Total	Paiement Mensuel	Paiement Total	Paiement Mensuel	Paiement Total	Paiement Mensuel
1000	1023,48	170,58	1043,88	86,99	1064,52	59,14	1085,52	45,23
1500	1535,22	255,87	1565,76	130,48	1596,78	88,71	1627,92	67,83
2000	2046,90	341,15	2087,76	173,98	2129,04	118,28	2170,80	90,45
2500	2558,64	426,44	2609,64	217,47	2661,30	147,85	2713,68	113,07
3000	3070,38	511,73	3131,64	260,97	3193,56	177,42	3256,08	135,67
3500	3582,12	597,02	3653,52	304,46	3725,82	206,99	3799,20	158,30
4000	4093,86	682,31	4175,40	347,95	4258,08	236,56	4341,84	180,91
4500	4605,60	767,60	4697,40	391,45	4790,34	266,13	4884,48	203,52
5000	5117,34	852,89	5219,28	434,94	5322,60	295,70	5427,36	226,14
5500	5629,08	938,18	5741,28	478,44	5854,68	325,26	5970,00	248,75
6000	6140,76	1023,46	6263,16	521,93	6387,12	354,84	6512,40	271,35
6500	6652,50	1108,75	6785,16	565,43	6919,38	384,41	7055,52	293,98
7000	7164,24	1194,04	7307,04	608,92	7451,64	413,98	7598,16	316,59
7500	7675,92	1279,32	7828,80	652,40	7983,90	443,55	8140,80	339,20
8000	8187,72	1364,62	8350,92	695,91	8516,16	473,12	8683,68	361,82
8500	8699,46	1449,91	8872,80	739,40	9048,42	502,69	9226,32	384,43
9000	9211,20	1535,20	9394,80	782,90	9580,68	532,26	9769,20	407,05
9500	9722,94	1620,49	9916,68	826,39	10112,94	561,83	10311,84	429,66
10000	10234,62	1705,77	10438,56	869,88	10645,20	591,40	10854,48	452,27
11000	11258,10	1876,35	11482,44	956,87	11709,54	650,53	11940,00	497,50
12000	12281,58	2046,93	12526,32	1043,86	12774,24	709,68	13025,52	542,73
13000	13305,06	2217,51	13570,20	1130,85	13838,76	768,82	14110,80	587,95
14000	14328,48	2388,08	14614,08	1217,84	14903,28	827,96	15196,32	633,18
15000	15351,90	2558,65	15657,84	1304,82	15967,80	887,10	16281,84	678,41
16000	16375,44	2729,24	16701,84	1391,82	17032,32	946,24	17367,36	723,64
17000	17398,92	2899,82	17745,60	1478,80	18096,84	1005,38	18452,64	768,86
18000	18422,34	3070,39	18789,48	1565,79	19161,36	1064,52	19538,16	814,09
19000	19445,82	3240,97	19833,36	1652,78	20226,06	1123,67	20623,68	859,32
20000	20469,30	3411,55	20877,24	1739,77	21290,58	1182,81	21709,20	904,55
21000	21492,78	3582,13	21921,12	1826,76	22354,92	1241,94	22794,48	949,77
22000	22516,20	3752,70	22965,00	1913,75	23419,62	1301,09	23880,00	995,00
23000	23539,68	3923,28	24008,76	2000,73	24484,14	1360,23	24965,52	1040,23
24000	24563,16	4093,86	25052,64	2087,72	25548,66	1419,37	26050,56	1085,44
25000	25586,64	4264,44	26096,52	2174,71	26613,18	1478,51	27136,32	1130,68
26000	26610,00	4435,00	27140,40	2261,70	27677,70	1537,65	28221,84	1175,91
27000	27633,54	4605,59	28184,28	2348,69	28742,22	1596,79	29307,36	1221,14
28000	28657,02	4776,17	29228,16	2435,68	29806,74	1655,93	30392,64	1266,36
29000	29680,50	4946,75	30272,04	2522,67	30871,26	1715,07	31478,16	1311,59
30000	30703,86	5117,31	31315,68	2609,64	31935,78	1774,21	32563,68	1356,82
31000	31727,40	5287,90	32359,68	2696,64	33000,30	1833,35	33649,20	1402,05
32000	32750,88	5458,48	33403,56	2783,63	34064,82	1892,49	34734,48	1447,27
33000	33774,30	5629,05	34447,44	2870,62	35129,34	1951,63	35820,00	1492,50
34000	34797,78	5799,63	35491,32	2957,61	36193,86	2010,77	36905,52	1537,73
35000	35821,26	5970,21	36535,20	3044,60	37258,20	2069,90	37990,80	1582,95
36000	36844,74	6140,79	37579,08	3131,59	38322,90	2129,05	39076,32	1628,18

	30 MOIS		36 MOIS		42 MOIS		48 MOIS	
Montant	Paiement Total	Paiement Mensuel	Paiement Total	Paiement Mensuel	Paiement Total	Paiement Mensuel	Paiement Total	Paiement Mensuel
1000	1106,70	36,89	1128,24	31,34	1149,96	27,38	1171,68	24,41
1500	1659,90	55,33	1692,00	47,00	1724,94	41,07	1757,76	36,62
2000	2213,40	73,78	2256,12	62,67	2299,50	54,75	2343,84	48,83
2500	2766,60	92,22	2819,88	78,33	2874,48	68,44	2929,44	61,03
3000	3319,80	110,66	3384,36	94,01	3449,46	82,13	3515,52	73,24
3500	3873,30	129,11	3948,48	109,68	4024,44	95,82	4101,60	85,45
4000	4426,50	147,55	4512,60	125,35	4599,42	109,51	4687,20	97,65
4500	4980,00	166,00	5076,00	141,00	5174,40	123,20	5273,28	109,86
5000	5533,20	184,44	5640,12	156,67	5748,96	136,88	5858,88	122,06
5500	6086,70	202,89	6204,60	172,35	6323,94	150,57	6444,96	134,27
6000	6639,90	221,33	6768,72	188,02	6898,92	164,26	7031,04	146,48
6500	7193,10	239,77	7332,84	203,69	7473,90	177,95	7616,16	158,67
7000	7746,60	258,22	7896,60	219,35	8048,88	191,64	8202,72	170,89
7500	8299,80	276,66	8460,72	235,02	8623,86	205,33	8788,80	183,10
8000	8853,00	295,10	9024,84	250,69	9198,84	219,02	9374,40	195,30
8500	9406,20	313,54	9588,60	266,35	9773,40	232,70	9960,48	207,51
9000	9959,70	331,99	10153,08	282,03	10348,38	246,39	10546,56	219,72
9500	10513,20	350,44	10717,20	297,70	10922,94	260,07	11132,16	231,92
10000	11066,40	368,88	11280,60	313,35	11497,92	273,76	11718,24	244,13
11000	12173,10	405,77	12409,20	344,70	12648,30	301,15	12889,92	268,54
12000	13279,80	442,66	13537,44	376,04	13797,84	328,52	14062,08	292,96
13000	14386,50	479,55	14665,32	407,37	14947,80	355,90	15233,76	317,37
14000	15493,20	516,44	15793,56	438,71	16097,76	383,28	16405,44	341,78
15000	16599,60	553,32	16921,80	470,05	17247,30	410,65	17577,12	366,19
16000	17706,30	590,21	18049,68	501,38	18397,26	438,03	18749,28	390,61
17000	18812,70	627,09	19177,56	532,71	19547,22	465,41	19920,96	415,02
18000	19919,70	663,99	20305,80	564,05	20697,18	492,79	21092,64	439,43
19000	21026,40	700,88	21434,04	595,39	21846,30	520,15	22264,80	463,85
20000	22133,10	737,77	22562,28	626,73	22996,26	547,53	23436,48	488,26
21000	23239,50	774,65	23690,16	658,06	24146,64	574,92	24608,16	512,67
22000	24346,20	811,54	24818,40	689,40	25295,76	602,28	25779,84	537,08
23000	25452,90	848,43	25946,64	720,74	26446,14	629,67	26952,00	561,50
24000	26559,60	885,32	27074,52	752,07	27596,10	657,05	28123,20	585,90
25000	27666,30	922,21	28202,76	783,41	28745,64	684,42	29295,36	610,32
26000	28773,00	959,10	29331,00	814,75	29895,60	711,80	30467,52	634,74
27000	29879,40	995,98	30458,88	846,08	31045,56	739,18	31639,20	659,15
28000	30986,10	1032,87	31587,12	877,42	32195,52	766,56	32810,88	683,56
29000	32092,80	1069,76	32715,00	908,75	33345,06	793,93	33982,56	707,97
30000	33199,50	1106,65	33843,24	940,09	34495,02	821,31	35154,72	732,39
31000	34306,20	1143,54	34971,48	971,43	35644,98	848,69	36326,40	756,80
32000	35412,90	1180,43	36099,36	1002,76	36794,52	876,06	37498,08	781,21
33000	36519,30	1217,31	37227,60	1034,10	37944,48	903,44	38670,24	805,63
34000	37625,70	1254,19	38355,48	1065,43	39094,44	930,82	39841,92	830,04
35000	38732,70	1291,09	39483,72	1096,77	40243,98	958,19	41013,60	854,45
36000	39839,40	1327,98	40611,96	1128,11	41393,94	985,57	42185,28	878,86

INTÉRÊT DE **8 %**

	54 MOIS		60 MOIS		66 MOIS		72 MOIS	
Montant	Paiement Total	Paiement Mensuel	Paiement Total	Paiement Mensuel	Paiement Total	Paiement Mensuel	Paiement Total	Paiement Mensuel
1000	1193,94	22,11	1216,80	20,28	1239,48	18,78	1262,16	17,53
1500	1790,64	33,16	1824,60	30,41	1859,22	28,17	1893,60	26,30
2000	2387,88	44,22	2433,00	40,55	2478,96	37,56	2525,04	35,07
2500	2985,12	55,28	3041,40	50,69	3098,70	46,95	3155,76	43,83
3000	3581,82	66,33	3649,80	60,83	3717,78	56,33	3787,20	52,60
3500	4179,06	77,39	4258,20	70,97	4337,52	65,72	4418,64	61,37
4000	4776,30	88,45	4866,60	81,11	4957,26	75,11	5048,64	70,12
4500	5373,54	99,51	5474,40	91,24	5577,00	84,50	5680,80	78,90
5000	5970,24	110,56	6082,80	101,38	6196,74	93,89	6312,24	87,67
5500	6567,48	121,62	6691,20	111,52	6816,48	103,28	6942,96	96,43
6000	7164,18	132,67	7299,60	121,66	7436,22	112,67	7574,40	105,20
6500	7761,42	143,73	7908,00	131,80	8055,96	122,06	8205,84	113,97
7000	8358,12	154,78	8515,20	141,92	8675,70	131,45	8836,56	122,73
7500	8955,36	165,84	9124,20	152,07	9295,44	140,84	9468,00	131,50
8000	9552,60	176,90	9732,60	162,21	9915,18	150,23	10099,44	140,27
8500	10149,84	187,96	10341,00	172,35	10534,26	159,61	10730,16	149,03
9000	10746,54	199,01	10949,40	182,49	11154,00	169,00	11361,60	157,80
9500	11343,78	210,07	11557,80	192,63	11773,74	178,39	11993,04	166,57
10000	11940,48	221,12	12165,60	202,76	12393,48	187,78	12623,76	175,33
11000	13134,96	243,24	13382,40	223,04	13632,96	206,56	13886,64	192,87
12000	14328,90	265,35	14599,20	243,32	14872,44	225,34	15148,80	210,40
13000	15522,84	287,46	15815,40	263,59	16111,92	244,12	16410,96	227,93
14000	16716,78	309,57	17032,20	283,87	17350,74	262,89	17673,84	245,47
15000	17911,26	331,69	18249,00	304,15	18590,22	281,67	18936,00	263,00
16000	19105,20	353,80	19465,20	324,42	19829,70	300,45	20198,16	280,53
17000	20299,14	375,91	20682,00	344,70	21069,18	319,23	21461,04	298,07
18000	21493,08	398,02	21898,80	364,98	22308,66	338,01	22723,20	315,60
19000	22687,56	420,14	23115,00	385,25	23547,48	356,78	23985,36	333,13
20000	23881,50	442,25	24331,80	405,53	24786,96	375,56	25247,52	350,66
21000	25075,44	464,36	25548,00	425,80	26026,44	394,34	26510,40	368,20
22000	26269,38	486,47	26764,80	446,08	27265,92	413,12	27772,56	385,73
23000	27463,86	508,59	27981,60	466,36	28505,40	431,90	29034,72	403,26
24000	28657,80	530,70	29197,80	486,63	29744,88	450,68	30297,60	420,80
25000	29851,74	552,81	30414,60	506,91	30983,70	469,45	31559,76	438,33
26000	31045,68	574,92	31631,40	527,19	32223,18	488,23	32821,92	455,86
27000	32239,62	597,03	32847,60	547,46	33462,66	507,01	34084,80	473,40
28000	33434,10	619,15	34064,40	567,74	34701,48	525,78	35346,96	490,93
29000	34628,04	641,26	35281,20	588,02	35941,62	544,57	36609,12	508,46
30000	35821,98	663,37	36496,80	608,28	37180,44	563,34	37872,00	526,00
31000	37015,92	685,48	37714,20	628,57	38419,92	582,12	39134,17	543,53
32000	38210,40	707,60	38930,40	648,84	39659,40	600,90	40396,32	561,06
33000	39404,34	729,71	40147,20	669,12	40898,88	619,68	41658,48	578,59
34000	40598,28	751,82	41364,00	689,40	42138,36	638,46	42921,36	596,13
35000	41792,22	773,93	42580,20	709,67	43377,84	657,24	44182,80	613,65
36000	42986,70	796,05	43797,00	729,95	44616,66	676,01	45446,40	631,20

	6 MOIS		12 MOIS		18 MOIS		24 MOIS	
Montant	Paiement Total	Paiement Mensuel	Paiement Total	Paiement Mensuel	Paiement Total	Paiement Mensuel	Paiement Total	Paiement Mensuel
37000	37868,16	6311,36	38622,84	3218,57	39387,42	2188,19	40161,84	1673,41
38000	38891,64	6481,94	39666,72	3305,56	40451,94	2247,33	41247,36	1718,64
39000	39915,12	6652,52	40710,60	3392,55	41516,46	2306,47	42332,64	1763,86
40000	40938,60	6823,10	41754,48	3479,54	42580,98	2365,61	43418,16	1809,09
41000	41962,02	6993,67	42798,36	3566,53	43645,50	2424,75	44503,68	1854,32
42000	42985,50	7164,25	43842,24	3653,52	44709,84	2483,88	45589,21	1899,55
43000	44008,98	7334,83	44886,00	3740,50	45774,54	2543,03	46674,48	1944,77
44000	45032,46	7505,41	45929,88	3827,49	46839,06	2602,17	47760,00	1990,00
45000	46055,88	7675,98	46973,76	3914,48	47903,58	2661,31	48845,52	2035,23
46000	47079,36	7846,56	48017,64	4001,47	48968,10	2720,45	49930,80	2080,45
47000	48102,84	8017,14	49061,52	4088,46	50032,62	2779,59	51016,32	2125,68
48000	49126,32	8187,72	50105,40	4175,45	51097,14	2838,73	52101,60	2170,90
49000	50149,74	8358,29	51149,28	4262,44	52161,67	2897,87	53187,12	2216,13
50000	51173,22	8528,87	52193,04	4349,42	53226,18	2957,01	54272,64	2261,36
51000	52196,71	8699,45	53236,92	4436,41	54290,70	3016,15	55358,17	2306,59
52000	53220,18	8870,03	54280,80	4523,40	55355,22	3075,29	56443,68	2351,82
53000	54243,54	9040,59	55324,68	4610,39	56419,74	3134,43	57529,21	2397,05
54000	55267,08	9211,18	56368,56	4697,38	57484,26	3193,57	58614,48	2442,27
55000	56290,56	9381,76	57412,44	4784,37	58548,78	3252,71	59700,00	2487,50
56000	57314,04	9552,34	58456,21	4871,35	59613,48	3311,86	60785,52	2532,73
57000	58337,46	9722,91	59500,08	4958,34	60678,00	3371,00	61870,80	2577,95
58000	59360,94	9893,49	60543,96	5045,33	61742,52	3430,14	62956,32	2623,18
59000	60384,42	10064,07	61587,72	5132,31	62807,04	3489,28	64041,84	2668,41
60000	61407,90	10234,65	62631,72	5219,31	63871,56	3548,42	65127,36	2713,64
61000	62431,32	10405,22	63675,60	5306,30	64936,08	3607,56	66212,65	2758,86
62000	63454,80	10575,80	64719,48	5393,29	66000,60	3666,70	67298,16	2804,09
64000	65501,76	10916,96	66807,12	5567,26	68129,65	3784,98	69469,21	2894,55
66000	67548,66	11258,11	68894,88	5741,24	70258,68	3903,26	71640,00	2985,00
68000	69595,62	11599,27	70982,65	5915,22	72387,72	4021,54	73810,80	3075,45
70000	71642,52	11940,42	73070,28	6089,19	74516,58	4139,81	75981,84	3165,91
72000	73689,43	12281,57	75158,04	6263,17	76645,81	4258,10	78152,65	3256,36
74000	75736,38	12622,73	77245,80	6437,15	78774,84	4376,38	80323,68	3346,82
76000	77783,28	12963,88	79333,44	6611,12	80903,88	4494,66	82494,49	3437,27
78000	79830,25	13305,04	81421,21	6785,10	83032,93	4612,94	84665,52	3527,73
80000	81877,15	13646,19	83508,96	6959,08	85161,96	4731,22	86836,32	3618,18
82000	83924,09	13987,35	85596,59	7133,05	87291,00	4849,50	89007,36	3708,64
84000	85971,00	14328,50	87684,36	7307,03	89419,86	4967,77	91178,16	3799,09
86000	88017,96	14669,66	89772,12	7481,01	91549,08	5086,06	93349,21	3889,55
88000	90064,86	15010,81	91859,88	7654,99	93678,12	5204,34	95520,00	3980,00
90000	92111,82	15351,97	93947,52	7828,96	95807,16	5322,62	97690,80	4070,45
92000	94158,72	15693,12	96035,28	8002,94	97936,19	5440,90	99861,84	4160,91
94000	96205,68	16034,28	98123,04	8176,92	100065,40	5559,19	102032,64	4251,36
96000	98252,58	16375,43	100210,60	8350,88	102194,50	5677,47	104203,41	4341,81
98000	100299,50	16716,59	102298,40	8524,87	104323,50	5795,75	106374,50	4432,27
100000	102346,40	17057,74	104386,10	8698,84	106452,50	5914,03	108545,50	4522,73

	30 MOIS		36 MOIS		42 MOIS		48 MOIS	
Montant	Paiement Total	Paiement Mensuel	Paiement Total	Paiement Mensuel	Paiement Total	Paiement Mensuel	Paiement Total	Paiement Mensuel
37000	40946,10	1364,87	41739,84	1159,44	42543,90	1012,95	43357,44	903,28
38000	42052,80	1401,76	42868,08	1190,78	43693,03	1040,31	44529,12	927,69
39000	43159,20	1438,64	43996,32	1222,12	44842,98	1067,69	45700,80	952,10
40000	44265,90	1475,53	45123,84	1253,44	45992,94	1095,07	46872,96	976,52
41000	45372,60	1512,42	46252,44	1284,79	47143,32	1122,46	48044,64	1000,93
42000	46479,30	1549,31	47380,68	1316,13	48292,44	1149,82	49216,32	1025,34
43000	47586,00	1586,20	48508,56	1347,46	49442,82	1177,21	50388,48	1049,76
44000	48692,70	1623,09	49636,80	1378,80	50592,78	1204,59	51560,17	1074,17
45000	49799,10	1659,97	50765,04	1410,14	51742,32	1231,96	52731,36	1098,57
46000	50905,80	1696,86	51892,92	1441,47	52892,28	1259,34	53903,52	1122,99
47000	52012,50	1733,75	53021,17	1472,81	54042,24	1286,72	55075,68	1147,41
48000	53119,20	1770,64	54149,04	1504,14	55191,78	1314,09	56246,89	1171,81
49000	54225,90	1807,53	55277,28	1535,48	56341,74	1341,47	57419,04	1196,23
50000	55332,60	1844,42	56405,52	1566,82	57491,70	1368,85	58591,21	1220,65
51000	56439,00	1881,30	57533,40	1598,15	58641,66	1396,23	59762,89	1245,06
52000	57545,70	1918,19	58661,64	1629,49	59791,20	1423,60	60934,56	1269,47
53000	58652,40	1955,08	59789,88	1660,83	60941,16	1450,98	62106,24	1293,88
54000	59759,10	1991,97	60917,76	1692,16	62091,12	1478,36	63278,40	1318,30
55000	60865,80	2028,86	62046,00	1723,50	63240,66	1505,73	64450,08	1342,71
56000	61972,50	2065,75	63174,24	1754,84	64390,62	1533,11	65621,76	1367,12
57000	63078,60	2102,62	64302,12	1786,17	65540,58	1560,49	66793,93	1391,54
58000	64185,60	2139,52	65430,36	1817,51	66690,12	1587,86	67965,60	1415,95
59000	65292,00	2176,40	66558,24	1848,84	67840,08	1615,24	69137,28	1440,36
60000	66399,00	2213,30	67686,49	1880,18	68990,04	1642,62	70308,96	1464,77
61000	67505,70	2250,19	68814,72	1911,52	70139,58	1669,99	71481,12	1489,19
62000	68612,41	2287,08	69942,60	1942,85	71289,54	1697,37	72652,80	1513,60
64000	70825,50	2360,85	72199,08	2005,53	73589,46	1752,13	74996,65	1562,43
66000	73038,60	2434,62	74455,20	2068,20	75888,96	1806,88	77340,00	1611,25
68000	75252,00	2508,40	76711,33	2130,87	78186,46	1861,63	79683,84	1660,08
70000	77465,40	2582,18	78967,44	2193,54	80488,38	1916,39	82027,21	1708,90
72000	79678,80	2655,96	81223,93	2256,22	82787,88	1971,14	84371,04	1757,73
74000	81892,21	2729,74	83479,68	2318,88	85087,80	2025,90	86714,88	1806,56
76000	84105,30	2803,51	85736,16	2381,56	87386,88	2080,64	89058,24	1855,38
78000	86318,71	2877,29	87992,64	2444,24	89686,38	2135,39	91402,08	1904,21
80000	88532,10	2951,07	90248,40	2506,90	91986,30	2190,15	93745,44	1953,03
82000	90745,21	3024,84	92504,88	2569,58	94285,80	2244,90	96089,28	2001,86
84000	92958,60	3098,62	94761,00	2632,25	96585,30	2299,65	98432,64	2050,68
86000	95172,00	3172,40	97017,48	2694,93	98885,64	2354,42	100776,50	2099,51
88000	97385,09	3246,17	99273,63	2757,60	101185,10	2409,17	103120,30	2148,34
90000	99598,50	3319,95	101529,70	2820,27	103485,10	2463,93	105463,20	2197,15
92000	101811,90	3393,73	103785,80	2882,94	105784,60	2518,68	107807,50	2245,99
94000	104025,00	3467,50	106042,30	2945,62	108084,10	2573,43	110150,90	2294,81
96000	106238,40	3541,28	108298,40	3008,29	110384,00	2628,19	112494,20	2343,63
98000	108451,80	3615,06	110554,60	3070,96	112683,50	2682,94	114838,60	2392,47
100000	110664,90	3688,83	112811,00	3133,64	114983,40	2737,70	117181,90	2441,29

	54 MOIS		60 MOIS		66 MOIS		72 MOIS	
Montant	Paiement Total	Paiement Mensuel	Paiement Total	Paiement Mensuel	Paiement Total	Paiement Mensuel	Paiement Total	Paiement Mensuel
37000	44180,64	818,16	45013,80	750,23	45856,14	694,79	46708,56	648,73
38000	45374,58	840,27	46230,00	770,50	47095,62	713,57	47970,72	666,26
39000	46568,52	862,38	47446,80	790,78	48335,10	732,35	49233,60	683,80
40000	47763,00	884,50	48663,60	811,06	49574,58	751,13	50495,76	701,33
41000	48956,94	906,61	49879,80	831,33	50813,40	769,90	51757,92	718,86
42000	50150,88	928,72	51096,60	851,61	52052,88	788,68	53020,80	736,40
43000	51344,82	950,83	52312,80	871,88	53292,36	807,46	54282,96	753,93
44000	52539,30	972,95	53529,60	892,16	54531,84	826,24	55545,12	771,46
45000	53733,24	995,06	54746,40	912,44	55771,32	845,02	56808,00	789,00
46000	54927,18	1017,17	55962,60	932,71	57010,14	863,79	58070,17	806,53
47000	56121,12	1039,28	57179,40	952,99	58249,62	882,57	59332,32	824,06
48000	57315,60	1061,40	58396,21	973,27	59489,10	901,35	60595,20	841,60
49000	58509,54	1083,51	59612,40	993,54	60728,58	920,13	61857,36	859,13
50000	59703,48	1105,62	60829,20	1013,82	61968,06	938,91	63119,52	876,66
51000	60897,42	1127,73	62046,00	1034,10	63207,54	957,69	64382,40	894,20
52000	62091,90	1149,85	63262,20	1054,37	64446,36	976,46	65644,56	911,73
53000	63285,84	1171,96	64479,00	1074,65	65685,84	995,24	66906,72	929,26
54000	64479,24	1194,06	65695,81	1094,93	66925,32	1014,02	68168,88	946,79
55000	65673,72	1216,18	66911,40	1115,19	68164,81	1032,80	69431,76	964,33
56000	66868,21	1238,30	68128,80	1135,48	69403,62	1051,57	70693,93	981,86
57000	68062,15	1260,41	69345,00	1155,75	70643,10	1070,35	71956,08	999,39
58000	69256,08	1282,52	70561,81	1176,03	71882,58	1089,13	73218,96	1016,93
59000	70450,02	1304,63	71778,60	1196,31	73122,06	1107,91	74481,12	1034,46
60000	71644,50	1326,75	72994,20	1216,57	74360,88	1126,68	75743,28	1051,99
61000	72838,44	1348,86	74211,60	1236,86	75601,02	1145,47	77006,16	1069,53
62000	74032,38	1370,97	75428,40	1257,14	76840,50	1164,25	78268,33	1087,06
64000	76420,26	1415,19	77860,81	1297,68	79318,81	1201,80	80793,36	1122,13
66000	78808,68	1459,42	80294,40	1338,24	81797,76	1239,36	83316,96	1157,18
68000	81196,56	1503,64	82727,41	1378,79	84276,06	1276,91	85842,72	1192,26
70000	83584,98	1547,87	85161,00	1419,35	86755,02	1314,47	88367,04	1227,32
72000	85972,86	1592,09	87594,00	1459,90	89233,99	1352,03	90892,08	1262,39
74000	88361,28	1636,32	90027,00	1500,45	91712,28	1389,58	93417,12	1297,46
76000	90749,16	1680,54	92460,60	1541,01	94191,24	1427,14	95942,16	1332,53
78000	93137,58	1724,77	94893,60	1581,56	96670,19	1464,70	98466,48	1367,59
80000	95525,46	1768,99	97326,60	1622,11	99148,50	1502,25	100991,50	1402,66
82000	97913,88	1813,22	99759,60	1662,66	101627,50	1539,81	103516,60	1437,73
84000	100301,80	1857,44	102193,20	1703,22	104105,80	1577,36	106040,90	1472,79
85000	102690,20	1901,67	104626,20	1743,77	106584,70	1614,92	108565,90	1507,86
88000	105078,10	1945,89	107059,20	1784,32	109063,70	1652,48	111090,20	1542,92
90000	107466,50	1990,12	109492,80	1824,88	111542,00	1690,03	113615,30	1577,99
92000	109854,40	2034,34	111925,80	1865,43	114020,90	1727,59	116140,30	1613,06
94000	112242,80	2078,57	114358,80	1905,98	116499,90	1765,15	118664,60	1648,12
96000	114630,70	2122,79	116791,80	1946,53	118978,20	1802,70	121189,70	1683,19
98000	117019,10	2167,02	119225,40	1987,09	121457,20	1840,26	123714,70	1718,26
100000	119407,00	2211,24	121658,40	2027,64	123935,50	1877,81	126239,00	1753,32

INTÉRÊT DE **8,5 %**

	6 MOIS		**12** MOIS		**18** MOIS		**24** MOIS	
Montant	Paiement Total	Paiement Mensuel	Paiement Total	Paiement Mensuel	Paiement Total	Paiement Mensuel	Paiement Total	Paiement Mensuel
1000	1024,92	170,82	1046,64	87,22	1068,66	59,37	1091,04	45,46
1500	1537,44	256,24	1569,96	130,83	1602,90	89,05	1636,32	68,18
2000	2049,90	341,65	2093,28	174,44	2137,32	118,74	2181,84	90,91
2500	2562,36	427,06	2616,60	218,05	2671,56	148,42	2727,36	113,64
3000	3074,76	512,46	3139,92	261,66	3205,98	178,11	3272,88	136,37
3500	3587,28	597,88	3663,12	305,26	3740,22	207,79	3818,40	159,10
4000	4099,80	683,30	4186,56	348,88	4274,64	237,48	4363,68	181,82
4500	4612,26	768,71	4709,88	392,49	4808,88	267,16	4909,20	204,55
5000	5124,72	854,12	5233,20	436,10	5343,30	296,85	5454,72	227,28
5500	5637,18	939,53	5756,52	479,71	5877,54	326,53	6000,24	250,01
6000	6149,58	1024,93	6279,84	523,32	6411,78	356,21	6545,76	272,74
6500	6662,16	1110,36	6803,16	566,93	6946,20	385,90	7091,04	295,46
7000	7174,62	1195,77	7326,36	610,53	7480,44	415,58	7636,56	318,19
7500	7687,08	1261,18	7849,80	654,15	8014,86	445,27	8182,08	340,92
8000	8199,54	1366,59	8373,12	697,76	8549,10	474,95	8727,60	363,65
8500	8712,00	1452,00	8896,44	741,37	9083,52	504,64	9273,12	386,38
9000	9224,46	1537,41	9419,76	784,98	9617,76	534,32	9818,40	409,10
9500	9736,98	1622,83	9943,08	828,59	10152,18	564,01	10363,92	431,83
10000	10249,44	1708,24	10466,40	872,20	10686,42	593,69	10909,44	454,56
11000	11274,36	1879,06	11513,04	959,42	11755,08	653,06	12000,24	500,01
12000	12299,28	2049,88	12559,68	1046,64	12823,74	712,43	13091,04	545,46
13000	13324,26	2220,71	13606,32	1133,86	13892,40	771,80	14182,32	590,93
14000	14349,18	2391,53	14652,84	1221,07	14961,06	831,17	15273,12	636,38
15000	15374,16	2562,36	15699,60	1308,30	16029,72	890,54	16364,16	681,84
16000	16399,08	2733,18	16746,24	1395,52	17098,20	949,90	17454,96	727,29
17000	17424,06	2904,01	17792,88	1482,74	18166,86	1009,27	18546,00	772,75
18000	18448,98	3074,83	18839,64	1569,97	19235,52	1068,64	19637,04	818,21
19000	19473,90	3245,65	19886,28	1657,19	20304,18	1128,01	20727,84	863,66
20000	20498,88	3416,48	20932,92	1744,41	21372,84	1187,38	21818,88	909,12
21000	21523,80	3587,30	21979,56	1831,63	22441,50	1246,75	22909,68	954,57
22000	22548,78	3758,13	23026,20	1918,85	23510,16	1306,12	24000,72	1000,03
23000	23573,70	3928,95	24072,84	2006,07	24578,82	1365,49	25091,76	1045,49
24000	24598,62	4099,77	25119,48	2093,29	25647,48	1424,86	26182,32	1090,93
25000	25623,60	4270,60	26166,12	2180,51	26716,14	1484,23	27273,60	1136,40
26000	26648,52	4441,42	27212,76	2267,73	27784,80	1543,60	28364,40	1181,85
27000	27673,44	4612,24	28259,40	2354,95	28853,28	1602,96	29455,44	1227,31
28000	28698,36	4783,06	29306,04	2442,17	29921,94	1662,33	30546,48	1272,77
29000	29723,34	4953,89	30352,56	2529,38	30990,60	1721,70	31637,28	1318,22
30000	30748,32	5124,72	31399,32	2616,61	32059,26	1781,07	32728,32	1363,68
31000	31773,24	5295,54	32445,96	2703,83	33127,92	1840,44	33819,12	1409,13
32000	32798,16	5466,36	33492,60	2791,05	34196,58	1899,81	34910,16	1454,59
33000	33823,14	5637,19	34539,24	2878,27	35265,24	1959,18	36000,96	1500,04
34000	34848,06	5808,01	35585,88	2965,49	36333,90	2018,55	37092,00	1545,50
35000	35873,04	5978,84	36632,52	3052,71	37402,56	2077,92	38183,04	1590,96
36000	36897,96	6149,66	37679,16	3139,93	38471,22	2137,29	39273,84	1636,41

Montant	30 MOIS Paiement Total	30 MOIS Paiement Mensuel	36 MOIS Paiement Total	36 MOIS Paiement Mensuel	42 MOIS Paiement Total	42 MOIS Paiement Mensuel	48 MOIS Paiement Total	48 MOIS Paiement Mensuel
1000	1113,60	37,12	1136,52	31,57	1159,62	27,61	1183,20	24,65
1500	1670,40	55,68	1704,60	47,35	1739,64	41,42	1774,56	36,97
2000	2227,20	74,24	2273,04	63,14	2319,24	55,22	2366,40	49,30
2500	2784,00	92,80	2841,12	78,92	2899,26	69,03	2957,76	61,62
3000	3340,50	111,35	3409,20	94,70	3478,86	82,83	3549,12	73,94
3500	3897,30	129,91	3977,64	110,49	4058,88	96,64	4140,96	86,27
4000	4454,10	148,47	4545,72	126,27	4638,48	110,44	4732,32	98,59
4500	5010,90	167,03	5113,80	142,05	5218,50	124,25	5324,16	110,92
5000	5567,70	185,59	5682,24	157,84	5798,10	138,05	5915,52	123,24
5500	6124,50	204,15	6250,32	173,62	6378,12	151,86	6507,36	135,57
6000	6681,30	222,71	6818,76	189,41	6957,72	165,66	7098,72	147,89
6500	7238,10	241,27	7386,84	205,19	7537,74	179,47	7690,08	160,21
7000	7794,60	259,82	7954,92	220,97	8117,34	193,27	8281,92	172,54
7500	8351,70	278,39	8523,36	236,76	8697,36	207,08	8873,28	184,86
8000	8908,20	296,94	9091,44	252,54	9276,96	220,88	9465,12	197,19
8500	9465,00	315,50	9659,52	268,32	9856,98	234,69	10056,48	209,51
9000	10021,80	334,06	10227,60	284,10	10436,58	248,49	10648,32	221,84
9500	10578,60	352,62	10796,04	299,89	11016,18	262,29	11239,68	234,16
10000	11135,40	371,18	11364,48	315,68	11596,20	276,10	11831,04	246,48
11000	12249,00	408,30	12500,64	347,24	12755,82	303,71	13014,24	271,13
12000	13362,60	445,42	13637,16	378,81	13915,44	331,32	14197,44	295,78
13000	14475,90	482,53	14773,68	410,38	15075,06	358,93	15380,64	320,43
14000	15589,50	519,65	15910,20	441,95	16234,68	386,54	16563,84	345,08
15000	16703,10	556,77	17046,72	473,52	17394,30	414,15	17747,04	369,73
16000	17816,70	593,89	18182,88	505,08	18553,92	441,76	18929,76	394,37
17000	18930,30	631,01	19319,40	536,65	19713,54	469,37	20112,96	419,02
18000	20043,60	668,12	20455,56	568,21	20873,58	496,99	21296,16	443,67
19000	21157,20	705,24	21592,08	599,78	22032,78	524,59	22479,36	468,32
20000	22270,80	742,36	22728,24	631,34	23192,82	552,21	23662,56	492,97
21000	23384,40	779,48	23865,12	662,92	24352,44	579,82	24845,76	517,62
22000	24498,00	816,60	25001,64	694,49	25512,06	607,43	26028,96	542,27
23000	25611,30	853,71	26138,16	726,06	26671,26	635,03	27211,20	566,90
24000	26724,90	890,83	27274,32	757,62	27831,30	662,65	28394,88	591,56
25000	27838,50	927,95	28410,84	789,19	28990,92	690,26	29578,08	616,21
26000	28952,10	965,07	29547,36	820,76	30150,54	717,87	30761,28	640,86
27000	30065,70	1002,19	30683,88	852,33	31310,16	745,48	31944,48	665,51
28000	31179,00	1039,30	31820,40	883,90	32469,78	773,09	33127,68	690,16
29000	32292,60	1076,42	32956,56	915,46	33629,40	800,70	34310,40	714,80
30000	33406,20	1113,54	34093,08	947,03	34789,02	828,31	35493,60	739,45
31000	34519,80	1150,66	35229,60	978,60	35948,64	855,92	36676,80	764,10
32000	35633,40	1187,78	36366,12	1010,17	37108,26	883,53	37860,00	788,75
33000	36746,70	1224,89	37502,28	1041,73	38267,88	911,14	39043,20	813,40
34000	37860,30	1262,01	38638,80	1073,30	39427,50	938,75	40226,40	838,05
35000	38973,90	1299,13	39775,32	1104,87	40587,12	966,36	41409,12	862,69
36000	40087,50	1336,25	40911,48	1136,43	41746,74	993,97	42592,32	887,34

	54 MOIS		60 MOIS		66 MOIS		72 MOIS	
Montant	Paiement Total	Paiement Mensuel	Paiement Total	Paiement Mensuel	Paiement Total	Paiement Mensuel	Paiement Total	Paiement Mensuel
1000	1206,90	22,35	1231,20	20,52	1255,32	19,02	1280,16	17,78
1500	1810,62	33,53	1846,20	30,77	1882,98	28,53	1920,24	26,67
2000	2413,80	44,70	2461,80	41,03	2510,64	38,04	2560,32	35,56
2500	3017,52	55,88	3077,40	51,29	3138,30	47,55	3200,40	44,45
3000	3620,70	67,05	3693,00	61,55	3765,96	57,06	3840,48	53,34
3500	4224,42	78,23	4308,60	71,81	4393,62	66,57	4479,84	62,22
4000	4827,60	89,40	4924,20	82,07	5021,28	76,08	5119,92	71,11
4500	5431,32	100,58	5539,20	92,32	5648,94	85,59	5760,00	80,00
5000	6034,50	111,75	6154,80	102,58	6276,60	95,10	6400,08	88,89
5500	6638,22	122,93	6770,40	112,84	6904,26	104,61	7040,16	97,78
6000	7241,40	134,10	7386,00	123,10	7532,58	114,13	7680,24	106,67
6500	7845,12	145,28	8001,60	133,36	8160,24	123,64	8320,32	115,56
7000	8448,30	156,45	8617,20	143,62	8787,24	133,14	8960,40	124,45
7500	9052,02	167,63	9232,20	153,87	9415,56	142,66	9600,48	133,34
8000	9655,20	178,80	9847,80	164,13	10043,22	152,17	10240,56	142,23
8500	10258,92	189,98	10463,40	174,39	10670,22	161,67	10880,64	151,12
9000	10862,10	201,15	11079,00	184,65	11298,54	171,19	11520,00	160,00
9500	11465,82	212,33	11694,60	194,91	11926,20	180,70	12160,80	168,90
10000	12069,00	223,50	12310,20	205,17	12553,86	190,21	12800,16	177,78
11000	13275,90	245,85	13540,80	225,68	13809,18	209,23	14080,32	195,56
12000	14482,80	268,20	14772,00	246,20	15064,50	228,25	15360,48	213,34
13000	15689,16	290,54	16003,20	266,72	16319,82	247,27	16640,64	231,12
14000	16896,60	312,90	17233,80	287,23	17575,14	266,29	17920,80	248,90
15000	18103,50	335,25	18465,00	307,75	18830,46	285,31	19200,96	266,68
16000	19310,40	357,60	19696,20	328,27	20085,12	304,32	20481,12	284,46
17000	20517,30	379,95	20926,80	348,78	21341,10	323,35	21760,56	302,23
18000	21724,20	402,30	22158,00	369,30	22597,08	342,38	23040,72	320,01
19000	22931,10	424,65	23389,20	389,82	23852,40	361,40	24320,88	337,79
20000	24138,00	447,00	24619,80	410,33	25107,72	380,42	25601,04	355,57
21000	25345,44	469,36	25851,00	430,85	26363,04	399,44	26881,20	373,35
22000	26552,34	491,71	27082,20	451,37	27618,36	418,46	28161,36	391,13
23000	27759,24	514,06	28312,80	471,88	28873,68	437,48	29440,80	408,90
24000	28965,60	536,40	29544,00	492,40	30129,00	456,50	30720,96	426,68
25000	30173,04	558,76	30775,20	512,92	31384,32	475,52	32001,12	444,46
26000	31379,94	581,11	32005,80	533,43	32639,64	494,54	33281,28	462,24
27000	32588,64	603,46	33237,00	553,95	33894,96	513,56	34561,44	480,02
28000	33793,74	625,81	34467,60	574,46	35150,28	532,58	35841,60	497,80
29000	35000,10	648,15	35698,80	594,98	36404,94	551,59	37121,76	515,58
30000	36207,54	670,51	36930,00	615,50	37661,58	570,63	38400,48	533,34
31000	37414,44	692,86	38161,20	636,02	38916,90	589,65	39681,36	551,13
32000	38621,34	715,21	39391,80	656,53	40172,22	608,67	40960,80	568,90
33000	39828,24	737,56	40623,00	677,05	41427,54	627,69	42241,68	586,69
34000	41035,14	759,91	41854,20	697,57	42682,86	646,71	43521,12	604,46
35000	42242,04	782,26	43084,80	718,08	43938,18	665,73	44802,00	622,25
36000	43448,94	804,61	44316,00	738,60	45193,50	684,75	46081,44	640,02

Montant	6 MOIS Paiement Total	Paiement Mensuel	12 MOIS Paiement Total	Paiement Mensuel	18 MOIS Paiement Total	Paiement Mensuel	24 MOIS Paiement Total	Paiement Mensuel
37000	37922,88	6320,48	38725,80	3227,15	39539,52	2196,64	40364,88	1681,87
38000	38947,86	6491,31	39772,44	3314,37	40608,36	2256,02	41455,68	1727,32
39000	39972,78	6662,13	40819,08	3401,59	41676,84	2315,38	42546,72	1772,78
40000	40997,70	6832,95	41865,72	3488,81	42745,68	2374,76	43637,76	1818,24
41000	42022,68	7003,78	42912,36	3576,03	43814,17	2434,12	44728,56	1863,69
42000	43047,60	7174,60	43959,00	3663,25	44883,00	2493,50	45819,60	1909,15
43000	44072,58	7345,43	45005,64	3750,47	45951,67	2552,87	46910,40	1954,60
44000	45097,50	7516,25	46052,28	3837,69	47020,32	2612,24	48001,44	2000,06
45000	46122,42	7687,07	47098,92	3924,91	48088,98	2671,61	49092,48	2045,52
46000	47147,40	7857,90	48145,56	4012,13	49157,64	2730,98	50183,28	2090,97
47000	48172,32	8028,72	49192,21	4099,35	50226,30	2790,35	51274,32	2136,43
48000	49197,30	8199,55	50238,72	4186,56	51294,78	2849,71	52364,89	2181,87
49000	50222,22	8370,37	51285,48	4273,79	52363,44	2909,08	53456,17	2227,34
50000	51247,14	8541,19	52332,00	4361,00	53432,10	2968,45	54547,21	2272,80
51000	52272,06	8712,01	53378,76	4448,23	54500,76	3027,82	55638,00	2318,25
52000	53297,04	8882,84	54425,52	4535,46	55569,42	3087,19	56729,04	2363,71
53000	54322,02	9053,67	55472,17	4622,68	56638,08	3146,56	57819,60	2409,15
54000	55346,94	9224,49	56518,80	4709,90	57706,74	3205,93	58910,89	2454,62
55000	56371,80	9395,30	57565,44	4797,12	58775,40	3265,30	60001,68	2500,07
56000	57396,78	9566,13	58612,08	4884,34	59844,06	3324,67	61092,72	2545,53
57000	58421,76	9736,96	59658,72	4971,56	60912,72	3384,04	62183,76	2590,99
58000	59446,68	9907,78	60705,24	5058,77	61981,20	3443,40	63274,56	2636,44
59000	60471,67	10078,61	61752,00	5146,00	63049,86	3502,77	64365,60	2681,90
60000	61496,58	10249,43	62798,64	5233,22	64118,52	3562,14	65456,40	2727,35
61000	62521,56	10420,26	63845,28	5320,44	65187,18	3621,51	66547,44	2772,81
62000	63546,48	10591,08	64891,92	5407,66	66255,84	3680,88	67638,49	2818,27
64000	65596,38	10932,73	66985,21	5582,10	68393,16	3799,62	69820,32	2909,18
66000	67646,28	11274,38	69078,49	5756,54	70530,49	3918,36	72002,16	3000,09
68000	69696,12	11616,02	71171,76	5930,98	72667,63	4037,09	74184,00	3091,00
70000	71746,02	11957,67	73265,04	6105,42	74804,94	4155,83	76365,84	3181,91
72000	73795,93	12299,32	75358,32	6279,86	76942,08	4274,56	78547,68	3272,82
74000	75845,82	12640,97	77451,60	6454,30	79079,58	4393,31	80729,76	3363,74
76000	77895,64	12982,61	79544,88	6628,74	81216,72	4512,04	82911,60	3454,65
78000	79945,56	13324,26	81638,16	6803,18	83354,22	4630,79	85093,44	3545,56
80000	81995,46	13665,91	83731,44	6977,62	85491,36	4749,52	87275,28	3636,47
82000	84045,36	14007,56	85824,72	7152,06	87628,50	4868,25	89457,12	3727,38
84000	86095,21	14349,20	87918,00	7326,50	89766,00	4987,00	91639,21	3818,30
86000	88145,09	14690,85	90011,41	7500,95	91903,33	5105,74	93821,04	3909,21
88000	90195,00	15032,50	92104,68	7675,39	94040,64	5224,48	96002,88	4000,12
90000	92244,91	15374,15	94197,96	7849,83	96177,78	5343,21	98184,72	4091,03
92000	94294,80	15715,80	96291,24	8024,27	98315,10	5461,95	100366,60	4181,94
94000	96344,64	16057,44	98384,52	8198,71	100452,40	5580,69	102548,60	4272,86
96000	98394,54	16399,09	100477,80	8373,15	102589,70	5699,43	104730,50	4363,77
98000	100444,40	16740,74	102571,10	8547,59	104727,10	5818,17	106912,30	4454,68
100000	102494,30	17082,39	104664,40	8722,03	106864,20	5936,90	109094,20	4545,59

65

INTÉRÊT DE 8,5 %

Montant	30 MOIS Paiement Total	Paiement Mensuel	36 MOIS Paiement Total	Paiement Mensuel	42 MOIS Paiement Total	Paiement Mensuel	48 MOIS Paiement Total	Paiement Mensuel
37000	41201,10	1373,37	42048,00	1168,00	42906,36	1021,58	43775,52	911,99
38000	42314,40	1410,48	43184,17	1199,56	44065,57	1049,18	44958,72	936,64
39000	43428,00	1447,60	44321,04	1231,14	45225,60	1076,80	46141,92	961,29
40000	44541,60	1484,72	45457,56	1262,71	46385,23	1104,41	47325,12	985,94
41000	45655,20	1521,84	46594,08	1294,28	47544,84	1132,02	48508,32	1010,59
42000	46768,80	1558,96	47730,24	1325,84	48704,46	1159,63	49691,04	1035,23
43000	47882,10	1596,07	48866,76	1357,41	49864,08	1187,24	50874,24	1059,88
44000	48995,70	1633,19	50003,28	1388,98	51023,70	1214,85	52057,44	1084,53
45000	50109,30	1670,31	51139,80	1420,55	52183,32	1242,46	53240,64	1109,18
46000	51222,90	1707,43	52275,96	1452,11	53342,53	1270,06	54423,36	1133,82
47000	52336,50	1744,55	53412,48	1483,68	54502,57	1297,68	55607,04	1158,48
48000	53449,80	1781,66	54549,00	1515,25	55662,18	1325,29	56789,76	1183,12
49000	54563,40	1818,78	55685,52	1546,82	56821,80	1352,90	57972,96	1207,77
50000	55677,00	1855,90	56821,68	1578,38	57981,42	1380,51	59156,17	1232,42
51000	56790,60	1893,02	57958,20	1609,95	59141,04	1408,12	60338,89	1257,06
52000	57904,20	1930,14	59094,72	1641,52	60300,66	1435,73	61522,56	1281,72
53000	59017,50	1967,25	60231,24	1673,09	61460,28	1463,34	62705,76	1306,37
54000	60131,10	2004,37	61367,76	1704,66	62620,32	1490,96	63888,48	1331,01
55000	61244,70	2041,49	62503,92	1736,22	63779,94	1518,57	65071,68	1355,66
56000	62358,31	2078,61	63640,44	1767,79	64939,57	1546,18	66254,88	1380,31
57000	63471,90	2115,73	64776,96	1799,36	66099,18	1573,79	67438,08	1404,96
58000	64585,21	2152,84	65913,49	1830,93	67258,80	1601,40	68621,28	1429,61
59000	65698,80	2189,96	67049,65	1862,49	68418,43	1629,01	69804,49	1454,26
60000	66812,41	2227,08	68186,16	1894,06	69578,04	1656,62	70987,68	1478,91
61000	67926,00	2264,20	69322,68	1925,63	70737,66	1684,23	72170,41	1503,55
62000	69039,60	2301,32	70459,20	1957,20	71897,28	1711,84	73353,60	1528,20
64000	71266,50	2375,55	72731,88	2020,33	74216,53	1767,06	75720,00	1577,50
66000	73493,71	2449,79	75004,93	2083,47	76535,76	1822,28	78086,41	1626,80
68000	75720,60	2524,02	77277,60	2146,60	78855,00	1877,50	80452,32	1676,09
70000	77947,80	2598,26	79550,65	2209,74	81174,24	1932,72	82818,72	1725,39
72000	80175,00	2672,50	81823,33	2272,87	83493,48	1987,94	85185,12	1774,69
74000	82401,90	2746,73	84096,36	2336,01	85812,72	2043,16	87551,04	1823,98
76000	84629,10	2820,97	86368,68	2399,13	88131,55	2098,37	89917,44	1873,28
78000	86856,00	2895,20	88642,08	2462,28	90451,21	2153,60	92283,84	1922,58
80000	89083,19	2969,44	90915,12	2525,42	92770,44	2208,82	94649,76	1971,87
82000	91310,40	3043,68	93187,81	2588,55	95089,68	2264,04	97016,16	2021,17
84000	93537,30	3117,91	95460,84	2651,69	97408,92	2319,26	99382,56	2070,47
86000	95764,50	3192,15	97733,52	2714,82	99728,16	2374,48	101748,50	2119,76
88000	97991,40	3266,38	100006,60	2777,96	102047,40	2429,70	104114,90	2169,06
90000	100218,60	3340,62	102279,20	2841,09	104367,10	2484,93	106481,30	2218,36
92000	102445,80	3414,86	104552,30	2904,23	106685,90	2540,14	108846,70	2267,64
94000	104672,70	3489,09	106825,20	2967,36	109005,60	2595,37	111213,60	2316,95
96000	106899,90	3563,33	109098,00	3030,50	111324,80	2650,59	113580,00	2366,25
98000	109126,80	3637,56	111370,70	3093,63	113644,40	2705,81	115945,90	2415,54
100000	111354,00	3711,80	113643,70	3156,77	115963,30	2761,03	118312,30	2464,84

Montant	54 MOIS Paiement Total	54 MOIS Paiement Mensuel	60 MOIS Paiement Total	60 MOIS Paiement Mensuel	66 MOIS Paiement Total	66 MOIS Paiement Mensuel	72 MOIS Paiement Total	72 MOIS Paiement Mensuel
37000	44655,84	826,96	45547,20	759,12	46448,82	703,77	47361,60	657,80
38000	45862,74	849,31	46777,80	779,63	47704,14	722,79	48641,76	675,58
39000	47069,64	871,66	48009,00	800,15	48959,46	741,81	49921,92	693,36
40000	48276,54	894,01	49240,20	820,67	50214,78	760,83	51202,08	711,14
41000	49483,44	916,36	50470,80	841,18	51470,76	779,86	52482,24	728,92
42000	50690,34	938,71	51702,00	861,70	52726,08	798,88	53762,40	746,70
43000	51897,24	961,06	52932,60	882,21	53981,40	817,90	55041,84	764,47
44000	53104,14	983,41	54163,80	902,73	55236,72	836,92	56322,00	782,25
45000	54311,04	1005,76	55395,00	923,25	56492,04	855,94	57602,17	800,03
46000	55517,94	1028,11	56625,60	943,76	57747,36	874,96	58882,32	817,81
47000	56724,84	1050,46	57856,80	964,28	59002,68	893,98	60162,48	835,59
48000	57931,74	1072,81	59088,00	984,80	60258,00	913,00	61442,64	853,37
49000	59138,64	1095,16	60318,60	1005,31	61513,32	932,02	62722,08	871,14
50000	60345,54	1117,51	61549,20	1025,82	62768,64	951,04	64002,24	888,92
51000	61552,44	1139,86	62781,00	1046,35	64023,96	970,06	65282,40	906,70
52000	62759,34	1162,21	64011,60	1066,86	65279,28	989,08	66562,56	924,48
53000	63966,24	1184,56	65242,80	1087,38	66535,26	1008,11	67842,72	942,26
54000	65173,14	1206,91	66474,00	1107,90	67790,58	1027,13	69122,88	960,04
55000	66380,04	1229,26	67704,60	1128,41	69045,90	1046,15	70403,04	977,82
56000	67586,94	1251,61	68935,81	1148,93	70301,22	1065,17	71682,49	995,59
57000	68793,84	1273,96	70166,40	1169,44	71555,88	1084,18	72962,65	1013,37
58000	70000,75	1296,31	71397,60	1189,96	72811,86	1103,21	74242,81	1031,15
59000	71207,65	1318,66	72628,80	1210,48	74067,18	1122,23	75522,96	1048,93
60000	72414,54	1341,01	73860,00	1231,00	75322,50	1141,25	76803,12	1066,71
61000	73621,44	1363,36	75090,60	1251,51	76577,82	1160,27	78083,28	1084,49
62000	74828,34	1385,71	76321,81	1272,03	77833,15	1179,29	79362,72	1102,26
64000	77242,68	1430,42	78783,60	1313,06	80343,12	1217,32	81922,33	1137,81
66000	79656,48	1475,12	81246,00	1354,10	82855,08	1255,38	84483,36	1173,38
68000	82070,28	1519,82	83707,80	1395,13	85365,72	1293,42	87042,96	1208,93
70000	84484,08	1564,52	86169,60	1436,16	87876,36	1331,46	89603,28	1244,49
72000	86897,88	1609,22	88632,00	1477,20	90387,00	1369,50	92163,60	1280,05
74000	89311,68	1653,92	91093,80	1518,23	92897,64	1407,54	94723,92	1315,61
76000	91725,48	1698,62	93555,60	1559,26	95408,94	1445,59	97283,52	1351,16
78000	94139,28	1743,32	96018,00	1600,30	97919,58	1483,63	99843,84	1386,72
80000	96553,08	1788,02	98479,80	1641,33	100430,20	1521,67	102404,20	1422,28
82000	98966,88	1832,72	100941,60	1682,36	102940,90	1559,71	104963,80	1457,83
84000	101380,70	1877,42	103404,00	1723,40	105451,50	1597,75	107524,10	1493,39
86000	103794,50	1922,12	105865,80	1764,43	107962,10	1635,79	110084,40	1528,95
88000	106208,30	1966,82	108327,60	1805,46	110473,40	1673,84	112644,00	1564,50
90000	108622,10	2011,52	110790,00	1846,50	112984,10	1711,88	115204,30	1600,06
92000	111035,90	2056,22	113251,80	1887,53	115494,70	1749,92	117764,60	1635,62
94000	113449,70	2100,92	115713,60	1928,56	118005,40	1787,96	120325,00	1671,18
96000	115863,50	2145,62	118176,00	1969,60	120516,00	1826,00	122884,60	1706,73
98000	118277,30	2190,32	120637,80	2010,63	123026,60	1864,04	125444,90	1742,29
100000	120691,10	2235,02	123099,00	2051,65	125537,90	1902,09	128005,20	1777,85

INTÉRÊT DE 9 %

	6 MOIS		12 MOIS		18 MOIS		24 MOIS	
Montant	Paiement Total	Paiement Mensuel	Paiement Total	Paiement Mensuel	Paiement Total	Paiement Mensuel	Paiement Total	Paiement Mensuel
1000	1026,42	171,07	1049,40	87,45	1072,80	59,60	1096,32	45,68
1500	1539,60	256,60	1574,04	131,17	1609,20	89,40	1644,72	68,53
2000	2052,78	342,13	2098,80	174,90	2145,42	119,19	2192,88	91,37
2500	2566,02	427,67	2623,56	218,63	2681,82	148,99	2741,04	114,21
3000	3079,20	513,20	3148,20	262,35	3218,22	178,79	3289,20	137,05
3500	3592,44	598,74	3672,84	306,07	3754,62	208,59	3837,36	159,89
4000	4105,62	684,27	4197,60	349,80	4291,02	238,39	4385,76	182,74
4500	4618,80	769,80	4722,36	393,53	4827,42	268,19	4933,92	205,58
5000	5132,04	855,34	5247,00	437,25	5363,82	297,99	5482,08	228,42
5500	5645,22	940,87	5771,76	480,98	5900,04	327,78	6030,24	251,26
6000	6158,40	1026,40	6296,40	524,70	6436,44	357,58	6578,40	274,10
6500	6671,58	1111,93	6821,16	568,43	6972,84	387,38	7126,80	296,95
7000	7184,82	1197,47	7345,80	612,15	7509,24	417,18	7674,96	319,79
7500	7698,06	1283,01	7870,56	655,88	8045,64	446,98	8223,12	342,63
8000	8211,24	1368,54	8395,32	699,61	8582,04	476,78	8771,28	365,47
8500	8724,42	1454,07	8919,96	743,33	9118,44	506,58	9319,68	388,32
9000	9237,66	1539,61	9444,72	787,06	9654,66	536,37	9867,84	411,16
9500	9750,84	1625,14	9969,36	830,78	10191,06	566,17	10416,00	434,00
10000	10264,02	1710,67	10494,12	874,51	10727,28	595,96	10964,16	456,84
11000	11290,44	1881,74	11543,52	961,96	11800,26	655,57	12060,72	502,53
12000	12316,86	2052,81	12592,92	1049,41	12873,06	715,17	13157,04	548,21
13000	13343,22	2223,87	13642,32	1136,86	13945,68	774,76	14253,60	593,90
14000	14369,64	2394,94	14691,72	1224,31	15018,48	834,36	15349,92	639,58
15000	15396,06	2566,01	15741,12	1311,76	16091,28	893,96	16446,24	685,26
16000	16422,48	2737,08	16790,52	1399,21	17163,90	953,55	17542,80	730,95
17000	17448,90	2908,15	17839,92	1486,66	18236,70	1013,15	18639,12	776,63
18000	18475,26	3079,21	18889,32	1574,11	19309,50	1072,75	19735,68	822,32
19000	19501,68	3250,28	19938,72	1661,56	20382,30	1132,35	20832,00	868,00
20000	20528,10	3421,35	20988,12	1749,01	21454,74	1191,93	21928,56	913,69
21000	21554,52	3592,42	22037,52	1836,46	22527,72	1251,54	23024,88	959,37
22000	22580,88	3763,48	23087,04	1923,92	23600,52	1311,14	24121,44	1005,06
23000	23607,30	3934,55	24136,44	2011,37	24673,14	1370,73	25217,76	1050,74
24000	24633,72	4105,62	25185,84	2098,82	25745,94	1430,33	26314,08	1096,42
25000	25660,08	4276,68	26235,24	2186,27	26818,74	1489,93	27410,64	1142,11
26000	26686,50	4447,75	27284,64	2273,72	27891,36	1549,52	28506,96	1187,79
27000	27712,86	4618,81	28334,04	2361,17	28964,16	1609,12	29603,52	1233,48
28000	28739,34	4789,89	29383,44	2448,62	30036,96	1668,72	30699,84	1279,16
29000	29765,70	4960,95	30432,84	2536,07	31109,76	1728,32	31796,40	1324,85
30000	30792,12	5132,02	31482,24	2623,52	32182,38	1787,91	32892,72	1370,53
31000	31818,54	5303,09	32531,64	2710,97	33255,18	1847,51	33989,04	1416,21
32000	32844,96	5474,16	33581,04	2798,42	34327,98	1907,11	35085,60	1461,90
33000	33871,32	5645,22	34630,44	2885,87	35400,60	1966,70	36181,92	1507,58
34000	34897,74	5816,29	35679,84	2973,32	36473,40	2026,30	37278,48	1553,27
35000	35924,16	5987,36	36729,24	3060,77	37546,02	2085,89	38374,80	1598,95
36000	36950,58	6158,43	37778,64	3148,22	38619,00	2145,50	39471,36	1644,64

68

	30 MOIS		36 MOIS		42 MOIS		48 MOIS	
Montant	Paiement Total	Paiement Mensuel	Paiement Total	Paiement Mensuel	Paiement Total	Paiement Mensuel	Paiement Total	Paiement Mensuel
1000	1120,20	37,34	1144,80	31,80	1169,28	27,84	1194,24	24,88
1500	1680,60	56,02	1717,20	47,70	1754,34	41,77	1791,84	37,33
2000	2240,70	74,69	2289,60	63,60	2338,98	55,69	2388,96	49,77
2500	2801,10	93,37	2862,00	79,50	2923,62	69,61	2986,08	62,21
3000	3361,20	112,04	3434,40	95,40	3508,26	83,53	3583,20	74,65
3500	3921,60	130,72	4006,80	111,30	4092,90	97,45	4180,80	87,10
4000	4481,70	149,39	4579,20	127,20	4677,96	111,38	4777,92	99,54
4500	5042,10	168,07	5151,60	143,10	5262,60	125,30	5375,04	111,98
5000	5602,20	186,74	5724,00	159,00	5847,24	139,22	5972,16	124,42
5500	6162,30	205,41	6296,40	174,90	6431,88	153,14	6569,76	136,87
6000	6722,70	224,09	6868,80	190,80	7016,94	167,07	7166,88	149,31
6500	7282,80	242,76	7441,20	206,70	7601,58	180,99	7764,00	161,75
7000	7842,90	261,43	8013,60	222,60	8186,22	194,91	8361,12	174,19
7500	8403,00	280,10	8586,00	238,50	8770,86	208,83	8958,72	186,64
8000	8963,40	298,78	9158,40	254,40	9355,50	222,75	9555,84	199,08
8500	9523,80	317,46	9730,44	270,29	9940,56	236,68	10152,96	211,52
9000	10083,90	336,13	10303,20	286,20	10525,20	250,60	10750,08	223,96
9500	10644,00	354,80	10875,24	302,09	11109,42	264,51	11347,68	236,41
10000	11204,40	373,48	11447,64	317,99	11694,48	278,44	11944,80	248,85
11000	12324,90	410,83	12592,44	349,79	12864,18	306,29	13139,04	273,73
12000	13445,10	448,17	13737,24	381,59	14033,46	334,13	14333,76	298,62
13000	14565,60	485,52	14882,04	413,39	15203,16	361,98	15528,00	323,50
14000	15686,10	522,87	16026,84	445,19	16372,44	389,82	16722,72	348,39
15000	16806,30	560,21	17171,64	476,99	17541,72	417,66	17916,96	373,27
16000	17927,10	597,57	18316,44	508,79	18711,42	445,51	19111,68	398,16
17000	19047,00	634,90	19461,24	540,59	19880,70	473,35	20305,92	423,04
18000	20167,80	672,26	20606,04	572,39	21050,40	501,20	21500,64	447,93
19000	21288,30	709,61	21750,84	604,19	22219,26	529,03	22694,88	472,81
20000	22408,80	746,96	22895,64	635,99	23389,38	556,89	23889,60	497,70
21000	23529,00	784,30	24040,44	667,79	24558,66	584,73	25083,84	522,58
22000	24649,50	821,65	25185,24	699,59	25727,94	612,57	26278,08	547,46
23000	25770,00	859,00	26330,04	731,39	26897,64	640,42	27472,32	572,34
24000	26890,50	896,35	27474,84	763,19	28066,92	668,26	28667,52	597,24
25000	28011,00	933,70	28619,64	794,99	29236,62	696,11	29861,76	622,12
26000	29131,20	971,04	29764,44	826,79	30405,90	723,95	31056,48	647,01
27000	30251,70	1008,39	30909,24	858,59	31575,60	751,80	32250,72	671,89
28000	31372,20	1045,74	32053,69	890,38	32744,88	779,64	33445,44	696,78
29000	32492,70	1083,09	33198,48	922,18	33914,16	807,48	34639,68	721,66
30000	33612,90	1120,43	34343,28	953,98	35083,86	835,33	35834,40	746,55
31000	34733,40	1157,78	35488,08	985,78	36253,14	863,17	37028,64	771,43
32000	35853,90	1195,13	36632,88	1017,58	37422,84	891,02	38222,88	796,31
33000	36974,40	1232,48	37777,68	1049,38	38592,12	918,86	39417,60	821,20
34000	38094,60	1269,82	38922,48	1081,18	39761,82	946,71	40611,84	846,08
35000	39215,10	1307,17	40067,28	1112,98	40931,10	974,55	41806,56	870,97
36000	40335,60	1344,52	41212,08	1144,78	42100,38	1002,39	43000,80	895,85

INTÉRÊT DE 9 %

	54 MOIS		60 MOIS		66 MOIS		72 MOIS	
Montant	Paiement Total	Paiement Mensuel	Paiement Total	Paiement Mensuel	Paiement Total	Paiement Mensuel	Paiement Total	Paiement Mensuel
1000	1219,86	22,59	1245,60	20,76	1271,82	19,27	1298,16	18,03
1500	1829,52	33,88	1868,40	31,14	1907,40	28,90	1946,88	27,04
2000	2439,72	45,18	2491,20	41,52	2542,98	38,53	2595,60	36,05
2500	3049,38	56,47	3114,00	51,90	3178,56	48,16	3244,32	45,06
3000	3659,04	67,76	3736,20	62,27	3814,80	57,80	3893,76	54,08
3500	4269,24	79,06	4359,00	72,65	4450,38	67,43	4542,48	63,09
4000	4879,44	90,36	4981,80	83,03	5085,96	77,06	5191,20	72,10
4500	5489,10	101,65	5604,60	93,41	5721,54	86,69	5839,92	81,11
5000	6099,30	112,95	6227,40	103,79	6357,78	96,33	6489,36	90,13
5500	6708,96	124,24	6850,20	114,17	6993,36	105,96	7138,08	99,14
6000	7318,62	135,53	7473,00	124,55	7628,94	115,59	7786,80	108,15
6500	7928,82	146,83	8095,20	134,92	8264,52	125,22	8436,24	117,17
7000	8538,48	158,12	8718,60	145,31	8900,76	134,86	9084,96	126,18
7500	9148,68	169,42	9341,40	155,69	9536,34	144,49	9733,68	135,19
8000	9758,34	180,71	9964,20	166,07	10171,92	154,12	10382,40	144,20
8500	10368,54	192,01	10586,40	176,44	10807,50	163,75	11031,84	153,22
9000	10978,20	203,30	11209,20	186,82	11443,74	173,39	11680,56	162,23
9500	11588,40	214,60	11832,00	197,20	12079,32	183,02	12329,28	171,24
10000	12198,06	225,89	12454,80	207,58	12714,90	192,65	12978,00	180,25
11000	13417,92	248,48	13700,40	228,34	13986,72	211,92	14276,16	198,28
12000	14637,78	271,07	14946,00	249,10	15257,88	231,18	15573,60	216,30
13000	15857,64	293,66	16191,00	269,85	16529,70	250,45	16871,76	234,33
14000	17077,50	316,25	17436,00	290,60	17800,86	269,71	18169,92	252,36
15000	18297,36	338,84	18682,20	311,37	19072,68	288,98	19467,36	270,38
16000	19517,22	361,43	19927,80	332,13	20343,84	308,24	20765,52	288,41
17000	20737,08	384,02	21173,40	352,89	21615,66	327,51	22062,96	306,43
18000	21956,94	406,61	22419,00	373,65	22886,82	346,77	23361,12	324,46
19000	23176,26	429,19	23664,60	394,41	24158,64	366,04	24658,56	342,48
20000	24396,12	451,78	24909,60	415,16	25429,80	385,30	25956,72	360,51
21000	25615,98	474,37	26155,20	435,92	26701,62	404,57	27254,16	378,53
22000	26835,84	496,96	27400,80	456,68	27972,78	423,83	28552,32	396,56
23000	28055,70	519,55	28646,40	477,44	29244,60	443,10	29849,76	414,58
24000	29275,56	542,14	29892,00	498,20	30515,76	462,36	31147,92	432,61
25000	30495,42	564,73	31137,00	518,95	31787,58	481,63	32446,08	450,64
26000	31715,28	587,32	32382,60	539,71	33058,74	500,89	33743,52	468,66
27000	32934,60	609,90	33627,60	560,46	34329,90	520,15	35041,68	486,69
28000	34155,00	632,50	34873,80	581,23	35601,72	539,42	36339,12	504,71
29000	35374,86	655,09	36119,40	601,99	36873,54	558,69	37637,28	522,74
30000	36594,72	677,68	37365,00	622,75	38144,70	577,95	38934,72	540,76
31000	37814,58	700,27	38610,00	643,50	39415,86	597,21	40232,17	558,78
32000	39033,90	722,85	39855,60	664,26	40687,68	616,48	41530,32	576,81
33000	40253,76	745,44	41101,20	685,02	41959,50	635,75	42828,48	594,84
34000	41473,62	768,03	42346,80	705,78	43230,66	655,01	44125,92	612,86
35000	42693,48	790,62	43592,40	726,54	44502,48	674,28	45424,08	630,89
36000	43913,34	813,21	44838,00	747,30	45773,64	693,54	46720,80	648,90

70

Montant	6 MOIS		12 MOIS		18 MOIS		24 MOIS	
	Paiement Total	Paiement Mensuel	Paiement Total	Paiement Mensuel	Paiement Total	Paiement Mensuel	Paiement Total	Paiement Mensuel
37000	37976,94	6329,49	38828,16	3235,68	39691,62	2205,09	40567,68	1690,32
38000	39003,36	6500,56	39877,56	3323,13	40764,42	2264,69	41664,00	1736,00
39000	40029,78	6671,63	40926,96	3410,58	41837,22	2324,29	42760,56	1781,69
40000	41056,20	6842,70	41976,36	3498,03	42909,67	2383,87	43856,88	1827,37
41000	42082,56	7013,76	43025,76	3585,48	43982,64	2443,48	44953,44	1873,06
42000	43108,98	7184,83	44075,16	3672,93	45055,44	2503,08	46049,76	1918,74
43000	44135,40	7355,90	45124,56	3760,38	46128,24	2562,68	47146,32	1964,43
44000	45161,82	7526,97	46173,96	3847,83	47200,86	2622,27	48242,64	2010,11
45000	46188,18	7698,03	47223,36	3935,28	48273,67	2681,87	49338,96	2055,79
46000	47214,60	7869,10	48272,76	4022,73	49346,46	2741,47	50435,52	2101,48
47000	48241,02	8040,17	49322,17	4110,18	50419,08	2801,06	51531,60	2147,15
48000	49267,39	8211,23	50371,56	4197,63	51491,88	2860,66	52628,40	2192,85
49000	50293,80	8382,30	51420,96	4285,08	52564,68	2920,26	53724,72	2238,53
50000	51320,22	8553,37	52470,24	4372,52	53637,48	2979,86	54821,28	2284,22
51000	52346,64	8724,44	53519,89	4459,99	54710,10	3039,45	55917,36	2329,89
52000	53373,00	8895,50	54569,28	4547,44	55782,90	3099,05	57013,92	2375,58
53000	54399,42	9066,57	55618,68	4634,89	56855,70	3158,65	58110,48	2421,27
54000	55425,78	9237,63	56668,08	4722,34	57928,32	3218,24	59206,80	2466,95
55000	56452,26	9408,71	57717,48	4809,79	59001,12	3277,84	60303,12	2512,63
56000	57478,56	9579,76	58766,89	4897,24	60073,92	3337,44	61399,68	2558,32
57000	58505,04	9750,84	59816,28	4984,69	61146,72	3397,04	62496,24	2604,01
58000	59531,46	9921,91	60865,68	5072,14	62219,34	3456,63	63592,56	2649,69
59000	60557,89	10092,98	61915,08	5159,59	63292,14	3516,23	64689,12	2695,38
60000	61584,24	10264,04	62964,48	5247,04	64364,94	3575,83	65785,44	2741,06
61000	62610,67	10435,11	64013,89	5334,49	65437,56	3635,42	66881,76	2786,74
62000	63637,08	10606,18	65063,28	5421,94	66510,36	3695,02	67978,32	2832,43
64000	65689,86	10948,31	67162,08	5596,84	68655,96	3814,22	70171,21	2923,80
66000	67742,71	11290,45	69261,00	5771,75	70801,38	3933,41	72364,08	3015,17
68000	69795,49	11632,58	71359,80	5946,65	72946,81	4052,60	74556,72	3106,53
70000	71848,32	11974,72	73458,60	6121,55	75092,22	4171,79	76749,60	3197,90
72000	73901,10	12316,85	75557,41	6296,45	77237,83	4290,99	78942,49	3289,27
74000	75953,94	12658,99	77656,21	6471,35	79383,43	4410,19	81135,36	3380,64
76000	78006,72	13001,12	79755,00	6646,25	81528,84	4529,38	83328,25	3472,01
78000	80059,56	13343,26	81853,80	6821,15	83674,08	4648,56	85521,12	3563,38
80000	82112,34	13685,39	83952,72	6996,06	85819,86	4767,77	87714,00	3654,75
82000	84165,18	14027,53	86051,52	7170,96	87965,28	4886,96	89906,64	3746,11
84000	86217,96	14369,66	88150,32	7345,86	90110,88	5006,16	92099,52	3837,48
86000	88270,80	14711,80	90249,12	7520,76	92256,31	5125,35	94292,41	3928,85
88000	90323,58	15053,93	92347,92	7695,66	94401,90	5244,55	96485,28	4020,22
90000	92376,36	15396,06	94446,72	7870,56	96547,33	5363,74	98678,16	4111,59
92000	94429,21	15738,20	96545,52	8045,46	98692,74	5482,93	100871,00	4202,96
94000	96481,99	16080,33	98644,44	8220,37	100838,30	5602,13	103063,90	4294,33
96000	98534,83	16422,47	100743,10	8395,26	102983,80	5721,32	105256,80	4385,70
98000	100587,70	16764,61	102842,00	8570,17	105129,40	5840,52	107449,40	4477,06
100000	102640,40	17106,74	104940,90	8745,07	107274,80	5959,71	109642,30	4568,43

INTÉRÊT DE 9 %

Montant	30 MOIS Paiement Total	30 MOIS Paiement Mensuel	36 MOIS Paiement Total	36 MOIS Paiement Mensuel	42 MOIS Paiement Total	42 MOIS Paiement Mensuel	48 MOIS Paiement Total	48 MOIS Paiement Mensuel
37000	41456,10	1381,87	42356,52	1176,57	43270,08	1030,24	44195,52	920,74
38000	42576,60	1419,22	43501,68	1208,38	44438,94	1058,07	45389,76	945,62
39000	43697,10	1456,57	44646,48	1240,18	45609,07	1085,93	46584,48	970,51
40000	44817,30	1493,91	45791,28	1271,98	46778,34	1113,77	47778,72	995,39
41000	45937,80	1531,26	46936,08	1303,78	47948,04	1141,62	48973,44	1020,28
42000	47058,30	1568,61	48080,88	1335,58	49117,32	1169,46	50167,68	1045,16
43000	48178,80	1605,96	49225,68	1367,38	50286,60	1197,30	51362,40	1070,05
44000	49299,00	1643,30	50370,48	1399,18	51456,30	1225,15	52556,64	1094,93
45000	50419,50	1680,65	51515,28	1430,98	52625,58	1252,99	53750,89	1119,81
46000	51540,00	1718,00	52660,08	1462,78	53795,28	1280,84	54945,12	1144,69
47000	52660,50	1755,35	53804,52	1494,57	54964,57	1308,68	56140,32	1169,59
48000	53781,00	1792,70	54949,32	1526,37	56134,26	1336,53	57334,56	1194,47
49000	54901,21	1830,04	56094,12	1558,17	57303,54	1364,37	58529,28	1219,36
50000	56021,70	1867,39	57238,92	1589,97	58472,82	1392,21	59723,52	1244,24
51000	57142,20	1904,74	58383,72	1621,77	59642,53	1420,06	60918,24	1269,13
52000	58262,70	1942,09	59528,52	1653,57	60811,80	1447,90	62112,48	1294,01
53000	59382,90	1979,43	60673,32	1685,37	61981,50	1475,75	63307,21	1318,90
54000	60503,40	2016,78	61818,12	1717,17	63150,78	1503,59	64501,44	1343,78
55000	61623,60	2054,12	62962,92	1748,97	64320,48	1531,44	65696,16	1368,67
56000	62744,40	2091,48	64107,72	1780,77	65489,76	1559,28	66890,41	1393,55
57000	63864,90	2128,83	65252,52	1812,57	66659,04	1587,12	68085,12	1418,44
58000	64985,10	2166,17	66397,32	1844,37	67828,74	1614,97	69279,36	1443,32
59000	66105,60	2203,52	67542,13	1876,17	68998,03	1642,81	70474,08	1468,21
60000	67226,10	2240,87	68686,93	1907,97	70167,72	1670,66	71668,32	1493,09
61000	68346,60	2278,22	69831,72	1939,77	71337,00	1698,50	72863,04	1517,98
62000	69467,10	2315,57	70976,52	1971,57	72506,70	1726,35	74057,28	1542,86
64000	71707,80	2390,26	73266,13	2035,17	74845,26	1782,03	76446,25	1592,63
66000	73948,80	2464,96	75555,36	2098,76	77184,24	1837,72	78835,21	1642,40
68000	76189,20	2539,64	77844,96	2162,36	79523,22	1893,41	81224,16	1692,17
70000	78430,50	2614,35	80134,56	2225,96	81862,20	1949,10	83613,12	1741,94
72000	80671,21	2689,04	82424,16	2289,56	84201,18	2004,79	86002,08	1791,71
74000	82912,21	2763,74	84713,40	2353,15	86540,16	2060,48	88391,04	1841,48
76000	85152,90	2838,43	87003,36	2416,76	88879,14	2116,17	90780,00	1891,25
78000	87393,90	2913,13	89292,96	2480,36	91217,71	2171,85	93168,96	1941,02
80000	89634,91	2987,83	91582,56	2543,96	93556,68	2227,54	95557,92	1990,79
82000	91875,60	3062,52	93872,16	2607,56	95895,66	2283,23	97946,88	2040,56
84000	94116,60	3137,22	96161,40	2671,15	98234,64	2338,92	100335,80	2090,33
86000	96357,30	3211,91	98451,00	2734,75	100573,60	2394,61	102724,80	2140,10
88000	98598,31	3286,61	100740,60	2798,35	102912,60	2450,30	105113,80	2189,87
90000	100839,00	3361,30	103030,20	2861,95	105251,60	2505,99	107502,20	2239,63
92000	103080,00	3436,00	105319,80	2925,55	107590,10	2561,67	109891,20	2289,40
94000	105321,00	3510,70	107609,40	2989,15	109929,10	2617,36	112280,60	2339,18
96000	107561,70	3585,39	109899,00	3052,75	112268,10	2673,05	114669,10	2388,94
98000	109802,70	3660,09	112188,60	3116,35	114607,10	2728,74	117058,10	2438,71
100000	112043,40	3734,78	114478,20	3179,95	116946,10	2784,43	119447,00	2488,48

	54 MOIS		60 MOIS		66 MOIS		72 MOIS	
Montant	Paiement Total	Paiement Mensuel	Paiement Total	Paiement Mensuel	Paiement Total	Paiement Mensuel	Paiement Total	Paiement Mensuel
37000	45133,20	835,80	46083,00	768,05	47045,46	712,81	48019,68	666,94
38000	46353,07	858,39	47328,60	788,81	48316,62	732,07	49317,84	684,97
39000	47572,92	880,98	48574,20	809,57	49588,44	751,34	50615,28	702,99
40000	48792,78	903,57	49819,80	830,33	50859,60	770,60	51913,44	721,02
41000	50012,64	926,16	51065,40	851,09	52131,42	789,87	53210,88	739,04
42000	51232,50	948,75	52310,40	871,84	53402,58	809,13	54509,04	757,07
43000	52452,36	971,34	53556,00	892,60	54674,40	828,40	55806,48	775,09
44000	53671,68	993,92	54801,60	913,36	55945,56	847,66	57104,64	793,12
45000	54891,54	1016,51	56047,20	934,12	57217,38	866,93	58402,08	811,14
46000	56111,40	1039,10	57292,80	954,88	58488,54	886,19	59700,24	829,17
47000	57330,73	1061,68	58538,40	975,64	59760,36	905,46	60997,68	847,19
48000	58551,12	1084,28	59783,40	996,39	61031,52	924,72	62295,84	865,22
49000	59770,98	1106,87	61029,00	1017,15	62303,34	943,99	63593,28	883,24
50000	60990,84	1129,46	62274,60	1037,91	63574,50	963,25	64891,44	901,27
51000	62210,71	1152,05	63520,21	1058,67	64846,32	982,52	66189,60	919,30
52000	63430,57	1174,64	64765,81	1079,43	66118,15	1001,79	67487,04	937,32
53000	64650,42	1197,23	66010,81	1100,18	67389,30	1021,05	68785,20	955,35
54000	65869,75	1219,81	67255,81	1120,93	68660,46	1040,31	70082,65	973,37
55000	67090,15	1242,41	68501,40	1141,69	69931,62	1059,57	71380,81	991,40
56000	68310,00	1265,00	69747,60	1162,46	71204,10	1078,85	72678,24	1009,42
57000	69528,78	1287,57	70993,20	1183,22	72475,26	1098,11	73975,68	1027,44
58000	70749,18	1310,17	72238,80	1203,98	73747,08	1117,38	75273,84	1045,47
59000	71969,04	1332,76	73483,80	1224,73	75018,25	1136,64	76572,00	1063,50
60000	73188,90	1355,35	74729,40	1245,49	76290,06	1155,91	77869,44	1081,52
61000	74408,76	1377,94	75975,00	1266,25	77561,22	1175,17	79167,60	1099,55
62000	75628,63	1400,53	77220,60	1287,01	78832,38	1194,43	80465,04	1117,57
64000	78068,34	1445,71	79711,21	1328,52	81376,02	1232,97	83061,36	1153,63
66000	80508,06	1490,89	82202,41	1370,04	83919,00	1271,50	85656,96	1189,68
68000	82947,78	1536,07	84693,60	1411,56	86461,99	1310,03	88252,56	1225,73
70000	85386,96	1581,24	87184,19	1453,07	89004,96	1348,56	90848,16	1261,78
72000	87826,68	1626,42	89675,40	1494,59	91547,94	1387,09	93443,04	1297,82
74000	90266,40	1671,60	92166,60	1536,11	94090,92	1425,62	96039,36	1333,88
76000	92706,12	1716,78	94657,21	1577,62	96633,90	1464,15	98634,96	1369,93
78000	95145,84	1761,96	97148,40	1619,14	99176,88	1502,68	101230,60	1405,98
80000	97585,56	1807,14	99639,60	1660,66	101719,90	1541,21	103826,20	1442,03
82000	100024,70	1852,31	102130,20	1702,17	104262,80	1579,74	106421,80	1478,08
84000	102464,50	1897,49	104621,40	1743,69	106805,80	1618,27	109017,40	1514,13
86000	104904,20	1942,67	107112,60	1785,21	109348,80	1656,80	111613,00	1550,18
88000	107343,90	1987,85	109603,20	1826,72	111891,80	1695,33	114209,30	1586,24
90000	109783,60	2033,03	112094,40	1868,24	114434,80	1733,86	116804,90	1622,29
92000	112223,30	2078,21	114585,00	1909,75	116977,70	1772,39	119400,50	1658,34
94000	114662,00	2123,37	117076,20	1951,27	119520,70	1810,92	121996,10	1694,39
96000	117102,20	2168,56	119567,40	1992,79	122063,70	1849,45	124591,70	1730,44
98000	119542,00	2213,74	122058,00	2034,30	124606,70	1887,98	127187,30	1766,49
100000	121981,70	2258,92	124549,20	2075,82	127149,70	1926,51	129782,90	1802,54

INTÉRÊT DE **9,5 %**

	6 MOIS		**12** MOIS		**18** MOIS		**24** MOIS	
Montant	Paiement Total	Paiement Mensuel	Paiement Total	Paiement Mensuel	Paiement Total	Paiement Mensuel	Paiement Total	Paiement Mensuel
1000	1027.86	171.31	1052.16	87.68	1076.94	59.83	1101.84	45.91
1500	1541.82	256.97	1578.24	131.52	1615.32	89.74	1652.88	68.87
2000	2055.78	342.63	2104.44	175.37	2153.70	119.65	2203.92	91.83
2500	2569.74	428.29	2630.52	219.21	2692.26	149.57	2754.96	114.79
3000	3083.84	513.94	3156.48	263.04	3230.64	179.48	3305.76	137.74
3500	3597.54	599.59	3682.68	306.89	3769.02	209.39	3856.80	160.70
4000	4111.56	685.26	4208.76	350.73	4307.58	239.31	4407.84	183.66
4500	4625.46	770.91	4734.84	394.57	4845.96	269.22	4958.64	206.61
5000	5139.42	856.57	5261.04	438.42	5384.34	299.13	5509.68	229.57
5500	5653.38	942.23	5787.12	482.26	5922.90	329.05	6060.72	252.53
6000	6167.34	1027.89	6313.08	526.09	6461.28	358.96	6611.76	275.49
6500	6681.24	1113.54	6839.28	569.94	6999.66	388.87	7162.56	298.44
7000	7195.14	1199.19	7365.36	613.78	7538.22	418.79	7713.60	321.40
7500	7709.16	1284.86	7891.44	657.62	8076.60	448.70	8264.64	344.36
8000	8223.06	1370.51	8417.52	701.46	8614.98	478.61	8815.44	367.31
8500	8737.02	1456.17	8943.72	745.31	9153.54	508.53	9366.48	390.27
9000	9250.98	1541.83	9469.80	789.15	9691.92	538.44	9917.52	413.23
9500	9764.88	1627.48	9995.88	832.99	10230.12	568.34	10468.56	436.19
10000	10278.84	1713.14	10521.96	876.83	10768.86	598.27	11019.36	459.14
11000	11306.76	1884.46	11574.12	964.51	11845.80	658.10	12121.44	505.06
12000	12334.62	2055.77	12626.28	1052.19	12922.56	717.92	13223.04	550.96
13000	13362.48	2227.08	13678.56	1139.88	13999.50	777.75	14325.36	596.89
14000	14390.34	2398.39	14730.72	1227.56	15076.44	837.58	15427.20	642.80
15000	15418.26	2569.71	15783.00	1315.25	16153.20	897.40	16529.04	688.71
16000	16446.18	2741.03	16835.16	1402.93	17230.14	957.23	17631.12	734.63
17000	17474.04	2912.34	17887.32	1490.61	18307.08	1017.06	18732.96	780.54
18000	18501.96	3083.66	18939.48	1578.29	19383.84	1076.88	19835.04	826.46
19000	19529.82	3254.97	19991.76	1665.98	20460.78	1136.71	20936.88	872.37
20000	20557.68	3426.28	21043.92	1753.66	21537.72	1196.54	22038.72	918.28
21000	21585.60	3597.60	22096.08	1841.34	22614.48	1256.36	23140.80	964.20
22000	22613.46	3768.91	23148.36	1929.03	23691.42	1316.19	24242.64	1010.11
23000	23641.38	3940.23	24200.52	2016.71	24768.36	1376.02	25344.72	1056.03
24000	24669.24	4111.54	25252.56	2104.38	25845.12	1435.84	26446.32	1101.93
25000	25697.10	4282.85	26304.96	2192.08	26922.06	1495.67	27548.64	1147.86
26000	26725.02	4454.17	27357.12	2279.76	27999.00	1555.50	28650.48	1193.77
27000	27752.88	4625.48	28409.28	2367.44	29075.76	1615.32	29752.32	1239.68
28000	28780.74	4796.79	29461.44	2455.12	30152.70	1675.15	30854.40	1285.60
29000	29808.66	4968.11	30513.72	2542.81	31229.64	1734.98	31956.24	1331.51
30000	30836.58	5139.43	31565.88	2630.49	32306.40	1794.80	33058.32	1377.43
31000	31864.44	5310.74	32618.04	2718.17	33383.34	1854.63	34160.16	1423.34
32000	32892.30	5482.05	33670.32	2805.86	34460.28	1914.46	35262.24	1469.26
33000	33920.22	5653.37	34722.48	2893.54	35537.22	1974.29	36364.08	1515.17
34000	34948.08	5824.68	35774.64	2981.22	36613.98	2034.11	37465.92	1561.08
35000	35976.00	5996.00	36826.92	3068.91	37690.92	2093.94	38568.00	1607.00
36000	37003.86	6167.31	37879.08	3156.59	38767.86	2153.77	39669.84	1652.91

74

	30 MOIS		36 MOIS		42 MOIS		48 MOIS	
Montant	Paiement Total	Paiement Mensuel	Paiement Total	Paiement Mensuel	Paiement Total	Paiement Mensuel	Paiement Total	Paiement Mensuel
1000	1127.40	37.58	1153.08	32.03	1179.36	28.08	1205.76	25.12
1500	1691.10	56.37	1729.80	48.05	1769.04	42.12	1808.64	37.68
2000	2254.80	75.16	2306.52	64.07	2358.72	56.16	2412.00	50.25
2500	2818.50	93.95	2882.88	80.08	2947.98	70.19	3014.88	62.81
3000	3382.20	112.74	3459.60	96.10	3538.08	84.24	3617.76	75.37
3500	3945.90	131.53	4035.96	112.11	4127.76	98.28	4220.64	87.93
4000	4509.60	150.32	4612.68	128.13	4717.44	112.32	4823.52	100.49
4500	5073.30	169.11	5189.04	144.14	5307.12	126.36	5426.40	113.05
5000	5637.00	187.90	5765.76	160.16	5896.38	140.39	6029.76	125.62
5500	6200.70	206.69	6342.48	176.18	6486.48	154.44	6632.16	138.17
6000	6764.40	225.48	6919.20	192.20	7076.16	168.48	7235.52	150.74
6500	7327.80	244.26	7495.56	208.21	7665.84	182.52	7838.40	163.30
7000	7891.20	263.04	8072.28	224.23	8255.52	196.56	8441.28	175.86
7500	8455.20	281.84	8649.00	240.25	8845.20	210.60	9044.16	188.42
8000	9018.90	300.63	9225.36	256.26	9434.88	224.64	9647.04	200.98
8500	9582.60	319.42	9802.08	272.28	10024.56	238.68	10250.40	213.55
9000	10146.30	338.21	10378.44	288.29	10614.24	252.72	10853.28	226.11
9500	10710.00	357.00	10955.16	304.31	11203.92	266.76	11456.16	238.67
10000	11273.70	375.79	11531.52	320.32	11793.18	280.79	12059.04	251.23
11000	12401.10	413.37.	12684.96	352.36	12972.96	308.88	13264.80	276.35
12000	13528.50	450.95	13838.04	384.39	14152.32	336.96	14471.04	301.48
13000	14655.90	488.53	14991.48	416.43	15331.68	365.04	15676.80	326.60
14000	15783.30	526.11	18144.56	448.46	16511.04	393.12	16882.56.	351.72
15000	16910.70	563.69	17297.64	480.49	17690.40	421.20	18088.80	376.85
16000	18038.10	601.27	18450.72	512.52	18869.76	449.28	19294.56	401.97
17000	19165.20	638.84	19604.16	544.56	20049.12	477.36	20500.32	427.09
18000	20292.90	676.43	20757.24	576.59	21228.48	505.44	21706.08	452.21
19000	21420.00	714.00	21910.32	608.62	22407.84	533.52	22912.32	477.34
20000	22547.40	751.58	23063.40	640.65	23586.78	561.59	24118.08	502.46
21000	23674.80	789.16	24216.84	672.69	24766.56	589.68	25323.84	527.58
22000	24802.20	826.74	25369.92	704.72	25945.92	617.76	26530.08	552.71
23000	25929.60	864.32	26523.00	736.75	27125.28	645.84	27735.84	577.83
24000	27057.00	901.90	27676.44	768.79	28304.64	673.92	28941.60	602.95
25000	28184.40	939.48	28829.52	800.82	29484.00	702.00	30147.84	628.08
26000	29311.80	977.06	29982.60	832.85	30663.36	730.08	31353.60	653.20
27000	30439.20	1014.64	31136.04	864.89	31842.72	758.16	32559.36	678.32
28000	31566.60	1052.22	32289.12	896.92	33022.08	786.24	33765.12	703.44
29000	32694.00	1089.80	33442.20	928.95	34201.44	814.32	34971.36	728.57
30000	33821.40	1127.38	34595.28	960.98	35380.80	842.40	36177.12	753.69
31000	34948.20	1164.94	35748.72	993.02	36560.16	870.48	37382.88	778.81
32000	36075.90	1202.53	36901.80	1025.05	37739.52	898.56	38589.12	803.94
33000	37203.30	1240.11	38054.52	1057.07	38918.88	926.64	39794.88	829.06
34000	38330.40	1277.68	39208.32	1089.12	40098.24	954.72	41000.64	854.18
35000	39458.10	1315.27	40361.40	1121.15	41277.60	982.80	42206.88	879.31
36000	40585.50	1352.85	41514.48	1153.18	42456.96	1010.88	43412.64	904.43

75

INTÉRÊT DE **9,5 %**

	54 MOIS		60 MOIS		66 MOIS		72 MOIS	
Montant	Paiement Total	Paiement Mensuel	Paiement Total	Paiement Mensuel	Paiement Total	Paiement Mensuel	Paiement Total	Paiement Mensuel
1000	1232,82	22,83	1260,00	21,00	1287,66	19,51	1315,44	18,27
1500	1849,50	34,25	1890,00	31,50	1931,82	29,27	1973,52	27,41
2000	2465,64	45,66	2520,00	42,00	2575,32	39,02	2631,60	36,55
2500	3082,32	57,08	3150,00	52,50	3219,48	48,78	3289,68	46,69
3000	3698,46	68,49	3780,60	63,01	3862,98	58,53	3947,04	54,82
3500	4315,14	79,91	4410,60	73,51	4507,14	68,29	4605,12	63,96
4000	4931,28	91,32	5040,60	84,01	5151,30	78,05	5263,20	73,10
4500	5547,96	102,74	5670,60	94,51	5794,80	87,80	5921,28	82,24
5000	6164,10	114,15	6300,60	105,01	6438,96	97,56	6578,64	91,37
5500	6780,78	125,57	6930,60	115,51	7082,46	107,31	7236,72	100,51
6000	7396,92	136,98	7560,60	126,01	7726,62	117,07	7894,80	109,65
6500	8013,06	148,39	8190,00	136,50	8370,12	126,82	8552,16	118,78
7000	8629,74	159,81	8820,00	147,00	9014,28	136,58	9210,24	127,92
7500	9246,42	171,23	9450,00	157,50	9658,44	146,34	9868,32	137,06
8000	9862,58	182,64	10080,60	168,01	10301,94	156,09	10526,40	146,20
8500	10479,24	194,06	10711,20	178,52	10946,10	165,85	11183,76	155,33
9000	11095,38	205,47	11341,20	189,02	11589,60	175,60	11841,84	164,47
9500	11712,06	216,89	11971,20	199,52	12233,76	185,36	12499,92	173,61
10000	12328,20	228,30	12601,20	210,02	12877,26	195,11	13158,00	182,75
11000	13561,02	251,13	13861,20	231,02	14165,58	214,63	14473,44	201,02
12000	14793,84	273,96	15121,20	252,02	15453,24	234,14	15789,60	219,30
13000	16026,66	296,79	16380,60	273,01	16740,90	253,65	17105,04	237,57
14000	17259,48	319,62	17640,60	294,01	18028,56	273,16	18420,48	255,84
15000	18492,30	342,45	18901,80	315,03	19316,22	292,67	19736,64	274,12
16000	19725,12	365,28	20161,80	336,03	20603,88	312,18	21052,08	292,39
17000	20957,94	388,11	21421,80	357,03	21892,20	331,70	22368,24	310,67
18000	22190,76	410,94	22681,80	378,03	23179,86	351,21	23683,68	328,94
19000	23423,58	433,77	23941,80	399,03	24467,52	370,72	24999,84	347,22
20000	24656,40	456,60	25202,40	420,04	25755,18	390,23	26315,28	365,49
21000	25889,22	479,43	26462,40	441,04	27042,84	409,74	27631,44	383,77
22000	27122,04	502,26	27722,40	462,04	28330,50	429,25	28946,88	402,04
23000	28354,86	525,09	28982,40	483,04	29618,16	448,76	30263,04	420,32
24000	29587,68	547,92	30242,40	504,04	30906,48	468,28	31578,48	438,59
25000	30820,20	570,75	31501,80	525,03	32194,14	487,79	32894,64	456,87
26000	32053,32	593,58	32763,00	546,05	33481,80	507,30	34210,08	475,14
27000	33285,60	616,40	34023,00	567,05	34769,46	526,81	35525,52	493,41
28000	34518,96	639,24	35283,00	588,05	36057,12	546,32	36841,68	511,69
29000	35751,78	662,07	36543,00	609,05	37344,78	565,83	38157,12	529,96
30000	36984,60	684,90	37803,00	630,05	38632,44	585,34	39473,28	548,24
31000	38217,42	707,73	39063,00	651,05	39920,76	604,86	40788,72	566,51
32000	39450,24	730,56	40323,60	672,06	41208,42	624,37	42104,17	584,78
33000	40683,06	753,39	41583,60	693,06	42496,08	643,88	43420,32	603,06
34000	41915,88	776,22	42843,60	714,06	43783,74	663,39	44736,48	621,34
35000	43148,70	799,05	44103,60	735,06	45071,40	682,90	46051,92	639,61
36000	44381,52	821,88	45363,60	756,06	46359,06	702,41	47368,08	657,89

Montant	6 MOIS		12 MOIS		18 MOIS		24 MOIS	
	Paiement Total	Paiement Mensuel	Paiement Total	Paiement Mensuel	Paiement Total	Paiement Mensuel	Paiement Total	Paiement Mensuel
37000	38031.72	6338.62	38931.24	3244.27	39844.62	2213.59	40771.92	1698.83
38000	39059.64	6509.94	39983.52	3331.96	40921.56	2273.42	41873.76	1744.74
39000	40087.50	6681.25	41035.68	3419.64	41998.50	2333.25	42975.84	1790.66
40000	41115.42	6852.57	42087.84	3507.32	43075.26	2393.07	44077.68	1836.57
41000	42143.28	7023.88	43140.00	3595.00	44152.02	2452.89	45179.52	1882.48
42000	43171.21	7195.20	44192.28	3682.69	45229.14	2512.73	46281.60	1928.40
43000	44199.06	7366.51	45244.44	3770.37	46305.90	2572.55	47383.44	1974.31
44000	45226.92	7537.82	46296.60	3858.05	47382.84	2632.38	48485.52	2020.23
45000	46254.84	7709.14	47348.88	3945.74	48459.78	2692.21	49587.12	2066.13
46000	47282.71	7880.45	48401.04	4033.42	49536.54	2752.03	50689.44	2112.06
47000	48310.62	8051.77	49453.21	4121.10	50613.48	2811.86	51791.28	2157.97
48000	49338.48	8223.08	50505.48	4208.79	51690.42	2871.69	52892.89	2203.87
49000	50366.28	8394.38	51557.64	4296.47	52767.18	2931.51	53995.28	2249.80
50000	51394.26	8565.71	52609.80	4384.15	53844.12	2991.34	55097.04	2295.71
51000	52422.06	8737.01	53662.08	4471.84	54921.06	3051.17	56198.89	2341.62
52000	53450.04	8908.34	54714.24	4559.52	55998.00	3111.00	57300.96	2387.54
53000	54477.90	9079.65	55766.40	4647.20	57074.76	3170.82	58403.04	2433.46
54000	55505.82	9250.97	56818.56	4734.88	58151.70	3230.65	59504.89	2479.37
55000	56533.68	9422.28	57870.72	4822.56	59228.64	3290.48	60606.72	2525.28
56000	57561.54	9593.59	58923.00	4910.25	60305.40	3350.30	61708.80	2571.20
57000	58589.46	9764.91	59975.17	4997.93	61382.34	3410.13	62810.64	2617.11
58000	59617.32	9936.22	61027.44	5085.62	62459.28	3469.96	63912.72	2663.03
59000	60645.24	10107.54	62079.48	5173.29	63536.04	3529.78	65014.56	2708.94
60000	61673.04	10278.84	63131.76	5260.98	64612.98	3589.61	66116.41	2754.85
61000	62701.02	10450.17	64184.04	5348.67	65689.93	3649.44	67218.49	2800.77
62000	63728.89	10621.48	65236.21	5436.35	66766.68	3709.26	68320.32	2846.68
64000	65784.66	10964.11	67341.52	5611.71	68920.56	3828.92	70524.25	2938.51
66000	67840.44	11306.74	69444.96	5787.08	71074.26	3948.57	72728.16	3030.34
68000	69896.16	11649.36	71549.41	5962.45	73227.96	4068.22	74932.08	3122.17
70000	71951.94	11991.99	73653.72	6137.81	75381.84	4187.88	77136.00	3214.00
72000	74007.72	12334.62	75758.16	6313.18	77535.36	4307.52	79339.93	3305.83
74000	76063.50	12677.25	77862.60	6488.55	79689.43	4427.19	81543.60	3397.85
76000	78119.28	13019.88	79966.93	6663.91	81843.12	4546.84	83747.52	3489.48
78000	80175.06	13362.51	82071.36	6839.28	83996.83	4666.49	85951.44	3581.31
80000	82230.78	13705.13	84175.68	7014.64	86150.69	4786.16	88155.36	3673.14
82000	84286.56	14047.76	86280.12	7190.01	88304.22	4905.79	90359.28	3764.97
84000	86342.34	14390.39	88384.56	7365.38	90458.10	5025.45	92563.21	3856.80
86000	88398.12	14733.02	90488.88	7540.74	92611.98	5145.11	94767.12	3948.63
88000	90453.91	15075.65	92593.32	7716.11	94765.68	5264.76	96970.80	4040.45
90000	92509.68	15418.28	94697.64	7891.47	96919.38	5384.41	99174.49	4132.27
92000	94565.41	15760.90	96802.08	8066.84	99073.26	5504.07	101378.60	4224.11
94000	96621.18	16103.53	98906.52	8242.21	101227.00	5623.72	103582.60	4315.94
96000	98676.96	16446.16	101010.80	8417.57	103380.80	5743.38	105786.50	4407.77
98000	100732.70	16788.78	103115.30	8592.94	105534.50	5863.03	107990.40	4499.60
100000	102788.50	17131.42	105219.60	8768.30	107688.20	5982.68	110194.10	4591.42

	30 MOIS		36 MOIS		42 MOIS		48 MOIS	
Montant	Paiement Total	Paiement Mensuel	Paiement Total	Paiement Mensuel	Paiement Total	Paiement Mensuel	Paiement Total	Paiement Mensuel
37000	41712,90	1390,43	42667,56	1185,21	43636,32	1038,96	44618,40	929,55
38000	42840,30	1428,01	43821,00	1217,25	44815,68	1067,04	45824,16	954,87
39000	43967,70	1465,59	44974,08	1249,28	45995,04	1095,12	47030,40	979,80
40000	45095,10	1503,17	46127,17	1281,31	47173,98	1123,19	48236,16	1004,92
41000	46222,50	1540,75	47280,24	1313,34	48353,76	1151,28	49441,92	1030,04
42000	47349,90	1578,33	48433,68	1345,38	49533,12	1179,36	50648,17	1055,17
43000	48477,30	1615,91	49586,76	1377,41	50712,07	1207,43	51853,92	1080,29
44000	49604,40	1653,48	50739,84	1409,44	51891,84	1235,52	53059,68	1105,41
45000	50731,80	1691,06	51893,28	1441,48	53071,20	1263,60	54265,92	1130,54
46000	51859,20	1728,64	53046,36	1473,51	54250,57	1291,68	55471,68	1155,66
47000	52986,60	1766,22	54199,44	1505,54	55429,92	1319,76	56677,44	1180,78
48000	54114,00	1803,80	55352,52	1537,57	56609,28	1347,84	57883,21	1205,90
49000	55241,40	1841,38	56505,96	1569,61	57788,64	1375,92	59089,44	1231,03
50000	56368,80	1878,96	57659,04	1601,64	58968,00	1404,00	60295,21	1256,15
51000	57496,21	1916,54	58812,12	1633,67	60147,36	1432,08	61500,96	1281,27
52000	58623,60	1954,12	59965,56	1665,71	61326,73	1460,16	62707,21	1306,40
53000	59751,00	1991,70	61118,64	1697,74	62506,08	1488,24	63912,96	1331,52
54000	60878,40	2029,28	62271,72	1729,77	63685,44	1516,32	65118,72	1356,64
55000	62005,81	2066,86	63424,80	1761,80	64864,80	1544,40	66324,96	1381,77
56000	63132,90	2104,43	64578,24	1793,84	66044,16	1572,48	67530,72	1406,89
57000	64260,30	2142,01	65731,32	1825,87	67223,53	1600,56	68736,49	1432,01
58000	65387,71	2179,59	66884,40	1857,90	68402,88	1628,64	69942,72	1457,14
59000	66515,10	2217,17	68037,84	1889,94	69582,24	1656,72	71148,49	1482,26
60000	67642,50	2254,75	69190,93	1921,97	70761,60	1684,80	72354,25	1507,38
61000	68769,91	2292,33	70344,00	1954,00	71940,96	1712,88	73560,00	1532,50
62000	69897,00	2329,90	71497,08	1986,03	73120,32	1740,96	74766,25	1557,63
64000	72152,10	2405,07	73803,60	2050,10	75479,04	1797,12	77177,76	1607,87
66000	74406,90	2480,23	76109,40	2114,15	77837,76	1853,28	79589,76	1658,12
68000	76661,10	2555,37	78416,28	2178,23	80196,48	1909,44	82001,76	1708,37
70000	78916,21	2630,54	80722,81	2242,30	82555,20	1965,60	84413,28	1758,61
72000	81171,00	2705,70	83028,96	2306,36	84913,92	2021,76	86685,28	1808,86
74000	83425,81	2780,86	85335,48	2370,43	87272,64	2077,92	89236,80	1859,10
76000	85680,60	2856,02	87641,64	2434,49	89631,36	2134,08	91648,80	1909,35
78000	87935,40	2931,18	89948,16	2498,56	91990,08	2190,24	94060,80	1959,60
80000	90190,21	3006,34	92254,33	2562,62	94348,38	2246,39	96472,32	2009,84
82000	92444,71	3081,49	94560,84	2626,69	96707,52	2302,56	98884,33	2060,09
84000	94699,60	3156,65	96867,00	2690,75	99066,24	2358,72	101295,80	2110,33
86000	96954,31	3231,81	99173,52	2754,82	101424,60	2414,87	103707,80	2160,58
88000	99209,10	3306,97	101480,00	2818,89	103783,70	2471,04	106119,90	2210,83
90000	101463,90	3382,13	103786,20	2882,95	106142,40	2527,20	108531,40	2261,07
92000	103718,70	3457,29	106092,70	2947,02	108500,70	2583,35	110943,40	2311,32
94000	105973,20	3532,44	108398,90	3011,08	110859,40	2639,51	113354,90	2361,56
96000	108228,00	3607,60	110705,40	3075,15	113218,10	2695,67	115766,90	2411,81
98000	110482,80	3682,76	113011,60	3139,21	115576,60	2751,83	118178,90	2462,06
100000	112737,60	3757,92	115318,10	3203,28	117935,60	2807,99	120590,40	2512,30

Montant	54 MOIS Paiement Total	Paiement Mensuel	60 MOIS Paiement Total	Paiement Mensuel	66 MOIS Paiement Total	Paiement Mensuel	72 MOIS Paiement Total	Paiement Mensuel
37000	45614,34	844,71	46624,20	777,07	47646,72	721,92	48683,52	676,16
38000	46847,16	867,54	47884,20	798,07	48935,04	741,44	49999,68	694,44
39000	48079,98	890,37	49144,20	819,07	50222,70	760,95	51315,12	712,71
40000	49312,80	913,20	50404,20	840,07	51510,36	780,46	52630,56	730,98
41000	50545,62	936,03	51664,20	861,07	52798,02	799,97	53946,72	749,26
42000	51778,44	958,86	52924,20	882,07	54085,68	819,48	55262,17	767,53
43000	53011,26	981,69	54184,80	903,08	55373,34	838,99	56578,32	785,81
44000	54244,08	1004,52	55444,80	924,08	56661,00	858,50	57893,76	804,08
45000	55476,90	1027,35	56704,80	945,08	57949,32	878,02	59209,92	822,36
46000	56709,73	1050,18	57964,80	966,08	59236,98	897,53	60525,36	840,63
47000	57942,54	1073,01	59224,80	987,08	60524,64	917,04	61841,52	858,91
48000	59175,36	1095,84	60485,40	1008,09	61812,30	936,55	63156,96	877,18
49000	60408,19	1118,67	61745,40	1029,09	63099,96	956,06	64473,12	895,46
50000	61641,00	1141,50	63005,40	1050,09	64387,62	975,57	65788,56	913,73
51000	62873,28	1164,32	64265,40	1071,09	65675,94	995,09	67104,72	932,01
52000	64106,64	1187,16	65525,40	1092,09	66963,60	1014,60	68420,16	950,28
53000	65339,46	1209,99	66785,40	1113,09	68251,26	1034,11	69735,60	968,55
54000	66571,75	1232,81	68046,00	1134,10	69538,93	1053,62	71051,76	986,83
55000	67805,10	1255,65	69306,00	1155,10	70826,58	1073,13	72367,20	1005,10
56000	69037,93	1278,48	70566,00	1176,10	72114,25	1092,64	73683,36	1023,38
57000	70270,75	1301,31	71826,00	1197,10	73401,90	1112,15	74998,81	1041,65
58000	71503,56	1324,14	73086,00	1218,10	74690,22	1131,67	76314,96	1059,93
59000	72736,38	1346,97	74346,00	1239,10	75977,88	1151,18	77629,68	1078,19
60000	73969,21	1369,80	75606,60	1260,11	77264,88	1170,68	78946,56	1096,48
61000	75202,02	1392,63	76866,60	1281,11	78552,54	1190,19	80262,00	1114,75
62000	76434,84	1415,46	78126,60	1302,11	79840,86	1209,71	81578,16	1133,03
64000	78900,48	1461,12	80646,60	1344,11	82416,18	1248,73	84209,04	1169,57
66000	81366,13	1506,78	83167,21	1386,12	84992,16	1287,76	86840,64	1206,12
68000	83831,76	1552,44	85687,21	1428,12	87567,49	1326,78	89472,24	1242,67
70000	86297,40	1598,10	88207,21	1470,12	90142,81	1365,80	92103,84	1279,22
72000	88763,04	1643,76	90727,80	1512,13	92718,78	1404,83	94735,44	1315,77
74000	91228,68	1689,42	93247,80	1554,13	95294,09	1443,85	97367,04	1352,32
76000	93694,32	1735,08	95767,80	1596,13	97869,42	1482,87	99998,64	1388,87
78000	96159,96	1780,74	98288,40	1638,14	100444,70	1521,89	102630,20	1425,42
80000	98625,60	1826,40	100808,40	1680,14	103020,70	1560,92	105261,80	1461,97
82000	101091,20	1872,06	103329,00	1722,15	105596,00	1599,94	107893,40	1498,52
84000	103556,90	1917,72	105849,00	1764,15	108171,40	1638,96	110525,00	1535,07
86000	106022,50	1963,38	108369,00	1806,15	110747,30	1677,99	113156,60	1571,62
88000	108488,20	2009,04	110889,60	1848,16	113322,70	1717,01	115788,20	1608,17
90000	110953,80	2054,70	113409,60	1890,16	115898,00	1756,03	118419,80	1644,72
92000	113419,50	2100,36	115929,60	1932,16	118474,00	1795,06	121050,70	1681,26
94000	115885,10	2146,02	118450,20	1974,17	121049,30	1834,08	123682,30	1717,81
96000	118350,70	2191,68	120970,20	2016,17	123624,60	1873,10	126313,90	1754,36
98000	120816,40	2237,34	123490,20	2058,17	126199,90	1912,12	128945,50	1790,91
100000	123282,00	2283,00	126010,80	2100,18	128775,90	1951,15	131577,10	1827,46

INTÉRÊT DE **10 %**

Montant	6 MOIS Paiement Total	6 MOIS Paiement Mensuel	12 MOIS Paiement Total	12 MOIS Paiement Mensuel	18 MOIS Paiement Total	18 MOIS Paiement Mensuel	24 MOIS Paiement Total	24 MOIS Paiement Mensuel
1000	1029,36	171,56	1055,04	87,92	1081,08	60,06	1107,60	46,15
1500	1544,04	257,34	1582,44	131,87	1621,62	90,09	1661,28	69,22
2000	2058,72	343,12	2109,96	175,83	2161,98	120,11	2214,96	92,29
2500	2573,46	428,91	2637,48	219,79	2702,52	150,14	2768,64	115,36
3000	3088,14	514,69	3165,00	263,75	3243,06	180,17	3322,56	138,44
3500	3602,76	600,46	3692,52	307,71	3783,60	210,20	3876,00	161,50
4000	4117,50	686,25	4220,04	351,67	4324,14	240,23	4429,92	184,58
4500	4632,18	772,03	4747,44	395,62	4864,68	270,26	4983,60	207,65
5000	5146,86	857,81	5274,96	439,58	5405,22	300,29	5537,52	230,73
5500	5661,54	943,59	5802,48	483,54	5945,76	330,32	6091,20	253,80
6000	6176,22	1029,37	6330,00	527,50	6486,12	360,34	6644,88	276,87
6500	6690,90	1115,15	6857,52	571,46	7026,66	390,37	7198,56	299,94
7000	7205,58	1200,93	7384,80	615,40	7567,20	420,40	7752,24	323,01
7500	7720,32	1286,72	7912,44	659,37	8107,74	450,43	8306,16	346,09
8000	8235,00	1372,50	8439,96	703,33	8648,28	480,46	8859,84	369,16
8500	8749,68	1458,28	8967,48	747,29	9188,82	510,49	9413,52	392,23
9000	9264,36	1544,06	9495,00	791,25	9729,36	540,52	9967,44	415,31
9500	9779,04	1629,84	10022,40	835,20	10269,54	570,53	10521,12	438,38
10000	10293,72	1715,62	10549,92	879,16	10810,26	600,57	11074,80	461,45
11000	11323,08	1887,18	11604,96	967,08	11891,34	660,63	12182,40	507,60
12000	12352,50	2058,75	12659,88	1054,99	12972,42	720,69	13289,76	553,74
13000	13381,86	2230,31	13714,92	1142,91	14053,50	780,75	14397,36	599,89
14000	14411,22	2401,87	14769,84	1230,82	15134,40	840,80	15504,72	646,03
15000	15440,58	2573,43	15824,88	1318,74	16215,48	900,86	16612,32	692,18
16000	16470,00	2745,00	16879,92	1406,66	17296,56	960,92	17719,68	738,32
17000	17499,36	2916,56	17934,96	1494,58	18377,46	1020,97	18827,28	784,47
18000	18528,72	3088,12	18989,88	1582,49	19458,54	1081,03	19934,64	830,61
19000	19558,08	3259,68	20044,92	1670,41	20539,62	1141,09	21042,24	876,76
20000	20587,50	3431,25	21099,84	1758,32	21620,70	1201,15	22149,60	922,90
21000	21616,86	3602,81	22154,88	1846,24	22701,42	1261,19	23257,20	969,05
22000	22646,22	3774,37	23209,92	1934,16	23782,68	1321,26	24364,56	1015,19
23000	23675,58	3945,93	24264,84	2022,07	24863,76	1381,32	25472,16	1061,34
24000	24704,94	4117,49	25319,88	2109,99	25944,84	1441,38	26579,52	1107,48
25000	25734,36	4289,06	26374,80	2197,90	27025,74	1501,43	27687,12	1153,63
26000	26763,72	4460,62	27429,84	2285,82	28106,82	1561,49	28794,48	1199,77
27000	27793,08	4632,18	28484,88	2373,74	29187,90	1621,55	29902,08	1245,92
28000	28822,44	4803,74	29539,68	2461,64	30268,98	1681,61	31009,44	1292,06
29000	29851,86	4975,31	30594,84	2549,57	31349,88	1741,66	32117,04	1338,21
30000	30881,22	5146,87	31649,88	2637,49	32430,96	1801,72	33224,40	1384,35
31000	31910,58	5318,43	32704,80	2725,40	33512,04	1861,78	34332,00	1430,50
32000	32939,94	5489,99	33759,84	2813,32	34592,94	1921,83	35439,36	1476,64
33000	33969,30	5661,55	34814,88	2901,24	35674,02	1981,89	36546,96	1522,79
34000	34998,72	5833,12	35869,80	2989,15	36755,10	2041,95	37654,32	1568,93
35000	36028,08	6004,68	36924,84	3077,07	37836,18	2102,01	38761,92	1615,08
36000	37057,44	6176,24	37979,76	3164,98	38917,08	2162,06	39869,28	1661,22

80

	30 MOIS		36 MOIS		42 MOIS		48 MOIS	
Montant	Paiement Total	Paiement Mensuel	Paiement Total	Paiement Mensuel	Paiement Total	Paiement Mensuel	Paiement Total	Paiement Mensuel
1000	1134,30	37,81	1161,72	32,27	1189,44	28,32	1217,28	25,36
1500	1701,60	56,72	1742,40	48,40	1784,16	42,48	1825,92	38,04
2000	2268,60	75,62	2323,08	64,53	2378,46	56,63	2435,04	50,73
2500	2835,90	94,53	2904,12	80,67	2973,18	70,79	3043,68	63,41
3000	3402,90	113,43	3484,80	96,80	3567,90	84,95	3651,84	76,08
3500	3970,20	132,34	4065,84	112,94	4162,62	99,11	4260,96	88,77
4000	4537,50	151,25	4646,52	129,07	4757,34	113,27	4869,60	101,45
4500	5104,50	170,15	5227,20	145,20	5352,06	127,43	5478,24	114,13
5000	5671,80	189,06	5808,24	161,34	5946,36	141,58	6086,88	126,81
5500	6238,80	207,96	6388,92	177,47	6541,08	155,74	6695,52	139,49
6000	6806,10	226,87	6969,60	193,60	7135,80	169,90	7304,16	152,17
6500	7373,40	245,78	7550,64	209,74	7730,52	184,06	7913,28	164,86
7000	7940,40	264,68	8131,32	225,87	8325,24	198,22	8521,92	177,54
7500	8507,70	283,59	8712,00	242,00	8919,96	212,38	9130,56	190,22
8000	9074,70	302,49	9293,04	258,14	9514,68	226,54	9739,20	202,90
8500	9642,00	321,40	9873,36	274,26	10108,94	240,69	10347,84	215,58
9000	10209,00	340,30	10454,76	290,41	10703,70	254,85	10956,48	228,26
9500	10776,30	359,21	11035,44	306,54	11298,42	269,01	11565,60	240,95
10000	11343,60	378,12	11616,12	322,67	11893,14	283,17	12174,24	253,63
11000	12477,90	415,93	12777,84	354,94	13082,58	311,49	13391,52	278,99
12000	13612,20	453,74	13939,56	387,21	14271,60	339,80	14608,80	304,35
13000	14746,50	491,55	15101,28	419,48	15461,04	368,12	15826,08	329,71
14000	15880,80	529,36	16262,64	451,74	16650,48	396,44	17043,84	355,08
15000	17015,10	567,17	17424,36	484,01	17839,50	424,75	18261,12	380,44
16000	18149,40	604,98	18586,08	516,28	19028,94	453,07	19478,40	405,80
17000	19284,00	642,80	19747,08	548,53	20218,38	481,39	20696,16	431,17
18000	20418,30	680,61	20909,16	580,81	21407,40	509,70	21913,44	456,53
19000	21552,60	718,42	22070,88	613,08	22596,84	538,02	23130,72	481,89
20000	22686,90	756,23	23232,24	645,34	23786,28	566,34	24348,00	507,25
21000	23821,20	794,04	24393,96	677,61	24975,30	594,65	25565,76	532,62
22000	24955,50	831,85	25555,68	709,88	26164,32	622,96	26783,04	557,98
23000	26090,10	869,67	26717,40	742,15	27353,76	651,28	28000,32	583,34
24000	27224,40	907,48	27879,12	774,42	28543,62	679,61	29217,60	608,70
25000	28358,70	945,29	29040,48	806,68	29732,64	707,92	30435,36	634,07
26000	29493,00	983,10	30202,20	838,95	30922,08	736,24	31652,64	659,43
27000	30627,30	1020,91	31363,92	871,22	32111,52	764,56	32869,92	684,79
28000	31761,60	1058,72	32525,28	903,48	33300,54	792,87	34087,20	710,15
29000	32896,20	1096,54	33687,00	935,75	34489,98	821,19	35304,96	735,52
30000	34030,50	1134,35	34848,72	968,02	35679,42	849,51	36522,24	760,88
31000	35164,80	1172,16	36010,44	1000,29	36868,44	877,82	37739,52	786,24
32000	36299,10	1209,97	37171,80	1032,55	38057,88	906,14	38957,28	811,61
33000	37433,40	1247,78	38333,17	1064,81	39247,32	934,46	40174,56	836,97
34000	38567,70	1285,59	39495,24	1097,09	40436,76	962,78	41391,84	862,33
35000	39702,00	1323,40	40656,96	1129,36	41625,78	991,09	42609,12	887,69
36000	40836,60	1361,22	41818,32	1161,62	42815,22	1019,41	43826,88	913,06

INTÉRÊT DE **10 %**

	54 MOIS		60 MOIS		66 MOIS		72 MOIS	
Montant	Paiement Total	Paiement Mensuel	Paiement Total	Paiement Mensuel	Paiement Total	Paiement Mensuel	Paiement Total	Paiement Mensuel
1000	1245,78	23,07	1275,00	21,25	1304,16	19,76	1334,16	18,53
1500	1868,94	34,61	1912,20	31,87	1956,24	29,64	2000,88	27,79
2000	2491,56	46,14	2549,40	42,49	2608,32	39,52	2667,60	37,05
2500	3114,72	57,68	3187,20	53,12	3260,40	49,40	3334,32	46,31
3000	3737,88	69,22	3824,40	63,74	3912,48	59,28	4001,76	55,58
3500	4360,50	80,75	4461,60	74,36	4564,56	69,16	4667,76	64,83
4000	4983,66	92,29	5099,40	84,99	5216,64	79,04	5335,20	74,10
4500	5606,82	103,83	5736,60	95,61	5868,72	88,92	6002,64	83,37
5000	6229,44	115,36	6374,40	106,24	6520,80	98,80	6669,36	92,63
5500	6852,60	126,90	7011,60	116,86	7172,88	108,68	7336,08	101,89
6000	7474,68	138,42	7648,80	127,48	7824,96	118,56	8003,52	111,16
6500	8098,38	149,97	8286,60	138,11	8477,04	128,44	8670,24	120,42
7000	8721,00	161,50	8923,80	148,73	9129,12	138,32	9336,24	129,67
7500	9344,16	173,04	9561,00	159,35	9781,20	148,20	10003,68	138,94
8000	9967,32	184,58	10198,80	169,98	10433,28	158,08	10671,12	148,21
8500	10590,48	196,12	10836,00	180,60	11085,36	167,96	11337,84	157,47
9000	11213,10	207,65	11473,20	191,22	11737,44	177,84	12004,56	166,73
9500	11836,26	219,19	12111,00	201,85	12389,52	187,72	12672,00	176,00
10000	12458,88	230,72	12748,20	212,47	13041,60	197,60	13338,72	185,26
11000	13705,20	253,80	14023,20	233,72	14345,76	217,36	14672,16	203,78
12000	14950,98	276,87	15298,20	254,97	15649,92	237,12	16006,32	222,31
13000	16196,76	299,94	16572,60	276,21	16954,08	256,88	17340,48	240,84
14000	17442,54	323,01	17847,60	297,46	18258,24	276,64	18673,20	259,35
15000	18668,86	346,09	19122,60	318,71	19562,40	296,40	20008,08	277,89
16000	19934,64	369,16	20397,00	339,95	20866,56	316,16	21341,52	296,41
17000	21180,42	392,23	21672,00	361,20	22170,72	335,92	22675,68	314,94
18000	22426,20	415,30	22947,00	382,45	23474,88	355,68	24009,84	333,47
19000	23672,52	438,38	24222,00	403,70	24779,04	375,44	25343,28	351,99
20000	24918,30	461,45	25496,40	424,94	26083,20	395,20	26677,44	370,52
21000	26164,08	484,52	26771,40	446,19	27387,36	414,96	28010,88	389,04
22000	27409,86	507,59	28046,40	467,44	28690,86	434,71	29345,04	407,57
23000	28656,18	530,67	29320,80	488,68	29995,02	454,47	30679,20	426,10
24000	29901,96	553,74	30595,80	509,93	31299,18	474,23	32012,64	444,62
25000	31147,74	576,81	31870,80	531,18	32603,34	493,99	33346,80	463,15
26000	32393,52	599,88	33145,80	552,43	33907,50	513,75	34680,24	481,67
27000	33639,84	622,96	34420,20	573,67	35211,66	533,51	36014,40	500,20
28000	34885,62	646,03	35695,20	594,92	36515,82	553,27	37348,56	518,73
29000	36131,40	669,10	36970,20	616,17	37819,98	573,03	38682,00	537,25
30000	37377,18	692,17	38244,00	637,40	39123,48	592,78	40016,16	555,78
31000	38623,50	715,25	39519,60	658,66	40428,30	612,55	41349,60	574,30
32000	39869,28	738,32	40794,60	679,91	41732,46	632,31	42683,76	592,83
33000	41115,06	761,39	42069,00	701,15	43036,62	652,07	44016,48	611,34
34000	42360,84	784,46	43344,00	722,40	44340,78	671,83	45351,36	629,88
35000	43607,16	807,54	44619,00	743,65	45644,94	691,59	46684,80	648,40
36000	44852,94	830,61	45894,00	764,90	46949,10	711,35	48018,96	666,93

82

Montant	6 MOIS Paiement Total	6 MOIS Paiement Mensuel	12 MOIS Paiement Total	12 MOIS Paiement Mensuel	18 MOIS Paiement Total	18 MOIS Paiement Mensuel	24 MOIS Paiement Total	24 MOIS Paiement Mensuel
37000	38086,80	6347,80	39034,80	3252,90	39998,17	2222,12	40976,88	1707,37
38000	39116,22	6519,37	40089,84	3340,82	41079,24	2282,18	42084,24	1753,51
39000	40145,58	6690,93	41144,76	3428,73	42160,32	2342,24	43191,84	1799,66
40000	41174,94	6862,49	42199,80	3516,65	43241,22	2402,29	44299,21	1845,80
41000	42204,30	7034,05	43254,84	3604,57	44322,30	2462,35	45406,80	1891,95
42000	43233,66	7205,61	44309,76	3692,48	45403,20	2522,40	46514,40	1938,10
43000	44263,08	7377,18	45364,80	3780,40	46484,28	2582,46	47621,76	1984,24
44000	45292,44	7548,74	46419,72	3868,31	47565,36	2642,52	48729,36	2030,39
45000	46321,80	7720,30	47474,76	3956,23	48646,44	2702,58	49836,72	2076,53
46000	47351,16	7891,86	48529,80	4044,15	49727,52	2762,64	50944,32	2122,68
47000	48380,58	8063,43	49584,72	4132,06	50808,42	2822,69	52051,68	2168,82
48000	49409,94	8234,99	50639,76	4219,98	51889,50	2882,75	53159,28	2214,97
49000	50439,30	8406,55	51694,80	4307,90	52970,58	2942,81	54266,64	2261,11
50000	51468,67	8578,11	52749,72	4395,81	54051,67	3002,87	55374,24	2307,26
51000	52498,08	8749,68	53804,76	4483,73	55132,56	3062,92	56481,36	2353,39
52000	53527,44	8921,24	54859,68	4571,64	56213,64	3122,98	57589,21	2399,55
53000	54556,80	9092,80	55914,72	4659,56	57294,72	3183,04	58696,56	2445,69
54000	55586,17	9264,36	56969,76	4747,48	58375,80	3243,10	59804,17	2491,84
55000	56615,52	9435,92	58024,68	4835,39	59456,70	3303,15	60911,52	2537,98
56000	57644,94	9607,49	59079,72	4923,31	60537,78	3363,21	62018,89	2584,12
57000	58674,30	9779,05	60134,76	5011,23	61618,86	3423,27	63126,48	2630,27
58000	59703,67	9950,61	61189,68	5099,14	62699,76	3483,32	64234,08	2676,42
59000	60733,02	10122,17	62244,72	5187,06	63780,84	3543,38	65341,44	2722,56
60000	61762,44	10293,74	63299,64	5274,97	64861,92	3603,44	66449,04	2768,71
61000	62791,80	10465,30	64354,68	5362,89	65943,00	3663,50	67556,41	2814,85
62000	63821,17	10636,86	65409,72	5450,81	67023,90	3723,55	68664,00	2861,00
64000	65879,88	10979,98	67519,68	5626,64	69186,06	3843,67	70878,96	2953,29
66000	67938,66	11323,11	69629,65	5802,47	71348,04	3963,78	73093,93	3045,58
68000	69997,38	11666,23	71739,60	5978,30	73510,20	4083,90	75308,88	3137,87
70000	72056,16	12009,36	73849,68	6154,14	75672,00	4204,00	77523,84	3230,16
72000	74114,88	12352,48	75959,65	6329,97	77834,34	4324,13	79738,80	3322,45
74000	76173,66	12695,61	78069,60	6505,80	79996,33	4444,24	81953,76	3414,74
76000	78232,38	13038,73	80179,56	6681,63	82158,48	4564,36	84168,72	3507,03
78000	80291,16	13381,86	82289,65	6857,47	84320,46	4684,47	86383,68	3599,32
80000	82349,88	13724,98	84399,59	7033,30	86482,62	4804,59	88598,64	3691,61
82000	84408,66	14068,11	86509,56	7209,13	88644,60	4924,70	90813,59	3783,90
84000	86467,38	14411,23	88619,52	7384,96	90806,58	5044,81	93028,56	3876,19
86000	88526,09	14754,35	90729,59	7560,80	92968,74	5164,93	95243,52	3968,48
88000	90584,88	15097,48	92839,56	7736,63	95130,72	5285,04	97458,49	4060,77
90000	92643,59	15440,60	94949,52	7912,46	97292,88	5405,16	99673,44	4153,06
92000	94702,38	15783,73	97059,49	8088,29	99454,86	5525,27	101888,40	4245,35
94000	96761,09	16126,85	99169,56	8264,13	101617,00	5645,39	104103,40	4337,64
96000	98819,88	16469,98	101279,50	8439,96	103779,00	5765,50	106318,30	4429,93
98000	100878,60	16813,10	103389,50	8615,79	105941,20	5885,62	108533,30	4522,22
100000	102937,40	17156,23	105499,40	8791,62	108103,10	6005,73	110748,00	4614,50

INTÉRÊT DE 10 %

Montant	30 MOIS Paiement Total	Paiement Mensuel	36 MOIS Paiement Total	Paiement Mensuel	42 MOIS Paiement Total	Paiement Mensuel	48 MOIS Paiement Total	Paiement Mensuel
37000	41970,90	1399,03	42980,04	1193,89	44004,66	1047,73	45044,16	938,42
38000	43105,20	1436,84	44141,76	1226,16	45193,68	1076,04	46261,44	963,78
39000	44239,50	1474,65	45303,48	1258,43	46383,12	1104,36	47478,72	989,14
40000	45373,80	1512,46	46464,48	1290,68	47572,57	1132,68	48696,48	1014,51
41000	46508,10	1550,27	47626,56	1322,96	48761,58	1160,99	49913,76	1039,87
42000	47642,70	1588,09	48788,28	1355,23	49951,03	1189,31	51131,04	1065,23
43000	48777,00	1625,90	49949,64	1387,49	51140,46	1217,63	52348,80	1090,60
44000	49911,30	1663,71	51111,36	1419,76	52329,07	1245,93	53566,08	1115,96
45000	51045,60	1701,52	52273,08	1452,03	53518,92	1274,26	54782,89	1141,31
46000	52179,90	1739,33	53434,80	1484,30	54707,94	1302,57	56000,64	1166,68
47000	53314,20	1777,14	54596,17	1516,56	55897,80	1330,90	57218,40	1192,05
48000	54448,50	1814,95	55757,88	1548,83	57086,62	1359,21	58435,68	1217,41
49000	55583,10	1852,77	56919,60	1581,10	58276,26	1387,53	59652,96	1242,77
50000	56717,40	1890,58	58081,32	1613,37	59465,70	1415,85	60870,24	1268,13
51000	57851,70	1928,39	59242,68	1645,63	60654,73	1444,16	62088,00	1293,50
52000	58986,00	1966,20	60404,40	1677,90	61844,16	1472,48	63305,28	1318,86
53000	60120,30	2004,01	61566,12	1710,17	63033,60	1500,80	64522,56	1344,22
54000	61254,60	2041,82	62727,48	1742,43	64222,62	1529,11	65739,84	1369,58
55000	62388,90	2079,63	63889,20	1774,70	65412,07	1557,43	66957,60	1394,95
56000	63523,50	2117,45	65050,92	1806,97	66601,50	1585,75	68174,88	1420,31
57000	64657,80	2155,26	66212,65	1839,24	67790,53	1614,06	69392,16	1445,67
58000	65792,10	2193,07	67374,00	1871,50	68979,96	1642,38	70609,93	1471,04
59000	66926,10	2230,87	68535,72	1903,77	70169,40	1670,70	71827,21	1496,40
60000	68060,70	2268,69	69697,44	1936,04	71358,85	1699,02	73044,49	1521,76
61000	69195,00	2306,50	70859,16	1968,31	72547,86	1727,33	74261,76	1547,12
62000	70329,60	2344,32	72020,52	2000,57	73737,30	1755,65	75479,52	1572,49
64000	72598,20	2419,94	74343,96	2065,11	76115,76	1812,28	77914,08	1623,21
66000	74866,81	2495,56	76666,68	2129,63	78494,65	1868,92	80349,12	1673,94
68000	77135,70	2571,19	78990,48	2194,18	80873,10	1925,55	82783,68	1724,66
70000	79404,31	2646,81	81313,56	2258,71	83251,56	1982,18	85218,72	1775,39
72000	81672,90	2722,43	83637,00	2323,25	85630,44	2038,82	87653,28	1826,11
74000	83941,81	2798,06	85960,08	2387,78	88008,90	2095,45	90088,32	1876,84
76000	86210,40	2873,68	88283,52	2452,32	90387,78	2152,09	92522,88	1927,56
78000	88479,00	2949,30	90606,60	2516,85	92766,24	2208,72	94957,92	1978,29
80000	90747,59	3024,92	92929,33	2581,37	95144,71	2265,35	97392,49	2029,01
82000	93016,50	3100,55	95253,12	2645,92	97523,58	2321,99	99827,52	2079,74
84000	95285,09	3176,17	97576,19	2710,45	99902,05	2378,62	102262,10	2130,46
86000	97553,71	3251,79	99899,64	2774,99	102280,90	2435,26	104697,10	2181,19
88000	99822,59	3327,42	102222,70	2839,52	104659,00	2491,88	107132,20	2231,92
90000	102091,20	3403,04	104546,20	2904,06	107037,90	2548,52	109566,20	2282,63
92000	104359,80	3478,66	106869,20	2968,59	109416,30	2605,15	112001,80	2333,37
94000	106628,70	3554,29	109192,70	3033,13	111795,20	2661,79	114436,30	2384,09
96000	108897,30	3629,91	111515,80	3097,56	114173,60	2718,42	116871,40	2434,82
98000	111165,90	3705,53	113839,20	3162,20	116552,50	2775,06	119305,90	2485,54
100000	113434,80	3781,16	116162,30	3226,73	118931,00	2831,69	121741,00	2536,27

Montant	54 MOIS		60 MOIS		66 MOIS		72 MOIS	
	Paiement Total	Paiement Mensuel	Paiement Total	Paiement Mensuel	Paiement Total	Paiement Mensuel	Paiement Total	Paiement Mensuel
37000	46098,72	853,68	47168,40	786,14	48253,26	731,11	49353,12	685,46
38000	47344,50	876,75	48443,40	807,39	49557,42	750,87	50686,56	703,98
39000	48590,82	899,83	49718,40	828,64	50861,58	770,63	52020,72	722,51
40000	49836,60	922,90	50992,80	849,88	52165,74	790,39	53354,88	741,04
41000	51082,38	945,97	52267,80	871,13	53469,90	810,15	54688,32	759,56
42000	52328,16	969,04	53542,80	892,38	54774,06	829,91	56022,48	778,09
43000	53574,48	992,12	54817,80	913,63	56078,22	849,67	57355,92	796,61
44000	54820,26	1015,19	56092,20	934,87	57382,38	869,43	58690,08	815,14
45000	56066,04	1038,26	57367,20	956,12	58686,54	889,19	60024,24	833,67
46000	57311,28	1061,32	58642,20	977,37	59990,70	908,95	61357,68	852,19
47000	58558,14	1084,41	59916,60	998,61	61294,86	928,71	62691,84	870,72
48000	59803,92	1107,48	61191,60	1019,86	62599,02	948,47	64025,28	889,24
49000	61049,71	1130,55	62466,60	1041,11	63903,18	968,23	65359,44	907,77
50000	62295,48	1153,62	63741,60	1062,36	65207,34	987,99	66692,88	926,29
51000	63541,26	1176,69	65016,00	1083,60	66511,50	1007,75	68027,04	944,82
52000	64787,58	1199,77	66291,00	1104,85	67815,66	1027,51	69361,20	963,35
53000	66033,36	1222,84	67566,00	1126,10	69119,82	1047,27	70694,65	981,87
54000	67279,15	1245,91	68840,40	1147,34	70423,99	1067,03	72028,81	1000,40
55000	68525,46	1268,99	70115,40	1168,59	71728,15	1086,79	73362,24	1018,92
56000	69771,25	1292,06	71390,40	1189,84	73032,31	1106,55	74695,68	1037,44
57000	71017,02	1315,13	72665,40	1211,09	74336,46	1126,31	76030,56	1055,98
58000	72262,80	1338,20	73939,20	1232,32	75639,96	1146,06	77364,00	1074,50
59000	73509,13	1361,28	75214,20	1253,57	76944,12	1165,82	78698,16	1093,03
60000	74754,90	1384,35	76489,20	1274,82	78248,94	1185,59	80031,60	1111,55
61000	76000,68	1407,42	77763,60	1296,06	79553,10	1205,35	81365,04	1130,07
62000	77246,46	1430,49	79039,20	1317,32	80857,26	1225,11	82699,93	1148,61
64000	79738,56	1476,64	81589,20	1359,82	83465,58	1264,63	85367,52	1185,66
66000	82230,13	1522,78	84138,60	1402,31	86073,24	1304,14	88035,12	1222,71
68000	84722,22	1568,93	86688,00	1444,80	88681,56	1343,66	90702,72	1259,76
70000	87213,78	1615,07	89238,00	1487,30	91289,88	1383,18	93370,33	1296,81
72000	89705,88	1661,22	91787,41	1529,79	93898,19	1422,70	96037,92	1333,86
74000	92197,44	1707,36	94337,41	1572,29	96506,52	1462,22	98706,24	1370,92
76000	94689,54	1753,51	96886,81	1614,78	99114,84	1501,74	101373,80	1407,97
78000	97181,10	1799,65	99436,81	1657,28	101723,20	1541,26	104041,40	1445,02
80000	99673,21	1845,80	101986,20	1699,77	104331,50	1580,78	106709,00	1482,07
82000	102164,80	1891,94	104535,60	1742,26	106939,80	1620,30	109376,60	1519,12
84000	104656,90	1938,09	107085,60	1784,76	109548,10	1659,82	112045,00	1556,18
86000	107148,40	1984,23	109635,00	1827,25	112156,40	1699,34	114712,60	1593,23
88000	109640,50	2030,38	112185,00	1869,75	114764,80	1738,86	117380,20	1630,28
90000	112132,10	2076,52	114734,40	1912,24	117373,10	1778,38	120047,80	1667,33
92000	114624,20	2122,67	117283,80	1954,73	119981,40	1817,90	122715,40	1704,38
94000	117115,70	2168,81	119833,80	1997,23	122589,70	1857,42	125383,00	1741,43
96000	119607,80	2214,96	122383,20	2039,72	125198,00	1896,94	128051,30	1778,49
98000	122099,40	2261,10	124933,20	2082,22	127806,40	1936,46	130718,90	1815,54
100000	124591,50	2307,25	127482,60	2124,71	130414,70	1975,98	133386,50	1852,59

85

INTÉRÊT DE **10,5 %**

Montant	6 MOIS Paiement Total	Paiement Mensuel	12 MOIS Paiement Total	Paiement Mensuel	18 MOIS Paiement Total	Paiement Mensuel	24 MOIS Paiement Total	Paiement Mensuel
1000	1030,86	171,81	1057,80	88,15	1085,22	60,29	1113,12	46,38
1500	1546,26	257,71	1586,64	132,22	1627,74	90,43	1669,44	69,56
2000	2061,72	343,62	2115,60	176,30	2170,44	120,58	2226,00	92,75
2500	2577,12	429,52	2644,44	220,37	2712,96	150,72	2782,56	115,94
3000	3092,58	515,43	3173,40	264,45	3255,48	180,86	3339,12	139,13
3500	3607,98	601,33	3702,12	308,51	3798,18	211,01	3895,68	162,32
4000	4123,44	687,24	4231,20	352,60	4340,70	241,15	4452,00	185,50
4500	4638,84	773,14	4760,04	396,67	4883,22	271,29	5008,56	208,69
5000	5154,24	859,04	5288,88	440,74	5425,92	301,44	5565,12	231,88
5500	5669,70	944,95	5817,84	484,82	5968,44	331,58	6121,68	255,07
6000	6185,10	1030,85	6346,68	528,89	6511,14	361,73	6678,24	278,26
6500	6700,56	1116,76	6875,52	572,96	7053,66	391,87	7234,80	301,45
7000	7215,96	1202,66	7404,36	617,03	7596,18	422,01	7791,12	324,63
7500	7731,36	1288,56	7933,44	661,12	8138,88	452,16	8347,68	347,82
8000	8246,82	1374,47	8462,28	705,19	8681,40	482,30	8904,24	371,01
8500	8762,28	1460,38	8991,24	749,27	9224,10	512,45	9460,80	394,20
9000	9277,68	1546,28	9520,08	793,34	9766,62	542,59	10017,36	417,39
9500	9793,08	1632,18	10049,04	837,42	10309,14	572,73	10573,68	440,57
10000	10308,54	1718,09	10577,88	881,49	10851,84	602,88	11130,24	463,76
11000	11339,40	1889,90	11635,68	969,64	11937,06	663,17	12243,36	510,14
12000	12370,26	2061,71	12693,48	1057,79	13022,10	723,45	13356,24	556,51
13000	13401,12	2233,52	13751,16	1145,93	14107,32	783,74	14469,36	602,89
14000	14431,92	2405,32	14809,08	1234,09	15192,54	844,03	15582,48	649,27
15000	15462,72	2577,12	15866,76	1322,23	16277,76	904,32	16695,36	695,64
16000	16493,64	2748,94	16924,56	1410,38	17362,98	964,61	17808,48	742,02
17000	17524,50	2920,75	17982,36	1498,53	18448,02	1024,89	18921,60	788,40
18000	18555,36	3092,56	19040,16	1586,68	19533,24	1085,18	20034,48	834,77
19000	19586,22	3264,37	20097,96	1674,83	20618,46	1145,47	21147,60	881,15
20000	20617,08	3436,18	21155,76	1762,98	21703,68	1205,76	22260,48	927,52
21000	21647,94	3607,99	22213,56	1851,13	22788,72	1266,04	23373,60	973,90
22000	22678,80	3779,80	23271,36	1939,28	23873,94	1326,33	24486,72	1020,28
23000	23709,66	3951,61	24329,16	2027,43	24959,16	1386,62	25599,60	1066,65
24000	24740,46	4123,41	25386,96	2115,58	26044,38	1446,91	26712,72	1113,03
25000	25771,32	4295,22	26444,64	2203,72	27129,60	1507,20	27825,84	1159,41
26000	26802,12	4467,02	27502,44	2291,87	28214,64	1567,48	28938,72	1205,78
27000	7833,04	4638,84	28560,24	2380,02	29299,86	1627,77	30051,84	1252,16
28000	28863,90	4810,65	29618,04	2468,17	30385,08	1688,06	31164,72	1298,53
29000	29894,76	4982,46	30675,84	2556,32	31470,30	1748,35	32277,84	1344,91
30000	30925,62	5154,27	31733,64	2644,47	32555,34	1808,63	33390,96	1391,29
31000	31956,48	5326,08	32791,44	2732,62	33640,56	1868,92	34503,84	1437,66
32000	32987,34	5497,89	33849,24	2820,77	34725,78	1929,21	35616,96	1484,04
33000	34018,14	5669,69	34907,04	2908,92	35811,00	1989,50	36730,08	1530,42
34000	35049,00	5841,50	35964,84	2997,07	36896,22	2049,79	37842,96	1576,79
35000	36079,86	6013,31	37022,52	3085,21	37981,26	2110,07	38956,08	1623,17
36000	37110,72	6185,12	38080,32	3173,36	39066,48	2170,36	40068,96	1669,54

86

Montant	30 MOIS Paiement Total	Paiement Mensuel	36 MOIS Paiement Total	Paiement Mensuel	42 MOIS Paiement Total	Paiement Mensuel	48 MOIS Paiement Total	Paiement Mensuel
1000	1141,20	38,04	1170,00	32,50	1199,10	28,55	1228,80	25,60
1500	1712,10	57,07	1755,00	48,75	1798,86	42,83	1843,68	38,41
2000	2282,40	76,08	2340,36	65,01	2398,62	57,11	2458,08	51,21
2500	2853,30	95,11	2925,36	81,26	2998,38	71,39	3072,48	64,01
3000	3423,90	114,13	3510,36	97,51	3597,72	85,66	3686,88	76,81
3500	3994,80	133,16	4095,36	113,76	4197,48	99,94	4301,28	89,61
4000	4565,10	152,17	4680,00	130,00	4797,24	114,22	4915,68	102,41
4500	5136,00	171,20	5265,00	146,25	5397,00	128,50	5530,56	115,22
5000	5706,60	190,22	5850,00	162,50	5996,34	142,77	6144,96	128,02
5500	6277,20	209,24	6435,36	178,76	6596,10	157,05	6759,36	140,82
6000	6848,10	228,27	7020,72	195,02	7195,86	171,33	7373,76	153,62
6500	7418,70	247,29	7605,72	211,27	7795,62	185,61	7988,16	166,42
7000	7989,30	266,31	8190,72	227,52	8394,96	199,88	8602,56	179,22
7500	8559,60	285,32	8775,72	243,77	8994,72	214,16	9217,44	192,03
8000	9130,50	304,35	9360,36	260,01	9594,48	228,44	9831,84	204,83
8500	9701,40	323,38	9945,36	276,26	10194,24	242,72	10446,24	217,63
9000	10272,00	342,40	10530,36	292,51	10793,58	256,99	11060,64	230,43
9500	10842,60	361,42	11115,36	308,76	11392,92	271,26	11675,04	243,23
10000	11413,20	380,44	11701,08	325,03	11992,68	285,54	12289,44	256,03
11000	12554,70	418,49	12871,08	357,53	13192,20	314,10	13518,72	281,64
12000	13695,90	456,53	14041,08	390,03	14391,72	342,66	14747,52	307,24
13000	14837,40	494,58	15211,08	422,53	15590,82	371,21	15976,80	332,85
14000	15978,60	532,62	16381,44	455,04	16790,34	399,77	17205,60	358,45
15000	17120,10	570,67	17551,44	487,54	17989,44	428,32	18434,40	384,05
16000	18261,30	608,71	18721,08	520,03	19188,96	456,88	19663,68	409,66
17000	19402,80	646,76	19891,08	552,53	20388,06	485,43	20892,48	435,26
18000	20544,00	684,80	21061,80	585,05	21587,58	513,99	22121,28	460,86
19000	21685,50	722,85	22231,80	617,55	22786,26	542,53	23350,56	486,47
20000	22826,70	760,89	23401,80	650,05	23985,78	571,09	24579,36	512,07
21000	23967,90	798,93	24571,80	682,55	25185,30	599,65	25808,16	537,67
22000	25109,40	836,98	25742,16	715,06	26384,82	628,21	27037,44	563,28
23000	26250,60	875,02	26912,16	747,56	27583,92	656,76	28266,24	588,88
24000	27392,10	913,07	28082,16	780,06	28783,44	685,32	29495,04	614,48
25000	28533,30	951,11	29252,16	812,56	29982,54	713,87	30724,32	640,09
26000	29674,80	989,16	30422,52	845,07	31182,06	742,43	31953,12	665,69
27000	30815,70	1027,19	31592,52	877,57	32381,16	770,98	33181,92	691,29
28000	31957,50	1065,25	32762,52	910,07	33580,68	799,54	34411,20	716,90
29000	33098,70	1103,29	33932,52	942,57	34779,78	828,09	35640,00	742,50
30000	34239,60	1141,32	35102,88	975,08	35979,30	856,65	36868,80	768,10
31000	35381,40	1179,38	36272,88	1007,58	37178,40	885,20	38098,08	793,71
32000	36522,60	1217,42	37442,52	1040,07	38377,92	913,76	39326,88	819,31
33000	37664,10	1255,47	38612,52	1072,57	39577,02	942,31	40555,68	844,91
34000	38805,30	1293,51	39783,24	1105,09	40776,54	970,87	41784,96	870,52
35000	39946,80	1331,56	40953,24	1137,59	41975,64	999,42	43013,76	896,12
36000	41088,00	1369,60	42123,24	1170,09	43174,74	1027,97	44243,04	921,73

INTÉRÊT DE **10,5 %**

	54 MOIS		**60** MOIS		**66** MOIS		**72** MOIS	
Montant	Paiement Total	Paiement Mensuel	Paiement Total	Paiement Mensuel	Paiement Total	Paiement Mensuel	Paiement Total	Paiement Mensuel
1000	1259,28	23,32	1289,40	21,49	1320,66	20,01	1352,16	18,78
1500	1888,38	34,97	1934,40	32,24	1980,66	30,01	2028,24	28,17
2000	2518,02	46,63	2579,40	42,99	2641,32	40,02	2704,32	37,56
2500	3147,66	58,29	3223,80	53,73	3301,32	50,02	3380,40	46,95
3000	3776,76	69,94	3868,80	64,48	3961,98	60,03	4056,48	56,34
3500	4406,94	81,61	4513,80	75,23	4621,98	70,03	4732,56	65,73
4000	5036,58	93,27	5158,80	85,98	5282,64	80,04	5408,64	75,12
4500	5665,68	104,92	5803,20	96,72	5942,64	90,04	6084,72	84,51
5000	6295,32	116,58	6448,20	107,47	6603,30	100,05	6760,80	93,90
5500	6924,96	128,24	7093,20	118,22	7263,30	110,05	7436,16	103,28
6000	7554,06	139,89	7737,60	128,96	7923,96	120,06	8112,24	112,67
6500	8184,24	151,56	8382,60	139,71	8583,96	130,06	8788,32	122,06
7000	8813,34	163,21	9027,60	150,46	9244,62	140,07	9464,40	131,45
7500	9442,98	174,87	9672,00	161,20	9904,62	150,07	10140,48	140,84
8000	10072,62	186,53	10317,00	171,95	10565,28	160,08	10816,56	150,23
8500	10702,26	198,19	10962,00	182,70	11225,28	170,08	11492,64	159,62
9000	11331,90	209,85	11607,00	193,45	11885,94	180,09	12168,72	169,01
9500	11961,00	221,50	12251,40	204,19	12545,94	190,09	12844,80	178,40
10000	12590,64	233,16	12896,40	214,94	13206,60	200,10	13520,88	187,79
11000	13849,92	256,48	14185,80	236,43	14527,26	220,11	14873,04	206,57
12000	15108,66	279,79	15475,80	257,93	15847,92	240,12	16225,20	225,35
13000	16367,40	303,10	16765,20	279,42	17168,58	260,13	17577,36	244,13
14000	17627,22	326,43	18055,20	300,92	18489,24	280,14	18929,52	262,91
15000	18885,96	349,74	19344,60	322,41	19809,90	300,15	20281,68	281,69
16000	20145,24	373,06	20634,00	343,90	21130,56	320,16	21633,12	300,46
17000	21404,52	396,38	21924,00	365,40	22451,22	340,17	22985,28	319,24
18000	22663,26	419,69	23213,40	386,89	23771,88	360,18	24337,44	338,02
19000	23922,54	443,01	24503,40	408,39	25092,54	380,19	25689,60	356,80
20000	25181,82	466,33	25792,80	429,88	26412,54	400,19	27041,76	375,58
21000	26440,56	489,64	27082,20	451,37	27733,20	420,20	28393,92	394,36
22000	27699,84	512,96	28372,20	472,87	29053,86	440,21	29746,08	413,14
23000	28958,58	536,27	29661,60	494,36	30374,52	460,22	31098,24	431,92
24000	30217,86	559,59	30951,60	515,86	31695,18	480,23	32450,40	450,70
25000	31476,60	582,90	32240,40	537,34	33015,84	500,24	33802,56	469,48
26000	32735,34	606,21	33530,40	558,84	34336,50	520,25	35154,00	488,25
27000	33994,62	629,53	34820,40	580,34	35657,16	540,26	36506,16	507,03
28000	35254,44	652,86	36109,80	601,83	36977,82	560,27	37858,32	525,81
29000	36513,18	676,17	37399,80	623,33	38298,48	580,28	39210,48	544,59
30000	37772,46	699,49	38689,20	644,82	39618,48	600,28	40562,64	563,37
31000	39031,20	722,80	39978,60	666,31	40939,80	620,30	41914,80	582,15
32000	40290,48	746,12	41268,60	687,81	42260,46	640,31	43266,96	600,93
33000	41549,76	769,44	42558,00	709,30	43581,12	660,32	44619,12	619,71
34000	42808,50	792,75	43848,00	730,80	44901,78	680,33	45971,28	638,49
35000	44067,78	816,07	45137,40	752,29	46222,44	700,34	47323,44	657,27
36000	45327,07	839,39	46426,80	773,78	47543,10	720,35	48675,60	676,05

	6 MOIS		12 MOIS		18 MOIS		24 MOIS	
Montant	Paiement Total	Paiement Mensuel	Paiement Total	Paiement Mensuel	Paiement Total	Paiement Mensuel	Paiement Total	Paiement Mensuel
37000	38141,58	6356,49	39138,12	3261,51	40151,52	2230,64	41182,08	1715,92
38000	39172,44	6528,74	40195,92	3349,66	41236,92	2290,94	42295,21	1762,30
39000	40203,30	6700,55	41253,72	3437,81	42322,14	2351,23	43408,08	1808,67
40000	41234,16	6872,36	42311,52	3525,96	43407,18	2411,51	44521,21	1855,05
41000	42265,02	7044,17	43369,32	3614,11	44492,40	2471,80	45634,32	1901,43
42000	43295,82	7215,97	44427,12	3702,26	45577,62	2532,09	46747,21	1947,80
43000	44326,68	7387,78	45484,92	3790,41	46662,67	2592,37	47860,32	1994,18
44000	45357,54	7559,59	46542,72	3878,56	47747,88	2652,66	48973,21	2040,55
45000	46388,40	7731,40	47600,40	3966,70	48833,10	2712,95	50086,32	2086,93
46000	47419,26	7903,21	48658,21	4054,85	49918,32	2773,24	51199,44	2133,31
47000	48450,12	8075,02	49716,00	4143,00	51003,54	2833,53	52312,32	2179,68
48000	49480,98	8246,83	50773,80	4231,15	52088,76	2893,82	53425,44	2226,06
49000	50511,78	8418,63	51831,48	4319,29	53173,80	2954,10	54538,32	2272,43
50000	51542,71	8590,45	52889,40	4407,45	54259,02	3014,39	55651,44	2318,81
51000	52573,56	8762,26	53947,21	4495,60	55344,24	3074,68	56764,56	2365,19
52000	53604,30	8934,05	55005,00	4583,75	56429,46	3134,97	57877,44	2411,56
53000	54635,22	9105,87	56062,80	4671,90	57514,50	3195,25	58990,56	2457,94
54000	55666,08	9277,68	57120,48	4760,04	58599,72	3255,54	60103,68	2504,32
55000	56696,94	9449,49	58178,28	4848,19	59684,94	3315,83	61216,56	2550,69
56000	57727,80	9621,30	59236,08	4936,34	60770,17	3376,12	62329,68	2597,07
57000	58758,67	9793,11	60293,89	5024,49	61855,38	3436,41	63442,56	2643,44
58000	59789,52	9964,92	61351,68	5112,64	62940,42	3496,69	64555,68	2689,82
59000	60820,39	10136,73	62409,48	5200,79	64025,64	3556,98	65668,80	2736,20
60000	61851,24	10308,54	63467,28	5288,94	65110,86	3617,27	66781,68	2782,57
61000	62882,04	10480,34	64525,08	5377,09	66196,08	3677,56	67894,80	2828,95
62000	63912,90	10652,15	65582,88	5465,24	67281,31	3737,85	69007,93	2875,33
64000	65974,62	10995,77	67698,49	5641,54	69451,56	3858,42	71233,93	2968,08
66000	68036,34	11339,39	69813,96	5817,83	71622,00	3979,00	73459,93	3060,83
68000	70098,06	11683,01	71929,56	5994,13	73792,08	4099,56	75685,93	3153,58
70000	72159,72	12026,62	74045,16	6170,43	75962,70	4220,15	77912,16	3246,34
72000	74221,44	12370,24	76160,76	6346,73	78132,96	4340,72	80138,16	3339,09
74000	76283,16	12713,86	78276,36	6523,03	80303,22	4461,29	82364,16	3431,84
76000	78344,88	13057,48	80391,84	6699,32	82473,66	4581,87	84590,16	3524,59
78000	80406,60	13401,10	82507,44	6875,62	84644,10	4702,45	86816,41	3617,35
80000	82468,26	13744,71	84623,04	7051,92	86814,36	4823,02	89042,41	3710,10
82000	84529,99	14088,33	86738,64	7228,22	88984,81	4943,60	91268,41	3802,85
84000	86591,71	14431,95	88854,24	7404,52	91155,24	5064,18	93494,41	3895,60
86000	88653,42	14775,57	90969,72	7580,81	93325,50	5184,75	95720,41	3988,35
88000	90715,14	15119,19	93085,32	7757,11	95495,94	5305,33	97946,64	4081,11
90000	92776,80	15462,80	95200,92	7933,41	97666,19	5425,90	100172,60	4173,86
92000	94838,52	15806,42	97316,52	8109,71	99836,64	5546,48	102398,60	4266,61
94000	96900,24	16150,04	99432,12	8286,01	102007,10	5667,06	104624,60	4359,36
96000	98961,96	16493,66	101547,60	8462,30	104177,30	5787,63	106850,90	4452,12
98000	101023,60	16837,27	103663,10	8638,59	106347,80	5908,21	109076,90	4544,87
100000	103085,30	17180,89	105778,80	8814,90	108518,00	6028,78	111302,90	4637,62

INTÉRÊT DE **10,5 %**

	30 MOIS		36 MOIS		42 MOIS		48 MOIS	
Montant	Paiement Total	Paiement Mensuel	Paiement Total	Paiement Mensuel	Paiement Total	Paiement Mensuel	Paiement Total	Paiement Mensuel
37000	42229,50	1407,65	43293,60	1202,60	44374,26	1056,53	45471,84	947,33
38000	43370,70	1445,69	44463,60	1235,10	45572,94	1085,07	46700,64	972,93
39000	44511,90	1483,73	45633,60	1267,60	46772,88	1113,64	47929,92	998,54
40000	45653,40	1521,78	46803,60	1300,10	47971,57	1142,18	49158,72	1024,14
41000	46794,60	1559,82	47973,96	1332,61	49171,50	1170,75	50387,52	1049,74
42000	47936,10	1597,87	49143,96	1365,11	50370,60	1199,30	51616,80	1075,35
43000	49077,30	1635,91	50313,96	1397,61	51570,12	1227,86	52845,12	1100,94
44000	50218,80	1673,96	51483,96	1430,11	52769,23	1256,41	54074,40	1126,55
45000	51360,00	1712,00	52654,32	1462,62	53968,74	1284,97	55303,68	1152,16
46000	52501,50	1750,05	53824,32	1495,12	55167,84	1313,52	56532,48	1177,76
47000	53642,70	1788,09	54994,32	1527,62	56367,36	1342,08	57761,28	1203,36
48000	54783,90	1826,13	56164,32	1560,12	57566,46	1370,63	58990,56	1228,97
49000	55925,40	1864,18	57334,68	1592,63	58765,98	1399,19	60218,89	1254,56
50000	57066,60	1902,22	58504,68	1625,13	59965,08	1427,74	61448,17	1280,17
51000	58208,10	1940,27	59674,68	1657,63	61164,60	1456,30	62677,44	1305,78
52000	59349,30	1978,31	60844,68	1690,13	62363,70	1484,85	63906,24	1331,38
53000	60490,80	2016,36	62015,04	1722,64	63563,23	1513,41	65135,04	1356,98
54000	61631,70	2054,39	63185,04	1755,14	64762,32	1541,96	66364,32	1382,59
55000	62773,50	2092,45	64355,04	1787,64	65961,85	1570,52	67593,12	1408,19
56000	63914,70	2130,49	65525,04	1820,14	67160,94	1599,07	68821,93	1433,79
57000	65055,90	2168,53	66695,40	1852,65	68360,46	1627,63	70051,21	1459,40
58000	66197,41	2206,58	67865,40	1885,15	69559,56	1656,18	71280,00	1485,00
59000	67338,60	2244,62	69035,40	1917,65	70759,08	1684,74	72508,80	1510,60
60000	68480,10	2282,67	70205,40	1950,15	71958,18	1713,29	73738,08	1536,21
61000	69621,30	2320,71	71375,76	1982,66	73157,70	1741,85	74966,88	1561,81
62000	70762,80	2358,76	72545,76	2015,16	74356,80	1770,40	76196,16	1587,42
64000	73045,50	2434,85	74885,40	2080,15	76755,43	1827,51	78653,76	1638,62
66000	75328,20	2510,94	77226,12	2145,17	79154,04	1884,62	81111,84	1689,83
68000	77610,60	2587,02	79566,12	2210,17	81552,66	1941,73	83569,93	1741,04
70000	79893,31	2663,11	81906,48	2275,18	83951,28	1998,84	86027,52	1792,24
72000	82176,00	2739,20	84246,48	2340,18	86349,90	2055,95	88485,59	1843,45
74000	84458,71	2815,29	86586,84	2405,19	88748,52	2113,06	90943,68	1894,66
76000	86741,40	2891,38	88927,19	2470,20	91147,14	2170,17	93401,28	1945,86
78000	89024,10	2967,47	91267,19	2535,20	93545,76	2227,28	95859,36	1997,07
80000	91306,81	3043,56	93607,56	2600,21	95943,96	2284,38	98317,44	2048,28
82000	93589,50	3119,65	95947,56	2665,21	98343,00	2341,50	100775,00	2099,48
84000	95872,21	3195,74	98287,92	2730,22	100741,60	2398,61	103233,10	2150,69
86000	98154,60	3271,82	100627,90	2795,22	103140,20	2455,72	105690,70	2201,89
88000	100437,30	3347,91	102968,30	2860,23	105538,90	2512,83	108149,30	2253,11
90000	102720,00	3424,00	105308,30	2925,23	107937,50	2569,94	110606,90	2304,31
92000	105002,70	3500,09	107648,60	2990,24	110336,10	2627,05	113065,00	2355,52
94000	107285,40	3576,18	109988,60	3055,24	112734,70	2684,16	115523,00	2406,73
96000	109568,10	3652,27	112329,00	3120,25	115133,40	2741,27	117980,60	2457,93
98000	111850,80	3728,36	114669,00	3185,25	117532,00	2798,38	120438,20	2509,13
100000	114133,50	3804,45	117009,40	3250,26	119930,60	2855,49	122896,80	2560,35

90

Montant	54 MOIS		60 MOIS		66 MOIS		72 MOIS	
	Paiement Total	Paiement Mensuel	Paiement Total	Paiement Mensuel	Paiement Total	Paiement Mensuel	Paiement Total	Paiement Mensuel
37000	46585,80	862,70	47716,80	795,28	48863,76	740,36	50027,04	694,82
38000	47845,08	886,02	49006,21	816,77	50184,42	760,37	51379,20	713,60
39000	49103,82	909,33	50296,21	838,27	51505,08	780,38	52731,36	732,38
40000	50363,10	932,65	51585,60	859,76	52825,74	800,39	54083,52	751,16
41000	51622,38	955,97	52875,00	881,25	54146,40	820,40	55435,68	769,94
42000	52881,12	979,28	54165,00	902,75	55467,06	840,41	56787,84	788,72
43000	54140,40	1002,60	55454,40	924,24	56787,72	860,42	58140,00	807,50
44000	55399,69	1025,92	56744,40	945,74	58108,38	880,43	59492,17	826,28
45000	56658,42	1049,23	58033,80	967,23	59429,04	900,44	60844,32	845,06
46000	57917,71	1072,55	59323,20	988,72	60749,70	920,45	62196,48	863,84
47000	59176,98	1095,87	60613,20	1010,22	62070,36	940,46	63547,92	882,61
48000	60435,73	1119,18	61902,60	1031,71	63391,02	960,47	64900,08	901,39
49000	61695,00	1142,50	63191,40	1053,19	64711,68	980,48	66252,24	920,17
50000	62953,74	1165,81	64481,40	1074,69	66032,34	1000,49	67604,40	938,95
51000	64213,02	1189,13	65770,81	1096,18	67353,00	1020,50	68956,56	957,73
52000	65471,76	1212,44	67060,81	1117,68	68673,66	1040,51	70308,72	976,51
53000	66731,04	1235,76	68350,81	1139,18	69994,32	1060,52	71660,88	995,29
54000	67989,78	1259,07	69640,21	1160,67	71314,99	1080,53	73013,04	1014,07
55000	69249,60	1282,40	70930,21	1182,17	72635,65	1100,54	74365,20	1032,85
56000	70508,34	1305,71	72219,60	1203,66	73956,31	1120,55	75717,36	1051,63
57000	71767,63	1329,03	73509,60	1225,16	75276,96	1140,56	77068,81	1070,40
58000	73026,36	1352,34	74799,00	1246,65	76596,96	1160,56	78420,96	1089,18
59000	74285,65	1375,66	76088,40	1268,14	77916,96	1180,56	79773,12	1107,96
60000	75544,93	1398,98	77378,40	1289,64	79237,62	1200,57	81125,28	1126,74
61000	76803,66	1422,29	78667,80	1311,13	80558,94	1220,59	82477,44	1145,52
62000	78062,94	1445,61	79957,80	1332,63	81879,60	1240,60	83829,60	1164,30
64000	80580,96	1492,24	82536,60	1375,61	84520,92	1280,62	86533,92	1201,86
66000	83098,98	1538,87	85116,00	1418,60	87162,24	1320,64	89238,24	1239,42
68000	85617,54	1585,51	87695,40	1461,59	89803,56	1360,66	91941,84	1276,97
70000	88135,56	1632,14	90274,80	1504,58	92444,88	1400,68	94646,16	1314,53
72000	90653,58	1678,77	92854,19	1547,57	95086,19	1440,70	97350,48	1352,09
74000	93171,60	1725,40	95433,00	1590,55	97727,52	1480,72	100054,80	1389,65
76000	95690,16	1772,04	98012,41	1633,54	100368,80	1520,74	102759,10	1427,21
78000	98208,18	1818,67	100591,80	1676,53	103010,20	1560,76	105462,70	1464,76
80000	100726,20	1865,30	103171,20	1719,52	105651,50	1600,78	108167,00	1502,32
82000	103244,20	1911,93	105750,60	1762,51	108292,80	1640,80	110871,40	1539,88
84000	105762,80	1958,57	108329,40	1805,49	110934,10	1680,82	113575,70	1577,44
86000	108280,80	2005,20	110908,80	1848,48	113575,40	1720,84	116280,00	1615,00
88000	110798,80	2051,83	113488,20	1891,47	116216,80	1760,86	118983,60	1652,55
90000	113317,40	2098,47	116067,60	1934,46	118858,10	1800,88	121687,90	1690,11
92000	115835,40	2145,10	118647,00	1977,45	121499,40	1840,90	124392,20	1727,67
94000	118353,40	2191,73	121225,80	2020,43	124140,70	1880,92	127096,60	1765,23
96000	120871,50	2238,36	123805,20	2063,42	126782,00	1920,94	129800,90	1802,79
98000	123390,00	2285,00	126384,00	2106,40	129422,70	1960,95	132505,20	1840,35
100000	125907,50	2331,62	128963,40	2149,39	132064,00	2000,97	135208,80	1877,90

INTÉRÊT DE 11 %

	6 MOIS		12 MOIS		18 MOIS		24 MOIS	
Montant	Paiement Total	Paiement Mensuel	Paiement Total	Paiement Mensuel	Paiement Total	Paiement Mensuel	Paiement Total	Paiement Mensuel
1000	1032,30	172,05	1060,56	88,38	1089,36	60,52	1118,64	46,61
1500	1548,42	258,07	1590,84	132,57	1634,04	90,78	1677,84	69,91
2000	2064,66	344,11	2121,12	176,76	2178,72	121,04	2237,28	93,22
2500	2580,78	430,13	2651,40	220,95	2723,40	151,30	2796,48	116,52
3000	3096,90	516,15	3181,68	265,14	3267,90	181,55	3355,68	139,82
3500	3613,14	602,19	3711,84	309,32	3812,58	211,81	3915,12	163,13
4000	4129,32	688,22	4242,36	353,53	4357,26	242,07	4474,32	186,43
4500	4645,44	774,24	4772,64	397,72	4901,76	272,32	5033,52	209,73
5000	5161,62	860,27	5302,92	441,91	5446,62	302,59	5592,96	233,04
5500	5677,80	946,30	5833,20	486,10	5991,30	332,85	6152,16	256,34
6000	6193,86	1032,31	6363,36	530,28	6535,98	363,11	6711,60	279,65
6500	6710,10	1118,35	6893,76	574,48	7080,66	393,37	7270,80	302,95
7000	7226,28	1204,38	7424,04	618,67	7625,34	423,63	7830,00	326,25
7500	7742,40	1290,40	7954,32	662,86	8170,02	453,89	8389,44	349,56
8000	8258,58	1376,43	8484,60	707,05	8714,70	484,15	8948,64	372,86
8500	8774,76	1462,46	9014,88	751,24	9259,20	514,40	9508,08	396,17
9000	9290,88	1548,48	9545,16	795,43	9803,70	544,65	10067,28	419,47
9500	9807,06	1634,51	10075,44	839,62	10348,56	574,92	10626,48	442,77
10000	10323,24	1720,54	10605,72	883,81	10893,24	605,18	11185,92	466,08
11000	11355,54	1892,59	11666,28	972,19	11982,60	665,70	12304,32	512,68
12000	12387,78	2064,63	12726,84	1060,57	13071,96	726,22	13422,72	559,28
13000	13420,20	2236,70	13787,52	1148,96	14161,32	786,74	14541,60	605,90
14000	14452,50	2408,75	14848,08	1237,34	15250,68	847,26	15660,24	652,51
15000	15484,86	2580,81	15908,64	1325,72	16339,86	907,77	16778,64	699,11
16000	16517,16	2752,86	16969,20	1414,10	17429,22	968,29	17897,28	745,72
17000	17549,46	2924,91	18029,76	1502,48	18518,58	1028,81	19015,92	792,33
18000	18581,82	3096,97	19090,32	1590,86	19607,76	1089,32	20134,56	838,94
19000	19614,12	3269,02	20151,00	1679,25	20697,30	1149,85	21253,20	885,55
20000	20646,42	3441,07	21211,56	1767,63	21786,66	1210,37	22371,60	932,15
21000	21678,78	3613,13	22272,12	1856,01	22875,84	1270,88	23490,24	978,76
22000	22711,08	3785,18	23332,68	1944,39	23965,20	1331,40	24608,88	1025,37
23000	23743,44	3957,24	24393,24	2032,77	25054,56	1391,92	25727,52	1071,98
24000	24775,74	4129,29	25453,68	2121,14	26143,92	1452,44	26845,68	1118,57
25000	25808,04	4301,34	26514,36	2209,53	27233,28	1512,96	27964,32	1165,18
26000	26840,40	4473,40	27574,80	2297,90	28322,64	1573,48	29083,20	1211,80
27000	27872,70	4645,45	28635,60	2386,30	29411,82	1633,99	30201,84	1258,41
28000	28905,00	4817,50	29696,16	2474,68	30501,18	1694,51	31320,24	1305,01
29000	29937,36	4989,56	30756,72	2563,06	31590,54	1755,03	32438,88	1351,62
30000	30969,66	5161,61	31817,28	2651,44	32679,90	1815,55	33557,52	1398,23
31000	32002,02	5333,67	32877,84	2739,82	33769,26	1876,07	34676,16	1444,84
32000	33034,32	5505,72	33938,40	2828,20	34858,62	1936,59	35794,80	1491,45
33000	34066,62	5677,77	34998,96	2916,58	35947,80	1997,10	36913,20	1538,05
34000	35098,98	5849,83	36059,64	3004,97	37037,17	2057,62	38031,84	1584,66
35000	36131,28	6021,88	37120,20	3093,35	38126,34	2118,13	39150,48	1631,27
36000	37163,64	6193,94	38180,76	3181,73	39215,70	2178,65	40269,12	1677,88

Montant	30 MOIS Paiement Total	Paiement Mensuel	36 MOIS Paiement Total	Paiement Mensuel	42 MOIS Paiement Total	Paiement Mensuel	48 MOIS Paiement Total	Paiement Mensuel
1000	1148,40	38,28	1178,64	32,74	1209,18	28,79	1240,80	25,85
1500	1722,60	57,42	1767,96	49,11	1813,98	43,19	1860,96	38,77
2000	2296,80	76,56	2357,28	65,48	2418,78	57,59	2481,12	51,69
2500	2870,90	95,69	2946,60	81,85	3023,16	71,98	3101,28	64,61
3000	3444,90	114,83	3535,92	98,22	3627,96	86,38	3721,92	77,54
3500	4019,10	133,97	4125,24	114,59	4232,76	100,78	4342,08	90,46
4000	4593,30	153,11	4714,20	130,95	4837,54	115,18	4962,24	103,38
4500	5167,50	172,25	5303,52	147,32	5441,94	129,57	5582,40	116,30
5000	5741,70	191,39	5892,84	163,69	6046,74	143,97	6203,04	129,23
5500	6315,90	210,53	6482,16	180,06	6651,54	158,37	6822,72	142,14
6000	6890,10	229,67	7071,48	196,43	7255,92	172,76	7443,36	155,07
6500	7464,30	248,81	7660,80	212,80	7860,72	187,16	8064,00	168,00
7000	8038,50	267,95	8250,12	229,17	8465,52	201,56	8684,16	180,92
7500	8612,10	287,07	8839,44	245,54	9069,90	215,95	9304,32	193,84
8000	9186,60	306,22	9428,76	261,91	9674,70	230,35	9924,48	206,76
8500	9760,50	325,35	10018,08	278,28	10279,34	244,75	10545,12	219,69
9000	10335,00	344,50	10607,40	294,65	10883,88	259,14	11165,28	232,61
9500	10909,20	363,64	11196,36	311,01	11488,68	273,54	11785,44	245,53
10000	11483,40	382,78	11786,04	327,39	12093,48	287,94	12405,60	258,45
11000	12631,80	421,06	12964,32	360,12	13302,66	316,73	13645,92	284,29
12000	13779,90	459,33	14142,96	392,86	14512,26	345,53	14887,20	310,15
13000	14928,30	497,61	15321,60	425,60	15721,44	374,32	16127,52	335,99
14000	16076,70	535,89	16500,24	458,34	16930,62	403,11	17368,32	361,84
15000	17225,10	574,17	17678,88	491,08	18140,22	431,91	18608,64	387,68
16000	18373,50	612,45	18857,52	523,82	19349,40	460,70	19849,44	413,53
17000	19521,30	650,71	20036,16	556,56	20558,58	489,49	21089,76	439,37
18000	20670,00	689,00	21214,08	589,28	21767,75	518,26	22330,56	465,22
19000	21818,40	727,28	22393,08	622,03	22977,36	547,08	23570,88	491,06
20000	22966,80	765,56	23571,72	654,77	24186,96	575,88	24811,20	516,90
21000	24115,20	803,84	24750,36	687,51	25396,14	604,67	26052,00	542,75
22000	25263,30	842,11	25929,00	720,25	26605,32	633,46	27292,32	568,59
23000	26411,70	880,39	27107,64	752,99	27814,92	662,26	28533,12	594,44
24000	27560,10	918,67	28286,28	785,73	29024,10	691,05	29773,44	620,28
25000	28708,50	956,95	29464,56	818,46	30233,28	719,84	31014,72	646,14
26000	29856,90	995,23	30643,20	851,20	31442,88	748,64	32255,04	671,98
27000	31005,00	1033,50	31821,84	883,94	32652,06	777,43	33495,84	697,83
28000	32153,40	1071,78	33000,48	916,68	33861,66	806,23	34736,16	723,67
29000	33301,80	1110,06	34179,12	949,42	35070,84	835,02	35976,96	749,52
30000	34450,20	1148,34	35357,76	982,16	36280,02	863,81	37217,28	775,36
31000	35598,60	1186,62	36536,40	1014,90	37489,62	892,61	38458,08	801,21
32000	36746,70	1224,89	37715,04	1047,64	38698,80	921,40	39698,40	827,05
33000	37895,10	1263,17	38893,32	1080,37	39907,98	950,19	40939,20	852,90
34000	39043,20	1301,44	40071,96	1113,11	41117,58	978,99	42179,52	878,74
35000	40191,90	1339,73	41250,60	1145,85	42326,76	1007,78	43420,32	904,59
36000	41340,00	1378,00	42429,24	1178,59	43535,94	1036,57	44661,12	930,44

INTÉRÊT DE 11 %

	54 MOIS		60 MOIS		66 MOIS		72 MOIS	
Montant	Paiement Total	Paiement Mensuel	Paiement Total	Paiement Mensuel	Paiement Total	Paiement Mensuel	Paiement Total	Paiement Mensuel
1000	1272,24	23,56	1304,40	21,74	1337,16	20,26	1370,16	19,03
1500	1908,36	35,34	1956,60	32,61	2005,74	30,39	2055,60	28,55
2000	2544,48	47,12	2608,80	43,48	2674,32	40,52	2741,04	38,07
2500	3180,60	58,90	3261,60	54,36	3342,90	50,65	3426,48	47,59
3000	3816,72	70,68	3913,80	65,23	4011,48	60,78	4111,20	57,10
3500	4452,84	82,46	4566,00	76,10	4680,06	70,91	4796,64	66,62
4000	5089,50	94,25	5218,20	86,97	5349,30	81,05	5482,08	76,14
4500	5725,62	106,03	5870,40	97,84	6017,88	91,18	6166,80	85,65
5000	6361,74	117,81	6522,60	108,71	6686,46	101,31	6852,24	95,17
5500	6997,86	129,59	7174,80	119,58	7355,04	111,44	7537,68	104,69
6000	7633,98	141,37	7827,00	130,45	8023,62	121,57	8222,40	114,20
6500	8269,56	153,14	8479,80	141,33	8692,20	131,70	8907,84	123,72
7000	8906,22	164,93	9132,00	152,20	9360,78	141,83	9593,28	133,24
7500	9542,34	176,71	9784,20	163,07	10029,36	151,96	10278,00	142,75
8000	10178,46	188,49	10436,46	173,94	10697,94	162,09	10963,44	152,27
8500	10814,58	200,27	11088,60	184,81	11366,52	172,22	11648,16	161,78
9000	11450,70	212,05	11740,80	195,68	12035,10	182,35	12334,32	171,31
9500	12086,82	223,83	12393,00	206,55	12703,68	192,48	13019,04	180,82
10000	12722,94	235,61	13045,20	217,42	13372,26	202,61	13704,48	190,34
11000	13995,72	259,18	14350,20	239,17	14710,08	222,88	15074,64	209,37
12000	15267,96	282,74	15654,60	260,91	16047,24	243,14	16445,52	228,41
13000	16539,66	306,29	16959,00	282,65	17384,40	263,40	17815,68	247,44
14000	17812,44	329,86	18263,40	304,39	18721,56	283,66	19186,56	266,48
15000	19084,68	353,42	19568,40	326,14	20058,72	303,92	20556,72	285,51
16000	20356,92	376,98	20872,80	347,88	21395,88	324,18	21926,88	304,54
17000	21629,16	400,54	22177,20	369,62	22733,04	344,44	23297,04	323,57
18000	22901,94	424,11	23481,60	391,36	24070,86	364,71	24667,92	342,61
19000	24174,18	447,67	24786,00	413,10	25408,02	384,97	26038,80	361,65
20000	25446,42	471,23	26091,00	434,85	26745,18	405,23	27408,96	380,68
21000	26718,66	494,79	27395,40	456,59	28082,34	425,49	28779,12	399,71
22000	27990,36	518,34	28699,80	478,33	29419,50	445,75	30150,00	418,75
23000	29262,60	541,90	30004,20	500,07	30756,66	466,01	31520,16	437,78
24000	30534,84	565,46	31309,20	521,82	32093,82	486,27	32891,04	456,82
25000	31807,62	589,03	32613,60	543,56	33431,64	506,54	34261,20	475,85
26000	33079,86	612,59	33918,00	565,30	34768,80	526,80	35631,36	494,88
27000	34352,10	636,15	35221,80	587,03	36105,96	547,06	37002,24	513,92
28000	35624,88	659,72	36526,80	608,78	37443,12	567,32	38372,40	532,95
29000	36897,12	683,28	37831,80	630,53	38780,28	587,58	39743,28	551,99
30000	38169,36	706,84	39136,20	652,27	40117,44	607,84	41113,44	571,02
31000	39441,60	730,40	40440,60	674,01	41453,94	628,09	42483,60	590,05
32000	40714,38	753,97	41745,60	695,76	42792,42	648,37	43854,48	609,09
33000	41986,62	777,53	43050,00	717,50	44129,58	668,63	45224,64	628,12
34000	43258,86	801,09	44354,40	739,24	45466,74	688,89	46594,80	647,15
35000	44531,10	824,65	45658,80	760,98	46803,90	709,15	47965,68	666,19
36000	45803,34	848,21	46963,20	782,72	48141,06	729,41	49335,84	685,22

94

Montant	6 MOIS Paiement Total	6 MOIS Paiement Mensuel	12 MOIS Paiement Total	12 MOIS Paiement Mensuel	18 MOIS Paiement Total	18 MOIS Paiement Mensuel	24 MOIS Paiement Total	24 MOIS Paiement Mensuel
37000	38195,94	6365,99	39241,32	3270,11	40305,24	2239,18	41387,52	1724,48
38000	39228,24	6538,04	40301,88	3358,49	41394,60	2299,70	42506,16	1771,09
39000	40260,60	6710,10	41362,44	3446,87	42483,78	2360,21	43624,80	1817,70
40000	41292,90	6882,15	42423,00	3535,25	43573,14	2420,73	44743,44	1864,31
41000	42325,21	7054,20	43483,56	3623,63	44662,50	2481,25	45861,84	1910,91
42000	43357,56	7226,26	44544,24	3712,02	45751,86	2541,77	46980,48	1957,52
43000	44389,86	7398,31	45604,80	3800,40	46841,22	2602,29	48099,12	2004,13
44000	45422,16	7570,36	46665,36	3888,78	47930,40	2662,80	49217,76	2050,74
45000	46454,52	7742,42	47725,92	3977,16	49019,76	2723,32	50336,17	2097,34
46000	47486,82	7914,47	48786,48	4065,54	50109,12	2783,84	51454,80	2143,95
47000	48519,18	8086,53	49847,04	4153,92	51198,48	2844,36	52573,44	2190,56
48000	49551,48	8258,58	50907,48	4242,29	52287,84	2904,88	53692,08	2237,17
49000	50583,78	8430,63	51968,28	4330,69	53377,20	2965,40	54810,72	2283,78
50000	51616,14	8602,69	53028,72	4419,06	54466,38	3025,91	55928,89	2330,37
51000	52648,44	8774,74	54089,40	4507,45	55555,74	3086,43	57047,76	2376,99
52000	53680,80	8946,80	55149,96	4595,83	56645,10	3146,95	58166,40	2423,60
53000	54713,04	9118,84	56210,52	4684,21	57734,46	3207,47	59285,04	2470,21
54000	55745,40	9290,90	57271,08	4772,59	58823,82	3267,99	60403,44	2516,81
55000	56777,76	9462,96	58331,64	4860,97	59913,18	3328,51	61522,08	2563,42
56000	57810,06	9635,01	59392,21	4949,35	61002,36	3389,02	62640,72	2610,03
57000	58842,30	9807,05	60452,89	5037,74	62091,72	3449,54	63759,36	2656,64
58000	59874,72	9979,12	61513,44	5126,12	63181,08	3510,06	64877,76	2703,24
59000	60907,02	10151,17	62574,00	5214,50	64270,44	3570,58	65996,41	2749,85
60000	61939,32	10323,22	63634,56	5302,88	65359,80	3631,10	67115,04	2796,46
61000	62971,68	10495,28	64695,12	5391,26	66449,16	3691,62	68233,68	2843,07
62000	64003,98	10667,33	65755,68	5479,64	67538,34	3752,13	69352,32	2889,68
64000	66068,65	11011,44	67876,80	5656,40	69717,06	3873,17	71589,36	2982,89
66000	68133,30	11355,55	69998,04	5833,17	71895,78	3994,21	73826,65	3076,11
68000	70197,96	11699,66	72119,16	6009,93	74074,33	4115,24	76063,68	3169,32
70000	72262,56	12043,76	74240,28	6186,69	76252,86	4236,27	78300,96	3262,54
72000	74327,22	12387,87	76361,52	6363,46	78431,58	4357,31	80538,00	3355,75
74000	76391,88	12731,98	78482,65	6540,22	80610,31	4478,35	82775,28	3448,97
76000	78456,54	13076,09	80603,76	6716,98	82789,03	4599,39	85012,32	3542,18
78000	80521,15	13420,19	82724,88	6893,74	84967,74	4720,43	87249,59	3635,40
80000	82585,80	13764,30	84846,12	7070,51	87146,28	4841,46	89486,64	3728,61
82000	84650,46	14108,41	86967,24	7247,27	89325,00	4962,50	91723,92	3821,83
84000	86715,12	14452,52	89088,36	7424,03	91503,72	5083,54	93960,96	3915,04
86000	88779,72	14796,62	91209,49	7600,79	93682,08	5204,56	96198,24	4008,26
88000	90844,38	15140,73	93330,72	7777,56	95860,98	5325,61	98435,28	4101,47
90000	92909,04	15484,84	95451,84	7954,32	98039,69	5446,65	100672,60	4194,69
92000	94973,64	15828,94	97572,96	8131,08	100218,20	5567,68	102909,60	4287,90
94000	97038,30	16173,05	99694,08	8307,84	102397,00	5688,72	105146,90	4381,12
96000	99102,96	16517,16	101815,20	8484,61	104575,70	5809,76	107384,20	4474,34
98000	101167,60	16861,27	103936,40	8661,37	106754,20	5930,79	109621,00	4567,54
100000	103232,30	17205,38	106057,60	8838,13	108932,90	6051,83	111858,50	4660,77

	30 MOIS		36 MOIS		42 MOIS		48 MOIS	
Montant	Paiement Total	Paiement Mensuel	Paiement Total	Paiement Mensuel	Paiement Total	Paiement Mensuel	Paiement Total	Paiement Mensuel
37000	42488,40	1416,28	43607,52	1211,32	44745,54	1065,37	45901,44	956,28
38000	43636,80	1454,56	44786,17	1244,06	45954,73	1094,16	47142,24	982,13
39000	44785,20	1492,84	45965,17	1276,81	47164,32	1122,96	48382,56	1007,97
40000	45933,60	1531,12	47143,49	1309,54	48373,50	1151,75	49622,89	1033,81
41000	47081,70	1569,39	48322,08	1342,28	49582,68	1180,54	50863,68	1059,66
42000	48230,10	1607,67	49500,72	1375,02	50792,28	1209,34	52104,48	1085,51
43000	49378,50	1645,95	50679,36	1407,76	52001,46	1238,13	53344,80	1111,35
44000	50526,90	1684,23	51858,00	1440,50	53211,07	1266,93	54585,12	1137,19
45000	51675,30	1722,51	53036,64	1473,24	54420,24	1295,72	55825,92	1163,04
46000	52823,40	1760,78	54215,28	1505,98	55629,42	1324,51	57066,72	1188,89
47000	53971,80	1799,06	55393,56	1538,71	56839,03	1353,31	58307,52	1214,74
48000	55120,20	1837,34	56572,20	1571,45	58048,20	1382,10	59547,36	1240,57
49000	56268,60	1875,62	57750,84	1604,19	59257,38	1410,89	60788,64	1266,43
50000	57417,00	1913,90	58929,48	1636,93	60466,98	1439,69	62028,96	1292,27
51000	58565,10	1952,17	60108,12	1669,67	61676,16	1468,48	63269,76	1318,12
52000	59713,50	1990,45	61286,76	1702,41	62885,76	1497,28	64510,08	1343,96
53000	60861,90	2028,73	62465,40	1735,15	64094,94	1526,07	65750,88	1369,81
54000	62010,30	2067,01	63643,68	1767,88	65304,12	1554,86	66991,21	1395,65
55000	63158,40	2105,28	64822,32	1800,62	66513,72	1583,66	68232,00	1421,50
56000	64306,80	2143,56	66000,96	1833,36	67722,90	1612,45	69472,32	1447,34
57000	65455,21	2181,84	67179,60	1866,10	68932,08	1641,24	70713,12	1473,19
58000	66603,60	2220,12	68358,24	1898,84	70141,68	1670,04	71953,93	1499,04
59000	67751,70	2258,39	69536,88	1931,58	71350,86	1698,33	73194,25	1524,88
60000	68900,10	2296,67	70715,52	1964,32	72560,46	1727,63	74435,04	1550,73
61000	70048,50	2334,95	71893,81	1997,05	73769,65	1756,42	75675,36	1576,57
62000	71196,90	2373,23	73072,44	2029,79	74978,82	1785,21	76916,16	1602,42
64000	73493,71	2449,79	75429,72	2095,27	77397,60	1842,80	79397,28	1654,11
66000	75790,21	2526,34	77787,00	2160,75	79816,38	1900,39	81878,41	1705,80
68000	78086,70	2602,89	80143,93	2226,22	82235,16	1957,98	84359,52	1757,49
70000	80383,50	2679,45	82501,20	2291,70	84653,52	2015,56	86840,64	1809,18
72000	82680,30	2756,01	84858,48	2357,18	87071,88	2073,14	89321,76	1860,87
74000	84977,10	2832,57	87215,40	2422,65	89491,08	2130,74	91802,88	1912,56
76000	87273,60	2909,12	89572,33	2488,12	91909,86	2188,33	94284,00	1964,25
78000	89570,40	2985,68	91929,96	2553,61	94327,80	2245,90	96765,12	2015,94
80000	91866,90	3062,23	94287,24	2619,09	96747,00	2303,50	99245,77	2067,62
82000	94163,71	3138,79	96644,16	2684,56	99165,78	2361,09	101727,80	2119,33
84000	96460,21	3215,34	99001,44	2750,04	101584,60	2418,68	104209,00	2171,02
86000	98757,00	3291,90	101358,70	2815,52	104002,90	2476,26	106690,10	2222,71
88000	101053,80	3368,46	103716,00	2881,00	106421,70	2533,85	109170,70	2274,39
90000	103350,30	3445,01	106072,90	2946,47	108840,50	2591,44	111652,30	2326,09
92000	105647,10	3521,57	108430,20	3011,95	111259,30	2649,03	114133,40	2377,78
94000	107943,60	3598,12	110787,50	3077,43	113677,60	2706,61	116614,60	2429,47
96000	110240,40	3674,68	113144,80	3142,91	116096,40	2764,20	119095,20	2481,15
98000	112537,20	3751,24	115501,70	3208,38	118515,20	2821,79	121576,80	2532,85
100000	114833,70	3827,79	117859,00	3273,86	120934,00	2879,38	124057,90	2584,54

Montant	54 MOIS Paiement Total	Paiement Mensuel	60 MOIS Paiement Total	Paiement Mensuel	66 MOIS Paiement Total	Paiement Mensuel	72 MOIS Paiement Total	Paiement Mensuel
37000	47075,58	871,77	48268,20	804,47	49478,22	749,67	50706,72	704,26
38000	48347,82	895,33	49572,60	826,21	50815,38	769,93	52076,88	723,29
39000	49620,60	918,90	50877,00	847,95	52153,20	790,20	53447,76	742,33
40000	50892,84	942,46	52181,40	869,69	53490,36	810,46	54817,92	761,36
41000	52165,08	966,02	53486,40	891,44	54827,52	830,72	56188,08	780,39
42000	53437,32	989,58	54790,80	913,18	56164,68	850,98	57558,96	799,43
43000	54709,57	1013,14	56095,20	934,92	57501,84	871,24	58929,12	818,46
44000	55981,26	1036,69	57399,60	956,66	58839,00	891,50	60300,00	837,50
45000	57254,04	1060,26	58704,60	978,41	60176,16	911,76	61670,17	856,53
46000	58525,74	1083,81	60009,00	1000,15	61513,98	932,03	63041,04	875,57
47000	59799,07	1107,39	61313,40	1021,89	62851,14	952,29	64411,20	894,60
48000	61070,76	1130,94	62617,80	1043,63	64188,30	972,55	65781,36	913,63
49000	62343,54	1154,51	63922,80	1065,38	65525,46	992,81	67152,24	932,67
50000	63615,24	1178,06	65227,20	1087,12	66862,62	1013,07	68522,40	951,70
51000	64888,02	1201,63	66531,60	1108,86	68199,12	1033,32	69893,28	970,74
52000	66159,72	1225,18	67836,00	1130,60	69536,94	1053,59	71263,44	989,77
53000	67432,50	1248,75	69140,40	1152,34	70874,76	1073,86	72633,60	1008,80
54000	68704,75	1272,31	70445,40	1174,09	72211,93	1094,12	74004,48	1027,84
55000	69977,52	1295,88	71749,20	1195,82	73549,08	1114,38	75374,65	1046,87
56000	71249,76	1319,44	73053,60	1217,56	74886,25	1134,64	76745,53	1065,91
57000	72522,00	1343,00	74358,60	1239,31	76223,40	1154,90	78114,96	1084,93
58000	73794,25	1366,56	75663,60	1261,06	77560,56	1175,16	79485,84	1103,97
59000	75066,48	1390,12	76968,00	1282,80	78897,72	1195,42	80856,72	1123,01
60000	76338,72	1413,68	78272,41	1304,54	80234,88	1215,68	82226,88	1142,04
61000	77611,50	1437,25	79576,81	1326,28	81572,04	1235,94	83597,04	1161,07
62000	78883,75	1460,81	80881,81	1348,03	82909,86	1256,21	84967,92	1180,11
64000	81428,22	1507,93	83490,60	1391,51	85584,18	1296,73	87708,96	1218,18
66000	83972,71	1555,05	86100,00	1435,00	88258,50	1337,25	90450,00	1256,25
68000	86517,72	1602,18	88708,80	1478,48	90933,49	1377,78	93190,33	1294,31
70000	89062,21	1649,30	91317,59	1521,96	93607,81	1418,30	95931,36	1332,38
72000	91606,68	1696,42	93927,00	1565,45	96282,12	1458,82	98672,40	1370,45
74000	94151,16	1743,54	96535,81	1608,93	98956,44	1499,34	101413,40	1408,52
76000	96696,18	1790,67	99145,21	1652,42	101631,40	1539,87	104154,50	1446,59
78000	99240,66	1837,79	101754,00	1695,90	104305,70	1580,39	106894,80	1484,65
80000	101785,10	1884,91	104363,40	1739,39	106980,10	1620,91	109635,80	1522,72
82000	104330,20	1932,04	106972,20	1782,87	109655,00	1661,44	112376,90	1560,79
84000	106874,60	1979,16	109581,60	1826,36	112329,40	1701,96	115117,90	1598,86
86000	109419,10	2026,28	112190,40	1869,84	115003,70	1742,48	117859,00	1636,93
88000	111963,10	2073,39	114799,80	1913,33	117678,00	1783,00	120599,30	1674,99
90000	114508,60	2120,53	117408,60	1956,81	120353,00	1823,53	123340,30	1713,06
92000	117052,60	2167,64	120018,00	2000,30	123027,30	1864,05	126081,40	1751,13
94000	119597,60	2214,77	122626,80	2043,78	125701,60	1904,57	128822,40	1789,20
96000	122142,10	2261,89	125236,20	2087,27	128376,60	1945,10	131563,40	1827,27
98000	124687,10	2309,02	127845,00	2130,75	131050,90	1985,62	134303,80	1865,33
100000	127231,00	2356,13	130454,40	2174,24	133725,20	2026,14	137044,80	1903,40

INTÉRÊT DE **11,5 %**

	6 MOIS		12 MOIS		18 MOIS		24 MOIS	
Montant	Paiement Total	Paiement Mensuel	Paiement Total	Paiement Mensuel	Paiement Total	Paiement Mensuel	Paiement Total	Paiement Mensuel
1000	1033,80	172,30	1063,44	88,62	1093,50	60,75	1124,16	46,84
1500	1550,70	258,45	1595,04	132,92	1640,34	91,13	1686,24	70,26
2000	2067,60	344,60	2126,76	177,23	2187,00	121,50	2248,32	93,68
2500	2584,50	430,75	2658,48	221,54	2733,84	151,88	2810,40	117,10
3000	3101,40	516,90	3190,20	265,85	3280,50	182,25	3372,48	140,52
3500	3618,36	603,06	3721,80	310,15	3827,34	212,63	3934,56	163,94
4000	4135,26	689,21	4253,52	354,46	4374,00	243,00	4496,64	187,36
4500	4652,16	775,36	4785,24	398,77	4920,84	273,38	5058,72	210,78
5000	5169,06	861,51	5316,96	443,08	5467,50	303,75	5620,80	234,20
5500	5685,96	947,66	5848,56	487,38	6014,34	334,13	6182,88	257,62
6000	6202,86	1033,81	6380,28	531,69	6561,00	364,50	6744,96	281,04
6500	6719,76	1119,96	6912,00	576,00	7107,84	394,88	7307,04	304,46
7000	7236,66	1206,11	7443,72	620,31	7654,50	425,25	7869,12	327,88
7500	7753,56	1292,26	7975,32	664,61	8201,34	455,63	8431,20	351,30
8000	8270,46	1378,41	8507,04	708,92	8748,00	486,00	8993,28	374,72
8500	8787,36	1464,56	9038,76	753,23	9294,84	516,38	9555,36	398,14
9000	9304,32	1550,72	9570,48	797,54	9841,50	546,75	10117,44	421,56
9500	9821,22	1636,87	10102,08	841,84	10388,34	577,13	10679,52	444,98
10000	10338,12	1723,02	10633,80	886,15	10935,00	607,50	11241,60	468,40
11000	11371,92	1895,32	11697,24	974,77	12028,50	668,25	12365,76	515,24
12000	12405,72	2067,62	12760,56	1063,38	13122,00	729,00	13489,92	562,08
13000	13439,52	2239,92	13824,00	1152,00	14215,50	789,75	14614,08	608,92
14000	14473,32	2412,22	14887,32	1240,61	15309,00	850,50	15738,24	655,76
15000	15507,12	2584,52	15950,76	1329,23	16402,50	911,25	16862,64	702,61
16000	16540,98	2756,83	17014,08	1417,84	17496,00	972,00	17986,80	749,45
17000	17574,78	2929,13	18077,52	1506,46	18589,50	1032,75	19110,96	796,29
18000	18608,58	3101,43	19140,84	1595,07	19683,00	1093,50	20235,12	843,13
19000	19642,38	3273,73	20204,28	1683,69	20776,50	1154,25	21359,28	889,97
20000	20676,18	3446,03	21267,60	1772,30	21870,00	1215,00	22483,44	936,81
21000	21710,04	3618,34	22331,04	1860,92	22963,50	1275,75	23607,60	983,65
22000	22743,84	3790,64	23394,36	1949,53	24057,00	1336,50	24731,76	1030,49
23000	23777,64	3962,94	24457,80	2038,15	25150,50	1397,25	25855,68	1077,32
24000	24811,44	4135,24	25521,12	2126,76	26244,00	1458,00	26980,08	1124,17
25000	25845,24	4307,54	26584,44	2215,37	27337,50	1518,75	28104,24	1171,01
26000	26879,04	4479,84	27647,88	2303,99	28431,00	1579,50	29228,40	1217,85
27000	27912,90	4652,15	28711,32	2392,61	29524,50	1640,25	30352,32	1264,68
28000	28946,70	4824,45	29774,64	2481,22	30618,00	1701,00	31476,72	1311,53
29000	29980,50	4996,75	30838,08	2569,84	31711,50	1761,75	32600,88	1358,37
30000	31014,24	5169,04	31901,40	2658,45	32805,00	1822,50	33725,04	1405,21
31000	32048,10	5341,35	32964,84	2747,07	33898,50	1883,25	34849,20	1452,05
32000	33081,90	5513,65	34028,16	2835,68	34992,00	1944,00	35973,36	1498,89
33000	34115,76	5685,96	35091,60	2924,30	36085,50	2004,75	37097,52	1545,73
34000	35149,56	5858,26	36154,92	3012,91	37179,00	2065,50	38221,68	1592,57
35000	36183,36	6030,56	37218,36	3101,53	38272,50	2126,25	39345,84	1639,41
36000	37217,16	6202,86	38281,68	3190,14	39366,00	2187,00	40470,00	1686,25

Montant	30 MOIS Paiement Total	Paiement Mensuel	36 MOIS Paiement Total	Paiement Mensuel	42 MOIS Paiement Total	Paiement Mensuel	48 MOIS Paiement Total	Paiement Mensuel
1000	1155,00	38,50	1187,28	32,98	1219,26	29,03	1252,32	26,09
1500	1733,10	57,77	1780,56	49,46	1829,10	43,55	1878,24	39,13
2000	2310,90	77,03	2373,84	65,94	2438,94	58,07	2504,64	52,18
2500	2888,40	96,28	2967,84	82,44	3048,36	72,58	3130,56	65,22
3000	3466,20	115,54	3561,48	98,93	3658,20	87,10	3756,48	78,26
3500	4043,40	134,78	4155,12	115,42	4268,04	101,62	4382,88	91,31
4000	4621,50	154,05	4748,04	131,89	4877,88	116,14	5009,28	104,36
4500	5199,30	173,31	5342,04	148,39	5486,88	130,64	5635,20	117,40
5000	5776,80	192,56	5935,68	164,88	6097,14	145,17	6261,60	130,45
5500	6354,60	211,82	6529,32	181,37	6706,98	159,69	6887,52	143,49
6000	6932,40	231,08	7122,96	197,86	7316,82	174,21	7513,44	156,53
6500	7509,90	250,33	7716,24	214,34	7926,24	188,72	8139,84	169,58
7000	8087,70	269,59	8309,88	230,83	8536,08	203,24	8765,76	182,62
7500	8665,50	288,85	8903,52	247,32	9145,92	217,76	9392,16	195,67
8000	9243,00	308,10	9497,16	263,81	9755,34	232,27	10018,08	208,71
8500	9820,50	327,35	10090,44	280,29	10365,18	246,79	10644,48	221,76
9000	10398,30	346,61	10684,08	296,78	10975,02	261,31	11270,40	234,80
9500	10976,10	365,87	11277,36	313,26	11584,44	275,82	11896,80	247,85
10000	11553,90	385,13	11871,36	329,76	12194,28	290,34	12522,72	260,89
11000	12709,20	423,64	13058,64	362,74	13413,96	319,38	13775,04	286,98
12000	13864,50	462,15	14245,56	395,71	14633,22	348,41	15027,36	313,07
13000	15020,10	500,67	15432,84	428,69	15852,48	377,44	16279,68	339,16
14000	16175,40	539,18	16619,76	461,66	17072,16	406,48	17532,00	365,25
15000	17330,70	577,69	17807,04	494,64	18291,42	435,51	18784,32	391,34
16000	18486,00	616,20	18994,32	527,62	19511,10	464,55	20036,16	417,42
17000	19641,30	654,71	20181,24	560,59	20730,36	493,58	21288,48	443,51
18000	20796,90	693,23	21368,52	593,57	21950,04	522,62	22540,80	469,60
19000	21952,20	731,74	22555,08	626,53	23169,30	551,65	23793,12	495,69
20000	23107,50	770,25	23742,72	659,52	24388,56	580,68	25045,44	521,78
21000	24263,10	808,77	24930,00	692,50	25607,82	609,71	26297,76	547,87
22000	25418,40	847,28	26116,92	725,47	26827,50	638,75	27550,08	573,96
23000	26573,70	885,79	27304,20	758,45	28047,18	667,79	28802,40	600,05
24000	27729,00	924,30	28491,12	791,42	29266,44	696,82	30054,72	626,14
25000	28884,60	962,82	29678,40	824,40	30485,70	725,85	31307,04	652,23
26000	30039,90	1001,33	30865,68	857,38	31705,38	754,89	32558,88	678,31
27000	31195,20	1039,84	32052,60	890,35	32924,64	783,92	33811,20	704,40
28000	32350,80	1078,36	33239,88	923,33	34144,32	812,96	35063,52	730,49
29000	33506,10	1116,87	34426,80	956,30	35363,58	841,99	36315,84	756,58
30000	34661,40	1155,38	35614,08	989,28	36583,26	871,03	37568,16	782,67
31000	35816,70	1193,89	36801,36	1022,26	37802,52	900,06	38820,48	808,76
32000	36972,30	1232,41	37988,28	1055,23	39021,78	929,09	40072,80	834,85
33000	38127,60	1270,92	39175,56	1088,21	40241,46	958,13	41325,12	860,94
34000	39282,90	1309,43	40362,48	1121,18	41460,72	987,16	42577,44	887,03
35000	40438,20	1347,94	41549,76	1154,16	42680,40	1016,20	43829,76	913,12
36000	41593,80	1386,46	42737,04	1187,14	43899,66	1045,23	45081,60	939,20

INTÉRÊT DE **11,5 %**

	54 MOIS		**60** MOIS		**66** MOIS		**72** MOIS	
Montant	Paiement Total	Paiement Mensuel	Paiement Total	Paiement Mensuel	Paiement Total	Paiement Mensuel	Paiement Total	Paiement Mensuel
1000	1285,74	23,81	1319,40	21,99	1354,32	20,52	1388,88	19,29
1500	1928,34	35,71	1979,40	32,99	2030,82	30,77	2083,68	28,94
2000	2571,48	47,62	2639,40	43,99	2707,98	41,03	2777,76	38,58
2500	3214,08	59,52	3298,80	54,98	3385,14	51,29	3472,56	48,23
3000	3856,68	71,42	3958,80	65,98	4062,30	61,55	4166,64	57,87
3500	4499,82	83,33	4618,20	76,97	4738,80	71,80	4860,72	67,51
4000	5142,42	95,23	5278,20	87,97	5415,96	82,06	5555,52	77,16
4500	5785,56	107,14	5938,20	98,97	6093,12	92,32	6250,32	86,81
5000	6428,16	119,04	6597,60	109,96	6770,28	102,58	6945,12	96,46
5500	7071,30	130,95	7257,60	120,96	7446,78	112,83	7639,20	106,10
6000	7713,90	142,85	7917,60	131,96	8123,94	123,09	8334,00	115,75
6500	8356,50	154,75	8577,00	142,95	8801,10	133,35	9028,08	125,39
7000	8999,64	166,66	9237,00	153,95	9478,26	143,61	9722,16	135,03
7500	9642,24	178,56	9896,40	164,94	10154,76	153,86	10416,24	144,67
8000	10285,38	190,47	10556,40	175,94	10831,92	164,12	11111,76	154,33
8500	10927,98	202,37	11216,40	186,94	11509,08	174,38	11805,84	163,97
9000	11570,58	214,27	11875,80	197,93	12186,24	184,64	12500,64	173,62
9500	12213,72	226,18	12535,80	208,93	12862,74	194,89	13195,44	183,27
10000	12856,32	238,08	13195,80	219,93	13539,90	205,15	13889,52	192,91
11000	14142,06	261,89	14515,20	241,92	14894,22	225,67	15278,40	212,20
12000	15427,80	285,70	15834,60	263,91	16247,88	246,18	16667,28	231,49
13000	16713,54	309,51	17154,00	285,90	17602,20	266,70	18056,88	250,79
14000	17999,28	333,32	18474,00	307,90	18955,86	287,21	19445,04	270,07
15000	19284,48	357,12	19793,40	329,89	20310,18	307,73	20834,64	289,37
16000	20570,22	380,93	21112,80	351,88	21663,84	328,24	22223,52	308,66
17000	21855,96	404,74	22432,20	373,87	23018,16	348,76	23612,40	327,95
18000	23141,70	428,55	23752,20	395,87	24371,82	369,27	25001,28	347,24
19000	24427,44	452,36	25071,60	417,86	25726,14	389,79	26390,16	366,53
20000	25713,18	476,17	26391,00	439,85	27079,80	410,30	27779,04	385,82
21000	26998,38	499,97	27710,40	461,84	28434,12	430,82	29167,92	405,11
22000	28284,12	523,78	29030,40	483,84	29787,78	451,33	30557,52	424,41
23000	29569,86	547,59	30349,80	505,83	31142,10	471,85	31946,40	443,70
24000	30855,60	571,40	31669,20	527,82	32495,76	492,36	33335,28	462,99
25000	32141,34	595,21	32989,20	549,82	33850,08	512,88	34724,16	482,28
26000	33427,08	619,02	34308,60	571,81	35203,74	533,39	36113,04	501,57
27000	34712,28	642,82	35628,00	593,80	36557,40	553,90	37501,92	520,86
28000	35998,02	666,63	36946,80	615,78	37911,72	574,42	38890,80	540,15
29000	37283,76	690,44	38266,80	637,78	39266,04	594,94	40279,68	559,44
30000	38569,50	714,25	39586,80	659,78	40619,70	615,45	41668,56	578,73
31000	39855,24	738,06	40906,20	681,77	41973,36	635,96	43058,17	598,03
32000	41140,98	761,87	42225,60	703,76	43327,68	656,48	44447,04	617,32
33000	42426,18	785,67	43545,60	725,76	44682,00	677,00	45835,92	636,61
34000	43711,92	809,48	44865,00	747,75	46035,66	697,51	47224,80	655,90
35000	44997,66	833,29	46184,40	769,74	47389,98	718,03	48613,68	675,19
36000	46283,40	857,10	47503,80	791,73	48743,64	738,54	50002,56	694,48

	6 MOIS		12 MOIS		18 MOIS		24 MOIS	
Montant	Paiement Total	Paiement Mensuel	Paiement Total	Paiement Mensuel	Paiement Total	Paiement Mensuel	Paiement Total	Paiement Mensuel
37000	38250,96	6375,16	39345,12	3278,76	40459,50	2247,75	41594,16	1733,09
38000	39284,76	6547,46	40408,56	3367,38	41553,00	2308,50	42718,32	1779,93
39000	40318,56	6719,76	41471,88	3455,99	42646,50	2369,25	43842,48	1826,77
40000	41352,42	6892,07	42535,32	3544,61	43740,00	2430,00	44966,64	1873,61
41000	42386,22	7064,37	43598,64	3633,22	44833,50	2490,75	46090,80	1920,45
42000	43420,02	7236,67	44662,08	3721,84	45927,00	2551,50	47214,96	1967,29
43000	44453,82	7408,97	45725,40	3810,45	47020,50	2612,25	48339,12	2014,13
44000	45487,62	7581,27	46788,84	3899,07	48114,00	2673,00	49463,52	2060,98
45000	46521,42	7753,57	47852,16	3987,68	49207,50	2733,75	50587,68	2107,82
46000	47555,28	7925,88	48915,60	4076,30	50301,00	2794,50	51711,60	2154,65
47000	48589,08	8098,18	49978,92	4164,91	51394,50	2855,25	52836,00	2201,50
48000	49622,89	8270,48	51042,24	4253,52	52488,00	2916,00	53960,17	2248,34
49000	50656,68	8442,78	52105,68	4342,14	53581,50	2976,75	55084,32	2295,18
50000	51690,48	8615,08	53169,00	4430,75	54675,00	3037,50	56208,48	2342,02
51000	52724,28	8787,38	54232,44	4519,37	55768,50	3098,25	57332,64	2388,86
52000	53758,14	8959,69	55295,89	4607,99	56862,00	3159,00	58456,80	2435,70
53000	54791,94	9131,99	56359,21	4696,60	57955,50	3219,75	59580,96	2482,54
54000	55825,74	9304,29	57422,64	4785,22	59049,00	3280,50	60704,89	2529,37
55000	56859,54	9476,59	58485,96	4873,83	60142,50	3341,25	61829,28	2576,22
56000	57893,28	9648,88	59549,40	4962,45	61236,00	3402,00	62953,44	2623,06
57000	58927,14	9821,19	60612,72	5051,06	62329,50	3462,75	64077,60	2669,90
58000	59961,00	9993,50	61676,17	5139,68	63423,00	3523,50	65201,76	2716,74
59000	60994,80	10165,80	62739,48	5228,29	64516,50	3584,25	66325,93	2763,58
60000	62028,54	10338,09	63802,92	5316,91	65610,00	3645,00	67450,08	2810,42
61000	63062,40	10510,40	64866,24	5405,52	66703,50	3705,75	68574,25	2857,26
62000	64096,21	10682,70	65929,68	5494,14	67797,00	3766,50	69698,41	2904,10
64000	66163,86	11027,31	68056,44	5671,37	69984,00	3888,00	71946,72	2997,78
66000	68231,46	11371,91	70183,21	5848,60	72171,00	4009,50	74195,04	3091,46
68000	70299,06	11716,51	72309,96	6025,83	74358,00	4131,00	76443,36	3185,14
70000	72366,72	12061,12	74436,72	6203,06	76545,00	4252,50	78691,68	3278,82
72000	74434,32	12405,72	76563,49	6380,29	78732,00	4374,00	80940,00	3372,50
74000	76501,93	12750,32	78690,25	6557,52	80919,00	4495,50	83188,36	3466,19
76000	78569,58	13094,93	80817,00	6734,75	83106,00	4617,00	85436,88	3559,87
78000	80637,18	13439,53	82943,76	6911,98	85293,00	4738,50	87685,21	3653,55
80000	82704,78	13784,13	85070,52	7089,21	87480,00	4860,00	89933,52	3747,23
82000	84772,44	14128,74	87197,28	7266,44	89667,00	4981,50	92181,84	3840,91
84000	86840,04	14473,34	89324,04	7443,67	91854,00	5103,00	94430,16	3934,59
86000	88907,64	14817,94	91450,80	7620,90	94041,00	5224,50	96678,49	4028,27
88000	90975,30	15162,55	93577,56	7798,13	96228,18	5346,01	98926,81	4121,95
90000	93042,91	15507,15	95704,32	7975,36	98415,18	5467,51	101175,10	4215,63
92000	95110,50	15851,75	97831,08	8152,59	100602,20	5589,01	103423,40	4309,31
94000	97178,16	16196,36	99957,84	8329,82	102789,20	5710,51	105671,80	4402,99
96000	99245,77	16540,96	102084,60	8507,05	104976,20	5832,01	107920,10	4496,67
98000	101313,40	16885,56	104211,40	8684,28	107163,20	5953,51	110168,40	4590,35
100000	103381,00	17230,17	106338,10	8861,51	109350,20	6075,01	112416,50	4684,02

101

INTÉRÊT DE 11,5 %

Montant	30 MOIS Paiement Total	30 MOIS Paiement Mensuel	36 MOIS Paiement Total	36 MOIS Paiement Mensuel	42 MOIS Paiement Total	42 MOIS Paiement Mensuel	48 MOIS Paiement Total	48 MOIS Paiement Mensuel
37000	42749,10	1424,97	43923,96	1220,11	45118,92	1074,26	46333,92	965,29
38000	43904,40	1463,48	45111,24	1253,09	46338,60	1103,30	47586,24	991,38
39000	45060,00	1502,00	46298,17	1286,06	47557,44	1132,32	48838,56	1017,47
40000	46215,30	1540,51	47485,44	1319,04	48777,54	1161,37	50090,89	1043,56
41000	47370,60	1579,02	48672,72	1352,02	49996,80	1190,40	51343,21	1069,65
42000	48525,90	1617,53	49859,64	1384,99	51216,07	1219,43	52595,52	1095,74
43000	49681,50	1656,05	51046,92	1417,97	52435,74	1248,47	53847,36	1121,82
44000	50836,80	1694,56	52234,20	1450,95	53655,00	1277,50	55100,17	1147,92
45000	51992,10	1733,07	53421,12	1483,92	54874,68	1306,54	56352,48	1174,01
46000	53147,40	1771,58	54608,40	1516,90	56093,94	1335,57	57604,80	1200,10
47000	54303,00	1810,10	55795,32	1549,87	57313,62	1364,61	58856,64	1226,18
48000	55458,30	1848,61	56982,60	1582,85	58532,88	1393,64	60108,96	1252,27
49000	56613,60	1887,12	58169,88	1615,83	59752,14	1422,67	61361,28	1278,36
50000	57768,90	1925,63	59356,80	1648,80	60971,82	1451,71	62613,12	1304,44
51000	58924,50	1964,15	60544,08	1681,78	62191,08	1480,74	63865,92	1330,54
52000	60079,80	2002,66	61731,00	1714,75	63410,70	1509,78	65118,24	1356,63
53000	61235,10	2041,17	62918,28	1747,73	64630,03	1538,81	66370,56	1382,72
54000	62390,70	2079,69	64105,56	1780,71	65849,70	1567,85	67622,88	1408,81
55000	63546,00	2118,20	65292,48	1813,68	67068,96	1596,88	68875,21	1434,90
56000	64701,30	2156,71	66479,76	1846,66	68288,22	1625,91	70127,52	1460,99
57000	65856,60	2195,22	67666,68	1879,63	69507,90	1654,95	71379,36	1487,07
58000	67012,21	2233,74	68853,96	1912,61	70727,16	1683,98	72631,68	1513,16
59000	68167,50	2272,25	70041,24	1945,59	71946,85	1713,02	73884,00	1539,25
60000	69322,80	2310,76	71228,16	1978,56	73166,10	1742,05	75136,32	1565,34
61000	70478,10	2349,27	72415,44	2011,54	74385,36	1771,08	76388,65	1591,43
62000	71633,71	2387,79	73602,36	2044,51	75605,04	1800,12	77640,96	1617,52
64000	73944,31	2464,81	75976,93	2110,47	78043,98	1858,19	80145,60	1669,70
66000	76255,21	2541,84	78351,12	2176,42	80482,93	1916,26	82650,25	1721,88
68000	78565,81	2618,86	80725,33	2242,37	82921,44	1974,32	85154,41	1774,05
70000	80876,70	2695,89	83099,53	2308,32	85360,38	2032,39	87659,04	1826,23
72000	83187,30	2772,91	85473,72	2374,27	87799,32	2090,46	90163,68	1878,41
74000	85498,19	2849,94	87848,28	2440,23	90238,26	2148,53	92668,32	1930,59
76000	87809,10	2926,97	90222,48	2506,18	92677,21	2206,60	95172,96	1982,77
78000	90119,71	3003,99	92596,33	2572,12	95116,14	2264,67	97677,12	2034,94
80000	92430,60	3081,02	94970,88	2638,08	97554,66	2322,73	100181,80	2087,12
82000	94741,21	3158,04	97345,08	2704,03	99993,60	2380,80	102686,40	2139,30
84000	97052,10	3235,07	99719,64	2769,99	102432,60	2438,87	105191,00	2191,48
86000	99362,71	3312,09	102093,80	2835,94	104871,50	2496,94	107695,20	2243,65
88000	101673,60	3389,12	104468,00	2901,89	107310,40	2555,01	110199,90	2295,83
90000	103984,20	3466,14	106842,20	2967,84	109749,40	2613,08	112704,50	2348,01
92000	106295,10	3543,17	109216,40	3033,79	112187,90	2671,14	115209,10	2400,19
94000	108605,70	3620,19	111591,00	3099,75	114626,80	2729,21	117713,80	2452,37
96000	110916,60	3697,22	113965,20	3165,70	117065,80	2787,28	120218,40	2504,55
98000	113227,20	3774,24	116339,40	3231,65	119504,70	2845,35	122722,60	2556,72
100000	115538,10	3851,27	118713,60	3297,60	121943,60	2903,42	125226,70	2608,89

102

	54 MOIS		60 MOIS		66 MOIS		72 MOIS	
Montant	Paiement Total	Paiement Mensuel	Paiement Total	Paiement Mensuel	Paiement Total	Paiement Mensuel	Paiement Total	Paiement Mensuel
37000	47569,14	880,91	48823,80	813,73	50097,96	759,06	51391,44	713,77
38000	48854,88	904,72	50143,20	835,72	51451,62	779,57	52780,32	733,06
39000	50140,08	928,52	51462,60	857,71	52805,94	800,09	54169,92	752,36
40000	51425,82	952,33	52782,00	879,70	54159,60	820,60	55558,80	771,65
41000	52711,57	976,14	54102,00	901,70	55513,92	841,12	56947,68	790,94
42000	53997,30	999,95	55421,40	923,69	56867,58	861,63	58336,56	810,23
43000	55283,04	1023,76	56740,80	945,68	58221,90	882,15	59725,44	829,52
44000	56568,24	1047,56	58060,80	967,68	59575,56	902,66	61114,32	848,81
45000	57853,98	1071,37	59380,20	989,67	60929,88	923,18	62503,20	868,10
46000	59139,73	1095,18	60699,60	1011,66	62283,54	943,69	63892,08	887,39
47000	60425,46	1118,99	62019,00	1033,65	63637,86	964,21	65280,96	906,68
48000	61711,21	1142,80	63339,00	1055,65	64992,18	984,73	66670,56	925,98
49000	62996,94	1166,61	64658,40	1077,64	66345,84	1005,24	68059,44	945,27
50000	64282,14	1190,41	65977,80	1099,63	67700,16	1025,76	69448,32	964,56
51000	65567,88	1214,22	67297,21	1121,62	69053,82	1046,27	70837,20	983,85
52000	66853,63	1238,03	68617,21	1143,62	70408,15	1066,79	72226,08	1003,14
53000	68139,36	1261,84	69936,60	1165,61	71761,81	1087,30	73614,96	1022,43
54000	69425,10	1285,65	71256,00	1187,60	73115,46	1107,81	75003,84	1041,72
55000	70710,84	1309,46	72575,40	1209,59	74469,12	1128,32	76392,72	1061,01
56000	71996,04	1333,26	73895,40	1231,59	75824,10	1148,85	77782,33	1080,31
57000	73281,78	1357,07	75214,20	1253,57	77177,76	1169,36	79171,20	1099,60
58000	74567,52	1380,88	76533,60	1275,56	78532,08	1189,88	80560,08	1118,89
59000	75853,26	1404,69	77853,60	1297,56	79885,75	1210,39	81948,96	1138,18
60000	77139,00	1428,50	79173,60	1319,56	81240,06	1230,91	83337,84	1157,47
61000	78424,75	1452,31	80493,00	1341,55	82593,72	1251,42	84726,72	1176,76
62000	79709,94	1476,11	81812,41	1363,54	83947,38	1271,93	86115,60	1196,05
64000	82281,43	1523,73	84451,81	1407,53	86656,02	1312,97	88893,36	1234,63
66000	84852,90	1571,35	87090,60	1451,51	89364,00	1354,00	91671,84	1273,22
68000	87423,84	1618,96	89730,00	1495,50	92071,99	1395,03	94449,60	1311,80
70000	89995,32	1666,58	92368,80	1539,48	94779,96	1436,06	97227,36	1350,38
72000	92566,80	1714,20	95008,19	1583,47	97487,94	1477,09	100005,10	1388,96
74000	95137,74	1761,81	97647,00	1627,45	100195,90	1518,12	102783,60	1427,55
76000	97709,22	1809,43	100286,40	1671,44	102903,90	1559,15	105561,40	1466,13
78000	100280,70	1857,05	102925,20	1715,42	105611,90	1600,18	108339,10	1504,71
80000	102851,60	1904,66	105564,60	1759,41	108319,90	1641,21	111116,90	1543,29
82000	105423,10	1952,28	108203,40	1803,39	111027,80	1682,24	113895,40	1581,88
84000	107994,60	1999,90	110842,80	1847,38	113735,80	1723,27	116673,10	1620,46
86000	110565,50	2047,51	113482,20	1891,37	116443,80	1764,30	119450,90	1659,04
88000	113136,50	2095,12	116121,00	1935,35	119151,80	1805,33	122228,60	1697,62
90000	115708,50	2142,75	118760,40	1979,34	121859,80	1846,36	125006,40	1736,20
92000	118279,10	2190,36	121399,20	2023,32	124567,70	1887,39	127784,90	1774,79
94000	120850,90	2237,98	124038,60	2067,31	127275,70	1928,42	130562,60	1813,37
96000	123422,40	2285,60	126677,40	2111,29	129983,70	1969,45	133340,40	1851,95
98000	125993,30	2333,21	129316,80	2155,28	132691,70	2010,48	136118,20	1890,53
100000	128564,80	2380,83	131955,60	2199,26	135399,70	2051,51	138896,60	1929,12

INTÉRÊT DE 12 %

Montant	6 MOIS Paiement Total	6 MOIS Paiement Mensuel	12 MOIS Paiement Total	12 MOIS Paiement Mensuel	18 MOIS Paiement Total	18 MOIS Paiement Mensuel	24 MOIS Paiement Total	24 MOIS Paiement Mensuel
1000	1035.30	172.55	1066.20	88.85	1097.64	60.98	1129.68	47.07
1500	1552.92	258.82	1599.24	133.27	1646.46	91.47	1694.64	70.61
2000	2070.60	345.10	2132.40	177.70	2195.28	121.96	2259.60	94.15
2500	2588.22	431.37	2665.44	222.12	2744.28	152.46	2824.32	117.68
3000	3105.90	517.65	3198.48	266.54	3293.10	182.95	3389.28	141.22
3500	3623.52	603.92	3731.64	310.97	3841.92	213.44	3954.24	164.76
4000	4141.14	690.19	4264.80	355.40	4390.74	243.93	4518.96	188.29
4500	4658.82	776.47	4797.84	399.82	4939.56	274.42	5083.92	211.83
5000	5176.44	862.74	5330.88	444.24	5488.38	304.91	5648.88	235.37
5500	5694.12	949.02	5864.04	488.67	6037.20	335.40	6213.60	258.90
6000	6211.74	1035.29	6397.08	533.09	6586.02	365.89	6778.56	282.44
6500	6729.36	1121.56	6930.24	577.52	7134.84	396.38	7343.52	305.98
7000	7247.04	1207.84	7463.28	621.94	7683.66	426.87	7908.24	329.51
7500	7764.66	1294.11	7996.44	666.37	8232.66	457.37	8473.20	353.05
8000	8282.34	1380.39	8529.48	710.79	8781.48	487.86	9038.16	376.59
8500	8799.96	1466.66	9062.64	755.22	9330.12	518.34	9602.88	400.12
9000	9317.64	1552.94	9595.68	799.64	9879.12	548.84	10167.84	423.66
9500	9835.26	1639.21	10128.72	844.06	10427.94	579.33	10732.80	447.20
10000	10352.94	1725.49	10661.88	888.49	10976.76	609.82	11297.52	470.73
11000	11388.18	1898.03	11728.08	977.34	12074.40	670.80	12427.44	517.81
12000	12423.48	2070.58	12794.16	1066.18	13172.04	731.78	13557.12	564.88
13000	13458.72	2243.12	13860.36	1155.03	14269.86	792.77	14687.04	611.96
14000	14494.08	2415.68	14926.56	1243.88	15367.50	853.75	15816.72	659.03
15000	15529.38	2588.23	15992.76	1332.73	16465.14	914.73	16946.40	706.10
16000	16564.68	2760.78	17058.96	1421.58	17562.78	975.71	18076.32	753.18
17000	17599.92	2933.32	18125.16	1510.43	18660.24	1036.68	19206.00	800.25
18000	18635.22	3105.87	19191.36	1599.28	19758.24	1097.68	20335.68	847.32
19000	19670.52	3278.42	20257.56	1688.13	20855.88	1158.66	21465.60	894.40
20000	20705.82	3450.97	21323.76	1776.98	21953.52	1219.64	22595.28	941.47
21000	21741.12	3623.52	22389.96	1865.83	23051.16	1280.62	23724.96	988.54
22000	22776.42	3796.07	23456.04	1954.67	24148.98	1341.61	24854.88	1035.62
23000	23811.72	3968.62	24522.24	2043.52	25246.62	1402.59	25984.32	1082.68
24000	24846.96	4141.16	25588.44	2132.37	26344.26	1463.57	27114.24	1129.76
25000	25882.26	4313.71	26654.64	2221.22	27441.90	1524.55	28244.16	1176.84
26000	26917.50	4486.25	27720.84	2310.07	28539.54	1585.53	29373.84	1223.91
27000	27952.86	4658.81	28787.04	2398.92	29637.36	1646.52	30503.52	1270.98
28000	28988.16	4831.36	29853.24	2487.77	30735.00	1707.50	31633.44	1318.06
29000	30023.46	5003.91	30919.44	2576.62	31832.64	1768.48	32763.12	1365.13
30000	31058.76	5176.46	31985.52	2665.46	32930.28	1829.46	33892.80	1412.20
31000	32094.00	5349.00	33051.72	2754.31	34027.92	1890.44	35022.72	1459.28
32000	33129.30	5521.55	34117.92	2843.16	35125.74	1951.43	36152.40	1506.35
33000	34164.60	5694.10	35184.12	2932.01	36223.38	2012.41	37282.32	1553.43
34000	35199.90	5866.65	36250.32	3020.86	37320.84	2073.38	38412.00	1600.50
35000	36235.20	6039.20	37316.52	3109.71	38418.67	2134.37	39541.58	1647.57
36000	37270.50	6211.75	38382.72	3198.56	39516.30	2195.35	40671.60	1694.65

	30 MOIS		36 MOIS		42 MOIS		48 MOIS	
Montant	Paiement Total	Paiement Mensuel	Paiement Total	Paiement Mensuel	Paiement Total	Paiement Mensuel	Paiement Total	Paiement Mensuel
1000	1162,50	38,75	1195,56	33,21	1229,76	29,28	1263,84	26,33
1500	1743,60	58,12	1793,52	49,82	1844,22	43,91	1896,00	39,50
2000	2325,00	77,50	2391,48	66,43	2459,10	58,55	2528,16	52,67
2500	2906,10	96,87	2989,44	83,04	3073,98	73,19	3159,84	65,83
3000	3487,20	116,24	3587,04	99,64	3688,86	87,83	3792,00	79,00
3500	4068,60	135,62	4185,00	116,25	4303,32	102,46	4424,16	92,17
4000	4649,70	154,99	4782,96	132,86	4918,20	117,10	5056,32	105,34
4500	5231,10	174,37	5380,56	149,46	5533,08	131,74	5688,00	118,50
5000	5812,20	193,74	5978,52	166,07	6147,96	146,38	6320,16	131,67
5500	6393,30	213,11	6576,48	182,68	6762,84	161,02	6952,32	144,84
6000	6974,70	232,49	7174,44	199,29	7377,30	175,65	7584,00	158,00
6500	7555,80	251,86	7772,04	215,89	7992,18	190,29	8216,16	171,17
7000	8137,20	271,24	8370,00	232,50	8607,06	204,93	8848,32	184,34
7500	8718,00	290,60	8967,96	249,11	9221,94	219,57	9480,00	197,50
8000	9299,70	309,99	9565,56	265,71	9836,82	234,21	10112,16	210,67
8500	9880,80	329,36	10163,52	282,32	10451,28	248,84	10744,32	223,84
9000	10461,90	348,73	10761,48	298,93	11066,16	263,48	11376,00	237,00
9500	11043,30	368,11	11359,44	315,54	11681,04	278,12	12008,16	250,17
10000	11624,40	387,48	11957,04	332,14	12295,92	292,76	12640,32	263,34
11000	12786,90	426,23	13152,96	365,36	13525,26	322,03	13904,16	289,67
12000	13949,40	464,98	14348,52	398,57	14755,02	351,31	15168,48	316,01
13000	15111,90	503,73	15544,44	431,79	15984,36	380,58	16432,32	342,34
14000	16273,80	542,46	16740,00	465,00	17214,12	409,86	17696,16	368,67
15000	17436,30	581,21	17935,56	498,21	18443,46	439,13	18960,48	395,01
16000	18598,80	619,96	19131,48	531,43	19673,22	468,41	20224,32	421,34
17000	19761,60	658,72	20327,04	564,64	20902,98	497,69	21488,64	447,68
18000	20924,10	697,47	21522,96	597,86	22132,32	526,96	22752,48	474,01
19000	22086,30	736,21	22718,52	631,07	23362,08	556,24	24016,32	500,34
20000	23248,80	774,96	23914,44	664,29	24591,42	585,51	25280,64	526,68
21000	24411,30	813,71	25110,00	697,50	25820,76	614,78	26544,48	553,01
22000	25573,80	852,46	26305,92	730,72	27050,52	644,06	27808,32	579,34
23000	26736,30	891,21	27501,48	763,93	28280,28	673,34	29072,64	605,68
24000	27898,80	929,96	28697,04	797,14	29510,04	702,62	30336,48	632,01
25000	29061,00	968,70	29892,96	830,36	30739,38	731,89	31600,80	658,35
26000	30223,50	1007,45	31088,52	863,57	31969,14	761,17	32864,64	684,68
27000	31385,70	1046,19	32284,44	896,79	33198,48	790,44	34128,48	711,01
28000	32548,20	1084,94	33480,00	930,00	34428,24	819,72	35392,80	737,35
29000	33710,70	1:23,69	34675,92	963,22	35657,58	848,99	36656,64	763,68
30000	34872,90	1162,43	35871,48	996,43	36887,34	878,27	37920,96	790,02
31000	36035,40	1201,18	37067,04	1029,64	38116,68	907,54	39184,80	816,35
32000	37197,90	1239,93	38262,96	1062,86	39346,44	936,82	40448,64	842,68
33000	38360,40	1278,68	39458,17	1096,06	40576,20	966,10	41712,96	869,02
34000	39523,20	1317,44	40654,44	1129,29	41805,54	995,37	42976,80	895,35
35000	40685,40	1356,18	41850,00	1162,50	43035,30	1024,65	44240,64	921,68
36000	41847,90	1394,93	43045,92	1195,72	44264,64	1053,92	45504,96	948,02

INTÉRÊT DE 12 %

Montant	54 MOIS Paiement Total	Paiement Mensuel	60 MOIS Paiement Total	Paiement Mensuel	66 MOIS Paiement Total	Paiement Mensuel	72 MOIS Paiement Total	Paiement Mensuel
1000	1299,24	24,06	1334,40	22,24	1370,82	20,77	1406,88	19,54
1500	1948,32	36,08	2002,20	33,37	2056,56	31,16	2111,76	29,33
2000	2597,94	48,11	2669,40	44,49	2741,64	41,54	2814,48	39,09
2500	3247,56	60,14	3336,60	55,61	3427,38	51,93	3519,36	48,88
3000	3897,18	72,17	4003,80	66,73	4112,46	62,31	4222,80	58,65
3500	4546,80	84,20	4671,60	77,86	4797,54	72,69	4926,96	68,43
4000	5196,42	96,23	5338,80	88,98	5483,28	83,08	5629,68	78,19
4500	5845,50	108,25	6006,00	100,10	6169,02	93,47	6334,56	87,98
5000	6495,12	120,28	6673,20	111,22	6854,10	103,85	7038,00	97,75
5500	7144,74	132,31	7340,40	122,34	7539,84	114,24	7742,16	107,53
6000	7794,36	144,34	8008,20	133,47	8224,92	124,62	8445,60	117,30
6500	8443,98	156,37	8675,40	144,59	8910,00	135,00	9149,76	127,08
7000	9093,60	168,40	9342,60	155,71	9595,74	145,39	9853,20	136,85
7500	9742,68	180,42	10009,80	166,83	10281,48	155,78	10557,36	146,63
8000	10392,30	192,45	10677,60	177,96	10966,56	166,16	11260,08	156,39
8500	11041,92	204,48	11344,80	189,08	11652,30	176,55	11964,96	166,18
9000	11691,54	216,51	12012,00	200,20	12337,38	186,93	12668,40	175,95
9500	12341,16	228,54	12679,20	211,32	13023,12	197,32	13372,56	185,73
10000	12990,78	240,57	13346,40	222,44	13708,86	207,71	14076,00	195,50
11000	14289,48	264,62	14681,40	244,69	15079,68	228,48	15483,60	215,05
12000	15588,72	288,68	16015,80	266,93	16450,50	249,25	16891,20	234,60
13000	16887,96	312,74	17350,80	289,18	17820,66	270,01	18298,80	254,15
14000	18186,66	336,79	18685,20	311,42	19192,14	290,79	19706,40	273,70
15000	19485,90	360,85	20020,20	333,67	20562,96	311,56	21114,00	293,25
16000	20785,14	384,91	21354,60	355,91	21933,78	332,33	22520,88	312,79
17000	22083,84	408,96	22689,60	378,16	23304,60	353,10	23929,20	332,35
18000	23383,08	433,02	24024,00	400,40	24675,42	373,87	25336,80	351,90
19000	24682,32	457,08	25358,40	422,64	26046,24	394,64	26744,40	371,45
20000	25981,02	481,13	26693,40	444,89	27417,06	415,41	28152,00	391,00
21000	27280,26	505,19	28027,80	467,13	28787,88	436,18	29559,60	410,55
22000	28579,50	529,25	29362,80	489,38	30158,70	456,95	30967,20	430,10
23000	29878,20	553,30	30697,20	511,62	31529,52	477,72	32374,80	449,65
24000	31177,44	577,36	32032,20	533,87	32900,34	498,49	33782,40	469,20
25000	32475,60	601,40	33366,60	556,11	34271,16	519,26	35190,00	488,75
26000	33774,84	625,46	34701,60	578,36	35641,98	540,03	36598,32	508,31
27000	35074,62	649,53	36035,40	600,59	37012,80	560,80	38005,92	527,86
28000	36373,32	673,58	37370,40	622,84	38383,62	581,57	39412,80	547,40
29000	37672,56	697,64	38705,40	645,09	39754,44	602,34	40821,12	566,96
30000	38971,80	721,70	40039,80	667,33	41125,92	623,12	42228,72	586,51
31000	40270,50	745,75	41374,80	689,58	42496,74	643,89	43636,32	606,06
32000	41569,74	769,81	42709,20	711,82	43867,56	664,66	45043,92	625,61
33000	42868,98	793,87	44044,20	734,07	45238,38	685,43	46450,80	645,15
34000	44167,68	817,92	45378,60	756,31	46609,20	706,20	47859,12	664,71
35000	45466,92	841,98	46713,60	778,56	47980,02	726,97	49266,72	684,26
36000	46766,16	866,04	48048,00	800,80	49350,84	747,74	50674,32	703,81

Montant	6 MOIS Paiement Total	6 MOIS Paiement Mensuel	12 MOIS Paiement Total	12 MOIS Paiement Mensuel	18 MOIS Paiement Total	18 MOIS Paiement Mensuel	24 MOIS Paiement Total	24 MOIS Paiement Mensuel
37000	38305,74	6384,29	39448,92	3287,41	40614,12	2256,34	41801,28	1741,72
38000	39341,04	6556,84	40515,12	3376,26	41711,76	2317,32	42930,96	1788,79
39000	40376,34	6729,39	41581,20	3465,10	42809,40	2378,30	44060,88	1835,87
40000	41411,64	6901,94	42647,40	3553,95	43907,04	2439,28	45190,56	1882,94
41000	42446,94	7074,49	43713,60	3642,80	45004,68	2500,26	46320,24	1930,01
42000	43482,24	7247,04	44779,80	3731,65	46102,50	2561,25	47450,16	1977,09
43000	44517,54	7419,59	45846,00	3820,50	47200,14	2622,23	48579,84	2024,16
44000	45552,78	7592,13	46912,21	3909,35	48297,78	2683,21	49709,52	2071,23
45000	46588,08	7764,68	47978,40	3998,20	49395,42	2744,19	50839,44	2118,31
46000	47623,38	7937,23	49044,60	4087,05	50493,06	2805,17	51968,89	2165,37
47000	48658,68	8109,78	50110,68	4175,89	51590,88	2866,16	53098,80	2212,45
48000	49693,98	8282,33	51176,89	4264,74	52688,52	2927,14	54228,72	2259,53
49000	50729,28	8454,88	52243,08	4353,59	53786,17	2988,12	55358,40	2306,60
50000	51764,58	8627,43	53309,28	4442,44	54883,80	3049,10	56488,08	2353,67
51000	52799,82	8799,97	54375,48	4531,29	55981,44	3110,08	57618,00	2400,75
52000	53835,06	8972,51	55441,68	4620,14	57079,26	3171,07	58747,68	2447,82
53000	54870,42	9145,07	56507,89	4708,99	58176,90	3232,05	59877,12	2494,88
54000	55905,72	9317,62	57574,08	4797,84	59274,54	3293,03	61007,28	2541,97
55000	56941,02	9490,17	58640,28	4886,69	60372,18	3354,01	62136,96	2589,04
56000	57976,32	9662,72	59706,24	4975,52	61470,00	3415,00	63266,89	2636,12
57000	59011,56	9835,26	60772,56	5064,38	62567,64	3475,98	64396,56	2683,19
58000	60046,80	10007,80	61838,76	5153,23	63665,28	3536,96	65526,24	2730,26
59000	61082,17	10180,36	62904,96	5242,08	64762,92	3597,94	66656,16	2777,34
60000	62117,46	10352,91	63971,17	5330,93	65860,56	3658,92	67785,84	2824,41
61000	63152,76	10525,46	65037,36	5419,78	66958,38	3719,91	68915,52	2871,48
62000	64188,06	10698,01	66103,56	5508,63	68056,02	3780,89	70045,44	2918,56
63000	66258,60	11043,10	68235,84	5686,32	70251,31	3902,85	72304,80	3012,70
65000	68329,21	11388,20	70368,25	5864,02	72446,76	4024,82	74564,41	3106,85
68000	70399,80	11733,30	72500,65	6041,72	74641,86	4146,77	76824,00	3201,00
70000	72470,41	12078,40	74633,04	6219,42	76837,33	4268,74	79083,36	3295,14
72000	74540,94	12423,49	76765,44	6397,12	79032,78	4390,71	81342,96	3389,29
74000	76611,54	12768,59	78897,72	6574,81	81228,06	4512,67	83602,56	3483,44
76000	78682,15	13113,69	81030,12	6752,51	83423,53	4634,64	85862,16	3577,59
78000	80752,68	13458,78	83162,52	6930,21	85618,81	4756,60	88121,52	3671,73
80000	82823,28	13803,88	85294,92	7107,91	87814,08	4878,56	90381,12	3765,88
82000	84893,88	14148,98	87427,21	7285,60	90009,36	5000,52	92640,72	3860,03
84000	86964,42	14494,07	89559,59	7463,30	92204,83	5122,49	94900,08	3954,17
86000	89035,02	14839,17	91692,00	7641,00	94400,28	5244,46	97159,68	4048,32
88000	91105,62	15184,27	93824,41	7818,70	96595,56	5366,42	99419,28	4142,47
90000	93176,22	15529,37	95956,68	7996,39	98790,84	5488,38	101678,60	4236,61
92000	95246,76	15874,46	98089,08	8174,09	100986,30	5610,35	103938,00	4330,75
94000	97317,36	16219,56	100221,50	8351,79	103181,60	5732,31	106197,90	4424,91
96000	99387,96	16564,66	102353,90	8529,49	105377,00	5854,28	108457,40	4519,06
98000	101458,50	16909,75	104486,20	8707,18	107572,30	5976,24	110716,80	4613,20
100000	103529,10	17254,85	106618,60	8884,88	109767,80	6098,21	112976,40	4707,35

INTÉRÊT DE 12 %

Montant	30 MOIS Paiement Total	30 MOIS Paiement Mensuel	36 MOIS Paiement Total	36 MOIS Paiement Mensuel	42 MOIS Paiement Total	42 MOIS Paiement Mensuel	48 MOIS Paiement Total	48 MOIS Paiement Mensuel
37000	43010,40	1433,68	44241,48	1228,93	45493,98	1083,19	46768,80	974,35
38000	44172,90	1472,43	45437,04	1262,14	46723,74	1112,47	48033,12	1000,69
39000	45335,40	1511,18	46632,96	1295,36	47953,50	1141,75	49296,96	1027,02
40000	46497,90	1549,93	47828,52	1328,57	49183,26	1171,03	50560,80	1053,35
41000	47660,10	1588,67	49024,44	1361,79	50412,60	1200,30	51824,64	1079,68
42000	48822,60	1627,42	50220,00	1395,00	51641,94	1229,57	53088,96	1106,02
43000	49985,10	1666,17	51415,92	1428,22	52871,70	1258,85	54353,28	1132,36
44000	51147,60	1704,92	52611,48	1461,43	54101,46	1288,13	55616,64	1158,68
45000	52310,10	1743,67	53807,04	1494,64	55330,80	1317,40	56880,96	1185,02
46000	53472,30	1782,41	55002,96	1527,86	56560,57	1346,68	58145,28	1211,36
47000	54634,80	1821,16	56198,52	1561,07	57789,90	1375,95	59408,64	1237,68
48000	55797,30	1859,91	57394,44	1594,29	59019,66	1405,23	60672,96	1264,02
49000	56959,80	1898,66	58590,00	1627,50	60249,42	1434,51	61937,28	1290,36
50000	58122,30	1937,41	59785,92	1660,72	61478,76	1463,78	63201,12	1316,69
51000	59284,50	1976,15	60981,48	1693,93	62708,53	1493,06	64465,44	1343,03
52000	60447,00	2014,90	62177,04	1727,14	63937,86	1522,33	65729,28	1369,36
53000	61609,20	2053,64	63372,96	1760,36	65167,62	1551,61	66993,12	1395,69
54000	62771,70	2092,39	64568,52	1793,57	66396,96	1580,88	68257,44	1422,03
55000	63934,20	2131,14	65764,44	1826,79	67626,72	1610,16	69521,28	1448,36
56000	65096,40	2169,88	66960,00	1860,00	68856,48	1639,44	70785,60	1474,70
57000	66258,90	2208,63	68155,93	1893,22	70085,82	1668,71	72049,44	1501,03
58000	67421,40	2247,38	69351,49	1926,43	71315,58	1697,99	73313,28	1527,36
59000	68583,90	2286,13	70547,04	1959,64	72544,93	1727,26	74577,60	1553,70
60000	69746,40	2324,88	71742,96	1992,86	73774,68	1756,54	75841,44	1580,03
61000	70908,90	2363,63	72938,52	2026,07	75004,03	1785,81	77105,28	1606,36
62000	72071,20	2402,37	74134,44	2059,29	76233,78	1815,09	78369,60	1632,70
64000	74396,10	2479,87	76525,93	2125,72	78692,88	1873,64	80897,76	1685,37
66000	76721,10	2557,37	78916,68	2192,13	81151,98	1932,19	83425,44	1738,03
68000	79046,10	2634,87	81308,53	2258,57	83611,08	1990,74	85953,59	1790,70
70000	81371,10	2712,37	83700,00	2325,00	86070,18	2049,29	88481,76	1843,37
72000	83696,10	2789,87	86091,48	2391,43	88529,71	2107,85	91009,92	1896,04
74000	86020,81	2867,36	88482,96	2457,86	90988,38	2166,39	93537,59	1948,70
76000	88345,81	2944,86	90874,44	2524,29	93447,90	2224,95	96065,76	2001,37
78000	90670,50	3022,35	93265,92	2590,72	95907,00	2283,50	98593,92	2054,04
80000	92995,50	3099,85	95657,40	2657,15	98366,10	2342,05	101122,10	2106,71
82000	95320,50	3177,35	98048,52	2723,57	100825,20	2400,60	103649,80	2159,37
84000	97645,21	3254,84	100440,00	2790,00	103283,90	2459,14	106177,90	2212,04
86000	99970,21	3332,34	102831,50	2856,43	105743,40	2517,70	108706,10	2264,71
88000	102295,20	3409,84	105223,00	2922,86	108202,90	2576,26	111233,80	2317,37
90000	104619,90	3487,33	107614,40	2989,29	110662,00	2634,81	113762,40	2370,05
92000	106944,90	3564,83	110005,90	3055,72	113121,10	2693,36	116290,10	2422,71
94000	109269,60	3642,32	112397,40	3122,15	115580,20	2751,91	118817,80	2475,37
96000	111594,60	3719,82	114788,50	3188,57	118039,30	2810,46	121346,40	2528,05
98000	113919,60	3797,32	117180,00	3255,00	120498,40	2869,01	123874,60	2580,72
100000	116244,30	3874,81	119571,50	3321,43	122957,50	2927,56	126402,20	2633,38

Montant	54 MOIS Paiement Total	Paiement Mensuel	60 MOIS Paiement Total	Paiement Mensuel	66 MOIS Paiement Total	Paiement Mensuel	72 MOIS Paiement Total	Paiement Mensuel
37000	48064,86	890,09	49382,40	823,04	50721,66	768,51	52081,92	723,36
38000	49364,10	914,15	50717,40	845,29	52092,48	789,28	53489,52	742,91
39000	50663,34	938,21	52051,80	867,53	53463,30	810,05	54897,12	762,46
40000	51962,04	962,26	53386,80	889,78	54834,12	830,82	56304,72	782,01
41000	53261,28	986,32	54721,21	912,02	56204,94	851,59	57712,32	801,56
42000	54560,52	1010,38	56056,21	934,27	57575,76	872,36	59119,92	821,11
43000	55859,23	1034,43	57390,60	956,51	58946,58	893,13	60527,52	840,66
44000	57158,46	1058,49	58725,60	978,76	60317,40	913,90	61935,12	860,21
45000	58457,71	1082,55	60060,00	1001,00	61688,22	934,67	63342,72	879,76
46000	59756,40	1106,60	61394,40	1023,24	63059,04	955,44	64750,32	899,31
47000	61055,64	1130,66	62729,40	1045,49	64429,86	976,21	66157,93	918,86
48000	62354,88	1154,72	64063,80	1067,73	65801,34	996,99	67565,52	938,41
49000	63653,58	1178,77	65398,80	1089,98	67172,16	1017,76	68973,13	957,96
50000	64952,28	1202,82	66733,20	1112,22	68542,99	1038,53	70380,72	977,51
51000	66252,06	1226,89	68068,20	1134,47	69913,81	1059,30	71788,32	997,06
52000	67550,22	1250,93	69402,60	1156,71	71283,96	1080,06	73195,93	1016,61
53000	68850,00	1275,00	70737,60	1178,96	72655,44	1100,84	74603,53	1036,16
54000	70149,25	1299,06	72071,40	1201,19	74026,26	1121,61	76011,12	1055,71
55000	71447,94	1323,11	73405,81	1223,43	75397,08	1142,38	77418,72	1075,26
56000	72747,18	1347,17	74740,81	1245,68	76767,90	1163,15	78826,33	1094,81
57000	74046,43	1371,23	76075,81	1267,93	78138,72	1183,92	80233,93	1114,36
58000	75345,13	1395,28	77410,81	1290,18	79508,88	1204,68	81641,53	1133,91
59000	76644,36	1419,34	78745,21	1312,42	80880,36	1225,46	83049,12	1153,46
60000	77943,60	1443,40	80080,21	1334,67	82251,18	1246,23	84456,72	1173,01
61000	79242,30	1467,45	81414,60	1356,91	83622,00	1267,00	85864,33	1192,56
62000	80541,54	1491,51	82749,60	1379,16	84992,82	1287,77	87271,92	1212,11
64000	83139,48	1539,62	85419,00	1423,65	87734,46	1329,31	90087,12	1251,21
66000	85737,96	1587,74	88087,80	1468,13	90476,09	1370,85	92902,33	1290,31
68000	88335,90	1635,85	90757,21	1512,62	93218,40	1412,40	95717,52	1329,41
70000	90933,84	1683,96	93426,60	1557,11	95960,04	1453,94	98532,72	1368,51
72000	93531,78	1732,07	96096,00	1601,60	98701,68	1495,48	101347,90	1407,61
74000	96130,26	1780,19	98765,40	1646,09	101443,30	1537,02	104163,10	1446,71
76000	98728,21	1828,30	101434,80	1690,58	104185,00	1578,56	106979,00	1485,82
78000	101326,10	1876,41	104104,20	1735,07	106926,60	1620,10	109794,20	1524,92
80000	103924,60	1924,53	106773,60	1779,56	109668,20	1661,64	112609,40	1564,02
82000	106522,60	1972,64	109443,00	1824,05	112409,90	1703,18	115424,60	1603,12
84000	109120,50	2020,75	112111,80	1868,53	115151,50	1744,72	118239,80	1642,22
86000	111719,00	2068,87	114781,20	1913,02	117893,80	1786,27	121055,00	1681,32
88000	114316,90	2116,98	117450,60	1957,51	120635,50	1827,81	123870,20	1720,42
90000	116914,90	2165,09	120120,00	2002,00	123377,10	1869,35	126685,40	1759,52
92000	119513,30	2213,21	122789,40	2046,49	126118,70	1910,89	129500,60	1798,62
94000	122111,30	2261,32	125458,80	2090,98	128860,40	1952,43	132315,90	1837,72
96000	124709,20	2309,43	128128,20	2135,47	131602,00	1993,97	135131,00	1876,82
98000	127307,70	2357,55	130797,60	2179,96	134343,70	2035,51	137946,30	1915,92
100000	129905,10	2405,65	133467,00	2224,45	137085,30	2077,05	140761,40	1955,02

INTÉRÊT DE **12,5 %**

	6 MOIS		**12** MOIS		**18** MOIS		**24** MOIS	
Montant	Paiement Total	Paiement Mensuel	Paiement Total	Paiement Mensuel	Paiement Total	Paiement Mensuel	Paiement Total	Paiement Mensuel
1000	1036,80	172,80	1068,96	89,08	1101,78	61,21	1135,44	47,31
1500	1555,14	259,19	1603,44	133,62	1652,76	91,82	1703,04	70,96
2000	2073,54	345,59	2138,04	178,17	2203,74	122,43	2270,88	94,62
2500	2591,94	431,99	2672,52	222,71	2754,54	153,03	2838,48	118,27
3000	3110,34	518,39	3207,00	267,25	3305,52	183,64	3406,08	141,92
3500	3628,68	604,78	3741,48	311,79	3856,50	214,25	3973,92	165,58
4000	4147,14	691,19	4275,96	356,33	4407,48	244,86	4541,52	189,23
4500	4665,48	777,58	4810,44	400,87	4958,46	275,47	5109,12	212,88
5000	5183,88	863,98	5345,04	445,42	5509,26	306,07	5676,96	236,54
5500	5702,28	950,38	5879,52	489,96	6060,24	336,68	6244,56	260,19
6000	6220,68	1036,78	6414,00	534,50	6611,22	367,29	6812,40	283,85
6500	6739,08	1123,18	6948,36	579,03	7162,20	397,90	7380,00	307,50
7000	7257,36	1209,56	7482,96	623,58	7713,00	428,50	7947,60	331,15
7500	7775,82	1295,97	8017,44	668,12	8263,98	459,11	8515,44	354,81
8000	8294,22	1382,37	8552,04	712,67	8814,96	489,72	9083,04	378,46
8500	8812,62	1468,77	9086,52	757,21	9365,94	520,33	9650,64	402,11
9000	9331,02	1555,17	9621,00	801,75	9916,74	550,93	10218,48	425,77
9500	9849,36	1641,56	10155,48	846,29	10467,54	581,53	10786,08	449,42
10000	10367,76	1727,96	10689,96	890,83	11018,70	612,15	11353,92	473,08
11000	11404,56	1900,76	11759,04	979,92	12120,48	673,36	12489,12	520,38
12000	12441,36	2073,56	12828,00	1069,00	13222,44	734,58	13624,56	567,69
13000	13478,10	2246,35	13896,84	1158,07	14324,22	795,79	14760,00	615,00
14000	14514,84	2419,14	14966,04	1247,17	15426,18	857,01	15895,44	662,31
15000	15551,64	2591,94	16035,00	1336,25	16527,96	918,22	17030,64	709,61
16000	16588,44	2764,74	17103,96	1425,33	17629,92	979,44	18166,08	756,92
17000	17625,24	2937,54	18173,04	1514,42	18731,70	1040,65	19301,52	804,23
18000	18661,98	3110,33	19242,00	1603,50	19833,66	1101,87	20436,96	851,54
19000	19698,78	3283,13	20310,96	1692,58	20935,26	1163,07	21572,16	898,84
20000	20735,58	3455,93	21380,04	1781,67	22037,40	1224,30	22707,60	946,15
21000	21772,32	3628,72	22449,00	1870,75	23139,18	1285,51	23843,04	993,46
22000	22809,12	3801,52	23517,96	1959,83	24241,14	1346,73	24978,48	1040,77
23000	23845,86	3974,31	24587,04	2048,92	25342,92	1407,94	26113,44	1088,06
24000	24882,66	4147,11	25656,00	2138,00	26444,88	1469,16	27249,12	1135,38
25000	25919,46	4319,91	26724,96	2227,08	27546,66	1530,37	28384,32	1182,68
26000	26956,20	4492,70	27794,04	2316,17	28648,62	1591,59	29520,00	1230,00
27000	27993,00	4665,50	28863,00	2405,25	29750,40	1652,80	30655,20	1277,30
28000	29029,74	4838,29	29931,96	2494,33	30852,36	1714,02	31790,64	1324,61
29000	30066,54	5011,09	31001,04	2583,42	31954,14	1775,23	32926,08	1371,92
30000	31103,34	5183,89	32070,00	2672,50	33056,10	1836,45	34061,52	1419,23
31000	32140,08	5356,68	33138,96	2761,58	34157,88	1897,66	35196,72	1466,53
32000	33176,88	5529,48	34208,04	2850,67	35259,66	1958,87	36332,16	1513,84
33000	34213,68	5702,28	35277,00	2939,75	36361,62	2020,09	37467,60	1561,15
34000	35250,42	5875,07	36345,96	3028,83	37463,40	2081,30	38603,04	1608,46
35000	36287,22	6047,87	37415,04	3117,92	38565,36	2142,52	39738,24	1655,76
36000	37324,02	6220,67	38484,00	3207,00	39667,14	2203,73	40873,68	1703,07

110

	30 MOIS		36 MOIS		42 MOIS		48 MOIS	
Montant	Paiement Total	Paiement Mensuel	Paiement Total	Paiement Mensuel	Paiement Total	Paiement Mensuel	Paiement Total	Paiement Mensuel
1000	1169,40	38,98	1204,20	33,45	1239,84	29,52	1275,84	26,58
1500	1754,40	58,48	1806,48	50,18	1859,76	44,28	1913,76	39,87
2000	2339,10	77,97	2408,76	66,91	2479,68	59,04	2551,68	53,16
2500	2923,80	97,46	3010,68	83,63	3099,60	73,80	3189,12	66,44
3000	3508,50	116,95	3612,96	100,36	3719,52	88,56	3827,52	79,74
3500	4093,50	136,45	4215,24	117,09	4339,02	103,31	4465,44	93,03
4000	4678,20	155,94	4817,52	133,82	4958,94	118,07	5103,36	106,32
4500	5262,90	175,43	5419,08	150,53	5578,86	132,83	5741,28	119,61
5000	5847,60	194,92	6021,72	167,27	6198,78	147,59	6378,72	132,89
5500	6432,60	214,42	6624,00	184,00	6818,70	162,35	7017,12	146,19
6000	7017,30	233,91	7225,92	200,72	7438,62	177,11	7655,04	159,48
6500	7602,00	253,40	7828,20	217,45	8058,54	191,87	8292,96	172,77
7000	8186,70	272,89	8430,48	234,18	8678,46	206,63	8930,88	186,06
7500	8771,40	292,38	9032,40	250,90	9298,38	221,39	9568,80	199,35
8000	9356,40	311,88	9634,68	267,63	9918,30	236,15	10206,72	212,64
8500	9941,10	331,37	10236,60	284,35	10538,22	250,91	10844,64	
9000	10525,80	350,86	10838,52	301,07	11158,14	265,67	11482,56	239,22
9500	11110,50	370,35	11441,16	317,81	11777,64	280,42	12120,48	252,51
10000	11695,50	389,85	12043,44	334,54	12397,56	295,18	12757,92	265,79
11000	12864,90	428,83	13247,64	367,99	13637,40	324,70	14034,24	292,38
12000	14034,30	467,81	14452,20	401,45	14877,24	354,22	15310,08	318,96
13000	15204,00	506,80	15656,40	434,90	16117,08	383,74	16585,92	345,54
14000	16373,40	545,78	16860,60	468,35	17356,92	413,26	17861,76	372,12
15000	17543,10	584,77	18065,16	501,81	18596,76	442,78	19137,60	398,70
16000	18712,50	623,75	19269,36	535,26	19836,18	472,29	20413,44	425,28
17000	19882,20	662,74	20473,56	568,71	21076,02	501,81	21689,28	451,86
18000	21051,60	701,72	21678,12	602,17	22315,86	531,33	22965,12	478,44
19000	22221,30	740,71	22882,32	635,62	23555,28	560,84	24240,96	505,02
20000	23390,70	779,69	24086,88	669,08	24795,54	590,37	25516,32	531,59
21000	24560,40	818,68	25291,08	702,53	26035,38	619,89	26792,64	558,18
22000	25729,80	857,66	26495,28	735,98	27274,80	649,40	28068,48	584,76
23000	26899,50	896,65	27699,84	769,44	28514,64	678,92	29344,32	611,34
24000	28068,90	935,63	28904,04	802,89	29754,48	708,44	30620,16	637,92
25000	29238,30	974,61	30108,24	836,34	30994,32	737,96	31896,00	664,50
26000	30408,00	1013,60	31312,80	869,80	32234,16	767,48	33171,84	691,08
27000	31577,10	1052,57	32517,00	903,25	33474,00	797,00	34447,68	717,66
28000	32746,80	1091,56	33721,56	936,71	34713,42	826,51	35723,52	744,24
29000	33916,50	1130,55	34925,76	970,16	35953,26	856,03	36999,36	770,82
30000	35086,20	1169,54	36129,96	1003,61	37193,10	885,55	38275,20	797,40
31000	36255,60	1208,52	37334,17	1037,06	38432,94	915,07	39551,04	823,98
32000	37425,30	1247,51	38538,72	1070,52	39672,78	944,59	40826,88	850,56
33000	38594,70	1286,49	39742,92	1103,97	40912,62	974,11	42102,72	877,14
34000	39764,40	1325,48	40947,48	1137,43	42152,46	1003,63	43378,56	903,72
35000	40933,80	1364,46	42151,68	1170,88	43391,88	1033,14	44654,40	930,30
36000	42103,20	1403,44	43356,24	1204,34	44631,73	1062,66	45930,24	956,88

INTÉRÊT DE **12,5 %**

	54 MOIS		60 MOIS		66 MOIS		72 MOIS	
Montant	Paiement Total	Paiement Mensuel	Paiement Total	Paiement Mensuel	Paiement Total	Paiement Mensuel	Paiement Total	Paiement Mensuel
1000	1312,74	24,31	1350,00	22,50	1387,98	21,03	1426,32	19,81
1500	1968,84	36,46	2025,00	33,75	2081,64	31,54	2139,84	29,72
2000	2624,94	48,61	2700,00	45,00	2775,96	42,06	2852,64	39,62
2500	3281,58	60,77	3375,00	56,25	3469,62	52,57	3566,16	49,53
3000	3937,68	72,92	4049,40	67,49	4163,28	63,08	4278,96	59,43
3500	4593,78	85,07	4724,40	78,74	4857,60	73,60	4991,76	69,33
4000	5250,42	97,23	5399,40	89,99	5551,26	84,11	5705,28	79,24
4500	5906,52	109,38	6074,40	101,24	6245,58	94,63	6418,80	89,15
5000	6562,62	121,53	6749,40	112,49	6939,24	105,14	7132,32	99,06
5500	7219,26	133,69	7424,40	123,74	7632,90	115,65	7845,12	108,96
6000	7875,36	145,84	8099,40	134,99	8327,22	126,17	8558,64	118,87
6500	8531,46	157,99	8774,40	146,24	9020,22	136,67	9271,44	128,77
7000	9188,10	170,15	9449,40	157,49	9714,54	147,19	9984,24	138,67
7500	9844,20	182,30	10124,40	168,74	10408,86	157,71	10697,76	148,58
8000	10500,30	194,45	10798,80	179,98	11102,52	168,22	11411,28	158,49
8500	225,93	11156,40	206,60	11473,80	191,23	11796,84	178,74	12124,80
9000	11813,04	218,76	12148,80	202,48	12490,50	189,25	12837,60	178,30
9500	12469,14	230,91	12823,80	213,73	13184,16	199,76	13551,12	188,21
10000	13125,24	243,06	13498,80	224,98	13878,48	210,28	14263,92	198,11
11000	14437,98	267,37	14848,80	247,48	15266,46	231,31	15690,24	217,92
12000	15750,72	291,68	16198,80	269,98	16653,78	252,33	17116,56	237,73
13000	17062,92	315,98	17548,20	292,47	18041,10	273,35	18542,88	257,54
14000	18375,66	340,29	18898,20	314,97	19429,74	294,39	19969,20	277,35
15000	19688,40	364,60	20248,20	337,47	20817,72	315,42	21396,24	297,17
16000	21000,60	388,90	21598,20	359,97	22205,70	336,45	22822,56	316,98
17000	22313,34	413,21	22948,20	382,47	23593,02	357,47	24248,88	336,79
18000	23626,08	437,52	24297,60	404,96	24981,00	378,50	25675,20	356,60
19000	24938,28	461,82	25647,60	427,46	26368,98	399,53	27101,52	376,41
20000	26251,02	486,13	26997,60	449,96	27756,96	420,56	28527,84	396,22
21000	27563,76	510,44	28347,60	472,46	29144,28	441,58	29954,88	416,04
22000	28875,96	534,74	29697,60	494,96	30532,26	462,61	31381,20	435,85
23000	30188,70	559,05	31047,60	517,45	31920,24	483,64	32807,52	455,66
24000	31501,44	583,36	32397,00	539,95	33308,22	504,67	34233,84	475,47
25000	32813,10	607,65	33747,00	562,45	34696,20	525,70	35660,16	495,28
26000	34125,84	631,96	35097,00	584,95	36082,86	546,71	37086,48	515,09
27000	35438,58	656,27	36447,00	607,45	37471,50	567,75	38512,80	534,90
28000	36751,32	680,58	37796,40	629,94	38859,48	588,78	39939,12	554,71
29000	38064,06	704,89	39146,40	652,44	40247,46	609,81	41366,17	574,53
30000	39376,26	729,19	40496,40	674,94	41634,78	630,83	42792,48	594,34
31000	40689,00	753,50	41846,40	697,44	43022,76	651,86	44218,80	614,15
32000	42001,74	777,81	43196,40	719,94	44410,74	672,89	45645,12	633,96
33000	43313,94	802,11	44545,80	742,43	45798,72	693,92	47071,44	653,77
34000	44626,68	826,42	45895,80	764,93	47186,70	714,95	48497,76	673,58
35000	45939,42	850,73	47245,80	787,43	48574,02	735,97	49924,08	693,39
36000	47251,62	875,03	48595,80	809,93	49962,00	757,00	51350,40	713,20

Montant	6 MOIS Paiement Total	6 MOIS Paiement Mensuel	12 MOIS Paiement Total	12 MOIS Paiement Mensuel	18 MOIS Paiement Total	18 MOIS Paiement Mensuel	24 MOIS Paiement Total	24 MOIS Paiement Mensuel
37000	38360,76	6393,46	39552,96	3296,08	40769,10	2264,95	42009,12	1750,38
38000	39397,56	6566,26	40622,04	3385,17	41870,70	2326,15	43144,56	1797,69
39000	40434,30	6739,05	41691,00	3474,25	42972,67	2387,37	44279,76	1844,99
40000	41471,10	6911,85	42759,96	3563,33	44074,62	2448,59	45415,21	1892,30
41000	42507,90	7084,65	43829,04	3652,42	45176,58	2509,81	46550,16	1939,61
42000	43544,64	7257,44	44898,00	3741,50	46278,36	2571,02	47686,08	1986,92
43000	44581,44	7430,24	45966,96	3830,58	47380,32	2632,24	48821,28	2034,22
44000	45618,24	7603,04	47036,04	3919,67	48482,10	2693,45	49956,72	2081,53
45000	46654,98	7775,83	48105,00	4008,75	49584,06	2754,67	51092,17	2128,84
46000	47691,78	7948,63	49173,96	4097,83	50685,84	2815,88	52227,36	2176,14
47000	48728,58	8121,43	50243,04	4186,92	51787,80	2877,10	53362,80	2223,45
48000	49765,32	8294,22	51312,00	4276,00	52889,58	2938,31	54498,24	2270,76
49000	50802,06	8467,01	52380,96	4365,08	53991,54	2999,53	55633,68	2318,07
50000	51838,80	8639,80	53450,04	4454,17	55093,32	3060,74	56768,89	2365,37
51000	52875,60	8812,61	54519,00	4543,25	56195,28	3121,96	57904,32	2412,68
52000	53912,46	8985,41	55587,96	4632,33	57297,06	3183,17	59039,76	2459,99
53000	54949,21	9158,20	56657,04	4721,42	58399,02	3244,39	60175,21	2507,30
54000	55986,00	9331,00	57726,00	4810,50	59500,80	3305,60	61310,64	2554,61
55000	57022,80	9503,80	58794,96	4899,58	60602,76	3366,82	62445,60	2601,90
56000	58059,54	9676,59	59864,04	4988,67	61704,54	3428,03	63581,28	2649,22
57000	59096,28	9849,38	60933,00	5077,75	62806,50	3489,25	64716,72	2696,53
58000	60133,08	10022,18	62001,96	5166,83	63908,28	3550,46	65852,16	2743,84
59000	61169,89	10194,98	63071,04	5255,92	65010,24	3611,68	66987,36	2791,14
60000	62206,68	10367,78	64140,00	5345,00	66112,02	3672,89	68122,80	2838,45
61000	63243,42	10540,57	65208,96	5434,08	67213,99	3734,11	69258,25	2885,76
62000	64280,22	10713,37	66278,04	5523,17	68315,76	3795,32	70393,68	2933,07
64000	66353,76	11058,96	68415,96	5701,33	70519,50	3917,75	72664,32	3027,68
66000	68427,30	11404,55	70554,00	5879,50	72723,24	4040,18	74935,21	3122,30
68000	70500,91	11750,15	72692,04	6057,67	74926,98	4162,61	77205,84	3216,91
70000	72574,44	12095,74	74829,96	6235,83	77130,72	4285,04	79476,72	3311,53
72000	74647,99	12441,33	76968,00	6414,00	79334,46	4407,47	81747,36	3406,14
74000	76721,52	12786,92	79106,04	6592,17	81538,20	4529,90	84018,24	3500,76
76000	78795,12	13132,52	81243,96	6770,33	83741,94	4652,33	86288,88	3595,37
78000	80868,66	13478,11	83382,00	6948,50	85945,50	4774,75	88559,76	3689,99
80000	82942,21	13823,70	85520,04	7126,67	88149,42	4897,19	90830,41	3784,60
82000	85015,74	14169,29	87657,96	7304,83	90353,16	5019,62	93101,28	3879,22
84000	87089,34	14514,89	89796,00	7483,00	92556,72	5142,04	95371,92	3973,83
86000	89162,88	14860,48	91934,04	7661,17	94760,64	5264,48	97642,80	4068,45
88000	91236,42	15206,07	94071,96	7839,33	96964,38	5386,91	99913,44	4163,06
90000	93309,96	15551,66	96210,00	8017,50	99168,12	5509,34	102184,30	4257,68
92000	95383,56	15897,26	98348,04	8195,67	101371,90	5631,77	104455,00	4352,29
94000	97457,09	16242,85	100486,00	8373,83	103575,60	5754,20	106725,90	4446,91
96000	99530,64	16588,44	102624,00	8552,00	105779,20	5876,62	108996,50	4541,52
98000	101604,20	16934,03	104762,00	8730,17	107982,90	5999,05	111267,40	4636,14
100000	103677,80	17279,63	106900,00	8908,33	110186,60	6121,48	113538,00	4730,75

INTÉRÊT DE **12,5 %**

	30 MOIS		36 MOIS		42 MOIS		48 MOIS	
Montant	Paiement Total	Paiement Mensuel	Paiement Total	Paiement Mensuel	Paiement Total	Paiement Mensuel	Paiement Total	Paiement Mensuel
37000	43272,90	1442,43	44560,44	1237,79	45871,57	1092,18	47206,08	983,46
38000	44442,30	1481,41	45764,64	1271,24	47110,98	1121,69	48481,92	1010,04
39000	45612,00	1520,40	46968,84	1304,69	48351,24	1151,22	49757,76	1036,62
40000	46781,40	1559,38	48173,40	1338,15	49591,08	1180,74	51033,12	1063,19
41000	47951,10	1598,37	49377,60	1371,60	50830,50	1210,25	52309,44	1089,78
42000	49120,50	1637,35	50582,17	1405,06	52070,34	1239,77	53585,28	1116,36
43000	50290,20	1676,34	51786,36	1438,51	53310,18	1269,29	54860,64	1142,93
44000	51459,60	1715,32	52990,92	1471,97	54550,03	1298,81	56136,96	1169,52
45000	52629,30	1754,31	54195,12	1505,42	55789,86	1328,33	57412,80	1196,10
46000	53798,71	1793,29	55399,32	1538,87	57029,70	1357,85	58688,64	1222,68
47000	54968,10	1832,27	56603,88	1572,33	58269,12	1387,36	59964,48	1249,26
48000	56137,80	1871,26	57808,08	1605,78	59508,96	1416,88	61240,32	1275,84
49000	57307,20	1910,24	59012,28	1639,23	60748,80	1446,40	62516,17	1302,42
50000	58476,90	1949,23	60216,84	1672,69	61988,64	1475,92	63792,48	1329,01
51000	59646,30	1988,21	61421,04	1706,14	63228,48	1505,44	65068,32	1355,59
52000	60816,00	2027,20	62625,60	1739,60	64468,32	1534,96	66344,16	1382,17
53000	61985,40	2066,18	63829,80	1773,05	65707,74	1564,47	67620,00	1408,75
54000	63155,10	2105,17	65034,00	1806,50	66947,58	1593,99	68895,84	1435,33
55000	64324,20	2144,14	66238,56	1839,96	68187,43	1623,51	70171,68	1461,91
56000	65493,90	2183,13	67442,76	1873,41	69427,26	1653,03	71447,52	1488,49
57000	66663,22	2222,12	68646,96	1906,86	70667,10	1682,55	72723,36	1515,07
58000	67833,31	2261,11	69851,52	1940,32	71906,94	1712,07	73999,21	1541,65
59000	69002,71	2300,09	71055,72	1973,77	73146,78	1741,59	75275,04	1568,23
60000	70172,10	2339,07	72260,28	2007,23	74386,20	1771,10	76550,88	1594,81
61000	71341,81	2378,06	73464,49	2040,68	75626,04	1800,62	77826,72	1621,39
62000	72511,21	2417,04	74668,33	2074,12	76865,88	1830,14	79102,56	1647,97
64000	74850,30	2495,01	77077,44	2141,04	79345,56	1889,18	81654,25	1701,13
66000	77189,40	2572,98	79486,20	2207,95	81824,82	1948,21	84205,92	1754,29
68000	79528,50	2650,95	81894,96	2274,86	84304,50	2007,25	86757,59	1807,45
70000	81867,60	2728,92	84303,36	2341,76	86784,18	2066,29	89309,28	1860,61
72000	84206,69	2806,89	86712,12	2408,67	89263,44	2125,32	91860,96	1913,77
74000	86545,81	2884,86	89120,88	2475,58	91743,12	2184,36	94412,64	1966,93
76000	88884,91	2962,83	91529,64	2542,49	94222,38	2243,39	96964,32	2020,09
78000	91224,00	3040,80	93937,68	2609,38	96702,06	2302,43	99516,00	2073,25
80000	93563,10	3118,77	96346,81	2676,30	99181,74	2361,47	102067,20	2126,40
82000	95901,90	3196,73	98755,56	2743,21	101661,40	2420,51	104619,40	2179,57
84000	98241,00	3274,70	101164,30	2810,12	104140,70	2479,54	107171,00	2232,73
86000	100580,10	3352,67	103572,70	2877,02	106620,40	2538,58	109722,20	2285,88
88000	102919,20	3430,64	105981,50	2943,93	109100,10	2597,62	112274,40	2339,05
90000	105258,30	3508,61	108390,20	3010,84	111579,70	2656,66	114826,10	2392,21
92000	107597,40	3586,58	110799,00	3077,75	114059,00	2715,69	117377,80	2445,37
94000	109936,50	3664,55	113207,40	3144,65	116538,70	2774,73	119929,40	2498,53
96000	112275,60	3742,52	115616,20	3211,56	119018,40	2833,77	122481,10	2551,69
98000	114614,70	3820,49	118024,90	3278,47	121497,60	2892,80	125032,80	2604,85
100000	116953,80	3898,46	120433,70	3345,38	123977,30	2951,84	127584,50	2658,01

	54 MOIS		60 MOIS		66 MOIS		72 MOIS	
Montant	Paiement Total	Paiement Mensuel	Paiement Total	Paiement Mensuel	Paiement Total	Paiement Mensuel	Paiement Total	Paiement Mensuel
37000	48564,36	899,34	49945,80	832,43	51349,98	778,03	52777,44	733,02
38000	49877,10	923,65	51295,20	854,92	52737,96	799,06	54203,76	752,83
39000	51189,30	947,95	52645,20	877,42	54125,94	820,09	55630,08	772,64
40000	52502,04	972,26	53995,20	899,92	55513,26	841,11	57056,40	792,45
41000	53814,78	996,57	55345,20	922,42	56901,24	862,14	58482,72	812,26
42000	55126,98	1020,87	56695,20	944,92	58289,22	883,17	59909,04	832,07
43000	56439,73	1045,18	58044,60	967,41	59677,20	904,20	61335,36	851,88
44000	57751,92	1069,48	59394,60	989,91	61064,52	925,22	62761,68	871,69
45000	59064,67	1093,79	60744,60	1012,41	62452,50	946,25	64188,72	891,51
46000	60377,40	1118,10	62094,60	1034,91	63840,48	967,28	65615,04	911,32
47000	61689,60	1142,40	63444,60	1057,41	65228,46	988,31	67041,36	931,13
48000	63002,34	1166,71	64794,00	1079,90	66616,44	1009,34	68467,68	950,94
49000	64315,08	1191,02	66144,00	1102,40	68003,76	1030,36	69894,00	970,75
50000	65626,75	1215,31	67494,00	1124,90	69391,75	1051,39	71320,32	990,56
51000	66940,02	1239,63	68844,00	1147,40	70779,72	1072,42	72746,65	1010,37
52000	68252,22	1263,93	70194,00	1169,90	72167,04	1093,44	74172,96	1030,18
53000	69564,96	1288,24	71544,00	1192,40	73555,02	1114,47	75600,00	1050,00
54000	70877,71	1312,55	72893,40	1214,89	74943,00	1135,50	77026,23	1069,81
55000	72190,44	1336,86	74243,40	1237,39	76330,99	1156,53	78452,65	1089,62
56000	73502,65	1361,16	75593,40	1259,89	77718,96	1177,56	79878,96	1109,43
57000	74815,38	1385,47	76943,40	1282,39	79106,94	1198,59	81305,28	1129,24
58000	76127,58	1409,77	78293,40	1304,89	80494,26	1219,61	82731,60	1149,05
59000	77440,32	1434,08	79642,80	1327,38	81882,25	1240,64	84157,92	1168,86
60000	78753,06	1458,39	80992,80	1349,88	83270,22	1261,67	85584,24	1188,67
61000	80065,26	1482,69	82342,80	1372,38	84657,54	1282,69	87011,28	1208,49
62000	81378,00	1507,00	83692,80	1394,88	86046,18	1303,73	88437,60	1228,30
64000	84002,94	1555,61	86392,21	1439,87	88821,49	1345,78	91290,24	1267,92
66000	86628,42	1604,23	89092,21	1484,87	91597,44	1387,84	94142,88	1307,54
68000	89253,36	1652,84	91792,21	1529,87	94372,74	1429,89	96995,52	1347,16
70000	91878,30	1701,45	94491,60	1574,86	97148,69	1471,95	99848,88	1386,79
72000	94503,78	1750,07	97191,60	1619,86	99924,00	1514,00	102701,50	1426,41
74000	97128,72	1798,68	99891,00	1664,85	102700,00	1556,06	105554,20	1466,03
76000	99753,66	1847,29	102591,00	1709,85	105475,30	1598,11	108406,80	1505,65
78000	102378,60	1895,90	105291,00	1754,85	108251,20	1640,17	111260,20	1545,28
80000	105004,10	1944,52	107990,40	1799,84	111027,20	1682,23	114112,80	1584,90
82000	107629,00	1993,13	110690,40	1844,84	113802,50	1724,28	116965,40	1624,52
84000	110254,00	2041,74	113389,80	1889,83	116578,40	1766,34	119818,10	1664,14
86000	112879,50	2090,36	116089,80	1934,83	119353,70	1808,39	122671,40	1703,77
88000	115504,40	2138,97	118789,80	1979,83	122129,70	1850,45	125524,10	1743,39
90000	118129,30	2187,58	121489,20	2024,82	124905,00	1892,50	128376,70	1783,01
92000	120754,30	2236,19	124189,20	2069,82	127681,00	1934,56	131229,40	1822,63
94000	123379,70	2284,81	126888,60	2114,81	130456,90	1976,62	134082,70	1862,26
96000	126004,70	2333,42	129588,60	2159,81	133232,20	2018,67	136935,40	1901,88
98000	128629,60	2382,03	132288,60	2204,81	136008,20	2060,73	139788,00	1941,50
100000	131254,60	2430,64	134988,00	2249,80	138783,50	2102,78	142640,60	1981,12

115

INTÉRÊT DE 13 %

Montant	6 MOIS Paiement Total	6 MOIS Paiement Mensuel	12 MOIS Paiement Total	12 MOIS Paiement Mensuel	18 MOIS Paiement Total	18 MOIS Paiement Mensuel	24 MOIS Paiement Total	24 MOIS Paiement Mensuel
1000	1038,24	173,04	1071,84	89,32	1106,10	61,45	1140,96	47,54
1500	1557,36	259,56	1607,68	133,98	1659,06	92,17	1711,44	71,31
2000	2076,54	346,09	2143,56	178,63	2212,02	122,89	2281,92	95,08
2500	2595,66	432,61	2679,48	223,29	2765,16	153,62	2852,40	118,85
3000	3114,78	519,13	3215,40	267,95	3318,12	184,34	3423,12	142,63
3500	3633,90	605,65	3751,20	312,60	3871,26	215,07	3993,60	166,40
4000	4153,02	692,17	4287,24	357,27	4424,22	245,79	4564,08	190,17
4500	4672,14	778,69	4823,16	401,93	4977,18	276,51	5134,56	213,94
5000	5191,26	865,21	5359,08	446,59	5530,32	307,24	5705,04	237,71
5500	5710,38	951,73	5894,88	491,24	6083,28	337,96	6275,52	261,48
6000	6229,56	1038,26	6430,80	535,90	6636,24	368,68	6846,00	285,25
6500	6748,68	1124,78	6966,72	580,56	7189,38	399,41	7416,24	309,01
7000	7267,80	1211,30	7502,52	625,21	7742,34	430,13	7986,96	332,79
7500	7786,86	1297,81	8038,56	669,88	8295,48	460,86	8557,44	356,56
8000	8306,04	1384,34	8574,48	714,54	8848,44	491,58	9127,92	380,33
8500	8825,16	1470,86	9110,40	759,20	9401,40	522,30	9698,40	404,10
9000	9344,28	1557,38	9646,20	803,85	9954,54	553,03	10269,12	427,88
9500	9863,40	1643,90	10182,12	848,51	10507,50	583,75	10839,60	451,65
10000	10382,58	1730,43	10718,04	893,17	11060,28	614,46	11410,08	475,42
11000	11420,82	1903,47	11789,88	982,49	12166,56	675,92	12551,04	522,96
12000	12459,06	2076,51	12861,72	1071,81	13272,66	737,37	13692,00	570,50
13000	13497,30	2249,55	13933,44	1161,12	14378,76	798,82	14832,72	618,03
14000	14535,60	2422,60	15005,16	1250,43	15484,68	860,26	15973,92	665,58
15000	15573,78	2595,63	16077,12	1339,76	16590,78	921,71	17115,12	713,13
16000	16612,08	2768,68	17148,84	1429,07	17696,88	983,16	18256,08	760,67
17000	17650,32	2941,72	18220,68	1518,39	18802,98	1044,61	19397,04	808,21
18000	18688,62	3114,77	19292,52	1607,71	19908,90	1106,05	20538,00	855,75
19000	19726,86	3287,81	20364,24	1697,02	21015,00	1167,50	21678,96	903,29
20000	20765,10	3460,85	21436,08	1786,34	22120,92	1228,94	22819,92	950,83
21000	21803,34	3633,89	22507,92	1875,66	23227,20	1290,40	23961,12	998,38
22000	22841,64	3806,94	23579,76	1964,98	24333,12	1351,84	25102,08	1045,92
23000	23879,88	3979,98	24651,48	2054,29	25439,22	1413,29	26243,04	1093,46
24000	24918,12	4153,02	25723,32	2143,61	26545,32	1474,74	27384,00	1141,00
25000	25956,36	4326,06	26795,16	2232,93	27651,42	1536,19	28524,96	1188,54
26000	26994,66	4499,11	27866,88	2322,24	28757,34	1597,63	29665,68	1236,07
27000	28032,90	4672,15	28938,72	2411,56	29863,44	1659,08	30807,12	1283,63
28000	29071,14	4845,19	30010,44	2500,87	30969,54	1720,53	31948,08	1331,17
29000	30109,38	5018,23	31082,40	2590,20	32075,64	1781,98	33089,04	1378,71
30000	31147,62	5191,27	32154,12	2679,51	33181,56	1843,42	34230,00	1426,25
31000	32185,92	5364,32	33225,96	2768,83	34287,66	1904,87	35370,96	1473,79
32000	33224,16	5537,36	34297,80	2858,15	35393,76	1966,32	36511,92	1521,33
33000	34262,40	5710,40	35369,52	2947,46	36499,86	2027,77	37653,12	1568,88
34000	35300,70	5883,45	36441,36	3036,78	37605,78	2089,21	38794,08	1616,42
35000	36338,94	6056,49	37513,20	3126,10	38711,70	2150,65	39935,04	1663,96
36000	37377,18	6229,53	38585,04	3215,42	39817,98	2212,11	41076,00	1711,50

	30 MOIS		36 MOIS		42 MOIS		48 MOIS	
Montant	Paiement Total	Paiement Mensuel	Paiement Total	Paiement Mensuel	Paiement Total	Paiement Mensuel	Paiement Total	Paiement Mensuel
1000	1176,60	39,22	1212,48	33,68	1249,92	29,76	1287,84	26,83
1500	1764,90	58,83	1819,44	50,54	1874,88	44,64	1931,52	40,24
2000	2353,20	78,44	2426,04	67,39	2499,84	59,52	2575,20	53,65
2500	2941,50	98,05	3032,28	84,23	3125,22	74,41	3219,36	67,07
3000	3529,80	117,66	3638,88	101,08	3750,18	89,29	3863,04	80,48
3500	4118,40	137,28	4245,48	117,93	4375,14	104,17	4507,20	93,90
4000	4706,70	156,89	4852,08	134,78	5000,10	119,05	5150,88	107,31
4500	5295,00	176,50	5458,32	151,62	5624,64	133,92	5794,56	120,72
5000	5883,30	196,11	6064,92	168,47	6250,02	148,81	6438,72	134,14
5500	6471,60	215,72	6671,52	185,32	6874,98	163,69	7082,40	147,55
6000	7059,90	235,33	7277,76	202,16	7499,94	178,57	7726,08	160,96
6500	7648,20	254,94	7884,36	219,01	8124,90	193,45	8370,24	174,38
7000	8236,20	274,54	8490,96	235,86	8749,86	208,33	9013,92	187,79
7500	8824,80	294,16	9097,20	252,70	9375,24	223,22	9658,08	201,21
8000	9412,80	313,76	9703,44	269,54	10000,20	238,10	10301,76	214,62
8500	10001,40	333,38	10310,40	286,40	10625,16	252,98	10945,44	228,03
9000	10589,70	352,99	10916,64	303,24	11249,70	267,85	11589,60	241,45
9500	11178,00	372,60	11523,24	320,09	11875,08	282,74	12233,28	254,86
10000	11766,30	392,21	12129,84	336,94	12500,04	297,62	12876,48	268,26
11000	12943,20	431,44	13342,68	370,63	13749,96	327,38	14164,80	295,10
12000	14119,80	470,66	14555,88	404,33	14999,88	357,14	15452,64	321,93
13000	15296,40	509,88	15768,72	438,02	16250,22	386,91	16740,48	348,76
14000	16472,70	549,09	16981,56	471,71	17500,14	416,67	18027,84	375,58
15000	17649,60	588,32	18194,76	505,41	18750,06	446,43	19315,68	402,41
16000	18825,90	627,53	19407,24	539,09	19999,98	476,19	20603,52	429,24
17000	20003,10	666,77	20620,80	572,80	21249,90	505,95	21891,36	456,07
18000	21179,70	705,99	21833,64	606,49	22499,82	535,71	23178,72	482,89
19000	22356,30	745,21	23046,48	640,18	23750,16	565,48	24466,56	509,72
20000	23532,90	784,43	24259,68	673,88	25000,08	595,24	25754,40	536,55
21000	24709,50	823,65	25472,52	707,57	26250,00	625,00	27042,24	563,38
22000	25886,10	862,87	26685,72	741,27	27499,92	654,76	28329,60	590,20
23000	27062,70	902,09	27898,56	774,96	28750,26	684,53	29617,44	617,03
24000	28239,60	941,32	29111,40	808,65	30000,18	714,29	30905,28	643,86
25000	29416,20	980,54	30324,60	842,35	31250,10	744,05	32193,12	670,69
26000	30592,80	1019,76	31537,44	876,04	32500,02	773,81	33480,48	697,51
27000	31769,40	1058,98	32750,28	909,73	33749,94	803,57	34768,32	724,34
28000	32945,70	1098,19	33963,48	943,43	35000,28	833,34	36056,16	751,17
29000	34122,60	1137,42	35176,32	977,12	36250,20	863,10	37344,00	778,00
30000	35299,20	1176,64	36389,52	1010,82	37500,12	892,86	38631,36	804,82
31000	36476,10	1215,87	37602,36	1044,51	38750,04	922,62	39919,20	831,65
32000	37652,70	1255,09	38814,84	1078,19	40000,38	952,39	41207,04	858,48
33000	38829,30	1294,31	40028,40	1111,90	41250,30	982,15	42494,88	885,31
34000	40005,90	1333,53	41241,24	1145,59	42500,22	1011,91	43782,24	912,13
35000	41182,50	1372,75	42454,44	1179,29	43750,14	1041,67	45070,08	938,96
36000	42359,10	1411,97	43667,28	1212,98	45000,07	1071,43	46357,92	965,79

INTÉRÊT DE **13 %**

	54 MOIS		60 MOIS		66 MOIS		72 MOIS	
Montant	Paiement Total	Paiement Mensuel	Paiement Total	Paiement Mensuel	Paiement Total	Paiement Mensuel	Paiement Total	Paiement Mensuel
1000	1326,24	24,56	1365,00	22,75	1405,14	21,29	1445,04	20,07
1500	1989,36	36,84	2047,80	34,13	2107,38	31,93	2167,92	30,11
2000	2652,48	49,12	2730,60	45,51	2809,62	42,57	2890,80	40,15
2500	3315,06	61,39	3412,80	56,88	3512,52	53,22	3613,68	50,19
3000	3978,18	73,67	4095,60	68,26	4214,76	63,86	4335,84	60,22
3500	4641,30	85,95	4778,40	79,64	4917,00	74,50	5058,72	70,26
4000	5304,42	98,23	5460,60	91,01	5619,90	85,15	5781,60	80,30
4500	5967,54	110,51	6143,40	102,39	6322,14	95,79	6503,76	90,33
5000	6630,66	122,79	6826,20	113,77	7024,38	106,43	7226,64	100,37
5500	7293,78	135,07	7508,40	125,14	7727,28	117,08	7949,52	110,41
6000	7956,90	147,35	8191,20	136,52	8429,52	127,72	8671,68	120,44
6500	8619,48	159,62	8873,40	147,89	9131,76	138,36	9394,56	130,48
7000	9282,60	171,90	9556,20	159,27	9834,00	149,00	10117,44	140,52
7500	9945,72	184,18	10239,00	170,65	10536,24	159,64	10840,32	150,56
8000	10608,84	196,46	10921,20	182,02	11239,14	170,29	11562,48	160,59
8500	11271,96	208,74	11604,00	193,40	11942,04	180,94	12285,36	170,63
9000	11935,08	221,02	12286,80	204,78	12644,28	191,58	13008,24	180,67
9500	12598,20	233,30	12969,00	216,15	13346,52	202,22	13730,40	190,70
10000	13261,32	245,58	13651,80	227,53	14049,42	212,87	14453,28	200,74
11000	14587,02	270,13	15016,80	250,28	15453,90	234,15	15898,32	220,81
12000	15913,26	294,69	16382,40	273,04	16859,04	255,44	17344,08	240,89
13000	17239,50	319,25	17747,40	295,79	18264,18	276,73	18789,12	260,96
14000	18565,74	343,81	19112,40	318,54	19668,66	298,01	20234,88	281,04
15000	19891,44	368,36	20478,00	341,30	21073,14	319,29	21679,20	301,10
16000	21217,68	392,92	21843,00	364,05	22478,94	340,59	23125,68	321,19
17000	22543,92	417,48	23208,00	386,80	23883,42	361,87	24570,72	341,26
18000	23870,16	442,04	24573,00	409,55	25288,56	383,16	26015,76	361,33
19000	25195,86	466,59	25938,60	432,31	26693,70	404,45	27461,52	381,41
20000	26522,10	491,15	27303,60	455,06	28098,18	425,73	28906,56	401,48
21000	27848,34	515,71	28668,60	477,81	29503,32	447,02	30352,32	421,56
22000	29174,58	540,27	30034,20	500,57	30908,46	468,31	31797,36	441,63
23000	30500,82	564,83	31399,20	523,32	32312,94	489,59	33242,40	461,70
24000	31826,52	589,38	32764,20	546,07	33718,08	510,88	34688,16	481,78
25000	33152,76	613,94	34129,80	568,83	35123,22	532,17	36133,20	501,85
26000	34479,00	638,50	35494,80	591,58	36528,36	553,46	37578,96	521,93
27000	35805,24	663,06	36859,80	614,33	37932,84	574,74	39024,00	542,00
28000	37130,94	687,61	38224,80	637,08	39337,98	596,03	40469,04	562,07
29000	38457,18	712,17	39590,40	659,84	40743,12	617,32	41914,80	582,15
30000	39783,42	736,73	40955,40	682,59	42146,94	638,59	43359,12	602,21
31000	41109,66	761,29	42320,40	705,34	43552,74	659,89	44805,60	622,30
32000	42435,36	785,84	43686,00	728,10	44957,88	681,18	46250,64	642,37
33000	43761,60	810,40	45051,00	750,85	46362,36	702,46	47695,68	662,44
34000	45087,84	834,96	46416,00	773,60	47767,50	723,75	49141,44	682,52
35000	46414,08	859,52	47781,60	796,36	49172,64	745,04	50586,48	702,59
36000	47739,78	884,07	49146,60	819,11	50577,12	766,32	52032,24	722,67

	6 MOIS		**12** MOIS		**18** MOIS		**24** MOIS	
Montant	Paiement Total	Paiement Mensuel	Paiement Total	Paiement Mensuel	Paiement Total	Paiement Mensuel	Paiement Total	Paiement Mensuel
37000	38415,42	6402,57	39656,76	3304,73	40924,08	2273,56	42216,96	1759,04
38000	39453,72	6575,62	40728,60	3394,05	42030,00	2335,00	43358,16	1806,59
39000	40491,96	6748,66	41800,44	3483,37	43136,10	2396,45	44499,12	1854,13
40000	41530,20	6921,70	42872,16	3572,68	44242,02	2457,89	45640,08	1901,67
41000	42568,50	7094,75	43944,00	3662,00	45348,30	2519,35	46781,04	1949,21
42000	43606,74	7267,79	45015,84	3751,32	46454,22	2580,79	47922,00	1996,75
43000	44644,98	7440,83	46087,68	3840,64	47560,32	2642,24	49062,96	2044,29
44000	45683,22	7613,87	47159,40	3929,95	48666,42	2703,69	50204,17	2091,84
45000	46721,52	7786,92	48231,24	4019,27	49772,52	2765,14	51344,89	2139,37
46000	47759,76	7959,96	49303,08	4108,59	50878,44	2826,58	52486,08	2186,92
47000	48798,00	8133,00	50374,80	4197,90	51984,54	2888,03	53627,04	2234,46
48000	49836,24	8306,04	51446,64	4287,22	53090,64	2949,48	54768,00	2282,00
49000	50874,54	8479,09	52518,48	4376,54	54196,74	3010,93	55908,96	2329,54
50000	51912,78	8652,13	53590,32	4465,86	55302,67	3072,37	57050,17	2377,09
51000	52951,02	8825,17	54662,04	4555,17	56408,76	3133,82	58190,89	2424,62
52000	53989,26	8998,21	55733,89	4644,49	57514,86	3195,27	59332,08	2472,17
53000	55027,56	9171,26	56805,72	4733,81	58620,78	3256,71	60473,04	2519,71
54000	56065,80	9344,30	57877,44	4823,12	59726,88	3318,16	61614,00	2567,25
55000	57104,04	9517,34	58949,28	4912,44	60832,98	3379,61	62754,96	2614,79
56000	58142,28	9690,38	60021,00	5001,75	61939,08	3441,06	63896,17	2662,34
57000	59180,58	9863,43	61092,72	5091,06	63045,00	3502,50	65037,12	2709,88
58000	60218,82	10036,47	62164,68	5180,39	64151,10	3563,95	66178,08	2757,42
59000	61257,06	10209,51	63236,52	5269,71	65257,20	3625,40	67319,04	2804,96
60000	62295,30	10382,55	64308,36	5359,03	66363,31	3686,85	68460,00	2852,50
61000	63333,60	10555,60	65380,08	5448,34	67469,22	3748,29	69600,96	2900,04
62000	64371,84	10728,64	66451,93	5537,66	68575,32	3809,74	70742,16	2947,59
64000	66448,32	11074,72	68595,49	5716,29	70787,52	3932,64	73024,08	3042,67
66000	68524,86	11420,81	70739,16	5894,93	72999,54	4055,53	75306,00	3137,75
68000	70601,41	11766,90	72882,72	6073,56	75211,75	4178,43	77588,16	3232,84
70000	72677,88	12112,98	75026,41	6252,20	77423,58	4301,31	79870,08	3327,92
72000	74754,36	12459,06	77169,96	6430,83	79635,96	4424,22	82152,00	3423,00
74000	76830,91	12805,15	79313,65	6609,47	81847,98	4547,11	84434,16	3518,09
76000	78907,38	13151,23	81457,21	6788,10	84060,00	4670,00	86716,08	3613,17
78000	80983,93	13497,32	83600,76	6966,73	86272,19	4792,90	88998,00	3708,25
80000	83060,46	13843,41	85744,44	7145,37	88484,22	4915,79	91280,16	3803,34
82000	85136,94	14189,49	87888,00	7324,00	90696,42	5038,69	93562,08	3898,42
84000	87213,49	14535,58	90031,68	7502,64	92908,62	5161,59	95844,00	3993,50
86000	89289,96	14881,66	92175,24	7681,27	95120,64	5284,48	98126,16	4088,59
88000	91366,50	15227,75	94318,80	7859,90	97332,84	5407,38	100408,10	4183,67
90000	93442,99	15573,83	96462,49	8038,54	99544,86	5530,27	102690,00	4278,75
92000	95519,52	15919,92	98606,04	8217,17	101757,10	5653,17	104972,20	4373,84
94000	97596,00	16266,00	100749,60	8395,80	103969,10	5776,06	107254,10	4468,92
96000	99672,54	16612,09	102893,30	8574,44	106181,30	5898,96	109536,00	4564,00
98000	101749,00	16958,17	105037,00	8753,08	108393,30	6021,85	111818,20	4659,09
100000	103825,60	17304,26	107180,50	8931,71	110605,50	6144,75	114100,10	4754,17

119

INTÉRÊT DE **13 %**

	30 MOIS		36 MOIS		42 MOIS		48 MOIS	
Montant	Paiement Total	Paiement Mensuel	Paiement Total	Paiement Mensuel	Paiement Total	Paiement Mensuel	Paiement Total	Paiement Mensuel
37000	43535,70	1451,19	44880,12	1246,67	46249,98	1101,19	47645,76	992,62
38000	44712,60	1490,42	46093,32	1280,37	47500,32	1130,96	48933,12	1019,44
39000	45889,20	1529,64	47306,17	1314,06	48750,24	1160,72	50220,96	1046,27
40000	47065,80	1568,86	48519,36	1347,76	50000,16	1190,48	51508,80	1073,10
41000	48242,40	1608,08	49732,20	1381,45	51250,08	1220,24	52796,64	1099,93
42000	49419,00	1647,30	50945,04	1415,14	52500,42	1250,01	54084,00	1126,75
43000	50595,60	1686,52	52158,24	1448,84	53750,34	1279,77	55371,36	1153,57
44000	51772,20	1725,74	53371,08	1482,53	55000,26	1309,53	56659,68	1180,41
45000	52949,10	1764,97	54583,92	1516,22	56250,18	1339,29	57947,04	1207,23
46000	54125,70	1804,19	55797,12	1549,92	57500,10	1369,05	59234,89	1234,06
47000	55302,30	1843,41	57009,96	1583,61	58750,44	1398,82	60522,72	1260,89
48000	56478,90	1882,63	58223,17	1617,31	60000,36	1428,58	61810,56	1287,72
49000	57655,50	1921,85	59436,00	1651,00	61250,28	1458,34	63097,92	1314,54
50000	58832,10	1961,07	60648,84	1684,69	62500,20	1488,10	64385,76	1341,37
51000	60009,00	2000,30	61862,04	1718,39	63750,12	1517,86	65673,60	1368,20
52000	61185,60	2039,52	63074,88	1752,08	65000,46	1547,63	66961,44	1395,03
53000	62362,20	2078,74	64288,08	1785,78	66250,38	1577,39	68248,80	1421,85
54000	63538,80	2117,96	65500,92	1819,47	67500,30	1607,15	69536,65	1448,68
55000	64715,40	2157,18	66713,76	1853,16	68750,22	1636,91	70824,49	1475,51
56000	65891,70	2196,39	67926,96	1886,86	70000,15	1666,67	72112,32	1502,34
57000	67068,60	2235,62	69139,81	1920,55	71250,48	1696,44	73399,68	1529,16
58000	68245,50	2274,85	70352,65	1954,24	72500,40	1726,20	74687,52	1555,99
59000	69422,10	2314,07	71565,84	1987,94	73750,32	1755,96	75975,36	1582,82
60000	70598,71	2353,29	72778,68	2021,63	75000,24	1785,72	77263,21	1609,65
61000	71775,30	2392,51	73991,88	2055,33	76250,16	1815,48	78550,56	1636,47
62000	72951,90	2431,73	75204,72	2089,02	77500,50	1845,25	79838,41	1663,30
64000	75305,10	2510,17	77630,40	2156,40	80000,35	1904,77	82414,08	1716,96
66000	77658,60	2588,62	80056,81	2223,80	82500,18	1964,29	84989,28	1770,61
68000	80011,81	2667,06	82482,48	2291,18	85000,44	2023,82	87564,96	1824,27
70000	82365,00	2745,50	84908,52	2358,57	87500,28	2083,34	90140,16	1877,92
72000	84718,50	2823,95	87334,56	2425,96	90000,55	2142,87	92715,84	1931,58
74000	87071,69	2902,39	89760,60	2493,35	92499,96	2202,38	95291,04	1985,23
76000	89424,91	2980,83	92186,28	2560,73	94999,80	2261,90	97866,72	2038,89
78000	91778,10	3059,27	94612,33	2628,12	97500,48	2321,44	100441,90	2092,54
80000	94131,60	3137,72	97038,36	2695,51	100000,30	2380,96	103017,60	2146,20
82000	96484,80	3216,16	99464,40	2762,90	102500,60	2440,49	105592,80	2199,85
84000	98838,00	3294,60	101890,40	2830,29	105000,40	2500,01	108168,50	2253,51
86000	101191,50	3373,05	104316,10	2897,67	107500,30	2559,53	110743,20	2307,15
88000	103544,70	3451,49	106742,20	2965,06	110000,50	2619,06	113318,90	2360,81
90000	105897,90	3529,93	109168,20	3032,45	112500,40	2678,58	115894,60	2414,47
92000	108251,40	3608,38	111594,20	3099,84	115000,60	2738,11	118469,80	2468,12
94000	110604,60	3686,82	114019,90	3167,22	117500,50	2797,63	121045,40	2521,78
96000	112957,80	3765,26	116446,10	3234,61	120000,70	2857,16	123620,60	2575,43
98000	115311,00	3843,70	118872,00	3302,00	122500,60	2916,68	126196,30	2629,09
100000	117664,50	3922,15	121298,00	3369,39	125000,40	2976,20	128771,50	2682,74

Montant	54 MOIS Paiement Total	Paiement Mensuel	60 MOIS Paiement Total	Paiement Mensuel	66 MOIS Paiement Total	Paiement Mensuel	72 MOIS Paiement Total	Paiement Mensuel
37000	49066,02	908,63	50511,60	841,86	51982,26	787,61	53477,28	742,74
38000	50392,26	933,19	51877,20	864,62	53387,40	808,90	54922,32	762,81
39000	51718,50	957,75	53242,20	887,37	54791,88	830,18	56368,08	782,89
40000	53044,20	982,30	54607,20	910,12	56197,02	851,47	57813,12	802,96
41000	54370,44	1006,86	55972,20	932,87	57602,16	872,76	59258,88	823,04
42000	55696,69	1031,42	57337,80	955,63	59006,64	894,04	60703,92	843,11
43000	57022,92	1055,98	58702,80	978,38	60411,78	915,33	62149,68	863,19
44000	58349,17	1080,54	60067,80	1001,13	61816,92	936,62	63594,72	883,26
45000	59674,86	1105,09	61433,40	1023,89	63221,40	957,90	65039,76	903,33
46000	61001,10	1129,65	62798,40	1046,64	64626,54	979,19	66485,52	923,41
47000	62327,34	1154,21	64163,40	1069,39	66031,68	1000,48	67930,56	943,48
48000	63653,58	1178,77	65529,00	1092,15	67436,16	1021,76	69376,32	963,56
49000	64978,74	1203,31	66894,00	1114,90	68841,31	1043,05	70821,36	983,63
50000	66305,52	1227,88	68259,00	1137,65	70246,44	1064,34	72266,40	1003,70
51000	67631,22	1252,43	69624,00	1160,40	71650,93	1085,62	73712,16	1023,78
52000	68958,00	1277,00	70989,60	1183,16	73056,06	1106,91	75157,20	1043,85
53000	70283,71	1301,55	72354,60	1205,91	74460,54	1128,19	76602,96	1063,93
54000	71609,94	1326,11	73719,60	1228,66	75865,68	1149,48	78048,00	1084,00
55000	72936,18	1350,67	75085,21	1251,42	77270,82	1170,77	79492,33	1104,06
56000	74262,43	1375,23	76450,21	1274,17	78675,96	1192,06	80938,81	1124,15
57000	75588,13	1399,78	77815,21	1296,92	80080,44	1213,34	82383,84	1144,22
58000	76914,36	1424,34	79180,81	1319,68	81485,58	1234,63	83829,60	1164,30
59000	78240,60	1448,90	80545,81	1342,43	82890,72	1255,92	85274,64	1184,37
60000	79566,84	1473,46	81910,81	1365,18	84294,54	1277,19	86718,96	1204,43
61000	80892,54	1498,01	83276,40	1387,94	85700,34	1298,49	88165,44	1224,52
62000	82218,78	1522,57	84641,40	1410,69	87105,49	1319,78	89610,48	1244,59
64000	84871,26	1571,69	87371,40	1456,19	89915,09	1362,35	92501,28	1284,74
66000	87523,21	1620,80	90102,00	1501,70	92724,72	1404,92	95392,08	1324,89
68000	90175,68	1669,92	92832,59	1547,21	95535,00	1447,50	98282,88	1365,04
70000	92827,62	1719,03	95562,59	1592,71	98344,62	1490,07	101173,70	1405,19
72000	95480,10	1768,15	98293,19	1638,22	101154,20	1532,64	104063,80	1445,33
74000	98132,04	1817,26	101023,20	1683,72	103964,50	1575,22	106954,60	1485,48
76000	100784,50	1866,38	103753,80	1729,23	106774,10	1617,79	109845,40	1525,63
78000	103436,50	1915,49	106484,40	1774,74	109584,40	1660,37	112736,20	1565,78
80000	106088,90	1964,61	109214,40	1820,24	112394,00	1702,94	115627,00	1605,93
82000	108740,90	2013,72	111945,00	1865,75	115203,70	1745,51	118517,00	1646,07
84000	111393,40	2062,84	114675,00	1911,25	118013,90	1788,09	121407,80	1686,22
86000	114045,30	2111,95	117405,60	1956,76	120823,60	1830,66	124298,60	1726,37
88000	116697,80	2161,07	120136,20	2002,27	123633,20	1873,23	127189,40	1766,52
90000	119350,30	2210,19	122866,20	2047,77	126443,50	1915,81	130080,20	1806,67
92000	122002,20	2259,30	125596,80	2093,28	129253,10	1958,38	132970,30	1846,81
94000	124654,70	2308,42	128326,80	2138,78	132062,70	2000,95	135861,10	1886,96
96000	127306,60	2357,53	131057,40	2184,29	134873,00	2043,53	138751,90	1927,11
98000	129958,60	2406,64	133788,00	2229,80	137682,60	2086,10	141642,70	1967,26
100000	132611,00	2455,76	136518,00	2275,30	140492,20	2128,67	144533,50	2007,41

INTÉRÊT DE **13,5 %**

	6 MOIS		12 MOIS		18 MOIS		24 MOIS	
Montant	Paiement Total	Paiement Mensuel	Paiement Total	Paiement Mensuel	Paiement Total	Paiement Mensuel	Paiement Total	Paiement Mensuel
1000	1039,74	173,29	1074,60	89,55	1110,24	61,68	1146,72	47,78
1500	1559,58	259,93	1611,96	134,33	1665,36	92,52	1720,08	71,67
2000	2079,48	346,58	2149,20	179,10	2220,48	123,36	2293,20	95,55
2500	2599,32	433,22	2686,56	223,88	2775,60	154,20	2866,56	119,44
3000	3119,22	519,87	3223,92	268,66	3330,72	185,04	3439,92	143,33
3500	3639,06	606,51	3761,16	313,43	3885,84	215,88	4013,28	167,22
4000	4158,96	693,16	4298,52	358,21	4440,96	246,72	4586,64	191,11
4500	4678,80	779,80	4835,76	402,98	4996,08	277,56	5160,00	215,00
5000	5198,70	866,45	5373,12	447,76	5551,20	308,40	5733,12	238,88
5500	5718,54	953,09	5910,36	492,53	6106,32	339,24	6306,24	262,76
6000	6238,44	1039,74	6447,72	537,31	6661,62	370,09	6879,84	286,66
6500	6758,28	1126,38	6985,08	582,09	7216,74	400,93	7452,96	310,54
7000	7278,18	1213,03	7522,32	626,86	7771,86	431,77	8026,56	334,44
7500	7798,02	1299,67	8059,68	671,64	8326,98	462,61	8599,92	358,33
8000	8317,92	1386,32	8596,92	716,41	8882,10	493,45	9173,04	382,21
8500	8837,76	1472,96	9134,28	761,19	9437,04	524,28	9746,40	406,10
9000	9357,66	1559,61	9671,64	805,97	9992,34	555,13	10319,76	429,99
9500	9877,50	1646,25	10208,88	850,74	10547,28	585,96	10893,12	453,88
10000	10397,40	1732,90	10746,24	895,52	11102,58	616,81	11466,48	477,77
11000	11437,14	1906,19	11820,84	985,07	12212,82	678,49	12612,72	525,53
12000	12476,82	2079,47	12895,44	1074,62	13323,06	740,17	13759,68	573,32
13000	13516,56	2252,76	13970,04	1164,17	14433,30	801,85	14906,16	621,09
14000	14556,30	2426,05	15044,64	1253,72	15543,54	863,53	16053,12	668,88
15000	15596,04	2599,34	16119,36	1343,28	16653,78	925,21	17199,60	716,65
16000	16635,78	2772,63	17193,96	1432,83	17764,02	986,89	18346,32	764,43
17000	17675,52	2945,92	18268,56	1522,38	18874,08	1048,56	19493,04	812,21
18000	18715,26	3119,21	19343,16	1611,93	19984,68	1110,26	20639,52	859,98
19000	19755,00	3292,50	20417,76	1701,48	21094,74	1171,93	21786,24	907,76
20000	20794,74	3465,79	21492,36	1791,03	22205,16	1233,62	22932,96	955,54
21000	21834,48	3639,08	22567,08	1880,59	23315,40	1295,30	24079,44	1003,31
22000	22874,22	3812,37	23641,68	1970,14	24425,64	1356,98	25226,16	1051,09
23000	23913,96	3985,66	24716,28	2059,69	25535,88	1418,66	26372,88	1098,87
24000	24953,70	4158,95	25790,88	2149,24	26646,12	1480,34	27519,36	1146,64
25000	25993,44	4332,24	26865,48	2238,79	27756,36	1542,02	28666,08	1194,42
26000	27033,12	4505,52	27940,08	2328,34	28866,60	1603,70	29812,56	1242,19
27000	28072,86	4678,81	29014,68	2417,89	29976,84	1665,38	30959,28	1289,97
28000	29112,66	4852,11	30089,40	2507,45	31087,08	1727,06	32106,00	1337,75
29000	30152,40	5025,40	31164,00	2597,00	32197,50	1788,75	33252,72	1385,53
30000	31192,14	5198,69	32238,60	2686,55	33307,74	1850,43	34399,20	1433,30
31000	32231,88	5371,98	33313,20	2776,10	34417,98	1912,11	35545,92	1481,08
32000	33271,62	5545,27	34387,80	2865,65	35528,22	1973,79	36692,64	1528,86
33000	34311,36	5718,56	35462,52	2955,21	36638,46	2035,47	37839,12	1576,63
34000	35351,10	5891,85	36537,12	3044,76	37748,52	2097,14	38985,84	1624,41
35000	36390,78	6065,13	37611,72	3134,31	38858,94	2158,83	40132,56	1672,19
36000	37430,52	6238,42	38686,32	3223,86	39969,18	2220,51	41279,28	1719,97

	30 MOIS		36 MOIS		42 MOIS		48 MOIS	
Montant	Paiement Total	Paiement Mensuel	Paiement Total	Paiement Mensuel	Paiement Total	Paiement Mensuel	Paiement Total	Paiement Mensuel
1000	1183,80	39,46	1221,48	33,93	1260,42	30,01	1299,84	27,08
1500	1775,70	59,19	1832,40	50,90	1890,42	45,01	1949,28	40,61
2000	2367,60	78,92	2443,32	67,87	2520,42	60,01	2599,20	54,15
2500	2959,50	98,65	3054,24	84,84	3150,42	75,01	3249,12	67,69
3000	3551,40	118,38	3665,16	101,81	3780,84	90,02	3899,04	81,23
3500	4143,30	138,11	4275,72	118,77	4410,84	105,02	4548,96	94,77
4000	4735,20	157,84	4886,64	135,74	5041,26	120,03	5198,40	108,30
4500	5327,10	177,57	5497,56	152,71	5671,26	135,03	5848,32	121,84
5000	5919,00	197,30	6108,48	169,68	6301,26	150,03	6498,24	135,38
5500	6510,90	217,03	6719,04	186,64	6931,68	165,04	7148,16	148,92
6000	7102,80	236,76	7329,96	203,61	7561,68	180,04	7798,08	162,46
6500	7694,70	256,49	7940,88	220,58	8192,10	195,05	8448,00	176,00
7000	8286,60	276,22	8551,80	237,55	8822,10	210,05	9097,44	189,53
7500	8878,50	295,95	9162,36	254,51	9452,10	225,05	9747,36	203,07
8000	9470,40	315,68	9773,28	271,48	10082,52	240,06	10397,28	216,61
8500	10062,00	335,40	10384,20	288,45	10712,52	255,06	11047,20	230,15
9000	10653,90	355,13	10995,12	305,42	11342,52	270,06	11697,12	243,69
9500	11245,80	374,86	11605,68	322,38	11972,94	285,07	12346,56	257,22
10000	11837,70	394,59	12216,60	339,35	12602,94	300,07	12996,48	270,76
11000	13021,50	434,05	13438,44	373,29	13863,36	330,08	14296,32	297,84
12000	14205,30	473,51	14659,92	407,22	15123,36	360,08	15595,68	324,91
13000	15388,80	512,96	15881,76	441,16	16383,78	390,09	16895,52	351,99
14000	16572,90	552,43	17103,24	475,09	17644,20	420,10	18195,36	379,07
15000	17756,70	591,89	18325,08	509,03	18904,20	450,10	19494,72	406,14
16000	18940,20	631,34	19546,56	542,96	20164,62	480,11	20794,56	433,22
17000	20124,30	670,81	20768,40	576,90	21425,04	510,12	22094,40	460,30
18000	21308,10	710,27	21989,88	610,83	22685,46	540,13	23393,76	487,37
19000	22491,90	749,73	23211,72	644,77	23945,46	570,13	24693,60	514,45
20000	23675,70	789,19	24433,20	678,70	25205,88	600,14	25992,96	541,52
21000	24859,50	828,65	25655,04	712,64	26466,30	630,15	27292,32	568,59
22000	26043,30	868,11	26876,52	746,57	27726,30	660,15	28592,64	595,68
23000	27227,10	907,57	28098,36	780,51	28986,72	690,16	29892,00	622,75
24000	28410,90	947,03	29319,84	814,44	30247,14	720,17	31191,84	649,83
25000	29594,40	986,48	30541,68	848,38	31507,14	750,17	32491,68	676,91
26000	30777,90	1025,93	31763,16	882,31	32767,56	780,18	33791,04	703,98
27000	31962,00	1065,40	32985,00	916,25	34027,98	810,19	35090,88	731,06
28000	33145,80	1104,86	34206,48	950,18	35288,40	840,20	36390,24	758,13
29000	34329,30	1144,31	35428,32	984,12	36548,40	870,20	37690,08	785,21
30000	35513,40	1183,78	36649,80	1018,05	37808,82	900,21	38989,92	812,29
31000	36697,20	1223,24	37871,64	1051,99	39069,24	930,22	40289,28	839,36
32000	37880,70	1262,69	39093,48	1085,93	40329,24	960,22	41589,12	866,44
33000	39064,80	1302,16	40314,96	1119,86	41589,66	990,23	42888,96	893,52
34000	40248,60	1341,62	41536,80	1153,80	42850,08	1020,24	44188,32	920,59
35000	41432,40	1381,08	42758,28	1187,73	44110,08	1050,24	45488,16	947,67
36000	42616,21	1420,54	43980,12	1221,67	45370,50	1080,25	46787,52	974,74

INTÉRÊT DE **13,5 %**

Montant	54 MOIS Paiement Total	54 MOIS Paiement Mensuel	60 MOIS Paiement Total	60 MOIS Paiement Mensuel	66 MOIS Paiement Total	66 MOIS Paiement Mensuel	72 MOIS Paiement Total	72 MOIS Paiement Mensuel
1000	1339,74	24,81	1380,60	23,01	1422,30	21,55	1464,48	20,34
1500	2009,88	37,22	2070,00	34,50	2133,12	32,32	2196,72	30,51
2000	2679,48	49,62	2761,20	46,02	2844,60	43,10	2928,96	40,68
2500	3349,62	62,03	3451,20	57,52	3555,42	53,87	3661,20	50,85
3000	4019,22	74,43	4141,80	69,03	4266,24	64,64	4393,44	61,02
3500	4689,36	86,84	4831,80	80,53	4977,72	75,42	5125,68	71,19
4000	5358,96	99,24	5522,40	92,04	5688,54	86,19	5857,92	81,36
4500	6029,10	111,65	6212,40	103,54	6399,36	96,96	6590,16	91,53
5000	6698,70	124,05	6903,00	115,05	7110,84	107,74	7321,68	101,69
5500	7368,84	136,46	7593,00	126,55	7821,66	118,51	8053,92	111,86
6000	8038,44	148,86	8283,60	138,06	8532,48	129,28	8786,16	122,03
6500	8708,58	161,27	8973,60	149,56	9243,96	140,06	9518,40	132,20
7000	9378,18	173,67	9664,20	161,07	9954,78	150,83	10250,64	142,37
7500	10048,32	186,08	10354,20	172,57	10666,26	161,61	10982,16	152,53
8000	10717,92	198,48	11044,80	184,08	11377,08	172,38	11715,12	162,71
8500	11388,06	210,89	11734,80	195,58	12087,90	183,15	12447,36	172,88
9000	12057,66	223,29	12425,40	207,09	12799,38	193,93	13179,60	183,05
9500	12727,80	235,70	13115,40	218,59	13510,20	204,70	13911,84	193,22
10000	13397,40	248,10	13806,00	230,10	14221,68	215,48	14644,08	203,39
11000	14737,14	272,91	15186,60	253,11	15643,32	237,02	16108,56	223,73
12000	16076,88	297,72	16567,20	276,12	17065,62	258,57	17573,04	244,07
13000	17416,62	322,53	17947,80	299,13	18487,30	280,12	19037,52	264,41
14000	18756,36	347,34	19328,40	322,14	19910,22	301,67	20501,28	284,74
15000	20096,64	372,16	20709,00	345,15	21331,86	323,21	21965,04	305,07
16000	21436,38	396,97	22089,60	368,16	22754,16	344,76	23430,24	325,42
17000	22776,12	421,78	23470,20	391,17	24176,46	366,31	24894,72	345,76
18000	24115,86	446,59	24850,80	414,18	25598,76	387,86	26359,20	366,10
19000	25455,60	471,40	26231,40	437,19	27020,40	409,40	27823,68	386,44
20000	26795,34	496,21	27612,00	460,20	28442,70	430,95	29288,16	406,78
21000	28135,08	521,02	28992,60	483,21	29865,00	452,50	30752,64	427,12
22000	29474,82	545,83	30372,60	506,21	31287,30	474,05	32217,12	447,46
23000	30814,56	570,64	31752,60	529,21	32708,94	495,59	33680,88	467,79
24000	32154,30	595,45	33133,80	552,23	34131,24	517,14	35145,36	488,13
25000	33494,04	620,26	34514,40	575,24	35553,54	538,69	36609,84	508,47
26000	34833,78	645,07	35895,00	598,25	36975,84	560,24	38074,32	528,81
27000	36173,52	669,88	37275,60	621,26	38397,48	581,78	39538,80	549,15
28000	37513,26	694,69	38656,20	644,27	39819,78	603,33	41003,28	569,49
29000	38853,00	719,50	40036,80	667,28	41242,08	624,88	42467,76	589,83
30000	40192,74	744,31	41417,40	690,29	42664,38	646,43	43932,24	610,17
31000	41532,48	769,12	42798,00	713,30	44086,02	667,97	45396,72	630,51
32000	42872,22	793,93	44178,60	736,31	45508,32	689,52	46860,48	650,84
33000	44211,96	818,74	45559,20	759,32	46930,62	711,07	48324,96	671,18
34000	45551,70	843,55	46939,80	782,33	48352,92	732,62	49789,44	691,52
35000	46891,44	868,36	48320,40	805,34	49774,56	754,16	51253,92	711,86
36000	48231,18	893,17	49701,00	828,35	51196,86	775,71	52718,40	732,20

	6 MOIS		12 MOIS		18 MOIS		24 MOIS	
Montant	Paiement Total	Paiement Mensuel	Paiement Total	Paiement Mensuel	Paiement Total	Paiement Mensuel	Paiement Total	Paiement Mensuel
37000	38470,26	6411,71	39760,92	3313,41	41079,42	2282,19	42425,76	1767,74
38000	39510,00	6585,00	40835,52	3402,96	42189,67	2343,87	43572,48	1815,52
39000	40549,74	6758,29	41910,24	3492,52	43299,90	2405,55	44719,21	1863,30
40000	41589,48	6931,58	42984,84	3582,07	44410,14	2467,23	45865,68	1911,07
41000	42629,22	7104,87	44059,44	3671,62	45520,56	2528,92	47012,40	1958,85
42000	43668,96	7278,16	45134,04	3761,17	46630,80	2590,60	48159,12	2006,63
43000	44708,71	7451,45	46208,64	3850,72	47741,04	2652,28	49305,36	2054,39
44000	45748,44	7624,74	47283,24	3940,27	48851,28	2713,96	50452,32	2102,18
45000	46788,18	7798,03	48357,96	4029,83	49961,52	2775,64	51599,04	2149,96
46000	47827,92	7971,32	49432,56	4119,38	51071,76	2837,32	52745,52	2197,73
47000	48867,66	8144,61	50507,17	4208,93	52182,00	2899,00	53892,24	2245,51
48000	49907,40	8317,90	51581,76	4298,48	53292,24	2960,68	55038,96	2293,29
49000	50947,14	8491,19	52656,24	4388,02	54402,48	3022,36	56185,44	2341,06
50000	51986,89	8664,48	53730,96	4477,58	55512,72	3084,04	57332,17	2388,84
51000	53026,56	8837,76	54805,68	4567,14	56622,96	3145,72	58478,89	2436,62
52000	54066,30	9011,05	55880,28	4656,69	57733,38	3207,41	59625,12	2484,38
53000	55106,04	9184,34	56954,89	4746,24	58843,62	3269,09	60772,08	2532,17
54000	56145,78	9357,63	58029,48	4835,79	59953,86	3330,77	61918,80	2579,95
55000	57185,58	9530,93	59104,08	4925,34	61064,10	3392,45	63065,28	2627,72
56000	58225,32	9704,22	60178,68	5014,89	62174,34	3454,13	64212,00	2675,50
57000	59265,06	9877,51	61253,40	5104,45	63284,58	3515,81	65358,72	2723,28
58000	60304,80	10050,80	62328,00	5194,00	64394,82	3577,49	66505,44	2771,06
59000	61344,48	10224,08	63402,60	5283,55	65505,06	3639,17	67651,93	2818,83
60000	62384,22	10397,37	64477,21	5373,10	66615,31	3700,85	68798,65	2866,61
61000	63423,96	10570,66	65551,80	5462,65	67725,54	3762,53	69945,36	2914,39
62000	64463,71	10743,95	66626,41	5552,20	68835,78	3824,21	71091,84	2962,16
64000	66543,18	11090,53	68775,72	5731,31	71056,44	3947,58	73385,28	3057,72
66000	68622,66	11437,11	70924,93	5910,41	73276,93	4070,94	75678,49	3153,27
68000	70702,15	11783,69	73074,12	6089,51	75497,22	4194,29	77971,68	3248,82
70000	72781,62	12130,27	75223,44	6268,62	77717,88	4317,66	80265,12	3344,38
72000	74861,10	12476,85	77372,65	6447,72	79938,36	4441,02	82558,32	3439,93
74000	76940,58	12823,43	79521,84	6626,82	82158,84	4564,38	84851,52	3535,48
76000	79020,06	13170,01	81671,16	6805,93	84379,50	4687,75	87144,96	3631,04
78000	81099,54	13516,59	83820,36	6985,03	86599,98	4811,11	89438,16	3726,59
80000	83179,02	13863,17	85969,56	7164,13	88820,46	4934,47	91731,59	3822,15
82000	85258,44	14209,74	88118,88	7343,24	91040,94	5057,83	94024,80	3917,70
84000	87337,92	14556,32	90268,08	7522,34	93261,42	5181,19	96318,00	4013,25
86000	89417,41	14902,90	92417,28	7701,44	95482,08	5304,56	98611,44	4108,81
88000	91496,88	15249,48	94566,59	7880,55	97702,56	5427,92	100904,60	4204,36
90000	93576,36	15596,06	96715,80	8059,65	99923,04	5551,28	103197,80	4299,91
92000	95655,84	15942,64	98865,00	8238,75	102143,50	5674,64	105491,30	4395,47
94000	97735,32	16289,22	101014,30	8417,86	104364,00	5798,00	107784,50	4491,02
96000	99814,81	16635,80	103163,50	8596,96	106584,50	5921,36	110077,40	4586,56
98000	101894,30	16982,38	105312,60	8776,05	108805,10	6044,73	112371,10	4682,13
100000	103973,80	17328,96	107462,00	8955,17	111025,60	6168,09	114664,30	4777,68

INTÉRÊT DE **13,5 %**

Montant	30 MOIS Paiement Total	30 MOIS Paiement Mensuel	36 MOIS Paiement Total	36 MOIS Paiement Mensuel	42 MOIS Paiement Total	42 MOIS Paiement Mensuel	48 MOIS Paiement Total	48 MOIS Paiement Mensuel
37000	43800,00	1460,00	45201,60	1255,60	46630,92	1110,26	48087,36	1001,82
38000	44983,80	1499,46	46423,44	1289,54	47891,34	1140,27	49387,21	1028,90
39000	46167,60	1538,92	47644,92	1323,47	49151,34	1170,27	50686,56	1055,97
40000	47351,40	1578,38	48866,76	1357,41	50411,76	1200,28	51986,40	1083,05
41000	48534,90	1617,83	50088,24	1391,34	51672,18	1230,29	53286,24	1110,13
42000	49718,71	1657,29	51310,08	1425,28	52932,18	1260,29	54585,12	1137,19
43000	50902,50	1696,75	52531,56	1459,21	54192,60	1290,30	55885,44	1164,28
44000	52086,30	1736,21	53753,40	1493,15	55453,03	1320,31	57184,80	1191,35
45000	53270,10	1775,67	54974,88	1527,08	56713,03	1350,31	58484,64	1218,43
46000	54453,90	1815,13	56196,72	1561,02	57973,44	1380,32	59784,48	1245,51
47000	55637,70	1854,59	57418,20	1594,95	59233,86	1410,33	61083,36	1272,57
48000	56821,50	1894,05	58640,04	1628,89	60494,28	1440,34	62383,68	1299,66
49000	58005,30	1933,51	59861,52	1662,82	61754,28	1470,34	63683,52	1326,74
50000	59189,10	1972,97	61083,36	1696,76	63014,70	1500,35	64982,89	1353,81
51000	60372,90	2012,43	62304,84	1730,69	64275,12	1530,36	66282,72	1380,89
52000	61556,40	2051,88	63526,68	1764,63	65535,12	1560,36	67582,08	1407,96
53000	62740,51	2091,35	64748,17	1798,56	66795,54	1590,37	68881,93	1435,04
54000	63924,30	2130,81	65970,00	1832,50	68055,96	1620,38	70181,76	1462,12
55000	65108,10	2170,27	67191,49	1866,43	69315,96	1650,38	71481,12	1489,19
56000	66291,90	2209,73	68413,32	1900,37	70576,38	1680,39	72780,96	1516,27
57000	67475,40	2249,18	69634,81	1934,30	71836,80	1710,40	74080,32	1543,34
58000	68658,90	2288,63	70856,65	1968,24	73096,80	1740,40	75380,16	1570,42
59000	69843,00	2328,10	72078,13	2002,17	74357,22	1770,41	76680,00	1597,50
60000	71026,81	2367,56	73299,96	2036,11	75617,65	1800,42	77979,36	1624,57
61000	72210,60	2407,02	74521,44	2070,04	76878,06	1830,43	79279,21	1651,65
62000	73394,40	2446,48	75743,28	2103,98	78138,06	1860,43	80579,04	1678,73
64000	75761,70	2525,39	78186,60	2171,85	80658,90	1920,45	83178,25	1732,88
66000	78129,60	2604,32	80629,93	2239,72	83179,32	1980,46	85777,44	1787,03
68000	80497,21	2683,24	83073,25	2307,59	85699,74	2040,47	88376,64	1841,18
70000	82864,80	2762,16	85516,56	2375,46	88220,58	2100,49	90976,32	1895,34
72000	85232,41	2841,08	87959,88	2443,33	90741,00	2160,50	93575,52	1949,49
74000	87599,71	2919,99	90403,19	2511,20	93261,84	2220,52	96174,72	2003,64
76000	89967,30	2998,91	92846,52	2579,07	95782,26	2280,53	98773,92	2057,79
78000	92334,91	3077,83	95289,84	2646,94	98302,68	2340,54	101373,60	2111,95
80000	94702,50	3156,75	97733,16	2714,81	100823,50	2400,56	103972,80	2166,10
82000	97070,09	3235,67	100176,50	2782,68	103343,90	2460,57	106572,00	2220,25
84000	99437,71	3314,59	102619,80	2850,55	105864,80	2520,59	109170,70	2274,39
86000	101805,30	3393,51	105063,10	2918,42	108385,20	2580,60	111770,90	2328,56
88000	104172,90	3472,43	107506,40	2986,29	110905,60	2640,61	114370,10	2382,71
90000	106540,20	3551,34	109949,80	3054,16	113426,50	2700,63	116969,30	2436,86
92000	108907,80	3630,26	112393,10	3122,03	115946,90	2760,64	119568,50	2491,01
94000	111275,40	3709,18	114836,40	3189,90	118467,70	2820,66	122168,20	2545,17
96000	113643,00	3788,10	117280,10	3257,78	120988,10	2880,67	124767,40	2599,32
98000	116010,60	3867,02	119723,40	3325,65	123508,60	2940,68	127366,60	2653,47
100000	118378,20	3945,94	122166,70	3393,52	126029,40	3000,70	129965,80	2707,62

Montant	54 MOIS Paiement Total	Paiement Mensuel	60 MOIS Paiement Total	Paiement Mensuel	66 MOIS Paiement Total	Paiement Mensuel	72 MOIS Paiement Total	Paiement Mensuel
37000	49570,92	917,98	51081,60	851,36	52619,16	797,26	54182,88	752,54
38000	50910,66	942,79	52462,20	874,37	54041,46	818,81	55647,36	772,88
39000	52250,40	967,60	53842,80	897,38	55463,10	840,35	57111,84	793,22
40000	53590,14	992,41	55223,40	920,39	56885,40	861,90	58576,32	813,56
41000	54929,88	1017,22	56604,00	943,40	58307,70	883,45	60040,08	833,89
42000	56269,62	1042,03	57984,60	966,41	59730,00	905,00	61504,56	854,23
43000	57609,36	1066,84	59365,20	989,42	61151,04	926,54	62969,04	874,57
44000	58949,64	1091,66	60745,80	1012,43	62573,94	948,09	64433,52	894,91
45000	60289,38	1116,47	62125,81	1035,43	63996,24	969,64	65898,00	915,25
46000	61629,12	1141,28	63506,40	1058,44	65418,54	991,19	67362,49	935,59
47000	62968,86	1166,09	64887,60	1081,46	66840,18	1012,73	68826,96	955,93
48000	64308,60	1190,90	66268,20	1104,47	68262,49	1034,28	70291,44	976,27
49000	65648,34	1215,71	67648,80	1127,48	69684,12	1055,82	71755,93	996,61
50000	66988,08	1240,52	69029,40	1150,49	71107,08	1077,38	73219,68	1016,94
51000	68327,28	1265,32	70410,00	1173,50	72528,72	1098,92	74684,16	1037,28
52000	69667,56	1290,14	71790,60	1196,51	73951,02	1120,47	76148,65	1057,62
53000	71007,30	1314,95	73171,21	1219,52	75373,32	1142,02	77613,12	1077,96
54000	72347,04	1339,76	74551,81	1242,53	76794,96	1163,56	79077,60	1098,30
55000	73686,78	1364,57	75932,41	1265,54	78217,26	1185,11	80542,08	1118,64
56000	75026,52	1389,38	77313,00	1288,55	79639,56	1206,66	82006,56	1138,98
57000	76366,26	1414,19	78693,60	1311,56	81061,86	1228,21	83470,33	1159,31
58000	77706,00	1439,00	80074,20	1334,57	82484,16	1249,76	84935,52	1179,66
59000	79045,75	1463,81	81454,80	1357,58	83905,81	1271,30	86400,00	1200,00
60000	80385,48	1488,62	82835,40	1380,59	85328,09	1292,85	87863,04	1220,32
61000	81725,22	1513,43	84216,00	1403,60	86750,40	1314,40	89328,24	1240,67
62000	83064,96	1538,24	85596,60	1426,61	88172,69	1335,95	90792,72	1261,01
64000	85744,44	1587,86	88357,80	1472,63	91016,64	1379,04	93720,96	1301,68
66000	88423,92	1637,48	91118,40	1518,64	93861,24	1422,14	96650,64	1342,37
68000	91103,40	1687,10	93879,60	1564,66	96705,18	1465,23	99579,60	1383,05
70000	93782,88	1736,72	96640,81	1610,68	99549,78	1508,33	102507,80	1423,72
72000	96462,36	1786,34	99402,00	1656,70	102393,70	1551,42	105436,80	1464,40
74000	99142,38	1835,97	102163,20	1702,72	105238,30	1594,52	108365,80	1505,08
76000	101821,90	1885,59	104924,40	1748,74	108082,30	1637,61	111294,70	1545,76
78000	104501,30	1935,21	107685,60	1794,76	110926,90	1680,71	114223,00	1586,43
80000	107180,80	1984,83	110446,80	1840,78	113770,80	1723,80	117151,90	1627,11
82000	109860,30	2034,45	113208,00	1886,80	116615,40	1766,90	120080,90	1667,79
84000	112539,80	2084,07	115969,20	1932,82	119459,30	1809,99	123009,80	1708,47
86000	115219,30	2133,69	118730,40	1978,84	122303,90	1853,09	125938,80	1749,15
88000	117898,70	2183,31	121491,60	2024,86	125147,90	1896,18	128867,00	1789,82
90000	120578,20	2232,93	124252,20	2070,87	127992,50	1939,28	131796,00	1830,50
92000	123257,70	2282,55	127013,40	2116,89	130836,40	1982,37	134725,00	1871,18
94000	125937,20	2332,17	129775,20	2162,92	133681,00	2025,47	137653,90	1911,86
96000	128616,70	2381,79	132536,40	2208,94	136525,00	2068,56	140582,20	1952,53
98000	131295,60	2431,40	135297,60	2254,96	139368,90	2111,65	143511,10	1993,21
100000	133975,60	2481,03	138058,80	2300,98	142213,50	2154,75	146440,10	2033,89

INTÉRÊT DE **14 %**

	6 MOIS		12 MOIS		18 MOIS		24 MOIS	
Montant	Paiement Total	Paiement Mensuel	Paiement Total	Paiement Mensuel	Paiement Total	Paiement Mensuel	Paiement Total	Paiement Mensuel
1000	1041,24	173,54	1077,48	89,79	1114,56	61,92	1152,24	48,01
1500	1561,86	260,31	1616,04	134,67	1671,66	92,87	1728,24	72,01
2000	2082,48	347,08	2154,84	179,57	2228,94	123,83	2304,72	96,03
2500	2603,10	433,85	2693,64	224,47	2786,04	154,78	2880,72	120,03
3000	3123,66	520,61	3232,20	269,35	3343,50	185,75	3456,72	144,03
3500	3644,28	607,38	3771,12	314,26	3900,60	216,70	4033,20	168,05
4000	4164,90	694,15	4309,80	359,15	4457,88	247,66	4609,20	192,05
4500	4685,52	780,92	4848,48	404,04	5015,16	278,62	5185,44	216,06
5000	5206,14	867,69	5387,28	448,94	5572,26	309,57	5761,44	240,06
5500	5726,76	954,46	5925,96	493,83	6129,54	340,53	6337,68	264,07
6000	6247,38	1041,23	6464,52	538,71	6686,82	371,49	6913,68	288,07
6500	6768,00	1128,00	7003,44	583,62	7244,10	402,45	7489,68	312,07
7000	7288,62	1214,77	7542,12	628,51	7801,38	433,41	8066,16	336,09
7500	7809,24	1301,54	8080,80	673,40	8358,48	464,36	8642,40	360,10
8000	8329,80	1388,30	8619,60	718,30	8915,76	495,32	9218,40	384,10
8500	8850,42	1475,07	9158,28	763,19	9473,04	526,28	9794,64	408,11
9000	9371,04	1561,84	9697,08	808,09	10030,32	557,24	10370,88	432,12
9500	9891,66	1648,61	10235,76	852,98	10587,60	588,20	10946,88	456,12
10000	10412,28	1735,38	10774,44	897,87	11144,70	619,15	11523,12	480,13
11000	11453,52	1908,92	11851,92	987,66	12259,26	681,07	12675,36	528,14
12000	12494,76	2082,46	12929,28	1077,44	13373,64	742,98	13827,60	576,15
13000	13535,94	2255,99	14006,76	1167,23	14488,20	804,90	14980,08	624,17
14000	14577,18	2429,53	15084,24	1257,02	15602,58	866,81	16132,32	672,18
15000	15618,42	2603,07	16161,72	1346,81	16717,14	928,73	17284,56	720,19
16000	16659,66	2776,61	17239,20	1436,60	17831,52	990,64	18437,04	768,21
17000	17700,90	2950,15	18316,56	1526,38	18946,08	1052,56	19589,28	816,22
18000	18742,08	3123,68	19394,04	1616,17	20060,46	1114,47	20741,52	864,23
19000	19783,32	3297,22	20471,52	1705,96	21175,02	1176,39	21894,00	912,25
20000	20824,56	3470,76	21549,00	1795,75	22289,58	1238,31	23046,24	960,26
21000	21865,80	3644,30	22626,36	1885,53	23403,96	1300,22	24198,48	1008,27
22000	22907,04	3817,84	23703,84	1975,32	24518,52	1362,14	25350,96	1056,29
23000	23948,22	3991,37	24781,32	2065,11	25632,90	1424,05	26503,20	1104,30
24000	24989,46	4164,91	25858,56	2154,88	26747,46	1485,97	27655,44	1152,31
25000	26030,70	4338,45	26936,16	2244,68	27861,84	1547,88	28807,44	1200,31
26000	27071,94	4511,99	28013,64	2334,47	28976,40	1609,80	29960,16	1248,34
27000	28113,12	4685,52	29091,12	2424,26	30090,78	1671,71	31112,40	1296,35
28000	29154,36	4859,06	30168,48	2514,04	31205,34	1733,63	32264,64	1344,36
29000	30195,60	5032,60	31245,96	2603,83	32319,72	1795,54	33417,12	1392,38
30000	31236,84	5206,14	32323,44	2693,62	33434,28	1857,46	34569,36	1440,39
31000	32278,08	5379,68	33400,92	2783,41	34548,66	1919,37	35721,60	1488,40
32000	33319,32	5553,22	34478,28	2873,19	35663,22	1981,29	36874,08	1536,42
33000	34360,50	5726,75	35555,76	2962,98	36777,60	2043,20	38026,32	1584,43
34000	35401,74	5900,29	36633,24	3052,77	37892,17	2105,12	39178,56	1632,44
35000	36442,98	6073,83	37710,72	3142,56	39006,54	2167,03	40330,80	1680,45
36000	37484,22	6247,37	38788,08	3232,34	40121,10	2228,95	41483,28	1728,47

	30 MOIS		36 MOIS		42 MOIS		48 MOIS	
Montant	Paiement Total	Paiement Mensuel	Paiement Total	Paiement Mensuel	Paiement Total	Paiement Mensuel	Paiement Total	Paiement Mensuel
1000	1191,00	39,70	1230,48	34,18	1270,50	30,25	1311,84	27,33
1500	1786,50	59,55	1845,72	51,27	1905,96	45,38	1967,52	40,99
2000	2382,00	79,40	2460,96	68,36	2541,42	60,51	2623,20	54,65
2500	2977,50	99,25	3075,84	85,44	3176,04	75,62	3279,36	68,32
3000	3573,00	119,10	3691,08	102,53	3811,92	90,76	3935,04	81,98
3500	4168,20	138,94	4306,32	119,62	4447,38	105,89	4590,72	95,64
4000	4763,40	158,78	4921,56	136,71	5082,42	121,01	5246,88	109,31
4500	5359,20	178,64	5536,80	153,80	5717,88	136,14	5902,56	122,97
5000	5954,70	198,49	6152,04	170,89	6353,34	151,27	6558,24	136,63
5500	6550,20	218,34	6767,28	187,98	6988,38	166,39	7214,40	150,30
6000	7145,70	238,19	7382,52	205,07	7623,84	181,52	7870,08	163,96
6500	7741,20	258,04	7997,40	222,15	8259,30	196,65	8525,76	177,62
7000	8336,70	277,89	8612,64	239,24	8894,34	211,77	9181,92	191,29
7500	8932,20	297,74	9227,52	256,32	9529,80	226,90	9837,60	204,95
8000	9527,70	317,59	9843,12	273,42	10165,26	242,03	10493,28	218,61
8500	10123,20	337,44	10458,36	290,51	10800,30	257,15	11149,44	232,28
9000	10718,70	357,29	11073,60	307,60	11435,76	272,28	11805,12	245,94
9500	11314,20	377,14	11688,84	324,69	12071,22	287,41	12460,80	259,60
10000	11909,40	396,98	12304,08	341,78	12706,26	302,53	13116,48	273,26
11000	13100,40	436,68	13534,20	375,95	13977,18	332,79	14428,32	300,59
12000	14291,40	476,38	14764,68	410,13	15247,68	363,04	15740,16	327,92
13000	15482,40	516,08	15995,16	444,31	16518,18	393,29	17051,52	355,24
14000	16673,40	555,78	17225,64	478,49	17789,10	423,55	18363,36	382,57
15000	17864,40	595,48	18456,12	512,67	19059,60	453,80	19675,20	409,90
16000	19055,10	635,17	19686,24	546,84	20330,10	484,05	20986,56	437,22
17000	20246,10	674,87	20916,72	581,02	21601,02	514,31	22298,40	464,55
18000	21437,10	714,57	22147,20	615,20	22871,52	544,56	23610,24	491,88
19000	22628,10	754,27	23377,68	649,38	24142,02	574,81	24921,60	519,20
20000	23819,10	793,97	24607,80	683,55	25412,94	605,07	26233,44	546,53
21000	25010,10	833,67	25838,28	717,73	26683,44	635,32	27545,28	573,86
22000	26201,10	873,37	27068,76	751,91	27953,94	665,57	28856,64	601,18
23000	27391,80	913,06	28299,24	786,09	29224,86	695,83	30168,48	628,51
24000	28582,80	952,76	29529,36	820,26	30495,36	726,08	31480,32	655,84
25000	29773,80	992,46	30759,84	854,44	31765,86	756,33	32791,68	683,16
26000	30964,80	1032,16	31990,32	888,62	33036,78	786,59	34103,52	710,49
27000	32155,80	1071,86	33220,80	922,80	34307,28	816,84	35415,36	737,82
28000	33346,80	1111,56	34451,28	956,98	35577,78	847,09	36726,72	765,14
29000	34537,50	1151,25	35681,40	991,15	36848,70	877,35	38038,56	792,47
30000	35728,20	1190,94	36911,52	1025,32	38119,20	907,60	39350,40	819,80
31000	36919,50	1230,65	38142,36	1059,51	39389,70	937,85	40661,76	847,12
32000	38110,50	1270,35	39372,48	1093,68	40660,62	968,11	41973,60	874,45
33000	39301,50	1310,05	40602,96	1127,86	41931,12	998,36	43285,44	901,78
34000	40492,50	1349,75	41833,44	1162,04	43201,62	1028,61	44596,80	929,10
35000	41683,20	1389,44	43063,92	1196,22	44472,54	1058,87	45908,64	956,43
36000	42874,20	1429,14	44294,40	1230,40	45743,04	1089,12	47220,00	983,75

INTÉRÊT DE 14 %

	54 MOIS		60 MOIS		66 MOIS		72 MOIS	
Montant	Paiement Total	Paiement Mensuel	Paiement Total	Paiement Mensuel	Paiement Total	Paiement Mensuel	Paiement Total	Paiement Mensuel
1000	1353,24	25,06	1396,20	23,27	1439,46	21,81	1483,92	20,61
1500	2029,86	37,59	2094,00	34,90	2159,52	32,72	2225,52	30,91
2000	2707,02	50,13	2792,40	46,54	2878,92	43,62	2967,12	41,21
2500	3383,64	62,66	3490,20	58,17	3598,98	54,53	3708,72	51,51
3000	4060,26	75,19	4188,00	69,80	4318,38	65,43	4451,04	61,82
3500	4737,42	87,73	4886,40	81,44	5037,78	76,33	5192,64	72,12
4000	5414,04	100,26	5584,20	93,07	5757,84	87,24	5934,24	82,42
4500	6090,66	112,79	6282,60	104,71	6477,90	98,15	6676,56	92,73
5000	6767,28	125,32	6980,40	116,34	7197,30	109,05	7418,16	103,03
5500	7444,44	137,86	7678,80	127,98	7917,36	119,96	8159,76	113,33
6000	8121,06	150,39	8376,60	139,61	8636,76	130,86	8901,36	123,63
6500	8797,68	162,92	9074,40	151,24	9356,82	141,77	9643,68	133,94
7000	9474,30	175,45	9772,80	162,88	10076,22	152,67	10385,28	144,24
7500	10151,46	187,99	10470,60	174,51	10796,22	163,58	11126,16	154,53
8000	10828,08	200,52	11169,00	186,15	11515,68	174,48	11869,20	164,85
8500	11504,70	213,05	11866,80	197,78	12235,74	185,39	12610,80	175,15
9000	12181,32	225,58	12564,60	209,41	12955,14	196,29	13352,40	185,45
9500	12857,94	238,11	13263,00	221,05	13675,20	207,20	14094,00	195,75
10000	13535,10	250,65	13960,80	232,68	14394,60	218,10	14836,32	206,06
11000	14888,34	275,71	15357,00	255,95	15834,06	239,91	16319,52	226,66
12000	16242,12	300,78	16753,20	279,22	17273,52	261,72	17803,44	247,27
13000	17595,36	325,84	18149,40	302,49	18712,98	283,53	19287,36	267,88
14000	18949,14	350,91	19545,60	325,76	20152,44	305,34	20770,56	288,48
15000	20302,38	375,97	20941,20	349,02	21591,90	327,15	22254,48	309,09
16000	21656,16	401,04	22337,40	372,29	23031,36	348,96	23737,68	329,69
17000	23009,40	426,10	23733,60	395,56	24470,82	370,77	25221,60	350,30
18000	24362,64	451,16	25129,80	418,83	25910,28	392,58	26704,80	370,90
19000	25716,42	476,23	26526,00	442,10	27349,74	414,39	28188,72	391,51
20000	27069,66	501,29	27922,20	465,37	28789,20	436,20	29672,64	412,12
21000	28423,44	526,36	29317,80	488,63	30228,66	458,01	31155,84	432,72
22000	29776,68	551,42	30714,00	511,90	31668,12	479,82	32639,76	453,33
23000	31130,46	576,49	32110,20	535,17	33107,58	501,63	34122,96	473,93
24000	32483,70	601,55	33506,40	558,44	34547,04	523,44	35606,88	494,54
25000	33837,48	626,62	34902,60	581,71	35987,16	545,26	37090,08	515,14
26000	35190,72	651,68	36298,80	604,98	37426,62	567,07	38574,00	535,75
27000	36544,50	676,75	37694,40	628,24	38866,08	588,88	40057,92	556,36
28000	37897,74	701,81	39090,60	651,51	40305,54	610,69	41541,12	576,96
29000	39251,52	726,88	40486,80	674,78	41745,00	632,50	43025,04	597,57
30000	40604,76	751,94	41883,00	698,05	43184,46	654,31	44508,24	618,17
31000	41958,54	777,01	43279,20	721,32	44623,92	676,12	45992,16	638,78
32000	43311,78	802,07	44675,40	744,59	46063,38	697,93	47475,36	659,38
33000	44665,57	827,14	46071,00	767,85	47502,84	719,74	48959,28	679,99
34000	46018,80	852,20	47467,20	791,12	48942,30	741,55	50443,20	700,60
35000	47372,04	877,26	48863,40	814,39	50381,76	763,36	51926,40	721,20
36000	48725,82	902,33	50259,60	837,66	51821,22	785,17	53410,32	741,81

130

	6 MOIS		12 MOIS		18 MOIS		24 MOIS	
Montant	Paiement Total	Paiement Mensuel	Paiement Total	Paiement Mensuel	Paiement Total	Paiement Mensuel	Paiement Total	Paiement Mensuel
37000	38525,46	6420,91	39865,56	3322,13	41235,48	2290,86	42635,52	1776,48
38000	39566,70	6594,45	40943,04	3411,92	42350,04	2352,78	43787,76	1824,49
39000	40607,88	6767,98	42020,40	3501,70	43464,60	2414,70	44940,24	1872,51
40000	41649,12	6941,52	43097,88	3591,49	44578,98	2476,61	46092,48	1920,52
41000	42690,36	7115,06	44175,24	3681,28	45693,54	2538,53	47244,72	1968,53
42000	43731,60	7288,60	45252,84	3771,07	46807,92	2600,44	48397,21	2016,55
43000	44772,78	7462,13	46330,21	3860,85	47922,48	2662,36	49549,44	2064,56
44000	45814,02	7635,67	47407,68	3950,64	49036,86	2724,27	50701,68	2112,57
45000	46855,26	7809,21	48485,16	4040,43	50151,42	2786,19	51853,92	2160,58
46000	47896,50	7982,75	49562,64	4130,22	51265,80	2848,10	53006,40	2208,60
47000	48937,74	8156,29	50640,00	4220,00	52380,36	2910,02	54158,64	2256,61
48000	49978,98	8329,83	51717,48	4309,79	53494,74	2971,93	55310,89	2304,62
49000	51020,17	8503,36	52794,96	4399,58	54609,30	3033,85	56463,12	2352,63
50000	52061,40	8676,90	53872,32	4489,36	55723,68	3095,76	57615,36	2400,64
51000	53102,64	8850,44	54949,80	4579,15	56838,24	3157,68	58767,60	2448,65
52000	54143,89	9023,98	56027,28	4668,94	57952,62	3219,59	59920,08	2496,67
53000	55185,06	9197,51	57104,76	4758,73	59067,18	3281,51	61072,56	2544,69
54000	56226,30	9371,05	58182,00	4848,50	60181,56	3343,42	62224,80	2592,70
55000	57267,54	9544,59	59259,48	4938,29	61296,12	3405,34	63377,04	2640,71
56000	58308,78	9718,13	60337,08	5028,09	62410,68	3467,26	64529,52	2688,73
57000	59350,02	9891,67	61414,56	5117,88	63525,06	3529,17	65681,76	2736,74
58000	60391,26	10065,21	62491,92	5207,66	64639,62	3591,09	66834,00	2784,75
59000	61432,44	10238,74	63569,40	5297,45	65754,00	3653,00	67986,49	2832,77
60000	62473,68	10412,28	64646,89	5387,24	66868,56	3714,92	69138,72	2880,78
61000	63514,92	10585,82	65724,25	5477,02	67982,94	3776,83	70290,96	2928,79
62000	64556,17	10759,36	66801,72	5566,81	69097,50	3838,75	71443,21	2976,80
64000	66638,58	11106,43	68956,68	5746,39	71326,44	3962,58	73747,93	3072,83
66000	68721,06	11453,51	71111,52	5925,96	73555,38	4086,41	76052,65	3168,86
68000	70803,54	11800,59	73266,49	6105,54	75784,33	4210,24	78357,12	3264,88
70000	72885,96	12147,66	75421,32	6285,11	78013,08	4334,06	80661,84	3360,91
72000	74968,44	12494,74	77576,16	6464,68	80242,20	4457,90	82966,32	3456,93
74000	77050,86	12841,81	79731,12	6644,26	82471,15	4581,73	85271,04	3552,96
76000	79133,34	13188,89	81885,96	6823,83	84700,08	4705,56	87575,76	3648,99
78000	81215,82	13535,97	84040,92	7003,41	86929,02	4829,39	89880,24	3745,01
80000	83298,25	13883,04	86195,76	7182,98	89157,96	4953,22	92184,96	3841,04
82000	85380,72	14230,12	88350,72	7362,56	91386,72	5077,04	94489,44	3937,06
84000	87463,14	14577,19	90505,56	7542,13	93615,84	5200,88	96794,16	4033,09
86000	89545,62	14924,27	92660,52	7721,71	95844,78	5324,71	99098,88	4129,12
88000	91628,09	15271,35	94815,36	7901,28	98073,72	5448,54	101403,40	4225,14
90000	93710,52	15618,42	96970,32	8080,86	100302,70	5572,37	103708,10	4321,17
92000	95793,00	15965,50	99125,16	8260,43	102531,60	5696,20	106012,60	4417,19
94000	97875,42	16312,57	101280,10	8440,01	104760,70	5820,04	108317,30	4513,22
96000	99957,91	16659,65	103435,00	8619,58	106989,70	5943,87	110622,00	4609,25
98000	102040,40	17006,73	105589,80	8799,15	109218,60	6067,70	112926,50	4705,27
100000	104122,80	17353,80	107744,80	8978,73	111447,50	6191,53	115231,00	4801,29

Montant	30 MOIS		36 MOIS		42 MOIS		48 MOIS	
	Paiement Total	Paiement Mensuel	Paiement Total	Paiement Mensuel	Paiement Total	Paiement Mensuel	Paiement Total	Paiement Mensuel
37000	44065,20	1468,84	45524,17	1264,56	47013,54	1119,37	48531,84	1011,08
38000	45256,21	1508,54	46755,00	1298,75	48284,46	1149,63	49843,68	1038,41
39000	46447,20	1548,24	47985,48	1332,93	49554,96	1179,88	51155,04	1065,73
40000	47638,20	1587,94	49215,96	1367,11	50825,46	1210,13	52466,89	1093,06
41000	48829,20	1627,64	50446,44	1401,29	52096,38	1240,39	53778,72	1120,39
42000	50019,90	1667,33	51676,56	1435,46	53366,88	1270,64	55090,08	1147,71
43000	51210,90	1707,03	52907,04	1469,64	54637,38	1300,89	56401,92	1175,04
44000	52401,90	1746,73	54137,52	1503,82	55908,30	1331,15	57713,76	1202,37
45000	53592,90	1786,43	55368,00	1538,00	57178,80	1361,40	59024,64	1229,68
46000	54783,90	1826,13	56598,12	1572,17	58449,30	1391,65	60336,96	1257,02
47000	55974,90	1865,83	57828,60	1606,35	59719,80	1421,90	61648,80	1284,35
48000	57165,60	1905,52	59059,08	1640,53	60990,73	1452,16	62960,17	1311,67
49000	58356,60	1945,22	60289,56	1674,71	62261,23	1482,41	64272,00	1339,00
50000	59547,60	1984,92	61519,68	1708,88	63531,73	1512,66	65583,84	1366,33
51000	60738,60	2024,62	62750,17	1743,06	64802,64	1542,92	66895,21	1393,65
52000	61929,60	2064,32	63980,64	1777,24	66073,15	1573,17	68207,04	1420,98
53000	63120,60	2104,02	65211,12	1811,42	67343,65	1603,42	69518,88	1448,31
54000	64311,30	2143,71	66441,60	1845,60	68614,56	1633,68	70830,25	1475,63
55000	65502,00	2183,40	67671,72	1879,77	69885,06	1663,93	72142,08	1502,96
56000	66693,31	2223,11	68902,20	1913,95	71155,56	1694,18	73453,93	1530,29
57000	67884,31	2262,81	70132,68	1948,13	72426,48	1724,44	74765,28	1557,61
58000	69075,30	2302,51	71363,16	1982,31	73696,98	1754,69	76077,12	1584,94
59000	70266,30	2342,21	72593,28	2016,48	74967,48	1784,94	77388,49	1612,26
60000	71457,00	2381,90	73823,40	2050,65	76238,40	1815,20	78700,32	1639,59
61000	72648,00	2421,60	75054,25	2084,84	77508,90	1845,45	80012,16	1666,92
62000	73839,00	2461,30	76284,72	2119,02	78779,40	1875,70	81323,52	1694,24
64000	76221,00	2540,70	78745,33	2187,37	81320,82	1936,21	83947,21	1748,90
66000	78603,00	2620,10	81206,28	2255,73	83862,24	1996,72	86570,41	1803,55
68000	80984,71	2699,49	83666,88	2324,08	86403,24	2057,22	89193,59	1858,20
70000	83366,70	2778,89	86127,84	2392,44	88944,56	2117,73	91817,28	1912,86
72000	85748,71	2858,29	88588,44	2460,79	91486,08	2178,24	94440,49	1967,51
74000	88130,40	2937,68	91049,04	2529,14	94027,08	2238,74	97063,68	2022,16
76000	90512,41	3017,08	93510,00	2597,50	96568,50	2299,25	99687,36	2076,82
78000	92894,40	3096,48	95970,96	2665,86	99109,92	2359,76	102310,60	2131,47
80000	95276,10	3175,87	98431,80	2734,22	101650,90	2420,26	104933,80	2186,12
82000	97658,10	3255,27	100892,50	2802,57	104192,30	2480,77	107557,00	2240,77
84000	100040,10	3334,67	103353,50	2870,93	106733,80	2541,28	110180,60	2295,43
86000	102421,80	3414,06	105814,10	2939,28	109274,80	2601,78	112803,90	2350,08
88000	104803,80	3493,46	108275,00	3007,64	111816,20	2662,29	115427,00	2404,73
90000	107185,80	3572,86	110735,60	3075,99	114357,60	2722,80	118050,20	2459,38
92000	109567,50	3652,25	113196,60	3144,35	116898,60	2783,30	120673,90	2514,04
94000	111949,50	3731,65	115657,20	3212,70	119440,00	2843,81	123297,10	2568,69
96000	114331,50	3811,05	118118,20	3281,06	121981,50	2904,32	125920,80	2623,35
98000	116713,50	3890,45	120578,80	3349,41	124522,50	2964,82	128544,00	2678,00
100000	119095,20	3969,84	123039,70	3417,77	127063,90	3025,33	131167,20	2732,65

Montant	54 MOIS		60 MOIS		66 MOIS		72 MOIS	
	Paiement Total	Paiement Mensuel	Paiement Total	Paiement Mensuel	Paiement Total	Paiement Mensuel	Paiement Total	Paiement Mensuel
37000	50079,07	927,39	51655,80	860,93	53260,68	806,98	54893,52	762,41
38000	51432,84	952,46	53051,40	884,19	54700,14	828,79	56377,44	783,02
39000	52786,08	977,52	54447,60	907,46	56139,60	850,60	57861,36	803,63
40000	54139,86	1002,59	55843,80	930,73	57579,06	872,41	59344,56	824,23
41000	55493,10	1027,65	57240,00	954,00	59018,52	894,22	60828,48	844,84
42000	56846,88	1052,72	58636,21	977,27	60457,98	916,03	62311,68	865,44
43000	58200,12	1077,78	60032,40	1000,54	61897,44	937,84	63795,60	886,05
44000	59553,90	1102,85	61428,00	1023,80	63336,90	959,65	65278,80	906,65
45000	60907,14	1127,91	62823,60	1047,06	64776,36	981,46	66762,72	927,26
46000	62260,92	1152,98	64220,40	1070,34	66215,82	1003,27	68246,65	947,87
47000	63614,17	1178,04	65616,60	1093,61	67654,62	1025,07	69729,84	968,47
48000	64967,94	1203,11	67012,80	1116,88	69094,75	1046,89	71213,76	989,08
49000	66321,18	1228,17	68409,00	1140,15	70533,54	1068,69	72696,96	1009,68
50000	67674,96	1253,24	69804,60	1163,41	71973,66	1090,51	74180,88	1030,29
51000	69028,21	1278,30	71200,81	1186,68	73412,46	1112,31	75664,08	1050,89
52000	70381,98	1303,37	72596,40	1209,94	74852,58	1134,13	77148,00	1071,50
53000	71735,22	1328,43	73993,20	1233,22	76291,38	1155,93	78631,93	1092,11
54000	73088,46	1353,49	75389,40	1256,49	77730,50	1177,75	80115,12	1112,71
55000	74442,25	1378,56	76785,60	1279,76	79170,96	1199,56	81598,33	1133,31
56000	75795,48	1403,62	78181,21	1303,02	80610,43	1221,37	83082,25	1153,92
57000	77149,26	1428,69	79577,41	1326,29	82049,88	1243,18	84566,16	1174,53
58000	78502,50	1453,75	80973,60	1349,56	83489,34	1264,99	86049,36	1195,13
59000	79856,28	1478,82	82369,80	1372,83	84928,81	1286,80	87533,28	1215,74
60000	81209,52	1503,88	83766,00	1396,10	86368,26	1308,61	89017,19	1236,35
61000	82563,30	1528,95	85162,21	1419,37	87807,72	1330,42	90499,68	1256,94
62000	83916,54	1554,01	86557,80	1442,63	89247,18	1352,23	91984,33	1277,56
64000	86623,56	1604,14	89350,21	1489,17	92126,09	1395,85	94951,44	1318,77
66000	89330,58	1654,27	92142,59	1535,71	95005,02	1439,47	97918,56	1359,98
68000	92037,60	1704,40	94934,40	1582,24	97883,94	1483,09	100885,90	1401,19
70000	94744,62	1754,53	97726,81	1628,78	100762,90	1526,71	103852,80	1442,40
72000	97451,64	1804,66	100519,20	1675,32	103641,80	1570,33	106820,60	1483,62
74000	100158,70	1854,79	103311,00	1721,85	106521,40	1613,96	109787,80	1524,83
76000	102865,70	1904,92	106103,40	1768,39	109400,30	1657,58	112754,90	1566,04
78000	105572,70	1955,05	108895,80	1814,93	112279,20	1701,20	115722,00	1607,25
80000	108279,70	2005,18	111687,60	1861,46	115158,10	1744,82	118689,10	1648,46
82000	110986,70	2055,31	114480,00	1908,00	118037,00	1788,44	121656,20	1689,67
84000	113693,80	2105,44	117272,40	1954,54	120916,00	1832,06	124623,40	1730,88
86000	116400,80	2155,57	120064,20	2001,07	123794,90	1875,68	127591,20	1772,10
88000	119107,30	2205,69	122856,60	2047,61	126673,80	1919,30	130558,30	1813,31
90000	121814,30	2255,82	125648,40	2094,14	129552,70	1962,92	133525,40	1854,52
92000	124521,30	2305,95	128440,80	2140,68	132431,60	2006,54	136492,60	1895,73
94000	127228,30	2356,08	131233,20	2187,22	135309,90	2050,15	139459,70	1936,94
96000	129935,30	2406,21	134025,60	2233,76	138189,50	2093,78	142426,80	1978,15
98000	132642,40	2456,34	136817,40	2280,29	141067,70	2137,39	145394,60	2019,37
100000	135349,40	2506,47	139609,80	2326,83	143947,30	2181,02	148361,80	2060,58

INTÉRÊT DE **14,5 %**

	6 MOIS		**12** MOIS		**18** MOIS		**24** MOIS	
Montant	Paiement Total	Paiement Mensuel	Paiement Total	Paiement Mensuel	Paiement Total	Paiement Mensuel	Paiement Total	Paiement Mensuel
1000	1042,74	173,79	1080,24	90,02	1118,70	62,15	1158,00	48,25
1500	1564,08	260,68	1620,36	135,03	1677,96	93,22	1736,88	72,37
2000	2085,42	347,57	2160,60	180,05	2237,40	124,30	2316,00	96,50
2500	2606,82	434,47	2700,72	225,06	2796,66	155,37	2894,88	120,62
3000	3128,16	521,36	3240,84	270,07	3356,10	186,45	3474,00	144,75
3500	3649,50	608,25	3780,84	315,07	3915,36	217,52	4052,88	168,87
4000	4170,90	695,15	4321,08	360,09	4474,80	248,60	4632,00	193,00
4500	4692,24	782,04	4861,20	405,10	5034,06	279,67	5210,88	217,12
5000	5213,58	868,93	5401,32	450,11	5593,50	310,75	5790,00	241,25
5500	5734,98	955,83	5941,56	495,13	6152,76	341,82	6368,88	265,37
6000	6256,32	1042,72	6481,68	540,14	6712,20	372,90	6948,00	289,50
6500	6777,66	1129,61	7021,80	585,15	7271,46	403,97	7526,88	313,62
7000	7299,06	1216,51	7561,80	630,15	7830,90	435,05	8106,00	337,75
7500	7820,40	1303,40	8102,04	675,17	8390,16	466,12	8684,88	361,87
8000	8341,74	1390,29	8642,16	720,18	8949,60	497,20	9264,00	386,00
8500	8863,14	1477,19	9182,28	765,19	9508,86	528,27	9842,88	410,12
9000	9384,48	1564,08	9722,52	810,21	10068,12	559,34	10422,00	434,25
9500	9905,82	1650,97	10262,64	855,22	10627,56	590,42	11000,88	458,37
10000	10427,22	1737,87	10802,76	900,23	11187,00	621,50	11580,00	482,50
11000	11469,90	1911,65	11883,00	990,25	12305,70	683,65	12738,00	530,75
12000	12512,64	2085,44	12963,24	1080,27	13424,40	745,80	13896,00	579,00
13000	13555,32	2259,22	14043,60	1170,30	14543,10	807,95	15053,76	627,24
14000	14598,06	2433,01	15123,72	1260,31	15661,80	870,10	16211,76	675,49
15000	15640,80	2606,80	16204,08	1350,34	16780,50	932,25	17369,76	723,74
16000	16683,48	2780,58	17284,44	1440,37	17899,20	994,40	18527,76	771,99
17000	17726,22	2954,37	18364,68	1530,39	19017,90	1056,55	19685,76	820,24
18000	18768,96	3128,16	19444,92	1620,41	20136,42	1118,69	20843,76	868,49
19000	19811,64	3301,94	20525,28	1710,44	21255,30	1180,85	22001,76	916,74
20000	20854,38	3475,73	21605,52	1800,46	22374,00	1243,00	23159,76	964,99
21000	21897,12	3649,52	22685,76	1890,48	23492,70	1305,15	24317,76	1013,24
22000	22939,80	3823,30	23766,00	1980,50	24611,40	1367,30	25475,76	1061,49
23000	23982,54	3997,09	24846,36	2070,53	25730,10	1429,45	26633,76	1109,74
24000	25025,28	4170,88	25926,60	2160,55	26848,80	1491,60	27791,76	1157,99
25000	26067,96	4344,66	27006,84	2250,57	27967,50	1553,75	28949,76	1206,24
26000	27110,70	4518,45	28087,20	2340,60	29086,20	1615,90	30107,76	1254,49
27000	28153,44	4692,24	29167,44	2430,62	30204,90	1678,05	31265,76	1302,74
28000	29196,12	4866,02	30247,56	2520,63	31323,60	1740,20	32423,76	1350,99
29000	30238,86	5039,81	31327,80	2610,65	32442,30	1802,35	33581,76	1399,24
30000	31281,60	5213,60	32408,28	2700,69	33561,00	1864,50	34739,76	1447,49
31000	32324,28	5387,38	33488,52	2790,71	34679,70	1926,65	35897,76	1495,74
32000	33367,02	5561,17	34568,76	2880,73	35798,40	1988,80	37055,76	1543,99
33000	34409,76	5734,96	35649,12	2970,76	36917,10	2050,95	38213,76	1592,24
34000	35452,44	5908,74	36729,36	3060,78	38035,80	2113,10	39371,76	1640,49
35000	36495,18	6082,53	37809,60	3150,80	39154,50	2175,25	40529,76	1688,74
36000	37537,86	6256,31	38889,84	3240,82	40273,02	2237,39	41687,76	1736,99

134

Montant	30 MOIS Paiement Total	30 MOIS Paiement Mensuel	36 MOIS Paiement Total	36 MOIS Paiement Mensuel	42 MOIS Paiement Total	42 MOIS Paiement Mensuel	48 MOIS Paiement Total	48 MOIS Paiement Mensuel
1000	1197,90	39,93	1238,76	34,41	1281,00	30,50	1323,84	27,58
1500	1797,30	59,91	1858,68	51,63	1921,50	45,75	1985,76	41,37
2000	2396,10	79,87	2477,88	68,83	2562,00	61,00	2647,68	55,16
2500	2995,50	99,85	3097,80	86,05	3202,50	76,25	3309,12	68,94
3000	3594,30	119,81	3717,36	103,26	3843,00	91,50	3971,04	82,73
3500	4193,40	139,78	4336,92	120,47	4483,50	106,75	4632,96	96,52
4000	4792,50	159,75	4956,12	137,67	5124,00	122,00	5294,88	110,31
4500	5391,60	179,72	5576,04	154,89	5764,50	137,25	5956,80	124,10
5000	5990,70	199,69	6195,96	172,11	6405,00	152,50	6618,72	137,89
5500	6589,80	219,66	6815,52	189,32	7045,50	167,75	7280,16	151,67
6000	7188,90	239,63	7435,08	206,53	7686,00	183,00	7942,56	165,47
6500	7788,00	259,60	8054,64	223,74	8326,50	198,25	8604,48	179,26
7000	8387,10	279,57	8674,20	240,95	8967,00	213,50	9266,40	193,05
7500	8986,20	299,54	9293,76	258,16	9607,92	228,76	9928,32	206,84
8000	9585,30	319,51	9913,32	275,37	10248,42	244,01	10589,76	220,62
8500	10184,10	339,47	10532,52	292,57	10888,92	259,26	11251,68	234,41
9000	10783,20	359,44	11152,44	309,79	11529,42	274,51	11913,60	248,20
9500	11382,30	379,41	11772,00	327,00	12169,92	289,76	12575,52	261,99
10000	11981,40	399,38	12391,56	344,21	12810,42	305,01	13237,44	275,78
11000	13179,60	439,32	13630,68	378,63	14091,42	335,51	14560,80	303,35
12000	14377,80	479,26	14869,80	413,05	15372,42	366,01	15885,12	330,94
13000	15576,00	519,20	16108,92	447,47	16653,42	396,51	17208,48	358,51
14000	16773,90	559,13	17348,40	481,90	17934,42	427,01	18532,32	386,09
15000	17972,10	599,07	18587,52	516,32	19215,42	457,51	19856,16	413,67
16000	19170,30	639,01	19826,64	550,74	20496,42	488,01	21180,00	441,25
17000	20368,50	678,95	21065,40	585,15	21777,42	518,51	22503,84	468,83
18000	21566,70	718,89	22304,88	619,58	23058,42	549,01	23827,20	496,40
19000	22764,90	758,83	23544,00	654,00	24339,42	579,51	25151,04	523,98
20000	23962,80	798,76	24783,12	688,42	25620,42	610,01	26474,88	551,56
21000	25161,00	838,70	26022,24	722,84	26901,42	640,51	27798,72	579,14
22000	26359,20	878,64	27261,36	757,26	28182,42	671,01	29122,08	606,71
23000	27557,40	918,58	28500,84	791,69	29463,84	701,52	30445,44	634,28
24000	28755,60	958,52	29739,96	826,11	30744,84	732,02	31769,76	661,87
25000	29953,50	998,45	30979,08	860,53	32025,84	762,52	33093,60	689,45
26000	31151,70	1038,39	32218,20	894,95	33306,84	793,02	34417,44	717,03
27000	32349,60	1078,32	33457,32	929,37	34587,84	823,52	35741,28	744,61
28000	33548,10	1118,27	34696,44	963,79	35868,84	854,02	37065,12	772,19
29000	34746,30	1158,21	35935,56	998,21	37149,84	884,52	38388,48	799,76
30000	35944,50	1198,15	37174,68	1032,63	38430,84	915,02	39712,32	827,34
31000	37142,10	1238,07	38413,80	1067,05	39711,84	945,52	41036,16	854,92
32000	38340,60	1278,02	39652,92	1101,47	40992,84	976,02	42360,00	882,50
33000	39538,80	1317,96	40892,40	1135,90	42273,84	1006,52	43683,84	910,08
34000	40737,00	1357,90	42131,17	1170,31	43554,84	1037,02	45007,21	937,65
35000	41935,20	1397,84	43370,64	1204,74	44835,84	1067,52	46331,04	965,23
36000	43133,10	1437,77	44609,76	1239,16	46116,84	1098,02	47654,88	992,81

135

54 MOIS 60 MOIS 66 MOIS 72 MOIS

Montant	Paiement Total	Paiement Mensuel	Paiement Total	Paiement Mensuel	Paiement Total	Paiement Mensuel	Paiement Total	Paiement Mensuel
1000	1367,28	25,32	1411,80	23,53	1456,62	22,07	1502,64	20,87
1500	2050,92	37,98	2117,40	35,29	2185,26	33,11	2254,32	31,31
2000	2734,56	50,64	2823,60	47,06	2913,90	44,15	3006,00	41,75
2500	3418,20	63,30	3529,20	58,82	3642,54	55,19	3757,68	52,19
3000	4101,84	75,96	4234,80	70,58	4370,52	66,22	4508,64	62,62
3500	4785,48	88,62	4941,00	82,35	5099,16	77,26	5260,32	73,06
4000	5469,12	101,28	5646,60	94,11	5827,80	88,30	6012,00	83,50
4500	6152,76	113,94	6352,80	105,88	6556,44	99,34	6763,68	93,94
5000	6836,40	126,60	7058,40	117,64	7284,42	110,37	7514,64	104,37
5500	7519,50	139,25	7764,60	129,41	8013,06	121,41	8266,32	114,81
6000	8203,68	151,92	8470,20	141,17	8741,70	132,45	9018,00	125,25
6500	8887,32	164,58	9175,20	152,92	9469,68	143,48	9768,24	135,67
7000	9570,96	177,24	9882,00	164,70	10198,32	154,52	10520,64	146,12
7500	10254,60	189,90	10587,60	176,46	10926,96	165,56	11272,32	156,56
8000	10938,24	202,56	11293,80	188,23	11655,60	176,60	12024,00	167,00
8500	11621,88	215,22	11999,40	199,99	12383,58	187,63	12774,96	177,43
9000	12305,52	227,88	12705,60	211,76	13112,22	198,67	13526,64	187,87
9500	12989,16	240,54	13411,20	223,52	13840,86	209,71	14278,32	198,31
10000	13672,80	253,20	14116,80	235,28	14569,50	220,75	15029,28	208,74
11000	15040,62	278,53	15528,60	258,81	16026,12	242,82	16532,64	229,62
12000	16407,90	303,85	16940,40	282,34	17483,40	264,90	18035,28	250,49
13000	17775,18	329,17	18352,20	305,87	18940,02	286,97	19538,64	271,37
14000	19142,46	354,49	19764,00	329,40	20396,64	309,04	21041,28	292,24
15000	20509,74	379,81	21175,80	352,93	21853,92	331,12	22544,64	313,12
16000	21877,02	405,13	22587,00	376,45	23310,54	353,19	24047,28	333,99
17000	23244,30	430,45	23998,80	399,98	24767,82	375,27	25550,64	354,87
18000	24611,58	455,77	25410,60	423,51	26224,44	397,34	27053,28	375,74
19000	25978,86	481,09	26822,40	447,04	27681,72	419,42	28556,64	396,62
20000	27346,14	506,41	28234,20	470,57	29138,34	441,49	30059,28	417,49
21000	28713,42	531,73	29646,00	494,10	30595,62	463,57	31561,92	438,36
22000	30080,70	557,05	31057,20	517,62	32052,24	485,64	33065,28	459,24
23000	31447,98	582,37	32469,00	541,15	33509,52	507,72	34567,92	480,11
24000	32815,26	607,69	33880,80	564,68	34965,48	529,78	36071,28	500,99
25000	34182,54	633,01	35292,60	588,21	36422,76	551,86	37573,92	521,86
26000	35549,82	658,33	36704,40	611,74	37880,04	573,94	39077,28	542,74
27000	36917,10	683,65	38116,20	635,27	39336,66	596,01	40579,92	563,61
28000	38284,38	708,97	39527,40	658,79	40793,94	618,09	42083,28	584,49
29000	39651,66	734,29	40939,20	682,32	42249,90	640,15	43585,92	605,36
30000	41018,94	759,61	42351,00	705,85	43707,84	662,24	45088,56	626,23
31000	42386,22	784,93	43762,80	729,38	45164,46	684,31	46591,92	647,11
32000	43754,04	810,26	45174,60	752,91	46621,74	706,39	48094,56	667,98
33000	45121,32	835,58	46586,40	776,44	48078,36	728,46	49597,92	688,86
34000	46488,60	860,90	47997,60	799,96	49535,64	750,54	51100,56	709,73
35000	47855,88	886,22	49409,40	823,49	50992,26	772,61	52603,92	730,61
36000	49223,16	911,54	50821,20	847,02	52449,54	794,69	54106,56	751,48

Montant	6 MOIS Paiement Total	Paiement Mensuel	12 MOIS Paiement Total	Paiement Mensuel	18 MOIS Paiement Total	Paiement Mensuel	24 MOIS Paiement Total	Paiement Mensuel
37000	38580,60	6430,10	39970,20	3330,85	41391,90	2299,55	42845,52	1785,23
38000	39623,34	6603,89	41050,44	3420,87	42510,60	2361,70	44003,52	1833,48
39000	40666,02	6777,67	42130,68	3510,89	43629,30	2423,85	45161,52	1881,73
40000	41708,76	6951,46	43211,04	3600,92	44748,00	2486,00	46319,52	1929,98
41000	42751,50	7125,25	44291,28	3690,94	45866,52	2548,14	47477,52	1978,23
42000	43794,18	7299,03	45371,52	3780,96	46985,40	2610,30	48635,52	2026,48
43000	44836,92	7472,82	46451,76	3870,98	48104,10	2672,45	49793,52	2074,73
44000	45879,66	7646,61	47532,12	3961,01	49222,80	2734,60	50951,52	2122,98
45000	46922,34	7820,39	48612,36	4051,03	50341,50	2796,75	52109,52	2171,23
46000	47965,08	7994,18	49692,48	4141,04	51460,20	2858,90	53267,52	2219,48
47000	49007,82	8167,97	50772,96	4231,08	52578,90	2921,05	54425,52	2267,73
48000	50050,50	8341,75	51853,21	4321,10	53697,60	2983,20	55583,52	2315,98
49000	51093,24	8515,54	52933,44	4411,12	54816,30	3045,35	56741,52	2364,23
50000	52135,98	8689,33	54013,68	4501,14	55935,00	3107,50	57899,52	2412,48
51000	53178,60	8863,11	55094,04	4591,17	57053,70	3169,65	59057,52	2460,73
52000	54221,40	9036,90	56174,28	4681,19	58172,40	3231,80	60215,52	2508,98
53000	55264,14	9210,69	57254,52	4771,21	59291,10	3293,95	61373,52	2557,23
54000	56306,82	9384,47	58334,89	4861,24	60409,80	3356,10	62531,52	2605,48
55000	57349,56	9558,26	59415,00	4951,25	61528,50	3418,25	63689,52	2653,73
56000	58392,30	9732,05	60495,24	5041,27	62647,20	3480,40	64847,52	2701,98
57000	59434,98	9905,83	61575,48	5131,29	63765,90	3542,55	66005,52	2750,23
58000	60477,72	10079,62	62655,96	5221,33	64884,60	3604,70	67163,52	2798,48
59000	61520,40	10253,40	63736,21	5311,35	66003,31	3666,85	68321,52	2846,73
60000	62563,14	10427,19	64816,44	5401,37	67122,00	3729,00	69479,52	2894,98
61000	63605,89	10600,98	65896,80	5491,40	68240,70	3791,15	70637,52	2943,23
62000	64648,56	10774,76	66977,04	5581,42	69359,40	3853,30	71795,28	2991,47
64000	66734,04	11122,34	69137,65	5761,47	71596,81	3977,60	74111,28	3087,97
66000	68819,46	11469,91	71298,12	5941,51	73834,20	4101,90	76427,28	3184,47
68000	70904,88	11817,48	73458,72	6121,56	76071,60	4226,20	78743,28	3280,97
70000	72990,36	12165,06	75619,21	6301,60	78309,00	4350,50	81059,28	3377,47
72000	75075,78	12512,63	77779,80	6481,65	80546,22	4474,79	83375,28	3473,97
74000	77161,21	12860,20	79940,28	6661,69	82783,81	4599,10	85691,28	3570,47
76000	79246,62	13207,77	82100,88	6841,74	85021,19	4723,40	88007,28	3666,97
78000	81332,10	13555,35	84261,49	7021,79	87258,60	4847,70	90323,28	3763,47
80000	83417,52	13902,92	86421,96	7201,83	89496,00	4972,00	92639,28	3859,97
82000	85502,94	14250,49	88582,56	7381,88	91733,22	5096,29	94955,28	3956,47
84000	87588,42	14598,07	90743,04	7561,92	93970,62	5220,59	97271,28	4052,97
86000	89673,84	14945,64	92903,64	7741,97	96208,02	5344,89	99587,28	4149,46
88000	91759,26	15293,21	95064,12	7922,01	98445,42	5469,19	101903,00	4245,96
90000	93844,74	15640,79	97224,72	8102,06	100682,80	5593,49	104219,00	4342,46
92000	95930,16	15988,36	99385,33	8282,11	102920,20	5717,79	106535,00	4438,96
94000	98015,58	16335,93	101545,80	8462,15	105157,60	5842,09	108851,00	4535,46
96000	100101,10	16683,51	103706,40	8642,20	107395,00	5966,39	111167,00	4631,96
98000	102186,50	17031,08	105866,90	8822,24	109632,40	6090,69	113483,00	4728,46
100000	104271,90	17378,65	108027,50	9002,29	111869,80	6214,99	115799,00	4824,96

INTÉRÊT DE 14,5 %

	30 MOIS		36 MOIS		42 MOIS		48 MOIS	
Montant	Paiement Total	Paiement Mensuel	Paiement Total	Paiement Mensuel	Paiement Total	Paiement Mensuel	Paiement Total	Paiement Mensuel
37000	44331,30	1477,71	45848,52	1273,57	47397,84	1128,52	48978,72	1020,39
38000	45529,50	1517,65	47088,00	1308,00	48679,26	1159,03	50302,56	1047,97
39000	46727,70	1557,59	48327,12	1342,42	49960,26	1189,53	51625,92	1075,54
40000	47925,90	1597,53	49566,24	1376,84	51241,26	1220,03	52949,76	1103,12
41000	49123,80	1637,46	50805,36	1411,26	52522,26	1250,53	54273,12	1130,69
42000	50322,00	1677,40	52044,84	1445,69	53803,26	1281,03	55597,44	1158,28
43000	51520,20	1717,34	53283,96	1480,11	55084,26	1311,53	56921,28	1185,86
44000	52718,40	1757,28	54523,08	1514,53	56365,26	1342,03	58244,64	1213,43
45000	53916,60	1797,22	55762,20	1548,95	57646,26	1372,53	59568,48	1241,01
46000	55114,80	1837,16	57001,32	1583,37	58927,26	1403,03	60892,32	1268,59
47000	56312,70	1877,09	58240,44	1617,79	60208,26	1433,53	62216,17	1296,17
48000	57510,90	1917,03	59479,56	1652,21	61489,26	1464,03	63540,00	1323,75
49000	58709,10	1956,97	60718,68	1686,63	62770,26	1494,53	64863,36	1351,32
50000	59907,30	1996,91	61957,80	1721,05	64051,26	1525,05	66187,21	1378,90
51000	61105,50	2036,85	63197,28	1755,48	65332,26	1555,53	67511,04	1406,48
52000	62303,40	2076,78	64436,40	1789,90	66613,26	1586,03	68834,88	1434,06
53000	63501,60	2116,72	65675,52	1824,32	67894,68	1616,54	70158,72	1461,64
54000	64699,50	2156,65	66914,65	1858,74	69175,68	1647,04	71482,08	1489,21
55000	65898,00	2196,60	68153,76	1893,16	70456,68	1677,54	72805,93	1516,79
56000	67096,21	2236,54	69392,88	1927,58	71737,68	1708,04	74129,76	1544,37
57000	68294,40	2276,48	70632,00	1962,00	73018,68	1738,54	75453,60	1571,95
58000	69492,00	2316,40	71871,13	1996,42	74299,68	1769,04	76777,44	1599,53
59000	70690,50	2356,35	73110,24	2030,84	75580,68	1799,54	78100,80	1627,10
60000	71888,71	2396,29	74349,72	2065,27	76861,68	1830,04	79424,65	1654,68
61000	73086,90	2436,23	75588,84	2099,69	78142,68	1860,54	80748,49	1682,26
62000	74285,10	2476,17	76827,96	2134,11	79423,68	1891,04	82072,32	1709,84
64000	76681,21	2556,04	79306,20	2202,95	81985,68	1952,04	84719,52	1764,99
66000	79077,60	2635,92	81784,44	2271,79	84547,68	2013,04	87367,21	1820,15
68000	81474,00	2715,80	84262,33	2340,62	87110,10	2074,05	90014,88	1875,31
70000	83870,10	2795,67	86741,28	2409,48	89672,10	2135,05	92662,08	1930,46
72000	86266,50	2875,55	89219,52	2478,32	92234,10	2196,05	95309,76	1985,62
74000	88662,59	2955,42	91697,40	2547,15	94796,10	2257,05	97956,96	2040,77
76000	91059,00	3035,30	94176,00	2616,00	97358,10	2318,05	100604,60	2095,93
78000	93455,40	3115,18	96654,60	2684,85	99920,10	2379,05	103252,30	2151,09
80000	95851,50	3195,05	99132,84	2753,69	102482,10	2440,05	105899,50	2206,24
82000	98247,90	3274,93	101611,10	2822,53	105044,10	2501,05	108546,70	2261,39
84000	100644,30	3354,81	104089,30	2891,37	107606,50	2562,06	111194,40	2316,55
86000	103040,40	3434,68	106567,60	2960,21	110168,50	2623,06	113842,10	2371,71
88000	105436,80	3514,56	109046,20	3029,06	112730,50	2684,06	116489,80	2426,87
90000	107832,90	3594,43	111524,40	3097,90	115292,50	2745,06	119137,00	2482,02
92000	110229,30	3674,31	114002,60	3166,74	117854,50	2806,06	121784,60	2537,18
94000	112625,70	3754,19	116480,90	3235,58	120416,50	2867,06	124432,30	2592,34
96000	115021,80	3834,06	118959,10	3304,42	122978,50	2928,06	127079,50	2647,49
98000	117418,20	3913,94	121437,70	3373,27	125541,00	2989,07	129727,20	2702,65
100000	119814,60	3993,82	123916,00	3442,11	128103,00	3050,07	132374,40	2757,80

138

	54 MOIS		**60** MOIS		**66** MOIS		**72** MOIS	
Montant	Paiement Total	Paiement Mensuel	Paiement Total	Paiement Mensuel	Paiement Total	Paiement Mensuel	Paiement Total	Paiement Mensuel
37000	50590,44	936,86	52233,00	870,55	53906,16	816,76	55609,92	772,36
38000	51957,72	962,18	53644,80	894,08	55362,78	838,83	57112,56	793,23
39000	53325,00	987,50	55056,60	917,61	56820,06	860,91	58615,20	814,10
40000	54692,28	1012,82	56467,80	941,13	58276,68	882,98	60118,56	834,98
41000	56059,57	1038,14	57879,60	964,66	59733,96	905,06	61621,20	855,85
42000	57426,84	1063,46	59291,40	988,19	61190,58	927,13	63124,56	876,73
43000	58794,12	1088,78	60703,20	1011,72	62647,86	949,21	64627,20	897,60
44000	60161,40	1114,10	62115,00	1035,25	64104,48	971,28	66130,56	918,48
45000	61528,69	1139,42	63526,80	1058,78	65561,76	993,36	67633,20	939,35
46000	62895,96	1164,74	64938,01	1082,30	67018,38	1015,43	69136,56	960,23
47000	64263,24	1190,06	66349,20	1105,82	68475,66	1037,51	70639,20	981,10
48000	65630,52	1215,38	67761,60	1129,36	69931,62	1059,57	72142,56	1001,98
49000	66997,26	1240,69	69173,40	1152,89	71388,90	1081,65	73645,20	1022,85
50000	68365,08	1266,02	70585,21	1176,42	72846,18	1103,73	75147,84	1043,72
51000	69732,36	1291,34	71996,40	1199,94	74302,81	1125,80	76651,20	1064,60
52000	71099,65	1316,66	73408,20	1223,47	75760,08	1147,88	78153,84	1085,47
53000	72467,46	1341,99	74820,00	1247,00	77216,04	1169,94	79657,20	1106,35
54000	73834,75	1367,31	76231,81	1270,53	78673,99	1192,03	81159,84	1127,22
55000	75202,02	1392,63	77643,60	1294,06	80130,60	1214,10	82663,20	1148,10
56000	76569,30	1417,95	79055,40	1317,59	81587,88	1236,18	84165,84	1168,97
57000	77936,58	1443,27	80467,21	1341,12	83044,50	1258,25	85669,19	1189,85
58000	79303,86	1468,59	81878,40	1364,64	84501,12	1280,32	87171,84	1210,72
59000	80671,15	1493,91	83290,21	1388,17	85958,40	1302,40	88674,48	1231,59
60000	82038,43	1519,23	84702,00	1411,70	87415,68	1324,48	90177,84	1252,47
61000	83405,71	1544,55	86113,80	1435,23	88872,31	1346,55	91680,48	1273,34
62000	84772,98	1569,87	87525,60	1458,76	90328,92	1368,62	93183,84	1294,22
64000	87507,54	1620,51	90348,60	1505,81	93242,82	1412,77	96189,84	1335,97
66000	90242,10	1671,15	93172,21	1552,87	96156,72	1456,92	99195,84	1377,72
68000	92976,66	1721,79	95995,81	1599,93	99070,62	1501,07	102201,10	1419,46
70000	95711,22	1772,43	98818,80	1646,98	101984,50	1545,22	105207,10	1461,21
72000	98445,78	1823,07	101642,40	1694,04	104898,40	1589,37	108213,10	1502,96
74000	101180,90	1873,72	104466,00	1741,10	107812,30	1633,52	111219,10	1544,71
76000	103915,40	1924,36	107289,00	1788,15	110726,20	1677,67	114225,10	1586,46
78000	106650,00	1975,00	110112,60	1835,21	113640,10	1721,82	117231,10	1628,21
80000	109384,60	2025,64	112936,20	1882,27	116554,00	1765,97	120237,10	1669,96
82000	112119,10	2076,28	115759,20	1929,32	119467,90	1810,12	123243,10	1711,71
84000	114853,70	2126,92	118582,80	1976,38	122381,80	1854,27	126249,10	1753,46
86000	117588,20	2177,56	121406,40	2023,44	125295,10	1898,41	129255,10	1795,21
88000	120322,80	2228,20	124229,40	2070,49	128209,00	1942,56	132260,40	1836,95
90000	123057,40	2278,84	127053,00	2117,55	131122,90	1986,71	135266,40	1878,70
92000	125791,90	2329,48	129876,60	2164,61	134036,80	2030,86	138272,40	1920,45
94000	128526,50	2380,12	132699,00	2211,65	136950,70	2075,01	141278,40	1962,20
96000	131261,60	2430,77	135523,20	2258,72	139863,90	2119,15	144284,40	2003,95
98000	133995,60	2481,40	138346,80	2305,78	142778,50	2163,31	147290,40	2045,70
100000	136730,70	2532,05	141169,80	2352,83	145692,40	2207,46	150296,40	2087,45

	6 MOIS		12 MOIS		18 MOIS		24 MOIS	
Montant	Paiement Total	Paiement Mensuel	Paiement Total	Paiement Mensuel	Paiement Total	Paiement Mensuel	Paiement Total	Paiement Mensuel
1000	1044,18	174,03	1083,12	90,26	1122,84	62,38	1163,76	48,49
1500	1566,24	261,04	1624,68	135,39	1684,44	93,58	1745,52	72,73
2000	2088,42	348,07	2166,24	180,52	2245,86	124,77	2327,28	96,97
2500	2610,48	435,08	2707,68	225,64	2807,28	155,96	2909,28	121,22
3000	3132,54	522,09	3249,12	270,76	3368,70	187,15	3491,04	145,46
3500	3654,72	609,12	3790,80	315,90	3930,30	218,35	4072,80	169,70
4000	4176,78	696,13	4332,36	361,03	4491,72	249,54	4654,80	193,95
4500	4698,90	783,15	4873,92	406,16	5053,14	280,73	5236,56	218,19
5000	5220,96	870,16	5415,48	451,29	5614,56	311,92	5818,32	242,43
5500	5743,08	957,18	5957,04	496,42	6175,98	343,11	6400,32	266,68
6000	6265,14	1044,19	6498,60	541,55	6737,58	374,31	6982,08	290,92
6500	6787,26	1131,21	7040,16	586,68	7299,00	405,50	7563,84	315,16
7000	7309,38	1218,23	7581,60	631,80	7860,42	436,69	8145,60	339,40
7500	7831,50	1305,25	8123,16	676,93	8421,84	467,88	8727,60	363,65
8000	8353,56	1392,26	8664,72	722,06	8983,44	499,08	9309,36	387,89
8500	8875,68	1479,28	9206,28	767,19	9544,86	530,27	9891,12	412,13
9000	9397,80	1566,30	9747,84	812,32	10106,28	561,46	10473,12	436,38
9500	9919,86	1653,31	10289,40	857,45	10667,70	592,65	11054,88	460,62
10000	10441,98	1740,33	10830,96	902,58	11229,12	623,84	11636,64	484,86
11000	11486,16	1914,36	11914,08	992,84	12352,14	686,23	12800,16	533,34
12000	12530,28	2088,38	12997,08	1083,09	13474,98	748,61	13964,16	581,84
13000	13574,58	2262,43	14080,20	1173,35	14598,00	811,00	15127,68	630,32
14000	14618,76	2436,46	15163,32	1263,61	15720,84	873,38	16291,44	678,81
15000	15662,94	2610,49	16246,44	1353,87	16843,86	935,77	17455,20	727,30
16000	16707,18	2784,53	17329,56	1444,13	17966,70	998,15	18618,72	775,78
17000	17751,36	2958,56	18412,56	1534,38	19089,72	1060,54	19782,48	824,27
18000	18795,54	3132,59	19495,68	1624,64	20212,56	1122,92	20946,24	872,76
19000	19839,72	3306,62	20578,80	1714,90	21335,58	1185,31	22109,76	921,24
20000	20883,96	3480,66	21661,92	1805,16	22458,24	1247,68	23273,52	969,73
21000	21928,14	3654,69	22744,92	1895,41	23581,08	1310,06	24437,04	1018,21
22000	22972,32	3828,72	23828,04	1985,67	24704,28	1372,46	25600,56	1066,69
23000	24016,56	4002,76	24911,16	2075,93	25827,12	1434,84	26764,32	1115,18
24000	25060,74	4176,79	25994,28	2166,19	26950,14	1497,23	27928,08	1163,67
25000	26104,86	4350,81	27077,40	2256,45	28072,98	1559,61	29091,84	1212,16
26000	27149,10	4524,85	28160,40	2346,70	29196,00	1622,00	30255,60	1260,65
27000	28193,34	4698,89	29243,52	2436,96	30318,84	1684,38	31419,12	1309,13
28000	29237,52	4872,92	30326,64	2527,22	31441,86	1746,77	32582,88	1357,62
29000	30281,70	5046,95	31409,76	2617,48	32564,70	1809,15	33746,64	1406,11
30000	31325,94	5220,99	32492,76	2707,73	33687,54	1871,53	34910,16	1454,59
31000	32370,12	5395,02	33575,88	2797,99	34810,56	1933,92	36073,92	1503,08
32000	33414,30	5569,05	34659,00	2888,25	35933,40	1996,30	37237,68	1551,57
33000	34458,48	5743,08	35742,12	2978,51	37056,42	2058,69	38401,20	1600,05
34000	35502,72	5917,12	36825,24	3068,77	38179,26	2121,07	39564,96	1648,54
35000	36546,90	6091,15	37908,24	3159,02	39302,28	2183,46	40728,48	1697,02
36000	37591,08	6265,18	38991,36	3249,28	40425,12	2245,84	41892,24	1745,51

	30 MOIS		36 MOIS		42 MOIS		48 MOIS	
Montant	Paiement Total	Paiement Mensuel	Paiement Total	Paiement Mensuel	Paiement Total	Paiement Mensuel	Paiement Total	Paiement Mensuel
1000	1205,40	40,18	1247,76	34,66	1291,50	30,75	1335,84	27,83
1500	1808,10	60,27	1872,00	52,00	1937,04	46,12	2004,00	41,75
2000	2410,80	80,36	2495,88	69,33	2583,00	61,50	2671,68	55,66
2500	3013,50	100,45	3119,76	86,66	3228,54	76,87	3339,84	69,58
3000	3616,20	120,54	3744,00	104,00	3874,50	92,25	4007,52	83,49
3500	4218,60	140,62	4367,88	121,33	4520,04	107,62	4675,68	97,41
4000	4821,30	160,71	4991,76	138,66	5166,00	123,00	5343,36	111,32
4500	5424,00	180,80	5615,64	155,99	5811,54	138,37	6011,52	125,24
5000	6026,70	200,89	6239,88	173,33	6457,08	153,74	6678,72	139,14
5500	6629,40	220,98	6863,76	190,66	7103,04	169,12	7347,36	153,07
6000	7232,10	241,07	7487,64	207,99	7748,58	184,49	8015,04	166,98
6500	7834,80	261,16	8111,52	225,32	8394,54	199,87	8683,20	180,90
7000	8437,50	281,25	8735,76	242,66	9040,08	215,24	9350,88	194,81
7500	9040,20	301,34	9359,64	259,99	9686,04	230,62	10019,04	208,73
8000	9642,90	321,43	9983,52	277,32	10331,58	245,99	10687,20	222,65
8500	10245,60	341,52	10607,40	294,65	10977,54	261,37	11354,88	236,56
9000	10848,30	361,61	11231,64	311,99	11623,08	276,74	12023,04	250,48
9500	11450,70	381,69	11855,52	329,32	12268,20	292,10	12690,72	264,39
10000	12053,40	401,78	12479,40	346,65	12914,58	307,49	13358,88	278,31
11000	13258,80	441,96	13727,52	381,32	14206,08	338,24	14694,72	306,14
12000	14464,20	482,14	14975,28	415,98	15497,58	368,99	16030,56	333,97
13000	15669,60	522,32	16223,40	450,65	16789,08	399,74	17366,40	361,80
14000	16875,00	562,50	17471,16	485,31	18080,58	430,49	18702,24	389,63
15000	18080,40	602,68	18719,28	519,98	19371,66	461,23	20038,08	417,46
16000	19285,20	642,84	19967,04	554,64	20663,16	491,98	21373,92	445,29
17000	20490,90	683,03	21215,16	589,31	21954,66	522,73	22709,76	473,12
18000	21696,30	723,21	22462,56	623,96	23246,16	553,48	24045,60	500,95
19000	22901,70	763,39	23711,04	658,64	24537,66	584,23	25381,44	528,78
20000	24107,10	803,57	24958,80	693,30	25829,16	614,98	26717,28	556,61
21000	25312,50	843,75	26206,92	727,97	27120,66	645,73	28053,12	584,44
22000	26517,60	883,92	27454,68	762,63	28412,16	676,48	29388,96	612,27
23000	27723,00	924,10	28702,80	797,30	29703,66	707,23	30724,32	640,09
24000	28928,40	964,28	29950,56	831,96	30994,74	737,97	32061,12	667,94
25000	30133,80	1004,46	31198,68	866,63	32286,24	768,72	33396,96	695,77
26000	31339,20	1044,64	32446,44	901,29	33577,74	799,47	34732,80	723,60
27000	32544,30	1084,81	33694,56	935,96	34869,24	830,22	36068,64	751,43
28000	33749,70	1124,99	34942,68	970,63	36160,74	860,97	37404,48	779,26
29000	34955,10	1165,17	36190,44	1005,29	37452,24	891,72	38740,32	807,09
30000	36160,50	1205,35	37438,56	1039,96	38743,74	922,47	40076,16	834,92
31000	37365,90	1245,53	38686,32	1074,62	40035,24	953,22	41412,00	862,75
32000	38571,30	1285,71	39934,44	1109,29	41326,74	983,97	42747,84	890,58
33000	39776,70	1325,89	41181,84	1143,94	42618,24	1014,72	44083,68	918,41
34000	40981,80	1366,06	42430,32	1178,62	43909,32	1045,46	45419,52	946,24
35000	42187,20	1406,24	43678,08	1213,28	45200,82	1076,21	46755,36	974,07
36000	43392,60	1446,42	44925,84	1247,94	46492,32	1106,96	48091,21	1001,90

	54 MOIS		**60** MOIS		**66** MOIS		**72** MOIS	
Montant	Paiement Total	Paiement Mensuel	Paiement Total	Paiement Mensuel	Paiement Total	Paiement Mensuel	Paiement Total	Paiement Mensuel
1000	1381,32	25,58	1427,40	23,79	1474,44	22,34	1522,08	21,14
1500	2071,98	38,37	2140,80	35,68	2211,00	33,50	2283,84	31,72
2000	2762,64	51,16	2854,80	47,58	2948,88	44,68	3044,88	42,29
2500	3452,76	63,94	3568,20	59,47	3686,10	55,85	3805,92	52,86
3000	4143,42	76,73	4282,20	71,37	4422,66	67,01	4566,96	63,43
3500	4834,08	89,52	4995,60	83,26	5160,54	78,19	5328,72	74,01
4000	5524,74	102,31	5709,60	95,16	5897,76	89,36	6089,76	84,58
4500	6215,40	115,10	6423,00	107,05	6634,98	100,53	6850,80	95,15
5000	6906,06	127,89	7137,00	118,95	7372,20	111,70	7611,84	105,72
5500	7596,18	140,67	7850,40	130,84	8109,42	122,87	8373,60	116,30
6000	8287,38	153,47	8564,46	142,74	8845,98	134,03	9134,64	126,87
6500	8977,50	166,25	9277,80	154,63	9583,86	145,21	9895,68	137,44
7000	9668,16	179,04	9991,80	166,53	10321,08	156,38	10656,00	148,00
7500	10358,82	191,83	10705,20	178,42	11058,30	167,55	11418,48	158,59
8000	11049,48	204,62	11419,20	190,32	11795,52	178,72	12179,52	169,16
8500	11740,14	217,41	12132,60	202,21	12532,74	189,89	12940,56	179,73
9000	12430,86	230,20	12846,60	214,11	13270,62	201,07	13701,60	190,30
9500	13121,46	242,99	13560,60	226,00	14007,84	212,24	14463,36	200,88
10000	13812,12	255,78	14274,00	237,90	14745,06	223,41	15224,40	211,45
11000	15192,90	281,35	15701,40	261,69	16219,50	245,75	16746,48	232,59
12000	16574,22	306,93	17128,80	285,48	17693,94	268,09	18269,28	253,74
13000	17955,54	332,51	18555,60	309,26	19168,38	290,43	19791,36	274,88
14000	19336,86	358,09	19983,60	333,06	20642,16	312,76	21314,16	296,03
15000	20717,64	383,66	21411,00	356,85	22117,26	335,11	22836,24	317,17
16000	22098,96	409,24	22838,40	380,64	23591,70	357,45	24359,04	338,32
17000	23480,28	434,82	24265,80	404,43	25066,14	379,79	25881,12	359,46
18000	24861,60	460,40	25693,20	428,22	26540,58	402,13	27403,92	380,61
19000	26242,38	485,97	27120,60	452,01	28015,02	424,47	28926,00	401,75
20000	27623,70	511,55	28548,00	475,80	29489,46	446,81	30448,80	422,90
21000	29005,02	537,13	29975,40	499,59	30963,90	469,15	31970,88	444,04
22000	30386,34	562,71	31402,80	523,38	32438,34	491,49	33493,68	465,19
23000	31767,12	588,28	32830,20	547,17	33912,78	513,83	35015,76	486,33
24000	33148,44	613,86	34257,60	570,96	35387,22	536,17	36538,56	507,48
25000	34529,76	639,44	35685,00	594,75	36861,66	558,51	38060,64	528,62
26000	35911,08	665,02	37111,80	618,53	38335,44	580,84	39583,44	549,77
27000	37291,86	690,59	38539,80	642,33	39811,20	603,20	41104,80	570,90
28000	38673,18	716,17	39967,20	666,12	41284,98	625,53	42628,32	592,06
29000	40054,50	741,75	41394,60	689,91	42760,08	647,88	44150,40	613,20
30000	41435,82	767,33	42822,00	713,70	44234,52	670,22	45672,48	634,34
31000	42816,60	792,90	44249,40	737,49	45708,96	692,56	47195,28	655,49
32000	44197,92	818,48	45676,80	761,28	47183,40	714,90	48718,08	676,64
33000	45579,24	844,06	47103,60	785,06	48657,84	737,24	50240,17	697,78
34000	46960,57	869,64	48531,00	808,85	50132,28	759,58	51762,96	718,93
35000	48341,34	895,21	49958,40	832,64	51606,72	781,92	53285,04	740,07
36000	49722,66	920,79	51385,80	856,43	53081,16	804,26	54807,84	761,22

Montant	6 MOIS Paiement Total	Paiement Mensuel	12 MOIS Paiement Total	Paiement Mensuel	18 MOIS Paiement Total	Paiement Mensuel	24 MOIS Paiement Total	Paiement Mensuel
37000	38635,32	6439,22	40074,48	3339,54	41548,14	2308,23	43056,00	1794,00
38000	39679,50	6613,25	41157,60	3429,80	42670,98	2370,61	44219,52	1842,48
39000	40723,68	6787,28	42240,72	3520,06	43794,00	2433,00	45383,28	1890,97
40000	41767,86	6961,31	43323,72	3610,31	44916,60	2495,37	46547,04	1939,46
41000	42812,10	7135,35	44406,84	3700,57	46039,68	2557,76	47710,56	1987,94
42000	43856,28	7309,38	45489,96	3790,83	47162,52	2620,14	48874,32	2036,43
43000	44900,46	7483,41	46573,08	3881,09	48285,54	2682,53	50038,08	2084,92
44000	45944,71	7657,45	47656,08	3971,34	49408,56	2744,92	51201,36	2133,39
45000	46988,88	7831,48	48739,21	4061,60	50531,40	2807,30	52365,12	2181,88
46000	48033,06	8005,51	49822,32	4151,86	51654,42	2869,69	53528,89	2230,37
47000	49077,24	8179,54	50905,44	4242,12	52777,26	2932,07	54692,64	2278,86
48000	50121,48	8353,58	51988,56	4332,38	53900,28	2994,46	55856,40	2327,35
49000	51165,67	8527,61	53071,56	4422,63	55023,12	3056,84	57019,92	2375,83
50000	52209,78	8701,63	54154,68	4512,89	56145,96	3119,22	58183,68	2424,32
51000	53254,08	8875,68	55237,80	4603,15	57268,98	3181,61	59347,44	2472,81
52000	54298,26	9049,71	56320,92	4693,41	58391,82	3243,99	60510,96	2521,29
53000	55342,44	9223,74	57404,04	4783,67	59514,84	3306,38	61674,72	2569,78
54000	56386,56	9397,76	58487,04	4873,92	60637,68	3368,76	62838,48	2618,27
55000	57430,80	9571,80	59570,17	4964,18	61760,70	3431,15	64002,00	2666,75
56000	58475,04	9745,84	60653,28	5054,44	62883,54	3493,53	65165,76	2715,24
57000	59519,22	9919,87	61736,40	5144,70	64006,56	3555,92	66329,52	2763,73
58000	60563,46	10093,91	62819,40	5234,95	65129,40	3618,30	67493,04	2812,21
59000	61607,64	10267,94	63902,52	5325,21	66252,43	3680,69	68656,80	2860,70
60000	62651,82	10441,97	64985,64	5415,47	67375,26	3743,07	69820,56	2909,19
61000	63696,06	10616,01	66068,76	5505,73	68498,10	3805,45	70984,08	2957,67
62000	64740,24	10790,04	67151,88	5595,99	69621,13	3867,84	72147,84	3006,16
64000	66828,60	11138,10	69318,00	5776,50	71866,99	3992,61	74475,12	3103,13
66000	68917,02	11486,17	71484,25	5957,02	74112,84	4117,38	76802,41	3200,10
68000	71005,38	11834,23	73650,36	6137,53	76358,70	4242,15	79129,93	3297,08
70000	73093,80	12182,30	75816,60	6318,05	78604,38	4366,91	81457,21	3394,05
72000	75182,22	12530,37	77982,72	6498,56	80850,25	4491,68	83784,49	3491,02
74000	77270,58	12878,43	80148,96	6679,08	83096,10	4616,45	86112,00	3588,00
76000	79359,00	13226,50	82315,21	6859,60	85341,96	4741,22	88439,28	3684,97
78000	81447,36	13574,56	84481,32	7040,11	87587,83	4865,99	90766,56	3781,94
80000	83535,78	13922,63	86647,56	7220,63	89833,50	4990,75	93093,84	3878,91
82000	85624,14	14270,69	88813,68	7401,14	92079,36	5115,52	95421,36	3975,89
84000	87712,56	14618,76	90979,92	7581,66	94325,22	5240,29	97748,64	4072,86
86000	89800,99	14966,83	93146,04	7762,17	96571,26	5365,07	100075,90	4169,83
88000	91889,34	15314,89	95312,28	7942,69	98817,12	5489,84	102403,40	4266,81
90000	93977,76	15662,96	97478,41	8123,20	101062,80	5614,60	104730,50	4363,77
92000	96066,12	16011,02	99644,64	8303,72	103308,70	5739,37	107058,00	4460,75
94000	98154,54	16359,09	101810,90	8484,24	105554,50	5864,14	109385,30	4557,72
96000	100243,00	16707,16	103977,00	8664,75	107800,40	5988,91	111712,80	4654,70
98000	102331,30	17055,22	106143,10	8845,26	110046,20	6113,68	114040,10	4751,67
100000	104419,70	17403,28	108309,40	9025,78	112292,10	6238,45	116367,40	4848,64

INTÉRÊT DE 15 %

	30 MOIS		36 MOIS		42 MOIS		48 MOIS	
Montant	Paiement Total	Paiement Mensuel	Paiement Total	Paiement Mensuel	Paiement Total	Paiement Mensuel	Paiement Total	Paiement Mensuel
37000	44598,00	1486,60	46173,96	1282,61	47783,82	1137,71	49427,04	1029,73
38000	45803,40	1526,78	47422,08	1317,28	49075,32	1168,46	50762,89	1057,56
39000	47008,80	1566,96	48669,84	1351,94	50366,82	1199,21	52098,72	1085,39
40000	48213,90	1607,13	49917,96	1386,61	51658,32	1229,96	53435,04	1113,23
41000	49419,30	1647,31	51165,72	1421,27	52949,82	1260,71	54770,89	1141,06
42000	50624,70	1687,49	52413,84	1455,94	54241,32	1291,46	56106,72	1168,89
43000	51830,10	1727,67	53661,60	1490,60	55532,40	1322,20	57442,56	1196,72
44000	53035,50	1767,85	54909,72	1525,27	56823,90	1352,95	58778,40	1224,55
45000	54240,90	1808,03	56157,48	1559,93	58115,40	1383,70	60114,24	1252,38
46000	55446,00	1848,20	57405,60	1594,60	59406,90	1414,45	61450,08	1280,21
47000	56651,40	1888,38	58653,36	1629,26	60698,40	1445,20	62785,92	1308,04
48000	57856,80	1928,56	59901,48	1663,93	61989,90	1475,95	64121,76	1335,87
49000	59062,20	1968,74	61149,24	1698,59	63281,40	1506,70	65457,60	1363,70
50000	60267,60	2008,92	62397,36	1733,26	64572,90	1537,45	66793,44	1391,53
51000	61473,01	2049,10	63645,12	1767,92	65864,40	1568,20	68129,28	1419,36
52000	62678,10	2089,27	64893,24	1802,59	67155,48	1598,94	69465,12	1447,19
53000	63883,50	2129,45	66141,00	1837,25	68446,98	1629,69	70800,96	1475,02
54000	65088,60	2169,62	67389,13	1871,92	69738,48	1660,44	72136,80	1502,85
55000	66294,31	2209,81	68637,24	1906,59	71029,98	1691,19	73473,12	1530,69
56000	67499,71	2249,99	69885,00	1941,25	72321,48	1721,94	74808,96	1558,52
57000	68705,10	2290,17	71133,13	1975,92	73612,98	1752,69	76144,80	1586,35
58000	69910,50	2330,35	72380,88	2010,58	74904,48	1783,44	77480,65	1614,18
59000	71115,00	2370,52	73629,00	2045,25	76195,98	1814,19	78816,49	1642,01
60000	72321,00	2410,70	74876,40	2079,90	77487,48	1844,94	80152,32	1669,84
61000	73526,10	2450,87	76124,88	2114,58	78778,98	1875,69	81488,16	1697,67
62000	74731,81	2491,06	77372,65	2149,24	80070,06	1906,43	82824,00	1725,50
64000	77142,60	2571,42	79868,53	2218,57	82653,06	1967,93	85495,68	1781,16
66000	79553,10	2651,77	82364,04	2287,89	85236,06	2029,43	88167,36	1836,82
68000	81963,90	2732,13	84860,28	2357,23	87819,06	2090,93	90839,04	1892,48
70000	84374,71	2812,49	87356,16	2426,56	90402,06	2152,43	93510,72	1948,14
72000	86785,21	2892,84	89851,68	2495,88	92984,64	2213,92	96182,88	2003,81
74000	89196,00	2973,20	92347,92	2565,22	95567,64	2275,42	98854,56	2059,47
76000	91606,81	3053,56	94843,81	2634,55	98150,64	2336,92	101525,80	2115,12
78000	94017,30	3133,91	97339,68	2703,88	100733,60	2398,42	104197,90	2170,79
80000	96428,10	3214,27	99835,56	2773,21	103316,60	2459,92	106869,60	2226,45
82000	98838,90	3294,63	102331,40	2842,54	105898,80	2521,40	109541,30	2282,11
84000	101249,40	3374,98	104827,70	2911,88	108481,80	2582,90	112213,00	2337,77
86000	103660,20	3455,34	107323,60	2981,21	111065,20	2644,41	114885,10	2393,44
88000	106071,00	3535,70	109819,40	3050,54	113648,20	2705,91	117556,80	2449,10
90000	108481,50	3616,05	112315,30	3119,87	116230,80	2767,40	120228,50	2504,76
92000	110892,30	3696,41	114811,20	3189,20	118813,80	2828,90	122900,20	2560,42
94000	113303,10	3776,77	117307,10	3258,53	121396,80	2890,40	125571,90	2616,08
96000	115713,60	3857,12	119803,00	3327,86	123979,80	2951,90	128243,50	2671,74
98000	118124,40	3937,48	122298,80	3397,19	126562,80	3013,40	130915,20	2727,40
100000	120535,20	4017,84	124794,70	3466,52	129145,40	3074,89	133586,90	2783,06

144

	54 MOIS		60 MOIS		66 MOIS		72 MOIS	
Montant	Paiement Total	Paiement Mensuel	Paiement Total	Paiement Mensuel	Paiement Total	Paiement Mensuel	Paiement Total	Paiement Mensuel
37000	51103,98	946,37	52813,20	880,22	54555,60	826,60	56329,92	782,36
38000	52485,30	971,95	54240,60	904,01	56030,04	848,94	57852,72	803,51
39000	53866,08	997,52	55668,00	927,80	57504,48	871,28	59374,80	824,65
40000	55247,40	1023,10	57095,40	951,59	58978,92	893,62	60897,60	845,80
41000	56628,73	1048,68	58522,80	975,38	60453,36	915,96	62419,68	866,94
42000	58010,04	1074,26	59950,20	999,17	61927,80	938,30	63942,48	888,09
43000	59390,28	1099,82	61377,60	1022,96	63402,24	960,64	65464,56	909,23
44000	60772,14	1125,41	62805,00	1046,75	64877,34	982,99	66987,36	930,38
45000	62153,46	1150,99	64232,40	1070,54	66351,78	1005,33	68509,44	951,52
46000	63534,24	1176,56	65659,20	1094,32	67826,22	1027,67	70032,24	972,67
47000	64915,57	1202,14	67087,21	1118,12	69300,66	1050,01	71554,32	993,81
48000	66296,88	1227,72	68514,60	1141,91	70775,10	1072,35	73077,13	1014,96
49000	67678,21	1253,30	69941,40	1165,69	72248,88	1094,68	74599,20	1036,10
50000	69059,52	1278,88	71369,40	1189,49	73723,99	1117,03	76122,00	1057,25
51000	70439,76	1304,44	72796,81	1213,28	75198,43	1139,37	77644,08	1078,39
52000	71821,63	1330,03	74223,60	1237,06	76672,86	1161,71	79166,88	1099,54
53000	73202,94	1355,61	75651,60	1260,86	78147,31	1184,05	80688,96	1120,68
54000	74584,26	1381,19	77079,00	1284,65	79621,75	1206,39	82211,04	1141,82
55000	75965,04	1406,76	78505,81	1308,43	81096,18	1228,73	83733,84	1162,97
56000	77346,36	1432,34	79933,80	1332,23	82569,96	1251,06	85256,64	1184,12
57000	78727,68	1457,92	81361,21	1356,02	84045,06	1273,41	86778,72	1205,26
58000	80109,00	1483,50	82788,60	1379,81	85519,50	1295,75	88301,52	1226,41
59000	81489,78	1509,07	84216,00	1403,60	86993,94	1318,09	89823,60	1247,55
60000	82871,10	1534,65	85643,40	1427,39	88468,38	1340,43	91345,68	1268,69
61000	84252,42	1560,23	87070,81	1451,18	89942,82	1362,77	92868,48	1289,84
62000	85633,74	1585,81	88498,19	1474,97	91417,92	1385,12	94391,28	1310,99
64000	88395,84	1636,96	91353,00	1522,55	94366,81	1429,80	97436,16	1353,28
66000	91158,48	1688,12	94207,80	1570,13	97315,68	1474,48	100481,00	1395,57
68000	93920,58	1739,27	97062,59	1617,71	100264,60	1519,16	103525,90	1437,86
70000	96683,22	1790,43	99917,41	1665,29	103213,40	1563,84	106570,80	1480,15
72000	99445,32	1841,58	102772,20	1712,87	106162,30	1608,52	109615,70	1522,44
74000	102208,00	1892,74	105627,00	1760,45	109111,20	1653,20	112660,60	1564,73
76000	104970,10	1943,89	108481,80	1808,03	112060,10	1697,88	115705,40	1607,02
78000	107732,70	1995,05	111336,60	1855,61	115009,00	1742,56	118750,30	1649,31
80000	110494,80	2046,20	114191,40	1903,19	117958,50	1787,25	121795,20	1691,60
82000	113257,50	2097,36	117046,20	1950,77	120907,40	1831,93	124840,10	1733,89
84000	116019,50	2148,51	119901,00	1998,35	123856,30	1876,61	127885,00	1776,18
86000	118782,20	2199,67	122755,80	2045,93	126805,10	1921,29	130929,80	1818,47
88000	121544,30	2250,82	125610,60	2093,51	129754,00	1965,97	133974,70	1860,76
90000	124306,90	2301,98	128465,40	2141,09	132702,90	2010,65	137018,90	1903,04
92000	127068,50	2353,12	131320,20	2188,67	135651,80	2055,33	140063,80	1945,33
94000	129831,70	2404,29	134175,00	2236,25	138600,70	2100,01	143108,60	1987,62
96000	123593,80	2455,44	137029,20	2283,82	141549,50	2144,69	146153,50	2029,91
98000	135356,40	2506,60	139883,40	2331,39	144498,40	2189,37	149198,40	2072,20
100000	138118,50	2557,75	142738,80	2378,98	147448,00	2234,06	152243,30	2114,49

	6 MOIS		12 MOIS		18 MOIS		24 MOIS	
Montant	Paiement Total	Paiement Mensuel	Paiement Total	Paiement Mensuel	Paiement Total	Paiement Mensuel	Paiement Total	Paiement Mensuel
1000	1045,68	174,28	1085,88	90,49	1127,16	62,62	1169,28	48,72
1500	1568,52	261,42	1628,88	135,74	1690,74	93,93	1753,92	73,08
2000	2091,36	348,56	2171,88	180,99	2254,32	125,24	2338,80	97,45
2500	2614,20	435,70	2714,88	226,24	2817,90	156,55	2923,44	121,81
3000	3137,04	522,84	3257,76	271,48	3381,48	187,86	3508,08	146,17
3500	3659,88	609,98	3800,76	316,73	3945,06	219,17	4092,96	170,54
4000	4182,78	697,13	4343,76	361,98	4508,64	250,48	4677,60	194,90
4500	4705,62	784,27	4886,64	407,22	5072,22	281,79	5262,24	219,26
5000	5228,46	871,41	5429,64	452,47	5635,80	313,10	5846,88	243,62
5500	5751,30	958,55	5972,64	497,72	6199,38	344,41	6431,52	267,98
6000	6274,08	1045,68	6515,52	542,96	6762,96	375,72	7016,40	292,35
6500	6796,92	1132,82	7058,52	588,21	7326,54	407,03	7601,04	316,71
7000	7319,82	1219,97	7601,52	633,46	7890,12	438,34	8185,68	341,07
7500	7842,66	1307,11	8144,52	678,71	8453,70	469,65	8770,32	365,43
8000	8365,50	1394,25	8687,40	723,95	9017,28	500,96	9355,20	389,80
8500	8888,34	1481,39	9230,40	769,20	9580,86	532,27	9939,84	414,16
9000	9411,18	1568,53	9773,40	814,45	10144,44	563,58	10524,48	438,52
9500	9934,02	1655,67	10316,28	859,69	10708,02	594,89	11109,12	462,88
10000	10456,86	1742,81	10859,28	904,94	11271,60	626,20	11693,76	487,24
11000	11502,60	1917,10	11945,28	995,44	12398,76	688,82	12863,04	535,96
12000	12548,22	2091,37	13031,16	1085,93	13525,92	751,44	14032,56	584,69
13000	13593,90	2265,65	14117,04	1176,42	14653,08	814,06	15202,08	633,42
14000	14639,64	2439,94	15203,04	1266,92	15780,24	876,68	16371,36	682,14
15000	15685,32	2614,22	16288,92	1357,41	16907,40	939,30	17540,88	730,87
16000	16731,00	2788,50	17374,92	1447,91	18034,56	1001,92	18710,16	779,59
17000	17776,68	2962,78	18460,80	1538,40	19161,72	1064,54	19879,44	828,31
18000	18822,36	3137,06	19546,68	1628,89	20288,88	1127,16	21048,96	877,02
19000	19868,10	3311,35	20632,68	1719,39	21416,04	1189,78	22218,24	925,76
20000	20913,78	3485,63	21718,56	1809,88	22543,20	1252,40	23387,76	974,49
21000	21959,46	3659,91	22804,56	1900,38	23670,36	1315,02	24557,04	1023,21
22000	23005,14	3834,19	23890,44	1990,87	24797,52	1377,64	25726,32	1071,93
23000	24050,82	4008,47	24976,32	2081,36	25924,68	1440,26	26895,84	1120,66
24000	25096,50	4182,75	26062,32	2171,86	27051,84	1502,88	28065,36	1169,39
25000	26142,12	4357,02	27148,20	2262,35	28179,00	1565,50	29234,64	1218,11
26000	27187,86	4531,31	28234,20	2352,85	29306,16	1628,12	30403,68	1266,82
27000	28233,60	4705,60	29320,08	2443,34	30433,32	1690,74	31573,44	1315,56
28000	29279,28	4879,88	30405,96	2533,83	31560,48	1753,36	32742,72	1364,28
29000	30324,96	5054,16	31491,96	2624,33	32687,64	1815,98	33912,24	1413,01
30000	31370,64	5228,44	32577,84	2714,82	33814,80	1878,60	35081,52	1461,73
31000	32416,32	5402,72	33663,84	2805,32	34941,96	1941,22	36251,04	1510,46
32000	33462,00	5577,00	34749,72	2895,81	36069,12	2003,84	37420,32	1559,18
33000	34507,74	5751,29	35835,60	2986,30	37196,28	2066,46	38589,60	1607,90
34000	35553,42	5925,57	36921,60	3076,80	38323,44	2129,08	39759,12	1656,63
35000	36599,10	6099,85	38007,48	3167,29	39450,60	2191,70	40928,40	1705,35
36000	37644,78	6274,13	39093,48	3257,79	40577,76	2254,32	42097,92	1754,08

	30 MOIS		36 MOIS		42 MOIS		48 MOIS	
Montant	Paiement Total	Paiement Mensuel	Paiement Total	Paiement Mensuel	Paiement Total	Paiement Mensuel	Paiement Total	Paiement Mensuel
1000	1212,30	40,41	1256,76	34,91	1302,00	31,00	1347,84	28,08
1500	1818,90	60,63	1885,32	52,37	1953,00	46,50	2022,24	42,13
2000	2424,90	80,83	2513,52	69,82	2604,00	62,00	2696,16	56,17
2500	3031,50	101,05	3142,08	87,28	3255,00	77,50	3370,08	70,21
3000	3637,80	121,26	3770,28	104,73	3906,00	93,00	4044,00	84,25
3500	4244,10	141,47	4398,84	122,19	4557,00	108,50	4718,40	98,30
4000	4850,10	161,67	5027,04	139,64	5207,58	123,99	5392,32	112,34
4500	5456,70	181,89	5655,60	157,10	5858,58	139,49	6066,24	126,38
5000	6063,00	202,10	6283,80	174,55	6509,58	154,99	6740,16	140,42
5500	6669,30	222,31	6912,36	192,01	7160,58	170,49	7414,56	154,47
6000	7275,60	242,52	7540,56	209,46	7811,58	185,99	8088,48	168,51
6500	7881,90	262,73	8169,12	226,92	8462,58	201,49	8762,40	182,55
7000	8488,20	282,94	8797,32	244,37	9113,58	216,99	9436,32	196,59
7500	9094,50	303,15	9425,52	261,82	9764,58	232,49	10110,72	210,64
8000	9700,50	323,35	10054,08	279,28	10415,58	247,99	10784,64	224,68
8500	10307,10	343,57	10682,64	296,74	11066,58	263,49	11458,56	238,72
9000	10913,40	363,78	11311,20	314,20	11717,58	278,99	12132,48	252,76
9500	11519,70	383,99	11939,40	331,65	12368,58	294,49	12806,88	266,81
10000	12126,00	404,20	12567,96	349,11	13019,58	309,99	13480,80	280,85
11000	13338,60	444,62	13824,72	384,02	14321,16	340,98	14828,64	308,93
12000	14551,20	485,04	15081,48	418,93	15623,16	371,96	16176,96	337,02
13000	15763,80	525,46	16338,24	453,84	16925,16	402,98	17524,80	365,10
14000	16976,40	565,88	17595,00	488,75	18227,16	433,98	18873,12	393,19
15000	18189,00	606,30	18851,40	523,65	19529,16	464,98	20220,96	421,27
16000	19401,30	646,71	20108,52	558,57	20831,16	495,98	21569,28	449,36
17000	20614,20	687,14	21365,28	593,48	22133,16	526,98	22917,12	477,44
18000	21826,80	727,56	22622,04	628,39	23435,16	557,98	24265,44	505,53
19000	23039,40	767,98	23878,80	663,30	24736,32	588,96	25613,28	533,61
20000	24252,00	808,40	25135,56	698,21	26038,32	619,96	26961,60	561,70
21000	25464,60	848,82	26392,32	733,12	27340,32	650,96	28309,44	589,78
22000	26676,90	889,23	27649,08	768,03	28642,74	681,97	29657,76	617,87
23000	27889,50	929,65	28905,84	802,94	29944,74	712,97	31005,60	645,95
24000	29102,10	970,07	30162,60	837,85	31246,74	743,97	32353,44	674,03
25000	30314,70	1010,49	31419,36	872,76	32548,74	774,97	33701,76	702,12
26000	31527,30	1050,91	32676,12	907,67	33850,32	805,96	35049,60	730,20
27000	32739,60	1091,32	33933,24	942,59	35152,32	836,96	36397,92	758,29
28000	33952,50	1131,75	35190,00	977,50	36454,32	867,96	37745,76	786,37
29000	35165,10	1172,17	36446,76	1012,41	37756,32	898,96	39094,08	814,46
30000	36377,70	1212,59	37703,17	1047,31	39058,32	929,96	40441,92	842,54
31000	37590,30	1253,01	38960,28	1082,23	40360,32	960,96	41790,24	870,63
32000	38802,90	1293,43	40217,04	1117,14	41662,32	991,96	43138,08	898,71
33000	40015,50	1333,85	41473,80	1152,05	42963,90	1022,95	44486,40	926,80
34000	41228,10	1374,27	42730,56	1186,96	44265,48	1053,94	45834,24	954,88
35000	42440,70	1414,69	43987,32	1221,87	45567,48	1084,94	47182,56	982,97
36000	43653,30	1455,11	45244,08	1256,78	46869,48	1115,94	48530,40	1011,05

147

INTÉRÊT DE **15,5 %**

	54 MOIS		60 MOIS		66 MOIS		72 MOIS	
Montant	Paiement Total	Paiement Mensuel	Paiement Total	Paiement Mensuel	Paiement Total	Paiement Mensuel	Paiement Total	Paiement Mensuel
1000	1395,36	25,84	1443,00	24,05	1492,26	22,61	1542,24	21,42
1500	2092,50	38,75	2164,80	36,08	2238,06	33,91	2313,36	32,13
2000	2790,18	51,67	2886,60	48,11	2984,52	45,22	3083,76	42,83
2500	3487,32	64,58	3607,80	60,13	3730,32	56,52	3854,88	53,54
3000	4185,54	77,51	4329,60	72,16	4476,78	67,83	4626,00	64,25
3500	4883,22	90,43	5051,40	84,19	5221,92	79,12	5397,12	74,96
4000	5580,36	103,34	5772,60	96,21	5968,38	90,43	6168,24	85,67
4500	6278,04	116,26	6494,40	108,24	6714,84	101,74	6939,36	96,38
5000	6975,18	129,17	7216,20	120,27	7460,64	113,04	7710,48	107,09
5500	7673,40	142,10	7936,80	132,28	8207,10	124,35	8481,60	117,80
6000	8371,08	155,02	8659,20	144,32	8952,24	135,64	9252,00	128,50
6500	9068,76	167,94	9381,00	156,35	9699,36	146,96	10023,12	139,21
7000	9765,90	180,85	10102,20	168,37	10444,50	158,25	10794,24	149,92
7500	10463,58	193,77	10824,00	180,40	11190,96	169,56	11565,36	160,63
8000	11161,26	206,69	11545,80	192,43	11937,42	180,87	12336,48	171,34
8500	11858,94	219,61	12267,00	204,45	12683,22	192,17	13107,60	182,05
9000	12556,62	232,53	12988,80	216,48	13429,68	203,48	13878,72	192,76
9500	13253,76	245,44	13710,00	228,50	14175,48	214,78	14649,84	203,47
10000	13950,90	258,35	14431,80	240,53	14921,28	226,08	15420,24	214,17
11000	15346,80	284,20	15874,20	264,57	16413,54	248,69	16962,48	235,59
12000	16741,62	310,03	17318,40	288,64	17905,14	271,29	18504,72	257,01
13000	18136,98	335,87	18761,40	312,69	19398,06	293,91	20046,96	278,43
14000	19532,34	361,71	20204,40	336,74	20889,66	316,51	21588,48	299,84
15000	20927,16	387,54	21648,00	360,80	22382,58	339,13	23130,72	321,26
16000	22322,52	413,38	23091,00	384,85	23874,84	361,74	24672,96	342,68
17000	23717,88	439,22	24534,00	408,90	25366,44	384,34	26215,20	364,10
18000	25112,70	465,05	25977,60	432,96	26858,70	406,95	27756,72	385,51
19000	26508,06	490,89	27420,60	457,01	28350,96	429,56	29298,96	406,93
20000	27902,34	516,71	28863,60	481,06	29843,22	452,17	30841,20	428,35
21000	29298,24	542,56	30307,20	505,12	31335,48	474,78	32383,44	449,77
22000	30693,60	568,40	31750,20	529,17	32827,74	497,39	33924,96	471,18
23000	32088,42	594,23	33192,60	553,21	34319,34	519,99	35467,20	492,60
24000	33483,78	620,07	34636,80	577,28	35810,94	542,59	37009,44	514,02
25000	34878,60	645,90	36079,80	601,33	37303,86	565,21	38551,68	535,44
26000	36273,96	671,74	37522,80	625,38	38796,12	587,82	40092,48	556,84
27000	37669,32	697,58	38965,80	649,43	40288,38	610,43	41635,44	578,27
28000	39064,14	723,41	40409,40	673,49	41779,98	633,03	43177,68	599,69
29000	40459,50	749,25	41852,40	697,54	43272,90	655,65	44719,92	621,11
30000	41854,86	775,09	43295,40	721,59	44764,50	678,25	46261,44	642,52
31000	43249,68	800,92	44739,00	745,65	46256,76	700,86	47803,68	663,94
32000	44645,04	826,76	46182,00	769,70	47749,02	723,47	49345,92	685,36
33000	46039,86	852,59	47625,00	793,75	49241,28	746,08	50888,17	706,78
34000	47435,22	878,43	49068,60	817,81	50733,54	768,69	52429,68	728,19
35000	48830,58	904,27	50511,60	841,86	52225,80	791,30	53971,92	749,61
36000	50225,40	930,10	51954,60	865,91	53717,40	813,90	55514,17	771,03

148

	6 MOIS		12 MOIS		18 MOIS		24 MOIS	
Montant	Paiement Total	Paiement Mensuel	Paiement Total	Paiement Mensuel	Paiement Total	Paiement Mensuel	Paiement Total	Paiement Mensuel
37000	38690,46	6448,41	40179,36	3348,28	41704,92	2316,94	43267,21	1802,80
38000	39736,14	6622,69	41265,36	3438,78	42832,08	2379,56	44436,72	1851,53
39000	40781,82	6796,97	42351,24	3529,27	43959,42	2442,19	45606,00	1900,25
40000	41827,56	6971,26	43437,12	3619,76	45086,58	2504,81	46775,52	1948,98
41000	42873,24	7145,54	44523,12	3710,26	46213,74	2567,43	47944,80	1997,70
42000	43918,92	7319,82	45609,00	3800,75	47340,90	2630,05	49114,08	2046,42
43000	44964,60	7494,10	46695,00	3891,25	48468,06	2692,67	50283,36	2095,14
44000	46010,28	7668,38	47780,88	3981,74	49595,22	2755,29	51452,89	2143,87
45000	47055,96	7842,66	48866,76	4072,23	50722,38	2817,91	52622,40	2192,60
46000	48101,64	8016,94	49952,76	4162,73	51849,54	2880,53	53791,68	2241,32
47000	49147,32	8191,22	51038,64	4253,22	52976,70	2943,15	54961,21	2290,05
48000	50193,06	8365,51	52124,64	4343,72	54103,86	3005,77	56130,48	2338,77
49000	51238,74	8539,79	53210,52	4434,21	55231,02	3068,39	57299,76	2387,49
50000	52284,42	8714,07	54296,40	4524,70	56358,18	3131,01	58469,28	2436,22
51000	53330,04	8888,34	55382,40	4615,20	57485,34	3193,63	59638,56	2484,94
52000	54375,78	9062,63	56468,28	4705,69	58612,50	3256,25	60808,08	2533,67
53000	55421,46	9236,91	57554,28	4796,19	59739,67	3318,87	61977,12	2582,38
54000	56467,14	9411,19	58640,17	4886,68	60866,82	3381,49	63146,89	2631,12
55000	57512,89	9585,48	59726,04	4977,17	61993,98	3444,11	64316,17	2679,84
56000	58558,56	9759,76	60812,04	5067,67	63121,14	3506,73	65485,68	2728,57
57000	59604,24	9934,04	61897,92	5158,16	64248,30	3569,35	66654,96	2777,29
58000	60649,92	10108,32	62983,92	5248,66	65375,46	3631,97	67824,25	2826,01
59000	61695,54	10282,59	64069,80	5339,15	66502,63	3694,59	68993,76	2874,74
60000	62741,28	10456,88	65155,80	5429,65	67629,78	3757,21	70163,04	2923,46
61000	63786,96	10631,16	66241,68	5520,14	68756,94	3819,83	71332,56	2972,19
62000	64832,71	10805,45	67327,56	5610,63	69884,10	3882,45	72501,84	3020,91
63000	66924,06	11154,01	66499,44	5791,62	72138,43	4007,69	74840,65	3118,36
66000	69015,43	11502,57	71671,32	5972,61	74392,75	4132,93	77179,44	3215,81
68000	71106,78	11851,13	73843,21	6153,60	76647,06	4258,17	79518,25	3313,26
70000	73198,21	12199,70	76015,08	6334,59	78901,38	4383,41	81857,04	3410,71
72000	75289,56	12548,26	78186,84	6515,57	81155,70	4508,65	84195,84	3508,16
74000	77380,93	12896,82	80358,72	6696,56	83410,03	4633,89	86534,41	3605,68
76000	79472,34	13245,39	82530,60	6877,55	85664,34	4759,13	88873,21	3703,05
78000	81563,71	13593,95	84702,49	7058,54	87918,66	4884,37	91212,00	3800,50
80000	83655,06	13942,51	86874,36	7239,53	90172,98	5009,61	93550,80	3897,95
82000	85746,42	14291,07	89046,24	7420,52	92427,31	5134,85	95889,59	3995,40
84000	87837,84	14639,64	91218,00	7601,50	94681,62	5260,09	98228,41	4092,85
86000	89929,21	14988,20	93389,88	7782,49	96935,94	5385,33	100567,00	4190,29
88000	92020,56	15336,76	95561,76	7963,48	99190,26	5510,57	102906,00	4287,75
90000	94111,92	15685,32	97733,64	8144,47	101444,60	5635,81	105244,60	4385,19
92000	96203,34	16033,89	99905,52	8325,46	103698,90	5761,05	107583,40	4482,64
94000	98294,71	16382,45	102077,30	8506,44	105953,20	5886,29	109922,20	4580,09
96000	100386,10	16731,01	104249,20	8687,43	108207,50	6011,53	112261,00	4677,54
98000	102477,50	17079,58	106421,00	8868,42	110461,90	6136,77	114599,80	4774,99
100000	104568,80	17428,14	108592,90	9049,41	112716,20	6262,01	116938,60	4872,44

INTÉRÊT DE **15,5 %**

Montant	30 MOIS Paiement Total	Paiement Mensuel	36 MOIS Paiement Total	Paiement Mensuel	42 MOIS Paiement Total	Paiement Mensuel	48 MOIS Paiement Total	Paiement Mensuel
37000	44865,90	1495,53	46500,48	1291,68	48171,48	1146,94	49878,72	1039,14
38000	46078,50	1535,95	47757,60	1326,60	49473,48	1177,94	51226,56	1067,22
39000	47291,10	1576,37	49014,36	1361,51	50775,48	1208,94	52574,89	1095,31
40000	48503,71	1616,79	50271,12	1396,42	52077,07	1239,93	53922,72	1123,39
41000	49716,30	1657,21	51527,88	1431,33	53379,07	1270,93	55271,04	1151,48
42000	50928,90	1697,63	52784,64	1466,24	54681,07	1301,93	56618,89	1179,56
43000	52141,50	1738,05	54041,40	1501,15	55983,48	1332,94	57967,21	1207,65
44000	53354,10	1778,47	55298,52	1536,07	57285,48	1363,94	59315,04	1235,73
45000	54566,70	1818,89	56555,28	1570,98	58587,48	1394,94	60662,89	1263,81
46000	55779,30	1859,31	57812,04	1605,89	59889,48	1425,94	62011,21	1291,90
47000	56991,90	1899,73	59068,80	1640,80	61191,48	1456,94	63359,04	1319,98
48000	58204,50	1940,15	60325,56	1675,71	62493,07	1487,93	64707,36	1348,07
49000	59417,10	1980,57	61582,32	1710,62	63795,07	1518,93	66055,21	1376,15
50000	60629,70	2020,99	62839,08	1745,53	65097,07	1549,93	67403,52	1404,24
51000	61842,00	2061,40	64095,84	1780,44	66399,06	1580,93	68751,36	1432,32
52000	63054,90	2101,83	65352,60	1815,35	67701,06	1611,93	70099,68	1460,41
53000	64267,50	2142,25	66609,36	1850,26	69003,06	1642,93	71447,52	1488,49
54000	65480,10	2182,67	67866,13	1885,17	70305,06	1673,93	72795,84	1516,58
55000	66692,71	2223,09	69122,88	1920,08	71606,65	1704,92	74143,68	1544,66
56000	67905,30	2263,51	70379,65	1954,99	72908,65	1735,92	75492,00	1572,75
57000	69117,90	2303,93	71636,40	1989,90	74210,65	1766,92	76839,84	1600,83
58000	70330,50	2344,35	72893,16	2024,81	75512,65	1797,92	78188,16	1628,92
59000	71543,10	2384,77	74149,93	2059,72	76814,65	1828,92	79536,00	1657,00
60000	72755,70	2425,19	75406,33	2094,62	78116,65	1859,92	80884,32	1685,09
61000	73968,31	2465,61	76663,44	2129,54	79418,65	1890,92	82232,16	1713,17
62000	75180,90	2506,03	77920,56	2164,46	80720,22	1921,91	83580,49	1741,26
64000	77606,10	2586,87	80434,08	2234,28	83324,22	1983,91	86276,64	1797,43
66000	80031,00	2667,70	82947,60	2304,10	85928,22	2045,91	88972,80	1853,60
68000	82456,21	2748,54	85461,12	2373,92	88531,80	2107,90	91668,49	1909,76
70000	84881,40	2829,38	87974,64	2443,74	91135,38	2169,89	94364,64	1965,93
72000	87306,60	2910,22	90488,16	2513,56	93739,38	2231,89	97060,80	2022,10
74000	89731,81	2991,06	93001,33	2583,37	96343,38	2293,89	99756,96	2078,27
76000	92157,00	3071,90	95515,19	2653,20	98946,96	2355,88	102453,10	2134,44
78000	94582,21	3152,74	98028,72	2723,02	101551,00	2417,88	105149,30	2190,61
80000	97007,41	3233,58	100542,60	2792,85	104155,00	2479,88	107845,40	2246,78
82000	99432,59	3314,42	103056,10	2862,67	106759,00	2541,88	110541,60	2302,95
84000	101857,80	3395,26	105569,60	2932,49	109362,60	2603,87	113237,80	2359,12
86000	104283,00	3476,10	108083,20	3002,31	111967,00	2665,88	115933,90	2415,29
88000	106708,20	3556,94	110596,70	3072,13	114571,00	2727,88	118630,10	2471,46
90000	109133,40	3637,78	113110,20	3141,95	117175,00	2789,88	121325,80	2527,62
92000	111558,60	3718,62	115623,70	3211,77	119778,60	2851,87	124022,40	2583,80
94000	113983,80	3799,46	118137,20	3281,59	122382,60	2913,87	126718,60	2639,97
96000	116409,00	3880,30	120651,10	3351,42	124986,60	2975,87	129414,70	2696,14
98000	118834,20	3961,14	123164,60	3421,24	127590,10	3037,86	132110,90	2752,31
100000	121259,40	4041,98	125678,20	3491,06	130194,10	3099,86	134807,00	2808,48

150

Montant	54 MOIS Paiement Total	Paiement Mensuel	60 MOIS Paiement Total	Paiement Mensuel	66 MOIS Paiement Total	Paiement Mensuel	72 MOIS Paiement Total	Paiement Mensuel
37000	51620,76	955,94	53398,20	889,97	55209,66	836,51	57056,40	792,45
38000	53016,12	981,78	54841,21	914,02	56701,92	859,12	58597,92	813,86
39000	54410,94	1007,61	56284,20	938,07	58194,18	881,73	60140,17	835,28
40000	55805,76	1033,44	57727,80	962,13	59686,44	904,34	61682,40	856,70
41000	57201,12	1059,28	59170,80	986,18	61178,70	926,95	63223,92	878,11
42000	58596,48	1085,12	60613,80	1010,23	62670,96	949,56	64766,17	899,53
43000	59991,84	1110,96	62056,80	1034,28	64162,56	972,16	66308,40	920,95
44000	61386,67	1136,79	63500,40	1058,34	65654,82	994,77	67850,65	942,37
45000	62782,02	1162,63	64943,40	1082,39	67147,08	1017,38	69392,16	963,78
46000	64176,84	1188,46	66385,81	1106,43	68639,34	1039,99	70934,40	985,20
47000	65572,21	1214,30	67830,00	1130,50	70131,60	1062,60	72476,65	1006,62
48000	66967,56	1240,14	69273,00	1154,55	71623,86	1085,21	74018,88	1028,04
49000	68362,38	1265,97	70716,00	1178,60	73115,46	1107,81	75559,68	1049,44
50000	69757,75	1291,81	72159,60	1202,66	74607,72	1130,42	77102,65	1070,87
51000	71153,10	1317,65	73602,60	1226,71	76099,99	1153,03	78644,88	1092,29
52000	72547,93	1343,48	75045,60	1250,76	77592,25	1175,64	80187,12	1113,71
53000	73943,28	1369,32	76488,60	1274,81	79084,50	1198,25	81728,65	1135,12
54000	75338,10	1395,15	77932,21	1298,87	80576,76	1220,86	83270,88	1156,54
55000	76733,46	1420,99	79375,21	1322,92	82069,02	1243,47	84813,12	1177,96
56000	78128,82	1446,83	80818,80	1346,98	83559,96	1266,06	86355,36	1199,38
57000	79523,65	1472,66	82261,81	1371,03	85052,88	1288,68	87896,88	1220,79
58000	80919,00	1498,50	83704,80	1395,08	86545,14	1311,29	89439,12	1242,21
59000	82314,36	1524,34	85147,80	1419,13	88037,40	1333,90	90981,36	1263,63
60000	83709,18	1550,17	86591,40	1443,19	89529,66	1356,51	92523,60	1285,05
61000	85104,54	1576,01	88034,40	1467,24	91021,92	1379,12	94065,12	1306,46
62000	86499,36	1601,84	89477,41	1491,29	92513,52	1401,72	95607,36	1327,88
64000	89290,08	1653,52	92364,00	1539,40	95498,04	1446,94	98691,84	1370,72
66000	92080,26	1705,19	95250,60	1587,51	98482,56	1492,16	101775,60	1413,55
68000	94870,44	1756,86	98136,60	1635,61	101467,10	1537,38	104860,10	1456,39
70000	97660,62	1808,53	101023,20	1683,72	104450,90	1582,59	107943,80	1499,22
72000	100451,30	1860,21	103909,80	1731,83	107435,50	1627,81	111028,30	1542,06
74000	103241,50	1911,88	106795,80	1779,93	110420,00	1673,03	114112,10	1584,89
76000	106031,70	1963,55	109682,40	1828,04	113403,80	1718,24	117196,60	1627,73
78000	108821,90	2015,22	112568,40	1876,14	116388,40	1763,46	120280,30	1670,56
80000	111612,10	2066,89	115455,00	1924,25	119372,90	1808,68	123364,10	1713,39
82000	114402,80	2118,57	118341,60	1972,36	122356,70	1853,89	126448,60	1756,23
84000	117193,00	2170,24	121227,60	2020,46	125341,30	1899,11	129532,30	1799,06
86000	119982,60	2221,90	124114,20	2068,57	128325,80	1944,33	132616,80	1841,90
88000	122773,30	2273,58	127000,80	2116,68	131309,60	1989,54	135700,60	1884,73
90000	125564,00	2325,26	129886,80	2164,78	134294,20	2034,76	138785,00	1927,57
92000	128354,20	2376,93	132772,80	2212,88	137278,70	2079,98	141868,80	1970,40
94000	131144,40	2428,60	135659,40	2260,99	140263,20	2125,20	144953,30	2013,24
96000	133934,60	2480,27	138546,00	2309,10	143246,40	2170,40	148037,10	2056,07
98000	136725,30	2531,95	141432,60	2357,21	146230,90	2215,62	151120,80	2098,90
100000	139515,50	2583,62	144318,60	2405,31	149216,10	2260,85	154205,30	2141,74

INTÉRÊT DE **16 %**

	6 MOIS		**12** MOIS		**18** MOIS		**24** MOIS	
Montant	Paiement Total	Paiement Mensuel	Paiement Total	Paiement Mensuel	Paiement Total	Paiement Mensuel	Paiement Total	Paiement Mensuel
1000	1047,18	174,53	1088,76	90,73	1131,48	62,86	1175,04	48,96
1500	1570,74	261,79	1633,20	136,10	1697,04	94,28	1762,56	73,44
2000	2094,36	349,06	2177,52	181,46	2262,78	125,71	2350,32	97,93
2500	2617,98	436,33	2721,96	226,83	2828,52	157,14	2937,84	122,41
3000	3141,54	523,59	3266,28	272,19	3394,26	188,57	3525,36	146,89
3500	3665,16	610,86	3810,72	317,56	3960,00	220,00	4112,88	171,37
4000	4188,72	698,12	4355,04	362,92	4525,74	251,43	4700,40	195,85
4500	4712,34	785,39	4899,48	408,29	5091,30	282,85	5287,92	220,33
5000	5235,90	872,65	5443,92	453,66	5657,04	314,28	5875,68	244,82
5500	5759,52	959,92	5988,24	499,02	6222,78	345,71	6462,96	269,29
6000	6283,08	1047,18	6532,68	544,39	6788,52	377,14	7050,72	293,78
6500	6806,64	1134,44	7077,00	589,75	7354,26	408,57	7638,24	318,26
7000	7330,32	1221,72	7621,44	635,12	7920,00	440,00	8225,76	342,74
7500	7853,88	1308,98	8165,76	680,48	8485,56	471,42	8813,28	367,22
8000	8377,50	1396,25	8710,20	725,85	9051,30	502,85	9401,04	391,71
8500	8901,06	1483,51	9254,52	771,21	9617,04	534,28	9988,56	416,19
9000	9424,68	1570,78	9798,96	816,58	10182,78	565,71	10576,08	440,67
9500	9948,24	1658,04	10343,40	861,95	10748,52	597,14	11163,60	465,15
10000	10471,86	1745,31	10887,72	907,31	11314,26	628,57	11751,12	489,63
11000	11519,04	1919,84	11976,48	998,04	12445,56	691,42	12926,16	538,59
12000	12566,22	2094,37	13065,24	1088,77	13577,04	754,28	14101,44	587,56
13000	13613,34	2268,89	14154,00	1179,50	14708,52	817,14	15276,48	636,52
14000	14660,58	2443,43	15242,88	1270,24	15839,82	879,99	16451,76	685,49
15000	15707,76	2617,96	16331,64	1360,97	16971,30	942,85	17626,80	734,45
16000	16754,94	2792,49	17420,40	1451,70	18102,78	1005,71	18801,84	783,41
17000	17802,12	2967,02	18509,16	1542,43	19234,08	1068,56	19976,88	832,37
18000	18849,30	3141,55	19597,92	1633,16	20365,56	1131,42	21152,16	881,34
19000	19896,48	3316,08	20686,68	1723,89	21497,04	1194,28	22327,20	930,30
20000	20943,66	3490,61	21775,44	1814,62	22628,34	1257,13	23502,24	979,26
21000	21990,90	3665,15	22864,20	1905,35	23759,82	1319,99	24677,52	1028,23
22000	23038,08	3839,68	23952,96	1996,08	24891,12	1382,84	25852,32	1077,18
23000	24085,26	4014,21	25041,72	2086,81	26022,60	1445,70	27027,60	1126,15
24000	25132,44	4188,74	26130,60	2177,55	27154,08	1508,56	28202,88	1175,12
25000	26179,62	4363,27	27219,36	2268,28	28285,38	1571,41	29377,68	1224,07
26000	27226,74	4537,79	28308,12	2359,01	29416,86	1634,27	30552,96	1273,04
27000	28273,98	4712,33	29396,88	2449,74	30548,34	1697,13	31728,24	1322,01
28000	29321,16	4886,86	30485,64	2540,47	31679,64	1759,98	32903,28	1370,97
29000	30368,34	5061,39	31574,40	2631,20	32811,12	1822,84	34078,32	1419,93
30000	31415,52	5235,92	32663,16	2721,93	33942,60	1885,70	35253,60	1468,90
31000	32462,70	5410,45	33751,92	2812,66	35073,90	1948,55	36428,64	1517,86
32000	33509,88	5584,98	34840,68	2903,39	36205,38	2011,41	37603,68	1566,82
33000	34557,06	5759,51	35929,56	2994,13	37336,86	2074,27	38778,96	1615,79
34000	35604,30	5934,05	37018,32	3084,86	38468,17	2137,12	39954,00	1664,75
35000	36651,48	6108,58	38107,08	3175,59	39599,64	2199,98	41129,04	1713,71
36000	37698,66	6283,11	39195,84	3266,32	40731,12	2262,84	42304,32	1762,68

Montant	30 MOIS Paiement Total	Paiement Mensuel	36 MOIS Paiement Total	Paiement Mensuel	42 MOIS Paiement Total	Paiement Mensuel	48 MOIS Paiement Total	Paiement Mensuel
1000	1219,80	40,66	1265,76	35,16	1312,50	31,25	1360,32	28,34
1500	1829,70	60,99	1898,64	52,74	1968,54	46,87	2040,48	42,51
2000	2439,60	81,32	2531,16	70,31	2625,00	62,50	2720,64	56,68
2500	3049,80	101,66	3164,04	87,89	3281,04	78,12	3400,80	70,85
3000	3659,70	121,99	3796,92	105,47	3937,50	93,75	4080,96	85,02
3500	4269,60	142,32	4429,80	123,05	4593,54	109,37	4761,12	99,19
4000	4879,20	162,64	5062,68	140,63	5250,00	125,00	5441,28	113,36
4500	5489,40	182,98	5695,56	158,21	5906,04	140,62	6121,44	127,53
5000	6099,30	203,31	6328,44	175,79	6562,50	156,25	6801,60	141,70
5500	6709,20	223,64	6960,96	193,36	7218,54	171,87	7481,76	155,87
6000	7319,10	243,97	7593,84	210,94	7875,00	187,50	8161,92	170,04
6500	7928,70	264,29	8226,72	228,52	8531,04	203,12	8842,08	184,21
7000	8539,20	284,64	8859,60	246,10	9187,50	218,75	9522,24	198,38
7500	9149,10	304,97	9492,48	263,68	9843,54	234,37	10202,40	212,55
8000	9758,70	325,29	10125,36	281,26	10500,00	250,00	10882,56	226,72
8500	10368,90	345,63	10758,24	298,84	11156,04	265,62	11562,72	240,89
9000	10978,80	365,96	11390,76	316,41	11812,50	281,25	12242,88	255,06
9500	11588,70	386,29	12023,64	333,99	12468,54	296,87	12923,04	269,23
10000	12198,60	406,62	12656,52	351,57	13125,00	312,50	13603,20	283,40
11000	13418,40	447,28	13922,28	386,73	14437,50	343,75	14963,52	311,74
12000	14638,50	487,95	15188,04	421,89	15750,00	375,00	16323,84	340,08
13000	15858,30	528,61	16453,44	457,04	17062,08	406,24	17684,16	368,42
14000	17078,10	569,27	17719,20	492,20	18374,58	437,49	19044,48	396,76
15000	18297,90	609,93	18984,96	527,36	19687,08	468,74	20405,28	425,11
16000	19517,70	650,59	20250,36	562,51	20999,58	499,99	21765,60	453,45
17000	20737,80	691,26	21516,12	597,67	22312,08	531,24	23125,92	481,79
18000	21957,60	731,92	22781,88	632,83	23624,58	562,49	24486,24	510,13
19000	23177,40	772,58	24047,64	667,99	24937,08	593,74	25846,08	538,46
20000	24397,20	813,24	25313,04	703,14	26249,58	624,99	27206,88	566,81
21000	25617,30	853,91	26578,80	738,30	27562,08	656,24	28567,20	595,15
22000	26837,10	894,57	27844,56	773,46	28874,58	687,49	29927,52	623,49
23000	28056,90	935,23	29109,96	808,61	30187,08	718,74	31287,84	651,83
24000	29276,70	975,89	30375,72	843,77	31499,58	749,99	32648,16	680,17
25000	30496,50	1016,55	31641,48	878,93	32812,08	781,24	34008,48	708,51
26000	31716,60	1057,22	32906,88	914,08	34124,58	812,49	35368,80	736,85
27000	32936,40	1097,88	34172,64	949,24	35437,08	843,74	36729,12	765,19
28000	34156,20	1138,54	35438,40	984,40	36749,58	874,99	38089,44	793,53
29000	35375,70	1179,19	36704,16	1019,56	38062,08	906,24	39449,76	821,87
30000	36596,10	1219,87	37969,56	1054,71	39374,58	937,49	40810,08	850,21
31000	37815,90	1260,53	39235,32	1089,87	40687,08	968,74	42170,40	878,55
32000	39035,40	1301,18	40501,08	1125,03	41999,58	999,99	43530,72	906,89
33000	40255,50	1341,85	41766,48	1160,18	43312,08	1031,24	44891,04	935,23
34000	41475,30	1382,51	43032,24	1195,34	44624,58	1062,49	46251,36	963,57
35000	42695,40	1423,18	44298,00	1230,50	45937,08	1093,74	47611,68	991,91
36000	43915,20	1463,84	45563,76	1265,66	47249,58	1124,99	48972,00	1020,25

INTÉRÊT DE **16 %**

	54 MOIS		**60** MOIS		**66** MOIS		**72** MOIS	
Montant	Paiement Total	Paiement Mensuel	Paiement Total	Paiement Mensuel	Paiement Total	Paiement Mensuel	Paiement Total	Paiement Mensuel
1000	1409,40	26,10	1459,20	24,32	1510,08	22,88	1561,68	21,69
1500	2113,56	39,14	2188,80	36,48	2265,12	34,32	2342,88	32,54
2000	2818,26	52,19	2918,40	48,64	3020,16	45,76	3123,36	43,38
2500	3522,96	65,24	3648,00	60,80	3775,20	57,20	3904,56	54,23
3000	2227,66	78,29	4376,40	72,94	4528,92	68,62	4685,76	65,08
3500	4932,36	91,34	5106,60	85,11	5284,62	80,07	5466,24	75,92
4000	5637,06	104,39	5836,80	97,27	6039,66	91,51	6247,44	86,77
4500	6341,22	117,43	6565,80	109,43	6794,70	102,95	7027,92	97,61
5000	7045,92	130,48	7295,40	121,59	7549,74	114,39	7809,12	108,46
5500	7750,62	143,53	8025,00	133,75	8304,78	125,83	8590,32	119,31
6000	8455,32	156,58	8754,60	145,91	9059,82	137,27	9370,08	130,14
6500	9160,02	169,63	9484,20	158,07	9814,86	148,71	10152,00	141,00
7000	9864,72	182,68	10213,80	170,23	10569,24	160,14	10932,48	151,84
7500	10568,88	195,72	10943,40	182,39	11324,94	171,59	11713,68	162,69
8000	11273,58	208,77	11672,40	194,54	12079,98	183,03	12494,88	173,54
8500	11978,28	221,82	12402,00	206,70	12834,36	194,46	13275,36	184,38
9000	12682,98	234,87	13131,60	218,86	13589,40	205,90	14056,56	195,23
9500	13387,68	247,92	13861,20	231,02	14344,44	217,34	14837,04	206,07
10000	14091,84	260,96	14590,80	243,18	15099,48	228,78	15618,24	216,92
11000	15501,24	287,06	16050,00	267,50	16609,56	251,66	17179,92	238,61
12000	16910,64	313,16	17509,20	291,82	18119,64	274,54	18740,88	260,29
13000	18319,50	339,25	18968,40	316,14	19629,72	297,42	20303,28	281,99
14000	19728,90	365,35	20427,00	340,45	21139,14	320,29	21865,68	303,69
15000	21138,30	391,45	21886,20	364,77	22649,22	343,17	23427,36	325,38
16000	22547,16	417,54	23345,40	389,09	24159,30	366,05	24989,04	347,07
17000	23956,56	443,64	24804,60	413,41	25669,38	388,93	26550,72	368,76
18000	25365,96	469,74	26263,80	437,73	27179,46	411,81	28112,40	390,45
19000	26774,82	495,83	27722,40	462,04	28689,54	434,69	29674,80	412,15
20000	28184,22	521,93	29181,60	486,36	30196,96	457,56	31236,48	433,84
21000	29593,62	548,03	30640,80	510,68	31709,04	480,44	32798,16	455,53
22000	31002,48	574,12	32100,00	535,00	33219,12	503,32	34359,84	477,22
23000	32411,34	600,21	33559,20	559,32	34729,20	526,20	35921,52	498,91
24000	33820,74	626,31	35017,80	583,63	36239,28	549,08	37483,92	520,61
25000	35229,60	652,40	36477,00	607,95	37748,70	571,95	39045,60	542,30
26000	36639,54	678,51	37936,20	632,27	39258,78	594,83	40607,28	563,99
27000	38048,40	704,60	39395,40	656,59	40768,86	617,71	42168,96	585,68
28000	39457,80	730,70	40854,60	680,91	42278,94	640,59	43730,64	607,37
29000	40867,20	756,80	42313,20	705,22	43789,02	663,47	45292,32	629,06
30000	42276,07	782,89	43772,40	729,54	45299,10	686,35	46854,72	650,76
31000	43685,46	808,99	45231,60	753,86	46808,52	709,22	48416,40	672,45
32000	45094,86	835,09	46690,80	778,18	48318,60	732,10	49978,08	694,14
33000	46503,72	861,18	48150,00	802,50	49828,68	754,98	51539,76	715,83
34000	47913,12	887,28	49609,20	826,82	51338,76	777,86	53101,44	737,52
35000	49322,52	913,38	51067,80	851,13	52848,84	800,74	54663,84	759,22
36000	50731,38	939,47	52527,00	875,45	54358,26	823,61	56225,52	780,91

Montant	6 MOIS Paiement Total	6 MOIS Paiement Mensuel	12 MOIS Paiement Total	12 MOIS Paiement Mensuel	18 MOIS Paiement Total	18 MOIS Paiement Mensuel	24 MOIS Paiement Total	24 MOIS Paiement Mensuel
37000	38745,84	6457,64	40284,60	3357,05	41862,42	2325,69	43479,36	1811,64
38000	39793,02	6632,17	41373,36	3447,78	42993,90	2388,55	44654,40	1860,60
39000	40840,20	6806,70	42462,12	3538,51	44125,20	2451,40	45829,68	1909,57
40000	41887,38	6981,23	43550,88	3629,24	45256,68	2514,26	47004,72	1958,53
41000	42934,56	7155,76	44639,64	3719,97	46388,17	2577,12	48179,76	2007,49
42000	43981,74	7330,29	45728,52	3810,71	47519,64	2639,98	49355,04	2056,46
43000	45028,92	7504,82	46817,28	3901,44	48650,94	2702,83	50530,08	2105,42
44000	46076,10	7679,35	47906,04	3992,17	49782,42	2765,69	51704,89	2154,37
45000	47123,28	7853,88	48994,80	4082,90	50913,90	2828,55	52880,40	2203,35
46000	48170,46	8028,41	50083,56	4173,63	52045,20	2891,40	54055,44	2252,31
47000	49217,64	8202,94	51172,32	4264,36	53176,68	2954,26	55230,48	2301,27
48000	50264,89	8377,48	52261,08	4355,09	54308,17	3017,12	56405,52	2350,23
49000	51312,06	8552,01	53349,72	4445,81	55439,46	3079,97	57580,80	2399,20
50000	52359,24	8726,54	54438,48	4536,54	56570,94	3142,83	58755,60	2448,15
51000	53406,42	8901,07	55527,48	4627,29	57702,42	3205,69	59930,89	2497,12
52000	54453,54	9075,59	56616,24	4718,02	58833,72	3268,54	61106,17	2546,09
53000	55500,78	9250,13	57705,00	4808,75	59965,20	3331,40	62281,21	2595,05
54000	56547,96	9424,66	58793,76	4899,48	61096,68	3394,26	63456,24	2644,01
55000	57595,14	9599,19	59882,52	4990,21	62227,98	3457,11	64631,52	2692,98
56000	58642,32	9773,72	60971,28	5080,94	63359,46	3519,97	65806,56	2741,94
57000	59689,50	9948,25	62060,04	5171,67	64490,94	3582,83	66981,60	2790,90
58000	60736,68	10122,78	63148,80	5262,40	65622,24	3645,68	68156,88	2839,87
59000	61783,80	10297,30	64237,56	5353,13	66753,72	3708,54	69331,93	2888,83
60000	62831,04	10471,84	65326,44	5443,87	67885,20	3771,40	70506,96	2937,79
61000	63878,28	10646,38	66415,21	5534,60	69016,50	3834,25	71682,25	2986,76
62000	64925,46	10820,91	67503,96	5625,33	70147,99	3897,11	72857,28	3035,72
64000	67019,82	11169,97	69681,49	5806,79	72410,76	4022,82	75207,60	3133,65
66000	69114,18	11519,03	71859,00	5988,25	74673,36	4148,52	77557,68	3231,57
68000	71208,54	11868,09	74036,52	6169,71	76936,50	4274,25	79908,00	3329,50
70000	73302,91	12217,15	76214,16	6351,18	79199,28	4399,96	82258,32	3427,43
72000	75397,26	12566,21	78391,68	6532,64	81462,06	4525,67	84608,41	3525,35
74000	77491,62	12915,27	80569,21	6714,10	83725,03	4651,39	86958,72	3623,28
76000	79586,04	13264,34	82746,72	6895,56	85987,81	4777,10	89309,04	3721,21
78000	81680,41	13613,40	84924,24	7077,02	88250,58	4902,81	91659,12	3819,13
80000	83774,76	13962,46	87101,88	7258,49	90513,36	5028,52	94009,44	3917,06
82000	85869,12	14311,52	89279,41	7439,95	92776,33	5154,24	96359,92	4014,98
84000	87963,49	14660,58	91456,92	7621,41	95039,10	5279,95	98709,84	4112,91
86000	90057,84	15009,64	93634,44	7802,87	97302,06	5405,67	101060,20	4210,84
88000	92152,26	15358,71	95812,08	7984,34	99564,84	5531,38	103410,00	4308,75
90000	94246,62	15707,77	97989,59	8165,80	101827,60	5657,09	105760,60	4406,69
92000	96340,99	16056,83	100167,10	8347,26	104090,60	5782,81	108110,90	4504,62
94000	98435,34	16405,89	102344,60	8528,72	106353,40	5908,52	110461,00	4602,54
96000	100529,60	16754,94	104522,20	8710,18	108616,10	6034,23	112811,30	4700,47
98000	102624,10	17104,01	106699,80	8891,65	110879,10	6159,95	115161,60	4798,40
100000	104718,50	17453,08	108877,30	9073,11	113141,90	6285,66	117511,40	4896,31

INTÉRÊT DE **16 %**

Montant	30 MOIS Paiement Total	30 MOIS Paiement Mensuel	36 MOIS Paiement Total	36 MOIS Paiement Mensuel	42 MOIS Paiement Total	42 MOIS Paiement Mensuel	48 MOIS Paiement Total	48 MOIS Paiement Mensuel
37000	45135,00	1504,50	46829,17	1300,81	48561,66	1156,23	50332,32	1048,59
38000	46354,80	1545,16	48094,92	1335,97	49874,16	1187,48	51692,64	1076,93
39000	47574,60	1585,82	49360,68	1371,13	51186,66	1218,73	53052,96	1105,27
40000	48794,70	1626,49	50626,08	1406,28	52499,16	1249,98	54413,28	1133,61
41000	50014,50	1667,15	51891,84	1441,44	53811,66	1281,23	55773,12	1161,94
42000	51234,30	1707,81	53157,60	1476,60	55124,16	1312,48	57133,92	1190,29
43000	52454,10	1748,47	54423,36	1511,76	56436,66	1343,73	58494,24	1218,63
44000	53674,20	1789,14	55688,76	1546,91	57749,16	1374,98	59854,56	1246,97
45000	54894,00	1829,80	56954,52	1582,07	59061,66	1406,23	61214,89	1275,31
46000	56113,80	1870,46	58220,28	1617,23	60374,16	1437,48	62575,68	1303,66
47000	57333,60	1911,12	59485,68	1652,38	61686,66	1468,73	63936,00	1332,00
48000	58553,40	1951,78	60751,44	1687,54	62999,16	1499,98	65296,32	1360,34
49000	59773,50	1992,45	62017,20	1722,70	64311,66	1531,23	66656,65	1388,68
50000	60993,30	2033,11	63282,96	1757,86	65624,16	1562,48	68016,96	1417,02
51000	62213,10	2073,77	64548,36	1793,01	66936,66	1593,73	69377,28	1445,36
52000	63432,90	2114,43	65814,13	1828,17	68249,16	1624,98	70737,60	1473,70
53000	64653,01	2155,10	67079,88	1863,33	69561,66	1656,23	72097,93	1502,04
54000	65872,80	2195,76	68345,28	1898,48	70874,16	1687,48	73458,25	1530,38
55000	67092,60	2236,42	69611,04	1933,64	72186,66	1718,73	74818,56	1558,72
56000	68312,41	2277,08	70876,81	1968,80	73499,16	1749,98	76178,88	1587,06
57000	69532,21	2317,74	72142,56	2003,96	74811,66	1781,23	77539,21	1615,40
58000	70752,00	2358,40	73407,96	2039,11	76124,16	1812,48	78899,52	1643,74
59000	71972,10	2399,07	74673,72	2074,27	77436,66	1843,73	80259,84	1672,08
60000	73191,90	2439,73	75939,48	2109,43	78748,74	1874,97	81620,16	1700,42
61000	74411,40	2480,38	77204,88	2144,58	80061,24	1906,22	82980,49	1728,76
62000	75631,50	2521,05	78470,65	2179,74	81373,74	1937,47	84340,80	1757,10
64000	78071,10	2602,37	81001,81	2250,05	83998,74	1999,97	87061,44	1813,78
66000	80511,00	2683,70	83533,33	2320,37	86623,74	2062,47	89782,08	1870,46
68000	82950,90	2765,03	86064,48	2390,68	89248,74	2124,97	92502,72	1927,14
70000	85390,50	2846,35	88596,00	2461,00	91873,74	2187,47	95223,36	1983,82
72000	87830,40	2927,68	91127,16	2531,31	94498,74	2249,97	97944,00	2040,50
74000	90270,00	3009,00	93658,33	2601,62	97123,74	2312,47	100665,10	2097,19
76000	92709,91	3090,33	96189,84	2671,94	99748,74	2374,97	103385,80	2153,87
78000	95149,50	3171,65	98721,00	2742,25	102373,70	2437,47	106106,40	2210,55
80000	97589,10	3252,97	101252,50	2812,57	104998,70	2499,97	108827,00	2267,23
82000	100029,00	3334,30	103783,70	2882,88	107623,70	2562,47	111547,20	2323,90
84000	102468,60	3415,62	106315,20	2953,20	110248,30	2624,96	114268,30	2380,59
86000	104908,50	3496,95	108846,40	3023,51	112873,30	2687,46	116989,00	2437,27
88000	107348,10	3578,27	111377,90	3093,83	115498,30	2749,96	119709,60	2493,95
90000	109788,00	3659,60	113909,00	3164,14	118123,30	2812,46	122429,80	2550,62
92000	112227,60	3740,92	116440,20	3234,45	120748,30	2874,96	125150,90	2607,31
94000	114667,20	3822,24	118971,70	3304,77	123373,30	2937,46	127871,50	2663,99
96000	117107,10	3903,57	121502,90	3375,08	125998,30	2999,96	130592,20	2720,67
98000	119546,70	3984,89	124034,40	3445,40	128623,30	3062,46	133312,80	2777,35
100000	121986,60	4066,22	126565,60	3515,71	131248,30	3124,96	136033,40	2834,03

156

	54 MOIS		60 MOIS		66 MOIS		72 MOIS	
Montant	Paiement Total	Paiement Mensuel	Paiement Total	Paiement Mensuel	Paiement Total	Paiement Mensuel	Paiement Total	Paiement Mensuel
37000	52140,78	965,57	53986,21	899,77	55868,34	846,49	57787,20	802,60
38000	53549,64	991,66	55445,40	924,09	57378,42	869,37	59348,88	824,29
39000	54959,04	1017,76	56904,60	948,41	58888,50	892,25	60910,56	845,98
40000	56368,44	1043,86	58363,20	972,72	60398,58	915,13	62472,96	867,68
41000	57776,76	1069,94	59822,40	997,04	61908,66	938,01	64034,64	889,37
42000	59186,71	1096,05	61281,60	1021,36	63418,08	960,88	65596,32	911,06
43000	60596,10	1122,15	62740,81	1045,68	64928,16	983,76	67158,00	932,75
44000	62004,96	1148,24	64200,00	1070,00	66438,25	1006,64	68719,68	954,44
45000	63414,36	1174,34	65658,60	1094,31	67948,32	1029,52	70281,36	976,13
46000	64823,23	1200,43	67117,80	1118,63	69458,40	1052,40	71843,76	997,83
47000	66232,63	1226,53	68576,40	1142,94	70967,82	1075,27	73405,44	1019,52
48000	67642,02	1252,63	70036,21	1167,27	72477,90	1098,15	74967,12	1041,21
49000	69051,43	1278,73	71495,40	1191,59	73987,99	1121,03	76528,81	1062,90
50000	70459,75	1304,81	72954,60	1215,91	75498,06	1143,91	78090,48	1084,59
51000	71869,68	1330,92	74413,20	1240,22	77008,15	1166,79	79652,88	1106,29
52000	73278,54	1357,01	75872,41	1264,54	78518,22	1189,67	81214,56	1127,98
53000	74687,94	1383,11	77331,60	1288,86	80027,65	1212,54	82776,25	1149,67
54000	76097,34	1409,21	78790,81	1313,18	81537,72	1235,42	84337,92	1171,36
55000	77506,21	1435,30	80250,00	1337,50	83047,81	1258,30	85899,60	1193,05
56000	78915,60	1461,40	81708,60	1361,81	84557,88	1281,18	87462,00	1214,75
57000	80325,00	1487,50	83167,80	1386,13	86067,96	1304,06	89022,96	1236,43
58000	81733,86	1513,59	84627,00	1410,45	87577,38	1326,93	90585,36	1258,13
59000	83143,26	1539,69	86086,21	1434,77	89087,46	1349,81	92146,33	1279,81
60000	84552,66	1565,79	87545,40	1459,09	90597,54	1372,69	93708,72	1301,51
61000	85961,52	1591,88	89004,00	1483,40	92107,62	1395,57	95270,40	1323,20
62000	87370,92	1617,98	90463,19	1507,72	93617,69	1418,45	96832,81	1344,90
63000	90189,18	1670,17	93381,60	1556,36	96637,19	1464,20	99956,16	1388,28
64000	93007,44	1722,36	96299,40	1604,99	99657,36	1509,96	103079,50	1431,66
68000	95826,24	1774,56	99217,80	1653,63	102677,50	1555,72	106203,60	1475,05
70000	98644,50	1826,75	102136,20	1702,27	105697,00	1601,47	109327,00	1518,43
72000	101462,80	1878,94	105054,00	1750,90	108717,20	1647,23	112451,00	1561,82
74000	104281,60	1931,14	107972,40	1799,54	111737,30	1692,99	115574,40	1605,20
76000	107099,80	1983,33	110890,80	1848,18	114756,80	1738,74	118697,80	1648,58
78000	109918,10	2035,52	113808,60	1896,81	117777,00	1784,50	121821,80	1691,97
80000	112736,90	2087,72	116727,00	1945,45	120796,50	1830,25	124945,20	1735,35
82000	115554,60	2139,90	119644,80	1994,08	123816,70	1876,01	128068,60	1778,73
84000	118373,40	2192,10	122563,20	2042,72	126836,80	1921,77	131192,60	1822,12
86000	121191,70	2244,29	125481,60	2091,36	129856,30	1967,52	134316,00	1865,50
88000	124010,50	2296,49	128399,40	2139,99	132875,50	2013,28	137440,10	1908,89
90000	126828,70	2348,68	131317,20	2188,62	135896,60	2059,04	140563,40	1952,27
92000	129647,00	2400,87	134236,20	2237,27	138916,10	2104,79	143686,80	1995,65
94000	132465,80	2453,07	137153,40	2285,89	141936,30	2150,55	146810,90	2039,04
96000	135284,00	2505,26	140072,40	2334,54	144955,80	2196,30	149934,20	2082,42
98000	138102,30	2557,45	142990,20	2383,17	147976,00	2242,06	153057,60	2125,80
100000	140920,00	2609,63	145908,60	2431,81	150996,10	2287,82	156181,70	2169,19

INTÉRÊT DE **16,5 %**

Montant	6 MOIS Paiement Total	6 MOIS Paiement Mensuel	12 MOIS Paiement Total	12 MOIS Paiement Mensuel	18 MOIS Paiement Total	18 MOIS Paiement Mensuel	24 MOIS Paiement Total	24 MOIS Paiement Mensuel
1000	1048,68	174,78	1091,64	90,97	1135,62	63,09	1180,80	49,20
1500	1573,02	262,17	1637,40	136,45	1703,52	94,64	1771,20	73,80
2000	2097,36	349,56	2183,28	181,94	2271,42	126,19	2361,60	98,40
2500	2621,70	436,95	2729,04	227,42	2839,14	157,73	2952,24	123,01
3000	3146,04	524,34	3274,80	272,90	3407,04	189,28	3542,64	147,61
3500	3670,38	611,73	3820,68	318,39	3974,94	220,83	4133,04	172,21
4000	4194,72	699,12	4366,44	363,87	4542,66	252,37	4723,44	196,81
4500	4719,06	786,51	4912,32	409,36	5110,56	283,92	5313,84	221,41
5000	5243,40	873,90	5458,08	454,84	5678,46	315,47	5904,24	246,01
5500	5767,74	961,29	6003,84	500,32	6246,18	347,01	6494,40	270,60
6000	6292,08	1048,68	6549,72	545,81	6814,08	378,56	7085,04	295,21
6500	6816,36	1136,06	7095,36	591,28	7381,98	410,11	7675,68	319,82
7000	7340,76	1223,46	7641,36	636,78	7949,70	441,65	8266,08	344,42
7500	7865,04	1310,84	8187,12	682,26	8517,60	473,20	8856,48	369,02
8000	8389,38	1398,23	8732,88	727,74	9085,50	504,75	9446,88	393,62
8500	8913,72	1485,62	9278,76	773,23	9653,40	536,28	10037,28	418,22
9000	9438,06	1573,01	9824,52	818,71	10221,12	567,84	10627,68	442,82
9500	9962,40	1660,40	10370,40	864,20	10789,02	599,39	11218,08	467,42
10000	10486,74	1747,79	10916,16	909,68	11356,74	630,93	11808,48	492,02
11000	11535,42	1922,57	12007,80	1000,65	12492,54	694,03	12989,52	541,23
12000	12584,10	2097,35	13099,44	1091,62	13628,16	757,12	14170,32	590,43
13000	13632,72	2272,12	14190,84	1182,57	14763,78	820,21	15351,12	639,63
14000	14681,40	2446,90	15282,60	1273,55	15899,40	883,30	16531,92	688,83
15000	15730,14	2621,69	16374,24	1364,52	17035,20	946,40	17712,96	738,04
16000	16778,82	2796,47	17465,88	1455,49	18170,82	1009,49	18893,76	787,24
17000	17827,50	2971,25	18557,40	1546,45	19306,26	1072,57	20074,56	836,44
18000	18876,18	3146,03	19649,04	1637,42	20442,24	1135,68	21255,36	885,64
19000	19924,86	3320,81	20740,68	1728,39	21577,86	1198,77	22436,40	934,85
20000	20973,54	3495,59	21832,32	1819,36	22713,48	1261,86	23617,20	984,05
21000	22022,22	3670,37	22923,96	1910,33	23849,28	1324,96	24798,00	1033,25
22000	23070,84	3845,14	24015,48	2001,29	24984,90	1388,05	25978,56	1082,44
23000	24119,52	4019,92	25107,12	2092,26	26120,52	1451,14	27159,84	1131,66
24000	25168,20	4194,70	26198,76	2183,23	27256,32	1514,24	28340,64	1180,86
25000	26216,88	4369,48	27290,40	2274,20	28391,94	1577,33	29521,44	1230,06
26000	27265,50	4544,25	28382,04	2365,17	29527,56	1640,42	30702,24	1279,26
27000	28314,24	4719,04	29473,44	2456,12	30663,36	1703,52	31883,28	1328,47
28000	29362,86	4893,81	30565,20	2547,10	31798,98	1766,61	33064,08	1377,67
29000	30411,60	5068,60	31656,84	2638,07	32934,60	1829,70	34244,88	1426,87
30000	31460,28	5243,38	32748,48	2729,04	34070,40	1892,80	35425,68	1476,07
31000	32508,96	5418,16	33840,12	2820,01	35206,02	1955,89	36606,72	1525,28
32000	33557,64	5592,94	34931,64	2910,97	36341,64	2018,98	37787,52	1574,48
33000	34606,32	5767,72	36023,28	3001,94	37477,44	2082,08	38968,32	1623,68
34000	35655,00	5942,50	37114,92	3092,91	38613,06	2145,17	40149,12	1672,88
35000	36703,68	6117,28	38206,56	3183,88	39748,68	2208,26	41330,16	1722,09
36000	37752,36	6292,06	39298,20	3274,85	40884,30	2271,35	42510,96	1771,29

158

	30 MOIS		36 MOIS		42 MOIS		48 MOIS	
Montant	Paiement Total	Paiement Mensuel	Paiement Total	Paiement Mensuel	Paiement Total	Paiement Mensuel	Paiement Total	Paiement Mensuel
1000	1227,30	40,91	1274,40	35,40	1323,00	31,50	1372,80	28,60
1500	1840,80	61,36	1911,96	53,11	1984,50	47,25	2059,20	42,90
2000	2454,30	81,81	2549,16	70,81	2646,00	63,00	2745,12	57,19
2500	3067,80	102,26	3186,36	88,51	3307,50	78,75	3431,52	71,49
3000	3681,60	122,72	3823,56	106,21	3969,00	94,50	4117,92	85,79
3500	4295,10	143,17	4461,12	123,92	4630,92	110,26	4804,32	100,09
4000	4908,60	163,62	5098,32	141,62	5292,42	126,01	5490,72	114,39
4500	5522,10	184,07	5735,52	159,32	5953,50	141,75	6177,12	128,69
5000	6135,90	204,53	6372,72	177,02	6615,00	157,50	6863,52	142,99
5500	6749,40	224,98	7009,92	194,72	7276,92	173,26	7549,44	157,28
6000	7362,90	245,43	7647,48	212,43	7938,42	189,01	8235,84	171,58
6500	7976,40	265,88	8284,68	230,13	8599,92	204,76	8922,24	185,88
7000	8590,20	286,34	8921,88	247,83	9261,42	220,51	9608,64	200,18
7500	9203,70	306,79	9559,08	265,53	9922,92	236,26	10295,04	214,48
8000	9817,20	327,24	10196,64	283,24	10584,42	252,01	10981,44	228,78
8500	10430,70	347,69	10833,84	300,94	11245,92	267,76	11667,84	243,08
9000	11044,50	368,15	11471,04	318,64	11907,42	283,51	12353,76	257,37
9500	11658,00	388,60	12108,24	336,34	12568,92	299,26	13040,16	271,67
10000	12271,50	409,05	12745,44	354,04	13230,42	315,01	13726,56	285,97
11000	13498,80	449,96	14020,20	389,45	14553,84	346,52	15099,36	314,57
12000	14725,80	490,86	15294,60	424,85	15876,84	378,02	16471,68	343,16
13000	15953,10	531,77	16569,36	460,26	17199,84	409,52	17844,48	371,76
14000	17180,10	572,67	17843,76	495,66	18522,84	441,02	19217,28	400,36
15000	18407,40	613,58	19118,52	531,07	19845,84	472,52	20590,08	428,96
16000	19634,40	654,48	20392,56	566,46	21168,84	504,02	21962,40	457,55
17000	20861,70	695,39	21667,68	601,88	22492,26	535,53	23335,20	486,15
18000	22088,70	736,29	22942,08	637,28	23815,26	567,03	24708,00	514,75
19000	23316,00	777,20	24216,84	672,69	25138,26	598,53	26080,32	543,34
20000	24543,00	818,10	25491,24	708,09	26461,26	630,03	27453,12	571,94
21000	25770,30	859,01	26765,64	743,49	27784,26	661,53	28825,44	600,53
22000	26997,30	899,91	28040,40	778,90	29107,26	693,03	30198,72	629,14
23000	28224,60	940,82	29314,80	814,30	30430,68	724,54	31571,04	657,73
24000	29451,90	981,73	30589,56	849,71	31753,68	756,04	32943,84	686,33
25000	30678,90	1022,63	31863,96	885,11	33076,68	787,54	34316,64	714,93
26000	31906,20	1063,54	33138,72	920,52	34399,68	819,04	35688,96	743,52
27000	33132,90	1104,43	34413,12	955,92	35722,68	850,54	37061,76	772,12
28000	34360,50	1145,35	35687,88	991,33	37045,68	882,04	38434,56	800,72
29000	35587,50	1186,25	36962,28	1026,73	38369,10	913,55	39807,36	829,32
30000	36814,80	1227,16	38236,68	1062,13	39692,10	945,05	41179,68	857,91
31000	38041,80	1268,06	39511,44	1097,54	41015,10	976,55	42552,48	886,51
32000	39269,10	1308,97	40785,48	1132,93	42338,10	1008,05	43925,28	915,11
33000	40496,10	1349,87	42060,60	1168,35	43661,10	1039,55	45297,60	943,70
34000	41723,40	1390,78	43335,00	1203,75	44984,10	1071,05	46670,40	972,30
35000	42950,40	1431,68	44609,76	1239,16	46307,10	1102,55	48043,21	1000,90
36000	44177,70	1472,59	45884,17	1274,56	47630,53	1134,06	49415,52	1029,49

Montant	54 MOIS Paiement Total	Paiement Mensuel	60 MOIS Paiement Total	Paiement Mensuel	66 MOIS Paiement Total	Paiement Mensuel	72 MOIS Paiement Total	Paiement Mensuel
1000	1423,44	26,36	1474,80	24,58	1527,90	23,15	1581,84	21,97
1500	2135,16	39,54	2212,80	36,88	2291,52	34,72	2372,40	32,95
2000	2846,88	52,72	2950,20	49,17	3055,80	46,30	3163,68	43,94
2500	3558,60	65,90	3687,60	61,46	3819,42	57,87	3954,24	54,92
3000	4269,78	79,07	4425,00	73,75	4583,04	69,44	4744,80	65,90
3500	4981,50	92,25	5163,00	86,05	5346,66	81,01	5536,08	76,89
4000	5693,22	105,43	5900,40	98,34	6111,60	92,60	6326,64	87,87
4500	6404,94	118,61	6637,80	110,63	6875,22	104,17	7117,92	98,86
5000	7116,12	131,78	7375,20	122,92	7639,50	115,75	7908,48	109,84
5500	7828,38	144,97	8113,20	135,22	8403,12	127,32	8699,04	120,82
6000	8539,56	158,14	8850,00	147,50	9166,74	138,89	9490,32	131,81
6500	9251,82	171,33	9588,00	159,80	9931,02	150,47	10280,16	142,78
7000	9963,54	184,51	10325,40	172,09	10695,30	162,05	11072,16	153,78
7500	10675,26	197,69	11062,80	184,38	11458,92	173,62	11862,72	164,76
8000	11386,44	210,86	11800,80	196,68	12223,20	185,20	12653,28	175,74
8500	12098,16	224,04	12538,20	208,97	12986,82	196,77	13444,56	186,73
9000	12809,88	237,22	13275,60	221,26	13751,10	208,35	14235,12	197,71
9500	13521,60	250,40	14013,00	233,55	14514,72	219,92	15026,40	208,70
10000	14232,78	263,57	14751,00	245,85	15279,00	231,50	15816,96	219,68
11000	15656,76	289,94	16225,80	270,43	16806,24	254,64	17398,80	241,65
12000	17079,66	316,29	17700,60	295,01	18334,14	277,79	18980,64	263,62
13000	18503,10	342,65	19176,00	319,60	19862,04	300,94	20562,48	285,59
14000	19926,54	369,01	20650,80	344,18	21389,94	324,09	22142,88	307,54
15000	21349,98	395,37	22126,20	368,77	22917,84	347,24	23725,44	329,52
16000	22773,42	421,73	23601,00	393,35	24445,74	370,39	25307,28	351,49
17000	24196,86	448,09	25076,40	417,94	25973,64	393,54	26889,12	373,46
18000	25619,76	474,44	26551,20	442,52	27501,54	416,69	28470,96	395,43
19000	27043,20	500,80	28026,60	467,11	29029,44	439,84	30052,08	417,39
20000	28466,10	527,15	29501,40	491,69	30557,34	462,99	31633,92	439,36
21000	29890,08	553,52	30976,80	516,28	32085,24	486,14	33215,76	461,33
22000	31313,52	579,88	32451,60	540,86	33613,14	509,29	34797,60	483,30
23000	32736,42	606,23	33927,00	565,45	35141,04	532,44	36379,44	505,27
24000	34159,86	632,59	35401,80	590,03	36668,94	555,59	37960,56	527,23
25000	35583,30	658,95	36876,60	614,61	38196,84	578,74	39542,40	549,20
26000	37006,74	685,31	38352,00	639,20	39724,74	601,89	41124,24	571,17
27000	38430,18	711,67	39826,80	663,78	41251,98	625,03	42706,08	593,14
28000	39853,08	738,02	41302,20	688,37	42780,54	648,19	44287,92	615,11
29000	41276,52	764,38	42777,00	712,95	44308,44	671,34	45869,04	637,07
30000	42699,96	790,74	44252,40	737,54	45836,34	694,49	47450,88	659,04
31000	44123,40	817,10	45727,20	762,12	47364,24	717,64	49032,72	681,01
32000	45546,84	843,46	47202,60	786,71	48892,14	740,79	50614,56	702,98
33000	46969,74	869,81	48677,40	811,29	50419,38	763,93	52196,40	724,95
34000	48393,18	896,17	50152,80	835,88	51947,28	787,08	53778,24	746,92
35000	49816,62	922,53	51627,60	860,46	53475,18	810,23	55359,36	768,88
36000	51240,07	948,89	53102,40	885,04	55003,08	833,38	56941,20	790,85

INTÉRÊT DE **16,5 %**

Montant	6 MOIS Paiement Total	Paiement Mensuel	12 MOIS Paiement Total	Paiement Mensuel	18 MOIS Paiement Total	Paiement Mensuel	24 MOIS Paiement Total	Paiement Mensuel
37000	38800,98	6466,83	40389,72	3365,81	42020,10	2334,45	43691,76	1820,49
38000	39849,66	6641,61	41481,36	3456,78	43155,72	2397,54	44872,56	1869,69
39000	40898,34	6816,39	42573,00	3547,75	44291,17	2460,62	46053,60	1918,90
40000	41947,02	6991,17	43664,64	3638,72	45427,14	2523,73	47234,40	1968,10
41000	42995,71	7165,95	44756,28	3729,69	46562,76	2586,82	48415,21	2017,30
42000	44044,38	7340,73	45847,80	3820,65	47698,38	2649,91	49596,00	2066,50
43000	45093,06	7515,51	46939,44	3911,62	48834,18	2713,01	50777,04	2115,71
44000	46141,74	7690,29	48031,08	4002,59	49969,80	2776,10	51957,60	2164,90
45000	47190,42	7865,07	49122,72	4093,56	51105,42	2839,19	53138,64	2214,11
46000	48239,10	8039,85	50214,24	4184,52	52241,22	2902,29	54319,44	2263,31
47000	49287,78	8214,63	51305,89	4275,49	53376,84	2965,38	55500,48	2312,52
48000	50336,46	8389,41	52397,52	4366,46	54512,46	3028,47	56681,28	2361,72
49000	51385,14	8564,19	53489,17	4457,43	55648,26	3091,57	57862,08	2410,92
50000	52433,82	8738,97	54580,80	4548,40	56783,88	3154,66	59042,89	2460,12
51000	53482,44	8913,74	55672,32	4639,36	57919,50	3217,75	60223,92	2509,33
52000	54531,06	9088,51	56763,96	4730,33	59055,30	3280,85	61404,72	2558,53
53000	55579,80	9263,30	57855,48	4821,29	60190,92	3343,94	62585,52	2607,73
54000	56628,48	9438,08	58947,24	4912,27	61326,54	3407,03	63766,32	2656,93
55000	57677,17	9612,86	60038,89	5003,24	62462,34	3470,13	64947,36	2706,14
56000	58725,78	9787,63	61130,40	5094,20	63597,96	3533,22	66128,16	2755,34
57000	59774,52	9962,42	62222,04	5185,17	64733,58	3596,31	67308,96	2804,54
58000	60823,21	10137,20	63313,68	5276,14	65869,38	3659,41	68489,76	2853,74
59000	61871,89	10311,98	64405,32	5367,11	67005,00	3722,50	69670,80	2902,95
60000	62920,56	10486,76	65496,96	5458,08	68140,63	3785,59	70851,60	2952,15
61000	63969,24	10661,54	66588,49	5549,04	69276,24	3848,68	72032,41	3001,35
62000	65017,92	10836,32	67680,12	5640,01	70412,04	3911,78	73213,21	3050,55
64000	67115,28	11185,88	69863,41	5821,95	72683,28	4037,96	75575,04	3148,96
66000	69212,65	11535,44	72046,56	6003,88	74954,70	4164,15	77936,65	3247,36
68000	71309,94	11884,99	74229,84	6185,82	77226,12	4290,34	80298,49	3345,77
70000	73407,30	12234,55	76413,12	6367,76	79497,36	4416,52	82660,08	3444,17
72000	75504,66	12584,11	78596,28	6549,69	81768,78	4542,71	85021,92	3542,58
74000	77602,02	12933,67	80779,56	6731,63	84040,19	4668,90	87383,52	3640,98
76000	79699,38	13283,23	82962,72	6913,56	86311,44	4795,08	89745,36	3739,39
78000	81796,75	13632,79	85146,00	7095,50	88582,86	4921,27	92106,96	3837,79
80000	83894,09	13982,35	87329,16	7277,43	90854,28	5047,46	94468,80	3936,20
82000	85991,41	14331,90	89512,44	7459,37	93125,52	5173,64	96830,41	4034,60
84000	88088,76	14681,46	91695,72	7641,31	95396,94	5299,83	99192,00	4133,00
86000	90186,12	15031,02	93878,88	7823,24	97668,18	5426,01	101553,80	4231,41
88000	92283,49	15380,58	96062,16	8005,18	99939,60	5552,20	103915,40	4329,81
90000	94380,84	15730,14	98245,32	8187,11	102211,00	5678,39	106277,30	4428,22
92000	96478,21	16079,70	100428,60	8369,05	104482,30	5804,57	108639,10	4526,63
94000	98575,56	16429,26	102611,90	8550,99	106753,70	5930,76	111000,50	4625,02
96000	100672,90	16778,81	104795,00	8732,92	109025,10	6056,95	113362,60	4723,44
98000	102770,20	17128,36	106978,30	8914,86	111296,30	6183,13	115724,20	4821,84
100000	104867,60	17477,93	109161,50	9096,79	113567,80	6309,32	118086,00	4920,25

161

INTÉRÊT DE **16,5 %**

	30 MOIS		**36** MOIS		**42** MOIS		**48** MOIS	
Montant	Paiement Total	Paiement Mensuel	Paiement Total	Paiement Mensuel	Paiement Total	Paiement Mensuel	Paiement Total	Paiement Mensuel
37000	45404,70	1513,49	47158,92	1309,97	48953,53	1165,56	50788,32	1058,09
38000	46632,00	1554,40	48433,32	1345,37	50276,53	1197,06	52160,64	1086,68
39000	47859,00	1595,30	49707,72	1380,77	51599,53	1228,56	53533,92	1115,29
40000	49086,30	1636,21	50982,48	1416,18	52922,53	1260,06	54906,24	1143,88
41000	50313,30	1677,11	52256,88	1451,58	54245,53	1291,56	56279,04	1172,48
42000	51540,60	1718,02	53531,64	1486,99	55568,94	1323,07	57651,36	1201,07
43000	52767,60	1758,92	54806,04	1522,39	56891,94	1354,57	59024,17	1229,67
44000	53994,90	1799,83	56080,80	1557,80	58214,94	1386,07	60396,96	1258,27
45000	55221,90	1840,73	57355,20	1593,20	59537,94	1417,57	61769,76	1286,87
46000	56449,20	1881,64	58629,96	1628,61	60860,94	1449,07	63142,56	1315,47
47000	57676,50	1922,55	59904,36	1664,01	62183,94	1480,57	64514,89	1344,06
48000	58903,50	1963,45	61178,76	1699,41	63506,94	1512,07	65887,68	1372,66
49000	60130,80	2004,36	62453,52	1734,82	64830,36	1543,58	67260,49	1401,26
50000	61357,80	2045,26	63727,92	1770,22	66153,36	1575,08	68632,80	1429,85
51000	62585,10	2086,17	65002,68	1805,63	67476,36	1606,58	70005,60	1458,45
52000	63812,10	2127,07	66277,08	1841,03	68799,36	1638,08	71378,41	1487,05
53000	65039,40	2167,98	67551,84	1876,44	70122,36	1669,58	72751,21	1515,65
54000	66266,10	2208,87	68826,24	1911,84	71445,36	1701,08	74123,52	1544,24
55000	67493,71	2249,79	70101,00	1947,25	72768,78	1732,59	75496,32	1572,84
56000	68720,70	2290,69	71375,40	1982,65	74091,78	1764,09	76869,12	1601,44
57000	69948,00	2331,60	72650,16	2018,06	75414,78	1795,59	78241,44	1630,03
58000	71175,00	2372,50	73924,56	2053,46	76737,78	1827,09	79614,25	1658,63
59000	72402,00	2413,40	75198,96	2088,86	78060,78	1858,59	80987,04	1687,23
60000	73629,31	2454,31	76473,72	2124,27	79383,78	1890,09	82359,36	1715,82
61000	74856,60	2495,22	77748,12	2159,67	80706,78	1921,59	83732,16	1744,42
62000	76083,60	2536,12	79022,88	2195,08	82030,20	1953,10	85104,96	1773,02
64000	78537,90	2617,93	81571,68	2265,88	84676,19	2016,10	87850,08	1830,21
66000	80992,21	2699,74	84121,19	2336,70	87322,21	2079,10	90595,68	1887,41
68000	83446,50	2781,55	86670,00	2407,50	89968,62	2142,11	93340,80	1944,60
70000	85901,10	2863,37	89219,16	2478,31	92614,62	2205,11	96086,41	2001,80
72000	88355,40	2945,18	91768,33	2549,12	95260,62	2268,11	98831,52	2058,99
74000	90809,71	3026,99	94317,48	2619,93	97906,62	2331,11	101576,60	2116,18
76000	93264,00	3108,80	96866,64	2690,74	100553,10	2394,12	104321,80	2173,37
78000	95718,31	3190,61	99415,81	2761,55	103199,10	2457,12	107067,40	2230,57
80000	98172,59	3272,42	101965,00	2832,36	105845,10	2520,12	109813,00	2287,77
82000	100626,90	3354,23	104514,10	2903,17	108491,10	2583,12	112558,10	2344,96
84000	103081,20	3436,04	107063,30	2973,98	111137,50	2646,13	115302,70	2402,14
86000	105535,50	3517,85	109612,10	3044,78	113783,50	2709,13	118048,80	2459,35
88000	107989,80	3599,66	112161,20	3115,59	116429,90	2772,14	120793,90	2516,54
90000	110444,10	3681,47	114710,40	3186,40	119075,90	2835,14	123539,50	2573,74
92000	112898,40	3763,28	117259,60	3257,21	121721,90	2898,14	126284,60	2630,93
94000	115352,70	3845,09	119808,70	3328,02	124368,30	2961,15	129030,20	2688,13
96000	117807,00	3926,90	122357,90	3398,83	127014,30	3024,15	131775,40	2745,32
98000	120261,30	4008,71	124907,00	3469,64	129660,30	3087,15	134520,50	2802,51
100000	122715,60	4090,52	127456,20	3540,45	132306,70	3150,16	137266,10	2859,71

Montant	54 MOIS Paiement Total	Paiement Mensuel	60 MOIS Paiement Total	Paiement Mensuel	66 MOIS Paiement Total	Paiement Mensuel	72 MOIS Paiement Total	Paiement Mensuel
37000	52663,50	975,25	54577,80	909,63	56530,98	856,53	58523,04	812,82
38000	54086,94	1001,61	56052,60	934,21	58058,88	879,68	60104,88	834,79
39000	55509,84	1027,96	57528,00	958,80	59586,78	902,83	61686,72	856,76
40000	56932,74	1054,31	59002,80	983,38	61114,68	925,98	63267,84	878,72
41000	58356,73	1080,68	60478,20	1007,97	62642,58	949,13	64849,68	900,69
42000	59780,17	1107,04	61953,01	1032,55	64170,48	972,28	66431,52	922,66
43000	61203,60	1133,40	63428,40	1057,14	65698,38	995,43	68013,36	944,63
44000	62626,50	1159,75	64903,20	1081,72	67226,28	1018,58	69595,20	966,60
45000	64049,94	1186,11	66378,60	1106,31	68754,18	1041,73	71176,32	988,56
46000	65473,38	1212,47	67853,40	1130,89	70282,08	1064,88	72758,16	1010,53
47000	66896,28	1238,82	69328,80	1155,48	71809,99	1088,03	74340,00	1032,50
48000	68319,72	1265,18	70803,60	1180,06	73337,88	1111,18	75921,84	1054,47
49000	69743,16	1291,54	72278,40	1204,64	74865,12	1134,32	77502,96	1076,43
50000	71166,60	1317,90	73753,80	1229,23	76393,68	1157,48	79085,53	1098,41
51000	72590,04	1344,26	75228,60	1253,81	77921,58	1180,63	80666,65	1120,37
52000	74013,48	1370,62	76704,00	1278,40	79449,49	1203,78	82248,48	1142,34
53000	75436,93	1396,98	78178,80	1302,98	80977,38	1226,93	83830,33	1164,31
54000	76859,82	1423,33	79654,20	1327,57	82503,96	1250,06	85412,16	1186,28
55000	78283,26	1449,69	81129,00	1352,15	84032,52	1273,22	86994,00	1208,25
56000	79706,71	1476,05	82604,40	1376,74	85560,42	1296,37	88575,12	1230,21
57000	81130,15	1502,41	84079,19	1401,32	87088,32	1319,52	90156,96	1252,18
58000	82553,58	1528,77	85554,60	1425,91	88616,22	1342,67	91738,81	1274,15
59000	83976,48	1555,12	87029,40	1450,49	90144,12	1365,82	93320,64	1296,12
60000	85399,92	1581,48	88504,19	1475,07	91672,02	1388,97	94902,48	1318,09
61000	86823,36	1607,84	89979,60	1499,66	93199,92	1412,12	96483,60	1340,05
62000	88246,80	1634,20	91454,40	1524,24	94727,82	1435,27	98065,44	1362,02
64000	91093,14	1686,91	94404,60	1573,41	97783,62	1481,57	101229,10	1405,96
66000	93940,02	1739,63	97354,80	1622,58	100839,40	1527,87	104392,10	1449,89
68000	96786,90	1792,35	100305,00	1671,75	103895,20	1574,17	107555,80	1493,83
70000	99633,24	1845,06	103255,20	1720,92	106951,00	1620,47	110719,40	1537,77
72000	102480,10	1897,78	106205,40	1770,09	110006,80	1666,77	113882,40	1581,70
74000	105326,50	1950,49	109155,60	1819,26	113062,60	1713,07	117046,10	1625,64
76000	108173,30	2003,21	112105,80	1868,43	116117,80	1759,36	120209,80	1669,58
78000	111020,20	2055,93	115056,00	1917,60	119173,60	1805,66	123372,70	1713,51
80000	113866,00	2108,63	118006,20	1966,77	122229,40	1851,96	126536,40	1757,45
82000	116713,50	2161,36	120956,40	2015,94	125285,20	1898,26	129699,40	1801,38
84000	119559,80	2214,07	123906,00	2065,10	128341,00	1944,56	132863,00	1845,32
86000	122406,70	2266,79	126856,20	2114,27	131396,80	1990,86	136026,70	1889,26
88000	125253,50	2319,51	129806,40	2163,44	134452,60	2037,16	139189,70	1933,19
90000	128099,90	2372,22	132756,60	2212,61	137508,40	2083,46	142353,40	1977,13
92000	130946,80	2424,94	135706,80	2261,78	140564,20	2129,76	145517,00	2021,07
94000	133792,60	2477,64	138657,00	2310,95	143620,00	2176,06	148680,00	2065,00
96000	136640,00	2530,37	141607,20	2360,12	146675,80	2222,36	151843,70	2108,94
98000	139486,90	2583,09	144557,40	2409,29	149730,20	2268,64	155006,70	2152,87
100000	142333,20	2635,80	147507,60	2458,46	152786,70	2314,95	158170,30	2196,81

Montant	6 MOIS Paiement Total	6 MOIS Paiement Mensuel	12 MOIS Paiement Total	12 MOIS Paiement Mensuel	18 MOIS Paiement Total	18 MOIS Paiement Mensuel	24 MOIS Paiement Total	24 MOIS Paiement Mensuel
1000	1050,18	175,03	1094,40	91,20	1139,94	63,33	1186,56	49,44
1500	1575,24	262,54	1641,72	136,81	1709,82	94,99	1779,84	74,16
2000	2100,30	350,05	2188,92	182,41	2279,88	126,66	2373,12	98,88
2500	2625,42	437,57	2736,12	228,01	2849,76	158,32	2966,64	123,61
3000	3150,48	525,08	3283,20	273,60	3419,82	189,99	3559,92	148,33
3500	3675,54	612,59	3830,64	319,22	3989,70	221,65	4153,20	173,05
4000	4200,66	700,11	4377,84	364,82	4559,76	253,32	4746,48	197,77
4500	4725,72	787,62	4925,04	410,42	5129,64	284,98	5339,76	222,49
5000	5250,78	875,13	5472,24	456,02	5699,70	316,65	5933,04	247,21
5500	5775,90	962,65	6019,44	501,62	6269,58	348,31	6526,32	271,93
6000	6300,96	1050,16	6566,76	547,23	6839,64	379,98	7119,60	296,65
6500	6826,02	1137,67	7113,96	592,83	7409,52	411,64	7712,88	321,37
7000	7351,08	1225,18	7661,16	638,43	7979,58	443,31	8306,16	346,09
7500	7876,20	1312,70	8208,36	684,03	8549,46	474,97	8899,68	370,82
8000	8401,26	1400,21	8755,56	729,63	9119,52	506,64	9492,96	395,54
8500	8926,38	1487,73	9302,88	775,24	9689,40	538,30	10086,24	420,26
9000	9451,44	1575,24	9850,08	820,84	10259,28	569,96	10679,52	444,98
9500	9976,50	1662,75	10397,28	866,44	10829,34	601,63	11272,80	469,70
10000	10501,62	1750,27	10944,48	912,04	11399,40	633,30	11866,08	494,42
11000	11551,74	1925,29	12039,00	1003,25	12539,34	696,63	13052,64	543,86
12000	12601,92	2100,32	13133,28	1094,44	13679,28	759,96	14239,20	593,30
13000	13652,10	2275,35	14227,92	1185,66	14819,22	823,29	15426,00	642,75
14000	14702,22	2450,37	15322,32	1276,86	15959,16	886,62	16612,56	692,19
15000	15752,40	2625,40	16416,84	1368,07	17099,10	949,95	17799,12	741,63
16000	16802,52	2800,42	17511,24	1459,27	18239,04	1013,28	18985,68	791,07
17000	17852,70	2975,45	18605,64	1550,47	19378,98	1076,61	20172,24	840,51
18000	18902,88	3150,48	19700,16	1641,68	20518,74	1139,93	21359,04	889,96
19000	19953,00	3325,50	20794,56	1732,88	21658,86	1203,27	22545,60	939,40
20000	21003,18	3500,53	21889,08	1824,09	22798,80	1266,60	23732,16	988,84
21000	22053,36	3675,56	22983,48	1915,29	23938,74	1329,93	24918,72	1038,28
22000	23103,48	3850,58	24078,00	2006,50	25078,68	1393,26	26105,52	1087,73
23000	24153,66	4025,61	25172,40	2097,70	26218,62	1456,59	27292,08	1137,17
24000	25203,84	4200,64	26266,68	2188,89	27358,56	1519,92	28478,64	1186,61
25000	26253,96	4375,66	27361,32	2280,11	28498,50	1583,25	29665,20	1236,05
26000	27304,14	4550,69	28455,72	2371,31	29638,44	1646,58	30851,76	1285,49
27000	28354,32	4725,72	29550,24	2462,52	30778,20	1709,90	32038,56	1334,94
28000	29404,44	4900,74	30644,64	2553,72	31918,14	1773,23	33225,12	1384,38
29000	30454,62	5075,77	31739,16	2644,93	33058,08	1836,56	34411,68	1433,82
30000	31504,80	5250,80	32833,56	2736,13	34198,02	1899,89	35598,24	1483,26
31000	32554,92	5425,82	33927,96	2827,33	35337,96	1963,22	36784,80	1532,70
32000	33605,10	5600,85	35022,48	2918,54	36477,90	2026,55	37971,60	1582,15
33000	34655,28	5775,88	36116,88	3009,74	37617,67	2089,87	39158,16	1631,59
34000	35705,40	5950,90	37211,40	3100,95	38757,78	2153,21	40344,72	1681,03
35000	36755,58	6125,93	38305,80	3192,15	39897,72	2216,54	41531,28	1730,47
36000	37805,76	6300,96	39400,32	3283,36	41037,67	2279,87	42717,84	1779,91

Montant	30 MOIS		36 MOIS		42 MOIS		48 MOIS	
	Paiement Total	Paiement Mensuel	Paiement Total	Paiement Mensuel	Paiement Total	Paiement Mensuel	Paiement Total	Paiement Mensuel
1000	1234,50	41,15	1283,40	35,65	1333,50	31,75	1384,80	28,85
1500	1851,60	61,72	1925,28	53,48	2000,46	47,63	2077,44	43,28
2000	2469,00	82,30	2567,16	71,31	2667,42	63,51	2770,08	57,71
2500	3086,10	102,87	3208,68	89,13	3334,38	79,39	3462,72	72,14
3000	3703,50	123,45	3850,56	106,96	4000,92	95,26	4154,88	86,56
3500	4320,60	144,02	4492,08	124,78	4667,88	111,14	4847,52	100,99
4000	4938,00	164,60	5133,96	142,61	5334,84	127,02	5540,16	115,42
4500	5555,10	185,17	5775,84	160,44	6001,38	142,89	6232,80	129,85
5000	6172,20	205,74	6417,36	178,26	6668,34	158,77	6924,96	144,27
5500	6789,60	226,32	7059,24	196,09	7335,30	174,65	7617,60	158,70
6000	7406,70	246,89	7701,12	213,92	8002,26	190,53	8310,24	173,13
6500	8024,10	267,47	8342,64	231,74	8668,80	206,40	9002,88	187,56
7000	8641,20	288,04	8984,52	249,57	9335,76	222,28	9695,04	201,98
7500	9258,60	308,62	9626,04	267,39	10002,72	238,16	10387,68	216,41
8000	9875,70	329,19	10267,92	285,22	10669,68	254,04	11080,32	230,84
8500	10492,80	349,76	10909,44	303,04	11336,22	269,91	11772,96	245,27
9000	11110,20	370,34	11551,32	320,87	12003,18	285,79	12465,12	259,69
9500	11727,30	390,91	12193,20	338,70	12670,14	301,67	13157,76	274,12
10000	12344,70	411,49	12835,08	356,53	13336,68	317,54	13849,92	288,54
11000	13579,20	452,64	14118,48	392,18	14670,60	349,30	15235,20	317,40
12000	14813,70	493,79	15401,88	427,83	16004,10	381,05	16620,48	346,26
13000	16047,90	534,93	16685,28	463,48	17338,02	412,81	18005,28	375,11
14000	17282,40	576,08	17969,04	499,14	18671,52	444,56	19390,56	403,97
15000	18516,90	617,23	19252,08	534,78	20005,44	476,32	20775,36	432,82
16000	19751,40	658,38	20535,84	570,44	21338,94	508,07	22160,64	461,68
17000	20985,90	699,53	21819,24	606,09	22672,86	539,83	23545,44	490,53
18000	22220,40	740,68	23103,00	641,75	24006,36	571,58	24930,72	519,39
19000	23454,90	781,83	24386,40	677,40	25339,86	603,33	26315,52	548,24
20000	24689,40	822,98	25669,80	713,05	26673,78	635,09	27700,32	577,09
21000	25923,60	864,12	26953,20	748,70	28007,28	666,84	29085,60	605,95
22000	27158,10	905,27	28236,96	784,36	29341,20	698,60	30470,88	634,81
23000	28392,60	946,42	29520,36	820,01	30674,70	730,35	31855,68	663,66
24000	29627,10	987,57	30803,76	855,66	32008,62	762,11	33240,96	692,52
25000	30861,60	1028,72	32087,16	891,31	33342,12	793,86	34625,76	721,37
26000	32096,10	1069,87	33370,92	926,97	34676,04	825,62	36011,04	750,23
27000	33330,60	1111,02	34654,32	962,62	36009,54	857,37	37395,84	779,08
28000	34565,10	1152,17	35937,72	998,27	37343,46	889,13	38781,12	807,94
29000	35799,30	1193,31	37221,48	1033,93	38676,96	920,88	40165,92	836,79
30000	37033,80	1234,46	38504,52	1069,57	40010,46	952,63	41551,20	865,65
31000	38268,30	1275,61	39788,28	1105,23	41344,38	984,39	42936,00	894,50
32000	39502,80	1316,76	41071,68	1140,88	42677,88	1016,14	44321,28	923,36
33000	40737,30	1357,91	42355,44	1176,54	44011,80	1047,90	45706,08	952,21
34000	41971,80	1399,06	43638,48	1212,18	45345,30	1079,65	47091,36	981,07
35000	43206,30	1440,21	44922,24	1247,84	46679,23	1111,41	48476,16	1009,92
36000	44440,80	1481,36	46205,64	1283,49	48012,73	1143,16	49861,44	1038,78

165

INTÉRÊT DE **17 %**

	54 MOIS		60 MOIS		66 MOIS		72 MOIS	
Montant	Paiement Total	Paiement Mensuel	Paiement Total	Paiement Mensuel	Paiement Total	Paiement Mensuel	Paiement Total	Paiement Mensuel
1000	1437,48	26,62	1491,00	24,85	1545,72	23,42	1602,00	22,25
1500	2156,22	39,93	2236,80	37,28	2318,58	35,13	2402,64	33,37
2000	2874,96	53,24	2982,00	49,70	3091,44	46,84	3203,28	44,49
2500	3593,70	66,55	3727,80	62,13	3864,96	58,56	4004,64	55,62
3000	4312,44	79,86	4473,60	74,56	4637,16	70,26	4805,28	66,74
3500	5031,18	93,17	5218,80	86,98	5410,68	81,98	5605,92	77,86
4000	5749,92	106,48	5964,60	99,41	6183,54	93,69	6406,56	88,98
4500	6468,66	119,79	6710,40	111,84	6956,40	105,40	7207,92	100,11
5000	7187,40	133,10	7455,60	124,26	7729,26	117,11	8008,56	111,23
5500	7906,68	146,42	8201,40	136,69	8502,12	128,82	8809,20	122,35
6000	8625,42	159,73	8947,20	149,12	9274,98	140,53	9610,56	133,48
6500	9344,16	173,04	9691,80	161,53	10048,50	152,25	10411,20	144,60
7000	10062,90	186,35	10438,20	173,97	10821,36	163,96	11211,84	155,72
7500	10781,64	199,66	11183,40	186,39	11594,22	175,67	12013,20	166,85
8000	11500,38	212,97	11929,20	198,82	12367,08	187,38	12813,84	177,97
8500	12219,12	226,28	12675,00	211,25	13139,94	199,09	13614,48	189,09
9000	12937,86	239,59	13420,20	223,67	13912,80	210,80	14415,12	200,21
9500	13656,60	252,90	14166,00	236,10	14685,66	222,51	15216,48	211,34
10000	14375,34	266,21	14911,20	248,52	15458,52	234,22	16017,12	222,46
11000	15812,28	292,82	16402,80	273,38	17004,90	257,65	17619,12	244,71
12000	17250,30	319,45	17893,80	298,23	18550,62	281,07	19220,40	266,95
13000	18687,78	346,07	19384,20	323,07	20096,34	304,49	20822,40	289,20
14000	20125,26	372,69	20875,80	347,93	21642,06	327,91	22423,68	311,44
15000	21562,74	399,31	22367,40	372,79	23188,44	351,34	24025,68	333,69
16000	23000,22	425,93	23858,40	397,64	24734,16	374,76	25627,68	355,94
17000	24438,24	452,56	25349,40	422,49	26279,88	398,18	27228,96	378,18
18000	25875,72	479,18	26840,40	447,34	27825,60	421,60	28830,96	400,43
19000	27313,20	505,80	28332,00	472,20	29371,98	445,03	30432,96	422,68
20000	28750,68	532,42	29823,00	497,05	30917,70	468,45	32034,24	444,92
21000	30187,62	559,03	31314,00	521,90	32463,42	491,87	33636,24	467,17
22000	31625,10	585,65	32805,00	546,75	34008,48	515,28	35237,52	489,41
23000	33063,12	612,28	34296,60	571,61	35554,86	538,71	36839,52	511,66
24000	34500,60	638,90	35787,60	596,46	37101,24	562,14	38440,80	533,90
25000	35938,08	665,52	37278,60	621,31	38646,96	585,56	40042,80	556,15
26000	37375,56	692,14	38769,00	646,15	40192,68	608,98	41644,80	578,40
27000	38813,04	718,76	40261,20	671,02	41738,40	632,40	43246,08	600,64
28000	40251,06	745,39	41752,20	695,87	43284,78	655,83	44848,08	622,89
29000	41688,54	772,01	43243,20	720,72	44830,50	679,25	46450,08	645,14
30000	43126,02	798,63	44734,20	745,57	46376,22	702,67	48051,36	667,38
31000	44563,50	825,25	46225,80	770,43	47922,60	726,10	49653,36	689,63
32000	46000,98	851,87	47716,80	795,28	49468,32	749,52	51254,64	711,87
33000	47438,46	878,49	49207,80	820,13	51014,04	772,94	52856,64	734,12
34000	48875,94	905,11	50698,80	844,98	52559,76	796,36	54458,64	756,37
35000	50313,42	931,73	52190,40	869,84	54106,14	819,79	56059,92	778,61
36000	51750,90	958,35	53681,40	894,69	55651,86	843,21	57661,92	800,86

166

Montant	6 MOIS		12 MOIS		18 MOIS		24 MOIS	
	Paiement Total	Paiement Mensuel	Paiement Total	Paiement Mensuel	Paiement Total	Paiement Mensuel	Paiement Total	Paiement Mensuel
37000	38855,88	6475,98	40494,72	3374,56	42177,60	2343,20	43904,64	1829,36
38000	39906,06	6651,01	41589,12	3465,76	43317,54	2406,53	45091,21	1878,80
39000	40956,24	6826,04	42683,64	3556,97	44457,48	2469,86	46277,76	1928,24
40000	42006,36	7001,06	43778,04	3648,17	45597,42	2533,19	47464,32	1977,68
41000	43056,54	7176,09	44872,56	3739,38	46737,36	2596,52	48650,88	2027,12
42000	44106,72	7351,12	45966,96	3830,58	47877,30	2659,85	49837,68	2076,57
43000	45156,84	7526,14	47061,48	3921,79	49017,24	2723,18	51024,24	2126,01
44000	46207,02	7701,17	48155,88	4012,99	50157,18	2786,51	52210,80	2175,45
45000	47257,21	7876,20	49250,40	4104,20	51297,12	2849,84	53397,12	2224,88
46000	48307,32	8051,22	50344,80	4195,40	52437,06	2913,17	54583,92	2274,33
47000	49357,50	8226,25	51439,21	4286,60	53577,00	2976,50	55770,72	2323,78
48000	50407,56	8401,26	52533,72	4377,81	54716,94	3039,83	56957,28	2373,22
49000	51457,80	8576,30	53628,00	4469,00	55856,88	3103,16	58143,60	2422,65
50000	52507,98	8751,33	54722,64	4560,22	56996,82	3166,49	59330,40	2472,10
51000	53558,04	8926,34	55817,04	4651,42	58136,76	3229,82	60516,96	2521,54
52000	54608,28	9101,38	56911,56	4742,63	59276,70	3293,15	61703,76	2570,99
53000	55658,46	9276,41	58005,96	4833,83	60416,64	3356,48	62890,32	2620,43
54000	56708,58	9451,43	59100,24	4925,02	61556,58	3419,81	64076,89	2669,87
55000	57758,76	9626,46	60194,89	5016,24	62696,52	3483,14	65263,44	2719,31
56000	58808,94	9801,49	61289,28	5107,44	63836,46	3546,47	66450,25	2768,76
57000	59859,06	9976,51	62383,80	5198,65	64976,40	3609,80	67636,80	2818,20
58000	60909,24	10151,54	63478,21	5289,85	66116,34	3673,13	68823,36	2867,64
59000	61959,42	10326,57	64572,72	5381,06	67256,28	3736,46	70009,93	2917,08
60000	63009,54	10501,59	65667,12	5472,26	68396,22	3799,79	71196,49	2966,52
61000	64059,72	10676,62	66761,52	5563,46	69536,16	3863,12	72383,28	3015,97
62000	65109,90	10851,65	67856,04	5654,67	70676,10	3926,45	73569,84	3065,41
64000	67210,21	11201,70	70044,96	5837,08	72955,99	4053,11	75942,96	3164,29
66000	69310,50	11551,75	72233,88	6019,49	75235,86	4179,77	78316,32	3263,18
68000	71410,86	11901,81	74422,80	6201,90	77515,75	4306,43	80689,44	3362,06
70000	73511,16	12251,86	76611,60	6384,30	79795,62	4433,09	83062,56	3460,94
72000	75611,46	12601,91	78800,52	6566,71	82075,50	4559,75	85435,92	3559,83
74000	77711,82	12951,97	80989,44	6749,12	84355,38	4686,41	87809,04	3658,71
76000	79812,12	13302,02	83178,36	6931,53	86635,08	4813,06	90182,41	3757,60
78000	81912,43	13652,07	85367,28	7113,94	88915,14	4939,73	92555,52	3856,48
80000	84012,72	14002,12	87556,21	7296,35	91194,84	5066,38	94928,64	3955,36
82000	86113,08	14352,18	89745,12	7478,76	93474,72	5193,04	97302,00	4054,25
84000	88213,38	14702,23	91933,92	7661,16	95754,60	5319,70	99675,12	4153,13
86000	90313,68	15052,28	94122,84	7843,57	98034,48	5446,36	102048,50	4252,02
88000	92414,04	15402,34	96311,76	8025,98	100314,40	5573,02	104421,60	4350,90
90000	94514,34	15752,39	98500,56	8208,38	102594,20	5699,68	106794,50	4449,77
92000	96614,64	16102,44	100689,60	8390,80	104874,10	5826,34	109168,10	4548,67
94000	98715,00	16452,50	102878,50	8573,21	107154,00	5953,00	111541,00	4647,54
96000	100815,30	16802,55	105067,40	8755,62	109433,90	6079,66	113914,40	4746,44
98000	102915,60	17152,60	107256,30	8938,03	111713,80	6206,32	116287,40	4845,31
100000	105016,00	17502,66	109445,20	9120,43	113993,60	6332,98	118661,00	4944,21

	30 MOIS		36 MOIS		42 MOIS		48 MOIS	
Montant	Paiement Total	Paiement Mensuel	Paiement Total	Paiement Mensuel	Paiement Total	Paiement Mensuel	Paiement Total	Paiement Mensuel
37000	45675,30	1522,51	47489,40	1319,15	49346,64	1174,92	51246,24	1067,63
38000	46909,50	1563,65	48772,80	1354,80	50680,14	1206,67	52631,52	1096,49
39000	48144,00	1604,80	50056,20	1390,45	52013,64	1238,42	54016,32	1125,34
40000	49378,50	1645,95	51339,60	1426,10	53347,57	1270,18	55401,12	1154,19
41000	50613,00	1687,10	52623,36	1461,76	54681,07	1301,93	56786,40	1183,05
42000	51847,50	1728,25	53906,76	1497,41	56014,98	1333,69	58171,68	1211,91
43000	53082,00	1769,40	55190,17	1533,06	57348,48	1365,44	59556,48	1240,76
44000	54316,50	1810,55	56473,56	1568,71	58682,40	1397,20	60941,76	1269,62
45000	55551,00	1851,70	57757,32	1604,37	60015,90	1428,95	62326,56	1298,47
46000	56785,20	1892,84	59040,72	1640,02	61349,82	1460,71	63711,84	1327,33
47000	58019,70	1933,99	60324,12	1675,67	62683,32	1492,46	65096,64	1356,18
48000	59254,20	1975,14	61607,52	1711,32	64016,82	1524,21	66481,93	1385,04
49000	60488,71	2016,29	62891,28	1746,98	65350,74	1555,97	67866,72	1413,89
50000	61723,20	2057,44	64174,68	1782,63	66684,24	1587,72	69252,00	1442,75
51000	62957,71	2098,59	65458,08	1818,28	68018,16	1619,48	70636,80	1471,60
52000	64192,20	2139,74	66741,49	1853,93	69351,66	1651,23	72022,08	1500,46
53000	65426,40	2180,88	68025,24	1889,59	70685,58	1682,99	73406,88	1529,31
54000	66661,21	2222,04	69308,65	1925,24	72019,08	1714,74	74792,16	1558,17
55000	67895,40	2263,18	70592,04	1960,89	73353,00	1746,50	76176,96	1587,02
56000	69129,91	2304,33	71875,81	1996,55	74686,50	1778,25	77562,25	1615,88
57000	70364,40	2345,48	73159,20	2032,20	76020,00	1810,00	78947,04	1644,73
58000	71598,60	2386,62	74442,60	2067,85	77353,93	1841,76	80332,32	1673,59
59000	72833,40	2427,78	75726,00	2103,50	78687,43	1873,51	81717,12	1702,44
60000	74067,90	2468,93	77009,40	2139,15	80021,35	1905,27	83102,41	1731,30
61000	75302,41	2510,08	78293,16	2174,81	81354,85	1937,02	84487,21	1760,15
62000	76536,90	2551,23	79576,56	2210,46	82688,76	1968,78	85872,49	1789,01
64000	79005,60	2633,52	82143,72	2281,77	85356,18	2032,29	88642,56	1846,72
66000	81474,60	2715,82	84710,52	2353,07	88023,60	2095,80	91412,64	1904,43
68000	83943,60	2798,12	87277,33	2424,37	90690,60	2159,30	94182,72	1962,14
70000	86412,59	2880,42	89844,48	2495,68	93358,02	2222,81	96952,80	2019,85
72000	88881,30	2962,71	92411,64	2566,99	96025,44	2286,32	99722,88	2077,56
74000	91350,30	3045,01	94978,44	2638,29	98692,86	2349,83	102493,00	2135,27
76000	93819,31	3127,31	97545,60	2709,60	101360,30	2413,34	105263,00	2192,98
78000	96288,31	3209,61	100112,40	2780,90	104027,70	2476,85	108033,10	2250,69
80000	98757,00	3291,90	102679,60	2852,21	106695,10	2540,36	110802,70	2308,39
82000	101226,00	3374,20	105246,40	2923,51	109362,60	2603,87	113572,80	2366,10
84000	103695,00	3456,50	107813,50	2994,82	112030,00	2667,38	116342,90	2423,81
86000	106164,00	3538,80	110380,30	3066,12	114697,00	2730,88	119113,00	2481,52
88000	108632,70	3621,09	112947,50	3137,43	117364,40	2794,39	121883,00	2539,23
90000	111101,70	3703,39	115514,30	3208,73	120031,80	2857,90	124653,10	2596,94
92000	113570,70	3785,69	118081,40	3280,04	122699,20	2921,41	127423,20	2654,65
94000	116039,70	3867,99	120648,20	3351,34	125366,60	2984,92	130193,30	2712,36
96000	118508,40	3950,28	123215,40	3422,65	128034,10	3048,43	132963,40	2770,07
98000	120977,40	4032,58	125782,20	3493,95	130701,50	3111,94	135733,40	2827,78
100000	123446,40	4114,88	128349,40	3565,26	133368,90	3175,45	138503,50	2885,49

	54 MOIS		60 MOIS		66 MOIS		72 MOIS	
Montant	Paiement Total	Paiement Mensuel	Paiement Total	Paiement Mensuel	Paiement Total	Paiement Mensuel	Paiement Total	Paiement Mensuel
37000	53188,38	984,97	55172,40	919,54	57197,58	866,63	59263,20	823,10
38000	54625,86	1011,59	56663,40	944,39	58743,30	890,05	60865,20	845,35
39000	56063,88	1038,22	58155,00	969,25	60289,68	913,48	62467,20	867,60
40000	57501,36	1064,84	59646,00	994,10	61835,40	936,90	64068,48	889,84
41000	58938,84	1091,46	61137,00	1018,95	63381,12	960,32	65670,49	912,09
42000	60375,78	1118,07	62628,01	1043,80	64926,84	983,74	67271,76	934,33
43000	61813,26	1144,69	64119,60	1068,66	66473,22	1007,17	68873,76	956,58
44000	63250,74	1171,31	65610,60	1093,51	68018,94	1030,59	70475,76	978,83
45000	64688,23	1197,93	67101,60	1118,36	69564,66	1054,01	72077,04	1001,07
46000	66126,25	1224,56	68592,60	1143,21	71110,38	1077,43	73679,04	1023,32
47000	67563,72	1251,18	70083,60	1168,06	72656,76	1100,86	75280,33	1045,56
48000	69001,21	1277,80	71575,21	1192,92	74202,49	1124,28	76882,33	1067,81
49000	70438,68	1304,42	73066,21	1217,77	75747,54	1147,69	78484,33	1090,06
50000	71876,71	1331,05	74557,21	1242,62	77293,93	1171,12	80085,60	1112,30
51000	73314,18	1357,67	76048,80	1267,48	78840,31	1194,55	81687,60	1134,55
52000	74751,66	1384,29	77539,20	1292,32	80386,02	1217,97	83289,60	1156,80
53000	76189,15	1410,91	79030,81	1317,18	81931,75	1241,39	84890,88	1179,04
54000	77626,63	1437,53	80521,81	1342,03	83477,46	1264,81	86492,88	1201,29
55000	79064,10	1464,15	82013,40	1366,89	85023,84	1288,24	88094,16	1223,53
56000	80501,58	1490,77	83504,40	1391,74	86569,56	1311,66	89696,16	1245,78
57000	81939,06	1517,39	84995,40	1416,59	88115,28	1335,08	91298,16	1268,03
58000	83376,54	1544,01	86486,40	1441,44	89661,00	1358,50	92899,44	1290,27
59000	84814,02	1570,63	87978,00	1466,30	91207,38	1381,93	94501,44	1312,52
60000	86251,50	1597,25	89469,00	1491,15	92753,09	1405,35	96102,72	1334,76
61000	87689,52	1623,88	90960,00	1516,00	94298,82	1428,77	97704,72	1357,01
62000	89127,00	1650,50	92451,00	1540,85	95844,54	1452,19	99306,72	1379,26
64000	92001,96	1703,74	95433,60	1590,56	98936,64	1499,04	102510,00	1423,75
66000	94876,92	1756,98	98415,60	1640,26	102028,10	1545,88	105713,30	1468,24
68000	97751,88	1810,22	101398,20	1689,97	105120,20	1592,73	108916,60	1512,73
70000	100626,80	1863,46	104380,20	1739,67	108211,60	1639,57	112119,80	1557,22
72000	103502,30	1916,71	107362,80	1789,38	111303,70	1686,42	115323,80	1601,72
74000	106377,30	1969,95	110344,80	1839,08	114395,20	1733,26	118527,10	1646,21
76000	109252,30	2023,19	113327,40	1888,79	117487,30	1780,11	121730,40	1690,70
78000	112127,20	2076,43	116309,40	1938,49	120578,70	1826,95	124933,70	1735,19
80000	115002,20	2129,67	119292,00	1988,20	123670,80	1873,80	128137,70	1779,69
82000	117876,60	2182,90	122274,00	2037,90	126762,20	1920,64	131341,00	1824,18
84000	120752,10	2236,15	125256,60	2087,61	129854,30	1967,49	134544,30	1868,67
86000	123627,10	2289,39	128238,60	2137,31	132945,80	2014,33	137747,50	1913,16
88000	126502,00	2342,63	131221,20	2187,02	136037,90	2061,18	140950,80	1957,65
90000	129377,00	2395,87	134203,20	2236,72	139129,30	2108,02	144154,80	2002,15
92000	132252,50	2449,12	137185,80	2286,43	142221,40	2154,87	147358,10	2046,64
94000	135128,00	2502,37	140167,20	2336,12	145312,90	2201,71	150560,70	2091,12
96000	138002,90	2555,61	143150,40	2385,84	148405,00	2248,56	153764,70	2135,62
98000	140877,90	2608,85	146132,40	2435,54	151495,70	2295,39	156967,90	2180,11
100000	143752,90	2662,09	149115,00	2485,25	154588,50	2342,25	160171,90	2224,61

INTÉRÊT DE **17,5 %**

	6 MOIS		**12** MOIS		**18** MOIS		**24** MOIS	
Montant	Paiement Total	Paiement Mensuel	Paiement Total	Paiement Mensuel	Paiement Total	Paiement Mensuel	Paiement Total	Paiement Mensuel
1000	1051,68	175,28	1097,28	91,44	1144,26	63,57	1192,32	49,68
1500	1577,46	262,91	1645,92	137,16	1716,30	95,35	1788,24	74,51
2000	2103,30	350,55	2194,56	182,88	2288,52	127,14	2384,88	99,37
2500	2629,14	438,19	2743,32	228,61	2860,56	158,92	2981,04	124,21
3000	3154,98	525,83	3291,84	274,32	3432,60	190,70	3577,20	149,05
3500	3680,76	613,46	3840,48	320,04	4004,82	222,49	4173,36	173,89
4000	4206,60	701,10	4389,24	365,77	4576,86	254,27	4769,52	198,73
4500	4732,44	788,74	4937,88	411,49	5148,72	286,04	5365,68	223,57
5000	5258,28	876,38	5486,52	457,21	5721,12	317,84	5961,84	248,41
5500	5784,12	964,02	6035,16	502,93	6293,16	349,62	6558,24	273,26
6000	6309,96	1051,66	6583,80	548,65	6865,38	381,41	7154,40	298,10
6500	6835,80	1139,30	7132,44	594,37	7437,42	413,19	7750,56	322,94
7000	7361,58	1226,93	7681,08	640,09	8009,46	444,97	8346,72	347,78
7500	7887,42	1314,57	8229,84	685,82	8581,68	476,76	8942,88	372,62
8000	8413,26	1402,21	8778,48	731,54	9153,72	508,54	9539,04	397,46
8500	8939,10	1489,85	9327,12	777,26	9725,94	540,33	10135,20	422,30
9000	9464,94	1577,49	9875,76	822,98	10297,98	572,11	10731,60	447,15
9500	9990,72	1665,12	10424,40	868,70	10870,02	603,89	11327,76	471,99
10000	10516,56	1752,76	10973,04	914,42	11442,24	635,68	11923,92	496,83
11000	11568,24	1928,04	12070,32	1005,86	12586,50	699,25	13116,24	546,51
12000	12619,86	2103,31	13167,72	1097,31	13730,58	762,81	14308,56	596,19
13000	13671,54	2278,59	14265,00	1188,75	14874,84	826,38	15501,12	645,88
14000	14723,22	2453,87	15362,16	1280,18	16019,10	889,95	16693,44	695,56
15000	15774,84	2629,14	16459,56	1371,63	17163,36	953,52	17885,76	745,24
16000	16826,52	2804,42	17556,96	1463,08	18307,44	1017,08	19078,32	794,93
17000	17878,20	2979,70	18654,24	1554,52	19451,70	1080,65	20270,64	844,61
18000	18929,82	3154,97	19751,52	1645,96	20595,96	1144,22	21462,96	894,29
19000	19981,50	3330,25	20848,80	1737,40	21740,22	1207,79	22655,28	943,97
20000	21033,12	3505,52	21946,08	1828,84	22884,30	1271,35	23847,84	993,66
21000	22084,80	3680,80	23043,48	1920,29	24028,56	1334,92	25040,16	1043,34
22000	23136,48	3856,08	24140,76	2011,73	25172,82	1398,49	26232,48	1093,02
23000	24188,10	4031,35	25238,04	2103,17	26317,08	1462,06	27425,04	1142,71
24000	25239,78	4206,63	26335,32	2194,61	27461,34	1525,63	28617,36	1192,39
25000	26291,40	4381,90	27432,72	2286,06	28605,42	1589,19	29809,44	1242,06
26000	27343,08	4557,18	28530,00	2377,50	29749,68	1652,76	31002,24	1291,76
27000	28394,76	4732,46	29627,28	2468,94	30893,94	1716,33	32194,56	1341,44
28000	29446,38	4907,73	30724,44	2560,37	32038,20	1779,90	33386,88	1391,12
29000	30498,00	5083,00	31821,84	2651,82	33182,28	1843,46	34579,20	1440,80
30000	31549,74	5258,29	32919,24	2743,27	34326,54	1907,03	35771,76	1490,49
31000	32601,36	5433,56	34016,52	2834,71	35470,80	1970,60	36964,08	1540,17
32000	33653,04	5608,84	35113,80	2926,15	36615,06	2034,17	38156,40	1589,85
33000	34704,66	5784,11	36211,08	3017,59	37759,14	2097,73	39348,96	1639,54
34000	35756,34	5959,39	37308,48	3109,04	38903,40	2161,30	40541,28	1689,22
35000	36808,02	6134,67	38405,76	3200,48	40047,66	2224,87	41733,60	1738,90
36000	37859,64	6309,94	39503,04	3291,92	41191,92	2288,44	42925,92	1788,58

170

	30 MOIS		36 MOIS		42 MOIS		48 MOIS	
Montant	Paiement Total	Paiement Mensuel	Paiement Total	Paiement Mensuel	Paiement Total	Paiement Mensuel	Paiement Total	Paiement Mensuel
1000	1241,70	41,39	1292,40	35,90	1344,00	32,00	1397,28	29,11
1500	1862,70	62,09	1938,60	53,85	2016,42	48,01	2096,16	43,67
2000	2483,70	82,79	2584,80	71,80	2688,42	64,01	2795,04	58,23
2500	3104,40	103,48	3231,36	89,76	3360,42	80,01	3493,92	72,79
3000	3725,40	124,18	3877,56	107,71	4033,26	96,03	4192,32	87,34
3500	4346,40	144,88	4523,76	125,66	4705,26	112,03	4891,20	101,90
4000	4967,10	165,57	5169,96	143,61	5377,26	128,03	5590,08	116,46
4500	5588,10	186,27	5816,16	161,56	6049,26	144,03	6288,00	131,00
5000	6209,10	206,97	6462,36	179,51	6721,26	160,03	6987,36	145,57
5500	6830,10	227,67	7108,56	197,46	7394,10	176,05	7686,24	160,13
6000	7450,80	248,36	7754,76	215,41	8066,10	192,05	8385,12	174,69
6500	8071,80	269,06	8400,96	233,36	8738,52	208,06	9083,52	189,24
7000	8692,80	289,76	9047,16	251,31	9410,52	224,06	9782,40	203,80
7500	9313,50	310,45	9693,36	269,26	10082,94	240,07	10481,28	218,36
8000	9934,50	331,15	10339,92	287,22	10754,94	256,07	11180,16	232,92
8500	10555,50	351,85	10986,12	305,17	11426,94	272,07	11878,56	247,47
9000	11176,20	372,54	11632,32	323,12	12098,94	288,07	12577,44	262,03
9500	11797,20	393,24	12278,52	341,07	12770,94	304,07	13276,32	276,59
10000	12418,20	413,94	12924,72	359,02	13443,78	320,09	13974,72	291,14
11000	13659,90	455,33	14217,12	394,92	14788,20	352,10	15372,48	320,26
12000	14901,60	496,72	15509,88	430,83	16132,62	384,11	16769,76	349,37
13000	16143,60	538,12	16802,28	466,73	17477,04	416,12	18167,52	378,49
14000	17385,30	579,51	18094,68	502,63	18821,04	448,12	19564,80	407,60
15000	18627,00	620,90	19387,08	538,53	20165,46	480,13	20962,56	436,72
16000	19869,00	662,30	20679,48	574,43	21509,88	512,14	22359,84	465,83
17000	21110,70	703,69	21972,24	610,34	22854,30	544,15	23757,12	494,94
18000	22352,70	745,09	23264,64	646,24	24198,30	576,15	25154,88	524,06
19000	23594,40	786,48	24557,04	682,14	25543,14	608,17	26552,16	553,17
20000	24836,10	827,87	25849,44	718,04	26887,56	640,18	27949,44	582,28
21000	26078,10	869,27	27141,84	753,94	28231,98	672,19	29347,20	611,40
22000	27319,80	910,66	28434,60	789,85	29576,40	704,20	30744,96	640,52
23000	28561,50	952,05	29727,00	825,75	30920,40	736,20	32142,24	669,63
24000	29803,50	993,45	31019,40	861,65	32264,82	768,21	33540,00	698,75
25000	31045,20	1034,84	32311,80	897,55	33609,24	800,22	34937,28	727,86
26000	32287,20	1076,24	33604,20	933,45	34953,66	832,23	36334,56	756,97
27000	33528,90	1117,63	34896,96	969,36	36298,08	864,24	37732,32	786,09
28000	34770,60	1159,02	36189,36	1005,26	37642,50	896,25	39129,60	815,20
29000	36012,60	1200,42	37481,76	1041,16	38986,92	928,26	40527,36	844,32
30000	37254,30	1241,81	38774,17	1077,06	40331,34	960,27	41924,64	873,43
31000	38495,70	1283,19	40066,56	1112,96	41675,76	992,28	43322,40	902,55
32000	39738,00	1324,60	41359,32	1148,87	43019,76	1024,28	44719,68	931,66
33000	40979,70	1365,99	42651,72	1184,77	44364,18	1056,29	46116,96	960,77
34000	42221,70	1407,39	43944,12	1220,67	45708,60	1088,30	47514,72	989,89
35000	43463,40	1448,78	45236,17	1256,56	47053,03	1120,31	48912,00	1019,00
36000	44705,10	1490,17	46529,28	1292,48	48397,03	1152,31	50309,76	1048,12

INTÉRÊT DE **17,5 %**

	54 MOIS		**60** MOIS		**66** MOIS		**72** MOIS	
Montant	Paiement Total	Paiement Mensuel	Paiement Total	Paiement Mensuel	Paiement Total	Paiement Mensuel	Paiement Total	Paiement Mensuel
1000	1452,06	26,89	1507,20	25,12	1564,20	23,70	1622,16	22,53
1500	2177,82	40,33	2260,80	37,68	2346,30	35,55	2432,88	33,79
2000	2903,58	53,77	3014,40	50,24	3127,74	47,39	3243,60	45,05
2500	3629,34	67,21	3768,60	62,81	3909,84	59,24	4055,04	56,32
3000	4355,64	80,66	4522,20	75,37	4691,28	71,08	4865,76	67,58
3500	5081,40	94,10	5275,80	87,93	5474,04	82,94	5675,76	78,83
4000	5807,16	107,54	6029,40	100,49	6256,14	94,79	6487,20	90,10
4500	6532,92	120,98	6783,00	113,05	7038,24	106,64	7298,64	101,37
5000	7258,68	134,42	7536,60	125,61	7820,34	118,49	8109,36	112,63
5500	7984,98	147,87	8290,20	138,17	8602,44	130,34	8920,08	123,89
6000	8710,74	161,31	9043,80	150,73	9383,22	142,17	9731,52	135,16
6500	9437,04	174,76	9796,80	163,28	10165,93	154,03	10542,24	146,42
7000	10162,80	188,20	10551,60	175,86	10948,08	165,88	11352,24	157,67
7500	10888,56	201,64	11305,20	188,42	11730,18	177,73	12164,40	168,95
8000	11614,32	215,08	12058,80	200,98	12512,28	189,58	12975,12	180,21
8500	12340,62	228,53	12812,40	213,54	13294,38	201,43	13785,84	191,47
9000	13066,38	241,97	13566,00	226,10	14076,48	213,28	14596,56	202,73
9500	13792,14	255,41	14319,60	238,66	14858,58	225,13	15408,00	214,00
10000	14517,90	268,85	15073,20	251,22	15640,02	236,97	16218,72	225,26
11000	15969,96	295,74	16580,40	276,34	17204,22	260,67	17840,88	247,79
12000	17422,02	322,63	18088,20	301,47	18768,42	284,37	19462,32	270,31
13000	18873,54	349,51	19595,40	326,59	20332,62	308,07	21084,48	292,84
14000	20325,60	376,40	21102,60	351,71	21896,16	331,76	22705,20	315,35
15000	21777,12	403,28	22609,80	376,83	23460,36	355,46	24328,08	337,89
16000	23229,18	430,17	24117,60	401,96	25024,56	379,16	25950,24	360,42
17000	24680,70	457,05	25624,80	427,08	26588,76	402,86	27571,68	382,94
18000	26132,76	483,94	27132,00	452,20	28152,30	426,55	29193,84	405,47
19000	27584,28	510,82	28639,20	477,32	29716,50	450,25	30816,00	428,00
20000	29036,34	537,71	30146,40	502,44	31280,70	473,95	32437,44	450,52
21000	30487,86	564,59	31654,20	527,57	32844,24	497,64	34059,60	473,05
22000	31939,92	591,48	33161,40	552,69	34408,44	521,34	35681,04	495,57
23000	33391,98	618,37	34668,60	577,81	35971,98	545,03	37302,48	518,09
24000	34843,50	645,25	36175,80	602,93	37536,84	568,74	38925,36	540,63
25000	36295,56	672,14	37683,60	628,06	39100,38	592,43	40546,80	563,15
26000	37747,08	699,02	39190,80	653,18	40664,58	616,13	42168,96	585,68
27000	39199,14	725,91	40698,00	678,30	42228,78	639,83	43790,40	608,20
28000	40650,66	752,79	42205,20	703,42	43792,98	663,53	45412,56	630,73
29000	42102,72	779,68	43712,40	728,54	45356,52	687,22	47034,72	653,26
30000	43554,24	806,56	45220,20	753,67	46920,72	710,92	48656,17	675,78
31000	45006,30	833,45	46727,40	778,79	48484,92	734,62	50278,32	698,31
32000	46458,36	860,34	48234,60	803,91	50049,12	758,32	51899,76	720,83
33000	47909,88	887,22	49741,80	829,03	51612,66	782,01	53521,92	743,36
34000	49361,94	914,11	51249,60	854,16	53176,86	805,71	55144,08	765,89
35000	50813,46	940,99	52756,80	879,28	54741,06	829,41	56765,52	788,41
36000	52265,52	967,88	54264,00	904,40	56305,26	853,11	58387,68	810,94

	6 MOIS		12 MOIS		18 MOIS		24 MOIS	
Montant	Paiement Total	Paiement Mensuel	Paiement Total	Paiement Mensuel	Paiement Total	Paiement Mensuel	Paiement Total	Paiement Mensuel
37000	38911,32	6485,22	40600,32	3383,36	42336,18	2352,01	44118,48	1838,27
38000	39963,00	6660,50	41697,72	3474,81	43480,26	2415,57	45310,80	1887,95
39000	41014,62	6835,77	42795,00	3566,25	44624,34	2479,13	46503,12	1937,63
40000	42066,30	7011,05	43892,28	3657,69	45768,78	2542,71	47695,68	1987,32
41000	43117,92	7186,32	44989,56	3749,13	46913,04	2606,28	48888,00	2037,00
42000	44169,60	7361,60	46086,84	3840,57	48057,12	2669,84	50080,32	2086,68
43000	45221,28	7536,88	47184,24	3932,02	49201,38	2733,41	51272,64	2136,36
44000	46272,90	7712,15	48281,52	4023,46	50345,64	2796,98	52465,21	2186,05
45000	47324,58	7887,43	49378,80	4114,90	51489,90	2860,55	53657,52	2235,73
46000	48376,26	8062,71	50476,08	4206,34	52634,17	2924,12	54849,60	2285,40
47000	49427,89	8237,98	51573,48	4297,79	53778,24	2987,68	56042,40	2 335,10
48000	50479,56	8413,26	52670,76	4389,23	54922,50	3051,25	57234,72	2384,78
49000	51531,18	8588,53	53768,04	4480,67	56066,76	3114,82	58427,04	2434,46
50000	52582,80	8763,80	54865,32	4572,11	57211,02	3178,39	59619,12	2484,13
51000	53634,54	8939,09	55962,48	4663,54	58355,10	3241,95	60811,92	2533,83
52000	54686,17	9114,36	57060,00	4755,00	59499,36	3305,52	62004,24	2583,51
53000	55737,78	9289,63	58157,28	4846,44	60643,62	3369,09	63196,56	2633,19
54000	56789,46	9464,91	59254,56	4937,88	61787,88	3432,66	64389,12	2682,88
55000	57841,14	9640,19	60351,72	5029,31	62931,96	3496,22	65581,44	2732,56
56000	58892,82	9815,47	61449,24	5120,77	64076,22	3559,79	66773,76	2782,24
57000	59944,44	9990,74	62546,52	5212,21	65220,48	3623,36	67966,08	2831,92
58000	60996,06	10166,01	63643,80	5303,65	66364,74	3686,93	69158,65	2881,61
59000	62047,80	10341,30	64741,08	5395,09	67509,00	3750,50	70350,96	2931,29
60000	63099,42	10516,57	65838,36	5486,53	68653,08	3814,06	71543,28	2980,97
61000	64151,10	10691,85	66935,76	5577,98	69797,34	3877,63	72735,84	3030,66
62000	65202,72	10867,12	68033,04	5669,42	70941,60	3941,20	73928,16	3080,34
64000	67306,08	11217,68	70227,60	5852,30	73229,94	4068,33	76312,80	3179,70
66000	69409,38	11568,23	72422,28	6035,19	75518,46	4195,47	78697,68	3279,07
68000	71512,68	11918,78	74616,84	6218,07	77806,98	4322,61	81082,56	3378,44
70000	73615,99	12269,33	76811,52	6400,96	80095,33	4449,74	83467,21	3477,80
72000	75719,34	12619,89	79006,08	6583,84	82383,84	4576,88	85852,08	3577,17
74000	77822,65	12970,44	81200,76	6766,73	84672,00	4704,00	88236,72	3676,53
76000	79925,94	13320,99	83395,32	6949,61	86960,69	4831,15	90621,59	3775,90
78000	82029,25	13671,54	85590,00	7132,50	89248,86	4958,27	93006,24	3875,26
80000	84132,59	14022,10	87784,56	7315,38	91537,56	5085,42	95391,12	3974,63
82000	86235,91	14372,65	89979,12	7498,26	93825,72	5212,54	97776,00	4074,00
84000	88339,21	14723,20	92173,80	7681,15	96114,42	5339,69	100160,60	4173,36
86000	90442,50	15073,75	94368,36	7864,03	98402,76	5466,82	102545,50	4272,73
88000	92545,86	15424,31	96563,04	8046,92	100691,30	5593,96	104930,20	4372,09
90000	94649,16	15774,86	98757,59	8229,80	102979,80	5721,10	107315,00	4471,46
92000	96752,46	16125,41	100952,30	8412,69	105268,10	5848,23	109699,90	4570,83
94000	98855,77	16475,96	103146,80	8595,57	107556,70	5975,37	112084,60	4670,19
96000	100959,10	16826,52	105341,50	8778,46	109845,00	6102,50	114469,40	4769,56
98000	103062,40	17177,07	107536,10	8961,34	112133,50	6229,64	116854,10	4868,92
100000	105165,70	17527,61	109730,60	9144,22	114421,90	6356,77	119239,00	4968,29

INTÉRÊT DE **17,5 %**

	30 MOIS		36 MOIS		42 MOIS		48 MOIS	
Montant	Paiement Total	Paiement Mensuel	Paiement Total	Paiement Mensuel	Paiement Total	Paiement Mensuel	Paiement Total	Paiement Mensuel
37000	45947,10	1531,57	47821,68	1328,38	49741,44	1184,32	51707,04	1077,23
38000	47188,80	1572,96	49114,08	1364,28	51086,28	1216,34	53104,80	1106,35
39000	48430,50	1614,35	50406,48	1400,18	52430,70	1248,35	54502,08	1135,46
40000	49672,50	1655,75	51698,88	1436,08	53774,70	1280,35	55899,36	1164,57
41000	50914,20	1697,14	52991,64	1471,99	55119,12	1312,36	57296,64	1193,68
42000	52155,90	1738,53	54284,04	1507,89	56463,54	1344,32	58694,40	1222,80
43000	53397,90	1779,93	55576,44	1543,79	57807,96	1376,38	60092,17	1251,92
44000	54639,60	1821,32	56868,84	1579,69	59152,38	1408,39	61489,44	1281,03
45000	55881,60	1862,72	58161,24	1615,59	60496,80	1440,40	62887,21	1310,15
46000	57123,30	1904,11	59454,00	1651,50	61841,23	1472,41	64284,48	1339,26
47000	58365,00	1945,50	60746,40	1687,40	63185,64	1504,42	65682,25	1368,38
48000	59607,00	1986,90	62038,80	1723,30	64530,07	1536,43	67079,52	1397,49
49000	60848,71	2028,29	63331,20	1759,20	65874,06	1568,43	68477,28	1426,61
50000	62090,40	2069,68	64623,60	1795,10	67218,48	1600,44	69874,56	1455,72
51000	63332,40	2111,08	65916,36	1831,01	68562,90	1632,45	71271,84	1484,83
52000	64574,10	2152,47	67208,76	1866,91	69907,32	1664,46	72669,60	1513,95
53000	65816,10	2193,87	68501,16	1902,81	71251,74	1696,47	74066,88	1543,06
54000	67057,80	2235,26	69793,56	1938,71	72596,16	1728,48	75464,65	1572,18
55000	68299,20	2276,64	71086,32	1974,62	73940,58	1760,49	76861,93	1601,29
56000	69541,50	2318,05	72378,72	2010,52	75285,00	1792,50	78259,68	1630,41
57000	70783,20	2359,44	73671,13	2046,42	76629,43	1824,51	79656,96	1659,52
58000	72024,91	2400,83	74963,53	2082,32	77973,43	1856,51	81054,25	1688,63
59000	73266,90	2442,23	76255,93	2118,22	79317,85	1888,52	82452,00	1717,75
60000	74508,60	2483,62	77548,33	2154,12	80662,26	1920,53	83849,28	1746,86
61000	75750,30	2525,01	78841,08	2190,03	82006,68	1952,54	85247,04	1775,98
62000	76992,00	2566,40	80133,48	2225,93	83351,10	1984,55	86644,32	1805,09
64000	79476,00	2649,20	82718,28	2297,73	86039,94	2048,57	89439,36	1863,32
66000	81959,40	2731,98	85303,44	2369,54	88728,78	2112,59	92234,41	1921,55
68000	84443,10	2814,77	87888,24	2441,34	91417,21	2176,60	95029,44	1979,78
70000	86926,81	2897,56	90473,04	2513,14	94106,05	2240,62	97824,49	2038,01
72000	89410,50	2980,35	93058,19	2584,95	96794,46	2304,63	100619,50	2096,24
74000	91893,90	3063,13	95643,00	2656,75	99483,30	2368,65	103414,10	2154,46
76000	94377,59	3145,92	98228,16	2728,56	102172,10	2432,67	106209,10	2212,69
78000	96861,30	3228,71	100813,00	2800,36	104861,00	2496,69	109004,20	2270,92
80000	99344,71	3311,49	103398,10	2872,17	107549,80	2560,71	111798,70	2329,14
82000	101826,40	3394,28	105982,90	2943,97	110238,70	2624,73	114593,80	2387,37
84000	104312,10	3477,07	108568,10	3015,78	112927,50	2688,75	117389,30	2445,61
86000	106795,80	3559,86	111152,90	3087,58	115615,90	2752,76	120184,30	2503,84
88000	109279,20	3642,64	113737,70	3159,38	118304,80	2816,78	122979,40	2562,07
90000	111762,90	3725,43	116322,80	3231,19	120993,60	2880,80	125774,40	2620,30
92000	114246,60	3808,22	118907,60	3302,99	123682,50	2944,82	128569,00	2678,52
94000	116730,30	3891,01	121492,80	3374,80	126370,90	3008,83	131364,00	2736,75
96000	119213,70	3973,79	124077,60	3446,60	129059,70	3072,85	134159,00	2794,98
98000	121697,40	4056,58	126662,40	3518,40	131748,60	3136,87	136954,10	2853,21
100000	124181,10	4139,37	129247,60	3590,21	134437,40	3200,89	139749,10	2911,44

	54 MOIS		60 MOIS		66 MOIS		72 MOIS	
Montant	Paiement Total	Paiement Mensuel	Paiement Total	Paiement Mensuel	Paiement Total	Paiement Mensuel	Paiement Total	Paiement Mensuel
37000	53717,04	994,76	55771,21	929,52	57868,80	876,80	60009,12	833,46
38000	55169,10	1021,65	57278,40	954,64	59433,00	900,50	61631,28	855,99
39000	56620,62	1048,53	58786,21	979,77	60997,20	924,20	63253,44	878,52
40000	58072,69	1075,42	60293,40	1004,89	62560,74	947,89	64874,88	901,04
41000	59524,21	1102,30	61800,60	1030,01	64124,94	971,59	66497,04	923,57
42000	60975,73	1129,18	63307,80	1055,13	65689,15	995,29	68118,49	946,09
43000	62427,78	1156,07	64815,60	1080,26	67253,34	1018,99	69740,65	968,62
44000	63879,84	1182,96	66322,80	1105,38	68816,88	1042,68	71362,81	991,15
45000	65331,90	1209,85	67830,00	1130,50	70381,08	1066,38	72984,24	1013,67
46000	66783,43	1236,73	69337,21	1155,62	71944,62	1090,07	74605,68	1036,19
47000	68235,48	1263,62	70844,40	1180,74	73509,49	1113,78	76227,84	1058,72
48000	69687,00	1290,50	72352,21	1205,87	75073,02	1137,47	77850,00	1081,25
49000	71139,06	1317,39	73859,40	1230,99	76637,22	1161,17	79472,16	1103,78
50000	72590,58	1344,27	75366,60	1256,11	78201,43	1184,87	81093,60	1126,30
51000	74042,65	1371,16	76873,80	1281,23	79764,96	1208,56	82715,04	1148,82
52000	75494,71	1398,05	78381,60	1306,36	81329,16	1232,26	84337,92	1171,36
53000	76946,22	1424,93	79888,80	1331,48	82893,36	1255,96	85959,36	1193,88
54000	78398,28	1451,82	81396,00	1356,60	84457,56	1279,66	87581,52	1216,41
55000	79849,80	1478,70	82903,20	1381,72	86021,76	1303,36	89202,96	1238,93
56000	81301,86	1505,59	84410,40	1406,84	87585,31	1327,05	90825,12	1261,46
57000	82753,38	1532,47	85918,19	1431,97	89149,50	1350,75	92447,28	1283,99
58000	84205,44	1559,36	87425,40	1457,09	90713,69	1374,45	94068,72	1306,51
59000	85656,96	1586,24	88932,59	1482,21	92277,24	1398,14	95690,88	1329,04
60000	87109,02	1613,13	90439,80	1507,33	93841,44	1421,84	97312,33	1351,56
61000	88560,54	1640,01	91947,59	1532,46	95405,64	1445,54	98934,48	1374,09
62000	90012,60	1666,90	93454,80	1557,58	96969,84	1469,24	100556,60	1396,62
64000	92916,18	1720,67	96469,19	1607,82	100097,60	1516,63	103800,20	1441,67
66000	95819,76	1774,44	99484,19	1658,07	103226,00	1564,03	107043,80	1486,72
68000	98723,34	1828,21	102498,60	1708,31	106353,70	1611,42	110287,40	1531,77
70000	101626,90	1881,98	105513,60	1758,56	109482,10	1658,82	113531,00	1576,82
72000	104530,50	1935,75	108528,00	1808,80	112609,90	1706,21	116775,40	1621,88
74000	107434,60	1989,53	111542,40	1859,04	115738,30	1753,61	120019,00	1666,93
76000	110338,20	2043,30	114557,40	1909,29	118866,00	1801,00	123262,60	1711,98
78000	113241,80	2097,07	117571,80	1959,53	121993,70	1848,39	126506,20	1757,03
80000	116145,40	2150,84	120586,80	2009,78	125122,10	1895,79	129749,80	1802,08
82000	119049,00	2204,61	123601,20	2060,02	128249,90	1943,18	132994,10	1847,14
84000	121952,00	2258,37	126616,20	2110,27	131378,30	1990,58	136237,70	1892,19
86000	124855,60	2312,14	129630,60	2160,51	134506,00	2037,97	139481,30	1937,24
88000	127759,70	2365,92	132645,60	2210,76	137634,40	2085,37	142724,90	1982,29
90000	130663,30	2419,69	135660,00	2261,00	140762,20	2132,76	145969,20	2027,35
92000	133566,90	2473,46	138674,40	2311,24	143889,90	2180,15	149212,10	2072,39
94000	136471,00	2527,24	141689,40	2361,49	147018,30	2227,55	152456,40	2117,45
96000	139374,50	2581,01	144703,80	2411,73	150146,70	2274,95	155700,00	2162,50
98000	142278,10	2634,78	147718,80	2461,98	153274,40	2322,34	158943,60	2207,55
100000	145181,70	2688,55	150733,20	2512,22	156402,90	2369,74	162187,90	2252,61

INTÉRÊT DE **18 %**

Montant	6 MOIS Paiement Total	Paiement Mensuel	12 MOIS Paiement Total	Paiement Mensuel	18 MOIS Paiement Total	Paiement Mensuel	24 MOIS Paiement Total	Paiement Mensuel
1000	1053,18	175,53	1100,16	91,68	1148,58	63,81	1198,08	49,92
1500	1579,74	263,29	1650,24	137,52	1722,78	95,71	1797,36	74,89
2000	2106,30	351,05	2200,32	183,36	2296,98	127,61	2396,40	99,85
2500	2632,86	438,81	2750,40	229,20	2871,00	159,50	2995,44	124,81
3000	3159,48	526,58	3300,48	275,04	3445,56	191,42	3594,48	149,77
3500	3686,04	614,34	3850,56	320,88	4019,76	223,32	4193,52	174,73
4000	4212,60	702,10	4400,64	366,72	4593,96	255,22	4792,80	199,70
4500	4739,22	789,87	4950,72	412,56	5168,34	287,13	5391,84	224,66
5000	5265,78	877,63	5500,80	458,40	5742,54	319,03	5990,88	249,62
5500	5792,34	965,39	6050,88	504,24	6316,74	350,93	6589,68	274,57
6000	6318,90	1053,15	6600,96	550,08	6891,12	382,84	7188,96	299,54
6500	6845,52	1140,92	7151,04	595,92	7465,32	414,74	7788,24	324,51
7000	7372,08	1228,68	7701,12	641,76	8039,52	446,64	8387,28	349,47
7500	7898,64	1316,44	8251,20	687,60	8613,72	478,54	8986,32	374,43
8000	8425,26	1404,21	8801,28	733,44	9188,10	510,45	9585,36	399,39
8500	8951,82	1491,97	9351,36	779,28	9762,12	542,34	10184,64	424,36
9000	9478,38	1579,73	9901,44	825,12	10336,50	574,25	10783,68	449,32
9500	10005,00	1667,50	10451,52	870,96	10910,70	606,15	11382,72	474,28
10000	10531,56	1755,26	11001,60	916,80	11485,08	638,06	11981,76	499,24
11000	11584,68	1930,78	12101,76	1008,48	12633,66	701,87	13180,08	549,17
12000	12637,86	2106,31	13201,92	1100,16	13782,06	765,67	14378,16	599,09
13000	13691,04	2281,84	14302,08	1191,84	14930,64	829,48	15576,48	649,02
14000	14744,16	2457,36	15402,24	1283,52	16079,04	893,28	16774,56	698,94
15000	15797,34	2632,89	16502,40	1375,20	17227,62	957,09	17972,64	748,86
16000	16850,46	2808,41	17602,56	1466,88	18376,20	1020,90	19170,96	798,79
17000	17903,64	2983,94	18702,72	1558,56	19524,42	1084,69	20369,04	848,71
18000	18956,76	3159,46	19803,00	1650,25	20673,18	1148,51	21567,36	898,64
19000	20009,94	3334,99	20903,16	1741,93	21821,58	1212,31	22765,44	948,56
20000	21063,12	3510,52	22003,32	1833,61	22970,16	1276,12	23963,52	998,48
21000	22116,24	3686,04	23103,48	1925,29	24118,74	1339,93	25161,84	1048,41
22000	23169,42	3861,57	24203,64	2016,97	25267,14	1403,73	26359,68	1098,32
23000	24222,54	4037,09	25303,68	2108,64	26415,72	1467,54	27558,24	1148,26
24000	25275,72	4212,62	26403,96	2200,33	27564,12	1531,34	28756,32	1198,18
25000	26328,90	4388,15	27504,12	2292,01	28712,70	1595,15	29954,64	1248,11
26000	27382,02	4563,67	28604,28	2383,69	29861,10	1658,95	31152,72	1298,03
27000	28435,20	4739,20	29704,44	2475,37	31009,68	1722,76	32350,80	1347,95
28000	29488,32	4914,72	30804,60	2567,05	32158,26	1786,57	33549,12	1397,88
29000	30541,50	5090,25	31904,76	2658,73	33306,66	1850,37	34747,20	1447,80
30000	31594,62	5265,77	33004,92	2750,41	34455,24	1914,18	35945,52	1497,73
31000	32647,80	5441,30	34105,08	2842,09	35603,64	1977,98	37143,60	1547,65
32000	33700,98	5616,83	35205,24	2933,77	36752,22	2041,79	38341,92	1597,58
33000	34754,10	5792,35	36305,40	3025,45	37900,80	2105,60	39540,00	1647,50
34000	35807,28	5967,88	37405,56	3117,13	39049,02	2169,39	40738,08	1697,42
35000	36860,40	6143,40	38505,72	3208,81	40197,78	2233,21	41936,40	1747,35
36000	37913,58	6318,93	39605,88	3300,49	41346,18	2297,01	43134,48	1797,27

Montant	30 MOIS Paiement Total	30 MOIS Paiement Mensuel	36 MOIS Paiement Total	36 MOIS Paiement Mensuel	42 MOIS Paiement Total	42 MOIS Paiement Mensuel	48 MOIS Paiement Total	48 MOIS Paiement Mensuel
1000	1249,20	41,64	1301,40	36,15	1354,50	32,25	1410,24	29,38
1500	1873,80	62,46	1952,28	54,23	2032,80	48,40	2114,88	44,06
2000	2498,40	83,28	2602,80	72,30	2710,26	64,53	2820,00	58,75
2500	3123,00	104,10	3253,68	90,38	3387,72	80,66	3525,12	73,44
3000	3747,60	124,92	3904,56	108,46	4065,18	96,79	4230,24	88,13
3500	4372,20	145,74	4555,08	126,53	4743,06	112,93	4934,88	102,81
4000	4996,80	166,56	5205,96	144,61	5420,52	129,06	5640,00	117,50
4500	5621,40	187,38	5856,84	162,69	6097,98	145,19	6345,12	132,19
5000	6246,00	208,20	6507,36	180,76	6775,44	161,32	7050,24	146,88
5500	6870,60	229,02	7158,24	198,84	7452,90	177,45	7754,88	161,56
6000	7495,20	249,84	7808,76	216,91	8130,78	193,59	8460,00	176,25
6500	8119,80	270,66	8459,64	234,99	8808,24	209,72	9165,12	190,94
7000	8744,40	291,48	9110,52	253,07	9485,70	225,85	9870,24	205,63
7500	9368,70	312,29	9761,04	271,14	10163,16	241,98	10574,88	220,31
8000	9993,30	333,11	10411,92	289,22	10840,20	258,10	11280,00	235,00
8500	10617,90	353,93	11062,44	307,29	11518,50	274,25	11985,12	249,69
9000	11242,50	374,75	11713,32	325,37	12195,96	290,38	12690,24	264,38
9500	11867,10	395,57	12364,20	343,45	12873,42	306,51	13394,88	279,06
10000	12491,70	416,39	13014,72	361,52	13550,88	322,64	14100,00	293,75
11000	13740,90	458,03	14316,48	397,68	14906,22	354,91	15510,24	323,13
12000	14990,10	499,67	15617,88	433,83	16261,14	387,17	16920,00	352,50
13000	16239,30	541,31	16919,28	469,98	17616,48	419,44	18330,24	381,88
14000	17488,50	582,95	18220,68	506,13	18971,40	451,70	19740,00	411,25
15000	18737,70	624,59	19522,08	542,28	20326,74	483,97	21150,24	440,63
16000	19986,90	666,23	20823,84	578,44	21681,66	516,23	22560,00	470,00
17000	21236,10	707,87	22125,24	614,59	23036,58	548,49	23970,24	499,38
18000	22485,30	749,51	23426,64	650,74	24391,92	580,76	25380,00	528,75
19000	23734,50	791,15	24728,40	686,90	25746,84	613,02	26790,24	558,13
20000	24983,70	832,79	26029,80	723,05	27101,76	645,28	28200,00	587,50
21000	26232,90	874,43	27331,20	759,20	28457,10	677,55	29610,24	616,88
22000	27481,80	916,06	28632,60	795,35	29812,44	709,82	31020,00	646,25
23000	28731,00	957,70	29934,36	831,51	31167,36	742,08	32430,24	675,63
24000	29980,20	999,34	31235,76	867,66	32522,28	774,34	33840,00	705,00
25000	31229,40	1040,98	32537,16	903,81	33877,62	806,61	35250,24	734,38
26000	32478,60	1082,62	33838,56	939,96	35232,54	838,87	36660,00	763,75
27000	33727,80	1124,26	35140,32	976,12	36587,88	871,14	38070,24	793,13
28000	34977,00	1165,90	36441,72	1012,27	37942,80	903,40	39480,00	822,50
29000	36226,20	1207,54	37743,12	1048,42	39298,14	935,67	40890,24	851,88
30000	37475,40	1249,18	39044,52	1084,57	40653,06	967,93	42300,00	881,25
31000	38724,30	1290,81	40346,28	1120,73	42007,98	1000,19	43710,24	910,63
32000	39973,80	1332,46	41647,68	1156,88	43363,32	1032,46	45120,00	940,00
33000	41223,00	1374,10	42949,08	1193,03	44718,24	1064,72	46530,24	969,38
34000	42472,20	1415,74	44250,48	1229,18	46073,58	1096,99	47940,00	998,75
35000	43721,40	1457,38	45552,24	1265,34	47428,50	1129,25	49350,24	1028,13
36000	44970,30	1499,01	46853,64	1301,49	48783,84	1161,52	50760,00	1057,50

177

INTÉRÊT DE **18 %**

Montant	54 MOIS Paiement Total	54 MOIS Paiement Mensuel	60 MOIS Paiement Total	60 MOIS Paiement Mensuel	66 MOIS Paiement Total	66 MOIS Paiement Mensuel	72 MOIS Paiement Total	72 MOIS Paiement Mensuel
1000	1466,10	27,15	1523,40	25,39	1582,02	23,97	1642,32	22,81
1500	2199,42	40,73	2285,40	38,09	2373,36	35,96	2463,12	34,21
2000	2932,20	54,30	3047,40	50,79	3164,70	47,95	3284,64	45,62
2500	3664,98	67,87	3808,80	63,48	3955,38	59,93	4105,44	57,02
3000	4397,76	81,44	4570,80	76,18	4746,72	71,92	4926,24	68,42
3500	5131,62	95,03	5332,80	88,88	5538,06	83,91	5747,76	79,83
4000	5864,94	108,61	6094,20	101,57	6329,40	95,90	6568,56	91,23
4500	6597,72	122,18	6856,20	114,27	7120,08	107,88	7390,08	102,64
5000	7330,50	135,75	7618,20	126,97	7911,42	119,87	8210,88	114,04
5500	8063,82	149,33	8379,60	139,66	8702,76	131,86	9031,68	125,44
6000	8797,14	162,91	9141,60	152,36	9493,44	143,84	9853,20	136,85
6500	9529,92	176,48	9903,60	165,06	10284,78	155,83	10674,00	148,25
7000	10263,24	190,06	10665,00	177,75	11076,12	167,82	11494,08	159,64
7500	10996,56	203,64	11427,00	190,45	11866,80	179,80	12316,32	171,06
8000	11729,34	217,21	12189,00	203,15	12658,14	191,79	13137,12	182,46
8500	12462,66	230,79	12950,40	215,84	13449,48	203,78	13958,64	193,87
9000	13195,44	244,36	13712,40	228,54	14240,82	215,77	14779,44	205,27
9500	13928,76	257,94	14474,40	241,24	15031,50	227,75	15600,24	216,67
10000	14661,54	271,51	15235,80	253,93	15822,84	239,74	16421,76	228,08
11000	16128,18	298,67	16759,20	279,32	17404,86	263,71	18064,08	250,89
12000	17594,28	325,82	18283,20	304,72	18987,54	287,69	19705,68	273,69
13000	19060,38	352,97	19807,20	330,12	20569,56	311,66	21348,00	296,50
14000	20526,48	380,12	21330,60	355,51	22151,58	335,63	22990,32	319,31
15000	21992,58	407,27	22854,00	380,90	23734,26	359,61	24632,64	342,12
16000	23458,68	434,42	24378,00	406,30	25316,28	383,58	26274,96	364,93
17000	24924,78	461,57	25901,40	431,69	26898,96	407,56	27916,56	387,73
18000	26391,42	488,73	27424,80	457,08	28480,98	431,53	29558,88	410,54
19000	27857,52	515,88	28948,80	482,48	30063,00	455,50	31201,20	433,35
20000	29323,62	543,03	30472,20	507,87	31645,68	479,48	32843,52	456,16
21000	30789,72	570,18	31995,60	533,26	33227,70	503,45	34485,12	478,96
22000	32255,82	597,33	33519,00	558,65	34810,38	527,43	36127,44	501,77
23000	33721,92	624,48	35043,00	584,05	36392,40	551,40	37769,76	524,58
24000	35188,02	651,63	36566,40	609,44	37974,42	575,37	39412,08	547,39
25000	36654,66	678,79	38090,40	634,84	39556,44	599,34	41054,40	570,20
26000	38120,76	705,94	39613,80	660,23	41139,12	623,32	42696,00	593,00
27000	39586,86	733,09	41137,20	685,62	42721,80	647,30	44338,32	615,81
28000	41052,96	760,24	42661,21	711,02	44303,82	671,27	45980,64	638,62
29000	42519,07	787,39	44184,60	736,41	45885,84	695,24	47622,96	661,43
30000	43985,16	814,54	45708,00	761,80	47468,52	719,22	49265,28	684,24
31000	45451,26	841,69	47232,00	787,20	49050,54	743,19	50906,88	707,04
32000	46917,90	868,85	48755,40	812,59	50632,56	767,16	52549,20	729,85
33000	48384,00	896,00	50278,80	837,98	52215,24	791,14	54191,52	752,66
34000	49850,10	923,15	51802,80	863,38	53797,26	815,11	55833,84	775,47
35000	51316,20	950,30	53326,21	888,77	55379,94	839,09	57475,44	798,27
36000	52782,30	977,45	54850,20	914,17	56961,96	863,06	59117,76	821,08

	6 MOIS		12 MOIS		18 MOIS		24 MOIS	
Montant	Paiement Total	Paiement Mensuel	Paiement Total	Paiement Mensuel	Paiement Total	Paiement Mensuel	Paiement Total	Paiement Mensuel
37000	38966.76	6494.46	40706.04	3392.17	42494.76	2360.82	44332.80	1847.20
38000	40019.88	6669.98	41806.20	3483.85	43643.17	2424.62	45530.88	1897.12
39000	41073.06	6845.51	42906.36	3575.53	44791.74	2488.43	46729.21	1947.05
40000	42126.18	7021.03	44006.52	3667.21	45940.32	2552.24	47927.28	1996.97
41000	43179.36	7196.56	45106.68	3758.89	47088.72	2616.04	49125.36	2046.89
42000	44232.48	7372.08	46206.84	3850.57	48237.30	2679.85	50323.68	2096.82
43000	45285.66	7547.61	47307.00	3942.25	49385.88	2743.66	51521.76	2146.74
44000	46338.84	7723.14	48407.16	4033.93	50534.28	2807.46	52720.08	2196.67
45000	47391.96	7898.66	49507.32	4125.61	51682.86	2871.27	53918.17	2246.59
46000	48445.14	8074.19	50607.48	4217.29	52831.26	2935.07	55116.24	2296.51
47000	49498.26	8249.71	51707.64	4308.97	53979.84	2998.88	56314.56	2346.44
48000	50551.44	8425.24	52807.80	4400.65	55128.42	3062.69	57512.64	2396.36
49000	51604.56	8600.76	53907.96	4492.33	56276.82	3126.49	58710.96	2446.29
50000	52657.74	8776.29	55008.00	4584.00	57425.40	3190.30	59909.04	2496.21
51000	53710.92	8951.82	56108.28	4675.69	58573.80	3254.10	61107.12	2546.13
52000	54764.04	9127.34	57208.44	4767.37	59722.38	3317.91	62305.44	2596.06
53000	55817.22	9302.87	58308.48	4859.04	60870.96	3381.72	63503.52	2645.98
54000	56870.28	9478.38	59408.76	4950.73	62019.36	3445.52	64701.84	2695.91
55000	57923.52	9653.92	60509.04	5042.42	63167.94	3509.33	65899.93	2745.83
56000	58976.71	9829.45	61609.21	5134.10	64316.34	3573.13	67098.25	2795.76
57000	60029.82	10004.97	62709.24	5225.77	65464.92	3636.94	68296.32	2845.68
58000	61083.00	10180.50	63809.52	5317.46	66613.50	3700.75	69494.65	2895.61
59000	62136.06	10356.01	64909.68	5409.14	67761.90	3764.55	70692.72	2945.53
60000	63189.30	10531.55	66009.84	5500.82	68910.49	3828.36	71890.80	2995.45
61000	64242.42	10707.07	67110.00	5592.50	70058.88	3892.16	73089.12	3045.38
62000	65295.60	10882.60	68210.16	5684.18	71207.46	3955.97	74287.21	3095.30
64000	67401.91	11233.65	70410.49	5867.54	73504.44	4083.58	76683.60	3195.15
66000	69508.21	11584.70	72610.80	6050.90	75801.43	4211.19	79080.00	3295.00
68000	71614.56	11935.76	74811.12	6234.26	78098.22	4338.79	81476.41	3394.85
70000	73720.86	12286.81	77011.44	6417.62	80395.56	4466.42	83872.80	3494.70
72000	75827.16	12637.86	79211.76	6600.98	82692.36	4594.02	86268.96	3594.54
74000	77933.46	12988.91	81412.08	6784.34	84989.52	4721.64	88665.36	3694.39
76000	80039.76	13339.96	83612.41	6967.70	87286.50	4849.25	91061.76	3794.24
78000	82146.06	13691.01	85812.72	7151.06	89583.48	4976.86	93458.16	3894.09
80000	84252.36	14042.06	88013.04	7334.42	91880.64	5104.48	95854.56	3993.94
82000	86358.72	14393.12	90213.36	7517.78	94177.62	5232.09	98250.96	4093.79
84000	88465.02	14744.17	92413.68	7701.14	96474.60	5359.70	100647.40	4193.64
86000	90571.32	15095.22	94614.00	7884.50	98771.58	5487.31	103043.50	4293.48
88000	92677.62	15446.27	96814.32	8067.86	101068.60	5614.92	105439.90	4393.33
90000	94783.92	15797.32	99014.64	8251.22	103365.70	5742.54	107836.30	4493.18
92000	96890.22	16148.37	101215.10	8434.59	105662.70	5870.15	110232.50	4593.02
94000	98996.58	16499.43	103415.40	8617.95	107959.70	5997.76	112629.10	4692.88
96000	101102.90	16850.48	105615.60	8801.30	110256.70	6125.37	115025.50	4792.73
98000	103209.10	17201.52	107816.00	8984.67	112553.60	6252.98	117421.40	4892.56
100000	105315.50	17552.58	110016.40	9168.03	114850.80	6380.60	119818.10	4992.42

INTÉRÊT DE 18 %

Montant	30 MOIS Paiement Total	Paiement Mensuel	36 MOIS Paiement Total	Paiement Mensuel	42 MOIS Paiement Total	Paiement Mensuel	48 MOIS Paiement Total	Paiement Mensuel
37000	46219,50	1540,65	48155,04	1337,64	50138,76	1193,78	52170,24	1086,88
38000	47468,71	1582,29	49456,44	1373,79	51493,68	1226,04	53580,00	1116,25
39000	48717,90	1623,93	50758,20	1409,95	52849,03	1258,31	54990,24	1145,63
40000	49967,10	1665,57	52059,60	1446,10	54203,53	1290,56	56400,00	1175,00
41000	51216,30	1707,21	53361,00	1482,25	55559,28	1322,84	57810,24	1204,38
42000	52465,50	1748,85	54662,40	1518,40	56914,20	1355,10	59220,00	1233,75
43000	53714,70	1790,49	55964,17	1554,56	58269,54	1387,37	60630,24	1263,13
44000	54963,90	1832,13	57265,56	1590,71	59624,46	1419,63	62040,00	1292,50
45000	56213,10	1873,77	58566,96	1626,86	60979,80	1451,90	63450,24	1321,88
46000	57462,30	1915,41	59868,36	1663,01	62334,73	1484,16	64860,00	1351,25
47000	58711,50	1957,05	61170,12	1699,17	63689,64	1516,42	66270,25	1380,63
48000	59960,70	1998,69	62471,52	1735,32	65044,98	1548,69	67680,00	1410,00
49000	61209,90	2040,33	63772,92	1771,47	66399,90	1580,95	69090,25	1439,38
50000	62459,10	2081,97	65074,32	1807,62	67755,24	1613,22	70500,00	1468,75
51000	63708,01	2123,60	66376,08	1843,78	69110,16	1645,48	71910,25	1498,13
52000	64957,20	2165,24	67677,49	1879,93	70465,50	1677,75	73320,00	1527,50
53000	66206,10	2206,87	68978,88	1916,08	71820,43	1710,01	74730,25	1556,88
54000	67455,60	2248,52	70280,28	1952,23	73175,35	1742,27	76140,00	1586,25
55000	68704,50	2290,15	71582,04	1988,39	74530,68	1774,54	77550,25	1615,63
56000	69954,20	2331,80	72883,44	2024,54	75885,60	1806,80	78960,00	1645,00
57000	71203,20	2373,44	74184,84	2060,69	77240,94	1839,07	80370,25	1674,38
58000	72452,41	2415,08	75486,25	2096,84	78595,86	1871,33	81780,00	1703,75
59000	73701,60	2456,72	76788,00	2133,00	79951,20	1903,60	83190,25	1733,13
60000	74950,81	2498,36	78089,04	2169,14	81306,12	1935,86	84600,00	1762,50
61000	76200,00	2540,00	79390,81	2205,30	82661,04	1968,12	86010,24	1791,88
62000	77448,90	2581,63	80692,20	2241,45	84016,38	2000,39	87420,00	1821,25
64000	79947,60	2664,92	83295,36	2313,76	86726,64	2064,92	90240,00	1880,00
66000	82445,70	2748,19	85898,16	2386,06	89436,90	2129,45	93060,00	1938,75
68000	84944,10	2831,47	88501,33	2458,37	92146,74	2193,97	95880,00	1997,50
70000	87442,50	2914,75	91104,12	2530,67	94857,00	2258,50	98700,00	2056,25
72000	89940,30	2998,03	93707,28	2602,98	97567,26	2323,03	101520,00	2115,00
74000	92439,31	3081,31	96310,08	2675,28	100277,50	2387,56	104340,00	2173,75
76000	94937,71	3164,59	98913,24	2747,59	102987,80	2452,09	107160,00	2232,50
78000	97436,10	3247,87	101516,02	2819,89	105698,10	2516,62	109980,50	2291,26
80000	99934,19	3331,14	104119,20	2892,20	108407,90	2581,14	112800,50	2350,01
82000	102432,60	3414,42	106722,00	2964,50	111118,60	2645,68	115620,50	2408,76
84000	104931,00	3497,70	109325,20	3036,81	113828,40	2710,20	118440,50	2467,51
86000	107429,40	3580,98	111928,00	3109,11	116538,70	2774,73	121260,50	2526,26
88000	109927,80	3664,26	114531,10	3181,42	119248,90	2839,26	124080,50	2585,01
90000	112426,20	3747,54	117133,90	3253,72	121959,20	2903,79	126900,50	2643,76
92000	114924,60	3830,82	119737,10	3326,03	124669,50	2968,32	129720,50	2702,51
94000	117422,70	3914,09	122339,90	3398,33	127379,70	3032,85	132540,50	2761,26
96000	119921,10	3997,37	124943,00	3470,64	130090,00	3097,38	135360,50	2820,01
98000	122419,50	4080,65	127545,80	3542,94	132799,80	3161,90	138180,50	2878,76
100000	124917,90	4163,93	130149,00	3615,25	135510,10	3226,43	141000,50	2937,51

Montant	54 MOIS Paiement Total	Paiement Mensuel	60 MOIS Paiement Total	Paiement Mensuel	66 MOIS Paiement Total	Paiement Mensuel	72 MOIS Paiement Total	Paiement Mensuel
37000	54248,40	1004,60	56373,60	939,56	58543,98	887,03	60760,08	843,89
38000	55714,50	1031,75	57897,00	964,95	60126,66	911,01	62402,40	866,70
39000	57181,14	1058,91	59421,00	990,35	61708,68	934,98	64044,72	889,51
40000	58647,24	1086,06	60944,40	1015,74	63291,36	958,96	65686,32	912,31
41000	60113,34	1113,21	62467,80	1041,13	64873,38	982,93	67328,65	935,12
42000	61579,44	1140,36	63991,80	1066,53	66455,40	1006,90	68970,96	957,93
43000	63045,54	1167,51	65515,21	1091,92	68038,08	1030,88	70613,28	980,74
44000	64511,64	1194,66	67038,60	1117,31	69620,10	1054,85	72254,88	1003,54
45000	65977,75	1221,81	68562,60	1142,71	71202,12	1078,82	73897,20	1026,35
46000	67444,38	1248,97	70086,00	1168,10	72784,81	1102,80	75539,53	1049,16
47000	68910,48	1276,12	71609,40	1193,49	74366,82	1126,77	77181,84	1071,97
48000	70376,58	1303,27	73133,40	1218,89	75949,50	1150,75	78824,16	1094,78
49000	71842,68	1330,42	74656,81	1244,28	77531,52	1174,72	80465,04	1117,57
50000	73308,78	1357,57	76180,21	1269,67	79113,54	1198,69	82108,08	1140,39
51000	74774,88	1384,72	77703,60	1295,06	80696,22	1222,67	83749,68	1163,19
52000	76240,98	1411,87	79227,60	1320,46	82278,25	1246,64	85392,72	1186,01
53000	77707,63	1439,03	80751,00	1345,85	83860,93	1270,62	87034,33	1208,81
54000	79173,72	1466,18	82275,00	1371,25	85442,94	1294,59	88676,64	1231,62
55000	80639,82	1493,33	83798,40	1396,64	87024,96	1318,56	90318,96	1254,43
56000	82105,93	1520,48	85321,81	1422,03	88607,64	1342,54	91961,28	1277,24
57000	83572,02	1547,63	86845,81	1447,43	90189,66	1366,51	93603,60	1300,05
58000	85038,12	1574,78	88369,19	1472,82	91772,34	1390,49	95245,19	1322,85
59000	86504,76	1601,94	89893,19	1498,22	93354,36	1414,46	96887,52	1345,66
60000	87970,86	1629,09	91416,60	1523,61	94936,38	1438,43	98529,84	1368,47
61000	89436,96	1656,24	92940,00	1549,00	96519,06	1462,41	100172,20	1391,28
62000	90903,06	1683,39	94464,00	1574,40	98101,08	1486,38	101814,50	1414,09
64000	93835,26	1737,69	97510,81	1625,18	101265,80	1534,33	105098,40	1459,70
66000	96768,00	1792,00	100558,20	1675,97	104430,50	1582,28	108383,30	1505,32
68000	99700,21	1846,30	103605,60	1726,76	107595,20	1630,23	111667,00	1550,93
70000	102632,40	1900,60	106652,40	1777,54	110759,20	1678,17	114951,60	1596,55
72000	105564,60	1954,90	109699,80	1828,33	113923,90	1726,12	118235,50	1642,16
74000	108497,30	2009,21	112747,20	1879,12	117088,60	1774,07	121520,20	1687,78
76000	111429,50	2063,51	115794,00	1929,90	120253,30	1822,02	124804,80	1733,40
78000	114361,70	2117,81	118841,40	1980,69	123417,40	1869,96	128088,70	1779,01
80000	117294,50	2172,12	121888,80	2031,48	126582,10	1917,91	131373,40	1824,63
82000	20226,70	2226,42	124936,20	2082,27	129746,80	1965,86	134657,30	1870,24
84000	123158,90	2280,72	127983,00	2133,05	132911,50	2013,81	137941,90	1915,86
86000	126091,10	2335,02	131030,40	2183,84	136076,20	2061,76	141225,90	1961,47
88000	129023,80	2389,33	134077,20	2234,62	139240,20	2109,70	144510,50	2007,09
90000	131955,50	2443,62	137124,00	2285,40	142404,20	2157,64	147795,10	2052,71
92000	134888,20	2497,93	140172,00	2336,20	145569,60	2205,60	151079,10	2098,32
94000	137821,00	2552,24	143219,40	2386,99	148734,30	2253,55	154363,70	2143,94
96000	140753,20	2606,54	146266,20	2437,77	151898,40	2301,49	157647,60	2189,55
98000	143685,40	2660,84	149313,60	2488,56	155063,00	2349,44	160932,20	2235,17
100000	146617,60	2715,14	152361,00	2539,35	158227,10	2397,38	164216,20	2280,78

INTÉRÊT DE **18,5 %**

	6 MOIS		12 MOIS		18 MOIS		24 MOIS	
Montant	Paiement Total	Paiement Mensuel	Paiement Total	Paiement Mensuel	Paiement Total	Paiement Mensuel	Paiement Total	Paiement Mensuel
1000	1054,62	175,77	1103,04	91,92	1152,72	64,04	1204,08	50,17
1500	1581,96	263,66	1654,56	137,88	1729,26	96,07	1806,00	75,25
2000	2109,30	351,55	2206,08	183,84	2305,62	128,09	2407,92	100,33
2500	2636,64	439,44	2757,60	229,80	2881,98	160,11	3010,08	125,42
3000	3163,92	527,32	3309,00	275,75	3458,34	192,13	3612,00	150,50
3500	3691,26	615,21	3860,52	321,71	4034,88	224,16	4213,92	175,58
4000	4218,60	703,10	4412,04	367,67	4611,24	256,18	4815,84	200,66
4500	4745,94	790,99	4963,56	413,63	5187,60	288,20	5418,00	225,75
5000	5273,22	878,87	5515,08	459,59	5763,96	320,22	6019,92	250,83
5500	5800,56	966,76	6066,60	505,55	6340,32	352,24	6621,84	275,91
6000	6327,90	1054,65	6618,12	551,51	6916,86	384,27	7224,00	301,00
6500	6855,24	1142,54	7169,52	597,46	7493,22	416,29	7825,68	326,07
7000	7382,52	1230,42	7721,16	643,43	8069,58	448,31	8427,84	351,16
7500	7909,86	1318,31	8272,68	689,39	8645,94	480,33	9030,00	376,25
8000	8437,20	1406,20	8824,20	735,35	9222,48	512,36	9631,92	401,33
8500	8964,54	1494,09	9375,72	781,31	9798,84	544,38	10233,84	426,41
9000	9491,82	1581,97	9927,12	827,26	10375,20	576,40	10836,00	451,50
9500	10019,16	1669,86	10478,64	873,22	10951,56	608,42	11437,92	476,58
10000	10546,50	1757,75	11030,16	919,18	11528,10	640,45	12039,84	501,66
11000	11601,12	1933,52	12133,20	1011,10	12680,82	704,49	13243,92	551,83
12000	12655,80	2109,30	13236,24	1103,02	13833,54	768,53	14447,76	601,99
13000	13710,42	2285,07	14339,16	1194,93	14986,44	832,58	15651,60	652,15
14000	14765,10	2460,85	15442,32	1286,86	16139,16	896,62	16855,92	702,33
15000	15819,72	2636,62	16545,24	1378,77	17292,06	960,67	18059,76	752,49
16000	16874,40	2812,40	17648,28	1470,69	18444,78	1024,71	19263,84	802,66
17000	17929,02	2988,17	18751,32	1562,61	19597,68	1088,76	20467,68	852,82
18000	18983,70	3163,95	19854,36	1654,53	20750,40	1152,80	21671,76	902,99
19000	20038,32	3339,72	20957,40	1746,45	21903,30	1216,85	22875,84	953,16
20000	21093,00	3515,50	22060,44	1838,37	23056,02	1280,89	24079,68	1003,32
21000	22147,62	3691,27	23163,36	1930,28	24208,74	1344,93	25283,76	1053,49
22000	23202,30	3867,05	24266,40	2022,20	25361,64	1408,98	26487,60	1103,65
23000	24256,92	4042,82	25369,44	2114,12	26514,36	1473,02	27691,44	1153,81
24000	25311,60	4218,60	26472,48	2206,04	27667,26	1537,07	28895,76	1203,99
25000	26366,22	4394,37	27575,52	2297,96	28819,98	1601,11	30099,60	1254,15
26000	27420,90	4570,15	28678,44	2389,87	29972,88	1665,16	31303,44	1304,31
27000	28475,52	4745,92	29781,48	2481,79	31125,60	1729,20	32507,76	1354,49
28000	29530,20	4921,70	30884,52	2573,71	32278,50	1793,25	33711,60	1404,65
29000	30584,82	5097,47	31987,56	2665,63	33431,22	1857,29	34915,68	1454,82
30000	31639,50	5273,25	33090,60	2757,55	34584,12	1921,34	36119,52	1504,98
31000	32694,12	5449,02	34193,64	2849,47	35736,84	1985,38	37323,60	1555,15
32000	33748,80	5624,80	35296,68	2941,39	36889,56	2049,42	38527,68	1605,32
33000	34803,42	5800,57	36399,60	3033,30	38042,46	2113,47	39731,52	1655,48
34000	35858,04	5976,34	37502,64	3125,22	39195,18	2177,51	40935,60	1705,65
35000	36912,72	6152,12	38605,68	3217,14	40348,08	2241,56	42139,44	1755,81
36000	37967,34	6327,89	39708,72	3309,06	41500,80	2305,60	43343,52	1805,98

	30 MOIS		36 MOIS		42 MOIS		48 MOIS	
Montant	Paiement Total	Paiement Mensuel	Paiement Total	Paiement Mensuel	Paiement Total	Paiement Mensuel	Paiement Total	Paiement Mensuel
1000	1256,70	41,89	1310,40	36,40	1365,84	32,52	1422,72	29,64
1500	1884,90	62,83	1965,96	54,61	2048,76	48,78	2134,08	44,46
2000	2513,10	83,77	2621,16	72,81	2731,68	65,04	2844,96	59,27
2500	3141,30	104,71	3276,36	91,01	3414,60	81,30	3555,84	74,08
3000	3769,80	125,66	3931,56	109,21	4097,52	97,56	4267,68	88,91
3500	4398,00	146,60	4586,76	127,41	4780,44	113,82	4979,04	103,73
4000	5026,20	167,54	5242,32	145,62	5463,36	130,08	5690,40	118,55
4500	5654,70	188,49	5897,52	163,82	6146,28	146,34	6401,76	133,37
5000	6282,90	209,43	6552,72	182,02	6829,20	162,60	7112,16	148,17
5500	6911,10	230,37	7207,92	200,22	7512,12	178,86	7824,00	163,00
6000	7539,30	251,31	7863,12	218,42	8195,46	195,13	8535,36	177,82
6500	8167,80	272,26	8518,32	236,62	8878,38	211,39	9246,72	192,64
7000	8796,00	293,20	9173,88	254,83	9561,30	227,65	9958,08	207,46
7500	9424,20	314,14	9829,08	273,03	10244,22	243,91	10669,44	222,28
8000	10052,70	335,09	10484,28	291,23	10927,14	260,17	11380,80	237,10
8500	10680,90	356,03	11139,48	309,43	11610,06	276,43	12091,68	251,91
9000	11309,10	376,97	11794,68	327,63	12292,98	292,69	12803,04	266,73
9500	11937,30	397,91	12450,24	345,84	12975,90	308,95	13513,92	281,54
10000	12565,80	418,86	13105,44	364,04	13658,82	325,21	14225,76	296,37
11000	13822,20	460,74	14415,84	400,44	15024,66	357,73	15648,48	326,01
12000	15078,90	502,63	15726,60	436,85	16390,50	390,25	17070,72	355,64
13000	16335,30	544,51	17037,00	473,25	17756,34	422,77	18493,44	385,28
14000	17592,00	586,40	18347,40	509,65	19122,18	455,29	19916,16	414,92
15000	18848,40	628,28	19658,16	546,06	20488,02	487,81	21338,40	444,55
16000	20105,10	670,17	20968,56	582,46	21853,86	520,33	22761,12	474,19
17000	21361,80	712,06	22278,96	618,86	23219,28	552,84	24183,84	503,83
18000	22618,20	753,94	23589,72	655,27	24585,96	585,38	25606,08	533,46
19000	23874,90	795,83	24900,12	691,67	25951,80	617,90	27028,32	563,09
20000	25131,30	837,71	26210,88	728,08	27317,64	650,42	28451,52	592,74
21000	26388,00	879,60	27521,28	764,48	28683,48	682,94	29874,24	622,38
22000	27644,40	921,48	28831,68	800,88	30049,32	715,46	31296,48	652,01
23000	28901,10	963,37	30142,44	837,29	31415,16	747,98	32719,20	681,65
24000	30157,80	1005,26	31452,84	873,69	32781,00	780,50	34141,92	711,29
25000	31414,20	1047,14	32763,24	910,09	34146,84	813,02	35564,16	740,92
26000	32670,90	1089,03	34074,00	946,50	35512,68	845,54	36986,88	770,56
27000	33927,30	1130,91	35384,40	982,90	36878,52	878,06	38409,60	800,20
28000	35184,00	1172,80	36695,16	1019,31	38244,36	910,58	39832,32	829,84
29000	36440,40	1214,68	38005,56	1055,71	39610,20	943,10	41254,56	859,47
30000	37696,80	1256,56	39315,96	1092,11	40976,04	975,63	42677,28	889,11
31000	38953,20	1298,44	40626,72	1128,52	42342,30	1008,15	44100,00	918,75
32000	30210,20	1340,34	41937,12	1164,92	43708,14	1040,67	45522,24	948,38
33000	41466,90	1382,23	43247,17	1201,31	45073,57	1073,18	46944,96	978,02
34000	42723,30	1424,11	44558,28	1237,73	46439,82	1105,71	48367,68	1007,66
35000	43980,00	1466,00	45868,68	1274,13	47805,66	1138,23	49789,92	1037,29
36000	45236,40	1507,88	47179,44	1310,54	49171,50	1170,75	51212,64	1066,93

	54 MOIS		**60** MOIS		**66** MOIS		**72** MOIS	
Montant	Paiement Total	Paiement Mensuel	Paiement Total	Paiement Mensuel	Paiement Total	Paiement Mensuel	Paiement Total	Paiement Mensuel
1000	1480.68	27,42	1540.20	25,67	1600.50	24,25	1662,48	23,09
1500	2221,02	41,13	2310.00	38,50	2401,08	36,38	2494,08	34,64
2000	2961.36	54,84	3079,80	51,33	3201.00	48,50	3324.96	46,18
2500	3701,70	68,55	3850,20	64,17	4001,58	60,63	4156,56	57,73
3000	4442,04	82,26	4620,00	77,00	4802,16	72,76	4986,72	69,26
3500	5182,38	95,97	5389,80	89,83	5602,08	84,88	5819,04	80,82
4000	5922,72	109,68	6159,60	102,66	6402,66	97,01	6650,64	92,37
4500	6662,52	123,38	6930,00	115,50	7202,58	109,13	7481,52	103,91
5000	7402,86	137,09	7699,80	128,33	8003,16	121,26	8313,12	115,46
5500	8143,20	150,80	8469,60	141,16	8803,74	133,39	9144,00	127,00
6000	8883,54	164,51	9240,00	154,00	9603,00	145,50	9975,60	138,55
6500	9623,88	178,22	10009,80	166,83	10404,24	157,64	10806,48	150,09
7000	10364,22	191,93	10779,60	179,66	11204,16	169,76	11638,08	161,64
7500	11104,56	205,64	11550,00	192,50	12004,74	181,89	12469,68	173,19
8000	11844,90	219,35	12319,80	205,33	12805,32	194,02	13300,56	184,73
8500	12585,24	233,06	13089,60	218,16	13605,24	206,14	14132,16	196,28
9000	13325,58	246,77	13860,00	231,00	14405,82	218,27	14963,04	207,82
9500	14065,92	260,48	14629,80	243,83	15205,74	230,39	15794,64	219,37
10000	14806,26	274,19	15399,60	256,66	16006,32	242,52	16625,52	230,91
11000	16286,40	301,60	16939,20	282,32	17606,16	266,76	18288,72	254,01
12000	17767,62	329,03	18479,40	307,99	19207,98	291,03	19951,20	277,10
13000	19247,76	356,44	20019,60	333,66	20808,48	315,28	21613,68	300,19
14000	20728,44	383,86	21559,80	359,33	22408,98	339,53	23276,16	323,28
15000	22209,12	411,28	23099,40	384,99	24009,48	363,78	24938,64	346,37
16000	23689,80	438,70	24639,60	410,66	25609,98	388,03	26601,12	369,46
17000	25170,48	466,12	26179,80	436,33	27211,14	412,29	28263,60	392,55
18000	26651,16	493,54	27719,40	461,99	28811,64	436,54	29926,08	415,64
19000	28131,84	520,96	29259,60	487,66	30412,14	460,79	31589,28	438,74
20000	29612,52	548,38	30799,20	513,32	32012,64	485,04	33251,76	461,83
21000	31092,12	575,78	32339,40	538,99	33613,14	509,29	34914,24	484,92
22000	32573,34	603,21	33879,00	564,65	35214,30	533,55	36576,72	508,01
23000	34054,02	630,63	35419,20	590,32	36814,80	557,80	38238,48	531,09
24000	35534,70	658,05	36959,40	615,99	38415,30	582,05	39901,68	554,19
25000	37015,38	685,47	38499,00	641,65	40015,80	606,30	41564,17	577,28
26000	38496,06	712,89	40039,20	667,32	41616,30	630,55	43227,36	600,38
27000	39976,74	740,31	41579,40	692,99	43217,46	654,81	44889,12	623,46
28000	41457,42	767,73	43119,00	718,65	44817,96	679,06	46552,32	646,56
29000	42937,57	795,14	44659,20	744,32	46418,46	703,31	48214,80	669,65
30000	44418,24	822,56	46199,40	769,99	48018,96	727,56	49877,28	692,74
31000	45898,92	849,98	47739,00	795,65	49619,46	751,81	51539,76	715,83
32000	47379,60	877,40	49279,20	821,32	51220,62	776,07	53202,24	738,92
33000	48860,28	904,82	50819,40	846,99	52821,12	800,32	54865,44	762,02
34000	50340,96	932,24	52359,00	872,65	54421,62	824,57	56527,92	785,11
35000	51821,64	959,66	53899,20	898,32	56022,12	848,82	58190,40	808,20
36000	53302,32	987,08	55438,80	923,98	57623,28	873,08	59852,88	831,29

Montant	6 MOIS		12 MOIS		18 MOIS		24 MOIS	
	Paiement Total	Paiement Mensuel	Paiement Total	Paiement Mensuel	Paiement Total	Paiement Mensuel	Paiement Total	Paiement Mensuel
37000	39022,02	6503,67	40811,76	3400,98	42653,52	2369,64	44547,60	1856,15
38000	40076,64	6679,44	41914,80	3492,90	43806,42	2433,69	45751,44	1906,31
39000	41131,32	6855,22	43017,72	3584,81	44959,32	2497,74	46955,52	1956,48
40000	42185,94	7030,99	44120,76	3676,73	46112,04	2561,78	48159,36	2006,64
41000	43240,62	7206,77	45223,80	3768,65	47264,76	2625,82	49363,44	2056,81
42000	44295,24	7382,54	46326,84	3860,57	48417,66	2689,87	50567,52	2106,98
43000	45349,92	7558,32	47429,88	3952,49	49570,38	2753,91	51771,12	2157,13
44000	46404,54	7734,09	48532,92	4044,41	50723,28	2817,96	52975,44	2207,31
45000	47459,22	7909,87	49635,72	4136,31	51876,00	2882,00	54179,52	2257,48
46000	48513,84	8085,64	50738,89	4228,24	53028,90	2946,05	55383,12	2307,63
47000	49568,52	8261,42	51841,92	4320,16	54181,62	3010,09	56587,44	2357,81
48000	50623,14	8437,19	52944,96	4412,08	55334,52	3074,14	57791,28	2407,97
49000	51677,82	8612,97	54048,00	4504,00	56487,24	3138,18	58995,12	2458,13
500C0	52732,44	8788,74	55151,04	4595,92	57640,14	3202,23	60199,44	2508,31
51000	53787,06	8964,51	56254,08	4687,84	58792,86	3266,27	61403,28	2558,47
52000	54841,74	9140,29	57357,00	4779,75	59945,58	3330,31	62607,12	2608,63
53000	55896,42	9316,07	58460,04	4871,67	61098,48	3394,36	63811,21	2658,80
54000	56951,04	9491,84	59563,08	4963,59	62251,20	3458,40	65015,28	2708,97
55000	58005,72	9667,62	60666,00	5055,50	63404,10	3522,45	66219,36	2759,14
56000	59060,28	9843,38	61769,17	5147,43	64556,82	3586,49	67423,21	2809,30
57000	60115,02	10019,17	62872,08	5239,34	65709,72	3650,54	68627,28	2859,47
58000	61169,64	10194,94	63975,12	5331,26	66862,44	3714,58	69831,36	2909,64
59000	62224,32	10370,72	65078,17	5423,18	68015,34	3778,63	71035,21	2959,80
60000	63278,94	10546,49	66181,21	5515,10	69168,06	3842,67	72239,28	3009,97
61000	64333,62	10722,27	67284,25	5607,02	70320,78	3906,71	73443,12	3060,13
62000	65388,24	10898,04	68387,28	5698,94	71473,68	3970,76	74647,21	3110,30
64000	67497,54	11249,59	70593,25	5882,77	73779,31	4098,85	77055,12	3210,63
66000	69606,84	11601,14	72799,32	6066,61	76084,93	4226,94	79463,04	3310,96
68000	71716,15	11952,69	75005,41	6250,45	78390,36	4355,02	81871,21	3411,30
70000	73825,44	12304,24	77211,36	6434,28	80696,16	4483,12	84279,12	3511,63
72000	75934,75	12655,79	79417,44	6618,12	83001,60	4611,20	86687,04	3611,96
74000	78044,04	13007,34	81623,52	6801,96	85307,22	4739,29	89094,96	3712,29
76000	80153,34	13358,89	83829,49	6985,79	87612,84	4867,38	91503,12	3812,63
78000	82262,65	13710,44	86035,56	7169,63	89918,46	4995,47	93911,04	3912,96
80000	84371,94	14061,99	88241,64	7353,47	92224,08	5123,56	96318,96	4013,29
82000	86481,24	14413,54	90447,59	7537,30	94529,69	5251,65	98726,88	4113,62
84000	88590,54	14765,09	92653,68	7721,14	96835,33	5379,74	101134,80	4213,95
86000	90699,84	15116,64	94859,76	7904,98	99140,94	5507,83	103542,00	4314,29
88000	2809,14	15468,19	97065,72	8088,81	101446,60	5635,92	105950,90	4414,62
90000	94918,44	15819,74	99271,81	8272,65	103752,20	5764,01	108358,80	4514,95
92000	97027,74	16171,29	101477,90	8456,49	106057,60	5892,09	110766,50	4615,27
94000	99137,04	16522,84	103683,80	8640,32	108363,20	6020,18	113174,90	4715,62
96000	101246,30	16874,39	105889,90	8824,16	110668,90	6148,27	115582,80	4815,95
98000	103355,60	17225,94	108096,00	9008,00	112974,50	6276,36	117990,50	4916,27
100000	105464,90	17577,49	110302,00	9191,83	115280,10	6404,45	120398,60	5016,61

INTÉRÊT DE 18,5 %

	30 MOIS		36 MOIS		42 MOIS		48 MOIS	
Montant	Paiement Total	Paiement Mensuel	Paiement Total	Paiement Mensuel	Paiement Total	Paiement Mensuel	Paiement Total	Paiement Mensuel
37000	46493,10	1549,77	48489,84	1346,94	50537,34	1203,27	52634,89	1096,56
38000	47749,50	1591,65	49800,24	1383,34	51903,18	1235,79	54057,12	1126,19
39000	49006,21	1633,54	51111,00	1419,75	53269,03	1268,31	55480,32	1155,84
40000	50262,90	1675,43	52421,40	1456,15	54634,44	1300,82	56903,04	1185,48
41000	55519,30	1717,31	53731,80	1492,55	56001,12	1333,36	58325,76	1215,12
42000	52776,00	1759,20	55042,56	1528,96	57366,96	1365,88	59748,00	1244,75
43000	54032,40	1801,08	56352,96	1565,36	58732,80	1398,40	61170,72	1274,39
44000	55289,10	1842,97	57663,72	1601,77	60098,64	1430,92	62593,44	1304,03
45000	56545,50	1884,85	58974,12	1638,17	61464,48	1463,44	64015,68	1333,66
46000	57802,20	1926,74	60284,52	1674,57	62830,32	1495,96	65438,40	1363,30
47000	59058,60	1968,62	61595,28	1710,98	64196,16	1528,48	66861,12	1392,94
48000	60315,30	2010,51	62905,68	1747,38	65562,00	1561,00	68283,36	1422,57
49000	61571,70	2052,39	64216,44	1783,79	66927,84	1593,52	69706,08	1452,21
50000	62828,40	2094,28	65526,84	1820,19	68293,68	1626,04	71128,80	1481,85
51000	64085,10	2136,17	66837,24	1856,59	69659,53	1658,56	72551,52	1511,49
52000	65341,50	2178,05	68148,00	1893,00	71025,36	1691,08	73973,76	1541,12
53000	66598,20	2219,94	69458,40	1929,40	72391,62	1723,61	75396,49	1570,76
54000	67854,60	2261,82	70768,81	1965,80	73757,46	1756,13	76819,21	1600,40
55000	69111,30	2303,71	72079,56	2002,21	75123,30	1788,65	78241,44	1630,03
56000	70368,00	2345,60	73389,96	2038,61	76489,15	1821,17	79664,16	1659,67
57000	71624,40	2387,48	74700,72	2075,02	77854,98	1853,69	81086,88	1689,31
58000	72881,10	2429,37	76011,12	2111,42	79220,82	1886,21	82509,12	1718,94
59000	74137,50	2471,25	77321,53	2147,82	80586,66	1918,73	83931,84	1748,58
60000	75393,90	2513,13	78632,28	2184,23	81952,50	1951,25	85354,56	1778,22
61000	76650,60	2555,02	79942,33	2220,62	83318,35	1983,77	86776,80	1807,85
62000	77907,00	2596,90	81253,08	2257,03	84684,18	2016,29	88199,52	1837,49
64000	80420,40	2680,68	83874,25	2329,84	87415,86	2081,33	91044,96	1896,77
66000	82933,50	2764,45	86495,04	2402,64	90147,55	2146,37	93889,92	1956,04
68000	85446,60	2848,22	89116,56	2475,46	92879,64	2211,42	96734,88	2015,31
70000	87959,71	2931,99	91737,36	2548,26	95611,32	2276,46	99580,33	2074,59
72000	90473,10	3015,77	94358,52	2621,07	98343,00	2341,50	102425,30	2133,86
74000	92986,21	3099,54	96979,68	2693,88	101074,70	2406,54	105270,20	2193,13
76000	95499,31	3183,31	99600,84	2766,69	103806,80	2471,59	108115,20	2252,40
78000	98012,41	3267,08	102221,60	2839,49	106538,10	2536,62	110960,60	2311,68
80000	100525,50	3350,85	104842,80	2912,30	109270,10	2601,67	113806,10	2370,96
82000	103038,60	3434,62	107464,00	2985,11	112001,80	2666,71	116651,00	2430,23
84000	105551,70	3518,39	110085,10	3057,92	114733,50	2731,75	119496,00	2489,50
86000	108064,80	3602,16	112705,90	3130,72	117465,20	2796,79	122341,40	2548,78
88000	110578,20	3685,94	115327,10	3203,53	120197,30	2861,84	125186,40	2608,05
90000	113091,30	3769,71	117948,20	3276,34	122929,00	2926,88	128031,90	2667,33
92000	115604,40	3853,48	120569,40	3349,15	125660,60	2991,92	130876,80	2726,60
94000	118117,50	3937,25	123190,60	3421,96	128392,30	3056,96	133721,80	2785,87
96000	120630,60	4021,02	125811,40	3494,76	131124,00	3122,00	136567,20	2845,15
98000	123143,70	4104,79	128432,50	3567,57	133855,70	3187,04	139412,20	2904,42
100000	125656,80	4188,56	131053,70	3640,38	136587,80	3252,09	142257,60	2963,70

186

	54 MOIS		60 MOIS		66 MOIS		72 MOIS	
Montant	Paiement Total	Paiement Mensuel	Paiement Total	Paiement Mensuel	Paiement Total	Paiement Mensuel	Paiement Total	Paiement Mensuel
37000	54782,46	1014,49	56979,00	949,65	59223,78	897,33	61515,36	854,38
38000	56263,14	1041,91	58519,20	975,32	60824,28	921,58	63177,84	877,47
39000	57743,28	1069,32	60058,80	1000,98	62424,78	945,83	64840,32	900,56
40000	59224,50	1096,75	61599,00	1026,65	64025,28	970,08	66503,52	923,66
41000	60705,19	1124,17	63138,60	1052,31	65626,44	994,34	68166,00	946,75
42000	62185,86	1151,59	64678,80	1077,98	67226,94	1018,59	69828,49	969,84
43000	63666,54	1179,01	66219,00	1103,65	68827,44	1042,84	71490,96	992,93
44000	65147,23	1206,43	67758,60	1129,31	70427,94	1067,09	73153,44	1016,02
45000	66627,36	1233,84	69298,80	1154,98	72028,44	1091,34	74815,93	1039,11
46000	68108,04	1261,26	70839,00	1180,65	73629,60	1115,60	76477,68	1062,19
47000	69588,72	1288,68	72378,60	1206,31	75230,10	1139,85	78141,60	1085,30
48000	71069,40	1316,10	73918,80	1231,98	76830,60	1164,10	79804,08	1108,39
49000	72550,08	1343,52	75459,00	1257,65	78431,10	1188,35	81466,56	1131,48
50000	74030,76	1370,94	76998,60	1283,31	80031,60	1212,60	83128,33	1154,56
51000	75511,44	1398,36	78538,80	1308,98	81632,76	1236,86	84791,52	1177,66
52000	76992,13	1425,78	80078,40	1334,64	83233,26	1261,11	86454,00	1200,75
53000	78472,26	1453,19	81618,60	1360,31	84833,76	1285,36	88116,48	1223,84
54000	79952,94	1480,61	83158,80	1385,98	86434,26	1309,61	89778,96	1246,93
55000	81433,63	1508,03	84698,40	1411,64	88034,76	1333,86	91442,16	1270,03
56000	82914,30	1535,45	86238,60	1437,31	89635,92	1358,12	93104,64	1293,12
57000	84394,98	1562,87	87778,80	1462,98	91236,42	1382,37	94767,12	1316,21
58000	85875,66	1590,29	89318,40	1488,64	92836,92	1406,62	96429,60	1339,30
59000	87356,34	1617,71	90858,60	1514,31	94437,42	1430,87	98092,08	1362,39
60000	88837,02	1645,13	92398,19	1539,97	96038,58	1455,13	99754,56	1385,48
61000	90317,16	1672,54	93938,40	1565,64	97639,08	1479,38	101417,00	1408,57
62000	91797,84	1699,96	95478,60	1591,31	99239,58	1503,63	103080,20	1431,67
64000	94759,21	1754,80	98558,40	1642,64	102440,60	1552,13	106405,20	1477,85
66000	97720,56	1809,64	101638,20	1693,97	105642,20	1600,64	109730,20	1524,03
68000	100681,90	1864,48	104718,00	1745,30	108843,20	1649,14	113055,10	1570,21
70000	103642,70	1919,31	107798,40	1796,64	112044,90	1697,65	116380,80	1616,40
72000	106604,10	1974,15	110878,20	1847,97	115245,90	1746,15	119705,80	1662,58
74000	109565,50	2028,99	113958,00	1899,30	118446,90	1794,65	123030,70	1708,76
76000	112526,80	2083,83	117037,80	1950,63	121648,60	1843,16	126356,40	1754,95
78000	115487,10	2138,65	120118,20	2001,97	124849,60	1891,66	129681,40	1801,13
80000	118449,00	2193,50	123198,00	2053,30	128051,20	1940,17	133006,30	1847,31
82000	121410,40	2248,34	126277,20	2104,62	131252,20	1988,67	136331,30	1893,49
84000	124371,70	2303,18	129357,60	2155,96	134453,90	2037,18	139657,00	1939,68
86000	127332,50	2358,01	132438,00	2207,30	137654,90	2085,68	142981,90	1985,86
88000	130293,90	2412,85	135517,20	2258,62	140855,90	2134,18	146306,90	2032,04
90000	133255,30	2467,69	138597,60	2309,96	144057,50	2182,69	149631,90	2078,22
92000	136216,60	2522,53	141677,40	2361,29	147258,50	2231,19	152956,80	2124,40
94000	139177,40	2577,36	144757,20	2412,62	150460,20	2279,70	156282,50	2170,59
96000	142138,80	2632,20	147837,60	2463,96	153661,20	2328,20	159607,40	2216,77
98000	145100,20	2687,04	150917,40	2515,29	156862,20	2376,70	162933,10	2262,96
100000	148061,50	2741,88	153997,20	2566,62	160063,90	2425,21	166257,40	2309,13

187

INTÉRÊT DE **19 %**

Montant	6 MOIS Paiement Total	6 MOIS Paiement Mensuel	12 MOIS Paiement Total	12 MOIS Paiement Mensuel	18 MOIS Paiement Total	18 MOIS Paiement Mensuel	24 MOIS Paiement Total	24 MOIS Paiement Mensuel
1000	1056,12	176,02	1105,92	92,16	1157,04	64,28	1209,84	50,41
1500	1584,18	264,03	1658,76	138,23	1735,56	96,42	1814,64	75,61
2000	2112,30	352,05	2211,72	184,31	2314,26	128,57	2419,68	100,82
2500	2640,36	440,06	2764,68	230,39	2892,78	160,71	3024,48	126,02
3000	3168,42	528,07	3317,64	276,47	3471,30	192,85	3629,52	151,23
3500	3696,48	616,08	3870,48	322,54	4049,82	224,99	4234,32	176,43
4000	4224,54	704,09	4423,56	368,63	4628,34	257,13	4839,12	201,63
4500	4752,60	792,10	4976,44	414,70	5206,68	289,26	5444,16	226,84
5000	5280,72	880,12	5529,36	460,78	5785,56	321,42	6048,96	252,04
5500	5808,78	968,13	6082,32	506,86	6364,08	353,56	6654,00	277,25
6000	6336,84	1056,14	6635,28	552,94	6942,60	385,70	7258,80	302,45
6500	6864,90	1144,15	7188,24	599,02	7521,12	417,84	7863,84	327,66
7000	7392,96	1232,16	7741,08	645,09	8099,64	449,98	8468,64	352,86
7500	7921,02	1320,17	8294,04	691,17	8678,16	482,12	9073,44	378,06
8000	8449,14	1408,19	8847,00	737,25	9256,86	514,27	9678,48	403,27
8500	8977,20	1496,20	9399,96	783,33	9835,20	546,40	10283,28	428,47
9000	9505,26	1584,21	9952,92	829,41	10413,90	578,55	10888,32	453,68
9500	10033,32	1672,22	10505,88	875,49	10992,42	610,69	11493,12	478,88
10000	10561,38	1760,23	11058,72	921,56	11570,94	642,83	12097,92	504,08
11000	11617,50	1936,25	12164,64	1013,72	12728,16	707,12	13307,76	554,49
12000	12673,68	2112,28	13270,56	1105,88	13885,20	771,40	14517,60	604,90
13000	13729,80	2288,30	14376,36	1198,03	15042,24	835,68	15727,44	655,31
14000	14785,92	2464,32	15482,16	1290,18	16199,46	899,97	16937,28	705,72
15000	15842,10	2640,35	16588,08	1382,34	17356,50	964,25	18147,12	756,13
16000	16898,22	2816,37	17694,00	1474,50	18513,54	1028,53	19356,96	806,54
17000	17954,34	2992,39	18799,92	1566,66	19670,58	1092,81	20566,56	856,94
18000	19010,52	3168,42	19905,72	1658,81	20827,80	1157,10	21776,40	907,35
19000	20066,64	3344,44	21011,64	1750,97	21984,84	1221,38	22986,24	957,76
20000	21122,76	3520,46	22117,56	1843,13	23142,06	1285,67	24196,08	1008,17
21000	22178,94	3696,49	23223,36	1935,28	24299,10	1349,95	25405,68	1058,57
22000	23235,06	3872,51	24329,28	2027,44	25456,14	1414,23	26615,76	1108,99
23000	24291,18	4048,53	25435,20	2119,60	26613,36	1478,52	27825,60	1159,40
24000	25347,36	4224,56	26541,00	2211,75	27770,40	1542,80	29035,20	1209,80
25000	26403,48	4400,58	27646,92	2303,90	28927,44	1607,08	30245,04	1260,21
26000	27459,60	4576,60	28752,72	2396,06	30084,66	1671,37	31454,88	1310,62
27000	28515,78	4752,63	29858,64	2488,22	31241,70	1735,65	32664,72	1361,03
28000	29571,90	4928,65	30964,44	2580,37	32398,74	1799,93	33874,56	1411,44
29000	30628,02	5104,67	32070,36	2672,53	33555,96	1864,22	35084,40	1461,85
30000	31684,14	5280,69	33176,28	2764,69	34713,00	1928,50	36294,00	1512,25
31000	32740,32	5456,72	34282,20	2856,85	35870,04	1992,78	37503,84	1562,66
32000	33796,44	5632,74	35388,00	2949,00	37027,26	2057,07	38713,68	1613,07
33000	34852,56	5808,76	36493,92	3041,16	38184,30	2121,35	39923,52	1663,48
34000	35908,74	5984,79	37599,72	3133,31	39341,17	2185,62	41133,36	1713,89
35000	36964,86	6160,81	38705,64	3225,47	40498,56	2249,92	42343,21	1764,30
36000	38020,98	6336,83	39811,56	3317,63	41655,60	2314,20	43553,04	1814,71

Montant	30 MOIS Paiement Total	Paiement Mensuel	36 MOIS Paiement Total	Paiement Mensuel	42 MOIS Paiement Total	Paiement Mensuel	48 MOIS Paiement Total	Paiement Mensuel
1000	1263,90	42,13	1319,76	36,66	1376,76	32,78	1435,20	29,90
1500	1896,00	63,20	1979,28	54,98	2065,14	49,17	2152,80	44,85
2000	2528,10	84,27	2639,16	73,31	2753,52	65,56	2870,40	59,80
2500	3159,90	105,33	3299,04	91,64	3441,90	81,95	3588,00	74,75
3000	3792,00	126,40	3958,92	109,97	4130,28	98,34	4305,60	89,70
3500	4423,80	147,46	4618,80	128,30	4818,24	114,72	5023,20	104,65
4000	5055,90	168,53	5278,32	146,62	5506,62	131,11	5740,80	119,60
4500	5688,00	189,60	5938,20	164,95	6195,00	147,50	6458,40	134,55
5000	6319,80	210,66	6598,08	183,28	6883,38	163,89	7176,00	149,50
5500	6951,90	231,73	7257,96	201,61	7571,76	180,28	7893,60	164,45
6000	7584,00	252,80	7917,84	219,94	8260,14	196,67	8611,20	179,40
6500	8215,50	273,85	8577,36	238,26	8948,52	213,06	9328,80	194,35
7000	8847,90	294,93	9237,24	256,59	9636,90	229,45	10046,40	209,30
7500	9479,70	315,99	9897,12	274,92	10325,28	245,84	10764,00	224,25
8000	10111,80	337,06	10557,00	293,25	11013,66	262,23	11481,60	239,20
8500	10743,90	358,13	11216,52	311,57	11702,04	278,62	12199,20	254,15
9000	11375,70	379,19	11876,40	329,90	12390,42	295,01	12916,80	269,10
9500	12007,80	400,26	12536,28	348,23	13078,80	311,40	13633,92	284,04
10000	12639,90	421,33	13196,16	366,56	13766,76	327,78	14352,00	299,00
11000	13903,80	463,46	14515,92	403,22	15143,52	360,56	15787,20	328,90
12000	15167,70	505,59	15835,32	439,87	16520,28	393,34	17222,40	358,80
13000	16431,30	547,71	17155,08	476,53	17897,04	426,12	18657,60	388,70
14000	17695,80	589,86	18474,48	513,18	19273,80	458,90	20092,80	418,60
15000	18959,70	631,99	19794,24	549,84	20650,56	491,68	21528,00	448,50
16000	20223,60	674,12	21114,00	586,50	22026,90	524,45	22963,20	478,40
17000	21487,50	716,25	22433,40	623,15	23403,66	557,23	24398,40	508,30
18000	22751,70	758,39	23753,16	659,81	24780,42	590,01	25833,60	538,20
19000	24015,60	800,52	25072,56	696,46	26156,76	622,78	27268,32	568,09
20000	25279,50	842,65	26392,32	733,12	27533,94	655,57	28704,00	598,00
21000	26543,70	884,79	27711,72	769,77	28910,70	688,35	30139,20	627,90
22000	27807,60	926,92	29031,48	806,43	30287,46	721,13	31574,40	657,80
23000	29071,50	969,05	30351,24	843,09	31663,80	753,90	33009,60	687,70
24000	30335,40	1011,18	31670,64	879,74	33040,56	786,68	34444,80	717,60
25000	31599,30	1053,31	32990,40	916,40	34417,32	819,46	35880,00	747,50
26000	32863,20	1095,44	34309,80	953,05	35794,08	852,24	37315,20	777,40
27000	34127,10	1137,57	35629,56	989,71	37170,84	885,02	38750,40	807,30
28000	35391,30	1179,71	36949,32	1026,37	38547,60	917,80	40185,60	837,20
29000	36655,50	1221,85	38268,72	1063,02	39923,94	950,57	41620,80	867,10
30000	37919,40	1263,98	39588,48	1099,68	41300,70	983,35	43056,00	897,00
31000	39183,30	1306,11	40907,52	1136,32	42677,46	1016,13	44491,21	926,90
32000	40447,20	1348,24	42227,64	1172,99	44054,23	1048,91	45926,40	956,80
33000	41711,40	1390,38	43547,40	1209,65	45430,57	1081,68	47361,60	986,70
34000	42975,30	1432,51	44866,80	1246,30	46807,74	1114,47	48796,80	1016,60
35000	44239,20	1474,64	46186,56	1282,96	48184,08	1147,24	50232,00	1046,50
36000	45503,10	1516,77	47505,96	1319,61	49560,84	1180,02	51667,21	1076,40

Montant	54 MOIS Paiement Total	Paiement Mensuel	60 MOIS Paiement Total	Paiement Mensuel	66 MOIS Paiement Total	Paiement Mensuel	72 MOIS Paiement Total	Paiement Mensuel
1000	1495,26	27,69	1556,40	25,94	1618,98	24,53	1683,36	23,38
1500	2242,62	41,53	2334,60	38,91	2428,80	36,80	2525,04	35,07
2000	2989,98	55,37	3112,80	51,88	3237,96	49,06	3366,00	46,75
2500	3737,88	69,22	3891,00	64,85	4047,78	61,33	4207,68	58,44
3000	4485,24	83,06	4669,20	77,82	4857,60	73,60	5048,64	70,12
3500	5233,14	96,91	5447,40	90,79	5666,76	85,86	5891,04	81,82
4000	5980,50	110,75	6225,60	103,76	6476,58	98,13	6732,72	93,51
4500	6727,86	124,59	7003,80	116,73	7285,74	110,39	7574,40	105,20
5000	7475,76	138,44	7782,00	129,70	8095,56	122,66	8415,36	116,88
5500	8223,12	152,28	8560,20	142,67	8904,72	134,92	9257,04	128,57
6000	8970,48	166,12	9338,40	155,64	9714,54	147,19	10098,00	140,25
6500	9718,38	179,97	10116,60	168,61	10524,36	159,46	10940,40	151,95
7000	10465,74	193,81	10894,80	181,58	11333,52	171,72	11782,08	163,64
7500	11213,64	207,66	11673,00	194,55	12143,34	183,99	12623,76	175,33
8000	11961,00	221,50	12451,20	207,52	12953,16	196,26	13464,72	187,01
8500	12708,36	235,34	13229,40	220,49	13762,32	208,52	14306,40	198,70
9000	13456,26	249,19	14007,60	233,46	14572,14	220,79	15148,08	210,39
9500	14203,62	263,03	14785,80	246,43	15381,30	233,05	15989,76	222,08
10000	14950,98	276,87	15564,60	259,41	16191,12	245,32	16831,44	233,77
11000	16446,24	304,56	17121,00	285,35	17810,10	269,85	18514,08	257,14
12000	17941,50	332,25	18677,40	311,29	19429,08	294,38	20196,72	280,51
13000	19436,76	359,94	20233,80	337,23	21048,06	318,91	21880,80	303,90
14000	20931,48	387,62	21790,20	363,17	22667,70	343,45	23562,72	327,26
15000	22426,74	415,31	23346,60	389,11	24286,68	367,98	25246,80	350,65
16000	23922,00	443,00	24903,00	415,05	25905,66	392,51	26930,16	374,03
17000	25417,26	470,69	26459,40	440,99	27524,64	417,04	28612,80	397,40
18000	26911,98	498,37	28015,80	466,93	29143,62	441,57	30296,16	420,78
19000	28407,24	526,06	29572,20	492,87	30763,26	466,11	31979,52	444,16
20000	29902,50	553,75	31128,60	518,81	32382,24	490,64	33662,16	467,53
21000	31397,76	581,44	32685,00	544,75	34001,22	515,17	35345,52	490,91
22000	32892,48	609,12	34241,40	570,69	35620,20	539,70	37028,17	514,28
23000	34387,74	636,81	35797,80	596,63	37239,18	564,23	38710,80	537,65
24000	35883,00	664,50	37354,20	622,57	38858,82	588,77	40394,17	561,03
25000	37378,26	692,19	38910,60	648,51	40477,80	613,30	42078,24	584,42
26000	38872,98	719,87	40467,00	674,45	42096,78	637,83	43761,07	607,78
27000	40368,24	747,56	42023,40	700,39	43715,76	662,36	45444,24	631,17
28000	41863,50	775,25	43579,80	726,33	45334,74	686,89	47127,60	654,55
29000	43358,76	802,94	45136,21	752,27	46953,72	711,42	48810,24	677,92
30000	44853,48	830,62	46693,20	778,22	48573,36	735,96	50493,60	701,30
31000	46348,74	858,31	48249,60	804,16	50192,34	760,49	52176,96	724,68
32000	47844,00	886,00	49806,00	830,10	51811,32	785,02	53859,60	748,05
33000	49339,26	913,69	51362,40	856,04	53430,30	809,55	55542,96	771,43
34000	50833,98	941,37	52918,80	881,98	55049,28	834,08	57226,32	794,81
35000	52329,24	969,06	54475,20	907,92	56668,92	858,62	58908,96	818,18
36000	53824,50	996,75	56031,60	933,86	58287,90	883,15	60592,32	841,56

	6 MOIS		12 MOIS		18 MOIS		24 MOIS	
Montant	Paiement Total	Paiement Mensuel	Paiement Total	Paiement Mensuel	Paiement Total	Paiement Mensuel	Paiement Total	Paiement Mensuel
37000	39077,16	6512,86	40917,36	3409,78	42812,64	2378,48	44762,64	1865,11
38000	40133,28	6688,88	42023,28	3501,94	43969,86	2442,77	45972,48	1915,52
39000	41189,40	6864,90	43129,21	3594,10	45126,90	2507,05	47182,32	1965,93
40000	42245,58	7040,93	44235,00	3686,25	46283,94	2571,33	48392,16	2016,34
41000	43301,71	7216,95	45340,92	3778,41	47441,17	2635,62	49602,00	2066,75
42000	44357,82	7392,97	46446,84	3870,57	48598,20	2699,90	50811,60	2117,15
43000	45414,00	7569,00	47552,64	3962,72	49755,24	2764,18	52021,44	2167,56
44000	46470,12	7745,02	48658,56	4054,88	50912,46	2828,47	53231,28	2217,97
45000	47526,24	7921,04	49764,24	4147,02	52069,50	2892,75	54440,89	2268,37
46000	48582,42	8097,07	50870,28	4239,19	53226,54	2957,03	55650,96	2318,79
47000	49638,54	8273,09	51976,21	4331,35	54383,76	3021,32	56860,80	2369,20
48000	50694,67	8449,11	53082,00	4423,50	55540,80	3085,60	58070,64	2419,61
49000	51750,78	8625,13	54187,92	4515,66	56697,84	3149,88	59280,48	2470,02
50000	52806,96	8801,16	55293,72	4607,81	57855,06	3214,17	60490,08	2520,42
51000	53863,08	8977,18	56399,64	4699,97	59012,10	3278,45	61699,92	2570,83
52000	54919,21	9153,20	57505,56	4792,13	60169,14	3342,73	62909,76	2621,24
53000	55975,39	9329,23	58611,24	4884,27	61326,36	3407,02	64119,60	2671,65
54000	57031,50	9505,25	59717,28	4976,44	62483,40	3471,30	65329,44	2722,06
55000	58087,56	9681,26	60823,21	5068,60	63640,44	3535,58	66539,28	2772,47
56000	59143,80	9857,30	61929,00	5160,75	64797,67	3599,87	67749,12	2822,88
57000	60199,92	10033,32	63034,92	5252,91	65954,70	3664,15	68958,72	2873,28
58000	61256,04	10209,34	64140,84	5345,07	67111,74	3728,43	70168,56	2923,69
59000	62312,22	10385,37	65246,64	5437,22	68268,96	3792,72	71378,41	2974,10
60000	63368,34	10561,39	66352,56	5529,38	69426,00	3857,00	72588,25	3024,51
61000	64424,46	10737,41	67458,49	5621,54	70583,04	3921,28	73798,08	3074,92
62000	65480,64	10913,44	68564,28	5713,69	71740,26	3985,57	75007,93	3125,33
64000	67592,88	11265,48	70776,00	5898,00	74054,34	4114,13	77427,36	3226,14
66000	69705,18	11617,53	72987,84	6082,32	76368,60	4242,70	79847,04	3326,96
68000	71817,43	11969,57	75199,56	6266,63	78682,86	4371,27	82266,72	3427,78
70000	73929,72	12321,62	77411,28	6450,94	80996,94	4499,83	84686,16	3528,59
72000	76042,02	12673,67	79623,12	6635,26	83311,20	4628,40	87105,84	3629,41
74000	78154,26	13025,71	81834,84	6819,57	85625,46	4756,97	89525,52	3730,23
76000	80266,56	13377,76	84046,56	7003,88	87939,36	4885,52	91944,96	3831,04
78000	82378,86	13729,81	86258,28	7188,19	90253,81	5014,10	94364,64	3931,86
80000	84491,09	14081,85	88470,12	7372,51	92568,06	5142,67	96784,32	4032,68
82000	86603,41	14433,90	90681,84	7556,82	94882,14	5271,23	99204,00	4133,50
84000	88715,64	14785,94	92893,56	7741,13	97196,40	5399,80	101623,40	4234,31
86000	90827,94	15137,99	95105,28	7925,44	99510,66	5528,37	104043,10	4335,13
88000	92940,24	15490,04	97317,12	8109,76	101824,70	5656,93	106462,80	4435,95
90000	95052,49	15842,08	99528,84	8294,07	104139,00	5785,50	108882,00	4536,75
92000	97164,78	16194,13	101740,60	8478,38	106453,30	5914,07	111301,90	4637,58
94000	99277,08	16546,18	103952,30	8662,69	108767,30	6042,63	113721,60	4738,40
96000	101389,30	16898,22	106164,10	8847,01	111081,60	6171,20	116141,00	4839,21
98000	103501,60	17250,27	108375,90	9031,32	113395,90	6299,77	118560,50	4940,02
100000	105613,90	17602,32	110587,60	9215,63	115709,90	6428,33	120980,40	5040,85

INTÉRÊT DE 19 %

Montant	30 MOIS Paiement Total	Paiement Mensuel	36 MOIS Paiement Total	Paiement Mensuel	42 MOIS Paiement Total	Paiement Mensuel	48 MOIS Paiement Total	Paiement Mensuel
37000	46767,30	1558,91	48825,72	1356,27	50937,60	1212,80	53102,40	1106,30
38000	48031,21	1601,04	50145,48	1392,93	52313,94	1245,57	54537,12	1136,19
39000	49295,10	1643,17	51464,88	1429,58	53691,12	1278,36	55972,80	1166,10
40000	50559,30	1685,31	52784,64	1466,24	55067,88	1311,14	57408,00	1196,00
41000	51823,20	1727,44	54104,04	1502,89	56444,64	1343,92	58843,21	1225,90
42000	53087,10	1769,57	55423,80	1539,55	57820,98	1376,69	60278,40	1255,80
43000	54351,00	1811,70	56743,56	1576,21	59197,74	1409,47	61713,12	1285,69
44000	55615,20	1853,84	58062,96	1612,86	60574,50	1442,25	63148,80	1315,60
45000	56879,10	1895,97	59382,72	1649,52	61951,26	1475,03	64584,00	1345,50
46000	58143,00	1938,10	60702,12	1686,17	63328,03	1507,81	66019,21	1375,40
47000	59406,90	1980,23	62021,88	1722,83	64704,78	1540,59	67454,41	1405,30
48000	60671,10	2022,37	63341,64	1759,49	66081,12	1573,36	68889,60	1435,20
49000	61935,00	2064,50	64661,04	1796,14	67457,88	1606,14	70324,80	1465,10
50000	63198,60	2106,62	65980,81	1832,80	68834,65	1638,92	71760,00	1495,00
51000	64462,80	2148,76	67300,20	1869,45	70211,40	1671,70	73195,21	1524,90
52000	65726,70	2190,89	68619,96	1906,11	71588,16	1704,48	74630,41	1554,80
53000	66990,90	2233,03	69939,36	1942,76	72964,93	1737,26	76065,60	1584,70
54000	68254,50	2275,15	71259,13	1979,42	74341,68	1770,04	77500,80	1614,60
55000	69518,71	2317,29	72578,88	2016,08	75718,03	1802,81	78936,00	1644,50
56000	70782,90	2359,43	73898,28	2052,73	77094,78	1835,59	80371,21	1674,40
57000	72046,81	2401,56	75217,68	2089,38	78471,54	1868,37	81806,41	1704,30
58000	73310,70	2443,69	76537,44	2126,04	79848,30	1901,15	83241,60	1734,20
59000	74574,91	2485,83	77857,20	2162,70	81225,06	1933,93	84676,80	1764,10
60000	75838,80	2527,96	79176,96	2199,36	82601,82	1966,71	86112,00	1794,00
61000	77102,71	2570,09	80496,36	2236,01	83978,16	1999,48	87547,21	1823,90
62000	78366,60	2612,22	81816,12	2272,67	85354,92	2032,26	88982,41	1853,80
64000	80894,71	2696,49	84455,28	2345,98	88108,44	2097,82	91852,80	1913,60
66000	83422,50	2780,75	87094,44	2419,29	90861,55	2163,37	94723,21	1973,40
68000	85950,60	2865,02	89733,60	2492,60	93615,06	2228,93	97593,59	2033,20
70000	88478,40	2949,28	92373,12	2565,92	96368,58	2294,49	100464,00	2093,00
72000	91006,50	3033,55	95012,28	2639,23	99122,10	2360,05	103334,40	2152,80
74000	93534,31	3117,81	97651,44	2712,54	101875,20	2425,60	106204,80	2212,60
76000	96062,41	3202,08	100290,90	2785,85	104628,30	2491,15	109074,70	2272,39
78000	98590,50	3286,35	102929,80	2859,16	107382,20	2556,72	111945,60	2332,20
80000	101118,30	3370,61	105569,30	2932,48	110135,40	2622,27	114816,00	2392,00
82000	103646,40	3454,88	108208,40	3005,79	112888,90	2687,83	117686,40	2451,80
84000	106174,20	3539,14	110847,60	3079,10	115642,40	2753,39	120556,80	2511,60
86000	108702,30	3623,41	113486,80	3152,41	118395,50	2818,94	123426,70	2571,39
88000	111230,10	3707,67	116125,90	3225,72	121149,00	2884,50	126298,10	2631,21
90000	113758,20	3791,94	118765,10	3299,03	123902,50	2950,06	129168,50	2691,01
92000	116286,00	3876,20	121404,60	3372,35	126656,10	3015,62	132038,90	2750,81
94000	118814,10	3960,47	124043,80	3445,66	129409,10	3081,17	134909,30	2810,61
96000	121341,90	4044,73	126682,90	3518,97	132162,70	3146,73	137779,70	2870,41
98000	123870,00	4129,00	129322,10	3592,28	134916,20	3212,29	140650,10	2930,21
100000	126397,50	4213,25	131961,30	3665,59	137669,30	3277,84	143520,50	2990,01

Montant	54 MOIS Paiement Total	Paiement Mensuel	60 MOIS Paiement Total	Paiement Mensuel	66 MOIS Paiement Total	Paiement Mensuel	72 MOIS Paiement Total	Paiement Mensuel
37000	55319,23	1024,43	57588,00	959,80	59906,88	907,68	62275,68	864,94
38000	56814,48	1052,12	59144,40	985,74	61525,86	932,21	63958,32	888,31
39000	58309,74	1079,81	60700,80	1011,68	63144,84	956,74	65641,68	911,69
40000	59805,00	1107,50	62257,20	1037,62	64764,48	981,28	67325,04	935,07
41000	61299,73	1135,18	63813,60	1063,56	66383,46	1005,81	69007,68	958,44
42000	62794,98	1162,87	65370,00	1089,50	68002,44	1030,34	70691,04	981,82
43000	64290,24	1190,56	66925,81	1115,43	69621,43	1054,87	72374,40	1005,20
44000	65785,50	1218,25	68482,80	1141,38	71240,40	1079,40	74056,33	1028,56
45000	67280,22	1245,93	70038,60	1167,31	72859,38	1103,93	75739,68	1051,94
46000	68775,48	1273,62	71595,60	1193,26	74479,02	1128,47	77423,04	1075,32
47000	70270,75	1301,31	73151,40	1219,19	76098,00	1153,00	79105,68	1098,69
48000	71766,00	1329,00	74708,40	1245,14	77716,99	1177,53	80789,04	1122,07
49000	73260,72	1356,68	76264,20	1271,07	79335,96	1202,06	82473,12	1145,46
50000	74755,98	1384,37	77821,81	1297,03	80954,94	1226,59	84155,04	1168,82
51000	76251,25	1412,06	79378,20	1322,97	82574,58	1251,13	85839,12	1192,21
52000	77746,50	1439,75	80934,60	1348,91	84193,56	1275,66	87522,48	1215,59
53000	79241,22	1467,43	82491,00	1374,85	85811,88	1300,18	89205,12	1238,96
54000	80736,48	1495,12	84047,41	1400,79	87431,52	1324,72	90888,48	1262,34
55000	82231,75	1522,81	85603,80	1426,73	89050,50	1349,25	92571,84	1285,72
56000	83727,00	1550,50	87160,21	1452,67	90670,14	1373,79	94254,48	1309,09
57000	85221,72	1578,18	88716,60	1478,61	92289,12	1398,32	95937,84	1332,47
58000	86716,98	1605,87	90273,00	1504,55	93908,09	1422,85	97621,19	1355,85
59000	88212,24	1633,56	91829,40	1530,49	95527,08	1447,38	99303,84	1379,22
60000	89707,50	1661,25	93385,81	1556,43	97146,06	1471,91	100987,20	1402,60
61000	91202,22	1688,93	94942,21	1582,37	98765,69	1496,45	102670,60	1425,98
62000	92697,48	1716,62	96498,60	1608,31	100384,70	1520,98	104353,20	1449,35
64000	95688,00	1772,00	99611,40	1660,19	103622,60	1570,04	107719,90	1496,11
66000	98677,98	1827,37	102724,20	1712,07	106861,30	1619,11	111085,90	1542,86
68000	101668,50	1882,75	105837,00	1763,95	110099,20	1668,17	114451,90	1589,61
70000	104658,50	1938,12	108950,40	1815,84	113337,20	1717,23	117818,60	1636,37
72000	107649,00	1993,50	112063,20	1867,72	116575,80	1766,30	121184,60	1683,12
74000	110639,00	2048,87	115176,00	1919,60	119813,80	1815,36	124550,60	1729,87
76000	113629,50	2104,25	118288,80	1971,48	123051,70	1864,42	127917,40	1776,63
78000	116619,50	2159,62	121401,60	2023,36	126290,30	1913,49	131283,40	1823,38
80000	19610,00	2215,00	124514,40	2075,24	129528,30	1962,55	134649,40	1870,13
82000	122600,00	2270,37	127627,20	2127,12	132766,90	2011,62	138016,10	1916,89
84000	125590,50	2325,75	130740,00	2179,00	136004,90	2060,68	141382,10	1963,64
86000	128580,50	2381,12	133852,20	2230,87	139242,90	2109,74	144748,10	2010,39
88000	131570,50	2436,49	136965,60	2282,76	142481,50	2158,81	148114,10	2057,14
90000	134561,00	2491,87	140078,40	2334,64	145719,40	2207,87	151480,10	2103,89
92000	137551,00	2547,24	143191,80	2386,53	148957,40	2256,93	154846,10	2150,64
94000	140541,50	2602,62	146304,00	2438,40	152196,00	2306,00	158212,80	2197,40
96000	143531,50	2657,99	149417,40	2490,29	155434,00	2355,06	161578,80	2244,15
98000	146522,00	2713,37	152530,20	2542,17	158671,90	2404,12	164946,20	2290,92
100000	149512,00	2768,74	155643,00	2594,05	161910,50	2453,19	168312,20	2337,67

193

INTÉRÊT DE **19,5 %**

Montant	6 MOIS Paiement Total	6 MOIS Paiement Mensuel	12 MOIS Paiement Total	12 MOIS Paiement Mensuel	18 MOIS Paiement Total	18 MOIS Paiement Mensuel	24 MOIS Paiement Total	24 MOIS Paiement Mensuel
1000	1057,62	176,27	1108,80	92,40	1161,18	64,51	1215,60	50,65
1500	1586,46	264,41	1663,08	138,59	1742,04	96,78	1823,52	75,98
2000	2115,30	352,55	2217,48	184,79	2322,90	129,05	2431,20	101,30
2500	2644,08	440,68	2771,88	230,99	2903,58	161,31	3039,12	126,63
3000	3172,92	528,82	3326,28	277,19	3484,26	193,57	3647,04	151,96
3500	3701,76	616,96	3880,56	323,38	4064,94	225,83	4254,72	177,28
4000	4230,54	705,09	4434,96	369,58	4645,62	258,09	4862,64	202,61
4500	4759,38	793,23	4989,36	415,78	5226,30	290,35	5470,32	227,93
5000	5288,22	881,37	5543,76	461,98	5807,16	322,62	6078,24	253,26
5500	5817,00	969,50	6098,04	508,17	6387,84	354,88	6686,16	278,59
6000	6345,84	1057,64	6652,44	554,37	6968,52	387,14	7293,84	303,91
6500	6874,68	1145,78	7206,84	600,57	7549,20	419,40	7901,76	329,24
7000	7403,46	1233,91	7761,24	646,77	8129,88	451,66	8509,44	354,56
7500	7932,30	1322,05	8315,64	692,97	8710,56	483,92	9117,36	379,89
8000	8461,08	1410,18	8869,92	739,16	9291,24	516,18	9725,04	405,21
8500	8989,92	1498,32	9424,32	785,36	9872,10	548,45	10332,96	430,54
9000	9518,76	1586,46	9978,72	831,56	10452,78	580,71	10940,88	455,87
9500	10047,54	1674,59	10533,12	877,76	11033,28	612,96	11548,56	481,19
10000	10576,38	1762,73	11087,40	923,95	11614,14	645,23	12156,48	506,52
11000	11634,00	1939,00	12196,20	1016,35	12775,50	709,75	13372,08	557,17
12000	12691,68	2115,28	13304,88	1108,74	13937,04	774,28	14587,68	607,82
13000	13749,30	2291,55	14413,68	1201,14	15098,40	838,80	15803,28	658,47
14000	14806,92	2467,82	15522,36	1293,53	16259,76	903,32	17019,12	709,13
15000	15864,60	2644,10	16631,16	1385,93	17421,30	967,85	18234,72	759,78
16000	16922,22	2820,37	17739,96	1478,33	18582,66	1032,37	19450,32	810,43
17000	17979,84	2996,64	18848,64	1570,72	19744,02	1096,89	20665,92	861,08
18000	19037,52	3172,92	19957,44	1663,12	20905,56	1161,42	21881,52	911,73
19000	20095,14	3349,19	21066,12	1755,51	22066,74	1225,93	23097,36	962,39
20000	21152,76	3525,46	22174,92	1847,91	23228,28	1290,46	24312,96	1013,04
21000	22210,44	3701,74	23283,60	1940,30	24389,64	1354,98	25528,32	1063,68
22000	23268,00	3878,01	24392,40	2032,70	25551,18	1419,51	26744,16	1114,34
23000	24325,68	4054,28	25501,08	2125,09	26712,54	1484,03	27959,76	1164,99
24000	25383,24	4230,54	26609,88	2217,49	27873,90	1548,55	29175,36	1215,64
25000	26440,98	4406,83	27718,44	2309,87	29035,44	1613,08	30391,20	1266,30
26000	27498,60	4583,10	28827,36	2402,28	30196,80	1677,60	31606,80	1316,95
27000	28556,22	4759,37	29936,04	2494,67	31358,16	1742,12	32822,40	1367,60
28000	29613,90	4935,65	31044,84	2587,07	32519,70	1806,65	34038,00	1418,25
29000	30671,52	5111,92	32153,64	2679,47	33681,06	1871,17	35253,60	1468,90
30000	31729,14	5288,19	33262,32	2771,86	34842,42	1935,69	36469,44	1519,56
31000	32786,82	5464,47	34371,12	2864,26	36003,96	2000,22	37685,04	1570,21
32000	33844,44	5640,74	35479,80	2956,65	37165,32	2064,74	38900,64	1620,86
33000	34902,06	5817,01	36588,60	3049,05	38326,68	2129,26	40116,24	1671,51
34000	35959,74	5993,29	37697,28	3141,44	39488,04	2193,78	41331,84	1722,16
35000	37017,36	6169,56	38806,08	3233,84	40649,58	2258,31	42547,68	1772,82
36000	38074,98	6345,83	39914,76	3326,23	41810,94	2322,83	43763,28	1823,47

194

Montant	30 MOIS		36 MOIS		42 MOIS		48 MOIS	
	Paiement Total	Paiement Mensuel	Paiement Total	Paiement Mensuel	Paiement Total	Paiement Mensuel	Paiement Total	Paiement Mensuel
1000	1271,40	42,38	1328,76	36,91	1387,68	33,04	1447,68	30,16
1500	1907,10	63,57	1992,96	55,36	2081,52	49,56	2172,00	45,25
2000	2542,80	84,76	2657,52	73,82	2774,94	66,07	2895,84	60,33
2500	3178,50	105,95	3321,72	92,27	3468,78	82,59	3619,68	75,41
3000	3814,20	127,14	3986,28	110,73	4162,62	99,11	4343,52	90,49
3500	4449,90	148,33	4650,12	129,17	4856,46	115,63	5067,84	105,58
4000	5085,60	169,52	5315,04	147,64	5549,88	132,14	5791,68	120,66
4500	5721,30	190,71	5979,24	166,09	6244,14	148,67	6515,52	135,74
5000	6357,00	211,90	6643,80	184,55	6937,98	165,19	7239,36	150,82
5500	6992,70	233,09	7308,00	203,00	7631,82	181,71	7963,68	165,91
6000	7628,40	254,28	7972,56	221,46	8325,24	198,22	8687,52	180,99
6500	8264,10	275,47	8636,76	239,91	9019,08	214,74	9411,36	196,07
7000	8900,10	296,67	9301,32	258,37	9712,92	231,26	10135,20	211,15
7500	9535,50	317,85	9965,52	276,82	10406,76	247,78	10859,04	226,23
8000	10171,50	339,05	10629,36	295,26	11100,18	264,29	11583,36	241,32
8500	10807,20	360,24	11294,28	313,73	11794,44	280,82	12307,20	256,40
9000	11442,90	381,43	11958,48	332,18	12488,28	297,34	13031,04	271,48
9500	12078,60	402,62	12623,04	350,64	13181,70	313,85	13754,88	286,56
10000	12714,30	423,81	13287,24	369,09	13875,54	330,37	14479,20	301,65
11000	13985,70	466,19	14616,00	406,00	15263,22	363,41	15926,88	331,81
12000	15257,10	508,57	15944,76	442,91	16650,90	396,45	17375,04	361,98
13000	16528,50	550,95	17273,52	479,82	18038,58	429,49	18822,72	392,14
14000	17799,90	593,33	18602,28	516,73	19425,84	462,52	20270,40	422,30
15000	19071,30	635,71	19931,04	553,64	20813,52	495,56	21718,56	452,47
16000	20342,70	678,09	21259,80	590,55	22200,78	528,59	23166,24	482,63
17000	21614,10	720,47	22588,56	627,46	23588,46	561,63	24614,40	512,80
18000	22885,50	762,85	23917,32	664,37	24976,14	594,67	26062,08	542,96
19000	24156,90	805,23	25246,08	701,28	26363,82	627,71	27510,24	573,13
20000	25428,30	847,61	26574,84	738,19	27751,50	660,75	28957,44	603,28
21000	26700,00	890,00	27903,60	775,10	29138,76	693,78	30406,08	633,46
22000	27971,40	932,38	29232,00	812,00	30526,44	726,82	31853,76	663,62
23000	29242,80	974,76	30560,76	848,91	31914,12	759,86	33301,92	693,79
24000	30514,20	1017,14	31889,52	885,82	33301,80	792,90	34749,60	723,95
25000	31785,60	1059,52	33218,28	922,73	34689,06	825,93	36197,28	754,11
26000	33057,00	1101,90	34547,04	959,64	36076,74	858,97	37645,44	784,28
27000	34328,40	1144,28	35875,80	996,55	37464,42	892,01	39093,12	814,44
28000	35599,80	1186,66	37204,56	1033,46	38851,68	925,04	40541,28	844,61
29000	36871,20	1229,04	38533,32	1070,37	40239,36	958,08	41988,96	874,77
30000	38142,60	1271,42	39862,08	1107,28	41627,04	991,12	43437,12	904,94
31000	39414,00	1313,80	41190,48	1144,18	43014,73	1024,16	44884,80	935,10
32000	40685,40	1356,18	42519,60	1181,10	44401,57	1057,18	46332,96	965,27
33000	41956,80	1398,56	43848,36	1218,01	45789,66	1090,23	47780,64	995,43
34000	43228,50	1440,95	45177,12	1254,92	47177,34	1123,27	49228,80	1025,60
35000	44499,90	1483,33	46505,52	1291,82	48565,03	1156,31	50676,48	1055,76
36000	45771,30	1525,71	47834,28	1328,73	49952,28	1189,34	52124,64	1085,93

195

Montant	54 MOIS Paiement Total	54 MOIS Paiement Mensuel	60 MOIS Paiement Total	60 MOIS Paiement Mensuel	66 MOIS Paiement Total	66 MOIS Paiement Mensuel	72 MOIS Paiement Total	72 MOIS Paiement Mensuel
1000	1509,84	27,96	1573,20	26,22	1637,46	24,81	1703,52	23,66
1500	2264,76	41,94	2359,20	39,32	2456,52	37,22	2556,00	35,50
2000	3019,68	55,92	3145,80	52,43	3275,58	49,63	3407,76	47,33
2500	3774,06	69,89	3932,40	65,54	4093,98	62,03	4259,52	59,16
3000	4528,98	83,87	4719,00	78,65	4913,04	74,44	5111,28	70,99
3500	5283,90	97,85	5505,60	91,76	5732,10	86,85	5963,04	82,82
4000	6038,82	111,83	6292,20	104,87	6550,50	99,25	6815,52	94,66
4500	6793,74	125,81	7078,20	117,97	7369,56	111,66	7667,28	106,49
5000	7548,12	139,78	7864,80	131,08	8188,62	124,07	8519,04	118,32
5500	8303,58	153,77	8651,40	144,19	9007,02	136,47	9370,08	130,14
6000	9058,50	167,75	9438,00	157,30	9826,08	148,88	10222,56	141,98
6500	9812,88	181,72	10224,60	170,41	10644,48	161,28	11075,04	153,82
7000	10567,80	195,70	11011,20	183,52	11463,54	173,69	11926,80	165,65
7500	11322,72	209,68	11797,20	196,62	12282,60	186,10	12778,56	177,48
8000	12077,64	223,66	12583,80	209,73	13101,66	198,51	13630,32	189,31
8500	12832,56	237,64	13370,40	222,84	13920,06	210,91	14482,08	201,14
9000	13587,48	251,62	14157,00	235,95	14739,12	223,32	15333,84	212,97
9500	14342,40	265,60	14943,60	249,06	15558,18	235,73	16186,32	224,81
10000	15096,78	279,57	15729,60	262,16	16376,58	248,13	17038,08	236,64
11000	16606,62	307,53	17302,80	288,38	18014,70	272,95	18740,88	260,29
12000	18116,46	335,49	18876,00	314,60	19652,16	297,76	20445,84	283,97
13000	19626,30	363,45	20448,60	340,81	21289,62	322,57	22149,36	307,63
14000	21136,14	391,41	22021,80	367,03	22927,74	347,39	23852,88	331,29
15000	22645,98	419,37	23595,00	393,25	24565,20	372,20	25557,12	354,96
16000	24155,28	447,32	25167,60	419,46	26203,32	397,02	27260,64	378,62
17000	25665,12	475,28	26740,80	445,68	27840,78	421,83	28964,88	402,29
18000	27174,96	503,24	28314,00	471,90	29478,24	446,64	30668,40	425,95
19000	28684,80	531,20	29886,60	498,11	31116,36	471,46	32371,92	449,61
20000	30194,10	559,15	31459,80	524,33	32753,82	496,27	34076,16	473,28
21000	1703,94	587,11	33033,00	550,55	34391,28	521,08	35779,68	496,94
22000	33213,78	615,07	34605,60	576,76	36029,40	545,90	37483,92	520,61
23000	34723,62	643,03	36178,80	602,98	37666,86	570,71	39187,44	544,27
24000	36232,92	670,98	37751,40	629,19	39304,32	595,52	40890,96	567,93
25000	37742,76	698,94	39324,60	655,41	40942,44	620,34	42594,48	591,59
26000	39252,60	726,90	40897,80	681,63	42579,90	645,15	44298,72	615,26
27000	40762,44	754,86	42470,40	707,84	44217,36	669,96	46002,24	638,92
28000	42272,28	782,82	44043,60	734,06	45855,48	694,78	47706,48	662,59
29000	43781,58	810,77	45616,80	760,28	47492,94	719,59	49410,00	686,25
30000	45291,42	838,73	47189,40	786,49	49130,40	744,40	51114,24	709,92
31000	46801,26	866,69	48762,60	812,71	50768,52	769,22	52817,76	733,58
32000	48311,10	894,65	50335,80	838,93	52405,98	794,03	54521,28	757,24
33000	49820,40	922,60	51908,40	865,14	54044,10	818,85	56225,52	780,91
34000	51330,24	950,56	53481,60	891,36	55681,56	843,66	57929,04	804,57
35000	52840,08	978,52	55054,80	917,58	57319,02	868,47	59633,28	828,24
36000	54349,92	1006,48	56627,40	943,79	58957,14	893,29	61336,80	851,90

Montant	6 MOIS Paiement Total	6 MOIS Paiement Mensuel	12 MOIS Paiement Total	12 MOIS Paiement Mensuel	18 MOIS Paiement Total	18 MOIS Paiement Mensuel	24 MOIS Paiement Total	24 MOIS Paiement Mensuel
37000	39132,60	6522,10	41023,56	3418,63	42972,30	2387,35	44978,88	1874,12
38000	40190,28	6698,38	42132,24	3511,02	44133,67	2451,87	46194,48	1924,77
39000	41247,90	6874,65	43241,04	3603,42	45295,02	2516,39	47410,08	1975,42
40000	42305,52	7050,92	44349,72	3695,81	46456,56	2580,92	48625,68	2026,07
41000	43363,21	7227,20	45458,52	3788,21	47618,10	2645,45	49841,52	2076,73
42000	44420,82	7403,47	46567,21	3880,61	48779,46	2709,97	51056,89	2127,37
43000	45478,44	7579,74	47676,00	3973,00	49940,82	2774,49	52272,72	2178,03
44000	46536,12	7756,02	48784,80	4065,40	51102,36	2839,02	53488,32	2228,68
45000	47593,74	7932,29	49893,48	4157,79	52263,72	2903,54	54703,92	2279,33
46000	48651,36	8108,56	51002,28	4250,19	53425,08	2968,06	55919,76	2329,99
47000	49709,04	8284,84	52110,96	4342,58	54586,44	3032,58	57135,12	2380,63
48000	50766,67	8461,11	53219,76	4434,98	55747,98	3097,11	58350,96	2431,29
49000	51824,28	8637,38	54328,44	4527,37	56909,34	3161,63	59566,56	2481,94
50000	52881,96	8813,66	55437,24	4619,77	58070,70	3226,15	60782,17	2532,59
51000	53939,58	8989,93	56545,92	4712,16	59232,24	3290,68	61998,00	2583,25
52000	54997,21	9166,20	57654,72	4804,56	60393,60	3355,20	63213,60	2633,90
53000	56054,82	9342,47	58763,40	4896,95	61554,96	3419,72	64429,21	2684,55
54000	57112,50	9518,75	59872,21	4989,35	62716,50	3484,25	65644,80	2735,20
55000	58170,06	9695,01	60980,89	5081,74	63877,86	3548,77	66860,41	2785,85
56000	59227,74	9871,29	62089,68	5174,14	65039,22	3613,29	68076,00	2836,50
57000	60285,42	10047,57	63198,48	5266,54	66200,76	3677,82	69291,84	2887,16
58000	61343,04	10223,84	64307,17	5358,93	67362,13	3742,34	70507,44	2937,81
59000	62400,67	10400,11	65415,96	5451,33	68523,49	3806,86	71723,04	2988,46
60000	63458,34	10576,39	66524,65	5543,72	69684,84	3871,38	72938,65	3039,11
61000	64515,96	10752,66	67633,44	5636,12	70846,38	3935,91	74154,25	3089,76
62000	65573,58	10928,93	68742,12	5728,51	72007,74	4000,43	75370,08	3140,42
64000	67688,88	11281,48	70959,60	5913,30	74330,65	4129,48	77801,28	3241,72
66000	69804,12	11634,02	73177,08	6098,09	76653,36	4258,52	80232,49	3343,02
68000	71919,43	11986,57	75394,56	6282,88	78976,08	4387,56	82663,93	3444,33
70000	74034,72	12339,12	77612,04	6467,67	81299,16	4516,62	85095,12	3545,63
72000	76149,96	12691,66	79829,65	6652,47	83621,88	4645,66	87526,32	3646,93
74000	78265,26	13044,21	82047,12	6837,26	85944,78	4774,71	89957,76	3748,24
76000	80380,56	13396,76	84264,59	7022,05	88267,50	4903,75	92388,96	3849,54
78000	82495,80	13749,30	86482,08	7206,84	90590,22	5032,79	94820,41	3950,85
80000	84611,09	14101,85	88699,56	7391,63	92913,31	5161,85	97251,59	4052,15
82000	86726,34	14454,39	90917,04	7576,42	95236,02	5290,89	99682,81	4153,45
84000	88841,64	14806,94	93134,52	7761,21	97558,92	5419,94	102114,00	4254,75
86000	90956,94	15159,49	95352,00	7946,00	99881,83	5548,99	104545,40	4356,06
88000	93072,18	15512,03	97569,49	8130,79	102204,50	5678,03	106976,60	4457,36
90000	95187,49	15864,58	99786,96	8315,58	104527,40	5807,08	109408,10	4558,67
92000	97302,78	16217,13	102004,40	8500,37	106850,20	5936,12	111839,30	4659,97
94000	99418,02	16569,67	104221,90	8685,16	109173,10	6065,17	114270,50	4761,21
96000	101533,30	16922,22	106439,40	8869,95	111496,00	6194,22	116701,90	4862,58
98000	103648,60	17274,77	108656,90	9054,74	113818,70	6323,26	119133,10	4963,88
100000	105763,90	17627,31	110874,50	9239,54	116141,60	6452,31	121564,60	5065,19

INTÉRÊT DE 19,5 %

Montant	30 MOIS Paiement Total	Paiement Mensuel	36 MOIS Paiement Total	Paiement Mensuel	42 MOIS Paiement Total	Paiement Mensuel	48 MOIS Paiement Total	Paiement Mensuel
37000	47042,70	1568,09	49163,04	1365,64	51339,96	1222,38	53572,32	1116,09
38000	48314,10	1610,47	50491,80	1402,55	52727,64	1255,42	55020,00	1146,25
39000	49585,50	1652,85	51820,56	1439,46	54115,32	1288,46	56468,17	1176,42
40000	50856,90	1695,23	53149,32	1476,37	55502,58	1321,49	57915,36	1206,57
41000	52128,30	1737,61	54478,08	1513,28	56890,26	1354,53	59364,00	1236,75
42000	53399,70	1779,99	55806,84	1550,19	58277,94	1387,57	60811,68	1266,91
43000	54671,10	1822,37	57135,60	1587,10	59665,20	1420,60	62259,36	1297,07
44000	55942,50	1864,75	58464,36	1624,01	61052,88	1453,64	63707,52	1327,24
45000	57213,90	1907,13	59793,12	1660,92	62440,57	1486,68	65155,68	1357,41
46000	58485,30	1949,51	61121,88	1697,83	63828,24	1519,72	66603,36	1387,57
47000	59756,70	1991,89	62450,64	1734,74	65215,50	1552,75	68051,52	1417,74
48000	61028,40	2034,28	63779,40	1771,65	66603,18	1585,79	69499,21	1447,90
49000	62299,50	2076,65	65108,17	1808,56	67990,86	1618,83	70947,36	1478,07
50000	63571,21	2119,04	66436,93	1845,47	69378,54	1651,87	72395,04	1508,23
51000	64842,60	2161,42	67765,32	1882,37	70765,80	1684,90	73842,72	1538,39
52000	66114,00	2203,80	69094,08	1919,28	72153,48	1717,94	75290,88	1568,56
53000	67385,40	2246,18	70422,84	1956,19	73541,16	1750,98	76738,56	1598,72
54000	68656,81	2288,56	71751,60	1993,10	74928,43	1784,01	78186,72	1628,89
55000	69928,20	2330,94	73080,36	2030,01	76316,10	1817,05	79634,41	1659,05
56000	71199,60	2373,32	74409,12	2066,92	77703,78	1850,09	81082,56	1689,22
57000	72471,00	2415,70	75737,88	2103,83	79091,46	1883,13	82530,25	1719,38
58000	73742,41	2458,08	77066,65	2140,74	80478,72	1916,16	83978,41	1749,55
59000	75013,80	2500,46	78395,04	2177,64	81866,40	1949,20	85426,08	1779,71
60000	76285,21	2542,84	79724,16	2214,56	83254,08	1982,24	86874,24	1809,88
61000	77556,90	2585,23	81052,93	2251,47	84641,76	2015,28	88321,92	1840,04
62000	78828,31	2627,61	82381,33	2288,37	86029,02	2048,31	89769,59	1870,20
64000	81371,10	2712,37	85039,19	2362,20	88803,96	2114,38	92665,44	1930,53
66000	83913,90	2797,13	87696,36	2436,01	91579,32	2180,46	95561,28	1990,86
68000	86456,69	2881,89	90353,88	2509,83	94354,68	2246,54	98457,12	2051,19
70000	88999,50	2966,65	93011,04	2583,64	97129,62	2312,61	101353,00	2111,52
72000	91542,30	3051,41	95668,92	2657,47	99904,98	2378,69	104248,80	2171,85
74000	94085,09	3136,17	98326,44	2731,29	102679,90	2444,76	107144,60	2232,18
76000	96628,19	3220,94	100984,00	2805,11	105455,30	2510,84	110040,50	2292,51
78000	99171,00	3305,70	103641,50	2878,93	108229,80	2576,90	112936,30	2352,84
80000	101713,80	3390,46	106298,60	2952,74	111005,20	2642,98	115832,20	2413,17
82000	104256,60	3475,22	108956,20	3026,56	113780,50	2709,06	118728,00	2473,50
84000	106799,40	3559,98	111613,70	3100,38	116555,50	2775,13	121623,90	2533,83
86000	109342,20	3644,74	114271,20	3174,20	119330,80	2841,21	124518,70	2594,14
88000	111885,30	3729,51	116928,70	3248,02	122105,80	2907,28	127415,00	2654,48
90000	114428,10	3814,27	119586,20	3321,84	124881,10	2973,36	130310,90	2714,81
92000	16970,90	3899,03	122243,80	3395,66	127656,10	3039,43	133206,70	2775,14
94000	119513,70	3983,79	124900,90	3469,47	130431,40	3105,51	136102,60	2835,47
96000	22056,60	4068,55	127558,40	3543,29	133206,40	3171,58	138998,40	2895,80
98000	124599,30	4153,31	130216,00	3617,11	135981,70	3237,66	141894,20	2956,13
100000	127141,80	4238,06	132873,50	3690,93	138756,70	3303,73	144790,10	3016,46

	54 MOIS		60 MOIS		66 MOIS		72 MOIS	
Montant	Paiement Total	Paiement Mensuel	Paiement Total	Paiement Mensuel	Paiement Total	Paiement Mensuel	Paiement Total	Paiement Mensuel
37000	55859,23	1034,43	58200,60	970,01	60594,60	918,10	63040,32	875,56
38000	57369,07	1062,39	59773,20	996,22	62232,06	942,91	64744,56	899,23
39000	58878,90	1090,35	61346,40	1022,44	63870,18	967,73	66448,08	922,89
40000	60388,74	1118,31	62919,60	1048,66	65507,64	992,54	68152,32	946,56
41000	61898,04	1146,26	64492,20	1074,87	67145,10	1017,35	69855,84	970,22
42000	63407,88	1174,22	66065,40	1101,09	68783,22	1042,17	71559,36	993,88
43000	64917,73	1202,18	67638,60	1127,31	70420,68	1066,98	73263,60	1017,55
44000	66427,56	1230,14	69211,21	1153,52	72058,15	1091,79	74967,12	1041,21
45000	67937,40	1258,10	70784,40	1179,74	73696,26	1116,61	76670,65	1064,87
46000	69446,71	1286,05	72357,60	1205,96	75333,72	1141,42	78374,88	1088,54
47000	70956,54	1314,01	73930,21	1232,17	76971,18	1166,23	80077,68	1112,19
48000	72466,38	1341,97	75503,40	1258,39	78609,31	1191,05	81782,65	1135,87
49000	73976,22	1369,93	77076,60	1284,61	80246,76	1215,86	83486,16	1159,53
50000	75485,52	1397,88	78649,20	1310,82	81884,22	1240,67	85188,96	1183,18
51000	76995,36	1425,84	80222,41	1337,04	83522,34	1265,49	86893,92	1206,86
52000	78505,21	1453,80	81795,00	1363,25	85159,81	1290,30	88597,44	1230,52
53000	80015,04	1481,76	83368,20	1389,47	86797,92	1315,12	90300,96	1254,18
54000	81524,34	1509,71	84941,40	1415,69	88435,38	1339,93	92005,19	1277,85
55000	83034,18	1537,67	86514,00	1441,90	90072,84	1364,74	93708,72	1301,51
56000	84544,02	1565,63	88087,21	1468,12	91710,96	1389,56	95412,96	1325,18
57000	86053,86	1593,59	89660,40	1494,34	93348,42	1414,37	97116,48	1348,84
58000	87563,71	1621,55	91233,00	1520,55	94985,88	1439,18	98820,72	1372,51
59000	89073,00	1649,50	92806,21	1546,77	96624,00	1464,00	100524,20	1396,17
60000	90582,84	1677,46	94379,40	1572,99	98261,46	1488,81	102227,80	1419,83
61000	92092,68	1705,42	95952,00	1599,20	99898,92	1513,62	103932,00	1443,50
62000	93602,52	1733,38	97525,21	1625,42	101537,00	1538,44	105635,50	1467,16
64000	96621,66	1789,29	100671,00	1677,85	104812,00	1588,06	109043,30	1514,49
66000	99641,34	1845,21	103817,40	1730,29	108087,50	1637,69	112451,00	1561,82
68000	102660,50	1901,12	106963,20	1782,72	111363,10	1687,32	115858,10	1609,14
70000	105680,20	1957,04	110109,00	1835,15	114638,00	1736,94	119265,80	1656,47
72000	108699,30	2012,95	113254,80	1887,58	117913,60	1786,57	122673,60	1703,80
74000	111719,00	2068,87	116401,20	1940,02	121189,20	1836,20	126081,40	1751,13
76000	114738,10	2124,78	119547,00	1992,45	124464,80	1885,83	129488,40	1798,45
78000	117757,80	2180,70	122692,80	2044,88	127739,70	1935,45	132896,20	1845,78
80000	120777,00	2236,61	125839,20	2097,32	131015,30	1985,08	136303,90	1893,11
82000	123796,60	2292,53	128985,00	2149,75	134290,90	2034,71	139711,70	1940,44
84000	126816,30	2348,45	132130,80	2202,18	137565,80	2084,33	143119,40	1987,77
86000	129835,50	2404,36	135276,60	2254,61	140841,40	2133,96	146526,50	2035,09
88000	132855,10	2460,28	138423,00	2307,05	144116,90	2183,59	149934,20	2082,42
90000	135874,30	2516,19	141568,80	2359,48	147391,90	2233,21	153342,00	2129,75
92000	138893,90	2572,11	144714,00	2411,90	150667,40	2282,84	156749,80	2177,08
94000	141913,10	2628,02	147861,00	2464,35	153943,00	2332,47	160156,10	2224,39
96000	144932,80	2683,94	151006,80	2516,78	157217,90	2382,09	163564,60	2271,73
98000	147951,90	2739,85	154152,60	2569,21	160493,50	2431,72	166972,30	2319,06
100000	150971,60	2795,77	157298,40	2621,64	163769,10	2481,35	170379,40	2366,38

Montant	6 MOIS Paiement Total	Paiement Mensuel	12 MOIS Paiement Total	Paiement Mensuel	18 MOIS Paiement Total	Paiement Mensuel	24 MOIS Paiement Total	Paiement Mensuel
1000	1059,12	176,52	1111,56	92,63	1165,48	64,76	1221,60	50,90
1500	1588,68	264,78	1667,40	138,95	1748,52	97,14	1831,92	76,33
2000	2118,30	353,05	2223,24	185,27	2331,54	129,53	2442,96	101,79
2500	2647,86	441,31	2779,08	231,59	2914,38	161,91	3053,76	127,24
3000	3177,42	529,57	3334,80	277,90	3497,22	194,29	3664,56	152,69
3500	3706,98	617,83	3890,64	324,22	4080,06	226,67	4275,36	178,14
4000	4236,54	706,09	4446,48	370,54	4662,72	259,04	4885,92	203,58
4500	4766,10	794,35	5002,32	416,86	5245,74	291,43	5496,72	229,03
5000	5295,66	882,61	5558,04	463,17	5828,76	323,82	6107,52	254,48
5500	5825,28	970,88	6113,88	509,49	6411,60	356,20	6718,32	279,93
6000	6354,84	1059,14	6669,72	555,81	6994,44	388,58	7329,12	305,38
6500	6884,40	1147,40	7225,44	602,12	7577,28	420,96	7939,68	330,82
7000	7413,96	1235,66	7781,28	648,44	8160,12	453,34	8550,48	356,27
7500	7943,52	1323,92	8337,12	694,76	8742,96	485,72	9161,28	381,72
8000	8473,08	1412,18	8892,96	741,08	9325,98	518,11	9772,08	407,17
8500	9002,70	1500,45	9448,68	787,39	9908,82	550,49	10382,64	432,61
9000	9532,26	1588,71	10004,52	833,71	10491,66	582,87	10993,44	458,06
9500	10061,82	1676,97	10560,36	880,03	11074,50	615,25	11604,24	483,51
10000	10591,38	1765,23	11116,20	926,35	11657,34	647,63	12215,04	508,96
11000	11650,50	1941,75	12227,76	1018,98	12823,20	712,40	13436,16	559,84
12000	12709,68	2118,28	13339,44	1111,62	13988,88	777,16	14658,00	610,75
13000	13768,80	2294,80	14451,00	1204,25	15154,56	841,92	15879,60	661,65
14000	14827,92	2471,32	15562,56	1296,88	16320,42	906,69	17100,96	712,54
15000	15887,04	2647,84	16674,24	1389,52	17486,10	971,45	18322,56	763,44
16000	16946,22	2824,37	17785,80	1482,15	18651,78	1036,21	19543,92	814,33
17000	18005,34	3000,89	18897,48	1574,79	19817,64	1100,98	20765,52	865,23
18000	19064,46	3177,41	20009,04	1667,42	20983,32	1165,74	21987,12	916,13
19000	20123,64	3353,94	21120,72	1760,06	22149,00	1230,50	23208,48	967,02
20000	21182,76	3530,46	22232,28	1852,69	23314,86	1295,27	24430,08	1017,92
21000	22241,88	3706,98	23343,96	1945,33	24480,54	1360,03	25651,44	1068,81
22000	23301,00	3883,50	24455,52	2037,96	25646,22	1424,79	26873,04	1119,71
23000	24360,18	4060,03	25567,20	2130,60	26812,08	1489,56	28094,40	1170,60
24000	25419,24	4236,54	26678,76	2223,23	27977,76	1554,32	29316,00	1221,50
25000	26478,36	4413,06	27790,32	2315,86	29143,44	1619,08	30537,60	1272,40
26000	27537,60	4589,60	28902,00	2408,50	30309,30	1683,85	31758,96	1323,29
27000	28596,72	4766,12	30013,44	2501,12	31474,98	1748,61	32980,56	1374,19
28000	29655,84	4942,64	31125,24	2593,77	32640,66	1813,37	34201,92	1425,08
29000	30715,02	5119,17	32236,80	2686,40	33806,34	1878,13	35423,52	1475,98
30000	31774,14	5295,69	33348,48	2779,04	34972,20	1942,90	36645,12	1526,88
31000	32833,26	5472,21	34460,04	2871,67	36137,88	2007,66	37866,48	1577,77
32000	33892,38	5648,73	35571,72	2964,31	37303,56	2072,42	39088,08	1628,67
33000	34951,56	5825,26	36683,28	3056,94	38469,42	2137,19	40309,44	1679,56
34000	36010,68	6001,78	37794,96	3149,58	39635,10	2201,95	41531,04	1730,46
35000	37069,80	6178,30	38906,52	3242,21	40800,78	2266,71	42752,40	1781,35
36000	38128,98	6354,83	40018,20	3334,85	41966,64	2331,48	43974,00	1832,25

Montant	30 MOIS Paiement Total	Paiement Mensuel	36 MOIS Paiement Total	Paiement Mensuel	42 MOIS Paiement Total	Paiement Mensuel	48 MOIS Paiement Total	Paiement Mensuel
1000	1278,90	42,63	1337,76	37,16	1398,60	33,30	1460,64	30,43
1500	1918,20	63,94	2007,00	55,75	2097,90	49,95	2191,20	45,65
2000	2557,80	85,26	2675,88	74,33	2796,36	66,58	2921,28	60,86
2500	3197,10	106,57	3344,76	92,91	3496,08	83,24	3651,84	76,08
3000	3836,70	127,89	4013,64	111,49	4195,38	99,89	4381,92	91,29
3500	4476,00	149,20	4682,52	130,07	4894,68	116,54	5112,48	106,51
4000	5115,60	170,52	5351,04	148,64	5593,98	133,19	5842,56	121,72
4500	5754,90	191,83	6020,64	167,24	6293,28	149,84	6573,12	136,94
5000	6394,50	213,15	6689,52	185,82	6992,58	166,49	7302,72	152,14
5500	7033,80	234,46	7358,40	204,40	7691,88	183,14	8033,76	167,37
6000	7673,40	255,78	8027,28	222,98	8390,76	199,78	8763,84	182,58
6500	8312,70	277,09	8696,16	241,56	9090,06	216,43	9494,40	197,80
7000	8952,30	298,41	9365,40	260,15	9789,36	233,08	10224,48	213,01
7500	9591,60	319,72	10034,28	278,73	10488,66	249,73	10955,04	228,23
8000	10231,20	341,04	10703,16	297,31	11187,96	266,38	11685,60	243,44
8500	10870,50	362,35	11372,04	315,89	11887,26	283,03	12415,68	258,66
9000	11510,10	383,67	12040,92	334,47	12586,56	299,68	13145,76	273,87
9500	12149,40	404,98	12709,80	353,05	13285,44	316,32	13876,32	289,09
10000	12789,00	426,30	13379,04	371,64	13984,74	332,97	14605,92	304,29
11000	14067,90	468,93	14716,80	408,80	15383,34	366,27	16067,04	334,73
12000	15346,80	511,56	16054,56	445,96	16781,94	399,57	17527,68	365,16
13000	16625,70	554,19	17392,68	483,13	18180,12	432,86	18988,80	395,60
14000	17904,30	596,81	18730,08	520,28	19578,72	466,16	20449,44	426,03
15000	19183,20	639,44	20068,20	557,45	20977,32	499,46	21910,08	456,46
16000	20462,10	682,07	21406,32	594,62	22375,92	532,76	23370,72	486,89
17000	21741,00	724,70	22744,08	631,78	23774,10	566,05	24831,36	517,32
18000	23019,90	767,33	24082,20	668,95	25172,28	599,34	26292,00	547,75
19000	24298,80	809,96	25419,96	706,11	26571,30	632,65	27752,64	578,18
20000	25577,70	852,59	26757,72	743,27	27969,90	665,95	29213,28	608,61
21000	26856,60	895,22	28095,84	780,44	29368,08	699,24	30673,44	639,03
22000	28135,50	937,85	29433,60	817,60	30766,68	732,54	32134,56	669,47
23000	29414,40	980,48	30771,36	854,76	32165,28	765,84	33595,20	699,90
24000	30693,30	1023,11	32109,48	891,93	33563,88	799,14	35055,84	730,33
25000	31972,20	1065,74	33447,24	929,09	34962,06	832,43	36516,48	760,76
26000	33251,10	1108,37	34785,00	966,25	36360,66	865,73	37977,12	791,19
27000	34530,00	1151,00	36123,12	1003,42	37759,26	899,03	39437,76	821,62
28000	35808,90	1193,63	37460,52	1040,57	39157,44	932,32	40898,40	852,05
29000	37087,80	1236,26	38798,64	1077,74	40556,04	965,62	42359,04	882,48
30000	38366,70	1278,89	40136,76	1114,91	41954,64	998,92	43819,68	912,91
31000	39645,60	1321,52	41474,17	1152,06	43353,24	1032,22	45280,32	943,34
32000	40924,50	1364,15	42812,64	1189,24	44751,42	1065,51	46740,96	973,77
33000	42203,40	1406,78	44150,40	1226,40	46150,03	1098,81	48201,60	1004,20
34000	43482,30	1449,41	45488,17	1263,56	47548,62	1132,11	49662,24	1034,63
35000	44761,21	1492,04	46826,28	1300,73	48947,23	1165,41	51122,89	1065,06
36000	46040,10	1534,67	48164,04	1337,89	50344,98	1198,69	52583,52	1095,49

Montant	54 MOIS Paiement Total	Paiement Mensuel	60 MOIS Paiement Total	Paiement Mensuel	66 MOIS Paiement Total	Paiement Mensuel	72 MOIS Paiement Total	Paiement Mensuel
1000	1524,42	28,23	1589,40	26,49	1656,60	25,10	1724,40	23,95
1500	2286,90	42,34	2384,40	39,74	2484,90	37,65	2586,96	35,93
2000	3048,84	56,46	3179,40	52,99	3312,54	50,19	3449,52	47,91
2500	3810,78	70,57	3973,80	66,23	4140,84	62,74	4311,36	59,88
3000	4573,26	84,69	4768,80	79,48	4969,14	75,29	5173,92	71,86
3500	5335,20	98,80	5563,80	92,73	5797,44	87,84	6035,76	83,83
4000	6097,68	112,92	6358,80	105,98	6625,74	100,39	6898,32	95,81
4500	6859,62	127,03	7153,20	119,22	7454,04	112,94	7760,88	107,79
5000	7621,56	141,14	7948,20	132,47	8281,68	125,48	8622,72	119,76
5500	8383,50	155,25	8743,20	145,72	9109,98	138,03	9485,28	131,74
6000	9146,52	169,38	9537,60	158,96	9938,28	150,58	10347,84	143,72
6500	9908,46	183,49	10332,60	172,21	10766,58	163,13	11209,68	155,69
7000	10670,94	197,61	11127,60	185,46	11594,88	175,68	12072,24	167,67
7500	11432,88	211,72	11922,00	198,70	12423,18	188,23	12934,80	179,65
8000	12194,82	225,83	12717,00	211,95	13250,82	200,77	13796,64	191,62
8500	12957,30	239,95	13512,00	225,20	14079,12	213,32	14659,20	203,60
9000	13719,24	254,06	14307,00	238,45	14907,42	225,87	15521,76	215,58
9500	14481,72	268,18	15101,40	251,69	15735,72	238,42	16383,60	227,55
10000	15243,66	282,29	15896,40	264,94	16564,02	250,97	17246,16	239,53
11000	16767,54	310,51	17485,80	291,43	18219,96	276,06	18970,56	263,48
12000	18292,50	338,75	19075,80	317,93	19876,56	301,16	20694,96	287,43
13000	19816,92	366,98	20665,20	344,42	21533,16	326,26	22420,08	311,39
14000	21341,34	395,21	22254,60	370,91	23189,10	351,35	24144,48	335,34
15000	22865,76	423,44	23844,60	397,41	24845,70	376,45	25868,88	359,29
16000	24390,18	451,67	25434,00	423,90	26502,30	401,55	27594,00	383,25
17000	25914,60	479,90	27024,00	450,40	28158,24	426,64	29318,40	407,20
18000	27439,02	508,13	28613,40	476,89	29814,84	451,74	31042,80	431,15
19000	28963,44	536,36	30202,80	503,38	31471,44	476,84	32767,20	455,10
20000	30487,86	564,59	31792,80	529,88	33127,38	501,93	34492,32	479,06
21000	32012,28	592,82	33382,20	556,37	34783,98	527,03	36216,72	503,01
22000	33535,62	621,03	34972,20	582,87	36440,58	552,13	37941,12	526,96
23000	35060,58	649,27	36561,60	609,36	38097,18	577,23	39666,24	550,92
24000	36585,00	677,50	38150,40	635,84	39753,12	602,32	41390,64	574,87
25000	38109,42	705,73	39741,00	662,35	41409,72	627,42	43115,04	598,82
26000	39533,84	733,96	41330,40	688,84	43066,32	652,52	44839,44	622,77
27000	41158,26	762,19	42930,40	715,34	44722,26	677,61	46564,56	646,73
28000	42682,68	790,42	44509,80	741,83	46378,86	702,71	48289,96	670,68
29000	44207,10	818,65	46099,20	768,32	48035,46	727,81	50013,36	694,63
30000	45731,52	846,88	47689,20	794,82	49691,40	752,90	51738,48	718,59
31000	47255,94	875,11	49278,60	821,31	51348,00	778,00	53462,88	742,54
32000	48780,36	903,34	50868,00	847,80	53004,60	803,10	55187,28	766,49
33000	50304,78	931,57	52458,00	874,30	54660,54	828,19	56911,68	790,44
34000	51829,20	959,80	54047,40	900,79	56317,14	853,29	58636,80	814,40
35000	53353,62	988,03	55637,40	927,29	57973,74	878,39	60361,20	838,35
36000	54878,04	1016,26	57226,80	953,78	59629,68	903,48	62085,60	862,30

Montant	6 MOIS Paiement Total	Paiement Mensuel	12 MOIS Paiement Total	Paiement Mensuel	18 MOIS Paiement Total	Paiement Mensuel	24 MOIS Paiement Total	Paiement Mensuel
37000	39188,10	6531,35	41129,76	3427,48	43132,32	2396,24	45195,60	1883,15
38000	40247,22	6707,87	42241,32	3520,11	44298,00	2461,00	46416,96	1934,04
39000	41306,40	6884,40	43353,00	3612,75	45463,86	2525,77	47638,56	1984,94
40000	42365,52	7060,92	44464,56	3705,38	46629,54	2590,53	48859,92	2035,83
41000	43424,64	7237,44	45576,24	3798,02	47795,22	2655,29	50081,52	2086,73
42000	44483,76	7413,96	46687,80	3890,65	48961,08	2720,06	51302,89	2137,62
43000	45542,94	7590,49	47799,48	3983,29	50126,76	2784,82	52524,48	2188,52
44000	46602,06	7767,01	48911,04	4075,92	51292,44	2849,58	53746,08	2239,42
45000	47661,18	7943,53	50022,72	4168,56	52458,30	2914,35	54967,44	2290,31
46000	48720,36	8120,06	51134,28	4261,19	53623,98	2979,11	56189,04	2341,21
47000	49779,48	8296,58	52245,96	4353,83	54789,67	3043,87	57410,64	2392,11
48000	50838,54	8473,09	53357,52	4446,46	55955,52	3108,64	58632,00	2443,00
49000	51897,72	8649,62	54469,08	4539,09	57121,20	3173,40	59853,36	2493,89
50000	52956,90	8826,15	55580,76	4631,73	58286,88	3238,16	61074,96	2544,79
51000	54016,02	9002,67	56692,32	4724,36	59452,74	3302,93	62296,56	2595,69
52000	55075,14	9179,19	57804,00	4817,00	60618,42	3367,69	63517,92	2646,58
53000	56134,32	9355,72	58915,56	4909,63	61784,10	3432,45	64739,52	2697,48
54000	57193,44	9532,24	60027,24	5002,27	62949,96	3497,22	65961,12	2748,38
55000	58252,56	9708,76	61138,80	5094,90	64115,64	3561,98	67182,49	2799,27
56000	59311,74	9885,29	62250,48	5187,54	65281,32	3626,74	68404,08	2850,17
57000	60370,80	10061,80	63362,04	5280,17	66447,18	3691,51	69625,44	2901,06
58000	61429,98	10238,33	64473,72	5372,81	67612,86	3756,27	70847,04	2951,96
59000	62489,04	10414,84	65585,28	5465,44	68778,54	3821,03	72068,65	3002,86
60000	63548,28	10591,38	66696,96	5558,08	69944,40	3885,80	73290,00	3053,75
61000	64607,40	10767,90	67808,52	5650,71	71110,08	3950,56	74511,60	3104,65
62000	65666,52	10944,42	68920,08	5743,34	72275,76	4015,32	75732,96	3155,54
64000	67784,82	11297,47	71143,32	5928,61	74607,31	4144,85	78175,93	3257,33
66000	69903,12	11650,52	73366,56	6113,88	76938,84	4274,38	80619,12	3359,13
68000	72021,36	12003,56	75589,80	6299,15	79270,20	4403,90	83062,08	3460,92
70000	74139,66	12356,61	77813,04	6484,42	81601,75	4533,43	85505,04	3562,71
72000	76257,91	12709,65	80036,28	6669,69	83933,28	4662,96	87948,00	3664,50
74000	78376,21	13062,70	82259,52	6854,96	86264,64	4792,48	90390,96	3766,29
76000	80494,44	13415,74	84482,76	7040,23	88596,00	4922,00	92834,16	3868,09
78000	82612,75	13768,79	86706,00	7225,50	90927,72	5051,54	95277,12	3969,88
80000	84731,04	14121,84	88929,24	7410,77	93259,08	5181,06	97720,08	4071,67
82000	86849,28	14474,88	91152,49	7596,04	95590,62	5310,59	100163,00	4173,46
84000	88967,58	14827,93	93375,72	7781,31	97921,98	5440,11	102606,00	4275,25
86000	91085,82	15180,97	95598,84	7966,57	100253,50	5569,64	105049,00	4377,04
88000	93204,12	15534,02	97822,08	8151,84	102585,10	5699,17	107492,20	4478,84
90000	95322,42	15887,07	100045,30	8337,11	104916,40	5828,69	109935,10	4580,63
92000	97440,66	16240,11	102268,60	8522,38	107248,00	5958,22	112378,10	4682,42
94000	99558,96	16593,16	104491,80	8707,65	109579,50	6087,75	114821,00	4784,21
96000	101677,10	16946,19	106715,00	8892,92	111910,90	6217,27	117264,00	4886,00
98000	103795,50	17299,25	108938,30	9078,19	114242,40	6346,80	119707,00	4987,79
100000	105913,80	17652,30	111161,50	9263,46	116573,90	6476,33	122150,20	5089,59

203

INTÉRÊT DE 20 %

	30 MOIS		36 MOIS		42 MOIS		48 MOIS	
Montant	Paiement Total	Paiement Mensuel	Paiement Total	Paiement Mensuel	Paiement Total	Paiement Mensuel	Paiement Total	Paiement Mensuel
37000	47319,00	1577,30	49501,80	1375,05	51744,00	1232,00	54044,17	1125,92
38000	48597,90	1619,93	50839,92	1412,22	53142,60	1265,30	55504,80	1156,35
39000	49876,80	1662,56	52177,68	1449,38	54540,78	1298,59	56965,92	1186,79
40000	51155,70	1705,19	53515,44	1486,54	55939,38	1331,89	58426,56	1217,22
41000	52434,30	1747,81	54853,56	1523,71	57337,98	1365,19	59887,21	1247,65
42000	53713,20	1790,44	56191,32	1560,87	58736,58	1398,49	61347,36	1278,07
43000	54992,10	1833,07	57529,44	1598,04	60134,76	1431,78	62808,48	1308,51
44000	56271,00	1875,70	58867,20	1635,20	61533,36	1465,08	64269,12	1338,94
45000	57549,90	1918,33	60204,96	1672,36	62931,96	1498,38	65729,76	1369,37
46000	58828,80	1960,96	61543,08	1709,53	64330,57	1531,68	67190,41	1399,80
47000	60107,70	2003,59	62880,84	1746,69	65728,74	1564,97	68651,04	1430,23
48000	61386,60	2046,22	64218,60	1783,85	67127,35	1598,27	70111,68	1460,66
49000	62665,51	2088,85	65556,72	1821,02	68525,94	1631,57	71572,32	1491,09
50000	63944,40	2131,48	66894,49	1858,18	69924,54	1664,87	73032,96	1521,52
51000	65223,31	2174,11	68232,24	1895,34	71322,72	1698,16	74493,60	1551,95
52000	66502,21	2216,74	69570,36	1932,51	72721,32	1731,46	75954,25	1582,38
53000	67781,10	2259,37	70908,13	1969,67	74119,93	1764,76	77414,88	1612,81
54000	69060,00	2302,00	72246,24	2006,84	75518,10	1798,05	78875,52	1643,24
55000	70338,60	2344,62	73584,00	2044,00	76916,70	1831,35	80336,16	1673,67
56000	71617,80	2387,26	74921,40	2081,15	78315,30	1864,65	81796,80	1704,10
57000	72896,40	2429,88	76259,88	2118,33	79713,90	1897,95	83257,44	1734,53
58000	74175,60	2472,52	77597,65	2155,49	81112,08	1931,24	84718,08	1764,96
59000	75454,20	2515,14	78935,04	2192,64	82510,68	1964,54	86178,72	1795,39
60000	76733,40	2557,78	80273,53	2229,82	83909,28	1997,84	87639,36	1825,82
61000	78012,00	2600,40	81611,28	2266,98	85307,88	2031,14	89100,00	1856,25
62000	79291,21	2643,04	82948,68	2304,13	86706,06	2064,43	90560,64	1886,68
64000	81849,00	2728,30	85624,92	2378,47	89503,26	2131,03	93481,92	1947,54
66000	84406,81	2813,56	88300,81	2452,80	92300,05	2197,62	96403,68	2008,41
68000	86964,31	2898,81	90976,33	2527,12	95097,24	2264,22	99324,96	2069,27
70000	89522,10	2984,07	93652,19	2601,45	97894,02	2330,81	102245,80	2130,12
72000	92079,91	3069,33	96328,08	2675,78	100690,80	2397,40	105167,50	2190,99
74000	94637,71	3154,59	99003,96	2750,11	103488,00	2464,00	108088,80	2251,85
76000	97195,50	3239,85	101679,50	2824,43	106285,20	2530,60	111010,10	2312,71
78000	99753,31	3325,11	104355,40	2898,76	109082,00	2597,19	113931,40	2373,57
80000	102311,10	3410,37	107031,20	2973,09	111878,80	2663,78	116852,60	2434,43
82000	104868,90	3495,63	109707,10	3047,42	114676,00	2730,38	119773,90	2495,29
84000	107426,70	3580,89	112382,60	3121,74	117472,70	2796,97	122694,70	2556,14
86000	109984,50	3666,15	115058,50	3196,07	120270,00	2863,57	125616,50	2617,01
88000	112542,30	3751,41	117734,40	3270,40	123066,70	2930,16	128537,80	2677,87
90000	115100,10	3836,67	120410,30	3344,73	125863,90	2996,76	131459,00	2738,73
92000	117657,90	3921,93	123085,80	3419,05	128660,70	3063,35	134380,80	2799,60
94000	120215,70	4007,19	125761,70	3493,38	131457,90	3129,95	137302,10	2860,46
96000	122773,20	4092,44	128437,60	3567,71	134254,70	3196,54	140223,40	2921,32
98000	125331,00	4177,70	131113,10	3642,03	137051,90	3263,14	143144,60	2982,18
100000	127888,80	4262,96	133789,00	3716,36	139848,70	3329,73	146065,90	3043,04

Montant	54 MOIS Paiement Total	Paiement Mensuel	60 MOIS Paiement Total	Paiement Mensuel	66 MOIS Paiement Total	Paiement Mensuel	72 MOIS Paiement Total	Paiement Mensuel
37000	56401,92	1044,48	58816,21	980,27	61286,28	928,58	63810,72	886,26
38000	57926,34	1072,71	60406,21	1006,77	62942,88	953,68	65535,12	910,21
39000	59450,23	1100,93	61995,60	1033,26	64598,82	978,77	67259,52	934,16
40000	60975,19	1129,17	63585,60	1059,76	66255,43	1003,87	68983,93	958,11
41000	62499,60	1157,40	65175,00	1086,25	67912,02	1028,97	70709,04	982,07
42000	64024,02	1185,63	66764,40	1112,74	69567,96	1054,06	72433,44	1006,02
43000	65548,44	1213,86	68354,40	1139,24	71224,56	1079,16	74157,84	1029,97
44000	67072,86	1242,09	69943,80	1165,73	72881,16	1104,26	75882,96	1053,93
45000	68596,75	1270,31	71533,80	1192,23	74537,10	1129,35	77607,36	1077,88
46000	70121,71	1298,55	73123,20	1218,72	76193,04	1154,44	79331,04	1101,82
47000	71646,13	1326,78	74712,60	1245,21	77850,31	1179,55	81056,16	1125,78
48000	73170,54	1355,01	76302,60	1271,71	79506,25	1204,64	82781,28	1149,74
49000	74694,96	1383,24	77891,40	1298,19	81162,84	1229,74	84504,96	1173,68
50000	76219,38	1411,47	79482,00	1324,70	82819,44	1254,84	86230,08	1197,64
51000	77743,26	1439,69	81071,40	1351,19	84475,38	1279,93	87955,19	1221,60
52000	79267,68	1467,92	82660,81	1377,68	86131,99	1305,03	89679,60	1245,55
53000	80792,10	1496,15	84250,81	1404,18	87788,58	1330,13	91404,00	1269,50
54000	82316,52	1524,38	85840,21	1430,67	89444,52	1355,22	93127,68	1293,44
55000	83840,94	1552,61	87429,60	1457,16	91101,12	1380,32	94853,52	1317,41
56000	85365,36	1580,84	89019,60	1483,66	92757,72	1405,42	96577,92	1341,36
57000	86889,78	1609,07	90609,00	1510,15	94413,66	1430,51	98302,33	1365,31
58000	88414,21	1637,30	92199,00	1536,65	96070,26	1455,61	100026,70	1389,26
59000	89938,62	1665,53	93788,40	1563,14	97726,86	1480,71	101751,80	1413,22
60000	91463,04	1693,76	95377,80	1589,63	99382,81	1505,80	103476,20	1437,17
61000	92987,46	1721,99	96967,80	1616,13	101039,40	1530,90	105200,60	1461,12
62000	94511,88	1750,22	98557,21	1642,62	102696,00	1556,00	106925,80	1485,08
64000	97560,72	1806,68	101736,60	1695,61	106008,50	1606,19	110374,60	1532,98
66000	100609,00	1863,13	104916,00	1748,60	109321,10	1656,38	113824,10	1580,89
68000	103657,90	1919,59	108095,40	1801,59	112634,30	1706,58	117272,90	1628,79
70000	106706,70	1976,05	111274,20	1854,57	115946,80	1756,77	120722,40	1676,70
72000	109755,50	2032,51	114453,60	1907,56	119260,00	1806,97	124171,20	1724,60
74000	112804,40	2088,97	117633,00	1960,55	122572,60	1857,16	127620,70	1772,51
76000	115853,20	2145,43	120812,40	2013,54	125885,10	1907,35	131070,20	1820,42
78000	118901,50	2201,88	123991,20	2066,52	129198,30	1957,55	134519,00	1868,32
80000	121950,40	2258,34	127170,60	2119,51	132510,90	2007,74	137968,60	1916,23
82000	124999,20	2314,80	130350,00	2172,50	135823,40	2057,93	141417,40	1964,13
84000	128048,00	2371,26	133529,40	2225,49	139135,90	2108,12	144866,90	2012,04
86000	131096,90	2427,72	136708,80	2278,48	142449,10	2158,32	148315,70	2059,94
88000	134145,70	2484,18	139887,60	2331,46	145761,70	2208,51	151765,20	2107,85
90000	137194,00	2540,63	143067,00	2384,45	149074,90	2258,71	155214,70	2155,76
92000	140243,40	2597,10	146246,40	2437,44	152386,70	2308,89	158662,80	2203,65
94000	143292,30	2653,56	149425,80	2490,43	155699,90	2359,09	162113,10	2251,57
96000	146340,50	2710,01	152604,00	2543,40	159013,10	2409,29	165561,90	2299,47
98000	149389,40	2766,47	155783,40	2596,39	162325,70	2459,48	169010,70	2347,37
100000	152438,20	2822,93	158963,40	2649,39	165638,20	2509,67	172460,20	2395,28

INTÉRÊT DE **20,5 %**

Montant	6 MOIS Paiement Total	Paiement Mensuel	12 MOIS Paiement Total	Paiement Mensuel	18 MOIS Paiement Total	Paiement Mensuel	24 MOIS Paiement Total	Paiement Mensuel
1000	1060,62	176,77	1114,44	92,87	1170,00	65,00	1227,36	51,14
1500	1590,96	265,16	1671,72	139,31	1755,18	97,51	1841,04	76,71
2000	2121,30	353,55	2229,00	185,75	2340,00	130,00	2454,72	102,28
2500	2651,58	441,93	2786,28	232,19	2925,00	162,50	3068,40	127,85
3000	3181,92	530,32	3343,44	278,62	3510,18	195,01	3682,08	153,42
3500	3712,26	618,71	3900,72	325,06	4095,18	227,51	4295,76	178,99
4000	4242,54	707,09	4458,00	371,50	4680,18	260,01	4909,44	204,56
4500	4772,88	795,48	5015,16	417,93	5265,18	292,51	5523,12	230,13
5000	5303,22	883,87	5572,44	464,37	5850,18	325,01	6136,80	255,70
5500	5833,50	972,25	6129,72	510,81	6435,36	357,52	6750,24	281,26
6000	6363,84	1060,64	6687,00	557,25	7020,36	390,02	7364,16	306,84
6500	6894,18	1149,03	7244,16	603,68	7605,54	422,53	7977,84	332,41
7000	7424,46	1237,41	7801,44	650,12	8190,54	455,03	8591,52	357,98
7500	7954,80	1325,80	8358,72	696,56	8775,54	487,53	9205,20	383,55
8000	8485,14	1414,19	8915,88	742,99	9360,54	520,03	9818,88	409,12
8500	9015,42	1502,57	9473,16	789,43	9945,54	552,53	10432,56	434,69
9000	9545,76	1590,96	10030,44	835,87	10530,54	585,03	11046,48	460,27
9500	10076,10	1679,35	10587,72	882,31	11115,54	617,53	11660,16	485,84
10000	10606,38	1767,73	11144,88	928,74	11700,54	650,03	12273,84	511,41
11000	11667,06	1944,51	12259,44	1021,62	12870,72	715,04	13501,20	562,55
12000	12727,68	2121,28	13373,88	1114,49	14040,90	780,05	14728,56	613,69
13000	13788,30	2298,05	14488,44	1207,37	15210,90	845,05	15955,92	664,83
14000	14848,98	2474,83	15602,88	1300,24	16381,08	910,06	17183,28	715,97
15000	15909,60	2651,60	16717,44	1393,12	17551,08	975,06	18410,64	767,11
16000	16970,22	2828,37	17831,88	1485,99	18721,08	1040,06	19638,00	818,25
17000	18030,84	3005,14	18946,32	1578,86	19891,08	1105,06	20865,36	869,39
18000	19091,52	3181,92	20060,88	1671,74	21061,08	1170,06	22092,72	920,53
19000	20152,14	3358,69	21175,32	1764,61	22231,26	1235,07	23320,08	971,67
20000	21212,76	3535,46	22289,88	1857,49	23401,26	1300,07	24547,44	1022,81
21000	22273,44	3712,24	23404,32	1950,36	24571,62	1365,09	25774,56	1073,94
22000	23334,06	3889,01	24518,88	2043,24	25741,62	1430,09	27002,16	1125,09
23000	24394,68	4065,78	25633,32	2136,11	26911,62	1495,09	28229,52	1176,23
24000	25455,36	4242,56	26747,76	2228,98	28081,80	1560,10	29456,88	1227,37
25000	26515,98	4419,33	27862,32	2321,86	29251,80	1625,10	30684,24	1278,51
26000	27576,60	4596,10	28976,76	2414,73	30421,98	1690,11	31911,84	1329,66
27000	28637,28	4772,88	30091,32	2507,61	31591,98	1755,11	33139,20	1380,80
28000	29697,90	4949,65	31205,76	2600,48	32761,98	1820,11	34366,56	1431,94
29000	30758,52	5126,42	32320,32	2693,36	33932,16	1885,12	35593,92	1483,08
30000	31819,20	5303,20	33434,76	2786,23	35102,16	1950,12	36821,28	1534,22
31000	32879,82	5479,97	34549,20	2879,10	36272,34	2015,13	38048,64	1585,36
32000	33940,44	5656,74	35663,76	2971,98	37442,17	2080,12	39276,00	1636,50
33000	35001,12	5833,52	36778,20	3064,85	38612,17	2145,12	40503,36	1687,64
34000	36061,74	6010,29	37892,76	3157,73	39782,34	2210,13	41730,72	1738,78
35000	37122,36	6187,06	39007,20	3250,60	40952,34	2275,13	42958,08	1789,92
36000	38183,04	6363,84	40121,76	3343,48	42122,52	2340,14	44185,44	1841,06

206

	30 MOIS		36 MOIS		42 MOIS		48 MOIS	
Montant	Paiement Total	Paiement Mensuel	Paiement Total	Paiement Mensuel	Paiement Total	Paiement Mensuel	Paiement Total	Paiement Mensuel
1000	1286,40	42,88	1346,76	37,41	1409,52	33,56	1473,60	30,70
1500	1929,60	64,32	2020,68	56,13	2114,28	50,34	2210,40	46,05
2000	2572,80	85,76	2693,88	74,83	2819,04	67,12	2946,72	61,39
2500	3216,00	107,20	3367,40	93,55	3523,80	83,90	3683,52	76,74
3000	3859,20	128,64	4041,36	112,26	4228,56	100,68	4420,32	92,09
3500	4502,40	150,08	4714,92	130,97	4932,90	117,45	5157,12	107,44
4000	5145,60	171,52	5388,12	149,67	5637,66	134,23	5893,92	122,79
4500	5788,80	192,96	6062,04	168,39	6342,00	151,00	6630,72	138,14
5000	6432,00	214,40	6735,24	187,09	7047,18	167,79	7367,52	153,49
5500	7075,20	235,84	7408,80	205,80	7751,94	184,57	8104,32	168,84
6000	7718,60	257,28	8082,36	224,51	8456,70	201,35	8840,64	184,18
6500	8361,60	278,72	8755,92	243,22	9161,46	218,13	9577,44	199,53
7000	9004,80	300,16	9429,48	261,93	9866,22	234,91	10314,24	214,88
7500	9648,00	321,60	10103,04	280,64	10570,98	251,69	11051,04	230,23
8000	10291,20	343,04	10776,60	299,35	11275,74	268,47	11787,84	245,58
8500	10934,10	364,47	11450,16	318,06	11980,50	285,25	12524,64	260,93
9000	11577,30	385,91	12123,72	336,77	12685,26	302,03	13261,44	276,28
9500	12220,50	407,35	12797,28	355,48	13390,02	318,81	13998,24	291,63
10000	12863,70	428,79	13470,84	374,19	14094,36	335,58	14734,56	306,97
11000	14150,10	471,67	14817,96	411,61	15503,88	369,14	16208,16	337,67
12000	15436,50	514,55	16165,08	449,03	16913,40	402,70	17681,76	368,37
13000	16722,90	557,43	17512,20	486,45	18322,92	436,26	19155,36	399,07
14000	18009,30	600,31	18859,32	523,87	19732,44	469,82	20628,48	429,76
15000	19295,70	643,19	20206,08	561,28	21141,96	503,38	22102,08	460,46
16000	20582,10	686,07	21553,20	598,70	22551,48	536,94	23575,68	491,16
17000	21868,50	728,95	22900,32	636,12	23960,58	570,49	25049,28	521,86
18000	23154,90	771,83	24247,44	673,54	25370,10	604,05	26522,40	552,55
19000	24441,30	814,71	25594,56	710,96	26779,62	637,61	27996,00	583,25
20000	25727,70	857,59	26941,68	748,38	28189,14	671,17	29469,60	613,95
21000	27014,10	900,47	28288,80	785,80	29598,66	704,73	30943,20	644,65
22000	28300,50	943,35	29635,92	823,22	31008,18	738,29	32416,32	675,34
23000	29586,90	986,23	30983,04	860,64	32417,28	771,84	33889,92	706,04
24000	30873,30	1029,11	32330,16	898,06	33826,80	805,40	35363,52	736,74
25000	32159,70	1071,99	33676,92	935,47	35236,32	838,96	36837,12	767,44
26000	33445,80	1114,86	35024,04	972,89	36645,84	872,52	38310,24	798,13
27000	34732,20	1157,74	36371,16	1010,31	38055,36	906,08	39783,84	828,83
28000	36018,60	1200,62	37718,28	1047,73	39464,88	939,64	41257,44	859,53
29000	37305,00	1243,50	39065,40	1085,15	40874,40	973,20	42731,04	890,23
30000	38591,40	1286,38	40412,17	1122,56	42283,50	1006,75	44204,16	920,92
31000	39877,80	1329,26	41759,64	1159,99	43693,03	1040,31	45677,76	951,62
32000	41164,20	1372,14	43106,76	1197,41	45102,54	1073,87	47151,36	982,32
33000	42450,60	1415,02	44453,52	1234,82	46512,07	1107,43	48624,96	1013,02
34000	43737,00	1457,90	45800,64	1272,24	47921,58	1140,99	50098,08	1043,71
35000	45023,40	1500,78	47147,76	1309,66	49331,10	1174,55	51571,68	1074,41
36000	46309,80	1543,66	48494,88	1347,08	50740,20	1208,10	53045,28	1105,11

	54 MOIS		**60** MOIS		**66** MOIS		**72** MOIS	
Montant	Paiement Total	Paiement Mensuel	Paiement Total	Paiement Mensuel	Paiement Total	Paiement Mensuel	Paiement Total	Paiement Mensuel
1000	1539,00	28,50	1606,20	26,77	1675,08	25,38	1745,28	24,24
1500	2308,50	42,75	2409,60	40,16	2512,62	38,07	2618,64	36,37
2000	3078,00	57,00	3213,00	53,55	3350,16	50,76	3491,28	48,49
2500	3848,04	71,26	4015,80	66,93	4187,70	63,45	4363,92	60,61
3000	4617,54	85,51	4819,20	80,32	5025,24	76,14	5236,56	72,73
3500	5387,04	99,76	5622,60	93,71	5863,44	88,84	6109,20	84,85
4000	6156,54	114,01	6425,40	107,09	6700,98	101,53	6981,84	96,97
4500	6925,50	128,25	7228,80	120,48	7538,52	114,22	7855,20	109,10
5000	7695,00	142,50	8031,60	133,86	8376,06	126,91	8727,84	121,22
5500	8464,50	156,75	8835,00	147,25	9213,60	139,60	9600,48	133,34
6000	9234,54	171,01	9638,40	160,64	10050,48	152,28	10473,12	145,46
6500	10004,58	185,27	10441,20	174,02	10888,68	164,98	11345,76	157,58
7000	10774,08	199,52	11244,60	187,41	11726,22	177,67	12219,12	169,71
7500	11543,58	213,77	12048,00	200,80	12563,76	190,36	13091,76	181,83
8000	12313,08	228,02	12850,80	214,18	13401,30	203,05	13964,40	193,95
8500	13082,58	242,27	13654,20	227,57	14238,84	215,74	14837,04	206,07
9000	13851,54	256,51	14457,60	240,96	15076,38	228,43	15709,68	218,19
9500	14621,04	270,76	15260,40	254,34	15914,58	241,13	16582,32	230,31
10000	15390,54	285,01	16063,80	267,73	16752,12	253,82	17455,68	242,44
11000	16930,62	313,53	17670,00	294,50	18427,20	279,20	19200,96	266,68
12000	18469,62	342,03	19276,80	321,28	20101,62	304,57	20946,24	290,92
13000	20008,62	370,53	20883,00	348,05	21777,36	329,96	22692,24	315,17
14000	21547,62	399,03	22489,20	374,82	23452,44	355,34	24437,52	339,41
15000	23087,16	427,54	24095,40	401,59	25128,18	380,73	26182,80	363,65
16000	24626,16	456,04	25702,20	428,37	26803,26	406,11	27928,80	387,90
17000	26165,16	484,54	27308,40	455,14	28478,34	431,49	29674,08	412,14
18000	27703,62	513,03	28914,60	481,91	30153,42	456,87	31419,36	436,38
19000	29243,70	541,55	30521,40	508,69	31828,50	482,25	33165,36	460,63
20000	30782,70	570,05	32127,60	535,46	33503,58	507,63	34910,64	484,87
21000	32321,70	598,55	33733,80	562,23	35178,66	533,01	36656,64	509,12
22000	33860,70	627,05	35340,00	589,00	36854,40	558,40	38401,92	533,36
23000	35399,70	655,55	36946,80	615,78	38529,48	583,78	40146,48	557,59
24000	36939,24	684,06	38553,00	642,55	40203,90	609,15	41892,48	581,84
25000	38478,24	712,56	40159,20	669,32	41878,98	634,53	43638,48	606,09
26000	40017,24	741,06	41766,00	696,10	43554,72	659,92	45383,76	630,33
27000	41556,24	769,56	43372,20	722,87	45229,80	685,30	47129,76	654,58
28000	43095,78	798,07	44978,40	749,64	46905,54	710,69	48875,04	678,82
29000	44634,78	826,57	46584,60	776,41	48580,62	736,07	50620,32	703,06
30000	46173,78	855,07	48191,40	803,19	50255,70	761,45	52366,32	727,31
31000	47712,78	883,57	49797,60	829,96	51930,78	786,83	54111,60	751,55
32000	49252,32	912,08	51403,80	856,73	53605,86	812,21	55856,88	775,79
33000	50791,32	940,58	53010,60	883,51	55281,60	837,60	57602,88	800,04
34000	52330,32	969,08	54616,80	910,28	56956,68	862,98	59348,17	824,28
35000	53869,32	997,58	56223,00	937,05	58631,76	888,36	61094,17	848,53
36000	55408,86	1026,09	57829,80	963,83	60306,84	913,74	62839,44	872,77

Montant	6 MOIS Paiement Total	Paiement Mensuel	12 MOIS Paiement Total	Paiement Mensuel	18 MOIS Paiement Total	Paiement Mensuel	24 MOIS Paiement Total	Paiement Mensuel
37000	39243,66	6540,61	41236,20	3436,35	43292,52	2405,14	45412,80	1892,20
38000	40304,28	6717,38	42350,64	3529,22	44462,52	2470,14	46640,16	1943,34
39000	41364,96	6894,16	43465,21	3622,10	45632,70	2535,15	47867,52	1994,48
40000	42425,58	7070,93	44579,64	3714,97	46802,70	2600,15	49094,88	2045,62
41000	43486,21	7247,70	45694,21	3807,85	47973,06	2665,17	50322,24	2096,76
42000	44546,88	7424,48	46808,64	3900,72	49143,06	2730,17	51549,36	2147,89
43000	45607,50	7601,25	47923,21	3993,60	50313,06	2795,17	52776,96	2199,04
44000	46668,12	7778,02	49037,64	4086,47	51483,24	2860,18	54004,56	2250,19
45000	47728,80	7954,80	50152,08	4179,34	52653,24	2925,18	55231,92	2301,33
46000	48789,42	8131,57	51266,64	4272,22	53823,42	2990,19	56459,28	2352,47
47000	49850,04	8308,34	52381,08	4365,09	54993,42	3055,19	57686,64	2403,61
48000	50910,72	8485,12	53495,64	4457,97	56163,42	3120,19	58914,00	2454,75
49000	51971,28	8661,88	54610,08	4550,84	57333,60	3185,20	60141,12	2505,88
50000	53031,96	8838,66	55724,64	4643,72	58503,60	3250,20	61368,72	2557,03
51000	54092,58	9015,43	56839,08	4736,59	59673,78	3315,21	62596,08	2608,17
52000	55153,26	9192,21	57953,64	4829,47	60843,78	3380,21	63823,44	2659,31
53000	56213,89	9368,98	59068,08	4922,34	62013,96	3445,22	65050,80	2710,45
54000	57274,50	9545,75	60182,52	5015,21	63183,96	3510,22	66278,16	2761,59
55000	58335,18	9722,53	61297,08	5108,09	64353,96	3575,22	67505,52	2812,73
56000	59395,80	9899,30	62411,52	5200,96	65524,14	3640,23	68732,88	2863,87
57000	60456,42	10076,07	63526,08	5293,84	66694,15	3705,23	69960,25	2915,01
58000	61517,04	10252,84	64640,52	5386,71	67864,32	3770,24	71187,60	2966,15
59000	62577,72	10429,62	65755,08	5479,59	69034,32	3835,24	72414,96	3017,29
60000	63638,34	10606,39	66869,52	5572,46	70204,32	3900,24	73642,32	3068,43
61000	64699,02	10783,17	67983,96	5665,33	71374,50	3965,25	74869,93	3119,58
62000	65759,65	10959,94	69098,52	5758,21	72544,50	4030,25	76097,28	3170,72
64000	67880,94	11313,49	71327,52	5943,96	74884,50	4160,25	78552,00	3273,00
66000	70002,18	11667,03	73556,52	6129,71	77224,86	4290,27	81006,72	3375,28
68000	72123,49	12020,58	75785,41	6315,45	79564,86	4420,27	83461,44	3477,56
70000	74244,78	12374,13	78014,41	6501,20	81904,86	4550,27	85916,16	3579,84
72000	76366,12	12727,67	80243,41	6686,95	84245,22	4680,29	88370,88	3682,12
74000	78487,32	13081,22	82472,41	6872,70	86585,22	4810,29	90825,59	3784,40
76000	80608,62	13434,77	84701,41	7058,45	88925,58	4940,31	93280,32	3886,68
78000	82729,86	13788,31	86930,41	7244,20	91265,58	5070,31	95735,28	3988,97
80000	84851,16	14141,86	89159,41	7429,95	93605,58	5200,31	98190,00	4091,25
82000	86972,41	14495,40	91388,41	7615,70	95945,94	5330,33	100644,50	4193,52
84000	89093,71	14848,95	93617,28	7801,44	98286,12	5460,34	103099,40	4295,81
86000	91215,00	15202,50	95846,28	7987,19	100626,30	5590,35	105554,20	4398,09
88000	93336,24	15556,04	98075,28	8172,94	102966,50	5720,36	108008,90	4500,37
90000	95457,54	15909,59	100304,30	8358,69	105306,70	5850,37	110463,60	4602,65
92000	97578,84	16263,14	102533,30	8544,44	107646,70	5980,37	112918,30	4704,93
94000	99700,14	16616,69	104762,30	8730,19	109986,80	6110,38	115373,00	4807,21
96000	101821,40	16970,23	106991,30	8915,94	112327,00	6240,39	117828,00	4909,50
98000	103942,50	17323,77	109220,20	9101,68	114667,20	6370,40	120282,50	5011,77
100000	106063,90	17677,32	111449,20	9287,43	117007,40	6500,41	122737,40	5114,06

209

Montant	30 MOIS Paiement Total	Paiement Mensuel	36 MOIS Paiement Total	Paiement Mensuel	42 MOIS Paiement Total	Paiement Mensuel	48 MOIS Paiement Total	Paiement Mensuel
37000	47596,21	1586,54	49842,00	1384,50	52149,73	1241,66	54518,89	1135,81
38000	48882,60	1629,42	51189,12	1421,92	53559,24	1275,22	55992,00	1166,50
39000	50169,00	1672,30	52536,24	1459,34	54968,76	1308,78	57465,12	1197,19
40000	51455,40	1715,18	53883,36	1496,76	56378,28	1342,34	58939,21	1227,90
41000	52741,80	1758,06	55230,48	1534,18	57787,80	1375,90	60412,80	1258,60
42000	54028,20	1800,94	56577,60	1571,60	59197,32	1409,46	61885,92	1289,29
43000	55314,30	1843,81	57924,72	1609,02	60606,42	1443,01	63359,52	1319,99
44000	56600,70	1886,69	59271,48	1646,43	62015,94	1476,57	64833,12	1350,69
45000	57887,10	1929,57	60618,60	1683,85	63425,46	1510,13	66306,72	1381,39
46000	59173,50	1972,45	61965,72	1721,27	64834,98	1543,69	67779,84	1412,08
47000	60459,90	2015,33	63312,84	1758,69	66244,50	1577,25	69253,44	1442,78
48000	61746,30	2058,21	64659,96	1796,11	67654,03	1610,81	70727,04	1473,48
49000	63032,71	2101,09	66007,08	1833,53	69063,12	1644,36	72200,65	1504,18
50000	64319,10	2143,97	67354,20	1870,95	70472,65	1677,92	73673,76	1534,87
51000	65605,50	2186,85	68701,32	1908,37	71882,16	1711,48	75147,36	1565,57
52000	66891,90	2229,73	70048,44	1945,79	73291,68	1745,04	76620,96	1596,27
53000	68178,31	2272,61	71395,20	1983,20	74701,20	1778,60	78094,56	1626,97
54000	69464,71	2315,49	72742,32	2020,62	76110,72	1812,16	79567,68	1657,66
55000	70751,10	2358,37	74089,44	2058,04	77520,24	1845,72	81041,28	1688,36
56000	72037,50	2401,25	75436,56	2095,46	78929,35	1879,27	82514,88	1719,06
57000	73323,60	2444,12	76783,33	2132,87	80338,86	1912,83	83988,49	1749,76
58000	74610,30	2487,01	78130,81	2170,30	81748,38	1946,39	85461,59	1780,45
59000	75896,10	2529,87	79477,93	2207,72	83157,90	1979,95	86935,21	1811,15
60000	77182,80	2572,76	80824,68	2245,13	84567,42	2013,51	88408,80	1841,85
61000	78468,90	2615,63	82172,16	2282,56	85976,94	2047,07	89882,41	1872,55
62000	79755,60	2658,52	83519,28	2319,98	87386,05	2080,62	91355,52	1903,24
64000	82328,40	2744,28	86213,16	2394,81	90205,08	2147,74	94302,72	1964,64
66000	84901,21	2830,04	88907,04	2469,64	93024,12	2214,86	97249,44	2026,03
68000	87474,00	2915,80	91601,64	2544,49	95843,16	2281,98	100196,60	2087,43
70000	90046,81	3001,56	94295,88	2619,33	98661,78	2349,09	103143,40	2148,82
72000	92619,60	3087,32	96990,12	2694,17	101480,80	2416,21	106090,60	2210,22
74000	95192,41	3173,08	99684,00	2769,00	104299,90	2483,33	109037,30	2271,61
76000	97764,91	3258,83	102378,20	2843,84	107118,50	2550,44	111984,50	2333,01
78000	100337,70	3344,59	105072,50	2918,68	109937,50	2617,56	114930,70	2394,39
80000	102910,50	3430,35	107766,70	2993,52	112756,60	2684,68	117878,40	2455,80
82000	105483,30	3516,11	110460,60	3068,35	115575,20	2751,79	120825,10	2517,19
84000	108056,10	3601,87	113154,80	3143,19	118394,20	2818,91	123772,30	2578,59
86000	110628,90	3687,63	115849,10	3218,03	121213,30	2886,03	126719,00	2639,98
88000	113201,70	3773,39	118543,20	3292,87	124031,90	2953,14	129666,20	2701,38
90000	115774,50	3859,15	121237,60	3367,71	126850,90	3020,26	132613,00	2762,77
92000	118347,30	3944,91	123931,40	3442,54	129670,00	3087,38	135560,20	2824,17
94000	120919,80	4030,66	126625,70	3517,38	132489,00	3154,50	138506,90	2885,56
96000	123492,60	4116,42	129319,90	3592,22	135307,60	3221,61	141454,10	2946,96
98000	126065,40	4202,18	132014,20	3667,06	138126,70	3288,73	144400,80	3008,35
100000	128638,20	4287,94	134708,40	3741,90	140945,70	3355,85	147348,00	3069,75

Montant	54 MOIS Paiement Total	Paiement Mensuel	60 MOIS Paiement Total	Paiement Mensuel	66 MOIS Paiement Total	Paiement Mensuel	72 MOIS Paiement Total	Paiement Mensuel
37000	56947,86	1054,59	59436,00	990,60	61981,92	939,12	64584,72	897,01
38000	58486,86	1083,09	61042,20	1017,37	63657,00	964,50	66330,72	921,26
39000	60025,86	1111,59	62648,40	1044,14	65332,08	989,88	68076,00	945,50
40000	61565,40	1140,10	64255,21	1070,92	67007,82	1015,27	69821,28	969,74
41000	63104,40	1168,60	65860,81	1097,68	68682,90	1040,65	71567,28	993,99
42000	64643,40	1197,10	67467,60	1124,46	70357,99	1066,03	73312,56	1018,23
43000	66182,40	1225,60	69074,40	1151,24	72033,06	1091,41	75057,84	1042,47
44000	67721,40	1254,10	70680,60	1178,01	73708,15	1116,79	76803,84	1066,72
45000	69260,94	1282,61	72286,81	1204,78	75383,22	1142,17	78549,12	1090,96
46000	70799,94	1311,11	73893,00	1231,55	77058,96	1167,56	80295,12	1115,21
47000	72338,94	1339,61	75499,20	1258,32	78733,38	1192,93	82039,68	1139,44
48000	73877,94	1368,11	77106,00	1285,10	80408,46	1218,31	83784,96	1163,68
49000	75417,48	1396,62	78712,21	1311,87	82083,54	1243,69	85530,96	1187,93
50000	76956,48	1425,12	80319,00	1338,65	83758,62	1269,07	87276,96	1212,18
51000	78495,48	1453,62	81925,21	1365,42	85435,02	1294,47	89022,24	1236,42
52000	80034,48	1482,12	83531,40	1392,19	87110,09	1319,85	90768,24	1260,67
53000	81574,02	1510,63	85138,19	1418,97	88785,18	1345,23	92513,52	1284,91
54000	83113,02	1539,13	86744,40	1445,74	90460,26	1370,61	94258,81	1309,15
55000	84652,02	1567,63	88350,60	1472,51	92135,34	1395,99	96004,81	1333,40
56000	86191,02	1596,13	89956,81	1499,28	93810,42	1421,37	97750,08	1357,64
57000	87730,56	1624,64	91563,60	1526,06	95485,50	1446,75	99495,36	1381,88
58000	89269,56	1653,14	93169,80	1552,83	97161,24	1472,14	101241,40	1406,13
59000	90808,56	1681,64	94776,00	1579,60	98836,32	1497,52	102986,60	1430,37
60000	92347,56	1710,14	96382,80	1606,38	100511,40	1522,90	104732,60	1454,62
61000	93887,10	1738,65	97989,00	1633,15	102186,50	1548,28	106477,90	1478,86
62000	95426,10	1767,15	99595,21	1659,92	103861,60	1573,66	108223,20	1503,10
64000	98504,10	1824,15	102808,20	1713,47	107212,40	1624,43	111714,50	1551,59
66000	101582,60	1881,16	106020,60	1767,01	110562,50	1675,19	115205,80	1600,08
68000	104660,60	1938,16	109233,60	1820,56	113912,70	1725,95	118696,30	1648,56
70000	107739,20	1995,17	112446,00	1874,10	117263,50	1776,72	122187,60	1697,05
72000	110817,20	2052,17	115659,00	1927,65	120613,70	1827,48	125678,90	1745,54
74000	113895,70	2109,18	118872,00	1981,20	123963,80	1878,24	129170,20	1794,03
76000	116973,70	2166,18	122084,40	2034,74	127314,70	1929,01	132660,70	1842,51
78000	120052,30	2223,19	125297,40	2088,29	130664,80	1979,77	136152,00	1891,00
80000	123130,30	2280,19	128509,80	2141,83	134015,00	2030,53	139643,30	1939,49
82000	126208,80	2337,20	131722,20	2195,37	137365,80	2081,30	143133,90	1987,97
84000	129286,80	2394,20	134935,80	2248,93	140716,00	2132,06	146625,10	2036,46
86000	132364,80	2451,20	138148,20	2302,47	144066,10	2182,82	150116,40	2084,95
88000	135443,40	2508,21	141361,20	2356,02	147416,90	2233,59	153607,70	2133,44
90000	138521,40	2565,21	144573,60	2409,56	150767,10	2284,35	157098,20	2181,92
92000	141599,90	2622,22	147786,60	2463,11	154117,30	2335,11	160588,80	2230,40
94000	144677,90	2679,22	150998,40	2516,64	157467,40	2385,87	164080,10	2278,89
96000	147756,40	2736,23	154212,00	2570,20	160817,60	2436,63	167570,70	2327,37
98000	150834,40	2793,23	157425,00	2623,75	164167,70	2487,39	171062,70	2375,87
100000	153913,00	2850,24	160637,40	2677,29	167519,20	2538,17	174553,90	2424,36

INTÉRÊT DE 21 %

Montant	6 MOIS Paiement Total	6 MOIS Paiement Mensuel	12 MOIS Paiement Total	12 MOIS Paiement Mensuel	18 MOIS Paiement Total	18 MOIS Paiement Mensuel	24 MOIS Paiement Total	24 MOIS Paiement Mensuel
1000	1062,12	177,02	1117,32	93,11	1174,32	65,24	1233,36	51,39
1500	1593,18	265,53	1676,04	139,67	1761,66	97,87	1849,92	77,08
2000	2124,24	354,04	2234,76	186,23	2348,82	130,49	2466,48	102,77
2500	2655,36	442,56	2793,36	232,78	2935,98	163,11	3083,04	128,46
3000	3186,42	531,07	3352,08	279,34	3523,14	195,73	3699,84	154,16
3500	3717,48	619,58	3910,80	325,90	4110,48	228,36	4316,40	179,85
4000	4248,54	708,09	4469,40	372,45	4697,64	260,98	4932,96	205,54
4500	4779,60	796,60	5028,12	419,01	5284,80	293,60	5549,52	231,23
5000	5310,66	885,11	5586,84	465,57	5871,96	326,22	6166,32	256,93
5500	5841,72	973,62	6145,44	512,12	6459,30	358,85	6782,88	282,62
6000	6372,78	1062,13	6704,16	558,68	7046,46	391,47	7399,44	308,31
6500	6903,84	1150,64	7262,88	605,24	7633,62	424,09	8016,24	334,01
7000	7434,96	1239,16	7821,36	651,78	8220,78	456,71	8632,80	359,70
7500	7966,02	1327,67	8380,20	698,35	8808,12	489,34	9249,36	385,39
8000	8497,08	1416,18	8938,92	744,91	9395,28	521,96	9865,92	411,08
8500	9028,14	1504,69	9497,64	791,47	9982,44	554,58	10482,72	436,78
9000	9559,20	1593,20	10056,24	838,02	10569,60	587,20	11099,28	462,47
9500	10090,26	1681,71	10614,96	884,58	11156,94	619,83	11715,84	488,16
10000	10621,32	1770,22	11173,68	931,14	11744,10	652,45	12332,64	513,86
11000	11683,44	1947,24	12291,00	1024,25	12918,42	717,69	13565,76	565,24
12000	12745,62	2124,27	13408,32	1117,36	14092,92	782,94	14799,12	616,63
13000	13807,74	2301,29	14525,76	1210,48	15267,24	848,18	16032,24	668,01
14000	14869,86	2478,31	15643,08	1303,59	16441,74	913,43	17265,60	719,40
15000	15931,98	2655,33	16760,40	1396,70	17616,06	978,67	18498,72	770,78
16000	16994,16	2832,36	17877,84	1489,82	18790,56	1043,92	19732,08	822,17
17000	18056,28	3009,38	18995,16	1582,93	19964,88	1109,16	20965,20	873,55
18000	19118,40	3186,40	20112,48	1676,04	21139,38	1174,41	22198,56	924,94
19000	20180,52	3363,42	21229,92	1769,16	22313,70	1239,65	23431,92	976,33
20000	21242,64	3540,44	22347,24	1862,27	23488,20	1304,90	24665,04	1027,71
21000	22304,82	3717,47	23464,56	1955,38	24662,52	1370,14	25898,40	1079,10
22000	23366,94	3894,49	24582,00	2048,50	25836,84	1435,38	27131,52	1130,48
23000	24429,06	4071,51	25699,32	2141,61	27011,34	1500,63	28364,88	1181,87
24000	25491,12	4248,52	26816,64	2234,72	28185,66	1565,87	29598,00	1233,25
25000	26553,36	4425,56	27934,08	2327,84	29360,16	1631,12	30831,36	1284,64
26000	27615,48	4602,58	29051,40	2420,95	30534,48	1696,36	32064,48	1336,02
27000	28677,60	4779,60	30168,84	2514,07	31708,98	1761,61	33297,84	1387,41
28000	29739,72	4956,62	31286,16	2607,18	32883,30	1826,85	34530,96	1438,79
29000	30801,84	5133,64	32403,48	2700,29	34057,80	1892,10	35764,32	1490,18
30000	31864,02	5310,67	33520,92	2793,41	35232,12	1957,34	36997,68	1541,57
31000	32926,14	5487,69	34638,24	2886,52	36406,62	2022,59	38230,80	1592,95
32000	33988,26	5664,71	35755,56	2979,63	37580,94	2087,83	39464,16	1644,34
33000	35050,38	5841,73	36873,00	3072,75	38755,44	2153,08	40697,28	1695,72
34000	36112,56	6018,76	37990,32	3165,86	39929,76	2218,32	41930,64	1747,11
35000	37174,68	6195,78	39107,64	3258,97	41104,26	2283,57	43163,76	1798,49
36000	38236,80	6372,80	40225,08	3352,09	42278,58	2348,81	44397,12	1849,88

Montant	30 MOIS		36 MOIS		42 MOIS		48 MOIS	
	Paiement Total	Paiement Mensuel	Paiement Total	Paiement Mensuel	Paiement Total	Paiement Mensuel	Paiement Total	Paiement Mensuel
1000	1293,90	43,13	1355,76	37,66	1420,44	33,82	1486,56	30,97
1500	1940,70	64,69	2034,36	56,51	2130,66	50,73	2229,60	46,45
2000	2587,80	86,26	2712,60	75,35	2840,88	67,64	2972,64	61,93
2500	3234,60	107,82	3390,84	94,19	3551,10	84,55	3715,68	77,41
3000	3881,70	129,39	4068,72	113,02	4261,32	101,46	4459,20	92,90
3500	4528,50	150,95	4746,96	131,86	4971,54	118,37	5202,24	108,38
4000	5175,60	172,52	5425,20	150,70	5681,76	135,28	5945,28	123,86
4500	5822,40	194,08	6103,44	169,54	6391,98	152,19	6688,80	139,35
5000	6469,50	215,65	6781,32	188,37	7102,20	169,10	7431,84	154,83
5500	7116,30	237,21	7459,56	207,21	7812,42	186,01	8174,88	170,31
6000	7763,40	258,78	8137,80	226,05	8522,64	202,92	8917,92	185,79
6500	8410,20	280,34	8816,04	244,89	9232,86	219,83	9661,44	201,28
7000	9057,30	301,91	9493,92	263,72	9943,08	236,74	10404,48	216,76
7500	9704,10	323,47	10172,16	282,56	10653,30	253,65	11147,52	232,24
8000	10351,20	345,04	10850,40	301,40	11363,52	270,56	11891,04	247,73
8500	10998,00	366,60	11528,64	320,24	12073,74	287,47	12634,08	263,21
9000	11645,10	388,17	12206,52	339,07	12783,96	304,38	13377,12	278,69
9500	12291,90	409,73	12884,76	357,91	13494,18	321,29	14120,16	294,17
10000	12939,00	431,30	13563,00	376,75	14204,82	338,21	14863,68	309,66
11000	14232,90	474,43	14919,12	414,42	15625,26	372,03	16349,76	340,62
12000	15526,80	517,56	16275,60	452,10	17045,70	405,85	17836,32	371,59
13000	16820,70	560,69	17631,72	489,77	18466,14	439,67	19322,40	402,55
14000	18114,60	603,82	18988,20	527,45	19886,58	473,49	20808,96	433,52
15000	19408,20	646,94	20344,32	565,12	21307,02	507,31	22295,04	464,48
16000	20702,10	690,07	21700,80	602,80	22727,46	541,13	23781,60	495,45
17000	21996,00	733,20	23056,56	640,46	24147,90	574,95	25268,16	526,42
18000	23289,90	776,33	24413,40	678,15	25568,34	608,77	26754,24	557,38
19000	24583,80	819,46	25769,52	715,82	26988,78	642,59	28240,32	588,34
20000	25877,70	862,59	27126,00	753,50	28409,22	676,41	29726,88	619,31
21000	27171,60	905,72	28482,12	791,17	29829,66	710,23	31213,44	650,28
22000	28465,50	948,85	29838,60	828,85	31250,10	744,05	32699,52	681,24
23000	29759,40	991,98	31194,72	866,52	32670,54	777,87	34186,08	712,21
24000	31053,30	1035,11	32551,20	904,20	34090,98	811,69	35672,64	743,18
25000	32347,20	1078,24	33907,32	941,87	35511,42	845,51	37158,72	774,14
26000	33641,10	1121,37	35263,80	979,55	36931,86	879,33	38645,28	805,11
27000	34935,00	1164,50	36619,92	1017,22	38352,30	913,15	40131,36	836,07
28000	36228,90	1207,63	37976,40	1054,90	39772,74	946,97	41617,92	867,04
29000	37522,80	1250,76	39332,17	1092,56	41193,18	980,79	43104,00	898,00
30000	38816,70	1293,89	40689,00	1130,25	42614,04	1014,62	44590,56	928,97
31000	40110,60	1337,02	42045,12	1167,92	44034,07	1048,43	46076,64	959,93
32000	41404,50	1380,15	43401,60	1205,60	45454,92	1082,26	47563,21	990,90
33000	42698,40	1423,28	44757,72	1243,27	46874,94	1116,07	49049,76	1021,87
34000	43992,30	1466,41	46113,84	1280,94	48295,80	1149,90	50535,36	1052,82
35000	45286,21	1509,54	47470,32	1318,62	49716,24	1183,72	52022,40	1083,80
36000	46580,10	1552,67	48826,80	1356,30	51136,68	1217,54	53508,48	1114,76

Montant	54 MOIS Paiement Total	54 MOIS Paiement Mensuel	60 MOIS Paiement Total	60 MOIS Paiement Mensuel	66 MOIS Paiement Total	66 MOIS Paiement Mensuel	72 MOIS Paiement Total	72 MOIS Paiement Mensuel
1000	1554,12	28,78	1623,00	27,05	1694,22	25,67	1766,88	24,54
1500	2331,18	43,17	2434,80	40,58	2541,00	38,50	2649,60	36,80
2000	3107,70	57,55	3246,60	54,11	3388,44	51,34	3533,04	49,07
2500	3884,76	71,94	4057,20	67,62	4235,22	64,17	4416,48	61,34
3000	4661,82	86,33	4869,60	81,16	5082,00	77,00	5299,92	73,61
3500	5438,88	100,72	5681,40	94,69	5929,44	89,84	6183,36	85,88
4000	6215,94	115,11	6492,60	108,21	6776,22	102,67	7066,08	98,14
4500	6993,00	129,50	7304,40	121,74	7623,66	115,51	7949,52	110,41
5000	7769,52	143,88	8116,20	135,27	8470,44	128,34	8832,96	122,68
5500	8546,58	158,27	8926,80	148,78	9317,22	141,17	9716,40	134,95
6000	9323,64	172,66	9739,20	162,32	10164,00	154,00	10599,84	147,22
6500	0100,70	187,05	10551,00	175,85	11011,44	166,84	11482,56	159,48
7000	10877,76	201,44	11362,20	189,37	11858,88	179,68	12366,00	171,75
7500	11654,82	215,83	12174,00	202,90	12705,66	192,51	13249,44	184,02
8000	12431,34	230,21	12985,80	216,43	13552,44	205,34	14132,88	196,29
8500	13208,40	244,60	13797,00	229,95	14399,88	218,18	15016,32	208,56
9000	13985,46	258,99	14608,80	243,48	15246,66	231,01	15899,04	220,82
9500	14762,52	273,38	15420,60	257,01	16094,10	243,85	16782,48	233,09
10000	15539,04	287,76	16231,80	270,53	16940,88	256,68	17665,92	245,36
11000	17093,16	316,54	17855,40	297,59	18635,10	282,35	19432,80	269,90
12000	18647,28	345,32	19478,40	324,64	20328,66	308,01	21198,96	294,43
13000	20201,47	374,10	21101,40	351,69	22023,54	333,69	22965,84	318,97
14000	21754,98	402,87	22725,00	378,75	23717,10	359,35	24732,00	343,50
15000	23309,10	431,65	24348,00	405,80	25411,32	385,02	26498,88	368,04
16000	24863,22	460,43	25971,00	432,85	27105,54	410,69	28265,76	392,58
17000	26416,80	489,20	27594,60	459,91	28799,76	436,36	30031,92	417,11
18000	27970,92	517,98	29217,60	486,96	30493,98	462,03	31798,80	441,65
19000	29525,04	546,76	30840,60	514,01	32187,54	487,69	33564,96	466,18
20000	31078,62	575,53	32464,20	541,07	33881,76	513,36	35331,84	490,72
21000	32632,74	604,31	34087,20	568,12	35575,98	539,03	37098,72	515,26
22000	34186,86	633,09	35710,20	595,17	37270,20	564,70	38864,17	539,78
23000	35740,44	661,86	37333,80	622,23	38964,42	590,37	40631,76	564,33
24000	37294,56	690,64	38956,80	649,28	40657,98	616,03	42397,92	588,86
25000	38848,68	719,42	40579,80	676,33	42352,20	641,70	44164,80	613,40
26000	40402,26	748,19	42203,40	703,39	44046,42	667,37	45930,96	637,93
27000	41956,38	776,97	43826,40	730,44	45740,64	693,04	47697,84	662,47
28000	43510,50	805,75	45449,40	757,49	47434,86	718,71	49464,72	687,01
29000	45064,08	834,52	47073,00	784,55	49128,42	744,37	51230,88	711,54
30000	46618,20	863,30	48696,00	811,60	50822,64	770,04	52997,76	736,08
31000	48172,32	892,08	50319,00	838,65	52516,86	795,71	54763,92	760,61
32000	49725,90	920,85	51942,60	865,71	54211,08	821,38	56530,80	785,15
33000	51280,02	949,63	53565,60	892,76	55905,30	847,05	58297,68	809,69
34000	52834,14	978,41	55188,60	919,81	57599,52	872,72	60063,84	834,22
35000	54387,72	1007,18	56812,20	946,87	59293,08	898,38	61830,72	858,76
36000	55941,84	1035,96	58435,20	973,92	60987,30	924,05	63596,88	883,29

Montant	6 MOIS		12 MOIS		18 MOIS		24 MOIS	
	Paiement Total	Paiement Mensuel	Paiement Total	Paiement Mensuel	Paiement Total	Paiement Mensuel	Paiement Total	Paiement Mensuel
37000	39298,92	6549,82	41342,40	3445,20	43453,08	2414,06	45630,24	1901,26
38000	40361,04	6726,84	42459,72	3538,31	44627,40	2479,30	46863,60	1952,65
39000	41423,22	6903,87	43577,16	3631,43	45801,90	2544,55	48096,96	2004,04
40000	42485,34	7080,89	44694,48	3724,54	46976,22	2609,79	49330,08	2055,42
41000	43547,46	7257,91	45811,80	3817,65	48150,72	2675,04	50563,44	2106,81
42000	44609,58	7434,93	46929,24	3910,77	49325,04	2740,28	51796,56	2158,19
43000	45671,76	7611,96	48046,56	4003,88	50499,36	2805,52	53029,92	2209,58
44000	46733,88	7788,98	49164,00	4097,00	51673,86	2870,77	54263,04	2260,96
45000	47796,00	7966,00	50281,32	4190,11	52848,18	2936,01	55496,40	2312,35
46000	48858,12	8143,02	51398,64	4283,22	54022,68	3001,26	56729,52	2363,73
47000	49920,24	8320,04	52516,08	4376,34	55197,00	3066,50	57962,89	2415,12
48000	50982,42	8497,07	53633,40	4469,45	56371,50	3131,75	59196,24	2466,51
49000	52044,54	8674,09	54750,72	4562,56	57545,82	3196,99	60429,12	2517,88
50000	53106,67	8851,11	55868,17	4655,68	58720,32	3262,24	61662,72	2569,28
51000	54168,78	9028,13	56985,48	4748,79	59894,64	3327,48	62895,60	2620,65
52000	55230,96	9205,16	58102,80	4841,90	61069,14	3392,73	64129,21	2672,05
53000	56293,08	9382,18	59220,24	4935,02	62243,46	3457,97	65362,32	2723,43
54000	57355,21	9559,20	60337,56	5028,13	63417,96	3523,22	66595,68	2774,82
55000	58417,32	9736,22	61454,89	5121,24	64592,28	3588,46	67828,80	2826,20
56000	59479,44	9913,24	62572,32	5214,36	65766,78	3653,71	69062,16	2877,59
57000	60541,56	10090,26	63689,64	5307,47	66941,10	3718,95	70295,52	2928,98
58000	61603,74	10267,29	64806,96	5400,58	68115,60	3784,20	71528,65	2980,36
59000	62665,80	10444,30	65924,41	5493,70	69289,93	3849,44	72762,00	3031,75
60000	63727,98	10621,33	67041,72	5586,81	70464,43	3914,69	73995,12	3083,13
61000	64790,17	10798,36	68159,16	5679,93	71638,74	3979,93	75228,49	3134,52
62000	65852,28	10975,38	69276,49	5773,04	72813,24	4045,18	76461,60	3185,90
64000	67976,52	11329,42	71511,25	5959,27	75162,06	4175,67	78928,08	3288,67
66000	70100,82	11683,47	73745,88	6145,49	77510,70	4306,15	81394,56	3391,44
68000	72225,06	12037,51	75980,65	6331,72	79859,53	4436,64	83861,28	3494,22
70000	74349,36	12391,56	78215,41	6517,95	82208,34	4567,13	86327,76	3596,99
72000	76473,60	12745,60	80450,04	6704,17	84557,16	4697,62	88794,24	3699,76
74000	78597,91	13099,65	82684,80	6890,40	86905,98	4828,11	91260,72	3802,53
76000	80722,15	13453,69	84919,56	7076,63	89254,81	4958,60	93727,21	3905,30
78000	82846,38	13807,73	87154,32	7262,86	91603,62	5089,09	96193,68	4008,07
80000	84970,68	14161,78	89388,96	7449,08	93952,44	5219,58	98660,16	4110,84
82000	87094,92	14515,82	91623,72	7635,31	96301,26	5350,07	101126,60	4213,61
84000	89219,22	14869,87	93858,49	7821,54	98650,08	5480,56	103593,10	4316,38
86000	91343,46	15223,91	96093,12	8007,76	100998,90	5611,05	106059,90	4419,16
88000	93467,76	15577,96	98327,88	8193,99	103347,70	5741,54	108526,30	4521,93
90000	95592,00	15932,00	100562,60	8380,22	105696,50	5872,03	110992,80	4624,70
92000	97716,24	16286,04	102797,30	8566,44	108045,40	6002,52	113459,30	4727,47
94000	99840,54	16640,09	105032,00	8752,67	110394,20	6133,01	115925,80	4830,24
96000	101964,80	16994,13	107266,80	8938,90	112743,00	6263,50	118392,00	4933,00
98000	104089,10	17348,18	109501,60	9125,13	115091,80	6393,99	120858,50	5035,77
100000	106213,30	17702,22	111736,10	9311,34	117440,60	6524,48	123325,00	5138,54

215

INTÉRÊT DE **21 %**

Montant	30 MOIS Paiement Total	30 MOIS Paiement Mensuel	36 MOIS Paiement Total	36 MOIS Paiement Mensuel	42 MOIS Paiement Total	42 MOIS Paiement Mensuel	48 MOIS Paiement Total	48 MOIS Paiement Mensuel
37000	47874,00	1595,80	50182,92	1393,97	52557,12	1251,36	54995,04	1145,73
38000	49167,90	1638,93	51539,40	1431,65	53977,57	1285,18	56480,64	1176,68
39000	50461,80	1682,06	52895,52	1469,32	55398,00	1319,00	57967,68	1207,66
40000	51755,70	1725,19	54252,00	1507,00	56818,44	1352,82	59454,24	1238,63
41000	53049,60	1768,32	55608,12	1544,67	58238,88	1386,64	60940,32	1269,59
42000	54343,50	1811,45	56964,60	1582,35	59659,32	1420,46	62426,89	1300,56
43000	55637,40	1854,58	58320,72	1620,02	61079,76	1454,28	63912,96	1331,52
44000	56931,30	1897,71	59677,20	1657,70	62500,20	1488,10	65399,52	1362,49
45000	58224,90	1940,83	61033,32	1695,37	63920,64	1521,92	66885,60	1393,45
46000	59518,80	1983,96	62389,80	1733,05	65341,08	1555,74	68372,16	1424,42
47000	60812,70	2027,09	63745,92	1770,72	66761,53	1589,56	69858,25	1455,38
48000	62106,60	2070,22	65102,40	1808,40	68181,96	1623,38	71344,80	1486,35
49000	63400,51	2113,35	66458,52	1846,07	69602,40	1657,20	72831,36	1517,32
50000	64694,40	2156,48	67815,00	1883,75	71023,26	1691,03	74317,44	1548,28
51000	65988,31	2199,61	69171,13	1921,42	72443,70	1724,85	75804,00	1579,25
52000	67282,21	2242,74	70527,60	1959,10	73864,15	1758,67	77290,08	1610,21
53000	68576,10	2285,87	71883,72	1996,77	75284,58	1792,49	78776,65	1641,18
54000	69870,00	2329,00	73240,20	2034,45	76705,03	1826,31	80262,72	1672,14
55000	71163,60	2372,12	74596,32	2072,12	78125,46	1860,13	81749,28	1703,11
56000	72457,80	2415,26	75952,81	2109,80	79545,90	1893,95	83235,84	1734,08
57000	73751,40	2458,38	77308,93	2147,47	80966,35	1927,77	84721,92	1765,04
58000	75045,60	2501,52	78665,04	2185,14	82386,78	1961,59	86208,49	1796,01
59000	76339,20	2544,64	80021,53	2222,82	83807,22	1995,41	87694,56	1826,97
60000	77633,40	2587,78	81378,00	2260,50	85227,66	2029,23	89181,12	1857,94
61000	78927,30	2630,91	82734,12	2298,17	86648,10	2063,05	90667,21	1888,90
62000	80221,21	2674,04	84090,60	2335,85	88068,55	2096,87	92153,76	1919,87
64000	82809,00	2760,30	86803,19	2411,20	90909,42	2164,51	95126,41	1981,80
66000	85396,81	2846,56	89515,81	2486,55	93749,88	2232,14	98099,04	2043,73
68000	87964,80	2932,82	92228,04	2561,89	96591,18	2299,79	101071,20	2105,65
70000	90572,41	3019,08	94941,00	2637,25	99432,48	2367,44	104044,30	2167,59
72000	93160,21	3105,34	97653,60	2712,60	102273,40	2435,08	107017,40	2229,53
74000	95748,00	3191,60	100366,20	2787,95	105114,20	2502,72	109990,10	2291,46
76000	98335,50	3277,85	103078,80	2863,30	107955,10	2570,36	112962,20	2353,38
78000	100923,30	3364,11	105791,40	2938,65	110796,00	2638,00	115935,40	2415,32
80000	103511,10	3450,37	108504,00	3014,00	113636,90	2705,64	118908,00	2477,25
82000	106098,90	3536,63	111216,60	3089,35	116477,80	2773,28	121880,60	2539,18
84000	108686,70	3622,89	113929,20	3164,70	119318,60	2840,92	124853,30	2601,11
86000	111274,50	3709,15	116641,80	3240,05	122159,50	2908,56	127825,90	2663,04
88000	113862,30	3795,41	119354,40	3315,40	125000,40	2976,20	130799,00	2724,98
90000	116450,10	3881,67	122067,00	3390,75	127841,70	3043,85	133771,70	2786,91
92000	119037,90	3967,93	124779,60	3466,10	130682,60	3111,49	136744,30	2848,84
94000	121625,70	4054,19	127492,20	3541,45	133523,50	3179,13	139717,00	2910,77
96000	124213,50	4140,45	130204,80	3616,80	136364,40	3246,77	142689,60	2972,70
98000	26801,30	4226,71	132917,40	3692,15	139205,20	3314,41	145662,20	3034,63
100000	129389,10	4312,97	135630,00	3767,50	142046,10	3382,05	148634,90	3096,56

216

Montant	54 MOIS		60 MOIS		66 MOIS		72 MOIS	
	Paiement Total	Paiement Mensuel	Paiement Total	Paiement Mensuel	Paiement Total	Paiement Mensuel	Paiement Total	Paiement Mensuel
37000	57495,96	1064,74	60058,20	1000,97	62681,52	949,72	65363,76	907,83
38000	59049,54	1093,51	61681,80	1028,03	64375,74	975,39	67130,65	932,37
39000	60603,67	1122,29	63304,20	1055,07	66069,96	1001,06	68896,81	956,90
40000	62157,24	1151,06	64927,80	1082,13	67763,52	1026,72	70663,68	981,44
41000	63711,36	1179,84	66550,81	1109,18	69457,75	1052,39	72429,84	1005,97
42000	65265,48	1208,62	68174,40	1136,24	71151,96	1078,06	74196,72	1030,51
43000	66819,60	1237,40	69797,41	1163,29	72846,18	1103,73	75963,60	1055,05
44000	68373,18	1266,17	71421,00	1190,35	74540,40	1129,40	77729,04	1079,57
45000	69926,76	1294,94	73044,00	1217,40	76233,96	1155,06	79496,65	1104,12
46000	71481,43	1323,73	74666,40	1244,44	77928,18	1180,73	81262,81	1128,65
47000	73035,00	1352,50	76290,60	1271,51	79622,40	1206,40	83028,96	1153,18
48000	74589,13	1381,28	77913,60	1298,56	81315,96	1232,06	84796,56	1177,73
49000	76143,25	1410,06	79536,60	1325,61	83010,84	1257,74	86562,72	1202,26
50000	77696,82	1438,83	81160,21	1352,67	84704,40	1283,40	88329,60	1226,80
51000	79250,94	1467,61	82783,20	1379,72	86397,96	1309,06	90095,04	1251,32
52000	80805,06	1496,39	84406,21	1406,77	88092,84	1334,74	91862,64	1275,87
53000	82358,65	1525,16	86029,80	1433,83	89787,06	1360,41	93629,52	1300,41
54000	83912,76	1553,94	87652,80	1460,88	91481,28	1386,08	95395,68	1324,94
55000	85466,88	1582,72	89275,81	1487,93	93175,50	1411,75	97162,56	1349,48
56000	87020,46	1611,49	90899,40	1514,99	94869,06	1437,41	98928,72	1374,01
57000	88574,58	1640,27	92522,41	1542,04	96563,28	1463,08	100695,60	1398,55
58000	90128,71	1669,05	94145,40	1569,09	98257,50	1488,75	102462,50	1423,09
59000	91682,28	1697,82	95769,00	1596,15	99951,72	1514,42	104228,60	1447,62
60000	93236,40	1726,60	97392,00	1623,20	101645,90	1540,09	105995,50	1472,16
61000	94790,52	1755,38	99015,00	1650,25	103339,50	1565,75	107761,70	1496,69
62000	96344,10	1784,15	100638,60	1677,31	105033,70	1591,42	109528,60	1521,23
64000	99452,34	1841,71	103884,60	1731,41	108422,20	1642,76	113061,60	1570,30
66000	102560,00	1899,26	107131,20	1785,52	111809,90	1694,09	116594,60	1619,37
68000	105667,70	1956,81	110377,80	1839,63	115198,40	1745,43	120128,40	1668,45
70000	108776,00	2014,37	113623,80	1893,73	118586,80	1796,77	123661,40	1717,52
72000	111883,70	2071,92	116870,40	1947,84	121974,60	1848,10	127194,50	1766,59
74000	114991,40	2129,47	120117,00	2001,95	125363,00	1899,44	130727,50	1815,66
76000	118099,60	2187,03	123363,00	2056,05	128750,80	1950,77	134260,60	1864,73
78000	121207,30	2244,58	126609,00	2110,15	132139,30	2002,11	137793,60	1913,80
80000	124314,50	2302,12	129856,20	2164,27	135527,70	2053,45	141327,40	1962,88
82000	127423,30	2359,69	133102,20	2218,37	138915,50	2104,78	144860,40	2011,95
84000	130531,00	2417,24	136348,80	2272,48	142303,90	2156,12	148393,40	2061,02
86000	133638,70	2474,79	139594,80	2326,58	145692,40	2207,46	151926,50	2110,09
88000	136746,90	2532,35	142841,40	2380,69	149080,10	2258,79	155458,80	2159,15
90000	139854,10	2589,89	146088,00	2434,80	152467,90	2310,12	158993,30	2208,24
92000	142962,30	2647,45	149333,40	2488,89	155856,40	2361,46	162526,30	2257,31
94000	146070,50	2705,01	152580,60	2543,01	159244,80	2412,80	166058,70	2306,37
96000	149178,30	2762,56	155827,20	2597,12	162632,60	2464,13	169592,40	2355,45
98000	152285,90	2820,11	159073,20	2651,22	166021,00	2515,47	173125,40	2404,52
100000	155394,20	2877,67	162319,80	2705,33	169409,50	2566,81	176659,20	2453,60

217

INTÉRÊT DE **21,5 %**

Montant	6 MOIS Paiement Total	6 MOIS Paiement Mensuel	12 MOIS Paiement Total	12 MOIS Paiement Mensuel	18 MOIS Paiement Total	18 MOIS Paiement Mensuel	24 MOIS Paiement Total	24 MOIS Paiement Mensuel
1000	1063,62	177,27	1120,20	93,35	1178,82	65,49	1239,12	51,63
1500	1595,46	265,91	1680,36	140,03	1768,14	98,23	1858,56	77,44
2000	2127,30	354,55	2240,52	186,71	2357,46	130,97	2478,24	103,26
2500	2659,08	443,18	2800,56	233,38	2946,96	163,72	3097,92	129,08
3000	3190,92	531,82	3360,72	280,06	3536,28	196,46	3717,36	154,89
3500	3722,70	620,45	3920,88	326,74	4125,60	229,20	4337,04	180,71
4000	4254,54	709,09	4481,04	373,42	4715,10	261,95	4956,72	206,53
4500	4786,38	797,73	5041,08	420,09	5304,42	294,69	5576,16	232,34
5000	5318,16	886,36	5601,24	466,77	5893,74	327,43	6195,84	258,16
5500	5850,00	975,00	6161,40	513,45	6483,24	360,18	6815,28	283,97
6000	6381,84	1063,64	6721,44	560,12	7072,56	392,92	7434,96	309,79
6500	6913,62	1152,27	7281,60	606,80	7661,88	425,66	8054,64	335,61
7000	7445,46	1240,91	7841,76	653,48	8251,38	458,41	8674,08	361,42
7500	7977,24	1329,54	8401,80	700,15	8840,70	491,15	9293,76	387,24
8000	8509,08	1418,18	8961,96	746,83	9430,02	523,89	9913,20	413,05
8500	9040,92	1506,82	9522,12	793,51	10019,52	556,64	10532,88	438,87
9000	9572,70	1595,45	10082,16	840,18	10608,84	589,38	11152,32	464,68
9500	10104,54	1684,09	10642,32	886,86	11198,16	622,12	11772,00	490,50
10000	10636,38	1772,73	11202,48	933,54	11787,48	654,86	12391,68	516,32
11000	11700,00	1950,00	12322,68	1026,89	12966,30	720,35	13630,80	567,95
12000	12763,62	2127,27	13443,00	1120,25	14145,12	785,84	14869,92	619,58
13000	13827,24	2304,54	14563,20	1213,60	15323,76	851,32	16109,04	671,21
14000	14890,92	2481,82	15683,28	1306,94	16502,58	916,81	17348,16	722,84
15000	15954,54	2659,09	16803,72	1400,31	17681,40	982,30	18587,28	774,47
16000	17018,16	2836,36	17923,92	1493,66	18860,04	1047,78	19826,40	826,10
17000	18081,78	3013,63	19044,24	1587,02	20038,86	1113,27	21065,76	877,74
18000	19145,46	3190,91	20164,44	1680,37	21217,68	1178,76	22304,88	929,37
19000	20209,08	3368,18	21284,64	1773,72	22396,32	1244,24	23544,00	981,00
20000	21272,70	3545,45	22404,96	1867,08	23575,14	1309,73	24783,12	1032,63
21000	22336,32	3722,72	23525,16	1960,43	24753,96	1375,22	26022,24	1084,26
22000	23400,00	3900,00	24645,36	2053,78	25932,60	1440,70	27261,36	1135,89
23000	24463,62	4077,27	25765,56	2147,13	27111,42	1506,19	28500,72	1187,53
24000	25527,24	4254,54	26885,88	2240,49	28290,24	1571,68	29739,84	1239,16
25000	26590,86	4431,81	28006,20	2333,85	29468,88	1637,16	30978,96	1290,79
26000	27654,54	4609,09	29126,40	2427,20	30647,70	1702,65	32218,08	1342,42
27000	28718,16	4786,36	30246,60	2520,55	31826,52	1768,14	33457,20	1394,05
28000	29781,78	4963,63	31366,80	2613,90	33005,16	1833,62	34696,32	1445,68
29000	30845,40	5140,90	32487,12	2707,26	34183,98	1899,11	35935,44	1497,31
30000	31909,08	5318,18	33607,44	2800,62	35362,62	1964,59	37174,80	1548,95
31000	32972,70	5495,45	34727,64	2893,97	36541,44	2030,08	38413,92	1600,58
32000	34036,32	5672,72	35847,84	2987,32	37720,26	2095,57	39653,04	1652,21
33000	35100,00	5850,00	36968,16	3080,68	38898,90	2161,05	40892,16	1703,84
34000	36163,62	6027,27	38088,36	3174,03	40077,72	2226,54	42131,28	1755,47
35000	37227,24	6204,54	39208,56	3267,38	41256,54	2292,03	43370,40	1807,10
36000	38290,86	6381,81	40328,88	3360,74	42435,18	2357,51	44609,76	1858,74

	30 MOIS		36 MOIS		42 MOIS		48 MOIS	
Montant	Paiement Total	Paiement Mensuel	Paiement Total	Paiement Mensuel	Paiement Total	Paiement Mensuel	Paiement Total	Paiement Mensuel
1000	1301,40	43,38	1365,48	37,93	1431,36	34,08	1499,52	31,24
1500	1952,10	65,07	2048,40	56,90	2147,46	51,13	2248,80	46,85
2000	2602,80	86,76	2730,96	75,86	2863,14	68,17	2998,56	62,47
2500	3253,50	108,45	3413,88	94,83	3578,82	85,21	3747,84	78,08
3000	3904,20	130,14	4096,80	113,80	4294,50	102,25	4498,08	93,71
3500	4554,90	151,83	4779,00	132,75	5010,18	119,29	5247,36	109,32
4000	5205,60	173,52	5462,28	151,73	5726,28	136,34	5997,12	124,94
4500	5856,30	195,21	6145,20	170,70	6441,96	153,38	6746,88	140,56
5000	6507,30	216,91	6827,76	189,66	7157,64	170,42	7496,16	156,17
5500	7158,00	238,60	7510,68	208,63	7873,32	187,46	8245,92	171,79
6000	7808,70	260,29	8193,24	227,59	8589,00	204,50	8995,68	187,41
6500	8459,40	281,98	8876,16	246,56	9305,10	221,55	9745,44	203,03
7000	9110,10	303,67	9559,08	265,53	10020,78	238,59	10495,20	218,65
7500	9760,50	325,35	10241,64	284,49	10736,46	255,63	11244,48	234,26
8000	10411,50	347,05	10924,56	303,46	11452,14	272,67	11994,24	249,88
8500	11062,20	368,74	11607,12	322,42	12167,82	289,71	12744,00	265,50
9000	11712,90	390,43	12290,04	341,39	12883,92	306,76	13493,76	281,12
9500	12363,60	412,12	12972,96	360,36	13599,18	323,79	14243,04	296,73
10000	13014,30	433,81	13655,52	379,32	14315,28	340,84	14992,80	312,35
11000	14315,70	477,19	15021,00	417,25	15746,64	374,92	16492,32	343,59
12000	15617,10	520,57	16386,84	455,19	17178,42	409,01	17991,36	374,82
13000	16918,50	563,95	17752,32	493,12	18609,78	443,09	19490,88	406,06
14000	18219,90	607,33	19117,80	531,05	20041,14	477,17	20989,92	437,29
15000	19521,30	650,71	20483,28	568,98	21472,92	511,26	22489,44	468,53
16000	20823,00	694,10	21849,12	606,92	22904,28	545,34	23988,48	499,76
17000	22124,40	737,48	23214,24	644,84	24336,06	579,43	25488,00	531,00
18000	23425,80	780,86	24580,08	682,78	25767,42	613,51	26987,04	562,23
19000	24727,20	824,24	25945,56	720,71	27198,78	647,59	28486,08	593,46
20000	26028,60	867,62	27311,40	758,65	28630,56	681,68	29985,60	624,70
21000	27330,00	911,00	28676,88	796,58	30061,92	715,76	31485,12	655,94
22000	28631,40	954,38	30042,36	834,51	31493,70	749,85	32984,64	687,18
23000	29932,80	997,76	31407,84	872,44	32925,06	783,93	34483,68	718,41
24000	31234,50	1041,15	32773,32	910,37	34356,42	818,01	35983,20	749,65
25000	32535,90	1084,53	34139,16	948,31	35788,20	852,10	37482,24	780,88
26000	33837,30	1127,91	35504,64	986,24	37219,56	886,18	38981,76	812,12
27000	35138,70	1171,29	36870,12	1024,17	38650,92	920,26	40480,80	843,35
28000	36440,10	1214,67	38235,60	1062,10	40082,70	954,35	41980,32	874,59
29000	37741,50	1258,05	39601,44	1100,04	41514,06	988,43	43479,36	905,80
30000	39042,90	1301,43	40966,92	1137,97	42945,84	1022,52	44978,88	937,06
31000	40344,30	1344,81	42332,40	1175,90	44377,20	1056,60	46477,92	968,29
32000	41645,70	1388,19	43697,52	1213,82	45808,57	1090,68	47977,44	999,53
33000	42947,10	1431,57	45063,36	1251,76	47240,34	1124,77	49476,48	1030,76
34000	44248,80	1474,96	46428,84	1289,69	48671,70	1158,85	50976,00	1062,00
35000	45550,20	1518,34	47794,68	1327,63	50103,07	1192,93	52475,04	1093,23
36000	46851,60	1561,72	49160,17	1365,56	51534,84	1227,02	53974,56	1124,47

INTÉRÊT DE **21,5 %**

Montant	54 MOIS Paiement Total	54 MOIS Paiement Mensuel	60 MOIS Paiement Total	60 MOIS Paiement Mensuel	66 MOIS Paiement Total	66 MOIS Paiement Mensuel	72 MOIS Paiement Total	72 MOIS Paiement Mensuel
1000	1568,70	29,05	1640,40	27,34	1713,36	25,96	1787,76	24,83
1500	2353,32	43,58	2460,00	41,00	2569,38	38,93	2682,00	37,25
2000	3137,94	58,11	3280,20	54,67	3426,06	51,91	3575,52	49,66
2500	3921,48	72,62	4099,80	68,33	4282,74	64,89	4469,76	62,08
3000	4706,64	87,16	4920,60	82,01	5139,42	77,87	5363,28	74,49
3500	5490,72	101,68	5740,20	95,67	5996,10	90,85	6257,52	86,91
4000	6275,34	116,21	6560,40	109,34	6852,78	103,83	7151,04	99,32
4500	7059,96	130,74	7380,60	123,01	7708,80	116,80	8045,28	111,74
5000	7843,50	145,25	8200,20	136,67	8565,48	129,78	8938,80	124,15
5500	8628,12	159,78	9020,40	150,34	9421,50	142,75	9833,04	136,57
6000	9413,28	174,32	9840,60	164,01	10278,84	155,74	10726,56	148,98
6500	10197,36	188,84	10660,80	177,68	11135,52	168,72	11620,08	161,39
7000	10981,98	203,37	11481,00	191,35	11991,54	181,69	12514,32	173,81
7500	11766,06	217,89	12301,20	205,02	12848,22	194,67	13408,56	186,23
8000	12550,68	232,42	13120,80	218,68	13704,90	207,65	14302,08	198,64
8500	13335,30	246,95	13941,00	232,35	14561,58	220,63	15196,32	211,06
9000	14119,38	261,47	14761,20	246,02	15418,26	233,61	16089,84	223,47
9500	14904,00	276,00	15581,40	259,69	16274,28	246,58	16984,08	235,89
10000	15688,62	290,53	16401,00	273,35	17130,96	259,56	17877,60	248,30
11000	17256,78	319,57	18041,40	300,69	18843,66	285,51	19665,36	273,13
12000	18826,02	348,63	19681,20	328,02	20557,68	311,48	21453,12	297,96
13000	20394,72	377,68	21321,60	355,36	22270,38	337,43	23240,88	322,79
14000	21963,96	406,74	22962,00	382,70	23983,74	363,39	25028,64	347,62
15000	23532,66	435,79	24601,80	410,03	25696,44	389,34	26816,40	372,45
16000	25101,36	464,84	26242,20	437,37	27409,80	415,30	28604,16	397,28
17000	26670,06	493,89	27882,00	464,70	29123,16	441,26	30391,92	422,11
18000	28239,30	522,95	29522,40	492,04	30835,86	467,21	32179,68	446,94
19000	29808,00	552,00	31162,20	519,37	32549,22	493,17	33967,44	471,77
20000	31376,70	581,05	32802,60	546,71	34262,58	519,13	35755,20	496,60
21000	32944,86	610,09	34441,80	574,03	35975,28	545,08	37542,96	521,43
22000	34514,10	639,15	36082,80	601,38	37687,98	571,03	39330,72	546,26
23000	36083,34	668,21	37722,60	628,71	39401,34	596,99	41118,48	571,09
24000	37652,04	697,26	39363,00	656,05	41114,70	622,95	42906,24	595,92
25000	39220,74	726,31	41002,80	683,38	42827,40	648,90	44694,00	620,75
26000	40789,98	755,37	42643,20	710,72	44540,76	674,86	46481,76	645,58
27000	42358,68	784,42	44283,00	738,05	46254,12	700,82	48270,24	670,42
28000	43927,38	813,47	45923,40	765,39	47967,48	726,78	50058,00	695,25
29000	45496,08	842,52	47563,80	792,73	49680,18	752,73	51845,76	720,08
30000	47065,32	871,58	49203,60	820,06	51393,54	778,69	53633,52	744,91
31000	48634,02	900,63	50844,00	847,40	53106,24	804,64	55421,28	769,74
32000	50202,72	929,68	52483,80	874,73	54819,60	830,60	57209,04	794,57
33000	51771,42	958,73	54124,20	902,07	56532,96	856,56	58996,80	819,40
34000	53340,66	987,79	55764,00	929,40	58245,66	882,51	60784,56	844,23
35000	54909,36	1016,84	57404,40	956,74	59959,02	908,47	62572,32	869,06
36000	56478,07	1045,89	59044,20	984,07	61672,38	934,43	64360,08	893,89

220

	6 MOIS		12 MOIS		18 MOIS		24 MOIS	
Montant	Paiement Total	Paiement Mensuel	Paiement Total	Paiement Mensuel	Paiement Total	Paiement Mensuel	Paiement Total	Paiement Mensuel
37000	39354,54	6559,09	41449,08	3454,09	43614,00	2423,00	45848,88	1910,37
38000	40418,16	6736,36	42569,40	3547,45	44792,82	2488,49	47088,00	1962,00
39000	41481,78	6913,63	43689,60	3640,80	45971,46	2553,97	48327,12	2013,63
40000	42545,40	7090,90	44809,80	3734,15	47150,28	2619,46	49566,24	2065,26
41000	43609,08	7268,18	45930,12	3827,51	48329,10	2684,95	50805,12	2116,88
42000	44672,71	7445,45	47050,32	3920,86	49507,74	2750,43	52044,48	2168,52
43000	45736,32	7622,72	48170,64	4014,22	50686,56	2815,92	53283,60	2220,15
44000	46799,94	7799,99	49290,72	4107,56	51865,38	2881,41	54522,96	2271,79
45000	47863,62	7977,27	50411,04	4200,92	53044,02	2946,89	55762,08	2323,42
46000	48927,24	8154,54	51531,24	4294,27	54222,84	3012,38	57001,21	2375,05
47000	49990,80	8331,80	52651,56	4387,63	55401,48	3077,86	58240,32	2426,68
48000	51054,48	8509,08	53771,76	4480,98	56580,30	3143,35	59479,44	2478,31
49000	52118,17	8686,36	54892,08	4574,34	57759,12	3208,84	60718,80	2529,95
50000	53181,78	8863,63	56012,28	4667,69	58937,76	3274,32	61957,92	2581,58
51000	54245,40	9040,90	57132,48	4761,04	60116,58	3339,81	63197,04	2633,21
52000	55309,02	9218,17	58252,80	4854,40	61295,40	3405,30	64436,17	2684,84
53000	56372,71	9395,45	59373,00	4947,75	62474,04	3470,78	65675,28	2736,47
54000	57436,32	9572,72	60493,32	5041,11	63652,86	3536,27	66914,41	2788,10
55000	58499,94	9749,99	61613,52	5134,46	64831,68	3601,76	68153,52	2839,73
56000	59563,56	9927,26	62733,72	5227,81	66010,32	3667,24	69392,88	2891,37
57000	60627,24	10104,54	63854,04	5321,17	67189,15	3732,73	70632,00	2943,00
58000	61690,80	10281,80	64974,24	5414,52	68367,96	3798,22	71871,12	2994,63
59000	62754,48	10459,08	66094,56	5507,88	69546,60	3863,70	73110,25	3046,26
60000	63818,17	10636,36	67214,76	5601,23	70725,43	3929,19	74349,36	3097,89
61000	64881,78	10813,63	68334,96	5694,58	71904,24	3994,68	75588,49	3149,52
62000	65945,41	10990,90	69455,28	5787,94	73082,88	4060,16	76827,84	3201,16
64000	68072,71	11345,45	71695,80	5974,65	75440,53	4191,14	79306,08	3304,42
66000	70199,94	11699,99	73936,21	6161,35	77797,98	4322,11	81784,32	3407,68
68000	72327,25	12054,54	76176,72	6348,06	80155,44	4453,08	84262,56	3510,94
70000	74454,49	12409,08	78417,25	6534,77	82512,72	4584,04	86741,04	3614,21
72000	76581,78	12763,63	80657,76	6721,48	84870,36	4715,02	89219,28	3717,47
74000	78709,02	13118,17	82898,16	6908,18	87228,00	4846,00	91697,52	3820,73
76000	80836,32	13472,72	85138,68	7094,89	89585,46	4976,97	94176,00	3924,00
78000	82963,56	13827,26	87379,21	7281,60	91943,10	5107,95	96654,24	4027,26
80000	85090,86	14181,81	89619,72	7468,31	94300,56	5238,92	99132,49	4130,52
82000	87218,09	14536,35	91860,12	7655,01	96658,02	5369,89	101611,00	4233,79
84000	19345,41	14890,90	94100,64	7841,72	99015,48	5500,86	104089,00	4337,04
86000	91472,64	15245,44	96341,16	8028,43	101373,10	5631,84	106567,40	4440,31
88000	93599,94	15599,99	98581,56	8215,13	103730,60	5762,81	109045,90	4543,58
90000	95727,18	15954,53	100822,10	8401,84	106088,00	5893,78	111524,20	4646,84
92000	97854,49	16309,08	103062,60	8588,55	108445,70	6024,76	114002,40	4750,10
94000	99981,66	16663,61	105303,10	8775,26	110803,10	6155,73	116480,60	4853,36
96000	102109,00	17018,17	107543,60	8961,97	113160,60	6286,70	118959,10	4956,63
98000	104236,30	17372,71	109784,20	9148,68	115518,20	6417,68	121437,40	5059,89
100000	106363,60	17727,26	112024,60	9335,38	117875,70	6548,65	123915,60	5163,15

INTÉRÊT DE **21,5 %**

	30 MOIS		**36** MOIS		**42** MOIS		**48** MOIS	
Montant	Paiement Total	Paiement Mensuel	Paiement Total	Paiement Mensuel	Paiement Total	Paiement Mensuel	Paiement Total	Paiement Mensuel
37000	48153,00	1605,10	50525,64	1403,49	52966,20	1261,10	55473,12	1155,69
38000	49454,40	1648,48	51891,48	1441,43	54397,57	1295,18	56972,64	1186,93
39000	50755,80	1691,86	53256,96	1479,36	55829,34	1329,27	58472,17	1218,17
40000	52057,20	1735,24	54622,44	1517,29	57261,12	1363,36	59971,68	1249,41
41000	53358,60	1778,62	55987,92	1555,22	58692,48	1397,44	61470,72	1280,64
42000	54660,00	1822,00	57353,40	1593,15	60123,84	1431,52	62970,24	1311,88
43000	55961,40	1865,38	58719,24	1631,09	61555,62	1465,61	64469,76	1343,12
44000	57263,10	1908,77	60084,72	1669,02	62986,98	1499,69	65968,80	1374,35
45000	58564,50	1952,15	61450,20	1706,95	64418,34	1533,77	67468,32	1405,59
46000	59865,90	1995,53	62815,68	1744,88	65850,12	1567,86	68967,36	1436,82
47000	61167,30	2038,91	64181,52	1782,82	67281,48	1601,94	70466,88	1468,06
48000	62468,71	2082,29	65547,00	1820,75	68713,26	1636,03	71965,93	1499,29
49000	63770,10	2125,67	66912,49	1858,68	70144,62	1670,11	73465,44	1530,53
50000	65071,50	2169,05	68277,96	1896,61	71575,98	1704,19	74964,49	1561,76
51000	66372,90	2212,43	69643,44	1934,54	73007,76	1738,28	76464,00	1593,00
52000	67674,31	2255,81	71009,28	1972,48	74439,12	1772,36	77963,04	1624,23
53000	68976,00	2299,20	72374,76	2010,41	75870,90	1806,45	79462,56	1655,47
54000	60277,41	2342,58	73740,25	2048,34	77302,26	1840,53	80961,60	1686,70
55000	71578,80	2385,96	75105,72	2086,27	78733,62	1874,61	82461,12	1717,94
56000	72880,21	2429,34	76471,56	2124,21	80165,40	1908,70	83960,16	1749,17
57000	74181,60	2472,72	77836,68	2162,13	81596,76	1942,78	85459,68	1780,41
58000	75483,00	2516,10	79202,53	2200,07	83028,54	1976,87	86958,72	1811,64
59000	76784,40	2559,48	80568,00	2238,00	84459,90	2010,95	88458,24	1842,88
60000	78085,81	2602,86	81933,84	2275,94	85891,26	2045,03	89957,28	1874,11
61000	79387,21	2646,24	83299,33	2313,87	87323,05	2079,12	91456,80	1905,35
62000	80688,60	2689,62	84664,81	2351,80	88754,40	2113,20	92956,32	1936,59
64000	83291,70	2776,39	87395,40	2427,65	91617,55	2181,37	95954,88	1999,06
66000	85894,50	2863,15	90127,08	2503,53	94480,68	2249,54	98953,44	2061,53
68000	88497,30	2949,91	92857,68	2579,38	97343,40	2317,70	101952,00	2124,00
70000	91100,09	3036,66	95589,36	2655,26	100206,60	2385,87	104950,60	2186,47
72000	93703,19	3123,44	98320,33	2731,12	103069,70	2454,04	107949,10	2248,94
74000	96306,00	3210,20	101051,60	2806,99	105932,80	2522,21	110947,20	2311,40
76000	98908,80	3296,96	103782,60	2882,85	108795,60	2590,37	113945,80	2373,87
78000	101511,60	3383,72	106513,90	2958,72	111658,70	2658,54	116944,80	2436,35
80000	104114,40	3470,48	109244,90	3034,58	114521,80	2726,71	119943,40	2498,82
82000	106717,50	3557,25	111975,80	3110,44	117385,00	2794,88	122941,90	2561,29
84000	109320,30	3644,01	114707,20	3186,31	120248,10	2863,05	125940,50	2623,76
86000	111923,10	3730,77	117438,10	3262,17	123110,80	2931,21	128939,00	2686,23
88000	114525,90	3817,53	120169,40	3338,04	125974,00	2999,38	131937,60	2748,70
90000	117128,70	3904,29	122900,40	3413,90	128837,10	3067,55	134936,20	2811,17
92000	119731,80	3991,06	125631,70	3489,77	131700,20	3135,72	137934,70	2873,64
94000	122334,60	4077,82	128362,70	3565,63	134563,40	3203,89	140933,30	2936,11
96000	124937,40	4164,58	131094,00	3641,50	137426,10	3272,05	143931,90	2998,58
98000	127540,20	4251,34	133825,00	3717,36	140289,20	3340,22	146930,40	3061,05
100000	130143,00	4338,10	136556,30	3793,23	143152,40	3408,39	149929,00	3123,52

Montant	54 MOIS Paiement Total	Paiement Mensuel	60 MOIS Paiement Total	Paiement Mensuel	66 MOIS Paiement Total	Paiement Mensuel	72 MOIS Paiement Total	Paiement Mensuel
37000	58046,23	1074,93	60684,60	1011,41	63385,08	960,38	66147,84	918,72
38000	59616,00	1104,00	62324,40	1038,74	65098,44	986,34	67935,60	943,55
39000	61184,71	1133,05	63964,20	1066,07	66811,15	1012,29	69723,36	968,38
40000	62753,40	1162,10	65604,60	1093,41	68524,50	1038,25	71511,13	993,21
41000	64322,10	1191,15	67245,00	1120,75	70237,86	1064,21	73298,88	1018,04
42000	65891,34	1220,21	68885,40	1148,09	71950,56	1090,16	75086,65	1042,87
43000	67460,04	1249,26	70525,21	1175,42	73663,93	1116,12	76873,68	1067,69
44000	69028,75	1278,31	72165,60	1202,76	75376,62	1142,07	78662,16	1092,53
45000	70597,44	1307,36	73805,40	1230,09	77089,99	1168,03	80449,93	1117,36
46000	72166,68	1336,42	75445,81	1257,43	78803,34	1193,99	82236,96	1142,18
47000	73735,38	1365,47	77085,60	1284,76	80516,04	1219,94	84025,44	1167,02
48000	75304,08	1394,52	78726,00	1312,10	82229,40	1245,90	85813,19	1191,85
49000	76872,78	1423,57	80365,81	1339,43	83942,76	1271,86	87600,96	1216,68
50000	78442,02	1452,63	82006,21	1366,77	85656,14	1297,81	89388,72	1241,51
51000	80010,72	1481,68	83646,00	1394,10	87368,82	1323,77	91176,48	1266,34
52000	81579,43	1510,73	85286,40	1421,44	89082,18	1349,73	92964,24	1291,17
53000	83148,13	1539,78	86926,21	1448,77	90794,88	1375,68	94752,00	1316,00
54000	84717,36	1568,84	88566,60	1476,11	92508,24	1401,64	96539,76	1340,83
55000	86286,06	1597,89	90207,00	1503,45	94221,59	1427,60	98327,52	1365,66
56000	87854,76	1626,94	91846,81	1530,78	95934,31	1453,55	100115,30	1390,49
57000	89423,46	1655,99	93487,21	1558,12	97647,66	1479,51	101903,00	1415,32
58000	90992,71	1685,05	95127,00	1585,45	99360,36	1505,46	103690,80	1440,15
59000	92561,40	1714,10	96767,41	1612,79	101073,70	1531,42	105478,60	1464,98
60000	94130,10	1743,15	98407,21	1640,12	102787,10	1557,38	107266,30	1489,81
61000	95698,80	1772,20	100047,60	1667,46	104499,80	1583,33	109054,10	1514,64
62000	97268,04	1801,26	101687,40	1694,79	106213,10	1609,29	110841,80	1539,47
64000	100405,40	1859,36	104967,60	1749,46	109639,20	1661,20	114417,40	1589,13
66000	103543,40	1917,47	108247,80	1804,13	113065,30	1713,11	117992,90	1638,79
68000	106680,80	1975,57	111528,60	1858,81	116492,00	1765,03	121568,40	1688,45
70000	109818,70	2033,68	114808,80	1913,48	119918,90	1816,94	125143,90	1738,11
72000	112956,10	2091,78	118089,00	1968,15	123344,10	1868,85	128719,40	1787,77
74000	116093,50	2149,88	121369,20	2022,82	126770,20	1920,76	132295,00	1837,43
76000	119231,50	2207,99	124649,40	2077,49	130196,90	1972,68	135870,50	1887,09
78000	122369,40	2266,10	127929,00	2132,15	133622,90	2024,59	139446,00	1936,75
80000	125506,80	2324,20	131209,80	2186,83	137049,00	2076,50	143022,30	1986,42
82000	128644,70	2382,31	134490,00	2241,50	140475,70	2128,42	146597,80	2036,08
84000	131781,60	2440,40	137770,20	2296,17	143901,80	2180,33	150173,30	2085,74
86000	134920,10	2498,52	141050,40	2350,84	147327,90	2232,24	153748,10	2135,39
88000	138057,50	2556,62	144330,60	2405,51	150753,20	2284,14	157324,30	2185,06
90000	141195,40	2614,73	147610,80	2460,18	154180,60	2336,07	160899,90	2234,72
92000	144332,80	2672,83	150891,00	2514,85	157606,70	2387,98	164474,70	2284,37
94000	147470,80	2730,94	154171,20	2569,52	161032,10	2439,88	168050,90	2334,04
96000	150608,20	2789,04	157452,00	2624,20	164458,80	2491,80	171626,40	2383,70
98000	153746,10	2847,15	160732,20	2678,87	167885,50	2543,72	175201,90	2433,36
100000	156883,50	2905,25	164012,40	2733,54	171310,90	2595,62	178777,40	2483,02

223

INTÉRÊT DE **22 %**

Montant	6 MOIS Paiement Total	6 MOIS Paiement Mensuel	12 MOIS Paiement Total	12 MOIS Paiement Mensuel	18 MOIS Paiement Total	18 MOIS Paiement Mensuel	24 MOIS Paiement Total	24 MOIS Paiement Mensuel
1000	1065,12	177,52	1123,08	93,59	1183,14	65,73	1245,12	51,88
1500	1597,74	266,29	1684,68	140,39	1774,62	98,59	1867,68	77,82
2000	2130,30	355,05	2246,28	187,19	2366,28	131,46	2490,24	103,76
2500	2662,86	443,81	2807,88	233,99	2957,76	164,32	3112,80	129,70
3000	3195,42	532,57	3369,36	280,78	3549,42	197,19	3735,12	155,63
3500	3727,98	621,33	3930,84	327,57	4140,90	230,05	4357,68	181,57
4000	4260,54	710,09	4492,56	374,38	4732,56	262,92	4980,24	207,51
4500	4793,16	798,86	5054,16	421,18	5324,04	295,78	5602,80	233,45
5000	5325,72	887,62	5615,64	467,97	5915,52	328,64	6225,36	259,39
5500	5858,28	976,38	6177,24	514,77	6507,18	361,51	6847,68	285,32
6000	6390,84	1065,14	6738,84	561,57	7098,66	394,37	7470,24	311,26
6500	6923,40	1153,90	7300,32	608,36	7690,32	427,24	8093,04	337,21
7000	7455,96	1242,66	7861,80	655,15	8281,80	460,10	8715,60	363,15
7500	7988,58	1331,43	8423,52	701,96	8873,46	492,97	9338,16	389,09
8000	8521,14	1420,19	8985,12	748,76	9464,94	525,83	9960,72	415,03
8500	9053,70	1508,95	9546,60	795,55	10056,42	558,69	10583,28	440,97
9000	9586,26	1597,71	10108,20	842,35	10648,08	591,56	11205,60	466,90
9500	10118,82	1686,47	10669,80	889,15	11239,56	624,42	11828,16	492,84
10000	10651,38	1775,23	11231,40	935,95	11831,22	657,29	12450,72	518,78
11000	11716,56	1952,76	12354,48	1029,54	13014,36	723,02	13695,60	570,65
12000	12781,68	2130,28	13477,56	1123,13	14197,50	788,75	14940,72	622,53
13000	13846,80	2307,80	14600,76	1216,73	15380,46	854,47	16186,08	674,42
14000	14911,98	2485,33	15723,72	1310,31	16563,60	920,20	17431,20	726,30
15000	15977,10	2662,85	16847,04	1403,92	17746,74	985,93	18676,08	778,17
16000	17042,22	2840,37	17970,12	1497,51	18929,88	1051,66	19921,20	830,05
17000	18107,40	3017,90	19093,32	1591,11	20113,02	1117,39	21166,32	881,93
18000	19172,52	3195,42	20216,40	1684,70	21296,16	1183,12	22411,44	933,81
19000	20237,64	3372,94	21339,60	1778,30	22479,30	1248,85	23656,56	985,69
20000	21302,82	3550,47	22462,68	1871,89	23662,44	1314,58	24901,44	1037,56
21000	22367,94	3727,99	23585,88	1965,49	24845,40	1380,30	26146,32	1089,43
22000	23433,06	3905,51	24708,96	2059,08	26028,54	1446,03	27391,44	1141,31
23000	24498,24	4083,04	25832,16	2152,68	27211,68	1511,76	28636,56	1193,19
24000	25563,36	4260,56	26955,24	2246,27	28394,82	1577,49	29881,68	1245,07
25000	26628,54	4438,09	28078,32	2339,86	29577,96	1643,22	31127,04	1296,96
26000	27693,66	4615,61	29201,52	2433,46	30761,10	1708,95	32371,92	1348,83
27000	28758,78	4793,13	30324,60	2527,05	31944,24	1774,68	33617,04	1400,71
28000	29823,96	4970,66	31447,68	2620,64	33127,38	1840,41	34862,16	1452,59
29000	30889,08	5148,18	32570,88	2714,24	34310,34	1906,13	36107,28	1504,47
30000	31954,20	5325,70	33694,08	2807,84	35493,48	1971,86	37352,40	1556,35
31000	33019,38	5503,23	34817,16	2901,43	36676,62	2037,59	38597,52	1608,23
32000	34084,50	5680,75	35940,36	2995,03	37859,76	2103,32	39842,40	1660,10
33000	35149,62	5858,27	37063,44	3088,62	39042,90	2169,05	41087,52	1711,98
34000	36214,80	6035,80	38186,64	3182,22	40226,04	2234,78	42332,64	1763,86
35000	37279,92	6213,32	39309,72	3275,81	41409,18	2300,51	43577,76	1815,74
36000	38345,04	6390,84	40432,80	3369,40	42592,32	2366,24	44822,88	1867,62

224

	30 MOIS		36 MOIS		42 MOIS		48 MOIS	
Montant	Paiement Total	Paiement Mensuel	Paiement Total	Paiement Mensuel	Paiement Total	Paiement Mensuel	Paiement Total	Paiement Mensuel
1000	1308,90	43,63	1374,48	38,18	1442,28	34,34	1512,48	31,51
1500	1963,20	65,44	2062,44	57,29	2163,84	51,52	2268,48	47,26
2000	2618,10	87,27	2749,32	76,37	2884,98	68,69	3024,48	63,01
2500	3272,40	109,08	3437,28	95,48	3606,54	85,87	3780,48	78,76
3000	3926,70	130,89	4124,52	114,57	4328,10	103,05	4536,96	94,52
3500	4581,60	152,72	4812,12	133,67	5049,24	120,22	5292,96	110,27
4000	5235,90	174,53	5499,00	152,75	5770,38	137,39	6048,96	126,02
4500	5890,50	196,35	6186,96	171,86	6491,94	154,57	6805,44	141,78
5000	6545,10	218,17	6874,20	190,95	7213,08	171,74	7561,44	157,53
5500	7199,40	239,98	7561,80	210,05	7934,64	188,92	8317,44	173,28
6000	7853,70	261,79	8249,04	229,14	8655,78	206,09	9073,92	189,04
6500	8508,60	283,62	8936,64	248,24	9376,92	223,26	9829,92	204,79
7000	9162,90	305,43	9623,52	267,32	10098,48	240,44	10585,92	220,54
7500	9817,50	327,25	10311,48	286,43	10819,20	257,60	11342,40	236,30
8000	10472,10	349,07	10998,36	305,51	11541,18	274,79	12098,40	252,05
8500	11126,40	370,88	11686,32	324,62	12262,32	291,96	12853,92	267,79
9000	11781,00	392,70	12373,56	343,71	12983,88	309,14	13610,88	283,56
9500	12435,60	414,52	13061,16	362,81	13705,02	326,31	14366,88	299,31
10000	13089,90	436,33	13748,76	381,91	14426,16	343,48	15122,88	315,06
11000	4399,10	479,97	15123,60	420,10	15868,86	377,83	16635,36	346,57
12000	15707,70	523,59	16498,44	458,29	17311,56	412,18	18147,36	378,07
13000	17016,90	567,23	17873,28	496,48	18754,26	446,53	19659,84	409,58
14000	18326,10	610,87	19248,12	534,67	20196,96	480,88	21172,32	441,09
15000	19635,00	654,50	20622,96	572,86	21639,86	515,23	22684,32	472,59
16000	20943,90	698,13	21997,80	611,05	23081,94	549,57	24196,80	504,10
17000	22253,10	741,77	23372,64	649,24	24524,64	583,92	25708,32	535,59
18000	23562,00	785,40	24747,48	687,43	25967,34	618,27	27221,28	567,11
19000	24870,90	829,03	26122,32	725,62	27410,04	652,62	28733,76	598,62
20000	26180,10	872,67	27497,16	763,81	28852,74	686,97	30245,76	630,12
21000	27489,00	916,30	28872,00	802,00	30295,44	721,32	31758,24	661,63
22000	28797,90	959,93	30246,84	840,19	31738,14	755,67	33270,24	693,13
23000	30107,10	1003,57	31621,68	878,38	33180,42	790,01	34782,72	724,64
24000	31415,70	1047,19	32996,52	916,57	34623,12	824,36	36295,20	756,15
25000	2724,60	1090,82	34371,36	954,76	36065,82	858,71	37807,20	787,65
26000	34034,10	1134,47	35746,20	992,95	37508,52	893,06	39319,68	819,16
27000	35343,00	1178,10	37121,04	1031,14	38951,22	927,41	40832,16	850,67
28000	36651,90	1221,73	38495,52	1069,32	40393,92	961,76	42344,16	882,17
29000	37961,10	1265,37	39871,08	1107,53	41836,20	996,10	43856,64	913,68
30000	39270,00	1309,00	41245,92	1145,72	43278,48	1030,44	45368,64	945,18
31000	40578,90	1352,63	42620,76	1183,91	44721,60	1064,80	46881,12	976,69
32000	41888,10	1396,27	43995,60	1222,10	46164,30	1099,15	48393,60	1008,20
33000	43197,00	1439,90	45370,44	1260,29	47607,00	1133,50	49905,12	1039,69
34000	44505,90	1483,53	46745,28	1298,48	49049,70	1167,85	51418,08	1071,21
35000	45815,10	1527,17	48120,12	1336,67	50491,57	1202,18	52930,08	1102,71
36000	47124,00	1570,80	49494,96	1374,86	51934,68	1236,54	54442,56	1134,22

INTÉRÊT DE 22 %

Montant	54 MOIS Paiement Total	54 MOIS Paiement Mensuel	60 MOIS Paiement Total	60 MOIS Paiement Mensuel	66 MOIS Paiement Total	66 MOIS Paiement Mensuel	72 MOIS Paiement Total	72 MOIS Paiement Mensuel
1000	1583,82	29,33	1657,20	27,62	1732,50	26,25	1809,36	25,13
1500	2375,46	43,99	2485,80	41,43	2598,42	39,37	2712,96	37,68
2000	3167,64	58,66	3314,40	55,24	3464,34	52,49	3618,00	50,25
2500	3959,28	73,32	4143,00	69,05	4330,92	65,62	4523,04	62,82
3000	4751,46	87,99	4971,60	82,86	5196,84	78,74	5426,64	75,37
3500	5543,10	102,65	5800,20	96,67	6062,76	91,86	6331,68	87,94
4000	6335,28	117,32	6628,80	110,48	6928,68	104,98	7236,00	100,50
4500	7126,92	131,98	7457,40	124,29	7795,26	118,11	8141,04	113,07
5000	7918,56	146,64	8285,40	138,09	8661,18	131,23	9045,36	125,63
5500	8710,74	161,31	9113,40	151,89	9527,10	144,35	9949,68	138,19
6000	9502,92	175,98	9942,60	165,71	10393,68	157,48	10854,00	150,75
6500	10294,56	190,64	10771,20	179,52	11259,60	170,60	11759,04	163,32
7000	11086,74	205,31	11599,80	193,33	12125,52	183,72	12663,36	175,88
7500	11878,38	219,97	12428,40	207,14	12992,10	196,85	13568,40	188,45
8000	12670,56	234,64	13257,00	220,95	13858,02	209,97	14472,72	201,01
8500	13462,20	249,30	14085,60	234,76	14723,94	223,09	15377,04	213,57
9000	14254,38	263,97	14914,20	248,57	15589,86	236,21	16282,08	226,14
9500	15046,02	278,63	15742,80	262,38	16456,44	249,34	17186,40	238,70
10000	15837,66	293,29	16571,40	276,19	17322,36	262,46	18090,72	251,26
11000	17422,02	322,63	18228,60	303,81	19054,86	288,71	19900,08	276,39
12000	19005,84	351,96	19885,80	331,43	20786,70	314,95	21708,72	301,51
13000	20589,66	381,29	21543,00	359,05	22519,20	341,20	23518,08	326,64
14000	22173,48	410,62	23200,20	386,67	24251,70	367,45	25327,44	351,77
15000	23757,30	439,95	24856,80	414,28	25983,54	393,69	27136,08	376,89
16000	25341,12	469,28	26514,00	441,90	27716,04	419,94	28945,44	402,02
17000	26924,94	498,61	28171,20	469,52	29447,88	446,18	30754,08	427,14
18000	28508,76	527,94	29828,40	497,14	31180,38	472,43	32563,44	452,27
19000	30092,58	557,27	31485,60	524,76	32912,88	498,68	34372,80	477,40
20000	31675,86	586,59	33142,80	552,38	34644,72	524,92	36181,44	502,52
21000	33260,22	615,93	34800,00	580,00	36377,22	551,17	37990,80	527,65
22000	34843,50	645,25	36457,20	607,62	38108,40	577,40	39800,17	552,78
23000	36427,32	674,58	38114,40	635,24	39840,90	603,65	41608,80	577,90
24000	38011,14	703,91	39771,00	662,85	41573,40	629,90	43418,17	603,03
25000	39594,96	733,24	41428,20	690,47	43305,90	656,15	45226,80	628,15
26000	41178,78	762,57	43085,40	718,09	45038,40	682,40	47036,17	653,28
27000	42762,60	791,90	44742,60	745,71	46770,90	708,65	48845,52	678,41
28000	44346,42	821,23	46399,80	773,33	48502,74	734,89	50654,17	703,53
29000	45930,24	850,56	48057,00	800,95	50235,24	761,14	52463,52	728,66
30000	47514,07	879,89	49714,20	828,57	51967,08	787,38	54272,17	753,78
31000	49097,88	909,22	51371,40	856,19	53699,58	813,63	56081,52	778,91
32000	50681,70	938,55	53028,60	883,81	55432,08	839,88	57890,88	804,04
33000	52265,52	967,88	54685,80	911,43	57163,92	866,12	59699,52	829,16
34000	53849,34	997,21	56342,40	939,04	58896,42	892,37	61508,88	854,29
35000	55433,17	1026,54	57999,60	966,66	60628,25	918,61	63318,24	879,42
36000	57016,98	1055,87	59656,80	994,28	62360,76	944,86	65126,88	904,54

226

	6 MOIS		12 MOIS		18 MOIS		24 MOIS	
Montant	Paiement Total	Paiement Mensuel	Paiement Total	Paiement Mensuel	Paiement Total	Paiement Mensuel	Paiement Total	Paiement Mensuel
37000	39410,22	6568,37	41556,00	3463,00	43775,46	2431,97	46058,00	1919,50
38000	40475,34	6745,89	42679,08	3556,59	44958,42	2497,69	47312,88	1971,37
39000	41540,46	6923,41	43802,28	3650,19	46141,56	2563,42	48558,00	2023,25
40000	42605,64	7100,94	44925,36	3743,78	47324,70	2629,15	49802,89	2075,12
41000	43670,76	7278,46	46048,56	3837,38	48507,84	2694,88	51048,24	2127,01
42000	44735,88	7455,98	47171,64	3930,97	49690,98	2760,61	52293,12	2178,88
43000	45801,06	7633,51	48294,84	4024,57	50874,12	2826,34	53538,24	2230,76
44000	46866,18	7811,03	49417,92	4118,16	52057,26	2892,07	54783,12	2282,63
45000	47931,30	7988,55	50541,00	4211,75	53240,40	2957,80	56028,48	2334,52
46000	48996,48	8166,08	51664,21	4305,35	54423,36	3023,52	57273,36	2386,39
47000	50061,54	8343,59	52787,28	4398,94	55606,50	3089,25	58518,72	2438,28
48000	51126,72	8521,12	53910,48	4492,54	56789,64	3154,98	59763,60	2490,15
49000	52191,90	8698,65	55033,56	4586,13	57972,78	3220,71	61008,72	2542,03
50000	53257,02	8876,17	56156,76	4679,73	59155,92	3286,44	62253,60	2593,90
51000	54322,14	9053,69	57279,72	4773,31	60339,06	3352,17	63498,96	2645,79
52000	55387,32	9231,22	58403,04	4866,92	61522,20	3417,90	64744,08	2697,67
53000	56452,44	9408,74	59526,00	4960,50	62705,34	3483,63	65989,21	2749,55
54000	57517,56	9586,26	60649,32	5054,11	63888,30	3549,35	67234,32	2801,43
55000	58582,74	9763,79	61772,40	5147,70	65071,44	3615,08	68479,21	2853,30
56000	59647,80	9941,30	62895,48	5241,29	66254,58	3680,81	69724,32	2905,18
57000	60712,98	10118,83	64018,68	5334,89	67437,72	3746,54	70969,44	2957,06
58000	61778,17	10296,36	65141,89	5428,49	68620,86	3812,27	72214,56	3008,94
59000	62843,28	10473,88	66264,96	5522,08	69804,00	3878,00	73459,68	3060,82
60000	63908,40	10651,40	67388,04	5615,67	70987,15	3943,73	74704,80	3112,70
61000	64973,58	10828,93	68511,25	5709,27	72170,28	4009,46	75949,68	3164,57
62000	66038,71	11006,45	69634,32	5802,86	73353,24	4075,18	77194,80	3216,45
64000	68169,00	11361,50	71880,60	5990,05	75719,53	4206,64	79685,04	3320,21
66000	70299,30	11716,55	74126,68	6177,24	78085,81	4338,10	82175,04	3423,96
68000	72429,54	12071,59	76373,16	6364,43	80452,08	4469,56	84665,28	3527,72
70000	74559,84	12426,64	78619,44	6551,62	82818,36	4601,02	87155,52	3631,48
72000	76690,15	12781,69	80865,72	6738,81	85184,46	4732,47	89645,52	3735,23
74000	78820,38	13136,73	83112,00	6926,00	87550,74	4863,93	92135,76	3838,99
76000	80950,68	13491,78	85358,28	7113,19	89917,02	4995,39	94626,00	3942,75
78000	83080,99	13846,83	87604,56	7300,38	92283,31	5126,85	97116,00	4046,50
80000	85211,22	14201,87	89850,84	7487,57	94649,40	5258,30	99606,00	4150,25
82000	87341,52	14556,92	92097,00	7674,75	97015,68	5389,76	102096,50	4254,02
84000	89471,82	14911,97	94343,28	7861,94	99381,96	5521,22	104586,50	4357,77
86000	91602,06	15267,01	96589,56	8049,13	101748,20	5652,68	107076,50	4461,52
88000	93732,36	15622,06	98835,84	8236,32	104114,30	5784,13	109567,00	4565,29
90000	95862,66	15977,11	101082,10	8423,51	106480,60	5915,59	112057,00	4669,04
92000	97992,91	16332,15	103328,40	8610,70	108846,90	6047,05	114547,00	4772,79
94000	100123,10	16687,19	105574,60	8797,88	111213,20	6178,51	117037,40	4876,56
96000	102253,50	17042,25	107821,00	8985,08	113579,30	6309,96	119527,40	4980,31
98000	104383,70	17397,28	110067,10	9172,26	115945,60	6441,42	122017,40	5084,06
100000	106514,00	17752,34	112313,50	9359,46	118311,80	6572,88	124507,90	5187,83

227

INTÉRÊT DE 22 %

	30 MOIS		36 MOIS		42 MOIS		48 MOIS	
Montant	Paiement Total	Paiement Mensuel	Paiement Total	Paiement Mensuel	Paiement Total	Paiement Mensuel	Paiement Total	Paiement Mensuel
37000	48432,90	1614,43	50869,80	1413,05	53377,38	1270,89	55955,04	1165,73
38000	49741,80	1658,06	52244,64	1451,24	54820,08	1305,24	57467,04	1197,23
39000	51051,00	1701,70	53619,48	1489,43	56262,78	1339,59	58979,52	1228,74
40000	52359,90	1745,33	54994,32	1527,62	57705,48	1373,94	60492,00	1260,25
41000	53668,80	1788,96	56369,17	1565,81	59148,18	1408,29	62004,00	1291,75
42000	54978,00	1832,60	57744,00	1604,00	60590,46	1442,63	63516,48	1323,26
43000	56286,90	1876,23	59118,84	1642,19	62033,16	1476,98	65028,48	1354,76
44000	57595,80	1919,86	60493,68	1680,38	63475,86	1511,33	66540,96	1386,27
45000	58905,00	1963,50	61868,52	1718,57	64918,57	1545,68	68053,44	1417,78
46000	60213,90	2007,13	63243,36	1756,76	66361,26	1580,03	69565,44	1449,28
47000	61522,80	2050,76	64618,20	1794,95	67803,96	1614,38	71077,93	1480,79
48000	62831,70	2094,39	65993,04	1833,14	69246,24	1648,72	72589,93	1512,29
49000	64140,90	2138,03	67368,24	1871,34	70688,94	1683,07	74102,41	1543,80
50000	65449,50	2181,65	68743,08	1909,53	72131,65	1717,42	75614,88	1575,31
51000	66759,00	2225,30	70117,93	1947,72	73574,35	1751,77	77126,88	1606,81
52000	68067,90	2268,93	71492,76	1985,91	75017,04	1786,12	78639,36	1638,32
53000	69376,81	2312,56	72867,60	2024,10	76459,74	1820,47	80151,36	1669,82
54000	70686,00	2356,20	74242,44	2062,29	77902,03	1854,81	81663,84	1701,33
55000	71994,91	2399,83	75617,28	2100,48	79344,72	1889,16	83176,32	1732,84
56000	73303,80	2443,46	76992,12	2138,67	80787,43	1923,51	84688,32	1764,34
57000	74613,00	2487,10	78366,96	2176,86	82230,12	1957,86	86200,80	1795,85
58000	75921,90	2530,73	79741,81	2215,05	83672,82	1992,21	87713,28	1827,36
59000	77230,81	2574,36	81116,65	2253,24	85115,52	2026,56	89225,28	1858,86
60000	78540,00	2618,00	82491,48	2291,43	86557,38	2060,89	90737,76	1890,37
61000	79848,90	2661,63	83866,33	2329,62	88000,50	2095,25	92249,76	1921,87
62000	81157,80	2705,26	85241,16	2367,81	89443,21	2129,60	93762,24	1953,38
64000	83775,90	2792,53	87990,84	2444,19	92328,60	2198,30	96786,72	2016,39
66000	86394,00	2879,80	90740,52	2520,57	95214,00	2267,00	99810,72	2079,39
68000	89011,81	2967,06	93490,56	2596,96	98098,98	2335,69	102836,20	2142,42
70000	91629,91	3054,33	96240,24	2673,34	100984,00	2404,38	105860,60	2205,43
72000	94248,00	3141,60	98989,92	2749,72	103869,80	2473,09	108885,10	2268,44
74000	96865,81	3228,86	101739,60	2826,10	106754,80	2541,78	111909,60	2331,45
76000	99483,90	3316,13	104499,30	2902,48	109640,20	2610,48	114934,60	2394,47
78000	102102,00	3403,40	107239,00	2978,86	112525,60	2679,18	117959,00	2457,48
80000	104719,80	3490,66	109988,60	3055,24	115410,60	2747,87	120983,50	2520,49
82000	107337,90	3577,93	112738,30	3131,62	118296,00	2816,57	124008,00	2583,50
84000	109956,00	3665,20	115488,00	3208,00	121181,40	2885,27	127032,50	2646,51
86000	112573,80	3752,46	118237,70	3284,38	124066,30	2953,96	130057,40	2709,53
88000	115191,90	3839,73	120987,70	3360,77	126951,70	3022,66	133081,90	2772,54
90000	117810,00	3927,00	123737,40	3437,15	129837,10	3091,36	136106,40	2835,55
92000	120427,80	4014,26	126487,10	3513,53	132722,10	3160,05	139130,90	2898,56
94000	123045,60	4101,52	129236,80	3589,91	135607,50	3228,75	142155,90	2961,58
96000	125663,70	4188,79	131986,40	3666,29	138492,90	3297,45	145180,30	3024,59
98000	128281,80	4276,06	134736,10	3742,67	141378,30	3366,15	148204,80	3087,60
100000	130899,90	4363,33	137485,80	3819,05	144263,30	3434,84	151229,30	3150,61

Montant	54 MOIS Paiement Total	Paiement Mensuel	60 MOIS Paiement Total	Paiement Mensuel	66 MOIS Paiement Total	Paiement Mensuel	72 MOIS Paiement Total	Paiement Mensuel
37000	58600,26	1085,19	61314,00	1021,90	64093,26	971,11	66936,24	929,67
38000	50184,62	1114,53	62971,21	1049,52	65825,10	997,35	68744,88	954,79
39000	61768,44	1143,86	64628,40	1077,14	67557,60	1023,60	70554,24	979,92
40000	63351,73	1173,18	66285,60	1104,76	69289,44	1049,84	72363,60	1005,05
41000	64936,08	1202,52	67942,80	1132,38	71021,94	1076,09	74172,25	1030,17
42000	66519,90	1231,85	69600,00	1160,00	72754,44	1102,34	75981,60	1055,30
43000	68103,72	1261,18	71256,60	1187,61	74485,62	1128,57	77790,96	1080,42
44000	69687,54	1290,51	72913,80	1215,23	76218,12	1154,82	79599,60	1105,55
45000	71271,36	1319,84	74571,00	1242,85	77949,96	1181,06	81408,96	1130,68
46000	72855,18	1349,17	76228,20	1270,47	79682,46	1207,31	83217,60	1155,80
47000	74439,00	1378,50	77885,40	1298,09	81414,96	1233,56	85026,96	1180,93
48000	76022,82	1407,83	79542,60	1325,71	83147,46	1259,81	86836,33	1206,06
49000	77606,65	1437,16	81199,80	1353,33	84879,96	1286,06	88644,96	1231,18
50000	79190,46	1466,49	82857,00	1380,95	86612,46	1312,31	90454,33	1256,31
51000	80774,28	1495,82	84514,19	1408,57	88344,31	1338,55	92262,96	1281,43
52000	82358,10	1525,15	86171,40	1436,19	90076,81	1364,80	94072,33	1306,56
53000	83941,92	1554,48	87828,00	1463,80	91808,64	1391,04	95881,68	1331,69
54000	85525,74	1583,81	89485,21	1491,42	93541,14	1417,29	97690,33	1356,81
55000	87109,56	1613,14	91142,41	1519,04	95273,64	1443,54	99499,68	1381,94
56000	88693,38	1642,47	92799,60	1546,66	97005,49	1469,78	101308,30	1407,06
57000	90277,21	1671,80	94456,81	1574,28	98737,99	1496,03	103117,70	1432,19
58000	91861,02	1701,13	96114,00	1601,90	100469,80	1522,27	104927,00	1457,32
59000	93444,84	1730,46	97771,21	1629,52	102202,30	1548,52	106735,70	1482,44
60000	95028,66	1759,79	99428,40	1657,14	103934,80	1574,77	108545,00	1507,57
61000	96612,48	1789,12	101085,60	1684,76	105666,70	1601,01	110354,40	1532,70
62000	98196,30	1818,45	102742,20	1712,37	107399,20	1627,26	112163,00	1557,82
64000	101363,90	1877,11	106056,60	1767,61	110863,50	1679,75	115781,00	1608,07
66000	104531,00	1935,76	109371,00	1822,85	114327,80	1732,24	119399,80	1658,33
68000	107698,70	1994,42	112685,40	1878,09	117792,80	1784,74	123017,80	1708,58
70000	110866,30	2053,08	115999,80	1933,33	121257,20	1837,23	126635,80	1758,83
72000	114034,00	2111,74	119313,60	1988,56	124721,50	1889,71	130253,80	1809,08
74000	117201,10	2170,39	122628,00	2043,80	128185,90	1942,21	133872,50	1859,34
76000	120369,20	2229,06	125942,40	2099,04	131650,20	1994,70	137490,50	1909,59
78000	123536,90	2287,72	129256,80	2154,28	135115,20	2047,20	141108,50	1959,84
80000	126704,00	2346,37	132571,20	2209,52	138579,50	2099,69	144726,50	2010,09
82000	129872,20	2405,04	135885,00	2264,75	142043,90	2152,18	148344,50	2060,34
84000	133039,80	2463,70	139199,40	2319,99	145508,20	2204,67	151963,20	2110,60
86000	136207,40	2522,36	142513,80	2375,23	148973,20	2257,17	155581,20	2160,85
88000	139375,10	2581,02	145828,20	2430,47	152436,90	2309,65	159199,20	2211,10
90000	142542,70	2639,68	149142,60	2485,71	155901,20	2362,14	162817,20	2261,35
92000	145710,40	2698,34	152456,40	2540,94	159365,60	2414,63	166435,90	2311,61
94000	148878,10	2757,00	155770,80	2596,18	162829,90	2467,12	170053,90	2361,86
96000	152045,60	2815,66	159085,20	2651,42	166294,90	2519,62	173671,90	2412,11
98000	155213,30	2874,32	162399,60	2706,66	169759,90	2572,12	177289,90	2462,36
100000	158380,90	2932,98	165713,40	2761,89	173224,30	2624,61	180908,70	2512,62

INTÉRÊT DE 22,5 %

	6 MOIS		12 MOIS		18 MOIS		24 MOIS	
Montant	Paiement Total	Paiement Mensuel	Paiement Total	Paiement Mensuel	Paiement Total	Paiement Mensuel	Paiement Total	Paiement Mensuel
1000	1066,62	177,77	1126,08	93,84	1187,46	65,97	1251,12	52,13
1500	1599,96	266,66	1689,00	140,75	1781,28	98,96	1876,56	78,19
2000	2133,30	355,55	2252,04	187,67	2374,92	131,94	2502,00	104,25
2500	2666,58	444,43	2815,08	234,59	2968,74	164,93	3127,44	130,31
3000	3199,92	533,32	3378,12	281,51	3562,38	197,91	3753,12	156,38
3500	3733,26	622,21	3941,04	328,42	4156,20	230,90	4378,56	182,44
4000	4266,60	711,10	4504,08	375,34	4750,02	263,89	5004,00	208,50
4500	4799,88	799,98	5067,12	422,26	5343,66	296,87	5629,44	234,56
5000	5333,22	888,87	5630,16	469,18	5937,48	329,86	6255,12	260,63
5500	5866,56	977,76	6193,08	516,09	6531,12	362,84	6880,56	286,69
6000	6399,84	1066,64	6756,12	563,01	7124,94	395,83	7506,00	312,75
6500	6933,18	1155,53	7319,16	609,93	7718,58	428,81	8131,68	338,82
7000	7466,52	1244,42	7882,20	656,85	8312,40	461,80	8757,12	364,88
7500	7999,80	1333,30	8445,24	703,77	8906,22	494,79	9382,56	390,94
8000	8533,14	1422,19	9008,16	750,68	9499,86	527,77	10008,00	417,00
8500	9066,48	1511,08	9571,20	797,60	10093,68	560,76	10633,68	443,07
9000	9599,82	1599,97	10134,24	844,52	10687,32	593,74	11259,12	469,13
9500	10133,10	1688,85	10697,28	891,44	11281,14	626,73	11884,56	495,19
10000	10666,44	1777,74	11260,20	938,35	11874,78	659,71	12510,24	521,26
11000	11733,06	1955,51	12386,16	1032,18	13062,42	725,69	13761,12	573,38
12000	12799,74	2133,29	13512,24	1126,02	14249,88	791,66	15012,24	625,51
13000	13866,36	2311,06	14638,32	1219,86	15437,34	857,63	16263,12	677,63
14000	14932,98	2488,83	15764,40	1313,70	16624,80	923,60	17514,24	729,76
15000	15999,66	2666,61	16890,36	1407,53	17812,26	989,57	18765,12	781,88
16000	17066,28	2844,38	18016,44	1501,37	18999,72	1055,54	20016,24	834,01
17000	18132,96	3022,16	19142,40	1595,20	20187,18	1121,51	21267,12	886,13
18000	19199,58	3199,93	20268,48	1689,04	21374,82	1187,49	22518,24	938,26
19000	20266,20	3377,70	21394,44	1782,87	22562,28	1253,46	23769,12	990,38
20000	21332,88	3555,48	22520,52	1876,71	23749,74	1319,43	25020,24	1042,51
21000	22399,50	3733,25	23646,48	1970,54	24937,20	1385,40	26271,36	1094,64
22000	23466,18	3911,03	24772,44	2064,37	26124,66	1451,37	27522,24	1146,76
23000	24532,80	4088,80	25898,52	2158,21	27312,12	1517,34	28773,36	1198,89
24000	25599,36	4266,56	27024,60	2252,05	28499,58	1583,31	30024,24	1251,01
25000	26666,10	4444,35	28150,44	2345,87	29687,22	1649,29	31275,36	1303,14
26000	27732,72	4622,12	29276,64	2439,72	30874,68	1715,26	32526,24	1355,26
27000	28799,40	4799,90	30402,72	2533,56	32062,14	1781,23	33777,36	1407,39
28000	29866,02	4977,67	31528,68	2627,39	33249,60	1847,20	35028,24	1459,51
29000	30932,64	5155,44	32654,76	2721,23	34437,06	1913,17	36279,36	1511,64
30000	31999,32	5333,22	33780,72	2815,06	35624,52	1979,14	37530,48	1563,77
31000	33065,94	5510,99	34906,80	2908,90	36811,98	2045,11	38781,36	1615,89
32000	34132,56	5688,76	36032,76	3002,73	37999,62	2111,09	40032,48	1668,02
33000	35199,24	5866,54	37158,84	3096,57	39187,08	2177,06	41283,36	1720,14
34000	36265,86	6044,31	38284,80	3190,40	40374,54	2243,03	42534,48	1772,27
35000	37332,54	6222,09	39410,88	3284,24	41562,00	2309,00	43785,36	1824,39
36000	38399,16	6399,86	40536,84	3378,07	42749,46	2374,97	45036,48	1876,52

Montant	30 MOIS Paiement Total	30 MOIS Paiement Mensuel	36 MOIS Paiement Total	36 MOIS Paiement Mensuel	42 MOIS Paiement Total	42 MOIS Paiement Mensuel	48 MOIS Paiement Total	48 MOIS Paiement Mensuel
1000	1316,70	43,89	1384,20	38,45	1453,62	34,61	1525,44	31,78
1500	1974,90	65,83	2076,12	57,67	2180,64	51,92	2288,16	47,67
2000	2633,10	87,77	2768,40	76,90	2907,66	69,23	3050,88	63,56
2500	3291,60	109,72	3460,32	96,12	3634,26	86,53	3813,12	79,44
3000	3949,80	131,66	4152,60	115,35	4361,28	103,84	4575,84	95,33
3500	4608,00	153,60	4844,52	134,57	5088,30	121,15	5338,56	111,22
4000	5266,50	175,55	5536,80	153,80	5815,32	138,46	6101,28	127,11
4500	5924,70	197,49	6228,72	173,02	6541,50	155,75	6864,00	143,00
5000	6582,90	219,43	6921,00	192,25	7268,94	173,07	7626,72	158,89
5500	7241,10	241,37	7612,92	211,47	7995,96	190,38	8389,44	174,78
6000	7899,60	263,32	8305,20	230,70	8722,56	207,68	9152,16	190,67
6500	8557,80	285,26	8997,12	249,92	9449,58	224,99	9914,88	206,56
7000	9216,00	307,20	9689,40	269,15	10176,60	242,30	10677,60	222,45
7500	9874,50	329,15	10381,32	288,37	10903,20	259,60	11440,32	238,34
8000	10532,70	351,09	11073,60	307,60	11630,22	276,91	12203,04	254,23
8500	11190,90	373,03	11765,52	326,82	12357,24	294,22	12964,80	270,10
9000	11849,40	394,98	12457,80	346,05	13084,26	311,53	13728,00	286,00
9500	12507,60	416,92	13149,72	365,27	13810,86	328,83	14490,72	301,89
10000	13165,80	438,86	13842,00	384,50	14537,88	346,14	15253,44	317,78
11000	14482,50	482,75	15226,20	422,95	15991,50	380,75	16778,88	349,56
12000	15799,20	526,64	16610,40	461,40	17445,54	415,37	18304,32	381,34
13000	17115,60	570,52	17994,60	499,85	18899,16	449,98	19829,76	413,12
14000	18432,00	614,40	19378,80	538,30	20353,20	484,60	21354,72	444,89
15000	19748,70	658,29	20763,00	576,75	21806,82	519,21	22880,16	476,67
16000	21065,40	702,18	22146,84	615,19	23260,44	553,82	24405,60	508,45
17000	22382,10	746,07	23531,04	653,64	24714,48	588,44	25931,04	540,23
18000	23698,50	789,95	24915,24	692,09	26168,10	623,05	27456,48	572,01
19000	25015,20	833,84	26299,44	730,54	27622,14	657,67	28981,44	603,78
20000	26331,90	877,73	27683,64	768,99	29075,76	692,28	30506,88	635,56
21000	27648,30	921,61	29067,84	807,44	30529,38	726,89	32032,32	667,34
22000	28965,00	965,50	30452,04	845,89	31983,42	761,51	33557,76	699,12
23000	30281,40	1009,38	31836,24	884,34	33437,04	796,12	35083,20	730,90
24000	31598,10	1053,27	33220,44	922,79	34891,08	830,74	36608,64	762,68
25000	32914,80	1097,16	34604,64	961,24	36344,70	865,35	38134,08	794,46
26000	34231,20	1141,04	35988,84	999,69	37798,32	899,96	39659,04	826,23
27000	35547,90	1184,93	37373,04	1038,14	39252,36	934,58	41184,48	858,01
28000	36864,30	1228,81	38757,24	1076,59	40705,98	969,19	42709,92	889,79
29000	38180,70	1272,69	40141,44	1115,04	42160,02	1003,81	44235,36	921,57
30000	39497,70	1316,59	41525,64	1153,49	43613,64	1038,42	45760,80	953,35
31000	40814,10	1360,47	42909,48	1191,93	45067,26	1073,03	47285,76	985,12
32000	42130,80	1404,36	44294,04	1230,39	46521,30	1107,65	48811,21	1016,90
33000	43447,50	1448,25	45678,24	1268,84	47974,92	1142,26	50336,64	1048,68
34000	44763,90	1492,13	47062,44	1307,29	49428,96	1176,88	51862,08	1080,46
35000	46080,60	1536,02	48446,64	1345,74	50882,58	1211,49	53387,52	1112,24
36000	47397,30	1579,91	49830,84	1384,19	52336,20	1246,10	54912,96	1144,02

231

INTÉRÊT DE 22,5 %

Montant	54 MOIS Paiement Total	54 MOIS Paiement Mensuel	60 MOIS Paiement Total	60 MOIS Paiement Mensuel	66 MOIS Paiement Total	66 MOIS Paiement Mensuel	72 MOIS Paiement Total	72 MOIS Paiement Mensuel
1000	1598,94	29,61	1674,00	27,90	1751,64	26,54	1830,24	25,42
1500	2398,14	44,41	2511,60	41,86	2627,46	39,81	2746,08	38,14
2000	3197,88	59,22	3348,60	55,81	3503,28	53,08	3661,20	50,85
2500	3996,54	74,01	4185,60	69,76	4377,78	66,33	4576,32	63,56
3000	4796,82	88,83	5022,60	83,71	5254,26	79,61	5490,72	76,26
3500	5596,02	103,63	5859,60	97,66	6130,08	92,88	6406,56	88,98
4000	6395,22	118,43	6697,20	111,62	7005,90	106,15	7322,40	101,70
4500	7194,96	133,24	7534,20	125,57	7881,72	119,42	8237,52	114,41
5000	7993,62	148,03	8371,20	139,52	8757,54	132,69	9152,64	127,12
5500	8793,90	162,85	9208,20	153,47	9633,36	145,96	10067,76	139,83
6000	9593,10	177,65	10045,20	167,42	10509,18	159,23	10982,16	152,53
6500	10392,30	192,45	10882,80	181,38	11384,34	172,49	11898,00	165,25
7000	11192,04	207,26	11719,80	195,33	12260,16	185,76	12813,84	177,97
7500	11991,24	222,06	12556,80	209,28	13135,98	199,03	13728,96	190,68
8000	12790,98	236,87	13393,80	223,23	14011,80	212,30	14644,08	203,39
8500	13590,18	251,67	14230,80	237,18	14887,62	225,57	15559,20	216,10
9000	14389,92	266,48	15068,40	251,14	15763,44	238,84	16474,32	228,81
9500	15189,12	281,28	15905,40	265,09	16639,26	252,11	17390,16	241,53
10000	15987,78	296,07	16742,40	279,04	17515,08	265,38	18305,28	254,24
11000	17587,26	325,69	18416,40	306,94	19266,06	291,91	20135,52	279,66
12000	19186,20	355,30	20091,00	334,85	21017,70	318,45	21966,48	305,09
13000	20785,14	384,91	21765,00	362,75	22769,34	344,99	23796,72	330,51
14000	22384,08	414,52	23439,60	390,66	24520,98	371,53	25626,96	355,93
15000	23983,02	444,13	25113,60	418,56	26271,96	398,06	27457,92	381,36
16000	25581,42	473,73	26787,60	446,46	28023,60	424,60	29288,16	406,78
17000	27180,36	503,34	28462,20	474,37	29775,24	451,14	31118,40	432,20
18000	28779,30	532,95	30136,20	502,27	31526,88	477,68	32949,36	457,63
19000	30378,24	562,56	31810,80	530,18	33277,86	504,21	34779,60	483,05
20000	31977,18	592,17	33484,80	558,08	35029,50	530,75	36610,56	508,48
21000	33576,12	621,78	35158,80	585,98	36780,48	557,28	38440,80	533,90
22000	35174,52	651,38	36833,40	613,89	38532,78	583,83	40271,04	559,32
23000	36773,46	680,99	38506,80	641,78	40283,76	610,36	42102,00	584,75
24000	38372,40	710,60	40182,00	669,70	42035,40	636,90	43932,24	610,17
25000	39971,34	740,21	41856,00	697,60	43787,04	663,44	45762,48	635,59
26000	41570,28	769,82	43530,00	725,50	45538,68	689,98	47593,44	661,02
27000	43169,22	799,43	45204,60	753,41	47289,66	716,51	49423,68	686,44
28000	44767,62	829,03	46878,60	781,31	49041,30	743,05	51254,64	711,87
29000	46366,56	858,64	48553,20	809,22	50792,94	769,59	53084,88	737,29
30000	47965,50	888,25	50227,20	837,12	52544,58	796,13	54915,12	762,71
31000	49564,44	917,86	51901,21	865,02	54295,56	822,66	56746,08	788,14
32000	51163,38	947,47	53575,80	892,93	56047,20	849,20	58576,32	813,56
33000	52762,32	977,08	55249,80	920,83	57798,84	875,74	60407,28	838,99
34000	54360,72	1006,68	56924,40	948,74	59550,48	902,28	62237,52	864,41
35000	55959,67	1036,29	58598,40	976,64	61301,46	928,81	64067,76	889,83
36000	57558,60	1065,90	60272,40	1004,54	63053,10	955,35	65898,72	915,26

	6 MOIS		12 MOIS		18 MOIS		24 MOIS	
Montant	Paiement Total	Paiement Mensuel	Paiement Total	Paiement Mensuel	Paiement Total	Paiement Mensuel	Paiement Total	Paiement Mensuel
37000	39465,78	6577,63	41662,92	3471,91	43936,92	2440,94	46287,36	1928,64
38000	40532,46	6755,41	42789,00	3565,75	45124,20	2506,90	47538,48	1980,77
39000	41599,08	6933,18	43914,96	3659,58	46311,84	2572,88	48789,60	2032,90
40000	42665,76	7110,96	45041,04	3753,42	47499,48	2638,86	50040,48	2085,02
41000	43732,38	7288,73	46167,00	3847,25	48686,94	2704,83	51291,36	2137,14
42000	44799,00	7466,50	47293,08	3941,09	49874,40	2770,80	52542,48	2189,27
43000	45865,68	7644,28	48419,04	4034,92	51061,86	2836,77	53793,36	2241,39
44000	46932,30	7822,05	49545,00	4128,75	52249,32	2902,74	55044,48	2293,52
45000	47998,98	7999,83	50671,08	4222,59	53436,78	2968,71	56295,36	2345,64
46000	49065,60	8177,60	51797,17	4316,43	54624,42	3034,69	57546,48	2397,77
47000	50132,22	8355,37	52923,00	4410,25	55811,88	3100,66	58797,36	2449,89
48000	51198,90	8533,15	54049,21	4504,10	56999,34	3166,63	60048,48	2502,02
49000	52265,52	8710,92	55175,17	4597,93	58186,80	3232,60	61299,36	2554,14
50000	53332,21	8888,70	56301,24	4691,77	59374,26	3298,57	62550,72	2606,28
51000	54398,82	9066,47	57427,32	4785,61	60561,72	3364,54	63801,60	2658,40
52000	55465,44	9244,24	58553,28	4879,44	61749,18	3430,51	65052,72	2710,53
53000	56532,06	9422,01	59679,24	4973,27	62936,82	3496,49	66303,60	2762,65
54000	57598,74	9599,79	60805,32	5067,11	64124,28	3562,46	67554,72	2814,78
55000	58665,30	9777,55	61931,40	5160,95	65311,74	3628,43	68805,60	2866,90
56000	59732,00	9955,34	63057,36	5254,78	66499,20	3694,40	70056,72	2919,03
57000	60798,67	10133,11	64183,44	5348,62	67686,66	3760,37	71307,60	2971,15
58000	61865,28	10310,88	65309,40	5442,45	68874,13	3826,34	72558,72	3023,28
59000	62931,96	10488,66	66435,49	5536,29	70061,58	3892,31	73809,84	3075,41
60000	63998,64	10666,44	67561,44	5630,12	71249,22	3958,29	75060,72	3127,53
61000	65065,26	10844,21	68687,52	5723,96	72436,68	4024,26	76311,84	3179,66
62000	66131,88	11021,98	69813,49	5817,79	73624,15	4090,23	77562,72	3231,78
64000	68265,18	11377,53	72065,65	6005,47	75999,06	4222,17	80064,72	3336,03
66000	70398,49	11733,08	74317,68	6193,14	78373,98	4354,11	82566,72	3440,28
68000	72531,78	12088,63	76569,72	6380,81	80749,08	4486,06	85068,96	3544,54
70000	74665,02	12444,17	78821,76	6568,48	83124,00	4618,00	87570,96	3648,79
72000	76798,32	12799,72	81073,80	6756,15	85498,92	4749,94	90072,96	3753,04
74000	78931,62	13155,27	83325,84	6943,82	87874,02	4881,89	92574,96	3857,29
76000	81064,93	13510,82	85577,88	7131,49	90248,94	5013,83	95076,96	3961,54
78000	83198,16	13866,36	87829,92	7319,16	92623,86	5145,77	97578,96	4065,79
80000	85331,46	14221,91	90081,96	7506,83	94998,78	5277,71	100081,00	4170,04
82000	87464,76	14577,46	92334,00	7694,50	97373,88	5409,66	102583,00	4274,29
84000	89598,06	14933,01	94586,04	7882,17	99748,81	5541,60	105085,00	4378,54
86000	91731,36	15288,56	96838,08	8069,84	102123,70	5673,54	107587,00	4482,79
88000	93864,59	15644,10	99090,12	8257,51	104498,80	5805,49	110089,00	4587,04
90000	95997,91	15999,65	101342,30	8445,19	106873,70	5937,43	112591,00	4691,29
92000	98131,21	16355,20	103594,30	8632,86	109248,70	6069,37	115093,00	4795,54
94000	100264,50	16710,75	105846,40	8820,53	111623,60	6201,31	117595,00	4899,79
96000	102397,80	17066,30	108098,40	9008,20	113998,70	6333,26	120097,00	5004,04
98000	104531,00	17421,84	110350,40	9195,87	116373,60	6465,20	122599,00	5108,29
100000	106664,40	17777,39	112602,50	9383,54	118748,50	6597,14	125101,00	5212,54

INTÉRÊT DE **22,5 %**

Montant	30 MOIS Paiement Total	30 MOIS Paiement Mensuel	36 MOIS Paiement Total	36 MOIS Paiement Mensuel	42 MOIS Paiement Total	42 MOIS Paiement Mensuel	48 MOIS Paiement Total	48 MOIS Paiement Mensuel
37000	48713,71	1623,79	51215,04	1422,64	53790,24	1280,72	56437,92	1175,79
38000	50030,40	1667,68	52599,24	1461,09	55243,86	1315,33	57962,89	1207,56
39000	51346,80	1711,56	53983,44	1499,54	56697,90	1349,95	59488,80	1239,35
40000	52663,50	1755,45	55367,64	1537,99	58151,53	1384,56	61014,24	1271,13
41000	53980,20	1799,34	56751,84	1576,44	59605,14	1419,17	62539,68	1302,91
42000	55296,60	1843,22	58136,04	1614,89	61059,18	1453,79	64064,64	1334,68
43000	56613,30	1887,11	59520,24	1653,34	62512,80	1488,40	65590,08	1366,46
44000	57930,00	1931,00	60904,44	1691,79	63966,84	1523,02	67115,52	1398,24
45000	59246,40	1974,88	62288,64	1730,24	65420,46	1557,63	68640,96	1430,02
46000	60563,10	2018,77	63672,84	1768,69	66874,08	1592,24	70166,41	1461,80
47000	61879,20	2062,64	65056,68	1807,13	68328,12	1626,86	71691,84	1493,58
48000	63196,21	2106,54	66440,88	1845,58	69781,74	1661,47	73216,80	1525,35
49000	64512,90	2150,43	67825,08	1884,03	71235,78	1696,09	74742,25	1557,13
50000	65829,31	2194,31	69209,28	1922,48	72689,40	1730,70	76267,68	1588,91
51000	67146,00	2238,20	70593,49	1960,93	74143,03	1765,31	77793,12	1620,69
52000	68462,41	2282,08	71977,68	1999,38	75597,06	1799,93	79318,56	1652,47
53000	69779,10	2325,97	73361,88	2037,83	77050,68	1834,54	80844,00	1684,25
54000	71095,81	2369,86	74746,08	2076,28	78504,72	1869,16	82368,96	1716,02
55000	72412,21	2413,74	76130,28	2114,73	79958,35	1903,77	83894,41	1747,80
56000	73728,60	2457,62	77514,48	2153,18	81411,96	1938,38	85419,84	1779,58
57000	75045,60	2501,52	78898,33	2191,62	82866,00	1973,00	86945,28	1811,36
58000	76361,70	2545,39	80282,88	2230,08	84319,62	2007,61	88470,72	1843,14
59000	77678,71	2589,29	81667,08	2268,53	85773,66	2042,23	89995,68	1874,91
60000	78995,40	2633,18	83051,28	2306,98	87227,28	2076,84	91521,12	1906,69
61000	80311,81	2677,06	84435,48	2345,43	88680,90	2111,45	93046,56	1938,47
62000	81628,50	2720,95	85819,33	2383,87	90134,94	2146,07	94572,00	1970,25
64000	84261,60	2808,72	88588,08	2460,78	93042,60	2215,30	97622,88	2033,81
66000	86894,71	2896,49	91356,48	2537,68	95949,84	2284,52	100673,30	2097,36
68000	89527,80	2984,26	94124,88	2614,58	98857,50	2353,75	103724,20	2160,92
70000	92161,21	3072,04	96893,28	2691,48	101765,20	2422,98	106774,60	2224,47
72000	94794,31	3159,81	99661,68	2768,38	104672,80	2492,21	109825,40	2288,03
74000	97427,41	3247,58	102430,10	2845,28	107580,50	2561,44	112876,30	2351,59
76000	100060,80	3335,36	105198,50	2922,18	110487,70	2630,66	115926,20	2415,13
78000	102693,90	3423,13	107966,50	2999,07	113395,40	2699,89	118977,60	2478,70
80000	105327,00	3510,90	110734,90	3075,97	116303,10	2769,12	122028,50	2542,26
82000	107960,10	3598,67	113503,30	3152,87	119210,70	2838,35	125078,90	2605,81
84000	110593,50	3686,45	116271,70	3229,77	122118,40	2907,58	128129,80	2669,37
86000	113226,60	3774,22	119040,10	3306,67	125025,60	2976,80	131180,60	2732,93
88000	115859,70	3861,99	121808,50	3383,57	127933,30	3046,03	134231,00	2796,48
90000	118492,80	3949,76	124576,90	3460,47	130840,90	3115,26	137281,90	2860,04
92000	121125,90	4037,53	127345,30	3537,37	133748,60	3184,49	140332,80	2923,60
94000	123759,30	4125,31	130113,70	3614,27	136656,20	3253,72	143383,20	2987,15
96000	126392,40	4213,08	132882,10	3691,17	139563,50	3322,94	146434,10	3050,71
98000	129025,50	4300,85	135650,50	3768,07	142471,10	3392,17	149484,50	3114,26
100000	131658,90	4388,63	138418,90	3844,97	145378,80	3461,40	152535,40	3177,82

	54 MOIS		**60** MOIS		**66** MOIS		**72** MOIS	
Montant	Paiement Total	Paiement Mensuel	Paiement Total	Paiement Mensuel	Paiement Total	Paiement Mensuel	Paiement Total	Paiement Mensuel
37000	59157,54	1095,51	61946,40	1032,44	64804,74	981,89	67728,96	940,68
38000	60756,48	1125,12	63621,00	1060,35	66556,38	1008,43	69559,20	966,10
39000	62355,42	1154,73	65295,60	1088,26	68307,36	1034,96	71390,16	991,53
40000	63953,28	1184,32	66969,60	1116,16	70059,00	1061,50	73220,40	1016,95
41000	65552,22	1213,93	68643,60	1144,06	71810,65	1088,04	75051,36	1042,38
42000	67151,71	1243,55	70318,20	1171,97	73561,62	1114,57	76881,60	1067,80
43000	68750,65	1273,16	71992,21	1199,87	75313,26	1141,11	78711,84	1093,22
44000	70349,58	1302,77	73666,81	1227,78	77064,90	1167,65	80542,81	1118,65
45000	71948,52	1332,38	75340,81	1255,68	78815,88	1194,18	82372,33	1144,06
46000	73546,93	1361,98	77014,20	1283,57	80568,18	1220,73	84204,00	1169,50
47000	75145,86	1391,59	78689,40	1311,49	82319,16	1247,26	86034,24	1194,92
48000	76744,80	1421,20	80363,40	1339,39	84070,81	1273,80	87864,48	1220,34
49000	78343,75	1450,81	82038,00	1367,30	85822,44	1300,34	89695,44	1245,77
50000	79942,68	1480,42	83712,00	1395,20	87574,08	1326,88	91524,96	1271,18
51000	81541,63	1510,03	85386,00	1423,10	89325,06	1353,41	93355,92	1296,61
52000	83140,02	1539,63	87060,60	1451,01	91076,69	1379,95	95186,88	1322,04
53000	84738,96	1569,24	88734,60	1478,91	92828,34	1406,49	97017,12	1347,46
54000	86337,90	1598,85	90409,19	1506,82	94579,99	1433,03	98848,08	1372,89
55000	87936,84	1628,46	92083,19	1534,72	96330,96	1459,56	100678,30	1398,31
56000	89535,78	1658,07	93757,21	1562,62	98082,59	1486,10	102508,60	1423,73
57000	91134,72	1687,68	95431,81	1590,53	99834,24	1512,64	104339,50	1449,16
58000	92733,12	1717,28	97105,81	1618,43	101585,90	1539,18	106169,80	1474,58
59000	94332,06	1746,89	98780,40	1646,34	103336,90	1565,71	108000,00	1500,00
60000	95931,00	1776,50	100454,40	1674,24	105088,50	1592,25	109831,00	1525,43
61000	97529,94	1806,11	102128,40	1702,14	106840,10	1618,79	111661,20	1550,85
62000	99128,88	1835,72	103803,00	1730,05	108591,80	1645,33	113492,20	1576,28
64000	102326,20	1894,93	107151,60	1785,86	112094,40	1698,40	117152,60	1627,12
66000	105524,10	1954,15	110499,60	1841,66	115597,70	1751,48	120813,80	1677,97
68000	108722,00	2013,37	113848,20	1897,47	119100,30	1804,55	124475,00	1728,82
70000	111919,30	2072,58	117196,80	1953,28	122603,60	1857,63	128136,20	1779,67
72000	115117,20	2131,80	120545,40	2009,09	126106,20	1910,70	131796,70	1830,51
74000	118315,10	2191,02	123892,80	2064,88	129609,50	1963,78	135457,90	1881,36
76000	121512,40	2250,23	127242,00	2120,70	133112,10	2016,85	139119,10	1932,21
78000	124710,30	2309,45	130590,60	2176,51	136615,40	2069,93	142780,30	1983,06
80000	127908,20	2368,67	133939,20	2232,32	140118,00	2123,00	146440,80	2033,90
82000	131105,00	2427,87	137287,20	2288,12	143621,30	2176,08	150102,00	2084,75
84000	134303,40	2487,10	140636,40	2343,94	147123,20	2229,14	153763,20	2135,60
86000	137501,30	2546,32	143984,40	2399,74	150627,20	2282,23	157424,40	2186,45
88000	140698,60	2605,53	147333,00	2455,55	154129,80	2335,30	161084,90	2237,29
90000	143896,50	2664,75	150681,60	2511,36	157632,40	2388,37	164745,40	2288,13
92000	147094,40	2723,97	154030,20	2567,17	161135,70	2441,45	168407,30	2338,99
94000	150292,30	2783,19	157378,20	2622,97	164639,00	2494,53	172068,50	2389,84
96000	153489,60	2842,40	160726,80	2678,78	168141,60	2547,60	175729,70	2440,69
98000	156687,50	2901,62	164075,40	2734,59	171644,90	2600,68	179390,20	2491,53
100000	159885,40	2960,84	167424,00	2790,40	175147,50	2653,75	183050,70	2542,37

INTÉRÊT DE **23 %**

Montant	6 MOIS Paiement Total	Paiement Mensuel	12 MOIS Paiement Total	Paiement Mensuel	18 MOIS Paiement Total	Paiement Mensuel	24 MOIS Paiement Total	Paiement Mensuel
1000	1068,12	178,02	1128,96	94,08	1191,78	66,21	1256,88	52,37
1500	1602,24	267,04	1693,32	141,11	1787,76	99,32	1885,44	78,56
2000	2136,30	356,05	2257,80	188,15	2383,56	132,42	2514,00	104,75
2500	2670,36	445,06	2822,28	235,19	2979,72	165,54	3142,08	130,92
3000	3204,42	534,07	3386,76	282,23	3575,52	198,64	3770,88	157,12
3500	3738,48	623,08	3951,24	329,27	4171,50	231,75	4399,44	183,31
4000	4272,54	712,09	4515,60	376,30	4767,30	264,85	5027,76	209,49
4500	4806,66	801,11	5080,08	423,34	5363,28	297,96	5656,32	235,68
5000	5340,72	890,12	5644,56	470,38	5959,26	331,07	6284,88	261,87
5500	5874,78	979,13	6209,04	517,42	6555,24	364,18	6912,96	288,04
6000	6408,84	1068,14	6773,52	564,46	7151,22	397,29	7541,76	314,24
6500	6942,90	1157,15	7337,88	611,49	7747,02	430,39	8170,32	340,43
7000	7477,02	1246,17	7902,36	658,53	8343,00	463,50	8798,64	366,61
7500	8011,08	1335,18	8466,84	705,57	8938,98	496,61	9427,20	392,80
8000	8545,14	1424,19	9031,32	752,61	9534,78	529,71	10055,76	418,99
8500	9079,20	1513,20	9595,80	799,65	10130,76	562,82	10684,08	445,17
9000	9613,26	1602,21	10160,16	846,68	10726,74	595,93	11312,64	471,36
9500	10147,32	1691,22	10724,64	893,72	11322,54	629,03	11941,20	497,55
10000	10681,44	1780,24	11289,12	940,76	11918,52	662,14	12569,52	523,73
11000	11749,56	1958,26	12418,08	1034,84	13110,48	728,36	13826,64	576,11
12000	12817,68	2136,28	13546,92	1128,91	14302,26	794,57	15083,52	628,48
13000	13885,86	2314,31	14675,88	1222,99	15494,04	860,78	16340,40	680,85
14000	14953,98	2492,33	15804,84	1317,07	16686,00	927,00	17597,28	733,22
15000	16022,10	2670,35	16933,68	1411,14	17877,78	993,21	18854,40	785,60
16000	17090,28	2848,38	18062,64	1505,22	19069,74	1059,43	20111,28	837,97
17000	18158,40	3026,40	19191,48	1599,29	20261,52	1125,64	21368,16	890,34
18000	19226,58	3204,43	20320,44	1693,37	21453,48	1191,86	22625,28	942,72
19000	20294,70	3382,45	21449,40	1787,45	22645,08	1258,06	23882,16	995,09
20000	21362,82	3560,47	22578,24	1881,52	23837,04	1324,28	25139,04	1047,46
21000	22431,00	3738,50	23707,20	1975,60	25029,00	1390,50	26396,16	1099,84
22000	23499,12	3916,52	24836,04	2069,67	26220,78	1456,71	27653,04	1152,21
23000	24567,24	4094,54	25965,00	2163,75	27412,74	1522,93	28909,68	1204,57
24000	25635,36	4272,56	27093,96	2257,83	28604,52	1589,14	30167,04	1256,96
25000	26703,54	4450,59	28222,68	2351,89	29796,48	1655,36	31423,68	1309,32
26000	27771,66	4628,61	29351,76	2445,98	30988,26	1721,57	32680,80	1361,70
27000	28839,84	4806,64	30480,60	2540,05	32180,04	1787,78	33937,92	1414,08
28000	29907,96	4984,66	31609,56	2634,13	33372,00	1854,00	35194,80	1466,45
29000	30976,08	5162,68	32738,52	2728,21	34563,78	1920,21	36451,68	1518,82
30000	32044,26	5340,71	33867,36	2822,28	35755,74	1986,43	37708,80	1571,20
31000	33112,38	5518,73	34996,32	2916,36	36947,34	2052,63	38965,68	1623,57
32000	34180,56	5696,76	36125,16	3010,43	38139,30	2118,85	40222,56	1675,94
33000	35248,68	5874,78	37254,12	3104,51	39331,26	2185,07	41479,68	1728,32
34000	36316,80	6052,80	38383,08	3198,59	40523,04	2251,28	42736,56	1780,69
35000	37384,98	6230,83	39511,92	3292,66	41715,00	2317,50	43993,44	1833,06
36000	38453,10	6408,85	40640,88	3386,74	42906,78	2383,71	45250,32	1885,43

Montant	30 MOIS Paiement Total	Paiement Mensuel	36 MOIS Paiement Total	Paiement Mensuel	42 MOIS Paiement Total	Paiement Mensuel	48 MOIS Paiement Total	Paiement Mensuel
1000	1324,20	44,14	1393,56	38,71	1464,96	34,88	1538,40	32,05
1500	1986,30	66,21	2090,16	58,06	2197,44	52,32	2307,84	48,08
2000	2648,40	88,28	2787,12	77,42	2929,92	69,76	3076,80	64,10
2500	3310,50	110,35	3483,72	96,77	3662,40	87,20	3845,76	80,12
3000	3972,60	132,42	4180,68	116,13	4394,88	104,64	4615,20	96,15
3500	4634,70	154,49	4877,28	135,48	5127,36	122,08	5384,64	112,18
4000	5296,80	176,56	5574,24	154,84	5859,84	139,52	6154,08	128,21
4500	5958,90	198,63	6270,84	174,19	6592,32	156,96	6923,04	144,23
5000	6621,00	220,70	6967,80	193,55	7324,80	174,40	7692,00	160,25
5500	7283,10	242,77	7664,40	212,90	8057,28	191,84	8461,44	176,28
6000	7945,20	264,84	8361,36	232,26	8789,76	209,28	9230,88	192,31
6500	8607,30	286,91	9057,96	251,61	9522,24	226,72	9999,84	208,33
7000	9269,40	308,98	9754,92	270,97	10254,72	244,16	10769,28	224,36
7500	9931,50	331,05	10451,52	290,32	10987,20	261,60	11538,72	240,39
8000	10593,60	353,12	11148,48	309,68	11719,68	279,04	12307,68	256,41
8500	11255,70	375,19	11845,08	329,03	12452,16	296,48	13077,12	272,44
9000	11917,80	397,26	12542,04	348,39	13184,64	313,92	13846,08	288,46
9500	12579,90	419,33	13238,64	367,74	13917,54	331,37	14615,52	15924,43
10000	13242,00	441,40	13935,60	387,10	14650,02	348,81	15384,48	320,51
11000	14566,20	485,54	15329,16	425,81	16114,98	383,69	16923,36	352,57
12000	15890,40	529,68	16722,72	464,52	17579,94	418,57	18461,76	384,62
13000	17214,60	573,82	18116,28	503,23	19044,90	453,45	20000,16	416,67
14000	18538,80	617,96	19509,48	541,93	20509,86	488,33	21538,56	448,72
15000	19863,00	662,10	20903,04	580,64	21974,82	523,21	23076,96	480,77
16000	21187,20	706,24	22296,24	619,34	23439,78	558,09	24615,36	512,82
17000	22511,40	750,38	23690,16	658,06	24904,32	592,96	26153,76	544,87
18000	23835,60	794,52	25083,72	696,77	26369,28	627,84	27692,64	576,93
19000	25159,80	838,66	26477,28	735,48	27834,66	662,73	29231,04	608,98
20000	26484,00	882,80	27870,84	774,19	29299,62	697,61	30769,44	641,03
21000	27808,20	926,94	29264,40	812,90	30764,58	732,49	32307,84	673,08
22000	29132,40	971,08	30657,96	851,61	32229,54	767,37	33846,24	705,13
23000	30456,60	1015,22	32051,52	890,32	33694,50	802,25	35384,64	737,18
24000	31780,80	1059,36	33445,08	929,03	35159,46	837,13	36923,04	769,23
25000	33105,00	1103,50	34838,64	967,74	36624,42	872,01	38461,92	801,29
26000	34429,20	1147,64	36232,20	1006,45	38089,38	906,89	40000,32	833,34
27000	35753,40	1191,78	37625,76	1045,16	39554,34	941,77	41538,72	865,39
28000	37077,60	1235,92	39019,32	1083,87	41019,72	976,66	43077,12	897,44
29000	38401,80	1280,06	40412,52	1122,57	42484,68	1011,54	44615,52	929,49
30000	39726,00	1324,20	41806,44	1161,29	43949,64	1046,42	46153,92	961,54
31000	41050,20	1368,34	43200,00	1200,00	45414,60	1081,30	47692,32	993,59
32000	42374,10	1412,47	44593,56	1238,71	46879,57	1116,18	49231,21	1025,65
33000	43698,30	1456,61	45987,12	1277,42	48344,53	1151,06	50769,12	1057,69
34000	45022,50	1500,75	47380,68	1316,13	49809,07	1185,93	52308,00	1089,75
35000	46346,70	1544,89	48774,24	1354,84	51274,03	1220,81	53846,40	1121,80
36000	47670,90	1589,03	50167,80	1393,55	52738,98	1255,69	55384,80	1153,85

INTÉRÊT DE 23 %

	54 MOIS		60 MOIS		66 MOIS		72 MOIS	
Montant	Paiement Total	Paiement Mensuel	Paiement Total	Paiement Mensuel	Paiement Total	Paiement Mensuel	Paiement Total	Paiement Mensuel
1000	1614,06	29,89	1691,40	28,19	1770,78	26,83	1851,84	25,72
1500	2420,82	44,83	2537,40	42,29	2656,50	40,25	2777,76	38,58
2000	3228,12	59,78	3382,80	56,38	3541,56	53,66	3704,40	51,45
2500	4034,88	74,72	4228,80	70,48	4427,28	67,08	4630,32	64,31
3000	4841,64	89,66	5074,20	84,57	5312,34	80,49	5556,24	77,17
3500	5648,94	104,61	5920,20	98,67	6198,06	93,91	6482,16	90,03
4000	6455,70	119,55	6765,60	112,76	7083,12	107,32	7408,08	102,89
4500	7263,00	134,50	7611,60	126,86	7968,84	120,74	8334,00	115,75
5000	8069,76	149,44	8457,00	140,95	8853,24	134,14	9260,64	128,62
5500	8877,06	164,39	9303,00	155,05	9739,62	147,57	10186,56	141,48
6000	9683,82	179,33	10148,40	169,14	10624,68	160,98	11112,48	154,34
6500	10490,58	194,27	10994,40	183,24	11510,40	174,40	12038,40	167,20
7000	11297,88	209,22	11839,80	197,33	12395,46	187,81	12964,32	180,06
7500	12104,64	224,16	12685,80	211,43	13281,18	201,23	13890,24	192,92
8000	12911,94	239,11	13531,20	225,52	14166,24	214,64	14816,16	205,78
8500	13718,70	254,05	14377,20	239,62	15051,96	228,06	15742,80	218,65
9000	14525,46	268,99	15222,60	253,71	15937,02	241,47	16668,72	231,51
9500	15332,76	283,94	16068,60	267,81	16822,74	254,89	17594,64	244,37
10000	16139,52	298,88	16914,00	281,90	17707,14	268,29	18520,56	257,23
11000	17753,58	328,77	18605,40	310,09	19478,58	295,13	20372,40	282,95
12000	19367,64	358,66	20297,40	338,29	21250,02	321,97	22224,96	308,68
13000	20981,70	388,55	21988,80	366,48	23020,80	348,80	24076,80	334,40
14000	22595,22	418,43	23680,20	394,67	24791,58	375,63	25928,64	360,12
15000	24209,28	448,32	25371,60	422,86	26562,36	402,46	27781,20	385,85
16000	25823,34	478,21	27063,00	451,05	28333,14	429,29	29633,04	411,57
17000	27437,40	508,10	28754,40	479,24	30103,92	456,12	31484,88	437,29
18000	29051,46	537,99	30445,80	507,43	31874,70	482,95	33337,44	463,02
19000	30665,52	567,88	32137,20	535,62	33645,48	509,78	35189,28	488,74
20000	32279,04	597,76	33828,60	563,81	35416,26	536,61	37041,12	514,46
21000	33893,10	627,65	35520,00	592,00	37187,04	563,44	38892,96	540,18
22000	35507,16	657,54	37211,40	620,19	38957,82	590,27	40744,80	565,90
23000	37121,22	687,43	38902,80	648,38	40727,94	617,09	42597,36	591,63
24000	38735,28	717,32	40594,20	676,57	42499,38	643,93	44448,48	617,34
25000	40349,34	747,21	42285,60	704,76	44270,16	670,76	46301,76	643,08
26000	41962,86	777,09	43977,00	732,95	46040,94	697,59	48153,60	668,80
27000	43576,92	806,98	45668,40	761,14	47811,72	724,42	50005,44	694,52
28000	45190,98	836,87	47359,80	789,33	49582,50	751,25	51858,00	720,25
29000	46805,04	866,76	49051,21	817,52	51353,28	778,08	53709,84	745,97
30000	48419,10	896,65	50742,60	845,71	53124,06	804,91	55561,68	771,69
31000	50032,62	926,53	52434,00	873,90	54894,84	831,74	57414,24	797,42
32000	51646,68	956,42	54125,40	902,09	56665,62	858,57	59266,08	823,14
33000	53260,74	986,31	55816,80	930,28	58436,40	885,40	61117,92	848,86
34000	54874,80	1016,20	57508,20	958,47	60207,18	912,23	62969,76	874,58
35000	56488,86	1046,09	59199,60	986,66	61978,62	939,07	64822,32	900,31
36000	58102,92	1075,98	60891,60	1014,86	63749,40	965,90	66674,16	926,03

238

Montant	6 MOIS Paiement Total	Paiement Mensuel	12 MOIS Paiement Total	Paiement Mensuel	18 MOIS Paiement Total	Paiement Mensuel	24 MOIS Paiement Total	Paiement Mensuel
37000	39521,22	6586,87	41769,72	3480,81	44098,74	2449,93	46507,44	1937,81
38000	40589,40	6764,90	42898,68	3574,89	45290,34	2516,13	47764,32	1990,18
39000	41657,52	6942,92	44027,64	3668,97	46482,30	2582,35	49021,21	2042,55
40000	42725,64	7120,94	45156,48	3763,04	47674,26	2648,57	50278,32	2094,93
41000	43793,82	7298,97	46285,44	3857,12	48866,04	2714,78	51535,21	2147,30
42000	44861,94	7476,99	47414,40	3951,20	50058,00	2781,00	52792,08	2199,67
43000	45930,12	7655,02	48543,24	4045,27	51249,78	2847,21	54049,21	2252,05
44000	46998,24	7833,04	49672,21	4139,35	52441,56	2913,42	55306,08	2304,42
45000	48066,36	8011,06	50801,04	4233,42	53633,52	2979,64	56562,96	2356,79
46000	49134,54	8189,09	51930,00	4327,50	54825,30	3045,85	57820,08	2409,17
47000	50202,67	8367,11	53058,96	4421,58	56017,26	3112,07	59076,96	2461,54
48000	51270,78	8545,13	54187,80	4515,65	57209,04	3178,28	60333,60	2513,90
49000	52338,96	8723,16	55316,76	4609,73	58401,00	3244,50	61590,96	2566,29
50000	53407,08	8901,18	56445,48	4703,79	59592,78	3310,71	62847,60	2618,65
51000	54475,21	9079,20	57574,56	4797,88	60784,56	3376,92	64104,72	2671,03
52000	55543,39	9257,23	58703,52	4891,96	61976,52	3443,14	65361,84	2723,41
53000	56611,50	9435,25	59832,24	4986,02	63168,30	3509,35	66618,72	2775,78
54000	57679,68	9613,28	60961,32	5080,11	64360,26	3575,57	67875,60	2828,15
55000	58747,80	9791,30	62090,17	5174,18	65552,04	3641,78	69132,49	2880,52
56000	59815,92	9969,32	63219,12	5268,26	66744,00	3708,00	70389,60	2932,90
57000	60884,04	10147,34	64348,08	5362,34	67935,78	3774,21	71646,49	2985,27
58000	61952,22	10325,37	65476,92	5456,41	69127,56	3840,42	72903,36	3037,64
59000	63020,34	10503,39	66605,88	5550,49	70319,52	3906,64	74160,49	3090,02
60000	64088,52	10681,42	67734,72	5644,56	71511,31	3972,85	75417,36	3142,39
61000	65156,64	10859,44	68863,68	5738,64	72703,26	4039,07	76674,25	3194,76
62000	66224,76	11037,46	69992,65	5832,72	73894,86	4105,27	77931,36	3247,14
64000	68361,06	11393,51	72250,44	6020,87	76278,78	4237,71	80445,12	3351,88
66000	70497,36	11749,56	74508,25	6209,02	78662,53	4370,14	82959,12	3456,63
68000	72633,66	12105,61	76766,04	6397,17	81046,08	4502,56	85473,12	3561,38
70000	74769,91	12461,65	79023,96	6585,33	83429,83	4634,99	87986,88	3666,12
72000	76906,21	12817,70	81281,76	6773,48	85813,56	4767,42	90500,88	3770,87
74000	79042,50	13173,75	83539,56	6961,63	88197,31	4899,85	93014,88	3875,62
76000	81178,80	13529,80	85797,36	7149,78	90580,86	5032,27	95528,64	3980,36
78000	83315,04	13885,84	88055,16	7337,93	92964,78	5164,71	98042,64	4085,11
80000	85451,34	14241,89	90313,08	7526,09	95348,52	5297,14	100556,40	4189,85
82000	87587,64	14597,94	92570,88	7714,24	97732,08	5429,56	103070,40	4294,60
84000	89723,88	14953,98	94828,68	7902,39	100115,80	5561,99	105584,40	4399,35
86000	91860,18	15310,03	97086,49	8090,54	102499,60	5694,42	108098,20	4504,09
88000	93996,49	15666,08	99344,28	8278,69	104883,30	5826,85	110612,20	4608,84
90000	96132,78	16022,13	101602,10	8466,84	107267,00	5959,28	113126,20	4713,59
92000	98269,02	16378,17	103860,00	8655,00	109650,80	6091,71	115639,90	4818,33
94000	100405,30	16734,22	106117,80	8843,15	112034,30	6224,13	118153,90	4923,08
96000	102541,60	17090,27	108375,60	9031,30	114418,10	6356,56	120667,90	5027,83
98000	104677,90	17446,32	110633,50	9219,46	116801,80	6488,99	123181,40	5132,56
100000	106814,20	17802,36	112891,30	9407,61	119185,60	6621,42	125695,40	5237,31

INTÉRÊT DE 23 %

	30 MOIS		36 MOIS		42 MOIS		48 MOIS	
Montant	Paiement Total	Paiement Mensuel	Paiement Total	Paiement Mensuel	Paiement Total	Paiement Mensuel	Paiement Total	Paiement Mensuel
37000	48995,10	1633,17	51561,36	1432,26	54203,94	1290,57	56923,21	1185,90
38000	50319,30	1677,31	52954,92	1470,97	55669,32	1325,46	58461,12	1217,94
39000	51643,50	1721,45	54348,48	1509,68	57134,28	1360,34	60000,48	1250,01
40000	52967,70	1765,59	55742,04	1548,39	58599,24	1395,22	61538,89	1282,06
41000	54291,90	1809,73	57135,60	1587,10	60064,20	1430,10	63077,28	1314,11
42000	55616,10	1853,87	58528,80	1625,80	61529,16	1464,98	64615,68	1346,16
43000	56940,30	1898,01	59922,36	1664,51	62994,12	1499,86	66154,08	1378,21
44000	58264,50	1942,15	61315,92	1703,22	64459,08	1534,74	67692,49	1410,26
45000	59588,71	1986,29	62709,48	1741,93	65924,04	1569,62	69230,88	1442,31
46000	60912,90	2030,43	64103,04	1780,64	67389,00	1604,50	70769,28	1474,36
47000	62237,10	2074,57	65496,60	1819,35	68854,38	1639,39	72308,16	1506,42
48000	63561,30	2118,71	66890,16	1858,06	70319,35	1674,27	73846,56	1538,47
49000	64885,51	2162,85	68283,72	1896,77	71784,30	1709,15	75384,96	1570,52
50000	66209,71	2206,99	69677,28	1935,48	73249,26	1744,03	76923,36	1602,57
51000	67533,60	2251,12	71070,84	1974,19	74714,22	1778,91	78461,76	1634,62
52000	68858,10	2295,27	72464,40	2012,90	76179,18	1813,79	80000,16	1666,67
53000	70182,00	2339,40	73857,96	2051,61	77644,15	1848,67	81538,56	1698,72
54000	71506,50	2383,55	75251,53	2090,32	79109,10	1883,55	83077,44	1730,78
55000	72830,70	2427,69	76645,08	2129,03	80574,06	1918,43	84615,84	1762,83
56000	74154,91	2471,83	78038,65	2167,74	82039,03	1953,31	86154,24	1794,88
57000	75479,10	2515,97	79432,20	2206,45	83503,98	1988,19	87692,64	1826,93
58000	76803,31	2560,11	80825,40	2245,15	84968,94	2023,07	89231,04	1858,98
59000	78127,50	2604,25	82219,33	2283,87	86433,90	2057,95	90769,44	1891,03
60000	79451,70	2648,39	83612,88	2322,58	87898,86	2092,83	92307,84	1923,08
61000	80775,90	2692,53	85006,44	2361,29	89363,82	2127,71	93846,72	1955,14
62000	82100,10	2736,67	86400,00	2400,00	90828,78	2162,59	95385,12	1987,19
64000	84748,50	2824,95	89187,12	2477,42	93758,71	2232,35	98461,92	2051,29
66000	87396,90	2913,23	91974,24	2554,84	96689,05	2302,12	101538,20	2115,38
68000	90045,30	3001,51	94761,36	2632,26	99618,55	2371,87	104616,00	2179,50
70000	92693,71	3089,79	97548,12	2709,67	102548,50	2441,63	107692,80	2243,60
72000	95342,10	3178,07	100335,20	2787,09	105478,40	2511,39	110769,60	2307,70
74000	97990,50	3266,35	103122,40	2864,51	108408,30	2581,15	113846,40	2371,80
76000	100638,90	3354,63	105909,50	2941,93	111338,60	2650,92	116923,20	2435,90
78000	103287,30	3442,91	108696,60	3019,35	114268,60	2720,68	120000,50	2500,01
80000	105935,70	3531,19	111483,70	3096,77	117198,50	2790,44	123077,30	2564,11
82000	108584,10	3619,47	114270,80	3174,19	120128,40	2860,20	126154,60	2628,22
84000	111232,50	3707,75	117058,00	3251,61	123058,70	2929,97	129231,40	2692,32
86000	113880,90	3796,03	119845,10	3329,03	125988,70	2999,73	132308,20	2756,42
88000	116529,30	3884,31	122632,20	3406,45	128918,60	3069,49	135385,00	2820,52
90000	119177,70	3972,59	125419,30	3483,87	131848,50	3139,25	138462,20	2884,63
92000	121826,10	4060,87	128206,40	3561,29	134778,40	3209,01	141539,00	2948,73
94000	124474,20	4149,14	130993,60	3638,71	137708,40	3278,77	144615,90	3012,83
96000	127122,60	4237,42	133780,70	3716,13	140638,30	3348,53	147693,10	3076,94
98000	129771,00	4325,70	136567,40	3793,54	143568,20	3418,29	150769,90	3141,04
100000	132419,40	4413,98	139354,60	3870,96	146498,10	3488,05	153846,70	3205,14

Montant	**54** MOIS Paiement Total	Paiement Mensuel	**60** MOIS Paiement Total	Paiement Mensuel	**66** MOIS Paiement Total	Paiement Mensuel	**72** MOIS Paiement Total	Paiement Mensuel
37000	59716,44	1105,86	62583,01	1043,05	65520,18	992,73	68526,00	951,75
38000	61330,56	1135,75	64274,40	1071,24	67290,96	1019,56	70378,56	977,48
39000	62944,57	1165,64	65965,81	1099,43	69061,75	1046,39	72230,40	1003,20
40000	64558,62	1195,53	67657,21	1127,62	70832,52	1073,22	74082,25	1028,92
41000	66172,68	1225,42	69348,60	1155,81	72603,31	1100,05	75934,81	1054,65
42000	67786,21	1255,30	71040,00	1184,00	74374,08	1126,88	77786,65	1080,37
43000	69399,72	1285,18	72730,81	1212,18	76144,86	1153,71	79638,48	1106,09
44000	71014,32	1315,08	74422,80	1240,38	77915,65	1180,54	81490,33	1131,81
45000	72628,38	1344,97	76113,60	1268,56	79686,43	1207,37	83342,88	1157,54
46000	74242,44	1374,86	77805,60	1296,76	81456,54	1234,19	85194,72	1183,26
47000	75856,50	1404,75	79497,00	1324,95	83227,99	1261,03	87046,56	1208,98
48000	77470,02	1434,63	81188,40	1353,14	84998,76	1287,86	88899,12	1234,71
49000	79084,08	1464,52	82879,80	1381,33	86769,54	1314,69	90750,96	1260,43
50000	80698,15	1494,41	84571,21	1409,52	88540,32	1341,52	92602,81	1286,15
51000	82312,21	1524,30	86262,59	1437,71	90311,09	1368,35	94455,36	1311,88
52000	83926,26	1554,19	87954,00	1465,90	92081,88	1395,18	96307,19	1337,60
53000	85539,78	1584,07	89645,40	1494,09	93852,66	1422,01	98159,04	1363,32
54000	87153,84	1613,96	91336,81	1522,28	95623,44	1448,84	100011,60	1389,05
55000	88767,90	1643,85	93028,19	1550,47	97394,22	1475,67	101863,40	1414,77
56000	90381,96	1673,74	94719,60	1578,66	99165,00	1502,50	103715,30	1440,49
57000	91996,02	1703,63	96411,00	1606,85	100935,80	1529,33	105567,80	1466,22
58000	93610,08	1733,52	98102,41	1635,04	102707,20	1556,17	107419,70	1491,94
59000	95223,60	1763,40	99794,40	1663,24	104478,00	1583,00	109271,50	1517,66
60000	96837,66	1793,29	101485,80	1691,43	106248,80	1609,83	111123,40	1543,38
61000	98451,72	1823,18	103177,20	1719,62	108019,60	1636,66	112975,90	1569,11
62000	100065,80	1853,07	104868,60	1747,81	109790,30	1663,49	114827,80	1594,83
64000	103293,90	1912,85	108251,40	1804,19	113331,90	1717,15	118532,20	1646,28
66000	106521,50	1972,62	111634,20	1860,57	116873,50	1770,81	122235,80	1697,72
68000	109749,60	2032,40	115017,00	1916,95	120415,00	1824,47	125940,20	1749,17
70000	112977,20	2092,17	118399,80	1973,33	123956,60	1878,13	129644,60	1800,62
72000	116205,30	2151,95	121782,60	2029,71	127498,10	1931,79	133348,30	1852,06
74000	119433,40	2211,73	125165,40	2086,09	131039,70	1985,45	137052,70	1903,51
76000	122661,00	2271,50	128548,20	2142,47	134581,30	2039,11	140756,40	1954,95
78000	125889,10	2331,28	131931,00	2198,85	138122,80	2092,77	144460,80	2006,40
80000	129117,20	2391,06	135313,80	2255,23	141664,40	2146,43	148165,20	2057,85
82000	132344,80	2450,83	138696,60	2311,61	145206,60	2200,10	151868,90	2109,29
84000	135572,90	2510,61	142080,00	2368,00	148748,20	2253,76	155573,30	2160,74
86000	138800,50	2570,38	145462,20	2424,37	152289,70	2307,42	159277,00	2212,18
88000	142028,60	2630,16	148845,60	2480,76	155831,30	2361,08	162980,70	2263,62
90000	145256,80	2689,94	152227,80	2537,13	159372,90	2414,74	166685,80	2315,08
92000	148484,40	2749,71	155611,20	2593,52	162913,70	2468,39	170389,40	2366,52
94000	151712,50	2809,49	158994,00	2649,90	166456,00	2522,06	174093,90	2417,97
96000	154940,60	2869,27	162376,80	2706,28	169997,50	2575,72	177798,20	2469,42
98000	158168,20	2929,04	165759,60	2762,66	173539,10	2629,38	181501,90	2520,86
100000	161396,30	2988,82	169142,40	2819,04	177080,60	2683,04	185206,30	2572,31

241

INTÉRÊT DE 23,5 %

	6 MOIS		**12** MOIS		**18** MOIS		**24** MOIS	
Montant	Paiement Total	Paiement Mensuel	Paiement Total	Paiement Mensuel	Paiement Total	Paiement Mensuel	Paiement Total	Paiement Mensuel
1000	1069,62	178,27	1131,84	94,32	1196,28	66,46	1262,88	52,62
1500	1604,46	267,41	1697,76	141,48	1794,42	99,69	1894,32	78,93
2000	2139,30	356,55	2263,68	188,64	2392,56	132,92	2525,76	105,24
2500	2674,14	445,69	2829,48	235,79	2990,52	166,14	3157,20	131,55
3000	3208,92	534,82	3395,40	282,95	3588,66	199,37	3788,88	157,87
3500	3743,76	623,96	3961,32	330,11	4186,80	232,60	4420,32	184,18
4000	4278,60	713,10	4527,24	377,27	4784,76	265,82	5051,76	210,49
4500	4813,44	802,24	5093,16	424,43	5383,08	299,06	5683,20	236,80
5000	5348,22	891,37	5659,08	471,59	5981,22	332,29	6314,40	263,10
5500	5883,06	980,51	6225,00	518,75	6579,36	365,52	6946,08	289,42
6000	6417,90	1069,65	6790,80	565,90	7177,50	398,75	7577,52	315,73
6500	6952,74	1158,79	7356,64	613,07	7775,64	431,98	8208,96	342,04
7000	7487,52	1247,92	7922,64	660,22	8373,78	465,21	8840,40	368,35
7500	8022,36	1337,06	8488,56	707,38	8971,74	498,43	9471,84	394,66
8000	8557,20	1426,20	9054,48	754,54	9569,70	531,65	10103,28	420,97
8500	9092,04	1515,34	9620,40	801,70	10168,02	564,89	10734,96	447,29
9000	9626,82	1604,47	10186,32	848,86	10766,16	598,12	11366,40	473,60
9500	10161,66	1693,61	10752,24	896,02	11364,12	631,34	11997,84	499,91
10000	10696,50	1782,75	11318,16	943,18	11962,44	664,58	12629,04	526,21
11000	11766,12	1961,02	12449,88	1037,49	13158,72	731,04	13892,16	578,84
12000	12835,80	2139,30	13581,72	1131,81	14355,00	797,50	15155,04	631,46
13000	13905,42	2317,57	14713,56	1226,13	15551,10	863,95	16417,92	684,08
14000	14975,10	2495,85	15845,40	1320,45	16747,38	930,41	17681,04	736,71
15000	16044,72	2674,12	16977,24	1414,77	17943,66	996,87	18943,92	789,33
16000	17114,40	2852,40	18108,96	1509,08	19139,76	1063,32	20206,80	841,95
17000	18184,02	3030,67	19240,80	1603,40	20336,22	1129,79	21469,68	894,57
18000	19253,70	3208,95	20372,64	1697,72	21532,32	1196,24	22732,56	947,19
19000	20323,32	3387,22	21504,48	1792,04	22728,42	1262,69	23995,44	999,81
20000	21393,00	3565,50	22636,20	1886,35	23924,88	1329,16	25258,32	1052,43
21000	22462,62	3743,77	23768,04	1980,67	25121,16	1395,62	26521,44	1105,06
22000	23532,30	3922,05	24899,88	2074,99	26317,26	1462,07	27784,32	1157,68
23000	24601,86	4100,31	26031,72	2169,31	27513,54	1528,53	29047,20	1210,30
24000	25671,54	4278,59	27163,44	2263,62	28709,82	1594,99	30310,08	1262,92
25000	26741,22	4456,87	28295,28	2357,94	29906,10	1661,45	31573,20	1315,55
26000	27810,84	4635,14	29427,12	2452,26	31102,38	1727,91	32836,08	1368,17
27000	28880,52	4813,42	30558,96	2546,58	32298,48	1794,36	34098,96	1420,79
28000	29950,14	4991,69	31690,80	2640,90	33494,76	1860,82	35361,84	1473,41
29000	31019,82	5169,97	32822,52	2735,21	34691,04	1927,28	36624,72	1526,03
30000	32089,44	5348,24	33954,36	2829,53	35887,32	1993,74	37887,84	1578,66
31000	33159,12	5526,52	35086,20	2923,85	37083,60	2060,20	39150,72	1631,28
32000	34228,74	5704,79	36218,04	3018,17	38279,52	2126,64	40413,60	1683,90
33000	35298,42	5883,07	37349,76	3112,48	39475,98	2193,11	41676,48	1736,52
34000	36368,04	6061,34	38481,60	3206,80	40672,26	2259,57	42939,36	1789,14
35000	37437,72	6239,62	39613,44	3301,12	41868,54	2326,03	44202,24	1841,76
36000	38507,34	6417,89	40745,28	3395,44	43064,82	2392,49	45465,36	1894,39

Montant	30 MOIS Paiement Total	30 MOIS Paiement Mensuel	36 MOIS Paiement Total	36 MOIS Paiement Mensuel	42 MOIS Paiement Total	42 MOIS Paiement Mensuel	48 MOIS Paiement Total	48 MOIS Paiement Mensuel
1000	331,70	44,39	1402,92	38,97	1476,30	35,15	1551,84	32,33
1500	1997,40	66,58	2104,56	58,46	2214,24	52,72	2327,52	48,49
2000	2663,70	88,79	2805,84	77,94	2952,60	70,30	3103,20	64,65
2500	3329,70	110,99	3507,48	97,43	3690,54	87,87	3879,36	80,82
3000	3995,10	133,17	4208,76	116,91	4428,90	105,45	4655,04	96,98
3500	4661,40	155,38	4910,04	136,39	5166,84	123,02	5430,72	113,14
4000	5327,40	177,58	5611,68	155,88	5904,78	140,59	6206,40	129,30
4500	5993,40	199,78	6313,32	175,37	6643,14	158,17	6982,56	145,47
5000	6659,10	221,97	7014,60	194,85	7381,08	175,74	7758,24	161,63
5500	7325,10	244,17	7716,24	214,34	8119,44	193,32	8533,92	177,79
6000	7991,10	266,37	8417,52	233,82	8857,38	210,89	9310,08	193,96
6500	8656,80	288,56	9119,16	253,31	9595,32	228,46	10085,76	210,12
7000	9322,80	310,76	9820,44	272,79	10333,68	246,04	10861,44	226,28
7500	9988,80	332,96	10522,08	292,28	11071,20	263,60	11637,60	242,45
8000	10654,80	355,16	11223,36	311,76	11809,98	281,19	12412,80	258,60
8500	11320,50	377,35	11925,00	331,25	12547,92	298,76	13188,48	274,76
9000	11986,50	399,55	12626,64	350,74	13286,28	316,34	13964,64	290,93
9500	12652,50	421,75	13327,92	370,22	14024,22	333,91	14740,80	307,10
10000	13318,20	443,94	14029,56	389,71	14762,16	351,48	15516,48	323,26
11000	14650,20	488,34	15432,48	428,68	16238,46	386,63	17068,32	355,59
12000	15981,90	532,73	16835,40	467,65	17714,76	421,78	18619,68	387,91
13000	17313,90	577,13	18238,32	506,62	19191,06	456,93	20171,52	420,24
14000	18645,60	621,52	19641,24	545,59	20667,36	492,08	21722,88	452,56
15000	19977,60	665,92	21044,16	584,56	22143,66	527,23	23274,72	484,89
16000	21309,30	710,31	22447,08	623,53	23619,54	562,37	24826,08	517,21
17000	22641,30	754,71	23850,00	662,50	25095,84	597,52	26377,44	549,53
18000	23973,00	799,10	25252,92	701,47	26572,14	632,67	27929,76	581,87
19000	25305,00	843,50	26655,84	740,44	28048,44	667,82	29481,12	614,19
20000	26636,70	887,89	28059,12	779,42	29524,74	702,97	31032,96	646,52
21000	27968,40	932,28	29462,04	818,39	31001,04	738,12	32584,80	678,85
22000	29300,40	976,68	30864,96	857,36	32476,92	773,26	34136,16	711,17
23000	30632,10	1021,07	32267,88	896,33	33953,22	808,41	35688,00	743,50
24000	31964,10	1065,47	33670,80	935,30	35429,52	843,56	37239,36	775,82
25000	33295,80	1109,86	35073,72	974,27	36905,82	878,71	38791,20	808,15
26000	34627,80	1154,26	36476,64	1013,24	38382,12	913,86	40343,04	840,48
27000	35959,50	1198,65	37879,56	1052,21	39858,42	949,01	41894,40	872,80
28000	37291,50	1243,05	39282,48	1091,18	41334,30	984,15	43446,24	905,13
29000	38622,90	1287,43	40685,40	1130,15	42810,60	1019,30	44997,60	937,45
30000	39954,90	1331,83	42088,32	1169,12	44286,48	1054,44	46549,44	969,78
31000	41286,90	1376,23	43491,24	1208,09	45763,20	1089,60	48101,28	1002,11
32000	42618,60	1420,62	44894,17	1247,06	47239,50	1124,75	49652,64	1034,43
33000	43950,60	1465,02	46297,44	1286,04	48715,80	1159,90	51204,48	1066,76
34000	45282,30	1509,41	47700,36	1325,01	50192,10	1195,05	52755,36	1099,07
35000	46614,30	1553,81	49103,28	1363,98	51667,57	1230,18	54307,68	1131,41
36000	47946,00	1598,20	50506,20	1402,95	53144,28	1265,34	55859,52	1163,74

243

	54 MOIS		60 MOIS		66 MOIS		72 MOIS	
Montant	Paiement Total	Paiement Mensuel	Paiement Total	Paiement Mensuel	Paiement Total	Paiement Mensuel	Paiement Total	Paiement Mensuel
1000	1629,18	30,17	1708,80	28,48	1790,58	27,13	1873,44	26,02
1500	2443,50	45,25	2563,20	42,72	2684,88	40,68	2810,88	39,04
2000	3258,36	60,34	3417,60	56,96	3580,50	54,25	3747,60	52,05
2500	4072,68	75,42	4271,40	71,19	4475,46	67,81	4684,32	65,06
3000	4887,54	90,51	5126,40	85,44	5370,42	81,37	5621,04	78,07
3500	5701,86	105,59	5980,20	99,67	6266,04	94,94	6557,76	91,08
4000	6516,72	120,68	6834,60	113,91	7161,00	108,50	7495,20	104,10
4500	7330,50	135,75	7688,40	128,14	8055,96	122,06	8431,92	117,11
5000	8145,90	150,85	8543,40	142,39	8951,58	135,63	9368,64	130,12
5500	8960,22	165,93	9397,80	156,63	9846,54	149,19	10305,36	143,13
6000	9775,08	181,02	10252,80	170,87	10741,50	162,75	11242,08	156,14
6500	10589,40	196,10	11106,60	185,11	11636,46	176,31	12179,52	169,16
7000	11404,26	211,19	11961,00	199,35	12532,08	189,88	13116,24	182,17
7500	12218,58	226,27	12815,40	213,59	13427,04	203,44	14052,96	195,18
8000	13033,44	241,36	13669,80	227,83	14322,00	217,00	14989,68	208,19
8500	13847,76	256,44	14524,20	242,07	15216,96	230,56	15927,12	221,21
9000	14662,62	271,53	15378,60	256,31	16112,58	244,13	16863,84	234,22
9500	15476,40	286,60	16232,40	270,54	17007,54	257,69	17800,56	247,23
10000	16291,80	301,70	17086,80	284,78	17902,50	271,25	18737,28	260,24
11000	17920,98	331,87	18795,60	313,26	19693,08	298,38	20610,72	286,26
12000	19549,62	362,03	20504,40	341,74	21483,00	325,50	22484,88	312,29
13000	21178,80	392,20	22213,20	370,22	23273,58	352,63	24358,32	338,31
14000	22807,98	422,37	23922,00	398,70	25063,50	379,75	26232,48	364,34
15000	24437,16	452,54	25630,80	427,18	26854,08	406,88	28105,92	390,36
16000	26066,34	482,71	27339,60	455,66	28644,00	434,00	29980,08	416,39
17000	27695,52	512,88	29047,80	484,13	30434,58	461,13	31853,52	442,41
18000	29324,70	543,05	30756,60	512,61	32224,50	488,25	33726,96	468,43
19000	30953,34	573,21	32465,40	541,09	34015,08	515,38	35601,12	494,46
20000	32583,06	603,39	34174,20	569,57	35805,00	542,50	37474,56	520,48
21000	34212,24	633,56	35883,00	598,05	37595,58	569,63	39348,72	546,51
22000	35841,42	663,73	37591,80	626,53	39385,50	596,75	41222,17	572,53
23000	37470,60	693,90	39300,00	655,00	41176,08	623,88	43095,60	598,55
24000	39099,78	724,07	41008,80	683,48	42966,00	651,00	44969,76	624,58
25000	40728,96	754,24	42717,60	711,96	44756,58	678,13	46842,48	650,59
26000	42358,14	784,41	44426,40	740,44	46546,50	705,25	48717,36	676,63
27000	43987,32	814,58	46135,20	768,92	48337,08	732,38	50590,80	702,65
28000	45616,50	844,75	47844,00	797,40	50127,00	759,50	52464,96	728,68
29000	47245,68	874,92	49552,80	825,88	51917,58	786,63	54338,40	754,70
30000	48874,86	905,09	51261,00	854,35	53707,50	813,75	56211,84	780,72
31000	50504,04	935,26	52969,80	882,83	55498,08	840,88	58086,00	806,75
32000	52133,22	965,43	54678,60	911,31	57288,00	868,00	59959,44	832,77
33000	53762,40	995,60	56387,40	939,79	59078,58	895,13	61833,60	858,80
34000	55391,58	1025,77	58096,21	968,27	60868,50	922,25	63707,04	884,82
35000	57020,23	1055,93	59805,00	996,75	62659,08	949,38	65580,49	910,84
36000	58649,40	1086,10	61513,20	1025,22	64449,00	976,50	67454,65	936,87

INTÉRÊT DE **23,5 %**

	6 MOIS		12 MOIS		18 MOIS		24 MOIS	
Montant	Paiement Total	Paiement Mensuel	Paiement Total	Paiement Mensuel	Paiement Total	Paiement Mensuel	Paiement Total	Paiement Mensuel
37000	9577,02	6596,17	41877,12	3489,76	44260,92	2458,94	46728,24	1947,01
38000	40646,64	6774,44	43008,84	3584,07	45457,02	2525,39	47991,12	1999,63
39000	41716,32	6952,72	44140,68	3678,39	46653,48	2591,86	49254,00	2052,25
40000	42785,94	7130,99	45272,52	3772,71	47849,76	2658,32	50516,89	2104,87
41000	43855,62	7309,27	46404,36	3867,03	49046,04	2724,78	51780,00	2157,50
42000	44925,24	7487,54	47536,08	3961,34	50242,14	2791,23	53042,89	2210,12
43000	45994,92	7665,82	48667,92	4055,66	51438,42	2857,69	54305,76	2262,74
44000	47064,54	7844,09	49799,76	4149,98	52634,70	2924,15	55568,64	2315,36
45000	48134,16	8022,36	50931,48	4244,29	53830,98	2990,61	56831,52	2367,98
46000	49203,78	8200,63	52063,32	4338,61	55027,26	3057,07	58094,40	2420,60
47000	50273,46	8378,91	53195,17	4432,93	56223,36	3123,52	59357,52	2473,23
48000	51343,14	8557,19	54327,00	4527,25	57419,64	3189,98	60620,40	2525,85
49000	52412,76	8735,46	55458,72	4621,56	58615,92	3256,44	61883,28	2578,47
50000	53482,44	8913,74	56590,68	4715,89	59812,20	3322,90	63146,17	2631,09
51000	54552,06	9092,01	57722,40	4810,20	61008,48	3389,36	64409,04	2683,71
52000	55621,74	9270,29	58854,24	4904,52	62204,58	3455,81	65672,16	2736,34
53000	56691,30	9448,55	59986,08	4998,84	63400,86	3522,27	66935,04	2788,96
54000	57761,04	9626,84	61117,92	5093,16	64597,14	3588,73	68197,93	2841,58
55000	58830,67	9805,11	62249,64	5187,47	65793,43	3655,19	69460,80	2894,20
56000	59900,28	9983,38	63381,48	5281,79	66989,70	3721,65	70723,68	2946,82
57000	60969,96	10161,66	64513,32	5376,11	68185,81	3788,10	71986,56	2999,44
58000	62039,64	10339,94	65645,16	5470,43	69382,08	3854,56	73249,68	3052,07
59000	63109,26	10518,21	66776,88	5564,74	70578,36	3921,02	74512,56	3104,69
60000	64178,94	10696,49	67908,72	5659,06	71774,65	3987,48	75775,44	3157,31
61000	65248,56	10874,76	69040,56	5753,38	72970,74	4053,93	77038,32	3209,93
62000	66318,25	11053,04	70172,41	5847,70	74167,03	4120,39	78301,21	3262,55
64000	68457,54	11409,59	72435,96	6036,33	76559,58	4253,31	80827,21	3367,80
66000	70596,84	11766,14	74699,65	6224,97	78951,96	4386,22	83352,96	3473,04
68000	72736,15	12122,69	76963,21	6413,60	81344,53	4519,14	85878,72	3578,28
70000	74875,38	12479,23	79226,88	6602,24	83737,08	4652,06	88404,72	3683,53
72000	77014,68	12835,78	81490,44	6790,87	86129,46	4784,97	90930,49	3788,77
74000	79153,99	13192,33	83754,12	6979,51	88522,02	4917,89	93456,49	3894,02
76000	81293,28	13548,88	86017,80	7168,15	90914,22	5050,79	95982,24	3999,26
78000	83432,58	13905,43	88281,36	7356,78	93306,96	5183,72	98508,00	4104,50
80000	85571,88	14261,98	90545,04	7545,42	95699,52	5316,64	101034,00	4209,75
82000	87711,18	14618,53	92808,59	7734,05	98091,90	5449,55	103559,80	4314,99
84000	89850,49	14975,08	95072,28	7922,69	100484,50	5582,47	106085,50	4420,23
86000	91989,78	15331,63	97335,84	8111,32	102876,80	5715,38	108611,50	4525,48
88000	94129,08	15688,18	99599,52	8299,96	105269,40	5848,30	111137,30	4630,72
90000	96268,38	16044,73	101863,10	8488,59	107662,00	5981,22	113663,00	4735,96
92000	98407,62	16401,27	104126,80	8677,23	110054,30	6114,13	116189,00	4841,21
94000	100547,00	16757,83	106390,30	8865,86	112446,90	6247,05	118714,80	4946,45
96000	102686,30	17114,38	108654,00	9054,50	114839,30	6379,96	121240,80	5051,70
98000	104825,60	17470,93	110917,60	9243,13	117231,80	6512,88	123766,60	5156,94
100000	106964,90	17827,48	113181,10	9431,76	119624,20	6645,79	126292,30	5262,18

Montant	30 MOIS Paiement Total	Paiement Mensuel	36 MOIS Paiement Total	Paiement Mensuel	42 MOIS Paiement Total	Paiement Mensuel	48 MOIS Paiement Total	Paiement Mensuel
37000	49278,00	1642,60	51909,12	1441,92	54620,58	1300,49	57410,89	1196,06
38000	50609,70	1686,99	53312,04	1480,89	56096,88	1335,64	58962,72	1228,39
39000	51941,70	1731,39	54714,96	1519,86	57573,18	1370,79	60514,08	1260,71
40000	53273,40	1775,78	56117,88	1558,83	59049,48	1405,94	62065,92	1293,04
41000	54605,10	1820,17	57520,80	1597,80	60525,36	1441,08	63617,76	1325,37
42000	55957,10	1864,57	58923,72	1636,77	62001,66	1476,23	65169,12	1357,69
43000	57268,80	1908,96	60326,64	1675,74	63477,96	1511,38	66720,96	1390,02
44000	58600,80	1953,36	61729,56	1714,71	64954,26	1546,53	68272,32	1422,34
45000	59932,50	1997,75	63132,84	1753,69	66430,56	1581,68	69824,16	1454,67
46000	61264,50	2042,15	64535,76	1792,66	67906,86	1616,83	71376,00	1487,00
47000	62596,21	2086,54	65938,68	1831,63	69382,74	1651,97	72927,36	1519,32
48000	63928,20	2130,94	67341,60	1870,60	70859,04	1687,12	74479,21	1551,65
49000	65259,90	2175,33	68744,52	1909,57	72335,35	1722,27	76030,56	1583,97
50000	66591,60	2219,72	70147,44	1948,54	73811,65	1757,42	77582,41	1616,30
51000	67923,60	2264,12	71550,36	1987,51	75287,94	1792,57	79134,25	1648,63
52000	69255,30	2308,51	72953,28	2026,48	76764,24	1827,72	80685,60	1680,95
53000	70587,00	2352,90	74356,20	2065,45	78240,12	1862,86	82237,44	1713,28
54000	71919,00	2397,30	75759,12	2104,42	79716,43	1898,01	83789,28	1745,61
55000	73251,00	2441,70	77161,68	2143,38	81192,72	1933,16	85340,64	1777,93
56000	74582,71	2486,09	78564,96	2182,36	82669,03	1968,31	86892,49	1810,26
57000	75914,71	2530,49	79967,88	2221,33	84145,32	2003,46	88443,84	1842,58
58000	77246,10	2574,87	81371,16	2260,31	85621,62	2038,61	89995,68	1874,91
59000	78578,40	2619,28	82774,08	2299,28	87097,50	2073,75	91547,52	1907,24
60000	79910,10	2663,67	84177,00	2338,25	88573,38	2108,89	93098,88	1939,56
61000	81241,81	2708,06	85579,92	2377,22	90050,10	2144,05	94650,72	1971,89
62000	82573,80	2752,46	86982,84	2416,19	91526,40	2179,20	96202,08	2004,21
64000	85237,50	2841,25	89788,33	2494,12	94479,00	2249,50	99305,77	2068,87
66000	87901,21	2930,04	92594,52	2572,07	97431,18	2319,79	102409,00	2133,52
68000	90564,91	3018,83	95400,36	2650,01	100383,80	2390,09	105512,20	2198,17
70000	93228,31	3107,61	98206,19	2727,95	103336,00	2460,38	108615,40	2262,82
72000	95892,00	3196,40	101012,40	2805,90	106288,60	2530,68	111718,60	2327,47
74000	98555,69	3285,19	103818,20	2883,84	109241,20	2600,98	114821,80	2392,12
76000	101219,40	3373,98	106624,10	2961,78	112193,80	2671,28	117925,40	2456,78
78000	103883,10	3462,77	109429,90	3039,72	115146,00	2741,57	121028,60	2521,43
80000	106546,80	3551,56	112235,80	3117,66	118098,60	2811,87	124131,90	2586,08
82000	109210,50	3640,35	115041,60	3195,60	121051,10	2882,17	127235,00	2650,73
84000	111874,20	3729,14	117847,80	3273,55	124003,30	2952,46	130338,70	2715,39
86000	114537,90	3817,93	120653,60	3351,49	126955,90	3022,76	133441,90	2780,04
88000	117201,60	3906,72	123459,50	3429,43	129908,50	3093,06	136545,10	2844,69
90000	119865,00	3995,50	126265,30	3507,37	132860,70	3163,35	139648,30	2909,34
92000	122528,70	4084,29	129071,20	3585,31	135813,30	3233,65	142751,50	2973,99
94000	125192,40	4173,08	131877,00	3663,25	138765,90	3303,95	145855,20	3038,65
96000	127856,10	4261,87	134683,20	3741,20	141718,10	3374,24	148958,40	3103,30
98000	130519,80	4350,66	137489,00	3819,14	144670,70	3444,54	152061,60	3167,95
100000	133183,50	4439,45	140294,90	3897,08	147623,30	3514,84	155164,80	3232,60

	54 MOIS		60 MOIS		66 MOIS		72 MOIS	
Montant	Paiement Total	Paiement Mensuel	Paiement Total	Paiement Mensuel	Paiement Total	Paiement Mensuel	Paiement Total	Paiement Mensuel
37000	60278,58	1116,27	63221,40	1053,69	66239,58	1003,63	69328,08	962,89
38000	61907,23	1146,43	64930,81	1082,18	68029,50	1030,75	71202,24	988,92
39000	63536,94	1176,61	66639,60	1110,66	69820,08	1057,88	73075,68	1014,94
40000	65166,12	1206,78	68348,40	1139,14	71610,00	1085,00	74949,84	1040,97
41000	66794,75	1236,94	70057,21	1167,62	73400,58	1112,13	76823,28	1066,99
42000	68424,48	1267,12	71766,00	1196,10	75190,50	1139,25	78696,72	1093,01
43000	70053,66	1297,29	73473,60	1224,56	76981,08	1166,38	80570,88	1119,04
44000	71682,84	1327,46	75183,00	1253,05	78771,00	1193,50	82444,33	1145,06
45000	73312,02	1357,63	76891,81	1281,53	80561,58	1220,63	84318,48	1171,09
46000	74941,21	1387,80	78600,60	1310,01	82351,50	1247,75	86191,92	1197,11
47000	76570,38	1417,97	80309,40	1338,49	84142,08	1274,88	88065,36	1223,13
48000	78199,56	1448,14	82018,20	1366,97	85932,00	1302,00	89939,52	1249,16
49000	79828,75	1478,31	83727,00	1395,45	87722,58	1329,13	91812,96	1275,18
50000	81457,93	1508,48	85435,21	1423,92	89512,50	1356,25	93687,12	1301,21
51000	83087,10	1538,65	87144,00	1452,40	91303,08	1383,38	95560,56	1327,23
52000	84716,28	1568,82	88852,80	1480,88	93093,00	1410,50	97434,00	1353,25
53000	86345,46	1598,99	90561,60	1509,36	94883,58	1437,63	99308,16	1379,28
54000	87974,64	1629,16	92270,40	1537,84	96673,50	1464,75	101181,60	1405,30
55000	89603,82	1659,33	93979,19	1566,32	98464,08	1491,88	103055,80	1431,33
56000	91233,00	1689,50	95687,41	1594,79	100254,00	1519,00	104929,20	1457,35
57000	92862,18	1719,67	97396,21	1623,27	102044,60	1546,13	106803,40	1483,38
58000	94490,82	1749,83	99105,00	1651,75	103834,50	1573,25	108676,80	1509,40
59000	96120,00	1780,00	100813,80	1680,23	105625,10	1600,38	110550,20	1535,42
60000	97749,18	1810,17	102522,60	1708,71	107415,00	1627,50	112424,40	1561,45
61000	99378,36	1840,34	104231,40	1737,19	109205,60	1654,63	114297,80	1587,47
62000	101007,50	1870,51	105940,20	1765,67	110995,50	1681,75	116172,00	1613,50
64000	104265,90	1930,85	109357,20	1822,62	114576,00	1736,00	119918,90	1665,54
66000	107524,30	1991,19	112774,80	1879,58	118156,50	1790,25	123666,50	1717,59
68000	110782,60	2051,53	116192,40	1936,54	121737,00	1844,50	127414,10	1769,64
70000	114041,00	2111,87	119609,40	1993,49	125317,50	1898,75	131161,70	1821,69
72000	117299,30	2172,21	123027,00	2050,45	128898,00	1953,00	134909,30	1873,74
74000	120557,70	2232,55	126444,00	2107,40	132478,50	2007,25	138656,90	1925,79
76000	123815,50	2292,88	129861,60	2164,36	136059,00	2061,50	142403,80	1977,83
78000	127074,40	2353,23	133279,20	2221,32	139639,50	2115,75	146151,40	2029,88
80000	130332,80	2413,57	136696,80	2278,28	143220,00	2170,00	149899,00	2081,93
82000	133590,10	2473,89	140113,80	2335,23	146800,50	2224,25	153646,60	2133,98
84000	136849,00	2534,24	143531,40	2392,19	150381,00	2278,50	157394,20	2186,03
86000	140107,30	2594,58	146948,40	2449,14	153961,50	2332,75	161141,10	2238,07
88000	143365,70	2654,92	150366,60	2506,11	157542,00	2387,00	164888,70	2290,12
90000	146624,00	2715,26	153783,60	2563,06	161122,50	2441,25	168636,20	2342,17
92000	149882,40	2775,60	157201,20	2620,02	164703,00	2495,50	172383,90	2394,22
94000	153140,80	2835,94	160618,80	2676,98	168283,50	2549,75	176131,40	2446,27
96000	156399,10	2896,28	164035,80	2733,93	171864,00	2604,00	179879,10	2498,32
98000	159657,50	2956,62	167453,40	2790,89	175444,50	2658,25	183625,90	2550,36
100000	162915,90	3016,96	170871,00	2847,85	179025,00	2712,50	187372,80	2602,40

INTÉRÊT DE **24 %**

Montant	**6** MOIS Paiement Total	Paiement Mensuel	**12** MOIS Paiement Total	Paiement Mensuel	**18** MOIS Paiement Total	Paiement Mensuel	**24** MOIS Paiement Total	Paiement Mensuel
1000	1071,18	178,53	1134,72	94,56	1200,42	66,69	1268,88	52,87
1500	1606,74	267,79	1702,08	141,84	1800,90	100,05	1903,44	79,31
2000	2142,30	357,05	2269,44	189,12	2401,02	133,39	2537,76	105,74
2500	2677,92	446,32	2836,80	236,40	3001,68	166,76	3172,08	132,17
3000	3213,48	535,58	3404,16	283,68	3601,98	200,11	3806,64	158,61
3500	3749,04	624,84	3971,52	330,96	4202,28	233,46	4441,20	185,05
4000	4284,66	714,11	4538,88	378,24	4802,58	266,81	5075,52	211,48
4500	4820,22	803,37	5106,24	425,52	5402,88	300,16	5710,08	237,92
5000	5355,78	892,63	5673,60	472,80	6003,18	333,51	6344,40	264,35
5500	5891,34	981,89	6240,96	520,08	6603,48	366,86	6978,96	290,79
6000	6426,96	1071,16	6808,32	567,36	7203,78	400,21	7613,52	317,23
6500	6962,52	1160,42	7375,68	614,64	7804,08	433,56	8247,84	343,66
7000	7498,08	1249,68	7943,04	661,92	8404,56	466,92	8882,40	370,10
7500	8033,70	1338,95	8510,40	709,20	9004,86	500,27	9516,72	396,53
8000	8569,26	1428,21	9077,76	756,48	9605,16	533,62	10151,28	422,97
8500	9104,82	1517,47	9645,12	803,76	10205,28	566,96	10785,84	449,41
9000	9640,44	1606,74	10212,48	851,04	10805,76	600,32	11420,16	475,84
9500	10176,00	1696,00	10779,84	898,32	11406,06	633,67	12054,72	502,28
10000	10711,56	1785,26	11347,20	945,60	12006,36	667,02	12689,04	528,71
11000	11782,74	1963,79	12481,92	1040,16	13206,96	733,72	13957,92	581,58
12000	12853,92	2142,32	13616,64	1134,72	14407,74	800,43	15226,80	634,45
13000	13925,04	2320,84	14751,36	1229,28	15608,34	867,13	16495,92	687,33
14000	14996,22	2499,37	15886,08	1323,84	16808,94	933,83	17764,80	740,20
15000	16067,34	2677,89	17020,80	1418,40	18009,54	1000,53	19033,68	793,07
16000	17138,52	2856,42	18155,52	1512,96	19210,32	1067,24	20302,56	845,94
17000	18209,70	3034,95	19290,24	1607,52	20410,74	1133,93	21571,44	898,81
18000	19280,82	3213,47	20424,96	1702,08	21611,52	1200,64	22840,32	951,68
19000	20352,00	3392,00	21559,68	1796,64	22812,12	1267,34	24109,20	1004,55
20000	21423,18	3570,53	22694,40	1891,20	24012,90	1334,05	25378,08	1057,42
21000	22494,30	3749,05	23829,12	1985,76	25213,50	1400,75	26647,20	1110,30
22000	23565,48	3927,58	24963,84	2080,32	26414,10	1467,45	27916,08	1163,17
23000	24636,60	4106,10	26098,44	2174,87	27614,70	1534,15	29184,96	1216,04
24000	25707,78	4284,63	27233,28	2269,44	28815,30	1600,85	30453,84	1268,91
25000	26778,96	4463,16	28368,00	2364,00	30016,08	1667,56	31722,72	1321,78
26000	27850,08	4641,68	29502,72	2458,56	31216,68	1734,26	32991,60	1374,65
27000	28921,26	4820,21	30637,44	2553,12	32417,28	1800,96	34260,48	1427,52
28000	29992,44	4998,74	31772,16	2647,68	33617,88	1867,66	35529,36	1480,39
29000	31063,50	5177,25	32906,88	2742,24	34818,66	1934,37	36798,48	1533,27
30000	32134,74	5355,79	34041,60	2836,80	36019,26	2001,07	38067,36	1586,14
31000	33205,80	5534,31	35176,32	2931,36	37219,86	2067,77	39336,24	1639,01
32000	34277,04	5712,84	36310,92	3025,91	38420,46	2134,47	40605,12	1691,88
33000	35348,22	5891,37	37445,64	3120,47	39621,06	2201,17	41874,00	1744,75
34000	36419,34	6069,89	38580,36	3215,03	40821,67	2267,87	43142,88	1797,62
35000	37490,52	6248,42	39715,08	3309,59	42022,44	2334,58	44411,76	1850,49
36000	38561,70	6426,95	40849,80	3404,15	43223,04	2401,28	45680,64	1903,36

248

	30 MOIS		36 MOIS		42 MOIS		48 MOIS	
Montant	Paiement Total	Paiement Mensuel	Paiement Total	Paiement Mensuel	Paiement Total	Paiement Mensuel	Paiement Total	Paiement Mensuel
1000	1339,50	44,65	1412,28	39,23	1487,22	35,41	1564,32	32,59
1500	2009,40	66,98	2118,60	58,85	2231,46	53,13	2347,20	48,90
2000	2679,00	89,30	2824,92	78,47	2974,86	70,83	3129,12	65,19
2500	3348,90	111,63	3530,88	98,08	3718,68	88,54	3912,00	81,50
3000	4018,50	133,95	4237,20	117,70	4462,50	106,25	4694,88	97,81
3500	4688,40	156,28	4943,52	137,32	5206,32	123,96	5477,28	114,11
4000	5358,00	178,60	5649,12	156,92	5950,14	141,67	6259,68	130,41
4500	6027,90	200,93	6355,80	176,55	6693,96	159,38	7042,08	146,71
5000	6697,50	223,25	7061,76	196,16	7437,78	177,09	7824,00	163,00
5500	7367,40	245,58	7768,08	215,78	8181,60	194,80	8606,88	179,31
6000	8037,00	267,90	8474,40	235,40	8925,00	212,50	9389,28	195,61
6500	8706,90	290,23	9180,36	255,01	9668,82	230,21	10171,68	211,91
7000	9376,20	312,54	9886,68	274,63	10412,64	247,92	10954,08	228,21
7500	10046,40	334,88	10593,00	294,25	11156,46	265,63	11736,48	244,51
8000	10716,00	357,20	11298,60	313,85	11900,28	283,34	12519,36	260,82
8500	11385,90	379,53	12005,28	333,48	12643,68	301,04	13301,76	277,12
9000	12055,50	401,85	12711,60	353,10	13387,92	318,76	14084,16	293,42
9500	12725,40	424,18	13417,56	372,71	14131,32	336,46	14866,56	309,72
10000	13395,00	446,50	14123,88	392,33	14875,14	354,17	15648,48	326,01
11000	14734,50	491,15	15536,16	431,56	16362,78	389,59	17213,76	358,62
12000	16074,00	535,80	16948,80	470,80	17850,42	425,01	18778,56	391,22
13000	17413,50	580,45	18361,08	510,03	19338,06	460,43	20343,36	423,82
14000	18752,70	625,09	19773,36	549,26	20825,28	495,84	21908,64	456,43
15000	20092,50	669,75	21185,64	588,49	22312,92	531,26	23473,44	489,03
16000	21432,00	714,40	22598,28	627,73	23800,56	566,68	25038,24	521,63
17000	22771,50	759,05	24010,56	666,96	25287,78	602,09	26603,04	554,23
18000	24111,00	803,70	25422,84	706,19	26775,42	637,51	28167,84	586,83
19000	25450,50	848,35	26835,48	745,43	28263,06	672,93	29733,12	619,44
20000	26790,00	893,00	28247,76	784,66	29750,70	708,35	31297,44	652,03
21000	28129,50	937,65	29660,04	823,89	31237,92	743,76	32862,72	684,64
22000	29469,00	982,30	31072,32	863,12	32725,56	779,18	34427,52	717,24
23000	30808,20	1026,94	32484,96	902,36	34213,20	814,60	35992,32	749,84
24000	32148,00	1071,60	33897,24	941,59	35700,84	850,02	37557,60	782,45
25000	33487,50	1116,25	35309,52	980,82	37188,06	885,43	39122,40	815,05
26000	34827,00	1160,90	36722,16	1020,06	38675,70	920,85	40687,20	847,65
27000	36166,50	1205,55	38134,44	1059,29	40163,34	956,27	42252,00	880,25
28000	37505,70	1250,19	39546,72	1098,52	41650,98	991,69	43816,80	912,85
29000	38845,50	1294,85	40959,36	1137,76	43138,20	1027,10	45381,60	945,45
30000	40185,00	1339,50	42371,64	1176,99	44625,84	1062,52	46946,88	978,06
31000	41524,50	1384,15	43783,92	1216,22	46113,07	1097,93	48511,68	1010,66
32000	42864,00	1428,80	45195,84	1255,44	47601,12	1133,36	50076,48	1043,26
33000	44203,50	1473,45	46608,48	1294,68	49088,34	1168,77	51641,28	1075,86
34000	45543,00	1518,10	48021,12	1333,92	50575,57	1204,18	53206,08	1108,46
35000	46882,50	1562,75	49433,40	1373,15	52063,62	1239,61	54770,89	1141,06
36000	48222,00	1607,40	50846,04	1412,39	53550,84	1275,02	56336,17	1173,67

INTÉRÊT DE **24 %**

Montant	**54** MOIS Paiement Total	Paiement Mensuel	**60** MOIS Paiement Total	Paiement Mensuel	**66** MOIS Paiement Total	Paiement Mensuel	**72** MOIS Paiement Total	Paiement Mensuel
1000	1644,30	30,45	1726,20	28,77	1809,72	27,42	1895,76	26,33
1500	2466,72	45,68	2589,00	43,15	2714,58	41,13	2843,28	39,49
2000	3288,60	60,90	3452,40	57,54	3619,44	54,84	3790,80	52,65
2500	4110,48	76,12	4315,20	71,92	4524,30	68,55	4739,04	65,82
3000	4933,44	91,36	5178,00	86,30	5429,16	82,26	5686,56	78,98
3500	5755,32	106,58	6041,40	100,69	6334,02	95,97	6634,08	92,14
4000	6577,74	121,81	6904,20	115,07	7239,54	109,69	7582,32	105,31
4500	7399,62	137,03	7767,60	129,46	8144,40	123,40	8529,84	118,47
5000	8221,50	152,25	8630,40	143,84	9049,26	137,11	9477,36	131,63
5500	9044,46	167,49	9493,20	158,22	9954,12	150,82	10425,60	144,80
6000	9866,34	182,71	10356,60	172,61	10858,98	164,53	11373,12	157,96
6500	10688,76	197,94	11219,40	186,99	11763,84	178,24	12320,64	171,12
7000	11511,18	213,17	12082,80	201,38	12668,70	191,95	13268,88	184,29
7500	12333,06	228,39	12945,60	215,76	13573,56	205,66	14216,40	197,45
8000	13155,48	243,62	13808,40	230,14	14478,42	219,37	15163,92	210,61
8500	13977,36	258,84	14671,80	244,53	15383,28	233,08	16112,16	223,78
9000	14799,78	274,07	15534,60	258,91	16288,14	246,79	17059,68	236,94
9500	15621,66	289,29	16397,40	273,29	17193,00	260,50	18007,92	250,11
10000	16443,54	304,51	17260,80	287,68	18097,86	274,21	18954,72	263,26
11000	18088,92	334,98	18987,00	316,45	19907,58	301,63	20851,20	289,60
12000	19733,22	365,43	20713,20	345,22	21717,96	329,06	22746,24	315,92
13000	21377,52	395,88	22438,80	373,98	23527,68	356,48	24642,00	342,25
14000	23021,82	426,33	24165,00	402,75	25337,40	383,90	26537,76	368,58
15000	24666,12	456,78	25891,20	431,52	27147,12	411,32	28432,80	394,90
16000	26310,96	487,24	27617,40	460,29	28956,84	438,74	30328,56	421,23
17000	27955,26	517,69	29343,60	489,06	30766,56	466,16	32224,32	447,56
18000	29599,56	548,14	31069,20	517,82	32576,28	493,58	34119,36	473,88
19000	31243,86	578,59	32795,40	546,59	34386,00	521,00	36015,12	500,21
20000	32888,70	609,05	34521,60	575,36	36196,38	548,43	37910,16	526,53
21000	34533,00	639,50	36247,80	604,13	38005,44	575,84	39805,92	552,86
22000	36177,30	669,95	37974,00	632,90	39815,82	603,27	41701,68	579,19
23000	37821,60	700,40	39699,60	661,66	41625,54	630,69	43597,44	605,52
24000	39466,44	730,86	41425,80	690,43	43435,26	658,11	45492,48	631,84
25000	41110,74	761,31	43152,00	719,20	45244,98	685,53	47388,24	658,17
26000	42755,04	791,76	44878,20	747,97	47054,70	712,95	49284,00	684,50
27000	44399,34	822,21	46604,40	776,74	48864,42	740,37	51179,76	710,83
28000	46043,64	852,66	48330,00	805,50	50674,20	767,80	53074,80	737,15
29000	47688,48	883,12	50056,21	834,27	52484,52	795,22	54970,56	763,48
30000	49332,78	913,57	51782,40	863,04	54294,24	822,64	56866,32	789,81
31000	50977,08	944,02	53508,60	891,81	56103,96	850,06	58761,36	816,13
32000	52621,38	974,47	55234,80	920,58	57913,68	877,48	60657,12	842,46
33000	54266,22	1004,93	56960,40	949,34	59723,40	904,90	62552,88	868,79
34000	55910,52	1035,38	58686,60	978,11	61533,12	932,32	64447,92	895,11
35000	57554,28	1065,82	60412,80	1006,88	63342,84	959,74	66343,68	921,44
36000	59199,12	1096,28	62139,00	1035,65	65153,22	987,17	68239,44	947,77

Montant	6 MOIS Paiement Total	Paiement Mensuel	12 MOIS Paiement Total	Paiement Mensuel	18 MOIS Paiement Total	Paiement Mensuel	24 MOIS Paiement Total	Paiement Mensuel
37000	39632,82	6605,47	41984,52	3498,71	44423,64	2467,98	46949,52	1956,23
38000	40704,00	6784,00	43119,24	3593,27	45624,42	2534,69	48218,64	2009,11
39000	41775,12	6962,52	44253,96	3687,83	46824,84	2601,38	49487,52	2061,98
40000	42846,30	7141,05	45388,68	3782,39	48025,62	2668,09	50756,40	2114,85
41000	43917,48	7319,58	46523,40	3876,95	49226,22	2734,79	52025,28	2167,72
42000	44988,60	7498,10	47658,12	3971,51	50426,82	2801,49	53294,17	2220,59
43000	46059,78	7676,63	48792,84	4066,07	51627,60	2868,20	54563,04	2273,46
44000	47130,96	7855,16	49927,56	4160,63	52828,20	2934,90	55831,92	2326,33
45000	48202,08	8033,68	51062,28	4255,19	54028,80	3001,60	57100,80	2379,20
46000	49273,26	8212,21	52197,00	4349,75	55229,40	3068,30	58369,92	2432,08
47000	50344,39	8390,73	53331,72	4443,31	56430,18	3135,01	59638,80	2484,95
48000	51415,56	8569,26	54466,44	4538,87	57630,78	3201,71	60907,68	2537,82
49000	52486,74	8747,79	55601,17	4633,43	58831,38	3268,41	62176,56	2590,69
50000	53557,80	8926,30	56735,89	4727,99	60031,98	3335,11	63445,44	2643,56
51000	54629,04	9104,84	57870,48	4822,54	61232,58	3401,81	64714,32	2696,43
52000	55700,22	9283,37	59005,32	4917,11	62433,36	3468,52	65983,21	2749,30
53000	56771,28	9461,88	60140,04	5011,67	63633,96	3535,22	67252,08	2802,17
54000	57842,52	9640,42	61274,76	5106,23	64834,56	3601,92	68521,21	2855,05
55000	58913,71	9818,95	62409,48	5200,79	66035,16	3668,62	69790,08	2907,92
56000	59984,82	9997,47	63544,21	5295,35	67235,94	3735,33	71058,96	2960,79
57000	61056,00	10176,00	64678,92	5389,91	68436,54	3802,03	72327,84	3013,66
58000	62127,06	10354,51	65813,65	5484,47	69637,15	3868,73	73596,72	3066,53
59000	63198,30	10533,05	66948,36	5579,03	70837,74	3935,43	74865,60	3119,40
60000	64269,48	10711,58	68083,08	5673,59	72038,52	4002,14	76134,49	3172,27
61000	65340,60	10890,10	69217,80	5768,15	73239,13	4068,84	77403,36	3225,14
62000	66411,78	11068,63	70352,52	5862,71	74439,72	4135,54	78672,25	3278,01
64000	68554,08	11425,68	72621,96	6051,83	76840,93	4268,94	81210,25	3383,76
66000	70696,38	11782,73	74891,41	6240,95	79242,31	4402,35	83748,00	3489,50
68000	72838,75	12139,79	77160,84	6430,07	81643,50	4535,75	86285,76	3595,24
70000	74981,04	12496,84	79430,28	6619,19	84044,88	4669,16	88823,52	3700,98
72000	77123,34	12853,89	81699,72	6808,31	86446,08	4802,56	91361,52	3806,73
74000	79265,65	13210,94	83969,16	6997,43	88847,46	4935,97	93899,28	3912,47
76000	81408,00	13568,00	86238,59	7186,55	91248,66	5069,37	96437,04	4018,21
78000	83550,30	13925,05	88508,04	7375,67	93649,86	5202,77	98974,81	4123,95
80000	85692,59	14282,10	90777,49	7564,79	96051,24	5336,18	101512,80	4229,70
82000	87834,91	14639,15	93046,92	7753,91	98452,62	5469,59	104050,60	4335,44
84000	89977,26	14996,21	95316,36	7943,03	100853,80	5602,99	106588,30	4441,18
86000	92119,56	15353,26	97585,80	8132,15	103255,00	5736,39	109126,10	4546,92
88000	94261,86	15710,31	99855,12	8321,26	105656,40	5869,80	111664,10	4652,67
90000	96404,16	16067,36	102124,60	8510,38	108057,60	6003,20	114201,90	4758,41
92000	98546,52	16424,42	104394,10	8699,51	110459,00	6136,61	116739,60	4864,15
94000	100688,80	16781,47	106663,40	8888,62	112860,20	6270,01	119277,40	4969,89
96000	102831,10	17138,52	108932,90	9077,74	115261,60	6403,42	121815,40	5075,64
98000	104973,50	17495,58	111202,30	9266,86	117662,80	6536,82	124353,10	5181,38
100000	107115,80	17852,63	113471,80	9455,98	120064,10	6670,23	126890,90	5287,12

	30 MOIS		36 MOIS		42 MOIS		48 MOIS	
Montant	Paiement Total	Paiement Mensuel	Paiement Total	Paiement Mensuel	Paiement Total	Paiement Mensuel	Paiement Total	Paiement Mensuel
37000	49561,50	1652,05	52258,32	1451,62	55038,07	1310,43	57900,96	1206,27
38000	50901,00	1696,70	53670,60	1490,85	56526,12	1345,86	59465,76	1238,87
39000	52240,50	1741,35	55082,88	1530,08	58013,76	1381,28	61030,56	1271,47
40000	53580,00	1786,00	56495,52	1569,32	59500,98	1416,69	62595,36	1304,07
41000	54919,50	1830,65	57907,80	1608,55	60988,62	1452,11	64160,64	1336,68
42000	56259,00	1875,30	59320,08	1647,78	62476,26	1487,53	65725,44	1369,28
43000	57598,50	1919,95	60732,72	1687,02	63963,90	1522,95	67290,25	1401,88
44000	58938,00	1964,60	62145,00	1726,25	65451,12	1558,36	68855,04	1434,48
45000	60277,50	2009,25	63557,28	1765,48	66938,76	1593,78	70420,32	1467,09
46000	61616,70	2053,89	64969,56	1804,71	68426,40	1629,20	71985,12	1499,69
47000	62956,50	2098,55	66382,20	1843,95	69914,04	1664,62	73549,93	1532,29
48000	64296,00	2143,20	67794,49	1883,18	71401,26	1700,03	75114,72	1564,89
49000	65635,50	2187,85	69206,76	1922,41	72888,90	1735,45	76679,52	1597,49
50000	66975,00	2232,50	70619,40	1961,65	74376,54	1770,87	78244,32	1630,09
51000	68314,20	2277,14	72031,68	2000,88	75864,18	1806,29	79809,60	1662,70
52000	69654,00	2321,80	73443,96	2040,11	77351,40	1841,70	81374,41	1695,30
53000	70993,50	2366,45	74856,60	2079,35	78839,04	1877,12	82939,21	1727,90
54000	72333,00	2411,10	76268,88	2118,58	80326,68	1912,54	84504,00	1760,50
55000	73672,50	2455,75	77681,16	2157,81	81813,90	1947,95	86068,80	1793,10
56000	75011,70	2500,39	79093,44	2197,04	83301,54	1983,37	87634,08	1825,71
57000	76351,50	2545,05	80506,08	2236,28	84789,18	2018,79	89198,88	1858,31
58000	77691,00	2589,70	81918,36	2275,51	86276,82	2054,21	90763,68	1890,91
59000	79030,50	2634,35	83330,65	2314,74	87764,05	2089,62	92328,49	1923,51
60000	80370,00	2679,00	84743,28	2353,98	89251,68	2125,04	93893,28	1956,11
61000	81709,50	2723,65	86155,56	2393,21	90739,32	2160,46	95458,56	1988,72
62000	83049,00	2768,30	87567,84	2432,44	92226,55	2195,87	97023,36	2021,32
64000	85728,00	2857,60	90392,40	2510,90	95201,82	2266,71	100153,92	2086,52
66000	88407,00	2946,90	93217,33	2589,37	98177,10	2337,55	103282,60	2151,72
68000	91086,00	3036,20	96042,24	2667,84	101151,60	2408,37	106412,60	2216,93
70000	93765,00	3125,50	98867,16	2746,31	104127,20	2479,22	109541,80	2282,12
72000	96444,00	3214,80	101691,70	2824,77	107102,10	2550,05	112672,30	2347,34
74000	99123,00	3304,10	104516,60	2903,24	110076,60	2620,87	115801,90	2412,54
76000	101802,00	3393,40	107341,20	2981,70	113052,20	2691,72	118931,50	2477,74
78000	104481,00	3482,70	110166,10	3060,17	116027,10	2762,55	122061,60	2542,95
80000	107160,00	3572,00	112990,80	3138,63	119002,40	2833,39	125190,70	2608,14
82000	109839,00	3661,30	115815,60	3217,10	121977,20	2904,22	128321,30	2673,36
84000	112518,00	3750,60	118640,50	3295,57	124952,50	2975,06	131450,90	2738,56
86000	115197,00	3839,90	121465,10	3374,03	127927,40	3045,89	134580,50	2803,76
88000	117876,00	3929,20	124290,00	3452,50	130902,70	3116,73	137710,60	2868,97
90000	120555,00	4018,50	127114,60	3530,96	133877,50	3187,56	140840,20	2934,17
92000	123233,70	4107,79	129939,40	3609,43	136852,80	3258,40	143969,80	2999,37
94000	125913,00	4197,10	132764,40	3687,90	139827,70	3329,23	147099,90	3064,58
96000	128592,00	4286,40	135589,00	3766,36	142802,90	3400,07	150229,40	3129,78
98000	131271,00	4375,70	138413,90	3844,83	145777,80	3470,90	153359,50	3194,99
100000	133950,00	4465,00	141238,40	3923,29	148753,10	3541,74	156489,10	3260,19

	54 MOIS		60 MOIS		66 MOIS		72 MOIS	
Montant	Paiement Total	Paiement Mensuel	Paiement Total	Paiement Mensuel	Paiement Total	Paiement Mensuel	Paiement Total	Paiement Mensuel
37000	60843,96	1126,74	63865,21	1064,42	66962,94	1014,59	70134,49	974,09
38000	62487,73	1157,18	65590,81	1093,18	68772,66	1042,01	72030,24	1000,42
39000	64132,57	1187,64	67316,40	1121,94	70582,38	1069,43	73926,00	1026,75
40000	65776,86	1218,09	69043,20	1150,72	72392,10	1096,85	75820,33	1053,06
41000	67421,16	1248,54	70769,40	1179,49	74201,82	1124,27	77716,81	1079,40
42000	69066,00	1279,00	72495,60	1208,26	76010,88	1151,68	79612,56	1105,73
43000	70709,76	1309,44	74221,21	1237,02	77821,26	1179,11	81508,33	1132,06
44000	72354,60	1339,90	75947,41	1265,79	79631,65	1206,54	83403,36	1158,38
45000	73998,90	1370,35	77673,60	1294,56	81441,36	1233,96	85299,12	1184,71
46000	75643,75	1400,81	79399,80	1323,33	83251,08	1261,38	87194,88	1211,04
47000	77288,04	1431,26	81126,00	1352,10	85060,81	1288,80	89089,92	1237,36
48000	78932,34	1461,71	82851,60	1380,86	86870,52	1316,22	90984,96	1263,68
49000	80576,65	1492,16	84577,80	1409,63	88680,24	1343,64	92881,44	1290,02
50000	82221,48	1522,62	86304,00	1438,40	90489,96	1371,06	94776,48	1316,34
51000	83865,78	1553,07	88030,21	1467,17	92299,68	1398,48	96672,24	1342,67
52000	88510,08	1583,52	89756,40	1495,94	94110,06	1425,91	98568,00	1369,00
53000	87154,38	1613,97	91482,00	1524,70	95919,78	1453,33	100463,00	1395,32
54000	88798,68	1644,42	93208,19	1553,47	97729,50	1480,75	102358,80	1421,65
55000	90443,52	1674,88	94934,40	1582,24	99539,22	1508,17	104254,56	1447,98
56000	92087,82	1705,33	96660,60	1611,01	101348,90	1535,59	106149,60	1474,30
57000	93732,12	1735,78	98386,81	1639,78	103158,70	1563,01	108045,40	1500,63
58000	95376,42	1766,23	100112,40	1668,54	104968,40	1590,43	109941,10	1526,96
59000	97021,26	1796,69	101838,60	1697,31	106778,10	1617,85	111836,20	1553,28
60000	98665,56	1827,14	103564,80	1726,08	108588,50	1645,28	113731,90	1579,61
61000	100309,90	1857,59	105291,00	1754,85	110398,20	1672,70	115627,70	1605,94
62000	101954,20	1888,04	107017,20	1783,62	112207,90	1700,12	117523,40	1632,27
64000	105243,30	1948,95	110469,00	1841,15	115827,40	1754,96	121314,20	1684,92
66000	108531,90	2009,85	113921,40	1898,69	119446,80	1809,80	125105,00	1737,57
68000	111821,00	2070,76	117373,20	1956,22	123066,90	1864,65	128896,60	1790,23
70000	115109,10	2131,65	120825,60	2013,76	126686,30	1919,49	132687,40	1842,88
72000	118398,80	2192,57	124278,00	2071,30	130305,80	1974,33	136478,20	1895,53
74000	121687,40	2253,47	127729,80	2128,83	133925,20	2029,17	140269,70	1948,19
76000	124976,00	2314,37	131182,20	2186,37	137545,30	2084,02	144060,50	2000,84
78000	128265,10	2375,28	134633,40	2243,89	141164,80	2138,86	147852,00	2053,50
80000	131553,70	2436,18	138086,40	2301,44	144784,20	2193,70	151642,10	2106,14
82000	134842,90	2497,09	141538,80	2358,98	148403,60	2248,54	155433,60	2158,80
84000	138131,50	2557,99	144990,60	2416,51	152023,10	2303,38	159225,10	2211,46
86000	141420,10	2618,89	148443,00	2474,05	155643,20	2358,23	163015,90	2264,11
88000	144709,20	2679,80	151894,80	2531,58	159262,60	2413,07	166806,70	2316,76
90000	147998,40	2740,71	155347,20	2589,12	162881,40	2467,90	170598,20	2369,42
92000	151286,90	2801,61	158799,60	2646,66	166502,20	2522,76	174389,10	2422,07
94000	154576,10	2862,52	162251,40	2704,19	170121,60	2577,60	178180,60	2474,73
96000	157864,70	2923,42	165703,80	2761,73	173741,00	2632,44	181970,70	2527,37
98000	161153,80	2984,33	169155,60	2819,26	177360,50	2687,28	185762,20	2580,03
100000	164442,40	3045,23	172608,00	2876,80	180980,60	2742,13	189553,70	2632,69

IMPRIMERIE QUEBECOR
L'ÉCLAIREUR
21632